U0065528

國家圖書館出版品預行編目資料

新譯三國志(三)魏書㊂／梁滿倉,吳樹平等注譯.——
初版三刷.——臺北市：三民，2024
面；　公分.——(古籍今注新譯叢書)

ISBN 978-957-14-5791-8（全套:精裝）
1.三國志 2.注釋

622.301

古籍今注新譯叢書
新譯三國志（三）魏書㊂

注 譯 者｜梁滿倉　吳樹平等
創 辦 人｜劉振強
發 行 人｜劉仲傑
出 版 者｜三民書局股份有限公司（成立於 1953 年）

三民網路書店
https://www.sanmin.com.tw

地　　址｜臺北市復興北路 386 號　（復北門市）(02)2500-6600
　　　　　臺北市重慶南路一段 61 號（重南門市）(02)2361-7511

出版日期｜初版一刷 2013 年 5 月
　　　　　初版三刷 2024 年 5 月
全套不分售
ISBN｜978-957-14-5791-8

著作財產權人©三民書局股份有限公司
法律顧問　北辰著作權事務所　蕭雄淋律師
著作權所有，侵害必究
※ 本書如有缺頁、破損或裝訂錯誤，請寄回敝局更換。

三民書局

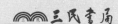

新譯三國志　目次

第三冊

魏書㊂

卷二十一　魏書二十一

王衛二劉傳第二十一

【題解】本卷為三國曹魏政權中王粲與衛覬、劉廙、劉劭、傅嘏等文士的合傳。〈王粲傳〉後附有「建安七子」中的徐幹、陳琳、阮瑀、應瑒、劉楨及邯鄲淳、繁欽、路粹、丁儀、丁廙、楊脩、荀緯和應瑒弟應璩、璩子貞、阮瑀子阮籍、籍友嵇康及桓威、吳質等曹魏政權中的十八位文學家傳記材料。〈衛覬傳〉後有潘勖、王象；〈劉劭傳〉後亦有繆襲、仲長統及蘇林、韋誕、夏侯惠、孫該、杜摯等人附傳。一代文學家生平事跡多萃於此。建安時期，曹操倡風於上，曹丕、曹植以公子之尊，博好文采，同聲應求，才士並出。王粲之強記博通、衛覬之廣典多識、劉劭之文質周洽、劉廙之清鑑、傅嘏之識量，皆冠絕一時。他們與眾多的文人學士一起，為魏立國及一代中原文章學術的繁榮做出了重要貢獻。

1 王粲，字仲宣，山陽❶高平❷人也。曾祖父龔❸，祖父暢❹，皆為漢三公❺。父謙❻，為大將軍❼何進❽長史❾。進以謙名公之冑❿，欲與為婚，見其二子，使擇焉。謙弗許。以疾免，卒于家。

2 獻帝⑪西遷，粲徙長安，左中郎將⑫蔡邕⑬見而奇之。時邕才學顯著，貴重朝廷，常車騎填巷，賓客盈坐。聞粲在門，倒屣迎之⑭。粲至，年既幼弱，容狀短小，一座盡驚。邕曰：「此王公孫也，有異才，吾不如也。吾家書籍文章，盡當與之⑮。」年十七，司徒⑯辟⑰，詔除⑱黃門侍郎⑲，以西京⑳擾亂，皆不就，乃之荊州㉑依劉表㉒。表以粲貌寢㉓而體弱通侻㉔，不甚重也。表卒，粲勸表子琮㉕，令歸太祖㉖。太祖辟為丞相掾㉗，賜爵關內侯㉘。太祖置酒漢濱，粲奉觴㉙賀曰：「方今袁紹起河北㉚，仗大眾，志兼天下，然好㉛賢而不能用，故奇士去之。劉表雍容㉜荊楚㉝，坐㉞觀時變，自以為西伯㉟可規㊱。士之避亂荊州者，皆海內之儁傑也；表不知所任，故國危而無輔。明公定冀州㊲之日，下車即繕㊳其甲卒，收其豪傑而用之，以橫行天下；及平江、漢㊴，引其賢儁而置之列位，使海內回心，望風而願治，文武並用，英雄畢㊵力，此三王㊶之舉也。」後遷軍謀祭酒㊷。魏國既建，拜侍中㊸。博物多識，問無不對。時舊儀廢弛，興造制度，粲恆典㊹之。

3 初，粲與人共行，讀道邊碑，人問曰：「卿能闇誦㊺乎？」曰：「能。」因使背而誦之，不失一字。觀人圍棊，局壞，粲為覆之。棊者不信，以帊㊻蓋局，使更以他局為之。用相比校，不誤一道。其彊記默識如此。性善算，作算術，略盡其理。善屬文㊼，舉筆便成，無所改定，時人常以為宿構㊽；然正復精意覃思㊾，亦不能加也㊿。著詩、賦、論、議垂[51]六十篇。建安二十一年，從征吳[52]。二十二年春，道病卒，時年四十一[53]。粲二子，為魏諷[54]所引，誅。後絕。

【章旨】以上是〈王粲傳〉。依次敘述了他的家世、成年後的主要行跡，以及出眾的才華。寫王粲的才華，選取了背碑文、覆棋局二事，於此表現出王粲的強記默識。

【注釋】❶山陽　郡名。治所在今山東金鄉西北。❷高平　縣名。治所在今山東微山縣西北。❸龔　裴松之注引張璠《漢紀》曰：「龔，字伯宗，有高於天下。順帝時為太尉。」事跡見《後漢書．王龔列傳》。❹暢　裴松之注引張璠《漢紀》云：「暢，字叔茂，名在八俊。靈帝時為司空，以水災免，而李膺亦免歸故郡，二人以直道不容當時。天下以暢、膺為高士，諸危言危行之徒，皆推宗之。」《後漢書》有傳。❺三公　後漢以太尉、司徒、司空為三公。❻謙　盧弼《集解》引梁章鉅語曰：「謙之歷官不可考。曹子建〈王仲宣誄〉云：『伊君顯考，奕葉佐時。入管機密，朝政以治。出臨逆岱，庶績咸熙。』蓋亦當時一顯官矣。」❼大將軍　官名。與三公相上下。漢武帝時起領錄尚書事，外主征戰，內秉國政，權勢過於丞相。東漢多以貴戚任之，位在三公上。❽何進　字遂高，南陽宛（今河南南陽）人。靈帝朝以女弟為皇后，徵拜侍中，遷大將軍。征討黃巾軍，以功封慎侯。何太后臨朝，進為太傅，後以謀誅中官，反為其害。《後漢書》有傳。❾長史　官名。漢相國、丞相，東漢太尉、司徒、司空、將軍府，各有長史。王謙為何進將軍府長史，秩千石，六品，署府內諸曹事務。❿胄　後裔。⓫獻帝　漢孝獻皇帝劉協。東漢靈帝中平六年（西元一八九年），靈帝死，子劉辯嗣位，董卓廢少帝為弘農王，立陳留王劉協，是為漢孝獻皇帝。獻帝初平元年（西元一九〇年），關東州郡起兵討董卓，卓脅獻帝西遷長安，殺京師富室，沒其財物，悉驅徙百姓數百萬人於長安。⓬左中郎將　官名。秩比二千石，主左署郎，職隸光祿勳。東漢又稱東中郎將。⓭蔡邕　字伯喈，陳留圉（今河南杞縣）人，漢末著名文學家。少博學，好辭章。中平六年，靈帝崩，董卓為司空，聞邕名高，辟之。初平元年

（西元一九〇年），拜左中郎將，從獻帝遷都長安，封高陽鄉侯。《後漢書》有傳。⑭倒屣迎之　形容蔡邕急於見到王粲，迎粲時竟將鞋子穿倒了。屣，鞋子。⑮吾家書籍文章二句　張華《博物志・人名考》云：「蔡邕有書萬卷，漢末年載數車與王粲。」按：蔡邕藏書盡與王粲事，互見《三國志・鍾會傳》裴松之注引《博物記》。⑯司徒　官名。西周始置，掌治民事、戶口、官司籍田、徵發徒役和徵收財賦。西漢哀帝元壽二年（西元前四〇年）改為大司徒，為三公之一。東漢去「大」字，稱司徒，主教化。⑰辟　任命。東漢的三公、大將軍、州牧、郡太守有權自行任命府署官吏，無須通過朝廷選官機構批准，這種任命叫做「辟」。⑱詔除　下詔任命。這是通過朝廷選官機構發出的任命，又稱「除」。⑲黃門侍郎　官名。東漢置，六百石，無定員。掌侍從左右，給事中，關通中外。漢獻帝時，又置給事黃門侍郎六人，出入禁中，省尚書事。⑳西京　即長安。㉑荊州　州名。東漢治所在今湖南常德東北。初平中，劉表為荊州刺史，徙治今湖北襄樊。㉒劉表　字景升，山陽高平（今山東微山縣西北）人，魯恭王之後。與同郡張隱等號為「八顧」。詔書捕案黨人，表亡走得免。黨禁解，辟大將軍何進掾。東漢初平元年（西元一九〇年），長沙太守孫堅殺荊州刺史王叡，詔書以表為荊州刺史。事跡詳見本書卷六〈劉表傳〉。㉓貌寢　狀貌醜陋短小。或以為謂狀貌不揚。㉔通侻　裴松之注：「通侻者，簡易也。」謂舉止隨便，不重修飾，不拘小節。㉕琮　劉表幼子。《後漢書・劉表列傳》謂劉表有「二子：琦、琮。表初以琦貌類於己，甚愛之。後為琮娶其後妻蔡氏之姪，蔡氏遂愛琮而惡琦，毀譽之言日聞於表。表寵耽後妻，每信受焉。」表卒，遂以琮為嗣。事跡見本書卷六〈劉表傳〉。㉖太祖　即曹操。古代帝王死後在宗廟立廟奉祀時，要根據其地位業績確定一個名號，叫廟號。曹丕代漢稱帝後，於魏黃初四年（西元二二三年）為操立廟，定廟號為太祖。裴松之注引《文士傳》載有王粲說劉琮降曹語。而《後漢書・劉表列傳》言劉琮降曹，乃蒯越、韓嵩及東曹掾傅巽等說，不言王粲。㉗丞相掾　官名。丞相屬吏。漢制，掾為丞相自辟，分曹治事。其東、西曹掾秩比四百石，餘掾比三百石。曹魏因之。㉘關內侯　封爵名。爵第十九級，位次於列侯。有其號，無國邑。㉙觴　酒杯。㉚方今袁紹起河北　《後漢書・袁紹列傳》云：「初平元年，紹遂以渤海起兵，與從弟後將軍術、冀州牧韓馥、豫州刺史孔胄、兗州刺史劉岱、陳留太守張邈、廣陵太守張超、河內太守王匡、山陽太守袁遺、東郡太守橋瑁、濟北太守鮑信等同時俱起，眾各數萬，以討（董）卓為名。」遙推紹為盟主。紹自號車騎將軍，領司隸校尉。詳本書卷六〈袁紹傳〉。㉛好　愛。㉜雍容文雅大方，從容不迫。此有貶意，暗指劉表缺乏統一天下的雄心大志。㉝荊楚　國名。指楚國。楚國最早的疆域約當古荊州之地，故亦稱荊楚。㉞坐　只；但。㉟西伯　西方諸侯之長。指周文王。《史記・殷本紀》：「西伯出而獻洛西之地，以請除炮格之刑。紂乃許之，賜弓矢斧鉞，使得征伐，為西伯。」㊱規　效法；榜樣。㊲冀州　州名。三國魏治所在今河北冀州。

曹操破袁紹後，領本州牧。㊳繕　治。㊴江漢　泛指長江、漢水流域地區。㊵畢　盡。㊶三王　謂夏、商、周三代開國之君。㊷軍謀祭酒　官名。東漢建安三年（西元一九八年）曹操為漢丞相時始置軍師祭酒，第五品。晉避司馬師諱，改「師」為「謀」。為參謀軍事之官職。㊸侍中　官名。西漢侍中，侍從皇帝，出入宮廷，應對顧問，但並不是正式官職，至東漢地位日尊，由加官而發展成秩比二千石的實職。東漢建安十八年（西元二一三年），曹魏初置侍中，黃初以來因之。㊹典　主持。㊺闇誦　默誦。㊻帊　帛二幅曰帊。一說是襆，即頭巾。㊼屬文　寫文章。㊽宿構　預先構思而成。㊾覃思　深思。㊿亦不能加也　裴松之注引《典略》曰：「粲才既高，辯論應機。鍾繇、王朗等雖各為魏卿相，至於朝廷奏議，皆擱筆不能措手。」(51)垂　近。(52)建安二十一年二句　建安二十一年，西元二一六年。從征吳，本書〈武帝紀〉云：二十一年，「冬十月，治兵，遂征孫權，十一月，至譙。」《藝文類聚》卷三十七載粲〈弔夷齊文〉云：「歲旻秋之仲月，從王師以南征。」按：〈弔夷齊文〉云仲秋，與〈武帝紀〉十月征孫權不合。(53)道病卒二句　據《文選》卷五十六曹植〈王仲宣誄〉，王粲卒於建安二十二年（西元二一七年）正月二十四日。當生於熹平六年（西元一七七年）。《寰宇記》卷十四：「王粲墓在濟州任城縣南五十二里。」按：任城在今山東濟寧東南三十公里。(54)魏諷　本書卷一〈武帝紀〉：建安二十四年，「九月，相國鍾繇坐西曹掾魏諷反，免。」裴松之注引《世語》曰：「諷，字子京，沛人，有惑眾才，傾動鄴都，鍾繇由是辟焉。大軍未反，諷潛結徒黨，又與長樂衛尉禕謀襲鄴。未及期，禕懼，告之太子，誅諷，坐死者數十人。」

【語譯】 王粲，字仲宣，山陽郡高平縣人。曾祖父王龔，祖父王暢，都是漢代的三公。父親王謙，是大將軍何進的長史。何進因為王謙是著名三公的後裔，想與他結為婚姻，讓自己的兩個兒子出來，給王謙挑選。王謙沒有同意。因病免官，卒於家中。

2 漢獻帝西行遷都，王粲移居長安，左中郎將蔡邕見到他，驚異他的才能。當時蔡邕才學卓著，在朝廷中地位顯貴，家門前常常車馬盈巷，家中總是賓客滿座。聽說王粲在門口求見，慌亂中倒穿著鞋子便出去迎接他。王粲來到，由於年幼體弱，身材矮小，滿座賓客都很吃驚。蔡邕說：「這是王公的孫子，有出眾的才能，我不如他。我家的書籍文章，應該全部送給他。」十七歲時，司徒徵召他，皇帝下詔任命他為黃門侍郎，由於西京混亂，都沒有到任，便往荊州依附劉表。劉表因為他相貌醜陋，而又身體瘦弱，舉止隨便，不是很看重他。劉表去世，王粲勸說劉表的兒子劉琮，讓他歸順太祖。太祖任命王粲為丞相府掾屬，賜給他關內侯的爵位。太祖在漢水岸邊擺酒設筵，王粲舉杯祝賀說：「當今袁紹興兵河北，依仗人多勢眾，有志兼併天下，但是他喜歡賢士卻不能任用，所以傑出之士都離開了他。劉表在荊州悠閒從容，坐觀時勢的變化，自認為可以效法周文王。到荊州避亂的文人士子，都是天下的俊傑之士；劉表不知道怎樣任用，所以國家面臨危亡而無人輔佐。明公平定冀州的時候，下車就整頓軍隊，收攬豪傑並予以任用，以縱橫馳騁於天下；等到平定了長江、漢水流域，又拔取這一帶的賢俊之士，並把他們安排在各種職位上，使舉國上下人心歸附，仰慕春風，希望迅速得到治理，文臣武將一起使用，英雄豪傑盡全力而為，這是夏禹、商湯、周文王的作為啊。」王粲後來升遷軍謀祭酒。魏國建立後，任命為侍中。他博知萬物，識多見廣，問無不答。當時舊的禮儀廢弛，制訂新的典章制度，常由王粲主持。

3 當初，王粲與別人一起走路，閱讀路邊的碑文。那人問他：「你能背誦嗎？」王粲說：「能。」於是讓他背對著碑誦讀，一字不漏。看人下棋，棋局亂了，王粲讓棋局恢復原樣。下棋的人不相信，用頭巾遮蓋住棋局，讓他用另外一副棋擺出棋局。將兩者相比較，一著不差。他的記憶力強到如此程度。生性善於計算，作算術，能大略窮盡計算的原理。善於寫文章，下筆便成，不用修改，當時人們常常以為他是事先構思好的；但是即使再精心深思，也不能寫得更好了。撰著詩、賦、論、議近六十篇。建安二十一年，跟隨太祖征伐吳國。二十二年春天，在路途中病逝，當時才四十一歲。王粲有兩個兒子，被魏諷謀反一事所牽連，遭誅殺。後嗣斷絕。

1 始文帝為五官將❶，及平原侯植❷皆好文學。粲與北海徐幹❸字偉長、廣陵❹陳琳字孔璋、陳留❺阮瑀字元瑜、汝南❻應瑒字德璉、東平❼劉楨字公幹並見友善。

幹為司空軍謀祭酒掾屬⑧，五官將文學⑨。

2

琳前為何進主簿⑩。進欲誅諸宦官⑪，太后⑫不聽，進乃召四方猛將，並使引兵向京城，欲以劫恐太后。琳進諫曰：「易稱『即鹿無虞』⑬。諺有『掩目捕雀』。夫微物尚不可欺以得志，況國之大事，其可以詐立乎？今將軍總皇威，握兵要，龍驤虎步⑭，高下在心⑮；以此行事，無異於鼓洪爐以燎毛髮。但當速發雷霆⑯，行權立斷，違經合道⑰，天人順之；而反釋⑱其利器，更徵⑲於他。大兵合聚，彊者為雄，所謂倒持干戈⑳，授㉑人以柄；必不成功，祇為亂階㉒。」進不納其言，竟以取禍。琳避難冀州，袁紹使典文章㉓。袁氏敗，琳歸太祖。太祖謂曰：「卿昔為本初㉔移書㉕，但可罪狀孤而已，惡惡㉖止其身，何乃上及父祖邪㉗？」琳謝罪㉘，太祖愛其才而不咎㉙。

3

瑀少受學於蔡邕㉚。建安中都護㉛曹洪㉜欲使掌書記㉝，瑀終不為屈㉞。太祖並以琳、瑀為司空軍謀祭酒，管記室㉟，軍國書檄㊱，多琳、瑀所作也㊲。琳徙門下督㊳，瑀為倉曹掾屬㊴。

4

瑒、楨各被太祖辟，為丞相掾屬。瑒轉為平原侯㊵庶子㊶，後為五官將文學㊷。楨以不敬被刑，刑竟署吏㊸。咸著文賦數十篇㊹。

5

6

瑀以十七年[45]卒。幹、琳、瑒、楨二十二年卒。文帝書與元城令吳質[46]曰：「昔年疾疫，親故多離[47]其災，徐、陳、應、劉，一時俱逝。觀古今文人，類不護細行[48]，鮮[49]能以名節自立。而偉長獨懷文抱質[50]，恬淡[51]寡欲，有箕山之志[52]，可謂彬彬君子[53]矣。著中論[54]二十餘篇，辭義典雅，足傳于後。德璉常斐然[55]有述作[56]意，其才學足以著書，美志不遂[57]，良可痛惜！孔璋章表殊健，微為繁富[58]。公幹有逸氣[59]，但未遒[60]耳。元瑜書記翩翩[61]，致足樂也。仲宣獨自善於辭賦[62]，惜其體弱[63]，不起[64]其文；至於所善，古人無以遠過[65]也。昔伯牙絕絃於鍾期[66]，仲尼覆醢于子路[67]，痛知音之難遇，傷門人之莫逮[68]也。諸子但為未及古人，自一時之儁也。」

【章旨】以上是文士徐幹、陳琳、阮瑀、應瑒、劉楨的簡略傳記，文末以文帝與吳質書語總評作結，或概述一人的品行，或評論一人的為文風格。

【注釋】❶始文帝為五官將　文帝，魏文帝曹丕。五官將，即五官中郎將。官名。中郎因供事於禁中而得名，實為「中郎中」之省稱。其長為中郎將。漢武帝時設中郎三將，其首為五官中郎將，主五官中郎。曹魏因置，秩比二千石，第四品。東漢建安十六年（西元二一一年），漢獻帝命曹丕為五官中郎將，充當丞相曹操副手，這一官職便帶上特殊性質。❷平原侯植　即曹植。文學家。字子建，曹丕胞弟。善屬文，言出為論，下筆成章，曹操甚異之。東漢建安十六年（西元二一一年），封平原侯。事見本書卷十九〈陳思王傳〉。❸北海徐幹　北海，郡國名。三國魏治所在今山東濰坊西南。徐幹，北海國劇（今山東昌樂西）人。「建安七子」之一，擅長詩賦，所作文辭為曹丕稱道。著《中論》，反對東漢以來的訓詁章句之學。有文集，已佚，後人輯有《徐偉長集》一卷。❹廣陵　郡名。漢治所在今江蘇揚州。三國魏移治今江蘇清江。❺陳留　郡名。治所在今河南開封東南。❻汝南　郡名。東漢治所在今河南平輿。其後治所屢遷。❼東平　郡國名。三國魏治所在今山東東平南。❽司空軍謀祭酒掾屬　曹魏司空有軍師祭酒，後因避晉司馬師諱，或稱軍祭酒，或稱軍謀祭酒。東漢建安三年（西元一九八年），曹操任漢司空時始置，五品。司空掾屬，司空所屬掾吏的總稱。❾五官將文學　官名。曹魏置。東漢建安十八年（西元二一三年）曹丕任五官將，置官屬，有文學，以徐幹、應瑒等人任此官，掌校典籍，侍奉文章。❿主簿　官名。漢制御史臺及郡縣置主簿，掌文書簿籍及印鑑。後漢、曹魏太傅、相國、大將軍及三公府亦置主簿。時何進任大將軍，陳琳任大將軍府主簿。⓫宦官　指被閹割失去性能力在宮庭內侍奉皇帝、后妃的官員。⓬太后　即靈思何皇后，漢靈帝夫人，少帝劉辯之母，何進妹。南陽宛（今河南南陽）人。家本屠戶，選入掖庭，生劉辯，拜貴人，有寵。其異母兄何進為大將軍。東漢光和三年（西元一八〇年）立為皇后。中平六年（西元一八九年），劉辯即位，尊為皇太后，臨朝稱制。董卓進京，廢劉辯，立劉協，將其鴆殺。⓭即鹿無虞　語出《周易・屯卦》六三爻辭「即鹿無虞，惟入於山林」。意思是說，人在打獵時，想找到鹿應當有虞官的幫助。如果沒有虞官的幫助，就只能是空入山林，而得不到鹿。即，就；靠近。虞，主管山澤之官。⓮龍驤虎步　形容人昂首闊步，氣勢威武。驤，馬首昂舉，引申為上舉。⓯高下在心　或上或下，隨意行事。⓰雷霆　霹靂。比喻有權威的命令。⓱違經合道　打破常規合乎道義。違，違反，此指衝破、打破。經，正常；常規。道，道義。⓲釋　放棄。⓳徵　求。⓴干戈　盾牌與槍矛，皆古代常用的兩種兵器。㉑授　原作「受」，今從中華書局印本。㉒亂階　禍亂的根源。《詩經・小雅・巧言》：「無拳無勇，職為亂階。」階，因由；根源。㉓典文章　職掌草擬公文。㉔本初　袁紹字本初。㉕移書　古代的一種文告，多來往於不相統屬的官員之間。此指陳琳所寫的〈為袁紹檄豫州〉文，見蕭統《文選》卷四十四。㉖惡惡　《國語・晉語一》：「吾聞君子好好而惡惡，樂樂而安安，是以能有常。」前「惡」，動詞，憎恨；後「惡」，名詞，邪惡。㉗何乃上及父祖邪　〈為袁紹檄豫州〉一文中罵曹操的祖父曹騰與左倌、徐璜等人一道為非作歹；罵其父曹嵩，靠曹騰收養，生活奢侈，結交權貴，竊取太尉之職，危害國家等。乃，卻。㉘琳謝罪　《太平御覽》卷五九七引《魏書》：「琳謝曰：『矢在弦上，不得不發。』」㉙咎　追究。㉚蔡邕　見前〈王粲傳〉注。邕為陳留圉（今河南杞縣）人，瑀為陳留尉氏（今河南開封）人。《太平御覽》卷三八五引《文士傳》云：「瑀少有儁才，應機捷麗，就蔡邕學。歎曰：『童子奇眉，朗朗無雙。』」㉛都護　官名。漢宣帝時，置兩域都護，為加官。東漢光武時，設都護將軍，三國魏沿置，第三品。㉜曹洪　字子廉，沛國譙（今安徽亳州）人，曹操從弟。救曹操於討伐董卓之役，從征張邈、呂布、劉表有功，累遷鷹揚校尉、驃騎將軍等。文帝時因舍客犯法，被免官削爵土。明帝即位後，復為後將軍。詳見本書卷九〈曹洪傳〉。㉝書記　官名。主管文書之事。㉞瑀終不為屈　《御覽》卷二四九引《典略》云：「瑀以才自護。曹洪聞其有才，欲使答報書，瑀不肯，榜笞瑀，瑀終不屈。洪以語曹公，公知其無病，使人呼瑀。瑀終怖，詣門。公見之曰：『卿不肯為洪，且為我作之。』瑀曰：『諾。』遂為記室。」㉟記室　官名。主管上表章、起草文稿。㊱書檄　書，書信。檄，用於徵召、罪責、曉慰等軍中文書。㊲多琳瑀所作也　裴松之注引《典略》曰：「琳作諸書及檄，草成呈太祖。太祖先苦頭風，是日疾發，臥讀琳所作，翕然而起曰：『此愈我病。』數加厚賜。太祖嘗使瑀作書與韓遂，時太祖適近出，瑀隨從，因於馬上具草，書成呈之，太祖臨筆欲有所定，而竟不能增損。」㊳門下督　官名。將帥府屬官，曹操時置。後驃騎將軍、車騎將軍、衛將軍等將軍府內均置門下督一人，七品。㊴倉曹掾屬　官名。指倉曹掾和倉曹屬，二者並置，掾為正，屬為副。㊵平原侯　指曹植。植東漢建安十六年（西元二一一年）封平原侯。㊶庶子　官名。太子及諸王、侯均置此官，職掌宿衛侍從。㊷五官將文學　官名。見前注。㊸楨以不敬被刑二句　據裴松之注引《典略》及《御覽》卷四六四引《文士傳》，太子曹丕嘗請諸文學，酒酣坐歡，命夫人甄氏出拜。坐中眾人都俯伏，只有楨平視。曹操聽到了，大怒，拘捕楨，減死輸作部。後因言辭辯捷，曹操赦楨，復署吏。㊹咸著文賦數十篇　《隋書・經籍志》著錄《應瑒集》梁時有五卷，隋僅錄一卷，餘亡。兩《唐志》卷帙同，宋後已不見著錄。明張溥將其作品與弟應璩合輯僅得一卷，收入《漢魏六朝百三家集》中。近人嚴可均輯其文賦二十餘篇入《全後漢文》。劉楨於七子中文學成就較高。曹丕〈與吳質書〉謂「其五言詩之善者，妙絕時人」。《詩品》也說「自陳思以下，楨稱獨步」，今傳十五首。明張溥輯《劉公幹集》一卷，近人嚴可均輯文、賦十篇入《全後漢文》。㊺十七年　東漢建安十七年（西元二一二年）。㊻元城令吳質　元城縣令吳質。元城，縣名。治所在今河北大名東。令，東漢制度，萬戶以上縣行政長官稱令，萬戶以下稱長。吳質，字季重，濟陰（今山東定陶西北）人。初出為朝歌長，遷元城令。以學識淵博，為曹丕器重。見下附傳。曹丕〈與吳質書〉全文見裴松之注引《魏略》及蕭統《文選》卷四十二。㊼離　遭受。㊽類不護細行　即大多不拘小節。類，率；大多。護，檢點。細行，小節。㊾鮮　少。㊿懷文抱質　懷有文采，為人質樸。(51)恬淡　心境淡泊，不求名利。(52)箕山之志　不求名利的隱逸之志。相傳堯讓天下與許由，不受，遁耕隱居於箕山之下。見《呂氏春秋・一行》。(53)彬彬君子　《論語・雍也》：「文質彬彬，然後君子。」彬彬，文質兼備貌。(54)中論　政論著作，今存，上下兩卷共二十篇，大要闡明儒家經義，提出「大義為先，物名為後」的治學主張。(55)斐然　文采煥發的樣子。(56)述作　《論語・述而》：「述而不作。」述，闡述前人成說。作，發明創作。此指寫作文章。57美志不遂　美好的志願不能實現。遂，實現。58繁富　文章冗長，不精鍊。59逸氣　奔放飄逸之氣象。60遒　剛勁有力。61翩翩　《詩經・小雅・四牡》：「翩翩者鵻，載飛載下。」本指鳥飛輕疾貌，此形容文章風采，文辭美好。62辭賦　文體名。辭，指以屈原為代表的楚辭。賦，指漢以來形成的一種文體，由於它在形式上繼承了楚辭的一些特點，所以漢代人稱之為辭賦。能否寫作辭賦，是當時衡量一個文人文才高下的重要標準。東漢後期，鋪張揚厲的大賦讓位於抒情小賦。王粲賦作即以抒情見長，現存有〈登樓賦〉等二十餘篇。63體弱　曹丕《典論・論文》：「文以氣為主，氣之清濁有體，不可力強而致。」體，大致指作者的個性、氣質。體弱，指文章氣魄不足。64起　挑起；振起。65無以遠過　不能超過他多少。66昔伯牙絕絃於鍾期　伯牙，俞伯牙，春秋時人，以精於琴藝著名。《荀子・勸學》：「伯牙鼓琴而六馬仰秣。」鍾期，鍾子期，春秋時楚人。精音律。遇伯牙彈琴，聽之。伯牙奏〈高山流水〉，子期曰：「巍巍乎若高山，蕩蕩乎若流水。」二人遂為知音。子期死，伯牙謂世無知音者，乃絕絃破琴，終身不復鼓琴。見《淮南子・脩務》、《風俗通義・聲音》。67仲尼覆醢于子路　子路在衛國內亂中而死，孔子哭之，當聽到送訊的人說是被剁成肉醬而死的，遂叫人將自己愛吃的肉醬倒掉。典出《禮記・檀弓上》。仲尼，孔子字仲尼。醢，肉醬。子路，孔子弟子。68逮　及；比得上。

【語譯】當初文帝任五官中郎將時，與平原侯曹植都愛好文學。王粲與北海徐幹字偉長、廣陵陳琳字孔璋、陳留阮瑀字元瑜、汝南應瑒字德璉、東平劉楨字公幹都被文帝、曹植友善對待。

2　徐幹任司空軍謀祭酒屬官，擔任五官中郎將文學。

3　陳琳先前曾任何進的主簿。何進想殺掉宦官，太后沒有答應，何進就徵召四面八方的猛將，並讓他們帶領兵馬前進京城，想以此來威逼恐嚇太后。陳琳進諫說：「《周易》上說『獵鹿而沒有虞官的幫助』。諺語說『遮著眼睛捕麻雀』。這些細微之物尚且不能利用欺詐來達到目的，何況是國家大事，怎麼可以依靠欺詐成事呢？現在將軍集皇室威望於一身，掌握兵權，龍騰虎步，高下隨心所欲；憑著這個條件辦事，無異於向大爐鼓風焚燒毛髮般輕易。只該迅速啟動雷霆之威，行變通之法，當機立斷，雖然有違常規，但符合道義，天命和人心都會順從；您反而放棄手中的銳利武器，另求於他人。大兵聚集，強者稱雄，這就是所謂倒持干戈，把手柄交給別人；一定不會成功，只會成為禍亂的根源。」何進不採納他的話，終於招致災禍。陳琳避難冀州，袁紹讓他主管起草文書。袁紹失敗後，陳琳歸附了太祖。太祖對他說：「你過去為袁紹寫檄書，只該列舉我的罪狀就罷了，憎恨惡人只限於他本人，為什麼卻向上涉及到我的父親和祖父呢？」陳琳謝罪，太祖憐愛他的才學而不予追究。

4 阮瑀年輕時曾跟隨蔡邕學習。建安年間都護將軍曹洪想要他主管文書工作，阮瑀始終沒有屈從。太祖同時任命陳琳、阮瑀為司空軍謀祭酒，掌管記室，軍國書檄，很多是陳琳、阮瑀所寫。陳琳調任門下督，阮瑀為倉曹掾屬。

5 應瑒、劉楨分別被太祖徵召，擔任丞相府屬官。應瑒轉任平原侯庶子，後來任五官中郎將文學。劉楨因「不敬」之罪被判刑，刑滿後又被任用為吏。都撰有文、賦數十篇。

6 阮瑀於建安十七年逝世。徐幹、陳琳、應瑒、劉楨於建安二十二年逝世。魏文帝寫信給元城令吳質說：「往年瘟疫流行，親戚朋友很多遭遇災難，徐、陳、應、劉，同時全都去世了。考察古今文人，大多不注意小節，很少有人能靠名節自立於世。而唯獨徐偉長胸懷文才，為人質樸，淡泊寡欲，有隱居箕山之意，可說是文質兼備的彬彬君子了。他著有《中論》二十餘篇，辭義典雅，完全可以流傳於後世。應德璉文采煥發又有著述的念頭，他的才學完全可以著書，但美好的志願沒有實現，實在令人痛惜！陳孔璋的章表異常有力，只是稍嫌繁瑣。劉公幹文氣奔放，只是不夠剛勁有力罷了。阮元瑜的書札、奏記，文采優美，足可使人感到快樂。王仲宣獨獨善於辭賦，可惜氣魄不足，不能提起文章的氣勢；至於為文所長，古人也無法超過他很多。從前伯牙在鍾子期死後棄琴不彈，孔子為子路之死倒掉肉醬，是痛惜知音難遇，哀傷活著的學生沒人能趕上他。這幾個人雖說比不上古人，但自是一個時代的俊傑。」

1 自潁川❶邯鄲淳❷、繁欽❸、陳留路粹❹、沛國❺丁儀❻、丁廙❼、弘農楊修❽、河內❾荀緯❿等，亦有文采，而不在此七人之例。

2 瑒弟璩⑪，璩子貞⑫，咸以文章顯。璩官至侍中。貞咸熙⑬中參相國軍事⑭。

3 瑀子籍⑮，才藻豔逸⑯，而倜儻放蕩⑰，行己寡欲，以莊周⑱為模則⑲。官至步兵校尉⑳。

4 時又有譙郡㉑嵇康㉒，文辭壯麗，好言老、莊㉓，而尚奇任俠㉔。至景元㉕中，坐㉖事誅。

5 景初㉗中，下邳㉘桓威㉙出自孤微㉚，年十八而著渾輿經㉛，依道以見意。從齊國㉜門下書佐㉝、司徒署吏㉞，後為安成㉟令。

6 吳質，濟陰㊱人，以文才為文帝所善㊲，官至振威將軍㊳，假節㊴都督河北諸軍事，封列侯㊵。

【章旨】以上簡略的記載稍晚於建安七子的十三位文士的事跡。

【注釋】❶潁川　郡名。以潁水得名，治所在今河南禹州。❷邯鄲淳　字子叔（又作「子淑」、「子禮」），博學有才章，初平時，從三輔客荊州，得太祖召見，甚敬異之。又得曹植喜愛。文帝即位，以淳為博士給事中。裴松之注引《魏略》、《後漢書・曹娥列傳》注引《會稽典錄》皆存小傳。❸繁欽　字伯休，以文才機辯，少得名於汝、潁。欽長於書記，善為詩賦。為丞相主簿。建安二十三年（西元二一八年）卒。裴松之注引《典略》略載其行跡。❹路粹　字文蔚，少學於蔡邕。建安初，以高才擢拜尚書郎。後為軍謀祭酒，與陳琳、阮瑀等典記室。人睹其所作，無不嘉其才。十九年，粹轉為祕書令，從大軍至漢中，坐違禁賤請驢伏法。太子曹丕素與粹善。聞其死，為之歎惜。及即帝位，特用其子為長史。裴松之注引《典略》略載其行跡。❺沛國　東漢改沛郡為沛國，為郡級行政單位。三國魏為王國封地。治所在今江蘇沛縣。❻丁儀　字正禮，父沖，與太祖親善，任司隸校尉。儀官至西曹掾。後與其弟丁廙、楊修俱為臨菑侯曹植羽翼，文帝即位，被殺。❼丁廙　字敬禮，少有才姿，博學洽聞，建安中為黃門郎，後為文帝曹丕殺害。丁氏兄弟事俱見本書卷十九〈陳思王傳〉。❽楊修　字德祖，弘農華陰（今陝西華陰東）人，漢太尉楊震後裔，好學有俊才。建安中，舉為孝廉，任郎中，後為曹操主簿，曾為曹植羽翼。操忌修才，且以修乃袁術之甥，慮為後患，建安二十四年（西元二一九年）因事殺之。事見本書卷十九〈陳思王傳〉。❾河內郡名。治所在今河南武陟西南。❿荀緯　荀勖《文章敘錄》曰：「緯，字公高，少喜文學。建安中，召署軍謀掾，魏太子庶子，稍遷至散騎常侍、越騎校尉。年四十二，黃初四年卒。」⓫璩　字休璉，博學好文，善為書記。文帝、明帝世，歷官散騎常侍。齊王即位，稍遷侍中、大將軍長史。曹爽秉政，多違法度，璩為詩諷諫。復為侍中，典著作。嘉平四年（西元二五二年）卒，追贈衛尉。裴松之注引《文章敘錄》略載其事。⓬貞　字吉甫，少以才聞，善談論。晉武帝為撫軍大將軍，以貞參軍事。晉室之初，遷太子中庶子、散騎常侍。又以儒學與太尉荀顗撰定新禮，事未施行。泰始五年（西元二六九年）卒。裴松之注引《文章敘錄》略載其事。⓭咸熙　魏元帝曹奐年號，西元二六四—二六五年。⓮參相國軍事　參與相國的軍事謀議。時司馬炎任相國、撫軍大將軍，貞任參軍。⓯瑀子籍　阮瑀的兒子阮籍，字嗣宗。魏晉之際著名文學家，有〈詠懷詩〉八十二首。《晉書》有傳。⓰才藻豔逸　指才情和文彩華美超邁。⓱倜儻放蕩　灑脫不受拘束，狂放任性而為。⓲莊周　戰國時宋之蒙（今河南商丘）人，道家學派代表人物，主張順應自然，為人放蕩不羈。⓳模則　榜樣。⓴步兵校尉　官名。西漢置，掌上林苑門屯兵。東漢因之，秩比兩千石。在軍事上地位已不重要，但官位仍高，且常不用武人擔任。㉑譙郡　治所在今安徽亳州。㉒嵇康　字叔夜。魏晉之際著名文學家。裴松之注引《魏氏春秋》曰：「康寓居河內之山陽縣，與之遊者，未嘗見其喜慍之色。與陳留阮籍、河內山濤、河南向秀、籍兄子咸、琅邪王戎、沛人劉伶相與友善，遊於竹林，號為七賢。」「所著諸文論六七萬言，皆為世所玩詠。」㉓好言老莊　好談論老子、莊子之學說。㉔尚奇任俠　崇尚奇行，以打抱不平，負氣仗義自任。㉕景元　魏元帝曹奐年號，西元二六〇—二六四年。㉖坐　獲罪。裴松之注引《魏氏春秋》曰：「初，康與東平呂昭子巽及巽弟安親善。會巽淫安妻徐氏，而誣安不孝，囚之。安引康為證。康義不負心，保明其事，安亦志烈，有濟世志力。鍾會勸大將軍因此除之，遂殺安及康。」㉗景初　魏明帝曹叡年號，西元二三七—二三九年。㉘下邳　國名。治所在今江蘇睢寧西北。㉙桓威　三國時魏學者。曾任安成令。㉚孤微　門第孤弱微賤。㉛渾輿經　《隋書・經籍志》、《舊唐書・經籍志》、《新唐書・藝文志》均著錄一卷，列入子部道家類。此書宋以後亡佚。㉜齊國　西漢改臨淄郡置齊國，自漢至晉，或為國，或為郡，治所在今山東臨淄。㉝門下書佐　官名。漢制，郡守親近屬吏有門下書佐，係郡守自行辟舉，主記錄、繕寫、起草、宣讀公文。三國時因之。㉞司徒署吏　官名。曹魏置。為司徒府屬吏。㉟安成　縣名。治所在今河南汝南東南。㊱濟陰　郡國名。漢景帝時分梁國置國，後改為郡。治所在今山東定陶西北。㊲以文才為文帝所善　吳質字季重，以才學通博，被曹丕及諸侯所禮愛。出為朝歌長，遷元城令。及魏有天下，文帝徵質，會於洛陽。拜北中郎將，封列侯，使持節督幽、并諸軍事，治信都。太和中，入朝。文帝曾兩次與吳質書，情款意切。裴松之注引《魏略》略載其行跡。㊳振威將軍　武官名。東漢雜號將軍之一，曹魏沿置，第四品。㊴假節　暫授以符節。曹魏時，中央或地方軍政長官，往往加假節、持節等名號，以表示權力之大小。假節者，有殺犯軍令者之權。㊵列侯　爵位名。漢初稱徹侯，因避漢武帝劉徹諱，改稱通侯，後又改為列侯。有封邑，功大者食縣，功小者食鄉、亭。

【語譯】還有潁川邯鄲淳、繁欽，陳留路粹，沛國丁儀、丁廙，弘農楊脩，河內荀緯等，也有文采，但不在這七人之列。

2 應瑒的弟弟應璩，應璩的兒子應貞，都以文章著稱。應璩官至侍中。應貞在咸熙年間參與相國府的軍事謀議。

3 阮瑀的兒子阮籍，文辭豔美超邁，但個性灑脫狂放，為人恬淡寡欲，以莊周為榜樣。官至步兵校尉。

4 當時又有譙郡嵇康，文辭雄壯華麗，喜歡談論老莊思想，而又崇尚標新立異，仗義行俠。至景元年間，因事獲罪而被誅殺。

5 景初年間，下邳桓威出身於寒門，十八歲時撰寫了《渾輿經》，依據道家思想來表達自己的見解。任齊國門下書佐、司徒署吏，後來擔任安成縣縣令。

6 吳質，濟陰人，因為文才被文帝所親近。官至振威將軍，假節督察管理河北各路軍隊，封為列侯。

1 衛覬，字伯儒，河東安邑❶人也。少夙❷成，以才學稱。太祖辟為司空掾屬，除茂陵❸令、尚書郎❹。太祖征袁紹，而劉表為紹援，關中❺諸將❻又中立。益州牧劉璋[7]與表有隙，覬以治書侍御史[8]使益州，令璋下兵以綴[9]表軍。至長安，道路不通，覬不得進，遂留鎮關中。時四方大有還民，關中諸將多引為部曲[10]。覬書與荀彧[11]曰：「關中膏腴[12]之地，頃遭荒亂，人民流入荊州者十餘萬家[13]，聞本土安寧，皆企望思歸。而歸者無以自業，諸將各競招懷，以為部曲。郡縣貧弱，不能與爭，兵家遂彊。一旦變動，必有後憂。夫鹽，國之大寶也，自亂來放散[14]，宜如舊置使者監賣，以其直益市犁牛[15]。若有歸民，以供給之。勤耕積粟，以豐殖關中。遠民聞之，必日夜競還。又使司隸校尉[16]留治關中以為之主，則諸將日削，官民日盛，此彊本弱敵之利也。」彧以白太祖。太祖從之，始遣謁者僕射[17]監鹽官，司隸校尉治弘農[18]。關中服從，乃白召覬還，稍遷尚書[19]。魏國既建，拜侍中，與王粲並典[20]制度。文帝即王位，徙為尚書。頃之，還漢朝為侍郎[21]，勸贊禪代[22]之義，為文誥之詔[23]。文帝踐阼[24]，復為尚書，封陽吉亭侯[25]。

2 明帝[26]即位，進封閿鄉侯，三百戶。覬奏曰：「九章之律[27]，自古所傳，斷定刑罪，其意微妙[28]。百里長吏[29]，皆宜知律。刑法者，國家之所貴重，而私議之所輕賤；獄吏者，百姓之所縣[30]命，而選用者之所卑下。王政之弊，未必不由此也。請置律博士[31]，轉相教授。」事遂施行。時百姓凋匱而役務方殷[32]，覬上疏曰：「夫變情厲性，彊所不能[33]，人臣言之既不易，人主受之又艱難。且人之所樂者富貴顯榮也，所惡者貧賤死亡也，然此四者，君上之所制也，君愛之則富貴顯榮，君惡之則貧賤死亡；順指[34]者愛所由來，逆意者惡所從至也。故人臣皆爭順指而避逆意，非破家為國，殺身成君者，誰能犯顏色，觸忌諱，建一言，開一說哉？陛下留意察之，則臣下之情可見矣。今議者多好悅耳，其言政治則比陛下於堯舜，其言征伐則比二虜[35]於貍鼠。臣以為不然。昔漢文[36]之時，諸侯彊大，賈誼累息以為至危[37]。況今四海之內，分而為三，羣士陳力，各為其主。其來降者，未肯言舍邪就正，咸稱迫於困急，是與六國分治[38]，無以為異也。當今千里無煙，遺民困苦，陛下不善留意，將遂凋弊，難[39]可復振。禮，天子之器必有金玉之飾，飲食之肴必有八珍之味，至於凶荒[40]，則徹膳降服[41]。然則奢儉之節，必視世之豐約也。武皇帝[42]之時，後宮食不過一肉，衣不用錦繡，茵蓐[43]不緣飾，器物無丹漆，用能平定天下，遺福子孫。此皆陛下之所親覽也。當今之務，宜君臣上下，並用籌策，計校府庫，量入為出。深思句踐滋民之術[44]，由恐不及，而尚方[45]所造金銀之物，漸更增廣，工役不輟[46]，侈靡日崇，帑藏[47]日竭。昔漢武信求神仙之道，謂當得雲表之露以餐玉屑，故立仙掌以承高露[48]。陛下通明，每所非笑。漢武有求於露，而由㊾尚見非，陛下無求於露而空設之㊿，不益於好而糜(51)費功(52)夫，誠皆聖慮所宜裁制也。」覬歷漢、魏，時獻忠言，率如此。

3 受詔典著作(53)，又為魏官儀(54)，凡所撰述數十篇。好古文(55)、鳥篆(56)、隸草(57)，無所不善。建安末，尚書右丞河南潘勖(58)，黃初(59)時，散騎常侍河內王象(60)，亦與覬並以文章顯。覬薨，諡曰敬侯。子瓘(61)嗣。瓘咸熙(62)中為鎮西將軍(63)。

【章旨】以上是〈衛覬傳〉。傳記中首先介紹了他在曹丕稱帝前的經歷，重點記述「留鎮關中」。然後敘述明帝時奏置律博士和上疏諫朝廷侈靡、諫罷百姓勞役之苦。最後記載衛覬的撰著和後裔。

【注釋】❶河東安邑　河東郡安邑縣。黃河在山西地作北南流向，戰國、秦、漢時因指今山西西南部為河東。魏晉以後泛指今山西省。秦時在今山西西南部地置郡，治所在今山西夏縣西北。魏同。❷夙　早。❸茂陵　縣名。漢制以每一帝王陵之所在地設一縣，故於建元二年（西元前一三九年），以武帝陵之守陵戶及周圍之地置茂陵縣，治所在今陝西興平東北。❹尚書郎　官名。漢制，尚書令、僕射、左右丞下有郎，初任稱守尚書郎，任滿一年稱郎中，滿三年稱侍郎。曹魏因置尚書郎中二十五人，秩四百石，六品，主文書起草。❺關中　泛指函谷關（今在河南新安境）以西地區，或指秦嶺以北之地。❻諸將　指馬騰、韓遂等。❼益州牧劉璋　益州，州名。東漢治所在今四川成都。牧，官名。《禮記・曲禮下》：「九州之長，入天下之國，曰牧。」即一州之軍政長官。劉璋，字季玉，江夏竟陵（今湖北潛江市西北）人。東漢末任益州牧。先依曹操，後降劉備。詳見本書卷三十一〈劉璋傳〉。❽治書侍御史　官名。漢宣帝齋居決獄，令侍御史二人治書侍側。後因別置，謂之治書侍御史。曹魏時，掌法律，平讞疑是非。有時作為朝廷特使派出。❾綴　拘束；牽制。❿部曲　本為軍隊編制之稱。《後漢書・百官志》：其領軍皆有部曲。大將軍營五部，部校尉一人。部下有曲，曲有軍候一人。曲下有屯，屯長一人。此指私兵。⓫荀彧　字文若，潁川潁陰（今河南許昌）人。曹操的謀士。東漢建安元年（西元一九六年），建議曹操迎獻帝都許，使曹操取得有利的政治形勢。不久，任尚書令，參與軍國大事。事見本書卷十〈荀彧傳〉。⓬膏腴　肥沃豐美。⓭十餘萬家　《三國志集解》云：「各本作『十萬餘家』。」⓮放散　中華書局印本作「散放」。⓯以其直益市犁牛　以賣鹽所得的收入多買犁和牛。直，同「值」。益，多。市，購買。⓰司隸校尉　官名。糾察百官，上至諸侯、外戚、三公，下至地方郡守。職權顯赫，與御史中丞、尚書臺並稱「三獨坐」。秩比二千石，三品。⓱謁者僕射　官名。為謁者之長，又稱大謁者，掌大拜授，有時奉差監鹽、監治。⓲弘農　郡名。治所在今河南靈寶北黃河南岸，當時屬關中。⓳尚書　官名。魏時尚書有吏部、左民、客曹、五兵、度支共五曹。在吏部曹者，稱吏部尚書，若在其他四曹，則只稱尚書。⓴典　掌管。《南齊書・禮制序》：「魏氏籍漢末大亂，舊章殄滅，侍中王粲、尚書衛覬集創朝儀。」㉑侍郎　官名。侍從皇帝左右、屬光祿勳。㉒勸贊禪代　鼓勵稱讚將皇帝位禪讓給賢者。㉓文誥之詔　獻帝諸禪詔，皆衛覬作。《全上古三代秦漢三國六朝文》中輯衛覬為漢獻帝所寫〈為漢帝禪位魏王詔〉等多篇。誥，訓戒勉勵的文告。詔，皇帝頒發的命令文告。㉔踐阼　帝王即位。㉕陽吉亭侯　漢制，按功勞的大小，分別封給縣、鄉、亭侯爵位。亭，鄉以下行政機構。㉖明帝　即曹叡，字元仲，文帝之子。文帝病重時才立其為太子。即位後大興土木，耽意遊玩，也關心文化，鼓勵學術。詳見本書卷三〈明帝紀〉。㉗九章之律　即九章律。戰國時魏李悝作《法經》六篇，秦商鞅改法為律。漢初又約法三章，後蕭何取秦法六律，又增戶律、興律、廄律，合為九篇，稱九章律。見《漢書・刑法志三》。㉘微妙　用意深刻，內蘊豐厚。㉙百里長吏　古代一縣轄境約百里，因以百里代指縣令。長吏，吏秩之尊者。漢代六百石以上吏稱長吏。亦指縣吏中如丞、尉等地位較高者。此指縣級地方長官。㉚縣　通「懸」。懸掛。此指百姓性命懸於獄吏之手。㉛律博士　專門講授法律的教官。曹魏太和元年（西元二二七年），尚書衛覬奏置，秩六百石，六品，隸廷尉。㉜百姓凋匱句　百姓貧困，而要百姓提供勞役的工程正大量興建。此指明帝下令大規模修建宮殿園林等事。凋匱，凋弊、缺乏。殷，多。㉝夫變情厲性二句　改變常情而又損傷人性，強迫別人做不能做到的事。厲，通「礪」。㉞順指　即順應皇帝旨意者。指，通「旨」。㉟二虜　指吳、蜀二國。㊱漢文　漢文帝劉恆，西元前一七九—前一五七年在位。事詳《史記・孝文本紀》、《漢書・文帝紀》。㊲賈誼累息以為至危　賈誼以為強大的諸侯國對於漢朝的威脅到了頂點。賈誼，西漢大臣，政論家，洛陽人。二十歲，文帝詔為博士，遷太中大夫。遭周勃等權貴忌妒，貶為長沙王太傅。因當時諸侯勢力強大，曾多次上書，建議削弱諸侯王勢力。累息，因恐懼而呼吸急促。至危，到了危險的頂點。㊳六國分治　指戰國時期的政治形勢。函谷關以東，六國分治，即楚、齊、燕、趙、韓、魏。㊴難　中華書局印本作「不」。㊵凶荒　指天災窮荒之年。㊶徹膳降服　即撤去美好珍貴的食品，降低服裝衣物的品質。徹，同「撤」。㊷武皇帝　指曹操。操死後，其子曹丕追尊為武皇帝。㊸茵蓐　墊子、毯褥之類。㊹句踐滋民之術　《國語・越語上》載：句踐「命壯者無娶老婦，老者無娶壯妻，女子十七不嫁其父母有罪，丈夫二十不娶其父母有罪」。非其身之所種則不食，非其夫人之所織則不衣，十年不收於國，民具有三年之食。滋，繁殖增加。句踐，春秋末越國國君。㊺尚方　官署名。掌管供給製造帝王所用器物。漢武帝時分中、左、右三尚方，曹魏因之。㊻輟　停。㊼帑藏　國庫。帑，國家所藏之金帛。㊽立仙掌以承高露　漢武帝好神仙，求長生不老之藥，聽信方士言，在建昌宮前鑄銅為承露盤，高二十丈，大十圍，上鑄仙掌。據說仙掌上接雲中露水，和以玉粉而飲，可長生不老。事見《漢書・郊祀志上》。㊾由　《通鑑》作「猶」。「猶」字是。㊿無求於露而空設之　指魏景初元年（西元二三七年），明帝下令把原來設置在長安的鍾糜、銅駝、承露盤等，全都運至洛陽。(51)糜　浪費。(52)功　原作「工」。宋本作「功」，據改。(53)典著作　掌管國史修訂。著作，即著作郎，官名。魏明帝太和中始置，掌編修國史，屬中書省。(54)魏官儀　衛氏此書，《初學記・文部》、《太平御覽・服章部》並引，知宋時猶存。(55)古文　古文字。指秦統一之前的文字。(56)鳥篆　即篆書。因形如鳥跡，故名。(57)隸草　隸書和草書。(58)尚書右丞河南潘勖　尚書右丞，官名。東漢置左、右丞各一人，曹魏因之。右丞主管庫藏房舍諸器用之物以及刑獄兵器。河南，今河南洛陽。潘勖，裴松之注引《文章志》曰：「勖字元茂，初名芝，改名勖，獻帝時為尚書郎，遷右丞。二十年，遷東海相。留拜尚書左丞。其年病卒，時年五十餘。〈魏公九錫策命〉，勖所作也。」(59)黃初　魏文帝曹丕年號，西元二二〇—二二六年。(60)河內王象　象字羲伯，河內（今河南武陟）人。少孤貧，為人牧羊而讀書不輟。魏建立後，任散騎侍郎，遷常侍，封列侯，受詔撰《皇覽》，領祕書監。象文采溫雅，京師稱為儒宗。事見本書卷二十三〈楊俊傳〉。(61)瓘　裴松之注引《晉陽秋》曰：「瓘字伯玉。清貞有名理，少為傅嘏所知。弱冠為尚書郎，遂歷位內外，為晉尚書令、司空、太保。惠帝初輔政，為楚王瑋所害。」(62)咸熙　魏元帝曹奐年號，西元二六四—二六五年。(63)鎮西將軍　武官名，二品。位次四征（征東、征西、征南、征北）將軍，領兵如征西將軍。

【語譯】衛覬，字伯儒，河東郡安邑縣人。年少早成，以才學著稱。太祖徵召他為司空府屬官，任命為茂陵縣令、尚書郎。太祖征討袁紹，而劉表作袁紹的後援，關中各將領又保持中立。益州牧劉璋與劉表有嫌隙，衛覬以治書侍御史的身分出使益州，讓劉璋出兵牽制劉表的軍隊。到了長安，道路不通，衛覬不能前進，於是留守關中。當時，四面八方有很多返回的百姓，關中各將領大多把這些百姓招為自己的部屬。衛覬寫信給荀彧說：「關中是肥沃之地，近年遭遇兵荒馬亂，百姓逃往荊州的有十多萬家，聽說故鄉已經安寧，都盼望回家。但是回來的人沒有可以自謀生路的職業，各將領爭相招募作為自己的部屬。郡縣政府貧乏無力，不能與他們競爭，各將領的力量便強大起來。一旦發生變化動亂，必定有後患。食鹽，是國家重大的寶貴財富，自從動亂以來政府無法掌控，應該像過去一樣設置使者監管食鹽出售，用賣鹽的錢多買犁和牛。如果有返回的百姓，便把犁和牛供給他們使用。讓他們勤勉耕種，多積糧食，使關中財物豐富。遠方的百姓聽到消息，一定日夜爭相回歸。再讓司隸校尉留下，設治所於關中，成為這裡百姓的管理者，那麼，各將領的力量日漸削弱，地方政府和民眾日漸強大。這是加強根本，削弱敵人的好辦法。」荀彧將他的意思稟告太祖。太祖同意，開始派遣謁者僕射監督鹽官，司隸校尉將治所移駐弘農。關中歸服，才稟告朝廷召衛覬回來，不久，升任尚書。魏國建立後，任命為侍中，與王粲一起主持制訂典章制度。文帝繼承王位後，調任為尚書。不久，回到漢朝擔任侍郎，向漢獻帝勸說、稱讚禪讓的意義，撰寫讓位的詔書。魏文帝即帝位後，衛覬又擔任尚書，封陽吉亭侯。

2　明帝即位後，進封為閿鄉侯，食邑三百戶。衛覬上奏說：「九章之律，是從古代傳下來的，量刑定罪，用意深微而內蘊豐厚。一縣令長員吏，都應該了解法律。刑法，是國家所貴重的，而被私下議論者所輕視；獄吏，百姓的性命掌握在他們手中，而選用他們的官吏卻鄙視他們。國家政治的弊端，未必不是從這裏產生的。請設置律博士，一層層的遞相教授。」這件事於是得到施行。這時老百姓貧窮困苦而勞役正多，衛覬上奏疏說：「改變常情，傷害本性，強迫人去做不能做到的事，做臣子的提出意見來已不容易，做國君的能接受就更困難。況且，人們所喜歡的是富貴榮耀，所厭惡的是貧賤死亡，但是這四種情況，是由皇上決定的，皇上喜歡誰誰就富貴榮耀；皇上厭惡誰誰就貧賤死亡。順從皇上意旨，喜愛就由此而生；違背皇上意旨，厭惡就隨之而來。所以臣下都爭著順從皇上意旨而避免違背。不是破家為國，殺身為君的人，誰能冒犯皇上臉色，觸犯皇上忌諱，建立一種主張，提出一種說法呢？陛下留心仔細觀察臣下，那麼臣下的實情就可以看到了。現在發議論事的人大都喜歡說一些好聽的話，他們談到政治就把陛下比作堯、舜，談到征伐就將蜀、吳二國跟野貓、老鼠相比。臣認為不是這樣。從前漢文帝的時候，諸侯國強大，賈誼對此屢次喟嘆，認為危險至極。何況現在四海之內分裂為三個國家，眾多的文武士子施展才力，各自效忠於自己的君主。那些來投降的敵人，不肯說自己是棄邪歸正，都說是迫於窘急，這與六國分治的情勢，是沒有什麼不一樣的。現在千里不見人煙，倖存下來的百姓生活困苦，陛下不善加留意，國家就要更加凋弊，難以振興起來了。禮制規定，天子的器皿必以金、玉為裝飾，吃的菜肴必有八珍的味道，等遇到荒年，就撤去珍貴食品，降低衣服標準。這說明對於奢侈或節儉的調節，要根據國家的富足或窮困來決定。武皇帝時，後宮每餐飯不過一種肉，衣服不用錦繡，坐墊睡席不加邊飾，器具不用朱紅油漆，因此能平定天下，遺留福澤於子孫。這些都是陛下所親眼見到的。當前的要務，應該是君臣上下，都能出謀劃策，檢查核實國庫，根據收入情況確定支出。深思越王句踐繁衍百姓的方法，尚且惟恐不及，而尚方製造的金銀器皿，逐漸增多，工程徭役不斷，奢侈之風一天天增長，國庫儲藏一天天枯竭。從前漢武帝相信求神仙長生之道，說應當得到雲端的露水，來服食玉屑，所以建造仙掌玉盤來承接高空露水。陛下通達明鑑，常常譏笑他。漢武帝求取露水，尚且受到指責，陛下並不希望得到露水而空設承露盤，毫無益處，又耗費功夫，實在都是聖上應該考慮正確裁定的。」衛覬經歷漢、魏兩朝，經常進獻忠言，大都如此。

3 衛覬接受詔命掌管修訂國史，又寫作了《魏官儀》，共撰著文章幾十篇。喜歡古文字，鳥篆、隸書、草書，沒有寫不好的。建安末年，尚書右丞河南潘勖，黃初年間，散騎常侍河內王象，也與衛覬一起以文章著稱。衛覬逝世後，謚為敬侯。他的兒子衛瓘繼嗣。衛瓘咸熙年間任鎮西將軍。

1 劉廙，字恭嗣，南陽安眾❶人也。年十歲，戲於講堂上，潁川❷司馬德操❸拊❹其頭曰：「孺子，孺子，『黃中通理❺』，寧自知不❻？」廙兄望之❼，有名於世，荊州牧劉表辟為從事❽。而其友二人，皆以讒毀，為表所誅。望之又以正諫不合，投傳告歸❾。廙謂望之曰：「趙殺鳴、犢，仲尼回輪❿。今兄既不能法柳下惠⓫和光同塵⑫於內，則宜模范蠡遷化於外⑬。坐而自絕於時，殆⑭不可也！」望之不從，尋⑮復見⑯害。廙懼，奔揚州，遂歸太祖。太祖辟為丞相掾屬，轉五官將文學。文帝器之，命廙通草書⑰。廙答書曰：「初以尊卑有踰，禮之常分⑱也。是以貪守區區⑲之節，不敢修草⑳。必如嚴命㉑，誠知勞謙㉒之素㉓，不貴殊異㉔若彼之高，而惇白屋㉕如斯之好。苟使郭隗不輕於燕，九九不忽於齊，樂毅自至，霸業以隆㉖。虧匹夫之節㉗，成巍巍㉘之美，雖愚不敏，何敢以辭？」魏國初建，為黃門侍郎。

2 太祖在長安，欲親征蜀㉙，廙上疏曰：「聖人不以智輕俗㉚，王者不以人廢言㉛。故能成功於千載者，必以近察遠；智周於獨斷者，不恥於下問，亦欲博采必盡於眾也。且韋弦㉜非能言之物，而聖賢引以自匡㉝。臣才智闇淺，願自比於韋弦。昔樂毅㉞能以㉟弱燕破大齊，而不能以輕兵定即墨㊱者，夫自為計者㊲雖弱必固，欲自潰者㊳雖彊必敗也。自殿下㊴起軍以來，三十餘年㊵，敵無不破，彊無不服。今以海內之兵，百勝之威，而孫權負險㊶於吳，劉備不賓㊷於蜀。夫夷狄之臣㊸，不當冀州之卒㊹，權、備之籍，不比袁紹之業㊺，然本初㊻以亡，而二寇未捷，非闇弱於今而智武於昔也，斯自為計者，與欲自潰者異勢耳㊼。故文王伐崇，三駕不下，歸而修德，然後服之㊽。秦為諸侯，所征必服㊾，及兼天下，東向稱帝，匹夫大呼而社稷用隳[50]。是力斃[51]於外，而不恤[52]民於內也。臣恐邊寇非六國之敵，而世不乏才，土崩之勢，此不可不察也。天下有重得，有重失。勢可得而我勤之，此重得也；勢不可得而我勤之，此重失也。於今之計，莫若料[53]四方之險，擇要害之處而守之，選天下之甲卒，隨方面而歲更焉。殿下可高枕於廣夏[54]，潛思於治國，廣農桑，事從節約。修之旬年[55]，則國富民安矣。」太祖遂進前而報廙曰：「非但君當知臣，臣亦當知君。今欲使吾坐行西伯之德，恐非其人也。」

3 魏諷[56]反，廙弟偉為諷所引，當相坐誅。太祖令曰：「叔向不坐弟虎[57]，古之制也。」特原不問[58]，徙署丞相倉曹屬[59]。廙上疏謝曰：「臣罪應傾宗，禍應覆族。遭乾坤之靈，值時來之運，揚湯止沸，使不燋爛；起煙於寒灰之上，生華於已枯之木。物不答施於天地，子不謝生於父母，可以死效，難用筆陳[60]。」廙著書數十篇[61]，及與丁儀共論刑禮，皆傳於世。文帝即王位，為侍中，賜爵關內侯。黃初二年[62]卒。無子。帝以弟子阜[63]嗣。

【章　旨】以上是〈劉廙傳〉。傳記中記述他早年諫兄之語，已顯示其遠見卓識；覆文帝「通草書」之命，委婉卑恭，得臣下之體。曹操欲親征蜀國，劉廙上疏諫阻，以仁義為本，對於以武力征服天下的曹操來說，顯然是不能接受的。此疏是本傳的中心點，可以看出劉廙的政治思想理念。傳末敘寫曹操對劉廙的信任及劉廙的著述、後嗣。

【注　釋】❶南陽安眾　南陽郡安眾縣。南陽郡治所在今河南南陽。安眾，治所在今河南鄧州東北。❷潁川　郡名。治所在今河南禹州。❸司馬德操　司馬徽，字德操，潁川陽翟（今河南禹州）人，三國時名士，清雅善知人。劉備訪士於德操，為薦諸葛亮、龐統。時龐德公稱其為水鏡先生。後為曹操所得，不久病卒。事見《三國志·諸葛亮傳》裴松之注及卷三十七〈龐統傳〉。❹拊　撫摸。❺黃中通理　語出《易經·坤卦》，孔穎達疏云：「以黃居中，兼四方之色，奉承臣職，是通曉物理也。」意思是內在品德美好而外又通曉事理。❻不　同「否」。❼望之　劉望之，東漢末名士。初為劉表從事，後因正言直諫，佞人讒害，為劉表所殺。❽從事　州牧的佐吏。有治中從事、別駕從事、功曹從事、文學從事等名目，概稱從事。❾投傳告歸　意即棄官宣告歸家。投，放棄；交出。傳，官符印信。❿趙殺鳴犢二句　典出劉向《新序》。謂趙簡子欲專天下，認為殺了趙國的犢犨，晉國的鐸鳴，魯國的孔丘，就可稱王天下。犢犨、鐸鳴被殺後，使使聘孔子於魯，以肥牛肉迎於河上。孔子回車不渡而還。⓫柳下惠　即春秋時魯國大夫展獲。字禽，食邑柳下，一稱柳下季。惠，是謚號。為官任怨，而不以職位低下而卑，以賢能稱。⓬和光同塵　語出《老子》：「和其光，同其塵。」意為一起享受陽光，一起承受塵土，不持異論，不露鋒芒，與世無爭，隨眾而流。⓭模范蠡遷化於外　劉廙家安眾，不僅在荊州轄境，且距州治襄陽很近，劉望之辭職家居仍引人注意，所以劉廙勸他仿效范蠡而遠走高飛。模，仿效。范蠡，春秋時政治家，楚宛（今河南南陽）人。助越王句踐發憤復國，功成棄位，遊於齊，以經商致富。事見《史記·越王句踐世家》。遷化，更易、隱化。⓮殆　大概；恐怕。⓯尋　不久。⓰見　被。⓱命廙通草書　曹丕命廙寫書信時不必用隸書工整謄抄，可以用便捷的草書來寫。通，通信。⓲分　定分；本來如此。⓳區區　小；不重要。⓴修草　繕寫草書。㉑嚴命　尊嚴命令。㉒勞謙　勤勞、謙恭。語出《易經·謙卦》：「勞謙，君子有終。吉。」㉓素　通「愫」。誠心；意真。㉔殊異　特別的差異。㉕惇白屋　即注重一般的人。惇，惇厚；重視。白屋，普通下人之屋，此引申為一般的人。㉖苟使郭隗不輕於燕四句　這四句為合敘句法，原句式為「苟使郭隗不輕於燕，樂毅自至，九九不忽於齊，霸業以隆」。郭隗不輕於燕，郭隗在燕國不被輕視。郭隗，戰國時燕國名士。《史記·燕世家》載：燕昭王求士以報齊仇。郭隗曰：「王必欲致士，先從隗始。況賢於隗者，豈遠千里哉？」於是昭王為隗築宮而師事之。樂毅自魏往，鄒衍自齊往，劇辛自趙往，士爭趨燕，燕國大強。九九不忽於齊，齊桓公優待進獻九九演算法的人，從而吸引了優秀的政治人才。裴松之注引《戰國策》曰：「有以九九求見齊桓公，桓公不納。其人曰：『九九小術，而君納之，況大於九九者乎？』於是桓公設庭燎之禮而見之。居無幾，隰朋自遠而至，齊遂以霸。」九九，計算之術，即九九乘法。樂毅，戰國名將。魏樂羊之後。燕昭王求士，入燕，為上將，聯趙、楚、韓、魏，總領五國兵伐齊，攻七十餘城，封昌國君。㉗虧匹夫之節　是說自己地位低下，按禮俗是不應當與尊貴的曹丕用草書寫書信的，現在願不守自己的本分。虧，損。匹夫，庶人；平民。㉘巍巍　崇高貌。㉙蜀　先秦國名。此指蜀國故地益州，當時由劉備占領。曹操攻益州是在東漢建安二十三年（西元二一八年）七月，時劉備蜀漢國尚未正式建立。㉚以智輕俗　以為自己有智慧就輕視普通的人。㉛以人廢言　以為說話者身分低賤就完全不聽他的意見。㉜韋弦　《韓非子．觀行》：「西門豹之性急，故佩韋以自緩；董安于之性緩，故佩弦以自急。」韋，皮帶，其性柔韌。弦，弓弦，其狀緊張。㉝自匡　自我匡正。㉞樂毅　燕上將軍，伐齊，下齊七十餘城，只有莒、即墨二城未服。㉟以　原作「用」，今從中華書局印本。㊱即墨　齊邑名。在今山東平度東南。㊲自為計者　自己想有所作為者。此指即墨。即墨被圍，城中軍民在守將田單率領下，堅守城池，後用火牛陣法擊敗燕軍，一舉收復被燕占領的七十餘城。㊳欲自潰者　將要自我潰敗的人。此指燕國。樂毅破齊七十餘城後，而燕昭王死，惠王即位。齊人用反間計，惠王懷疑樂毅，改用騎劫為將，樂毅逃奔趙國。燕軍很快便被齊擊敗。㊴殿下　指曹操。魏晉時稱皇太子、侯為殿下，時操封魏王，故稱。㊵三十餘年　曹操於東漢中平六年（西元一八九年）起兵，至此時之建安二十三年（西元二一八年），已近三十年。㊶負險　憑藉長江為天險。㊷賓　服從。㊸夷狄之臣　此指孫權、劉備的下臣。夷狄，泛指四方之少數民族。孫權居於江南，劉備居於蜀川，分別處於國之東南與西南之地，故稱。㊹不當冀州之卒　本句是說，孫、劉兩國之兵，沒有袁紹之兵精。冀州，見前注。袁紹為冀州牧，被曹操所滅。㊺權備之籍二句　孫權、劉備擁有的實力、事業，沒有袁紹強大。籍，戶籍、人口。㊻本初　袁紹字。㊼斯自為計者二句　斯，這。自為計者，指孫、劉。欲自潰者，指袁紹。異勢，不同的形勢。㊽故文王伐崇四句　崇末代國君崇侯虎，曾勸商紂囚西伯。後西伯率兵伐崇進攻三旬而不下。西伯撤軍回國，勤修德政，後再次伐崇，崇望風而降。事見《左傳》僖公十九年。文王，周文王姬昌，商末周族領袖。商紂時為西伯。崇，殷末小國名，故址在今河南嵩縣東北。㊾秦為諸侯二句　秦，國名。嬴姓。西元前七七〇年，周平王東遷洛邑，秦襄公護送有功，被分封為諸侯。秦穆公稱霸西戎。戰國時為七雄之一。秦孝公任用商鞅變法，日漸強大。秦惠文王至秦昭王時，不斷攻取魏、韓、趙、楚等國地盤。西元前二二一年秦王政統一全國，建立秦朝。㊿匹夫大呼句　形容秦滅亡之易而速。匹夫，平民男子。指陳勝，吳廣起義。社稷，古代帝王、諸侯祭祀土神的神壇叫社，祭祀穀神的神壇叫稷。土地糧食為立國之基，後用作國家的代稱。隳，毀壞；滅亡。(51)夔　枯竭。(52)恤　體恤；周濟。(53)料　考察清楚。(54)夏　通「廈」。高樓。(55)旬年　十年。(56)魏諷　字子京，沛（今安徽濉溪縣西北）人。任西曹掾。有惑眾才，傾動鄴都，自卿相以下皆傾心交之。相國鍾繇辟之。諷乘大軍離鄴，潛結徒黨，謀襲鄴。事發，誅諷，坐死者數十人。(57)叔向不坐弟虎　叔向弟羊舌虎與欒盈同黨得罪而被殺，叔向不被株連。叔向，羊舌氏，名肸，春秋時晉國大夫。(58)特原不問　特別原諒，不與問罪。裴松之注引《廙別傳》曰：「初，廙弟偉與諷善，廙戒之曰：『夫交友之美，在於得賢，不可不詳。而世之交者，不審擇人，務合黨眾，違先聖人交友之義，此非厚己輔仁之謂也。吾觀魏諷，不修德行，而專以鳩合為務。華而不實，此直攪世沽名者也。卿其慎之，勿復與通。』偉不從，故及於難。」(59)丞相倉曹屬　官名。曹操因漢置，管倉穀事，秩二百石，七品。(60)難用筆陳　裴松之注引《廙別傳》載廙〈論治道表〉，傾心報效，忠亮肯摯，太祖甚善之。(61)廙著書數十篇　《隋書．經籍志》云：「梁有《政論》五卷，魏侍中劉廙撰，亡。」《唐書．經籍志》云：「劉氏《政論》五卷，劉廙撰。」今劉廙《政論》有嚴可均輯本，其目曰〈正名〉、〈慎愛〉、〈審愛〉、〈欲失〉、〈疑賢〉、〈任臣〉、〈下視〉等。(62)黃初二年　西元二二一年。黃初，魏文帝曹丕年號，西元二二〇—二二六年。裴松之注引《廙別傳》云：「時年四十二。」(63)阜　裴松之注引《劉氏譜》謂：「阜字伯陵，陳留太守。阜子喬，字仲彥。」

【語　譯】劉廙，字恭嗣，南陽郡安眾縣人。十歲時，在講堂上戲耍，潁川司馬德操撫摸著他的腦袋說：「小孩子，小孩子，『黃中通理』，你自己知道嗎？」劉廙的哥哥劉望之，在社會上有名望，荊州牧劉表徵召他為從事。而他的兩個朋友，都因為他人讒毀，被劉表所殺。劉望之又因正言直諫，意見不合，棄官回家了。劉廙對劉望之說：「趙簡子殺了鐸鳴、犢犨，仲尼掉轉車頭回去。現在兄長既然不能效法柳下惠隨波逐流與世無爭於內，那麼就應該模仿范蠡遷徙變易於外。坐在家中，自我與世隔絕，大概是不行的！」望之不聽，不久也被殺害了。劉廙恐懼，逃奔揚州，便歸附了太祖。太祖徵召他為丞相府屬官，轉任五官中郎將文學。文帝很器重他，命他通信用草書繕寫。劉廙回信說：「我最初認為尊卑有別，這是禮制的常規。因此我戀守著小節，不敢繕寫草書。現在一定聽從您的尊嚴之命，我確實理解您謙恭的誠心，不看重尊卑之間的極大差異，品德是那樣高尚，重視一個普通人，而謙恭之德是如此美好。假如郭隗不被燕王輕視，『九九』之術不被齊國忽視，樂毅自己到來，霸業就興盛起來了。虧損我一個普通人的節操，成全陛下崇高的美意，我雖然愚昧無知，豈敢推辭？」魏國初建，任黃門侍郎。

2 太祖在長安，想要親征蜀國，劉廙上疏說：「聖人不依恃自己有智慧而輕視普通人，王者不因人低賤而不聽他的意見。因此，能夠建功立業傳承千載的人，一定會憑藉近處觀察遠處；智慮周全、能夠果斷處理問題的人，不恥下問，也是想廣收博採大多數人的意見。況且皮帶、弓弦不是能說話的東西，而聖賢用它們來匡正自己的過失。我才智淺薄，願意將自己比作皮帶、弓弦。從前樂毅能憑著弱小的燕國擊敗強大的齊國，卻不能用輕裝的精兵攻占即墨的原因，就是自我籌謀者，即使弱小也一定很堅固，而想要自我潰亂者，即使強大也一定會失敗。自從殿下起兵以來，已三十多年，敵國沒有攻不破，強敵沒有不屈服的。現在憑著全國的軍力，百戰百勝的威勢，而孫權尚在吳地據險頑抗，劉備在蜀地不肯歸順。夷狄的臣民，比不上冀州的士卒，孫權、劉備所依靠的力量，比不上袁紹的基業，但是袁本初已經滅亡，而討伐孫、劉二寇的戰爭尚未告捷，不是今天庸懦而過去智勇，而是自我籌謀與想要自我潰亂者的情勢不同罷了。所以周文王討伐崇國，進攻三次都沒有攻克，返回來修明德政，然後才使它歸服。秦為諸侯國時，所征伐的國家一定歸服，等到兼併天下，面向東方稱帝時，一介平民大呼一聲，國家便崩潰了。這是因為對外耗盡力量，而對內不體恤人民。臣擔心邊疆敵寇不是六國那樣的敵人，而世上不乏人才，天下有土崩瓦解之勢，這是不可不加以考察的。天下有重大的收穫，也有重大的損失。從形勢看可以得到，而我努力追求，這是重大的收穫；從形勢看不可能得到，而我也努力追求，這是重大的損失。現在的策略，不如弄清四方的險阻，選擇要害地方加以防守，挑選天下的士兵，依據各方面需要每年更換。殿下可以在大廈下高枕無憂，潛心思考怎樣治理國家，擴大農業生產，辦事從儉。這樣治理十年，那就國家富裕、人民安樂了。」太祖於是上前回答劉廙說：「不僅君主要了解臣下，臣下也應當了解君主。現在想讓我坐下來推行周文王的德政，我恐怕不是那種人。」

3 魏諷謀反，劉廙的弟弟劉偉被魏諷所牽連，劉廙也該株連坐罪斬首。太祖下令說：「叔向沒有因弟弟羊舌虎犯罪而被殺，這是古代的制度。」特別加以赦免而不予追究。改任丞相府倉曹屬官。劉廙上疏謝罪說：「臣下罪應滅宗，禍該亡族。遇上天地神靈，碰上時來運轉，揚掉開水停止滾沸，使我不至焦爛；在已經冷了的灰土中再騰起煙火，在已經枯槁的樹上再開出花來。萬物不報答天地的施捨，子女不感謝父母的生育，對您我可以死相報，難於用筆陳述出來。」劉廙著書數十篇，以及與丁儀共同討論刑法、禮制的文章，都流傳於世。文帝繼承王位後，任侍中，賜給關內侯的爵位。黃初二年逝世。沒有兒子。文帝以他弟弟的兒子劉阜為他的繼承人。

1 劉劭，字孔才，廣平邯鄲❶人也。建安中，為計吏❷，詣許❸。太史❹上言：「正旦❺當日蝕。」劭時在尚書令❻荀彧所，坐者數十人，或云當廢朝❼，或云宜卻會❽。劭曰：「梓慎❾、裨竈❿，古之良史，猶占水火，錯失天時。禮記曰諸侯旅見天子，及門不得終禮者四，日蝕在一⓫。然則聖人垂制，不為變異⓬豫廢朝禮者，或災消異伏，或推術⓭謬誤也。」或善其言。敕⓮朝會如舊，日亦不蝕。

2 御史大夫郗慮⓯辟劭，會⓰慮免，拜太子舍人⓱，遷祕書郎⓲。黃初中，為尚書郎、散騎侍郎⓳。受詔集五經⓴羣書，以類相從，作皇覽㉑。明帝即位，出為陳留太守，敦崇教化㉒，百姓稱之。徵拜騎都尉㉓，與議郎㉔庾嶷㉕、荀詵㉖等定科令，作新律㉗十八篇，著律略論㉘。遷散騎常侍。時聞公孫淵㉙受孫權燕王之號，議者欲留淵計吏，遣兵討之。劭以為「昔袁尚兄弟㉚歸淵父康㉛，康斬送其首，是淵先世之效忠也。又所聞虛實，未可審知㉜。古者要荒㉝未服，修德而不征，重勞民也。宜加寬貸，使有以自新」。後淵果斬送權使張彌㉞等首。劭嘗作趙都賦，明帝美之，詔劭作許都、洛都賦。時外興軍旅，內營宮室，劭作二賦，皆諷諫㉟焉。

3 青龍㊱中，吳圍合肥㊲，時東方㊳吏士皆分休㊴，征東將軍㊵滿寵㊶表請中軍㊷兵，並召休將士，須㊸集擊之。劭議以為「賊眾新至，心專氣銳。寵以少人自戰其地，若便進擊，必不能制。寵求待兵，未有所失也。以為可先遣步兵五千，精騎三千，軍前發㊹，揚聲㊺進道，震曜㊻形勢。騎到合肥，疏其行㊼隊，多其旌鼓，曜兵城下，引出賊後，擬其歸路㊽，要㊾其糧道。賊聞大軍來，騎斷其後，必震怖遁走㊿，不戰自破賊矣」。帝從之。兵比(51)至合肥，賊果退還。

4 時詔書博求眾賢。散騎侍郎夏侯惠(52)薦劭曰：「伏見常侍劉劭，深忠篤思，體周於數(53)。凡所錯綜(54)，源流弘遠，是以羣才大小，咸取所同而斟酌焉。故性實之士服其平和良正，清靜之人慕其玄虛退讓，文學之士(55)嘉其推步(56)詳密，法理之士明其分數精比(57)，意思之士(58)知其沉深篤固，文章(59)之士愛其著論屬(60)辭，制度之士貴其化略較要(61)，策謀之士贊其明思通微。凡此諸論，皆取適己所長而舉其支流者也。臣數聽其清談(62)，覽其篤論(63)，漸漬歷年(64)，服膺(65)彌久，實為朝廷奇其器量。以為若此人者，宜輔翼機事[66]，納謀幃幄[67]，當與國道俱隆，非世俗所常有也。惟陛下垂優游之聽，使劭承清閒之歡，得自盡於前[68]，則德[69]音上通，煇燿日新矣。」

景初中，受詔作都官考課[70]。劭上疏曰：「百官考課，王政之大較[71]，然而歷代弗務，是以治典闕而未補，能否[72]混而相蒙[73]。陛下以上聖之宏略，愍[74]王綱[75]之弛頹[76]，神慮[77]內鑒，明詔外發。臣奉恩曠然[78]，得以啟矇，輒作都官考課七十二條，又作說略一篇。臣學寡識淺，誠不足以宣暢聖旨，著定典制。」又以為宜制禮作樂，以移風俗，著樂論[79]十四篇，事成未上。會明帝崩[80]，不施行。正始[81]中，執經講學[82]，賜爵關內侯。凡所撰述，法論、人物志之類百餘篇[83]。卒，追贈光祿勳[84]。子琳嗣[85]。

【章旨】以上是〈劉劭傳〉。傳記中選錄劉劭早年對日蝕時是否朝會的看法，表明他見解獨到。又敘寫劉劭在法律、文學及處理遼東公孫淵問題上對曹魏的貢獻。還記載了他在明帝青龍年間，對吳國合肥戰事的準確分析和提出的正確對策。傳中詳引夏侯惠薦劉劭之語，實際上是在表達陳壽對劉劭的評價，就其品行、人格、思想、文章都推崇備至。傳末介紹了劉劭典制方面的著述。

【注釋】❶廣平邯鄲　廣平郡邯鄲縣。魏黃初二年（西元二二一年）以魏西部為廣平郡，邯鄲為其轄縣。❷計吏　郡國到京都上計簿（載錄戶口、人丁、賦稅以及盜賊、獄訟等事之冊簿）的官吏。當時制度，各郡國守相每年要派專人進京，彙報當年人口、墾田面積等統計結果，稱為上計吏，簡稱計吏。多選幹練而有口才者充任，其中不少人就留在京師任官，無形中形成一條選拔人才的途徑。❸詣許　到許。建安時，曹操迎漢獻帝都許。曹丕建魏稱帝後，更名許昌（今河南許昌東）。❹太史　官名。秦漢置太史令，曹魏因之，簡稱太史，掌天文曆法，兼修史。❺正旦　正月初一。農曆一年開始的第一天。❻尚書令　官名。尚書臺之長官。東漢時總典紀綱，無所不統。曹魏於東漢建安十八年（西元二一三年）置尚書令，秩千石，三品。❼廢朝　按規定當上朝而廢止上朝。❽卻會　中途暫停朝會。卻，退。會，元會，即諸侯、羣臣在元旦之日朝見皇帝之典禮。❾梓慎　春秋時魯國大夫。魯昭公二十四年五月初一日發生日食，梓慎曾言將會發生水災，實際後來發生了旱災。❿裨竈　春秋時鄭國大夫。魯昭公十八年夏五月，他向子產建議，祭神以免除火災。並告誡：如不採納這一建議，鄭國將繼續發生火災。子產未採納，而鄭也並未發生火災。⓫禮記曰三句　語出《禮記・曾子問》。旅見，共同朝見。不得終禮者四，謂在四種情況下終止朝見禮儀：太廟發生火災、出現日食、王后亡、突下大雨淋溼了禮服。⓬變異　反常的自然現象或生物現象。原無「異」字。《三國志集解》云：「《宋書・禮志》一『變』下有『異』字，《通典》同。」今據補。⓭推術　推算天文、曆法的方法。⓮敕　令。⓯郗慮　東漢末大臣，字鴻慮，山陽高平（今山東微山縣西北）人。少受業於鄭玄。建安初，為侍中，後遷御史大夫。事見《三國志・武帝紀》裴松之注引《續後漢書》。⓰會　恰逢。⓱太子舍人　官名。秩二百石，七品，輪番當班宿衛太子。⓲祕書郎　官名。管理國家圖書，校勘書籍。⓳散騎侍郎　官名。與侍中、黃門侍郎共平尚書奏事。⓴五經　指《詩》、《書》、《禮》、《易》、《春秋》儒家五部經典著作。㉑皇覽　書名。本書卷二〈文帝紀〉黃初七年云：「初，帝好文學，以著述為務，自所勒成垂百篇。又使諸儒撰集經傳，隨類相從，幾千餘篇，號曰《皇覽》。」又《三國志・楊俊傳》裴注引《魏略》云：「王象領祕書監，受詔撰《皇覽》，數歲而成。」按：劉劭、王象俱在撰集之列，並非專出一手。㉒敦崇教化　倡導推崇政教風化。㉓騎都尉　官名。兩漢均置此官，曹魏因之，屬光祿勳，秩比二千石，掌監羽林騎。㉔議郎　郎官中的一種，隸屬於光祿勳，參與朝政議論，但不入直宿衛。㉕庾嶷　裴松之注引《庾氏譜》云：「嶷字邵然，潁川人。」《晉書・庾峻傳》云：「伯父嶷，中正簡素，仕魏為太僕。」㉖荀詵　荀彧子，字曼倩。事見本書卷十〈荀彧傳〉及裴注。㉗新律　《晉書・刑法志》載：「命司空陳羣、散騎常侍劉劭、給事黃門侍郎韓遜、議郎庾嶷、中郎黃休、荀詵等，刪約舊科，傍采漢律，定為魏法制《新律》十八篇。」㉘律略論　《唐・經籍志》載：「《律略論》五卷，劉劭撰。」《太平御覽・刑法部》引劉劭《律略》曰：「刪舊科，采漢律，為魏律，懸之象魏。」㉙公孫淵　公孫康之子，奪其叔父公孫恭之位，割據遼東。被曹魏任為遼東太守，又派人南通孫權，被立為燕王。後曹魏拜其為大司馬，封樂浪公。魏景初元年（西元二三七年）自立為燕王，後被司馬懿所滅。詳見本書卷八公孫度附傳。㉚袁尚兄弟　即袁譚、袁尚。詳本書卷六〈袁譚傳〉、〈袁尚傳〉。㉛康　漢末冀州刺史、遼東太守公孫度之子。度死，嗣為遼東太守。傳附本書卷八〈公孫度傳〉。㉜審知　確知。㉝要荒　指遠離國之中心的邊荒之地。㉞張彌　三國時吳官吏，吳嘉禾二年（西元二三三年）為太常，與執金吾許晏出使遼東，拜公孫淵為燕王，為淵所斬，首級送於魏。㉟諷諫　勸諫不直指其事，用委婉曲折的語言進諫。㊱青龍　魏明帝曹叡年號，西元二三三－二三七年。㊲合肥　縣名。治所在今安徽合肥。這裏指滿寵修築的新城，在舊城西北。㊳東方　指曹魏的淮南戰區。㊴分休　分批輪換休假。㊵征東將軍　官名。二品。文帝曹丕時，位次三公。領兵屯壽春，統青、兗、徐、揚四州刺史。㊶滿寵　字伯寧，山陽昌邑（今山東巨野南）人，曹魏將領。先任汝南太守，先後與袁紹、孫權抗衡。後助徐晃抗擊關羽，在江陵大敗吳軍，戰功顯赫。歷任伏波將軍、領豫州刺史。詳見本書卷二十六〈滿寵傳〉。㊷中軍　駐守京城的軍隊。駐守地方各戰區的軍隊為外軍。中軍力量最強。㊸須　待。㊹軍前發　《資治通鑑》作「先軍前發」。即在大軍動身之前出發。㊺揚聲　張揚風聲。㊻曜　光耀；明亮。㊼行　行列。㊽擬其歸路　預先指向他們的退路。㊾要　通「腰」。中途攔截。㊿震怖遁走　震驚恐怖而逃走。(51)比　等到。(52)夏侯惠　夏侯淵第四子。裴松之注引《文章敘錄》曰：「惠，字稚權，幼以才學見稱。善屬奏議。歷散騎黃門侍郎，與鍾毓數有辯駁，事多見從。遷燕相，樂安太守。年三十七卒。」(53)體周於數　謂劭生性善於周密的思考事理。周，周密。數，事理。(54)錯綜　交錯綜理。《易經・繫辭》有「參伍以變，錯綜其數」之說。(55)文學之士　這裏指鑽研天文曆法這方面學問的人。(56)推步　推算曆法。推算要分步進行，故名。(57)分數精比　即辨析道理精密。分，分別辨析。數，道理。比，密。(58)意思之士　指喜歡思考並提自己看法的人。(59)文章　文辭；文采。(60)屬　連綴；連續。(61)化略較要　教化制度，簡明扼要。略，謀略；法度。較，簡略。(62)臣數聽其清談　這裏指以評論人物為主要內容的談話。漢魏之際，清談多指人物品評；魏晉以後，則多談論老莊玄理。劉劭善品評人物，著有《人物論》。數，多次。清談，高雅脫俗的談話。(63)篤論　具有深刻見解之論。(64)漸漬歷年　逐漸被浸潤、感染一年又一年。(65)服膺　深記心中，衷心信服。《禮記・中庸》：「得一善，則拳拳服膺而弗失之矣。」(66)輔翼機事　輔佐、協助朝廷處理機密大事。(67)納謀幃幄　採納謀略於帷幄之中。幃幄，亦作「帷幄」。指中軍大帳，行軍作戰中心指揮之所。(68)自盡於前　於君前自己能竭盡才力。(69)德　善。(70)都官考課　《通典》云：「劉劭作《都官考課》之法七十二條，考核百官。」此典制意在考課百官，整頓吏治。為便於實施，劭又作〈說略〉一篇以釋之。但當時未能施行。(71)大較　大要；重要制度。(72)能否　有才能的與沒有才能的。(73)蒙　不明；矇昧。(74)愍　擔憂。(75)王綱　國之紀綱、制度。(76)弛頹　鬆弛、頹敗。(77)神慮　馳神思慮。(78)曠然　忽然開闊。(79)樂論　盧弼《集解》引

《玉海・音樂類》：「劉劭《樂論》二十四篇。《文選》注、《太平御覽》並引之。」❽崩 帝死曰崩。❽正始 魏齊王曹芳年號，西元二四〇—二四九年。❽執經講學 指為年輕的皇帝曹芳講授儒經。❽法論人物志句 《隋書・經籍志》著錄：劉劭注《孝經》一卷、《法論》十卷、《人物志》三卷、集二卷。❽光祿勳 官名。秦置郎中令，漢武帝太初元年（西元前一〇四年）更名光祿勳，為宮內總管，統領皇帝的顧問參議、宿衛侍從、傳達接待等諸官。曹魏初置郎中令，黃初元年（西元二二〇年）更名光祿勳。❽嗣 世襲。

【語 譯】劉劭，字孔才，廣平郡邯鄲縣人。建安年間，擔任計吏，到達許昌。太史報告說：「正月初一，應有日食。」劉劭當時在尚書令荀彧的府中，在座有數十人，有的說這一天應當不要上朝，有的說這一天應該停止元會的典禮。劉劭說：「梓慎、裨竈，是古代的良史，尚且在占卜水災、火災時，弄錯了時間。《禮記》上說諸侯同去朝見天子，到了宮門而不能完成禮儀的情況有四種，日食是其中的一種。然而聖人留下制度，不因發生變異而預先廢除朝禮，是因為有時災禍消除，變異隱去，有時是推算的方法失誤。」荀彧認為他說得對。下令朝會照常舉行，這天也沒有發生日食。

2 御史大夫郗慮徵召劉劭，恰逢郗慮被免官，劉劭被任命為太子舍人，升任祕書郎。黃初年間，出任尚書郎、散騎侍郎。接受詔命搜集五經羣書，依類編排，編成《皇覽》。明帝即位，調出京都擔任陳留太守，推崇教化，老百姓都稱頌他。徵入朝中擔任騎都尉，與議郎庾嶷、荀詵等人制訂法律條文，編寫《新律》十八篇，撰著《律略論》。升為散騎常侍。這時聽說公孫淵接受了孫權封給他的「燕王」名號，參加討論的人想要扣留公孫淵派到京城來的計吏，派兵討伐他。劉劭認為「從前袁尚兄弟投奔公孫淵的父親公孫康，公孫康將他們斬首，並送來首級，這是公孫淵先人對朝廷的效忠。再者所聞是真是假，不能確知。古時候邊遠之地不歸順，君主修養自身的品德，而不去征伐，這是重視煩勞民眾。應該對他們加以寬恕，使他們有機會改過自新」。後來公孫淵果然斬殺並送來了孫權派去的使者張彌等人的首級。劉劭曾經撰寫〈趙都賦〉，明帝很欣賞，詔令劉劭撰寫〈許都賦〉、〈洛都賦〉。當時對外興兵征戰，對內營建宮室，劉劭寫作這兩篇賦，都委婉的進行了規諫。

3 青龍年間，吳國軍隊圍攻合肥，當時魏國東邊的軍吏士兵都分批休假，征東將軍滿寵上表請求派遣中軍兵馬，同時徵用休假將士，等待會集以後攻打吳軍。劉劭發表意見認為「賊兵剛到，精神專注，士氣旺盛。滿寵用少數人馬在原地作戰，如果馬上進擊，必定不能制伏敵軍。滿寵請求等待援兵，沒有失策的地方。我認為可以先派遣步兵五千，精銳騎兵三千，在主力大軍行動之前出發，在行軍的道路上張揚聲勢，顯現出耀武揚威的氣勢。騎兵到了合肥，疏散隊列，多設軍旗戰鼓，在城下炫耀軍威，率兵出現在賊兵之後，預先斷其歸路，攔截他們的糧道。賊兵聽說大軍到來，騎兵截斷他們的歸路，一定震驚害怕的逃遁，不需作戰便可擊破賊兵了」。皇帝採納了他的意見。等到軍隊到合肥，賊兵果然退回去了。

4 這時皇帝下詔書廣求賢才。散騎侍郎夏侯惠推薦劉劭說：「我看到散騎常侍劉劭，非常忠誠，思慮深沉，對於各種事理體察周全。大凡他所綜合融會的，源流弘遠，所以眾多才華之士無論高下，都能汲取自己所贊同的而加以斟酌。因此性格誠實的人佩服他的平和、純正，清淡靜默的人仰慕他玄虛謙讓，研求學問的人讚賞他推算曆法詳審周密，講究法律的人明白他辯析道理很精密，喜歡思考的人知道他深沉專一，擅長寫文章的人喜歡他的論辯和辭采，講究規章制度的人重視他的融合簡略，抓住要領，長於策劃謀略的人讚頌他思維明晰，洞察細微。以上所論，都是汲取自己所長而列舉的他的枝節方面。我多次聽他高談雅論，看他見解深刻的論文，受他的熏陶多年，佩服他很久了，實在為朝廷驚奇此人非凡的器量。我認為像他這樣的人，應該輔助朝廷處理機要大事，出謀劃策於幃幄之中，應當與國運一起興隆，不是世間常有的人才。希望陛下在悠閒之中聽聽我的意見，讓劉劭承接您給予的清閒歡樂，能在您面前充分發揮自己的才力，這樣善言就能上達，國家在您的光輝照耀下，便日新月異了。」

5 景初年間，接受皇帝詔命撰寫《都官考課》。劉劭上疏說：「對百官的考核，是國家政務的重要制度，但是歷代都沒有實行，因此有關這方面管理的典籍缺失而不完備，有才能和沒有才能的官員混雜在一起不能分辨。陛下憑著最聖明的宏才大略，擔心國家制度鬆弛衰敗，通過如神的思考而使心中明鑒，向外發布聖明的詔書。臣奉受恩詔感到曠然開闊，得以啟發愚矇，就寫了《都官考課》七十二條，又寫〈說略〉一篇。臣學識淺薄，實在不足以淋漓盡致的表達聖上的旨意，制訂典章制度。」又認為應該制訂禮制、創作音樂，移風易俗，撰寫《樂論》十四篇，寫完後沒有奏上，適逢明帝逝世，沒有施行。正始年間，為皇帝講授經書，賜關內侯爵位。他所撰述的有《法論》、《人物志》等同類著作一百多篇。逝世後，追贈光祿勳。兒子劉琳繼位。

1 劭同時東海繆襲❶亦有才學，多所述叙，官至尚書、光祿勳。

2 襲友人山陽仲長統❷，漢末為尚書郎，早卒。著昌言❸，詞佳可觀省❹。

3 散騎常侍陳留蘇林❺、光祿大夫❻京兆❼韋誕❽、樂安太守譙國夏侯惠❾、陳郡❿太守任城⓫孫該⓬、郎中令河東杜摯等亦著文賦⓭，頗傳於世。

【章旨】以上簡要記述了繆襲、仲長統、蘇林、韋誕、夏侯惠、孫該、杜摯等七人的仕歷與著述。

【注釋】❶東海繆襲　東海，漢時為郡，三國魏改曰東海國。治所在今山東郯城西北。繆襲，裴松之注引《文章志》曰：「襲字熙伯。辟御史大夫府，歷事魏四世。正始六年，年六十卒。」❷山陽仲長統　山陽，郡國名。治所在今山東金鄉西北，魏同。仲長統，字公理，少好學，博涉書記，贍於文辭。年二十餘，遊學青徐并冀之間，與交者多異之。荀彧聞統名，召為尚書郎。東漢延康元年（西元二二〇年）卒，年四十餘。裴松之注載繆襲為仲長統《昌言》撰的表中敘其事跡甚詳。另《後漢書》卷四十九有傳。❸昌言　裴松之注引繆襲撰《昌言》表曰：「統每論說在今世俗行事，發憤歎息，輒以為論，名曰《昌言》，凡二十四篇。」❹觀省　觀看、思考。❺散騎常侍陳留蘇林　裴松之注引《魏略》曰：「林字孝友，博學，多通古今字指，凡諸書傳文間危疑，林皆釋之。建安中，為五官將文學，甚見禮待。黃初中，為博士給事中，文帝作《典論》所稱蘇林者是也。以老歸第，國家每遣人就問之，數加賜遺。年八十餘卒。」❻光祿大夫　官名。掌顧問，應對。❼京兆　郡名。漢置京兆尹，為三輔之一。三國魏改稱京兆郡。❽韋誕　裴松之注引《文章敘錄》曰：「誕字仲將，太僕端之子。有文才，善屬辭章。建安中，為郡上計吏，特拜郎中，稍遷侍中中書監，以光祿大夫遜位，年七十五卒於家。」❾樂安太守句　夏侯惠，夏侯淵第四子。幼以才學見稱。善屬奏議。歷散騎黃門侍郎，樂安太守。年三十七卒。事見裴松之注引《文章敘錄》。❿陳郡治所在今河南淮陽。⑪任城　郡名。治所在今山東鄒縣西南。⑫孫該　裴松之注引《文章敘錄》曰：「該字公達，強志好學。年二十，上計掾，召為郎中。著《魏書》。遷博士司徒右長史，復還入著作。景元二年卒官。」⑬郎中令句　郎中令，官名。東漢建安十八年（西元二一三年）魏初置郎中令，魏黃初三年（西元二二二年）改為光祿勳。此外「郎中令」據下引裴注，疑為「郎中」之誤（參上「光祿勳」注文）。河東，郡名。治所在今山西夏縣西。杜摯，裴松之注引《文章敘錄》曰：「摯字德魯，初上〈笳賦〉，署司徒軍謀吏。後舉孝廉，除郎中，轉補校書。」

【語譯】 與劉劭同時的東海繆襲也有才學，多有著述，官至尚書、光祿勳。

2 繆襲的友人山陽仲長統，漢朝末年擔任尚書郎，去世得早，著有《昌言》，文辭佳美，值得閱讀。

3 散騎常侍陳留蘇林，光祿大夫京兆韋誕、樂安太守譙國夏侯惠、陳郡太守任城孫該、郎中令河東杜摯等人也著有文章、辭賦，大多在世上流傳。

1 傅嘏，字蘭石，北地泥陽①人，傅介子②之後也。伯父巽③，黃初中為侍中尚書。嘏弱冠④知名，司空陳羣⑤辟為掾。時散騎常侍劉劭作考課法，事下三府⑥。嘏難劭論曰：「蓋聞帝制宏深⑦，聖道奧遠，苟非其才，則道不虛行，神而明之，存乎其人。暨乎王略虧頹而曠載罔綴⑧，微言⑨既沒，六籍⑩泯玷。何則？道弘致遠而眾才莫晞⑪也。案⑫劭考課論，雖欲尋前代黜陟⑬之文，然其制度略以闕亡⑭。禮之存者，惟有周典⑮，外建侯伯⑯，藩屏⑰九服⑱，內立列司⑲，筦齊六職⑳，土有恆貢㉑，官有定則，百揆均任㉒，四民殊業㉓，故考績㉔可理而黜陟易通也。大魏繼百王[25]之末，承秦、漢之烈[26]，制度之流，靡所修采[27]。自建安以來，至於青龍[28]，神武撥亂，肇基皇祚，埽除凶逆，芟夷[29]遺寇，旌旗卷舒，日不暇給。及經邦治戎[30]，權法並用，百官群司[31]，軍國通任，隨時之宜，以應政機。以古施今，事雜義殊，難得而通也。所以然者，制宜經遠，或不切近；法應時務，不足垂後。夫建官均職，清理民物，所以立本也；循名考實[32]，糾勵成規[33]，所以治末也。本綱未舉而造制未呈[34]，國略不崇而考課是先[35]，懼不足以料[36]賢愚之分，精幽明[37]之理也。昔先王之擇才，必本行於州閭[38]，講道於庠序[39]，行具而謂之賢，道修則謂之能。鄉老[40]獻賢能于王，王拜受之，舉其賢者，出使長之，科[41]其能者，入使治之，此先王收才之義也。方今九州[42]之民，爰[43]及京城，未有六鄉[44]之舉，其選才之職，專任吏部[45]。案品狀[46]則實才未必當，任薄伐則德行未為敘[47]，如此則殿最之課[48]，未盡人才。述綜王度，敷贊國式[49]，體深義廣，難得而詳也。」

2 正始初，除尚書郎，遷黃門侍郎。時曹爽[50]秉政，何晏[51]為吏部尚書，嘏謂爽弟羲[52]曰：「何平叔外靜而內銛巧[53]，好利，不念務本。吾恐必先惑子兄弟，仁人將遠，而朝政廢矣。」晏等遂與嘏不平，因微事以免嘏官。起家拜滎陽太守[54]，不行。太傅司馬宣王請為從事中郎[55]。曹爽誅，為河南尹[56]，遷尚書。嘏常以為

「秦始罷侯置守(57)，設官分職，不與古同。漢、魏因循，以至于今。然儒生學士，咸欲錯綜(58)以三代之禮，禮弘致遠，不應時務，事與制違，名實未附，故歷代而不至於治者，蓋由是也。欲大改定官制，依古正本，今遇帝室多難，未能革易(59)」。

3 時論者議欲自伐吳，三征(60)獻策各不同。詔以訪(61)嘏，嘏對曰：「昔夫差陵齊勝晉(62)，威行中國(63)，終禍姑蘇(64)；齊閔兼土拓境，闢地千里，身蹈顛覆(65)。有始不必善終，古之明效也。孫權自破關羽并荊州(66)之後，志盈(67)欲滿，凶宄(68)以極，是以宣文侯深建宏圖大舉之策(69)。今權已死，託孤於諸葛恪(70)。若矯權苛暴，蠲(71)其虐政，民免酷烈(72)，偷安新惠(73)，外內齊慮，有同舟之懼，雖不能終自保完，猶足以延期挺命(74)於深江之外矣。而議者或欲汎舟徑濟(75)，橫行江表；或欲四道並進，攻其城壘；或欲大佃疆埸(76)，觀釁(77)而動，誠皆取賊之常計也。然自治兵以來(78)，出入三載，非掩襲(79)之軍也。賊之為寇，幾六十年矣(80)，君臣偽立，吉凶共患，又喪其元帥(81)，上下憂危，設令列船津要(82)，堅城據險，橫行之計，其殆難捷。惟進軍大佃，最差完牢(83)。兵出民表(84)，寇鈔(85)不犯；坐食積穀，不煩運士；乘釁討襲，無遠勞費：此軍之急務也。昔樊噲願以十萬之眾，橫行匈奴，季布面折其短(86)。今欲越長江，涉虜庭，亦向時之喻也。未若明法練士，錯計(87)於全勝之地，振長策以禦敵之餘燼[88]，斯必然之數也[89]。」後吳大將諸葛恪新破東關[90]，乘勝揚聲欲向青、徐[91]，朝廷將為之備。嘏議以為「淮海非賊輕行之路，又昔孫權遣兵入海，漂浪沉溺，略無孑遺[92]，恪豈敢傾根竭本，寄命洪流，以徼乾沒[93]乎？恪不過遣偏率[94]小將素習水軍者，乘海泝淮[95]，示動青、徐，恪自并兵來向淮南[96]耳」。後恪果圖新城[97]，不克而歸。

4 嘏常論才性同異[98]，鍾會集而論之[99]。嘉平[100]末，賜爵關內侯。高貴鄉公[101]即尊位，進封武鄉亭侯。正元二年[102]春，毌丘儉、文欽作亂[103]。或以司馬景王[104]不宜自行，可遣太尉孚[105]往，惟嘏及王肅[106]勸之。景王遂行[107]。以嘏守尚書僕射[108]，俱東。儉、欽破敗，嘏有謀焉。及景王薨，嘏與司馬文王[109]徑還洛陽，文王遂以輔政。語在鍾會傳[110]。會由是有自矜[111]色，嘏戒之曰：「子志大其量，而勳業難為也，可不慎哉！」嘏以功進封陽鄉侯，增邑六百戶，并前千二百戶。是歲薨，時年四十七，追贈太常[112]，諡曰元侯。子祗嗣。咸熙中開建五等[113]，以嘏著勳前朝，改封祗涇原子[114]。

【章旨】以上是〈傅嘏傳〉。傳記中先寫他對劉劭《考課法》的駁難，表明年少時就有獨到的見解。再寫他對何晏和現行官制的看法，顯示了他的政治卓識。真正表現傅嘏才識的，應該是對吳國的攻伐之策。

重點敘述了他對魏、吳之戰的形勢分析，提出在邊境屯田，「坐食積穀」，「乘釁討襲」，「此軍之急務」。這一方略，頗具遠見。最後記述了傅嘏佐司馬氏掌權的貢獻及後裔的尊顯。

【注　釋】❶北地泥陽　北地郡泥陽縣。北地，治所在今陝西耀縣。泥陽，治所在今陝西耀縣南。❷傅介子　西漢昭帝時人。元鳳中，出使大宛，以計斬樓蘭王。歸，封義陽侯。《漢書》有傳。❸巽　《三國志・劉表傳》裴松之注引《傅子》曰：「巽字公悌，環偉博達，有知人鑒。辟公府，拜尚書郎。後客荊州，以說劉琮之功，賜爵關內侯。文帝時為侍中，太和中卒。」❹弱冠　古代男子二十行冠禮。此時身體尚幼弱，故曰弱冠。❺陳羣　字文長，潁川許昌（今河南許昌東）人，深得曹操信任，歷任曹魏尚書僕射、錄尚書事等。文帝病重，與曹真等人受遺詔輔政。詳見本書卷二十二〈陳羣傳〉。❻三府　三公之府，即太尉府、司徒府、司空府。❼帝制宏深　國家政治制度宏大深廣。❽暨乎王略虧頽句　到了天子法度虧損衰敗而又缺乏記載沒能延續時。暨，及；到。王略，天子法度。曠載，缺乏記載。罔綴，沒有連續下來。❾微言　含意深遠的精妙言辭。❿六籍　又稱《六經》。儒家的六部經典，即：《詩》、《書》、《禮》、《易》、《春秋》、《樂》。⓫晞　天明。引申為明白。⓬案　考察。⓭黜陟　降官曰黜，升官曰陟。指進退官吏。⓮略以闕亡　大略已有散闕和亡失。闕，同「缺」。⓯周典　周代典章制度。指《周禮》、《儀禮》等。按：時人認為《周禮》記載的是周代制度，近代學者認為書中反映的究竟是周代還是戰國時的情形還難確定。⓰侯伯　爵位。侯或伯的諸侯國。此代指公、侯、伯、子、男五種封爵。⓱藩屏　藩籬遮罩。《詩經・大雅・板》：「价人為藩，大師維垣，大邦為屏，大宗維翰。」後因以喻藩國。⓲九服　《周禮・夏官・職方氏》載：古代天子所住京都以外的地方按遠近分為九等，叫九服。方千里稱王畿，其外方五百里叫侯服，又其外方百里叫甸服，以次為男服、采服、衛服、蠻服、夷服、鎮服、藩服。⓳列司　朝廷各官署。⓴筦齊六職　管理六行六業。筦，同「管」。六職，《周禮・天官・小宰》：「以官府之六職，辨邦治。」指治、教、禮、政、刑、事官府中的六種職務。㉑士有恆貢　原作「士有恆貴」，據宋本改。㉒百揆均任　百官都各司其職。百揆，即百官。㉓四民殊業　士、農、工、商各務其不同的職業。㉔考績　考核官吏的工作成績。㉕百王　歷代帝王。㉖烈　功業。《詩經・周頌・武》：「於皇武王，無競惟烈。」㉗靡所修采　無不吸收、採納。㉘青龍　魏齊王曹芳年號，西元二三三—二三七年。㉙芟夷　削除。㉚經邦治戎　治理國家，整頓軍隊。㉛羣司　政府各機構。㉜循名考實　遵循名目，考察是否名副其實。㉝糾勵成規　糾察和磨礪現在的制度。㉞本綱末舉句　總綱不舉卻造制一些微不足道的小法規。本綱，總綱。下「未」字，應作「末」，《資治通鑑》作「末」。呈，通「程」。古度量單位，十發為程，十程為分，十分為寸。㉟國略不崇句　國家大策大略沒有樹起權威反而先行考課。國略，國家大的策略。㊱料理；區分。㊲幽明　幽暗、光明。引申為是非好壞。㊳州閭　即鄉里。古代五百家為黨，二千五百家為州；二十家為閭。㊴庠序　古代鄉學名。《禮記・王制》：「耆老皆朝於庠。」注：「此庠，謂鄉學也。」序，亦為古代鄉學之名。《孟子・滕文公上》：設為庠序學校以教之，「夏曰校、殷曰序、周曰庠。」㊵鄉老　漢制，每鄉置三老一人，掌教化鄉人，後世謂鄉老。《漢書・百官公卿表》上：「大率十里一亭，亭有亭長。十亭一鄉，鄉有三老，有秩、嗇夫、游徼。三老掌教化。」㊶科　選舉。㊷九州　《尚書・禹貢》記載，上古分全國行政區劃為冀、兗、青、徐、揚、荊、豫、梁、雍九州。此泛指全國。㊸爰　乃。㊹六鄉　周制，京城外百里以內分為六鄉，由司律掌管政令。㊺吏部　官署名。掌管全國官吏的任免、考課、升降、調動等事務。㊻案品狀　曹丕延康元年（西元二二〇年）繼承王位後，在人才選拔方面實行九品中正制。這是一種與漢代「鄉舉里選」察舉制不同的選才制度。在郡各設中正官一員，由本郡人士在中央任職者兼任。每三年品評一次本郡人才，並將品評文字材料上報中央。這一制度一直延續到南北朝。品，區別人才高下的等級。狀，中正對人才所作的概括式評語。㊼任薄伐句　薄，記錄家世的冊簿。伐，同「閥」。門閥。此指中正提供的記錄家世的文字材料之一。敘，按規定的等級次第授官職，稱敘。㊽殿最之課　上等和下等的考定。古代考核政績或軍功，上等稱「最」，下等稱「殿」。㊾述綜王度二句　述綜、敷贊，皆是從總體上論述的意思。王度、國式，皆指國家之制度。㊿曹爽　字昭伯，沛國譙（今安徽亳州）人，曹真之子。明帝時任武衛將軍。明帝病重，拜其為大將軍、假節鉞、都督中外諸軍事，與司馬懿同受遺詔輔少主。齊王曹芳即位後，司馬懿發動政變，曹爽被剝奪兵權，後被殺。詳見本書卷九〈曹爽傳〉。(51)何晏　字平叔，南陽宛（今河南南陽）人，何進之孫，其母被曹操納為夫人，因而自幼被曹操收養。娶魏公主，歷任散騎常侍、侍中尚書。因依附曹爽，被司馬懿所殺。好老莊，善玄言，以清談著名。詳見本書卷九〈曹爽傳〉。(52)爽弟羲　曹羲，曹真之子。真卒，封列侯。正始中為中領軍，安鄉侯。與兄曹爽等謀削司馬懿之權，被以謀反罪收捕，伏誅，夷三族，事見本書卷九〈曹爽傳〉。(53)銛巧　投機取巧。(54)起家拜滎陽太守　被徵召為滎陽太守。起家，被徵召出任官職。滎陽，郡名。治所在今河南滎陽東北。(55)太傅司馬宣王句　太傅司馬宣王請他擔任從事中郎。太傅，官名。古三公之一，周始置，為國君輔弼之官。曹魏黃初七年（西元二二六年）初置太傅上公，一品，無常職，不參朝政。司馬宣王，即司馬懿，其子司馬昭封晉公之後，追尊為宣王。從事中郎，官名。漢魏時，三公及將軍府均設此官，職參謀議，在長史，司馬下。(56)河南尹　三國魏時以洛陽為都城，以京畿地區，即原河南郡地置河南尹。裴松之注引《傅子》曰：「河南內掌帝都，外統京畿，兼古六鄉六遂之士。其民異方雜居，多豪門大族，商賈胡貊，天下四會，利之所聚，而奸之所生。前尹司馬芝，舉其綱而太簡，次尹劉靜，綜其目而太密，後尹李勝，毀常法以收一時之聲。瑕立司馬氏之綱統，裁劉氏之綱目以經緯之，李氏所毀以漸補之。」「其治以德教為本，然持法有恆，簡而不可犯，見理識情，獄訟不加櫝楚而得其實。不為小惠，有所薦達及大有益於民事，皆隱其端迹，若不由己出。故當時無赫赫之名，吏民久而後安之。」

[57]罷侯置守　罷去諸侯國，設置郡守。指秦滅六諸侯國而統一天下，改諸侯封國為郡縣之制。[58]錯綜　綜合、融彙。[59]革易　革除、改易。[60]三征　當時征南大將軍王昶、征東將軍胡遵、鎮南將軍毌丘儉上表請求征吳。實為「二征」一鎮，此言「三征」，是概言之。[61]訪　詢問。[62]昔夫差陵齊勝晉　夫差，為春秋末年吳國國君，爭霸中原。曾敗齊國於艾陵（今山東泰安），弄兵於黃池（今河南封丘），與諸侯會盟，與晉定公爭霸主。越王句踐藉夫差中原爭霸之機而乘虛攻吳，都城姑蘇被破，自縊而死。陵，同「淩」。欺淩。[63]中國　中原地區。[64]姑蘇　山名。在今江蘇蘇州西南。山上有臺，夫差在臺上立春宵宮，作長夜之飲。越軍破吳，夫差在此自殺。事見《史記・吳太伯世家》。[65]齊閔兼土拓境三句　齊閔（又作湣），齊閔王。戰國時齊國國君。西元前三〇〇—前二八四年在位。在位期間，以強淩弱，曾聯合韓、魏，戰勝楚秦，攻滅宋國。後為樂毅率聯軍擊敗，出逃於莒，被楚將淖齒所殺。見《史記・田敬仲完世家》。[66]孫權自破關羽句　東漢建安二十四年（西元二一九年），關羽守荊州，孫權乘關羽攻曹之機，襲取荊州，大敗關羽。詳本書卷三十六〈關羽傳〉。[67]盈　滿。[68]凶宄　兇惡為亂的壞人。宄，竊盜或作亂之壞人。《尚書・舜典》：「寇賊奸宄。」傳曰：「在外曰奸，在內曰宄。」[69]深建宏圖大舉之策　《晉書・宣帝紀》載：太和初，邊郡新附，多無戶名。明帝徵求司馬懿意見，認為「宜弘以大綱，則自然安樂」。又問吳蜀何者宜討，何者為先。認為應先攻吳，並獻水陸合擊之策。[70]諸葛恪　字元遜。初任孫吳騎都尉，討伐山越有功。丞相陸遜去世後，遷大將軍，駐武昌，代領荊州事。孫亮繼位後拜太傅，總攬朝政。興利除弊，革新內外，一時民心大悅。後因功驕傲，窮兵黷武，遂致上下愁怨，後被孫峻所殺。詳見本書卷六十四〈諸葛恪傳〉。[71]蠲　除去。[72]酷烈　殘酷劇烈。此指刑罰賦役之類。[73]偷安新惠　暫時苟安而享受新主的實惠。[74]挺命　直撐著生命。[75]徑濟　直渡。[76]大佃疆場　佃，耕種土地。疆場，國界、田界。[77]覷釁　觀察尋找間隙。[78]自治兵以來　自開戰以來。魏從西元二五〇年伐吳，至此歷時已三載。[79]掩襲　乘人不備而攻之。[80]幾六十年矣　自東漢獻帝興平二年（西元一九五年）孫策割據江東，至此嘉平四年（西元二五二年），前後五十八年。[81]元帥　指孫權。[82]津要　渡口要衝之處。[83]最差完牢　比較起來，這是最完善、最牢靠之法。差，比較。[84]兵出民表　屯田軍隊出在老百姓的外面。指邊疆。此句上原有「隱」字，裴松之注引司馬彪《戰略》載傳嘏此對無「隱」字，據刪。[85]寇鈔　敵寇掠奪。鈔，強取。[86]昔樊噲三句　《史記・季布欒布列傳》載：樊噲向呂后說：「臣願得十萬人，橫行匈奴。」季

布當面指責他：「從前高祖帶四十萬人馬，尚且被匈奴圍困，今帶十萬人馬，怎能橫行匈奴？」樊噲，沛人。隨劉邦起兵，曾在鴻門宴上保護劉邦。漢初任左丞相，封舞陽侯。《史記》、《漢書》皆有傳。季布，楚人，以任俠出名。惠帝時為中郎將。《史記》、《漢書》皆有傳。面折，當面指責別人的過錯。[87]錯計　籌措謀劃。錯，通「措」。[88]振長策句　言全力對敵。振，抖動。長策，長鞭。餘燼，本指燃剩的灰燼，比喻殘餘勢力。[89]斯必然之數也　裴松之對以上傳嘏所對注曰：「司馬彪《戰略》載嘏此對，詳於本傳，今悉載之以盡其意。」原對略。[90]東關　地名。故址在今安徽含山縣西南濡須山上。隔濡須水與七寶山上的西關相對。北控巢湖，南扼長江，為吳、魏間的要衝。[91]青徐　青州和徐州，皆為古九州之一，亦為魏行政區劃十三州之一。青州，治所在今山東臨淄北。徐州，魏初治所在今江蘇徐州，後移治今江蘇邳州西南。[92]子遺　剩餘；遺留。[93]以徼乾沒　求取勝利。徼，求取。乾沒，得利曰乾，失利曰沒。此偏在「乾」。[94]偏率　即偏帥，偏將之意。率，通「帥」。[95]乘海泝淮　利用海潮逆水入淮。泝，逆水而上。[96]淮南　郡名。治所在今安徽壽縣。[97]圖新城　圖，本書卷六十四〈諸葛恪傳〉作「圍」。新城，合肥新城。見上注。[98]才性同異　人的才幹，氣質的同異。[99]鍾會集而論之　裴松之注引《傅子》曰：「嘏既達治好正，而有清理識要，好論才性，原本精微，鮮能及之。司隸校尉鍾會年甚少，嘏以明智交會。」鍾會，字士季，潁川長社（今河南長葛東）人，鍾繇少子。為司馬昭所寵信，任黃門侍郎、司隸校尉。率兵伐蜀，自謂功高蓋世，與蜀漢降將姜維合謀起兵反司馬昭，後被殺。詳見本書卷二十八〈鍾會傳〉。[100]嘉平　魏齊王曹芳年號，西元二四九—二五四年。[101]高貴鄉公　即曹髦，字彥士，曹丕之孫。少好學，魏正始五年（西元二四四年）封郯縣高貴鄉公。魏嘉平六年（西元二五四年），司馬師廢齊王曹芳，公卿迎立為帝，不甘為司馬氏做傀儡，親率宿衛攻司馬昭，被害，死無謚，史稱高貴鄉公。詳本書卷四〈高貴鄉公紀〉。[102]正元二年　西元二五五年。正元，高貴鄉公曹髦年號，西元二五四—二五六年。[103]毌丘儉文欽句　毌丘儉事見本書卷二十八〈毌丘儉傳〉。文欽，字仲若，沛國譙（今安徽亳州）人。為魏將，明帝太和中，任五營校督，出為牙門將。因性剛暴無禮，不奉官法，明帝抑之。後復為淮南牙門將，轉廬江太守，鷹揚將軍。與毌丘儉善。高貴鄉公曹髦正元二年，與毌丘儉偽造詔書，誣大將軍司馬師謀反，發兵討伐，戰敗亡入吳。為吳都護、假節鎮北大將軍，幽州牧，封譙侯。事見本書卷二十八〈毌丘儉傳〉。[104]司馬景王　司馬師，司馬懿長子，姪司馬炎代魏稱帝後，追為景帝。時任大都督，大將軍。[105]太尉孚　即時為太尉的司馬孚。太尉，三公之一，職軍事。司馬孚，係司馬懿弟，司馬師叔。曹魏時官至太傅。晉立，任太宰，封安平王。《晉書》有傳。[106]王肅　字子雍，本書卷十三有傳。[107]景王遂行　裴松之注引《漢晉春秋》曰：「嘏固勸景王行，景王未從。嘏重言曰：『淮、楚兵勁，而儉等負力遠鬥，其鋒未易當也。若諸將戰有利鈍，大勢一失，則公事敗矣。』是時景王新割目瘤，創甚，聞嘏言，蹶然而起曰：『我請輿疾而東。』」[108]守尚書僕射　代理尚書僕射一職。守，猶「攝」。暫理其職。尚書僕射，尚書令副。尚書令缺，僕射暫主臺事。[109]司馬文王　即司馬昭。司馬懿次子。繼其兄為大將軍，專斷國政，並謀代魏。其子炎稱帝後，追尊為文王。傳見《晉書》卷三。[110]語在鍾會傳　本書卷二十八〈鍾會傳〉載：景王薨於許昌，文王總統六軍。時（魏帝曹髦）中詔敕尚書傅嘏，以東南新定，權留衛將軍（司馬昭）屯許昌為內外之援，令嘏率諸軍回洛陽，打算以此擺脫司馬氏而控制軍權。傅嘏與鍾會謀，與司馬昭徑回京城。曹髦被迫任命司馬昭為大將軍、輔政。裴松之注云：「《世語》曰：景王疾甚，以朝政授傅嘏，嘏不敢受。及薨，嘏祕不發喪，以景王命召文王於許昌，領公軍焉。」[111]自矜　自以為功高而驕傲。[112]太常　官名。為九卿之一，掌管宗廟祭禮儀禮，兼選試博士，秩中二千石，三品。[113]咸熙中開建五等　魏咸熙元年（西元二六四年），晉王司馬昭，奏准恢復五等封爵，即公、侯、伯、子、男。[114]封祗涇原子　封嘏的兒子傅祗為涇原子爵。傅祗，裴松之注引《晉諸公贊》曰：「祗字子莊，嘏少子也。晉永嘉中至司空。」傳附《晉書・傅玄傳》。

【語　譯】傅嘏，字蘭石，北地郡泥陽縣人，是傅介子的後代。伯父傅巽，黃初年間擔任侍中、尚書。傅嘏二十歲就知名於世，司空陳羣徵召他為屬官。當時散騎常侍劉劭撰寫了《考課法》，此事下交三公府討論。傅嘏駁難劉劭的觀點，說：「聽說國家法度宏大高深，聖人的治道深奧久遠，如果不是治國的賢才，那麼治道就不會施行，使治道既神妙又明白，這取決於執行的人。到了天子法度虧損衰敗而又記載曠缺時，精妙的言論已經消失，《六經》被遺棄玷汙。為什麼呢？治道宏大而深遠，但一般任職的才士不能明白。考察劉劭的《考課論》，雖然想探尋前代對官吏的進退升降的制度，但是那些制度大都已散失。禮制保存下來的，只有周代典籍。外面設置諸侯藩國，作為京畿周邊的屏障，內部設立各種官署，管理六行六業，各地有常年進貢，官制有定型的規則，百官各司其事，四民各務其業，所以政績的考核可以有條不紊的進行，職務的升降容易通暢。大魏承繼百代帝王之後，接續秦、漢功業，制度演變，無從採納。自建安以來，直到青龍年間，神明而英武的皇上治理亂世，開始打下帝業根基，掃除凶頑叛逆，消滅殘餘賊寇，戰旗飄揚，毫無空暇時間。以至治國治軍，權威與法制同時使用，所有官員府署，軍務政務兼任，因應實際情況制訂法令，來適應政務的需要。將古代的制度拿到今天施行，由於事情複雜，內容不同，是難以實行的。其所以如此，是制度應該行之長久，或許不切合目前需要；法制適應了當前的事務，但不足以留傳後世。設官分職，管理民眾，處理事務，這是建立國家的根基；按照前代的名義去考察實際，糾正修訂過去的規章制度，這是治理的細微末節。總綱沒有抓住而制訂一些細瑣法規，不重視治國方略而把官吏的考核放在前面，我擔心這不足以用來區分賢愚，明辨是非。過去先王選擇人才，一定在鄉里考察他的品行，在學校中聽他講經論道，品行具備則稱做『賢』，明經達理則稱做『能』。掌教化的鄉老將賢人、能人推薦給君王，君王下拜接受，選拔其中的賢人，派往外地讓他擔任地方長官，選擇其中的能人，進入朝廷讓他處理政務，這是先王收攬人才的辦法。當今全國的人民，一直到京城，沒有六鄉的薦舉，選拔人才的工作，專由吏部主持。考察他們的品德容貌，則實際才能不一定相當；採用他們的家世資料加以任用，而他們的品行不一定稱職。這樣看來，對官員優劣的考核，不能盡攬人才。全面論述國家的法度，總體評論國家的制度，由於內涵深遠，意義廣博，是我所難以詳盡的。」

2　正始初年，任尚書郎，轉任黃門侍郎。當時曹爽把持朝政，何晏擔任吏部尚書，傅嘏對曹爽的弟弟曹羲說：「何平叔外表恬淡而內在尖刻取巧，貪圖利益，不考慮務本求實。我擔心一定會先惑亂你的兄弟，仁德之人將被疏遠，而朝政荒廢了。」何晏等人於是與傅嘏不和，藉小事免除了傅嘏的官職。後在家中被徵召出任滎陽太守，沒有赴任。太傅司馬宣王請他擔任從事中郎。曹爽被誅殺後，擔任河南尹，升任尚書。傅嘏曾認為「秦朝開始廢除諸侯，設立郡守，設官分職，與古代制度不同。漢、魏因襲，一直到現在。但是儒生、學者，都想綜合夏、商、周三代的禮制，三代禮制廣博深遠，不適合當前情況，實際狀況與制度相違背，名稱與事實不相符合，所以歷代沒有達到天下大治，大概由於這個原因。想大規模改定官制，依據古代的原則從根本上來矯正，現在遇到國家多難，未能改變」。

3　當時參加討論的人商議準備討伐吳國，「三征」將軍獻的計策各不相同。皇帝下詔詢問傅嘏，傅嘏回答說：「過去吳王夫差侵凌齊國，戰勝晉國，威行於中原，最終禍亡姑蘇；齊閔王兼併土地，拓展邊境，開闢國土千里，自身遭受顛覆。有開端不一定有好的結果，這是古代的明證。孫權自從擊破關羽兼併荊州之後，躊躇滿志，窮凶極惡，因此宣文侯建立深遠的宏圖大略和規模宏偉的行動策略。現在孫權已死，把太子託付給諸葛恪。如果改變孫權的苛虐殘暴，廢除苛政，人民免遭殘暴的刑罰，暫且享受新主的恩惠，內外同心，有風雨同舟的警惕，就算不能始終自我保全，還是足夠延長拚命拒守於長江之南的時間。而參加討論的人有的主張駕船直渡，縱橫馳騁於江南；有的主張兵分四路同時前進，進攻他們的城池和營壘；有的主張大規模在邊界進行武裝屯墾，觀察漏洞伺機行動，這確實是攻取賊兵的一般謀略。但是，自從興兵以來，歷經三載，並不是攻其不備的偷襲之軍。賊兵寇掠，幾乎有六十年了，他們偽立君臣，禍福與共，又喪失君主，上下擔憂危機，命令戰船布防在重要港口，堅固城池，盤據險要，我們縱橫馳騁的計畫，大概難以獻凱奏捷。只有進軍邊境進行大規模屯田，比較起來最為完善牢靠。軍隊守衛在民眾的外圍，賊寇掠奪無法侵犯；軍隊可以就地吃自己生產積蓄的糧食，不需煩勞士兵運送；乘其間隙襲擊，沒有長途勞累和費用：這是軍事上急切的要務。過去樊噲願以十萬人馬，縱橫馳騁於匈奴，季布當面指責他計策的缺失。現在想越過長江，進入敵人內地，這可比作從前的樊噲。不如嚴明軍法，操練士兵，把謀劃用在我們可以獲得全勝之處，揚起長鞭來對付敵人的殘餘勢力，這是必然的道理。」後來吳國大將諸葛恪在剛剛攻破東關時，乘勝揚言要向青州、徐州進軍，朝廷準備為此事加強防備。傅嘏發表意見認為「淮海不是賊兵輕易通行之路，再者過去孫權派兵入海，漂蕩溺死，幾乎全軍覆沒。諸葛恪怎敢傾盡他的全部力量，把性命寄託於波濤洪流，來求取勝利呢？他不過派遣偏帥小將中平素熟習水上作戰的人，從海上逆行進入淮水，做出進攻青州、徐州的樣子，諸葛恪自己則集中兵力指向淮南罷了」。後來諸葛恪果然謀攻新城，沒有攻下，便率兵而返了。

4　傅嘏經常與人討論人的才幹、秉性的異同，鍾會把他的話彙集起來加以評論。嘉平末年，被賜予關內侯的爵位。高貴鄉公即帝位後，進封為武鄉亭侯。正元二年春，毌丘儉、文欽叛亂。有人認為司馬景王不適宜親自出征，可以派遣太尉司馬孚前往，只有傅嘏和王肅勸他親征。於是景王親自率兵出發。以傅嘏暫任尚書僕射，一起隨軍東征。毌丘儉、文欽被擊敗，其中有傅嘏的謀劃。等到景王逝世，傅嘏與司馬文王直接返回洛陽，文王便輔佐朝政。此事記載在〈鍾會傳〉。鍾會因此有居功自傲的神色，傅嘏告誡他說：「你志向很大無可限量，但功業是很難建立的，怎可不謹慎啊！」傅嘏憑著功勞進封為陽鄉侯，增加食邑六百戶，連同以前所封的共一千二百戶。這年逝世，當時四十七歲，追贈太常，諡號元侯。兒子傅祗嗣立。咸熙年間開建五等爵，因傅嘏在前代功勳顯著，傅祗改封為涇原子爵。

評曰：昔文帝、陳王❶以公子之尊，博好文采，同聲相應❷，才士並出，惟粲等六人最見名目❸。而粲特處常伯之官❹，興一代之制，然其沖虛德宇❺，未若徐幹之粹❻也。衛覬亦以多識典故❼，相時王之式❽。劉劭該❾覽學籍，文質周洽❿。劉廙以清鑒著，傅嘏用才達顯云。

【章旨】以上是對以上所傳諸人的總評。王、衛、二劉之評差相彷彿，而傅評欠當。裴松之認為：「傅嘏識量名輩，實當時高流。而此評但云『用才達顯』，既於題目為拙，又不足以見嘏之美也。」

【注釋】❶陳王　指陳思王曹植。傳見本書卷十九〈陳思王傳〉。❷同聲相應　原指樂聲相應和。後喻意見、志趣相同的人互為回應。❸最見名目　最受時論稱道。❹常伯之官　常伯，周官名。以從諸伯中選拔而得名。《尚書・立政》：「王左右常伯、常任。」秦、漢、三國稱侍中為常伯。《漢書・谷永傳》：「戴金貂之飾，執常伯之職者，皆使學先生之道，知君臣之義。」❺沖虛德宇　淡泊虛靜，道德風範。❻粹　純粹。❼典故　典章制度，歷史故事。❽相時王之式　相，輔佐。式，制度。❾該　通「賅」。全備；包括一切。❿周洽　周備。

【語譯】評論說：以前文帝曹丕、陳王曹植以公子之尊，深好文學辭采，志趣相同的人互相回應，才學之士大量出現，唯有王粲等六人最為顯著。而王粲特別擔任皇帝近臣，興建一代制度，但是他在淡泊虛靜、道德風範方面，不如徐幹精純。衛覬也因廣泛了解典章制度和歷史故事，輔佐當時君主制訂制度。劉劭博覽羣書，文才和品德兼備。劉廙以清明和鑑識著稱，傅嘏因為才能顯達。

【研　析】建安時期在曹氏父子的籠絡下而形成的「鄴下文人集團」，是當時文壇的主力軍。曹丕《典論·論文》稱孔融、陳琳、王粲、徐幹、阮瑀、應瑒、劉楨為「七子」。七子中孔融年輩較長，然在建安十三年被殺，實際上只有六人參加了鄴下文人的活動。六人中以王粲成就最高，被劉勰稱為「七子之冠冕」。本卷以王粲為主傳，其他五子及連帶眾多文士作附甚稱允當。粲傳以「才」為立筆之骨：追述先世之美，以為其才美之源；繼以蔡邕「倒屣迎之」及推獎，側面烘托其才；漢濱觴賀展其洞悉天下形勢及臨場應對之才；背碑文、復棋局則正面敘其強記默識之才；舉筆成章顯其屬文之才。傳文側面烘托與正面描寫相結合，章法嚴整，簡潔精審，詳略有致。其他諸子傳雖簡略，但略貌取神，亦多精彩。特別是六子傳後引曹丕〈與吳質書〉，對六子的文學成就作了精闢的概括，極具學術價值。

衛覬是三國時著名書法家，鳥篆隸草無所不善。好古文，與潘勖、王象齊名。但傳文對他的文學藝術成就一筆帶過，重在敘其事功，並重點寫他兩個方面：一為治關中。一為獻忠言。覬以治書侍御史使益州，留鎮關中。是時關中初定，流入荊州的災民紛紛歸鄉，但歸者無以自業，關中諸將多引為部曲。覬為國為民考慮，上書荀彧，要求重整鹽政，以值買牛犁供給歸民。此策一方面可削弱地方諸將勢力，鞏固中央集權；一方面可穩定歸鄉民心，豐殖關中，收一石二鳥之效。關於時獻忠言，傳文舉兩次奏疏為例，一為置律博士教授刑律；一為崇節儉、罷工役。前例略，後例詳。皆切中時弊，為時務之急。疏文語重心長，特別是針對「百姓凋匱而役務方殷」而發的奏疏，更是句句動情，一位憂國憂民的老臣形象躍然紙上。

劉廙為魏名士，初依劉表，諫兄望之語以見遠識。後歸曹氏，頗被重用，為此忠心事曹。廙疏書之文委婉卑曲，務盡其情。但往往綿裏藏針，柔中帶剛，頗見清骨。傳文引答曹丕命書信用「草書」書與〈上太祖征蜀疏〉及裴松之注引《廙別傳》中的〈道路為箋謝劉表〉、〈論治道表〉等，皆具此風貌。廙頗傾心治政之道，傳云：「廙著書數十篇，及與丁儀共論刑禮，皆傳於世。」〈上太祖征蜀疏〉已見其治國思想。

劉劭是魏著名學者，魏初受詔作《皇覽》。明帝即位，又與議郎庾嶷、荀詵等定科令，作《新律》十八篇，並著《律略論》。文學作品則有〈趙都賦〉、〈許都賦〉、〈洛都賦〉等。景初中，受詔作《都官考課》，並作〈說略〉一篇、《樂論》十四篇。另有《法論》、《人物志》之類百餘篇。本傳寫劭最大的特點是遇事善思，體慮周詳。詳寫他三件事：一是為計吏時，發表因推算正旦日食，是否朝會的意見；一是為魏處理「聞公孫淵受孫權燕王之號」一事，一是吳圍合肥，獻計解圍一事。全傳以略寫一生所做大事為骨以見其事功，以詳寫以上三事為肉以顯其個性，頗得傳記文之體。特別是詳引散騎侍郎夏侯惠薦劭之文，作為時人對劭的全面評價，既感情充沛，又真實可信。

傅嘏也是魏著名學者，他的「才性」之論，在當時自成一家。《隋書·經籍志》著錄有集二卷，已佚。今存〈皇初頌〉等見於《藝文類聚》。本傳所引〈難劉劭考課法論〉、〈伐吳對〉二文，彰顯了傅氏事功的兩個方面，即在官制研究和征吳方略方面的貢獻。在官制研究方面他不僅在官吏考課方面有自己的看法，在設官命職方面亦有見解。但其「大改官制」，要「依古正今」之說未免迂腐。在伐吳方略方面，本傳所引〈伐吳對〉，全文見裴松之注引司馬彪《戰略》一書。

此卷雖主傳王粲、衛覬、劉廙、劉劭、傅嘏五人，但附傳涉及文士二十七人。主附連綴，詳略有致。分者各自成篇，合者穿插照應，順勢貫下，自然暢達。一傳之內亦不平均用筆，多以略敘事功為一傳之骨，詳取一二大事以彰顯傳主個性，骨肉豐滿，形象生動。特別善引傳主疏對及時人評品之文以充篇實傳，別具風貌。(王樹林注譯)

卷二十二　魏書二十二

桓二陳徐衛盧傳第二十二

【題解】本卷為桓階、陳羣、陳泰、陳矯、徐宣、衛臻、盧毓等七位長期掌曹魏尚書臺人物的傳記。卷題曰「桓二陳徐衛盧傳」，二陳指陳羣、陳矯，陳泰不在其內，泰是作為陳羣附傳出現在傳文中，其實陳泰在魏代歷史上的貢獻並不亞於其他六位，且時有過之，而卷中敘寫陳泰的文字除其父陳羣外，比其他五人還多，為此不能因卷題中沒有出現而忽視此人地位。魏代政務全部統歸臺閣，因此，尚書臺主要官員多加侍中職銜。尚書臺中有令一人，僕射二人，五曹尚書各一人，號稱「八座尚書」，實際是整個國家機器運轉的核心。此七人都先後長期在臺內擔任要職，他們雖然由於時期不同、個人風尚有異、性情不同、工作風格有別，但都為魏國的建立和發展做出了重要貢獻。

1 桓階，字伯緒，長沙臨湘❶人也。仕郡功曹❷。太守孫堅❸舉階孝廉❹，除尚書郎❺。父喪還鄉里。會❻堅擊劉表戰死❼，階冒難詣❽表乞堅喪，表義而與之❾。後太祖❿與袁紹相拒於官渡⓫，表舉州以應紹。階說其太守張羨⓬曰：「夫舉事而不本於義，未有不敗者也。故齊桓率諸侯以尊周⑬，晉文逐叔帶以納王⑭。今袁氏反此，而劉牧⑮應之，取禍之道也。明府⑯必欲立功明義，全福遠禍，不宜與之同也。」羨曰：「然則何向而可？」階曰：「曹公雖弱，仗義而起，救朝廷之危，奉王命而討有罪，孰敢不服？今若舉四郡保三江⑰以待其來，而為之內應，不亦可乎！」羨曰：「善。」乃舉長沙及旁三郡以拒表⑱，遣使詣太祖。太祖大悅。會紹與太祖連戰，軍未得南。而表急攻羨，羨病死。城陷⑲，階遂自匿。久之，劉表辟為從事祭酒⑳，欲妻以妻妹㉑蔡氏。階自陳已結婚，拒而不受，因辭疾㉒告退。

2 太祖定荊州㉓，聞其為張羨謀也，異之，辟為丞相掾主簿㉔，遷趙郡㉕太守。魏國初建㉖，為虎賁中郎將侍中㉗。時太子未定，而臨菑侯植㉘有寵。階數陳文帝德優齒長㉙，宜為儲副㉚，公規密諫，前後懇至㉛。又毛玠㉜、徐奕㉝以剛蹇少黨㉞，而為西曹掾丁儀㉟所不善，儀屢言其短，賴階左右㊱以自全保。其將順匡救㊲，多此類也。遷尚書㊳，典選舉。曹仁㊴為關羽㊵所圍，太祖遣徐晃㊶救之，不解。太祖欲自南征，以問羣下。羣下皆謂：「王不亟㊷行，今敗矣。」階獨曰：「大王以仁等為足以料事勢不也？」曰：「能。」「大王恐二人遺力邪？」曰：「不。」

「然則何為自往？」曰：「吾恐虜眾多，而晃等勢不便耳。」階曰：「今仁等處重圍之中而守死無貳者，誠以大王遠為之勢也。夫居萬死之地，必有死爭之心；內懷死爭，外有彊救，大王案六軍㊸以示餘力，何憂於敗而欲自往？」太祖善其言，駐軍於摩陂㊹。賊遂退。

文帝踐阼㊺，遷尚書令㊻，封高鄉亭侯㊼，加侍中㊽。階疾病，帝自臨省㊾，
3 謂曰：「吾方託六尺之孤，寄天下之命於卿。勉之！」徙封安樂鄉侯㊿，邑六百戶，又賜階三子爵關內侯(51)。祐(52)以嗣子(53)不封，病卒，又追贈關內侯。後階疾篤(54)，遣使者即拜太常(55)，薨(56)，帝為之流涕，諡曰貞侯(57)。子嘉嗣。以階弟纂為散騎侍郎(58)，賜爵關內侯。嘉尚(59)升遷亭公主，會嘉平(60)中，以樂安(61)太守與吳戰於東關(62)，軍敗，沒，諡曰壯侯。子翊嗣。

【章旨】以上是〈桓階傳〉。傳中通過具體事例，記述桓階早年就深明大義，不畏權勢。在入魏以後，太祖時期順勢建言，多所匡正。力主以曹丕為太子；保護剛蹇少黨的毛玠、徐奕；建言解曹仁之圍。文帝時期，備受恩寵，惠及後人。

【注釋】❶長沙臨湘　長沙郡臨湘縣。臨湘，治所在今湖南長沙。❷功曹　官名。漢制州郡及縣之佐吏，有功曹掾、功曹史，簡稱功曹。在郡縣所屬吏員中地位最高。主考察記錄功勞、參與任免賞罰，時或代行太守之事。❸孫堅　字文臺，事見本書卷四十六〈孫堅傳〉。孫堅於東漢靈帝中平四年（西元一八七年）任長沙太守。❹孝廉　漢代察舉官吏的科目名。孝，指

孝子。廉，指廉潔之吏。各郡國在所屬吏民中薦舉，是當時仕進的主要途徑。❺除尚書郎　任命尚書郎。尚書郎，官名。漢制，尚書自令、僕射、左右丞下有郎，分掌尚書諸曹事。❻會　正值；碰巧。❼擊劉表戰死　本書卷四十六〈孫堅傳〉載：「初平三年，(袁)術使堅征荊州，擊劉表。表遣黃祖逆於樊、鄧之間。堅擊破之，追渡漢水，遂圍襄陽。單馬行峴山，為祖軍士所射殺。」❽詣　到。❾表義而與之　劉表認為桓階講情義把屍體給了他。❿太祖　即曹操。曹丕即皇位，定其廟號為太祖。詳本書卷一〈武帝紀〉。⓫官渡　地名。故址在今河南中牟東北，臨古官渡水。東漢建安五年（西元二〇〇年），曹操以劣勢兵力大敗袁紹於此。今尚有土壘遺址，稱中牟臺。又名曹公臺。⓬張羨　東漢末官吏。南陽（今河南南陽）人。曾做零陵、桂陽長，甚得江、湘民心。建安初為長沙太守。五年（西元二〇〇年），叛劉表而與曹操相結。表急攻羨，羨病死。⓭齊桓率諸侯以尊周　當時周室衰弱，齊桓公率諸侯敬尊周天子。齊桓，春秋時齊國君主，為春秋五霸之一。⓮晉文逐叔帶以納王　周王之弟叔帶（周惠王子，襄王同父異母弟），引戎、翟謀伐襄王，事敗，投奔齊桓公，齊桓公死後歸周。在惠后支持下為亂以取代襄王。襄王求助於晉文公，晉文公出兵殺叔帶，送襄王回王城。晉文，晉文公，春秋時晉國君主，為春秋五霸之一。⓯劉牧　劉表。牧，掌一州軍政大權之長官。時表為荊州牧，故云。⓰明府　漢魏以來對太守、牧尹皆稱府君，或稱明府君，省稱明府。⓱舉四郡保三江　四郡，指長沙、武陵、零陵、桂陽四郡。保，依仗。三江，岷江、澧江、湘江。⓲舉長沙及旁三郡句　率長沙以及鄰近的武陵等三郡來抗拒劉表。旁三郡，指與長沙鄰近的武陵、零陵、桂陽三郡。⓳羨病死二句　本書卷六〈劉表傳〉云：「長沙太守張羨叛表，表圍之連年不下。羨病死，長沙復立其子懌，表遂攻并懌。」按：此說與《後漢書》稍異。⓴從事祭酒　官名。州郡之屬官。㉑妻以妻妹　把妻子的妹妹嫁給他。前「妻」字，名詞用如動詞，嫁。㉒辭疾　因疾病而推辭任職。㉓荊州　州名。劉表為荊州牧時，治所在今湖北襄樊。㉔丞相掾主簿　三國魏時，丞相府設主簿祭酒一人，主簿四人，七品，綜理府中眾事。㉕趙郡　郡名。治所在今河北邯鄲西南。㉖魏國初建　指東漢建安十八年（西元二一三年）曹操封魏公，建宗廟事。㉗虎賁中郎將侍中　為虎賁中郎將兼侍中。虎賁中郎將，漢武帝初置期門郎，無定員，掌宿衛送從。平帝元始元年（西元元年），更名虎賁郎，置中郎將統領虎賁郎，曹魏因之。侍中，往來殿中，入侍天子，故名。官員加以侍中稱號，得以親近天子，備顧問應對，拾遺補闕，興建制度，權力頗大。㉘臨菑侯植　臨菑侯曹植。臨菑，縣名。治所在今山東淄博東。事詳本書卷十九〈陳思王傳〉。㉙德優齒長　道德優良，年齡大。㉚儲副　太子。㉛公規密諫二句　裴松之注：「《魏書》稱階諫曰：『今太子仁冠羣子，名昭海內，仁聖達節，天下莫不聞；而大王甫以植而問臣，臣誠惑之。』於是太祖知階篤於守正，深益重焉。」㉜毛玠　字孝先，陳留平丘（今河南封丘）人。初為曹操治中從事，轉幕府功曹。後為東曹掾，與崔琰同掌選舉。魏國初建，為尚書僕射，仍典選舉。事見本書卷十二〈毛玠傳〉。㉝徐奕　字季才，東莞（今山東沂水縣北）人。初為曹操丞相長史，轉任雍州刺史。後被丁儀所譖，降為魏郡太守。曹操征孫權，遷為留府長史，留守後方。魏立國後任尚書令、諫議大夫。事見本書卷十二〈徐奕傳〉。㉞剛謇少黨　剛烈、正直，很少朋黨。㉟西曹掾丁儀　西曹掾，官名。漢制，丞相、太尉屬吏分曹治事，有西曹。吏員正者稱掾，副者稱屬。丁儀，字正禮，沛（今江蘇沛縣）人。父沖，與太祖友善，任司隸校尉。儀官至西曹掾，後與其弟丁廙、楊修俱為臨菑侯曹植羽翼，文帝即位，被殺。㊱左右　意謂周旋、幫助。㊲將順匡救　順勢助其成，匡正以挽救。《史記・管晏列傳》：語曰：「將順其美，匡救其惡，故上下能相親也。」㊳尚書　官名。魏時尚書有五曹，即吏部、左民、客曹、五兵、度支。吏部主選舉，地位高於其他四曹。據下「典選舉」句，知桓階仍為吏部尚書。㊴曹仁　字子孝。曹操從弟。獻帝初，起兵淮泗間，一直追隨曹操征戰。先後從平荊州，行征南將軍；從討馬超，行安西將軍；斬叛將侯音，拜征南將軍。曹丕即王位，仁為車騎將軍，都督荊、揚、益州諸軍事。討破吳將陳邵後，拜仁大將軍。黃初四年卒。事見本書卷九〈曹仁傳〉。㊵關羽　字雲長，蜀大將，駐守荊州，威鎮華夏。事見本書卷三十六〈關羽傳〉。㊶徐晃　字公明。河東楊（今山西洪洞東南）人。魏將領。關羽圍襄陽、樊城，于禁往救，兵敗被俘。晃率兵救援。事見本書卷十七〈徐晃傳〉。㊷亟　急。㊸六軍　《周禮・夏官・司馬》：「凡制軍，萬有二千五百人為軍。王六軍，大國三軍，次國二軍，小國一軍。」後以六軍泛指朝廷的軍隊。㊹摩陂　地名。在今河南郟縣東南。㊺踐阼　帝王即位。漢獻帝延康元年（西元二二〇年），漢獻帝禪位於曹丕。本書卷二〈文帝紀〉云：延康元年冬十月，漢帝以眾望在魏，乃為壇於繁陽。庚午，王升壇即阼，百官陪位。㊻尚書令　官名。尚書臺長官，總典綱紀，無所不統，職權極重。出征則以行臺隨行。㊼高鄉亭侯　高鄉，地名。亭，秦漢時鄉以下行政機構。大率十里一亭，亭有亭長，十亭一鄉。《漢書・百官公卿表上》：亭侯，爵位名。漢制，列侯大者食縣邑，小者食鄉、亭。㊽加侍中　階前已為「虎賁中郎將兼侍中」，此時以尚書令加侍中，為加官。加，加官。在原官職之外加領其他官銜。㊾臨省　親臨探望。㊿徙封安樂鄉侯　鄉侯高於亭侯。盧弼《集解》引潘眉說：「凡書法，初封曰封；進爵曰進封；不進爵但更易邑土，曰徙封，亦曰更封，亦曰改封，亦曰轉封。桓階初封高鄉亭侯，至是進爵鄉侯，宜書進封，不當曰徙封。」(51)關內侯　爵位名。地位次於列侯，只有俸祿而無封地。寄食關內，故名。(52)祐　桓階長子桓祐。(53)嗣子　古代帝王或諸侯的嫡子。嗣子有資格繼承父親的爵位。(54)疾篤　病重。(55)太常　官名。為九卿之一，掌管宗廟祭祀禮儀，兼選試博士。曹魏初置奉常，魏黃初元年（西元二二〇年）改為太常，秩中二千石，三品。(56)薨　諸侯王或大臣死稱薨。(57)諡曰貞侯　追諡為貞侯。諡，後人根據死者生前事跡議定的含有褒貶之意的稱號。貞，《釋文》：「貞，正也。」又言行一致謂之貞。(58)散騎侍郎　官名。東漢延康元年（西元二二〇年）二月，曹丕置散騎常侍、散騎侍郎各四人。散騎侍郎秩六百石，五品，與侍中，黃門郎共平尚書奏事。(59)尚　匹配，多用於娶皇帝的女兒。(60)嘉平　魏齊王曹芳年號，西元二四九—二五四年。(61)樂安　郡名。治所在今山東博興西南。(62)東關　關隘名。故址在今安徽含山縣西南三十公里處的濡須山上。三國吳諸葛恪築，隔濡須水與七寶山上的西關相對。北控巢湖，南扼長江，為吳、魏間要衝。

【語譯】桓階，字伯緒，長沙郡臨湘縣人。擔任郡功曹。太守孫堅薦舉桓階為孝廉，任命為尚書郎。父親去世返回故鄉。恰逢孫堅進擊劉表時戰死，桓階冒著風險到劉表處乞求要回孫堅的屍體為他舉喪，劉表認為他重道義，而把孫堅的屍體給了他。後來太祖與袁紹的軍隊在官渡對峙，劉表率整個荊州響應袁紹。桓階勸長沙太守張羨說：「行事不本於道義，沒有不失敗的。所以齊桓公率領諸侯尊奉周王室，晉文公驅逐叔帶送周王返回王城。現在袁氏卻與此相反，而劉表州牧響應他，這是自取禍患之路。明府您若想建立功勳，昭明道義，保全幸福，遠離禍患，就不應與他們相同。」張羨說：「那麼怎樣做才可以呢？」桓階說：「曹公雖然弱小，但他是仗義起兵，解救朝廷的危難，尊奉皇上詔命討伐有罪之臣，誰敢不服從？現在您如果率領長沙、武陵、零陵、桂陽四郡，保衛三江，等待曹公到來，做他的內應，不也是可以嗎！」張羨說：「好。」於是率長沙以及鄰近的三郡抗拒劉表，派遣使者謁見太祖。太祖非常高興。此時正值袁紹與太祖的軍隊接連交戰，軍隊不能南進。而劉表加緊進攻張羨。張羨病死，臨湘城陷落，桓階便自己躲藏起來。過了很久，劉表任命桓階為從事祭酒，打算把妻子的妹妹蔡氏嫁給他。桓階自己說已經結婚，拒絕接受，於是藉口有病辭官回家。

2 太祖平定荊州後，聽說桓階曾為張羨出謀劃策，認為他不同尋常，聘任他擔任丞相掾主簿，升任趙郡太守。魏國剛建立時，擔任虎賁中郎將、侍中。當時太子尚未確立，而臨菑侯曹植受太祖寵愛。桓階多次向太祖陳述曹丕品德優良，年齡為長，應該立為太子。他或公開規勸，或私下進諫，前前後後非常懇切。又毛玠、徐奕由於剛烈正直缺少黨羽，而被西曹掾丁儀以不友善相待，丁儀多次說他們的短處，全賴桓階左遮右護得以保全。他扶正救難，大多如此。升任尚書，負責選舉。曹仁被關羽圍困，太祖派徐晃前往援救，不能解圍。太祖打算親自南征，徵求僚屬們的意見。眾人都說：「大王若不快率軍前去，今天就要失敗了。」只有桓階說：「大王認為曹仁等人能夠預料掌握形勢嗎？」太祖說：「能。」「大王擔心他們二人不盡力嗎？」太祖說：「不擔心。」「那麼為什麼要親自率軍前往呢？」太祖說：「我擔心敵兵眾多，而徐晃等人形勢不利。」桓階說：「現在曹仁等人身處重圍而死守陣地，沒有二心，實在是因為大王遠為聲援之勢。處在必死之地，一定有拚死搏鬥之志。內懷拚死搏鬥之志，外有強大救援，大王控制朝廷軍隊，顯示綽有餘裕的軍力，何必擔心他們失敗而要親自率軍前往？」太祖認為他說得對，駐軍於摩陂，賊兵便退走了。

3 文帝即位，桓階升任尚書令，封為高鄉亭侯，加領侍中。桓階患病，文帝親臨探病，對他說：「我正準備把六尺遺孤託付給你，把天下的命運寄託給你。請多加保重！」徙封桓階為安樂鄉侯，食邑六百戶，又賜桓階三個兒子關內侯爵位。桓祐因為是桓階的嫡子沒有封爵，有病去世，又追贈為關內侯。後來桓階病重，文帝即派遣使者任他為太常。桓階逝世，文帝為他流淚，謚號為貞侯。他的兒子桓嘉繼承爵位，又以桓階的弟弟桓纂為散騎侍郎，賜爵關內侯。桓嘉娶升遷亭公主，在嘉平年間，以樂安太守之職與吳軍在東關交戰，軍敗，陣亡，謚號為壯侯。桓嘉的兒子桓翊嗣位。

1 陳羣，字長文，潁川許昌❶人也。祖父寔，父紀，叔父諶，皆有盛名❷。羣為兒時，寔常奇異之，謂宗人父老曰：「此兒必興吾宗。」魯國孔融高才倨傲❸，年在紀、羣之間，先與紀友，後與羣交，更為紀拜❹，由是顯名。劉備臨豫州❺，辟羣為別駕❻。時陶謙❼病死，徐州迎備❽，備欲往，羣說備曰：「袁術❾尚彊，今東，必與之爭。呂布❿若襲將軍之後，將軍雖得徐州，事必無成。」備遂東，與袁術戰。布果襲下邳⓫，遣兵助術，大破備軍，備恨不用羣言。舉茂才⓬，除柘⑬令，不行，隨紀避難徐州。屬⑭呂布破，太祖辟羣為司空西曹掾屬⑮。時有薦樂安王模、下邳周逵者，太祖辟之。羣封還教⑯，以為模、逵穢德，終必敗，太祖不聽。後模、逵皆坐姦宄⑰誅，太祖以謝羣。羣薦廣陵⑱陳矯⑲、丹陽⑳戴乾，太祖皆用之。後吳人叛，乾忠義死難，矯遂為名臣，世以羣為知人。除蕭、贊、長平令㉑，父卒去官。後以司徒掾㉒舉高第㉓，為治書侍御史㉔，轉參丞相軍事㉕。魏國既建，遷為御史中丞㉖。

2 時太祖議復肉刑㉗，令曰：「安得通理君子達於古今者，使平㉘斯事乎？昔陳鴻臚㉙以為死刑有可加於仁恩者，正謂此也。御史中丞能申㉚其父之論乎？」羣對曰：「臣父紀以為漢除肉刑而增加笞㉛，本興仁惻㉜而死者更眾，所謂名輕而實重㉝者也。名輕則易犯，實重則傷民。書㉞曰：『惟敬五刑㉟，以成三德㊱。』易著劓、刖、滅趾之法㊲，所以輔政助教，懲惡息殺也。且殺人償死，合於古制；至於傷人，或殘毀其體而裁翦毛髮，非其理也。若用古刑，使淫者下蠶室㊳，盜者刖其足，則永無淫放穿窬㊴之姦矣。夫三千之屬㊵，雖未可悉復，若斯數者㊶，時之所患，宜先施用。漢律所殺殊死之罪㊷，仁所不及㊸也，其餘逮死者㊹，可以刑殺㊺。如此，則所刑之與所生足以相貿㊻矣。今以笞死之法易㊼不殺之刑，是重人支[48]體而輕人軀命[49]也。」時鍾繇[50]與羣議同，王朗[51]及議者多以為未可行。太祖深善繇、羣言，以軍事未罷，顧眾議，故且寢[52]。

3 羣轉為侍中，領丞相東西曹掾[53]。在朝無適無莫[54]，雅杖名義[55]，不以非道假人[56]。文帝在東宮[57]，深敬器焉，待以交友之禮，常歎曰：「自吾有回，門人日以親[58]。」及即王位，封羣昌武亭侯，徙為尚書。制九品官人之法[59]，羣所建也。及踐阼，遷尚書僕射[60]，加侍中，徙尚書令，進爵潁鄉侯[61]。帝征孫權[62]，至廣陵，使羣領中領軍[63]。帝還，假節[64]，都督[65]水軍。還許昌[66]，以羣為鎮軍大將軍[67]，領中護軍[68]，錄尚書事[69]。帝寢疾[70]，羣與曹真[71]、司馬宣王[72]等並受遺詔輔政。明帝[73]即位，進封潁陰侯[74]，增邑五百，并前千三百戶，與征東大將軍[75]曹休、中軍大將軍[76]曹真、撫軍大將軍[77]司馬宣王並開府[78]。頃之[79]，為司空[80]，故[81]錄尚書事。

4 是時，帝初莅政[82]，羣上疏曰：「詩稱『儀刑文王，萬邦作孚』[83]；又曰『刑于寡妻，至于兄弟，以御于家邦』[84]。道自近始，而化洽[85]於天下。自喪亂已來，干戈未戢[86]，百姓不識王教[87]之本，懼其陵遲已甚[88]。陛下[89]當盛魏之隆，荷二祖[90]之業，天下想望至治[91]，唯有以崇德布化[92]，惠恤黎庶[93]，則兆民[94]幸甚。夫臣下雷同(95)，是非相蔽，國之大患也。若不和睦則有讎黨(96)，有讎黨則毀譽無端(97)，毀譽無端則真偽失實，不可不深防備，有以絕其源流。」太和(98)中，曹真表欲數道伐蜀，從斜谷(99)入。羣以為「太祖昔到陽平(100)攻張魯(101)，多收豆麥以益軍糧，魯未下而食猶乏。今既無所因，且斜谷阻險，難以進退，轉運必見(102)鈔截，多留兵守要(103)，則損戰士，不可不熟慮也」。帝從羣議。真復表從子午道(104)。羣又陳其不便，并言軍事用度之計。詔以羣議下真(105)，真據之遂行。會霖雨(106)積日，羣又以為宜詔真還，帝從之。

後皇女淑薨，追封諡平原懿公主(107)。羣上疏曰：「長短有命，存亡有分(108)。故聖人制禮，或抑或致(109)，以求厥中。防墓有不修之儉(110)，嬴、博有不歸之魂(111)。夫大人動合天地(112)，垂之無窮，又大德不踰閑(113)，動為師表故也。八歲下殤(114)，禮所不備，況未朞月(115)，而以成人禮送之，加為制服(116)，舉朝素衣，朝夕哭臨(117)，自古已來，未有此比。而乃復自往視陵，親臨祖(118)載(119)。願陛下抑割(120)無益有損之事，但悉聽羣臣送葬，乞車駕不行，此萬國之至望(121)也。聞車駕欲幸摩陂(122)，實到許昌，二宮(123)上下，皆悉俱東，舉朝大小，莫不驚怪。或言欲以避衰(124)，或言欲於便處移殿舍，或不知何故。臣以為吉凶有命，禍福由人，移徙求安，則亦無益。

若必當移避，繕治金墉城[125]西宮，及孟津[126]別宮，皆可權時分止[127]。可無舉宮暴露野次[128]，廢損盛節[129]蠶農之要。又賊地[130]聞之，以為大衰[131]。加所煩費，不可計量。且吉士[132]賢人，當盛衰，處安危，秉道信命，非徒其家以寧，鄉邑從其風化，無恐懼之心。況乃帝王萬國之主，靜則天下安，動則天下擾；行止動靜，豈可輕脫[133]哉？」帝不聽。

6 青龍[134]中，營治宮室，百姓失農時。羣上疏曰：「禹承唐、虞[135]之盛，猶卑宮室而惡衣服，況今喪亂之後，人民至少，比漢文、景[136]之時，不過一大郡。加邊境有事，將士勞苦，若有水旱之患，國家之深憂也。且吳、蜀未滅，社稷不安。宜及其未動，講武勸農[137]，有以待之。今舍此急而先宮室，臣懼百姓遂困，將何以應敵？昔劉備自成都[138]至白水[139]，多作傳舍[140]，興費人役，太祖知其疲民也。今中國勞力[141]，亦吳、蜀之所願。此安危之機[142]也，惟陛下慮之。」帝答曰：「王者宮室，亦宜並立[143]。滅賊之後，但當罷守耳，豈可復興役邪？是固君之職，蕭何[144]之大略也。」羣又曰：「昔漢祖[145]唯與項羽[146]爭天下，羽已滅，宮室燒焚，是以蕭何建武庫[147]、太倉[148]，皆是要急，然猶非其壯麗[149]。今二虜[150]未平，誠不宜與古同也。夫人之所欲，莫不有辭，況乃天王，莫之敢違。前欲壞武庫，謂不可不壞也；後欲置之，謂不可不置也。若必作之，固非臣下辭言所屈[151]；若少留神，卓然回意，亦非臣下之所及也。漢明帝[152]欲起德陽殿[153]，鍾離意[154]諫，即用其言，後乃復作之；殿成，謂羣臣曰：『鍾離尚書在，不得成此殿也。』夫王者豈憚[155]一臣，蓋為百姓也。今臣曾不能少凝聖聽[156]，不及意遠矣。」帝於是有所減省。

7 初，太祖時，劉廙[157]坐弟與魏諷謀反[158]，當誅。羣言之太祖，太祖曰：「廙，名臣也，吾亦欲赦之。」乃復位。廙深德[159]羣，羣曰：「夫議刑為國，非為私也。且自明主之意，吾何知焉？」其弘博不伐[160]，皆此類也。青龍四年薨，諡曰靖侯。子泰嗣。帝追思羣功德，分羣戶邑，封一子列侯。

【章　旨】以上是〈陳羣傳〉。傳中依次敘述陳羣年輕時就善謀事，能知人。曹操欲恢復肉刑，陳羣引經據典，立足仁愛，加以諫阻。文帝、明帝兩朝，陳羣備受恩寵。文帝臨崩，遺詔輔政；明帝即位，總領朝綱，位極人臣。本傳並重點介紹陳羣輔佐明帝時的建言獻策，共寫四件大事：一是明帝親政之初，上疏建議明帝崇德布化，惠恤百姓，明辨是非，和睦朝廷；二是太和間穩妥處理曹真伐蜀事；三是諫阻明帝驚動國本，過分為寵女舉喪；四是諫止營造宮室。

【注　釋】❶潁川許昌　潁川郡許昌縣。郡以潁水得名，治所在今河南禹州。許昌，治所在今河南許昌東。❷祖父寔四句　寔字仲弓，紀字元方，諶字季方，皆名重於世。寔為太丘長，遭黨錮，隱居荊山，遠近宗師之。靈帝去世，何進輔政，引用天下名士，徵寔，欲以為參軍，以老病，不屈節就職。諶為司空掾，早卒。紀歷位平原相、侍中、大鴻臚，著書數十篇，世謂之《陳子》。當時，世號寔、紀、諶曰「三君」。每宰府辟命，率皆同時，羔雁成羣，丞掾交至。豫州百姓皆圖畫寔、紀、諶之形象。裴松之注引《魏書》、《傳子》略載三人行跡。❸魯國孔融高才倨傲　魯國孔融才能特出、態度高傲。魯國，王國名。治所在今山東曲阜。孔融，字文舉，孔子二十世孫，建安時著名文學家，「建安七子」之一。少有異才，勤奮好學。獻帝即位後曾任北海相，時稱孔北海。喜評論時政，言辭激烈，後因觸怒曹操被殺。《後漢書》有傳。另見《三國志・崔琰傳》裴松之注。倨傲，傲慢。❹更為紀拜　又把陳紀當作長輩來拜。意謂孔融與陳羣關係親密，不惜降低輩分而視為同輩知己。❺臨豫州　君臨統治豫州。豫州，州名。東漢治所在今安徽亳州。三國魏以後屢有遷徙。轄境亦變化無常。劉備曾為豫州牧。❻別駕　官名。漢制，刺史屬吏之長。也稱別駕從事史。因跟隨刺史出巡時要另乘專車，故稱別駕。❼陶謙　字恭祖，丹楊（今安徽宣州）人，初仕州郡，曾任幽州刺史，徵拜議郎，參車騎將軍張溫軍事，西討韓遂。後為徐州刺史，擊黃巾。初平四年（西元一九三年），曹操征謙，謙敗。興平元年，曹操又東征，謙失數郡，病卒。事見本書卷八〈陶謙傳〉。❽徐州迎備　指徐州官員因陶謙病逝而迎劉備來主徐州事。徐州，州名。治所在今山東郯城。❾袁術　字公路，汝南汝陽（今河南商水縣西南）人。曾官河南尹、虎賁中郎將。董卓為政時，以術為後將軍。後割據揚州。東漢建安二年（西元一九七年）稱帝，四年糧盡眾散，欲奔青州依附袁譚，病死於途。事見本書卷六〈袁術傳〉。❿呂布　東漢末董卓部將，字奉先，五原九原（今內蒙古包頭西南）人。勇武過人，後為董卓餘黨所收，依袁術，又投袁紹，復割據徐州。事見本書卷七〈呂布傳〉。⓫下邳　時為徐州郡治。位沂、泗兩水交匯處，自古常為淮北戰略要地。呂布襲取後，曹操攻呂布，城破，斬布於南門白門樓下。⓬舉茂才　即舉秀才。東漢避光武帝劉秀諱，改為茂才。漢代察舉科目之一。漢武帝元封四年（西元前一〇七年），令各州歲舉秀才一人。魏因之。⓭柘　縣名。治所在今河南柘城北。⓮屬　正值；碰巧。⓯西曹掾屬　官名。曹操為司空時置西曹掾一人，屬一人，典選舉。⓰封還教　把曹操徵辟二人的教令封還。教，教令。⓱姦宄　為非作歹。⓲廣陵　郡名。漢治所在今江蘇揚州。三國魏治所在今江蘇清江。⓳陳矯　字季弼，廣陵東陽（今江蘇盱眙東南）人。曹操辟為司空掾屬，累遷至魏郡太守。從征漢中，還為尚書。曹丕時任尚書令。明帝時為司徒。景初元年（西元二三七年）卒。本卷有傳。⓴丹陽　又作「丹楊」，郡名。治所在今安徽宣州。㉑除蕭贊長平令　擔任蕭、贊、長平縣長。蕭，蕭縣。治所在今安徽蕭縣西北。贊，即酇縣，今河南永城西有酇城即其地。長平，治所在今河南西華東北。㉒司徒掾　曹魏司徒有西曹、軍議掾各一人。㉓高第　官吏考績時列入優等。第，等級。㉔治書侍御史　官名。職掌依據法律處理疑難案件，秩比六百石。或作持書侍御史，隸御史臺。㉕轉參丞相軍事　遷轉官職參與丞相的軍事謀議。㉖御史中丞　官名。漢承秦制而設，為御史大夫佐史。西漢末，御史大夫轉為司空，御史中丞乃成為御史臺長官。受公卿奏事，彈劾不法。㉗肉刑　摧殘人肉體的刑罰。古有墨（黥面）、劓（割鼻子）、刖（斬足）、宮（閹割）等刑，皆稱肉刑。㉘平　同「評」。評議。㉙陳鴻臚　指陳羣的父親陳紀，紀曾任大鴻臚。鴻臚，即大鴻臚。秦置典客，漢景帝更名大行令，漢武帝更名大鴻臚，掌禮賓。東漢建安二十一年（西元二一六年），曹魏始置，秩中二千石，三品。掌與地方諸侯和邊疆少數民族政權之間的禮儀事務。㉚申　引申發展。㉛笞　刑的一種，即用鞭抽打。㉜仁惻　仁愛、同情。㉝名輕而實重　名義上減輕了刑罰，實際上反而加重了刑罰。㉞書　《尚書》。下文二句，皆引自《尚書・呂刑》。㉟惟敬五刑　只有重視墨、劓、刖、宮、大辟五刑。㊱三德　指剛、柔、正直。《尚書・洪範》：「三德：一曰正直，二曰剛克，三曰柔克。」㊲易著劓刖滅趾之法　劓、刖、滅趾皆上古刑法。《易經・困》：「劓、刖，困於赤紱。」《易經・噬嗑》：「屨校滅趾，無咎。」㊳淫者下蠶室　蠶室，獄名。宮刑所居之室。《後漢書・光武帝紀下》：「詔死罪繫囚皆一切募下蠶室。」注：「蠶室，宮刑獄名。宮刑者畏風，須暖，作窨室蓄火如蠶室，因以名焉。」㊴穿窬　穿穴、踰牆。指行竊。㊵三千之屬　古代有三千條刑法。《尚書・呂刑》云：「墨罰之屬千，劓罰之屬千，剕罰之屬五百，宮罰之屬三百，大辟之罰，其屬二百，五刑之屬三千。」屬，類。㊶若斯數者　如這若干種犯罪形式。指淫者處宮刑，盜者處刖刑等。㊷殊死之罪　指罪大惡極，無法赦免之罪。殊死，斬首。㊸仁所不及　仁愛是無法達到的，即仁愛對這樣的罪犯不起作用。㊹逮死者　剛達到死罪程度者。逮，及；達到。㊺刑殺　這裏指肉刑。㊻相貿　此處是說兩者相當。貿，等價交換。㊼易　換；代替。㊽支　同「肢」。㊾軀命　軀體生命。㊿鍾繇　字元常，潁川長社（今河南長葛東）人，建安年間任大理、相國，後受魏諷謀反牽連被免官。曹魏時復為太尉、太傅，主張恢復肉刑。詳見本書卷十三〈鍾繇傳〉。(51)王朗　字景興，東海郯（今山東郯城）人，因通經被拜為郎中，又任會稽太守，後被曹操表為諫議大夫。博學多才，為《周易》、《春秋》、《孝經》、《周禮》等儒家經典作傳。詳見本書卷十三〈王朗傳〉。(52)且寢　暫停。《晉書・刑法志》：「時奉常王修不同其議，魏武帝亦難以藩國改漢朝之制，遂寢不行。」(53)丞相東西曹掾　漢制，丞相屬吏有東曹掾、西曹掾。秩皆四百石。東曹掾典選舉，西曹掾主府吏署用。(54)無適無莫　不厚不薄。《論語・里仁》：「子曰：『君子之于天下也，無適也，無莫也。』」適，厚。莫，薄。(55)雅杖名義　意思是很看重名聲和節義。雅，甚。杖，恃。(56)非道假人　用不正當、無道理手段對待人。(57)東宮　太子所居之宮。(58)自吾有回二句　自從我有了顏回，門人弟子對我日益親近。語出《史記・仲尼弟子列傳》，是孔子讚揚顏回的話。回，顏回，孔子最喜歡的學生。這裏以顏回比陳羣。(59)九品官人之法　亦稱九品中正制。是一種官吏選拔的制度。其主要內容是：在郡縣由政府擇「賢有識鑑」的官員兼任本地中正官，評定本地人才高下，分為上、中、下（其內又各為上、中、下），共九等。吏部按品授官。(60)尚書僕射　尚書令的副職。尚書令缺，代行尚書臺事。(61)進爵潁鄉侯　鄉侯高於亭侯，故曰進爵。潁鄉，地名。

(62)孫權　字仲謀，吳郡富春（今浙江富陽）人，孫策弟。孫策死後即位，被封討虜將軍，領會稽太守。黃武八年（西元二二九年）即帝位於武昌。死後謚大皇帝，廟號太祖。詳見本書卷四十七〈吳主傳〉。(63)中領軍　官名。曹操為丞相時自置領軍，後改稱中領軍，三品，掌禁軍，主五校尉、中壘、武衛三營。曹丕時，資歷深者為領軍將軍，資歷淺者為中領軍。(64)假節　皇帝授予符節，可藉天子之權懲治犯軍令者。(65)都督　官名。領兵將領或地方軍政長官之稱。建安中，曹操為丞相，始遣大將軍督軍。文帝黃初二年（西元二二一年）乃置都督諸州軍事，或領刺史。後又以大將軍都督中外諸軍事。(66)許昌　春秋許國地，東漢末曹操迎獻帝都此，稱許都。三國魏改為許昌，為其五都之一。治所在今河南許昌東。(67)鎮軍大將軍　官名。位在大將軍下，二品，不常置。大將軍之上加各種名號者，東漢及三國逐漸增多。《三國志．文帝紀》裴松之注引《魏略》曰：「陳羣以尚書令為鎮軍大將軍，隨車駕出征，董督眾軍，錄行尚書事。」(68)中護軍　官名。曹操為漢丞相時置護軍，東漢建安十二年（西元二〇七年）改為中護軍，掌禁兵，統諸將，任主武官選舉。(69)錄尚書事　官名。無常員，一般以公卿權重者擔任，總攬朝政。(70)寢疾　有病臥床。(71)曹真　字子丹，沛國譙（今安徽亳州）人。本姓秦，曹操收為養子。歷任偏將軍、中堅將軍、中領軍等職。詳見本書卷九〈曹真傳〉。(72)司馬宣王　即司馬懿。其子司馬昭封晉公後，追尊為宣王。(73)明帝　即曹叡，字元仲，文帝之子。文帝病重時才立其為太子。即位後大興土木，耽意遊玩，也關心文化，鼓勵學術。詳見本書卷三〈明帝紀〉。(74)潁陰侯　縣侯爵。潁陰，治所在今河南許昌。(75)征東大將軍　東漢置，曹魏因之，二品，文帝時，位次三公。領兵屯壽春，統青、兗、徐、揚四州刺史，一般為征東將軍，資歷深者為征東大將軍。(76)中軍大將軍　曹魏文帝黃初二年（西元二二一年）置，二品，不常設。(77)撫軍大將軍　高級武官，二品，魏文帝黃初六年（西元二二五年）以此號授司馬懿。(78)開府　開建府署，自擇屬官。(79)頃之　不久。(80)司空　三公之一。一品，係虛銜，無常職。(81)故　照舊。(82)蒞政　臨政；執政。(83)詩稱二句　效法文王，萬邦都會信任。見《詩經．大雅．文王》。儀，像；仿效。刑，法。孚，信。(84)又曰三句　文王以禮法要求自己先給妻子做榜樣，再給宗族兄弟做榜樣，以此治理好家族，進而統御全國。見《詩經．大雅．思齊》。刑，同「型」。榜樣。寡妻，寡德之妻，對人稱自己妻子時的謙稱。御，治。家邦，家庭和國家。(85)洽　浸潤；影響。(86)戢　止息。(87)王教　國家的道德、教令。(88)陵遲已甚　衰頹到了極點。陵遲，衰頹。甚，很；極點。(89)陛下　臣下對帝王的尊稱。(90)二祖　指太祖曹操、高祖曹丕。(91)至治　達到最好的政治局面。(92)崇德布化　推崇德治，布施教化。(93)惠恤黎庶　加惠與體恤黎民百姓。(94)兆民　千千萬萬的老百姓。兆，十萬曰億，十億曰兆。(95)雷同　隨聲附和。《楚辭．九辯》：「世雷同而炫曜兮，何毀譽之昧昧？」《漢書．劉歆傳》：「或懷嫉妒，不考情實；雷同相從，隨聲是非。」(96)讎黨　敵對的派別、集團。(97)無端　無根據。

[98]太和　魏明帝曹叡年號，西元二二七—二三三年。[99]斜谷　地名。在今陝西眉縣西南，為褒斜道之一部分，為秦蜀間一條險要通道。[100]陽平　陽平關，今陝西勉縣西。東漢建安二十年（西元二一五年），曹操征張魯，魯使弟衛拒關堅守。[101]張魯　字公祺，沛國豐（今江蘇豐縣）人，曾任益州牧劉焉督義司馬，後占據關中，自號「師君」倡導五斗米道。建安二十年（西元二一五年），曹操攻漢中，魯降，拜鎮南將軍。事見本書卷八〈張魯傳〉。[102]見　被。[103]要　要衝；要道。[104]子午道　古道路名。從關中到漢中的南北通道。古人以「子」為北，以「午」為南，故名。三國時，為蜀、魏交爭的軍事要道。[105]詔以羣議下真　皇帝下詔將陳羣的奏議交給曹真，實際是讓曹真斟酌行事。[106]霖雨　連綿大雨。[107]平原懿公主　《資治通鑑・魏紀》太和六年二月，明帝愛女曹淑卒，「帝痛之甚，立廟洛陽，葬于南陵，取甄后從孫黃與之合葬。帝欲自臨送葬，又欲幸許。」平原，今山東平原西南。懿，諡號。[108]存亡有分　或存或亡，都有定分。分，定數。[109]或抑或致　有的抑制有的鬆寬。[110]防墓有不修之儉　孔子有不修父母合葬於防地之墓的節儉。《禮記・檀弓上》：孔子既得合葬於防，曰：「吾聞之，古也墓而不墳。今丘也，東西南北之人也，不可以弗識也。」孔子又曰：「吾聞之，古不修墓。」[111]嬴博有不歸之魂　本書卷二〈文帝紀〉云：「延陵葬子，遠在嬴、博，魂而有靈，無不之也。」延陵季子在從齊國返回的路上，長子死，葬於嬴、博之間，哭著說：「骨肉歸復於土，命也；若魂則無所不之也。」[112]夫大人動合天地　古聖人行為往往符合永恆的法則。大人，聖人。動，往往；不經意。天地，永恆的法則。[113]大德不踰閑　重大的節操不能超越界限。《論語・子張》：「子夏曰：『大德不逾閑，小德出入可也。』」[114]下殤　八歲至十一歲死去，稱下殤。[115]朞月　滿一月。一說一週年。[116]制服　制喪之服。[117]哭臨　臨柩哭弔死者。[118]祖　路祭。即祭祀路神。[119]載　將靈柩載於車上。[120]抑割　抑制、割捨。[121]至望　最大的希望。[122]摩陂　地名。在今河南郟縣東南。[123]二宮　指太后宮與皇后宮。[124]避衰　避災。古人認為金、木、水、火、土五行之氣，有時旺，有時衰，當處衰微時，可遷徙住舍以避。[125]金墉城　三國魏明帝時築，是當時洛陽城（今河南洛陽）西北角一小城。魏晉時，被廢帝、后，都安置於此，城小而固，為攻戰戍守要地。唐以後廢，今稱故址為阿斗城。[126]孟津　孟津關，又稱孟津渡，故址在今河南孟津東北，孟縣西南黃河上。東漢置關於此，為洛陽周圍八關之一。魏在此建有別宮。[127]權時分止　暫時分別居住。[128]野次　野外止宿。[129]盛節　農忙季節。[130]賊地　指吳、蜀兩地。[131]大衰　帝后死之國喪。盧弼《集解》引趙一清曰：「衰，當作哀。大哀，謂如叡自死也。」[132]吉士　善士。此二字上原有「由」字，據《資治通鑑》刪。[133]輕脫　輕率；不慎重。[134]青龍　魏明帝曹叡年號，西元二三三—二三七年。[135]唐虞　唐堯、虞舜，傳說中的上古聖王。[136]文景　漢文帝劉恆、漢景帝劉啟。按：《資治通鑑》載：西漢人口最多時，有五千九百萬。三國鼎立後，曹魏人口只有四百四十三萬，東吳人口

只有二百五十萬，蜀漢只有一百零八萬。三國合計只有八百零一萬人口。137講武勸農　講論軍事，勸勵農耕。138成都　三國時蜀漢都城，今四川成都。139白水　一作「關頭」。關名。故址在今四川廣元東北，為蜀北門戶。140多作傳舍　《三國志·先主傳》裴松之注引《典略》曰：「備於是起館舍，築亭障，從成都至白水頭，四百餘區。」傳舍，驛館；驛舍。141中國勞力　中國，指魏所居之中原地區。勞力，使驅民力。142機　關鍵。143王者宮室二句　滅吳、蜀二國的王業與營造宮室，應該同時進行。144蕭何　西漢初大臣，政治家，沛（今江蘇沛縣）人。漢建立，以功第一封酇侯。曾督造未央宮。時陳羣任司空，掌工程建築，與蕭何職責相似。另何在楚漢戰爭中，留守關中，輸送士卒糧餉，支援作戰，起了後勤作用，魏帝認為羣在戰爭和宮室的修建上，也要像蕭何那樣起後勤作用。145漢祖　指漢高祖劉邦。146項羽　名籍，字羽，下相（今江蘇宿遷西）人。與劉邦爭天下，歷時四年，史稱「楚漢戰爭」。西元前二〇二年，兵敗自刎死。147武庫　倉庫名，為國家儲存兵器之所。148太倉　設在京師的國家糧倉。149非其壯麗　批評蕭何建築豪華。事見《史記·高祖本紀》。150二虜　指吳、蜀二國。151屈　服。152漢明帝　劉莊，東漢第二個皇帝。153德陽殿　漢宮殿名。盧弼《集解》：「《後漢書·鍾離意傳》章懷注云：《漢宮殿名》曰北宮中有德陽殿。沈欽韓曰：《漢宮典職》云，激洛水於殿下。」154鍾離意　《後漢書·鍾離意傳》：意字子阿，會稽山陰（今浙江紹興）人，明帝即位，拜尚書，轉尚書僕射。永平三年，帝欲大修德陽殿，意詣闕免冠上疏，帝自責免作。又出為魯相。後德陽殿成，帝謂百官曰：鍾離尚書若在，此殿不立。155憚　怕。156臣曾不能少凝聖聽　我卻不能使帝稍微留意聽取。曾，乃；卻。凝，定；停。157劉廙　字恭嗣，南陽（今河南南陽）人。曾為曹操黃門侍郎。曹丕時升為侍中，黃初二年（西元二二一年）卒。事見本書卷二十一〈劉廙傳〉及注。158魏諷謀反　魏諷為魏相國鍾繇的西曹掾，私結黨徒，於建安二十四年（西元二一九年）欲謀反曹，事洩被殺，因牽連而被殺者數千人。159德　感激。160弘博不伐　心胸寬宏大量，從不誇耀。

【語　譯】陳羣，字長文，潁川郡許昌縣人。祖父陳寔、父親陳紀、叔父陳諶，都享有盛名。陳羣在兒童時，陳寔就常驚異他與眾不同，對宗族父老說：「這孩子一定會興盛我們宗族。」魯國孔融才高傲慢，年齡在陳紀、陳羣之間，他先與陳紀為友，後來與陳羣交遊，改拜陳紀為長輩，陳羣由此名聲顯揚。劉備任豫州刺史，徵召陳羣任別駕。當時陶謙病死，徐州官員迎接劉備主持徐州政務，劉備打算前往，陳羣勸他說：「袁術還強大，現在東去，一定會與他相爭。呂布如果襲擊將軍的後方，將軍雖然得到徐州，事情也必定不能成功。」

劉備還是東進，與袁術交戰。呂布果然襲擊下邳，派遣軍隊援助袁術，大敗劉備軍隊，劉備悔恨沒有採用陳羣的意見。陳羣被薦舉為茂才，出任柘縣令，不去就職，跟隨陳紀避難徐州。正值呂布被打敗，太祖徵召陳羣任司空府西曹掾屬。當時有人推薦樂安王模、下邳周逵，太祖徵召他們。陳羣奉還太祖徵召二人的教令，認為王模、周逵品德汙穢，最後必敗，太祖不聽從。後來王模、周逵都因為非作歹而被誅殺，太祖因而向陳羣致歉。陳羣推薦廣陵陳矯、丹陽戴乾，太祖都任用了他們。後來吳人反叛，戴乾忠義殉難，陳矯則成為名臣，世人都認為陳羣善於鑑識人才。陳羣曾任蕭縣、贊縣、長平縣令，因父親去世離開職位。後來因為任司徒掾時考績優等，任治書侍御史，轉任參謀丞相軍事。魏國建立後，升任御史中丞。

2 當時，太祖提議恢復肉刑，下令說：「哪裏得到通曉事理的君子而又知古達今的人，讓他評議這件事呢？過去大鴻臚陳紀認為死刑有的可以施加仁愛，正是說這件事。御史中丞陳羣能否進一步引申你父親的理論呢？」陳羣回答說：「臣父紀認為漢朝免除肉刑而增加笞刑，本意是提倡仁慈惻隱之心，而死的人更多，正是所謂名義上減輕而實際上加重了。名義上減輕，則百姓更容易犯罪；實際上加重，就更傷害民眾。《尚書》說：『要慎重對待五刑，以成就三德。』《易經》上著有劓、刖、滅趾的刑法，藉以輔佐攻治、幫助教化，懲罰罪惡，止息亂殺。而且殺人償命，符合古代法制；至於傷人，或者殘害身體、剪去毛髮，是不符合情理的。如果採用古代刑法，使淫亂的人下蠶室處以宮刑，把盜竊的人砍掉雙腳，那就永遠不會有淫亂和行竊的不法行為了。古時刑法三千條之類，雖然不可全部恢復，像以上這兩條，正是當前社會上所憂慮的，應該首先實施。漢代法律所殺的十惡不赦的罪犯，是仁愛所不能施及的，其餘剛達到死罪的，可以使用肉刑。這樣，受肉刑所失去的和保全性命所得到的就兩者相當了。現在用鞭打致死的辦法代替不殺的刑法，這是重視人的肢體反而輕視人的性命了。」當時鍾繇與陳羣的意見相同，王朗及其他參與議論的人大多認為不可施行。太祖深深讚賞鍾繇、陳羣的意見，因為戰爭尚未停息，顧慮大多數人的意見，所以暫且擱置下來。

3 陳羣轉任侍中，兼任丞相府東西曹掾。在朝不分厚薄，重視名節，不用違背道義的手段對待別人。文帝為太子時，對他非常敬重，用朋友相交的禮節對待他，常常感嘆說：「自我有了顏回，門人對我一天比一天親近。」等到文帝繼承魏王之位後，封陳羣為昌武亭侯，調任尚書。制定九品官人的制度，就是陳羣建議的。等到文帝登上帝位，陳羣升遷為尚書僕射，加領侍中，轉任尚書令，進爵位為潁鄉侯。文帝征討孫權，到達廣陵，令陳羣兼任中領軍。文帝還師，授予陳羣符節，統率水軍。回到許昌，任命陳羣為鎮軍大將軍，兼任中護軍，總領尚書事務。文帝病重臥床，陳羣與曹真、司馬懿等人一起接受遺詔輔佐朝政。明帝即位，進封陳羣為潁陰侯，增加食邑五百戶，連同以前共一千三百戶，與征東大將軍曹休、中軍大將軍曹真、撫軍大將軍司馬懿都可開建府署自置屬吏。不久，陳羣任司空，依舊執掌尚書事務。

4 此時，明帝剛開始親理朝政，陳羣上疏說：「《詩經》說『效法文王，各方邦國都會信任你』；又說『首先在妻子面前做榜樣，然後在兄弟之中做榜樣，再推廣到治理國家』。治理國家之道應從身邊開始，可以影響到整個國家。自從大亂以來，戰爭未曾停止，百姓不知道國家政教的根本，恐怕它已經衰頹到了極點。陛下正處在大魏興盛時期，繼承太祖、高祖的功業，天下百姓希望國家大治，只能崇尚德治，廣施教化，體恤黎民百姓，那麼千千萬萬人民就幸運極了。臣屬們隨聲附和，不辨是非，是國家極大的禍患。如果不和睦就會有敵對的派別，有敵對的派別，或毀或譽就會無根無據。或毀或譽沒有根據，事情的真假就會失實，不可不深加防備。應該採取措施，斷絕它的源流。」太和年間，曹真上表打算兵分幾路討伐蜀國，從斜谷攻入。陳羣認為：「從前太祖到陽平關攻打張魯，多收豆子、麥子來增加軍糧，張魯還未被攻破就缺乏軍糧了。現在既無軍糧方面的依靠，而且斜谷險要，進退困難，運輸糧草一定會被掠奪、攔截。如果多留兵士據守要害，那又會減少戰鬥的士兵。不可不對此深思熟慮。」明帝聽從了陳羣的意見。曹真又上表準備從子午道攻蜀。陳羣又闡述了這一方案的不利條件，並說明了有關軍費開支的計劃。明帝下詔把陳羣的表章交給曹真斟酌，曹真以詔書為據便率軍出發了。適逢連日大雨，陳羣又認為應該召曹真返回，明帝採納了他的意見。

5 後來明帝的女兒曹淑夭折，追封謚號為平原懿公主。陳羣上疏說：「壽命長短都是命中注定，或存或亡都有定數。所以聖人制訂禮法制度，有的抑制，有的放寬，以求適中。孔子有不修治防地父母合葬墳墓的節儉，延陵季子的兒子有遠葬嬴、博的孤魂。聖人的行動合乎天地自然之理，垂範永久。另外有大德的人不超越界限，這是他們舉動成為後世師表的原因。八歲而死是為下殤，不具備舉行喪葬的禮儀，何況尚未滿月的孩子，卻用成人的禮儀送葬，特地縫製喪服，滿朝官員穿著白衣，早晚於靈前哭奠，從古以來，沒有類似的事。而且皇上竟然還親自去視察陵園，參加祭祀路神和將靈柩升載車上的儀式。希望陛下抑制捨棄這種無益有害之事，只管聽任羣臣送葬，請陛下不要親身前去，這是天下最大的希望。聽說陛下打算到摩陂，實際要到許昌，太后和皇后兩宮上下人員，全都東行。滿朝大小官員，無不驚怪。有的說陛下想藉此避災，有的說陛下想在方便的地方遷移宮室，有的說不知道什麼緣故。我認為吉凶自有天命，禍福全靠個人，遷徙住處求得平安，那麼也是無助於事。如果一定要移居避災，就修繕一下金墉城西宮，以及孟津別宮，都可以暫時分別居住。可以不需把整個皇宮的人暴露在曠野止宿，妨害蠶農在農忙季節的主要工作。如果吳蜀二地聽到此事，還以為是國家大喪。加上遷徙眾多的費用，不可計算。而且吉士賢人，碰上盛衰變化之際，處在安危無常時，能堅持正道、相信天命，不靠遷徙家室以求安寧。鄉邑百姓受其影響，沒有恐懼之心。何況帝王是萬國之王，靜則天下安寧，動則天下擾亂；一舉一動，怎麼可以輕率從事呢？」明帝不聽取。

6 青龍年間，明帝修建宮室，老百姓耽誤了農耕季節。陳羣上疏說：「夏禹繼承唐堯、虞舜的盛世，尚且宮室簡陋，衣服樸素，何況現在是大亂之後，人口極少，與漢代文帝、景帝時相比，不超過當時的一個大郡。加上邊境戰亂，將士勞苦，如果有水旱災患，這是國家巨大的憂患。況且吳、蜀沒有消滅，國家不安定。應該趁他們沒有行動時，講習武事，鼓勵農耕，做好準備來對付他們。現在放棄這個當務之急而先營建宮室，臣擔心百姓會更加困難，將靠什麼來對付敵人？過去劉備從成都到白水，大量修建驛站，耗費人力，太祖認為他勞民傷財。現在我們中原疲於勞役，也正是吳、蜀所希望的。這是安危的關鍵，希望陛下考慮這個問題。」明帝回答說：「成就王業與建造宮室，也可以同時進行。消滅敵國之後，只應廢除守備，怎麼可以再徵調徭役呢？這本是你的職責，與蕭何大致相同。」陳羣又說：「過去漢高祖只是與項羽爭天下，項羽滅亡後，宮室焚毀，因此蕭何修建武庫、太倉，都是當時的緊急要務，但劉邦還是指責他建造得過於壯觀華麗。現在吳、蜀尚未平定，實在不應該與古代相同。人為了滿足欲望，沒有不找藉口的，何況您是皇上，沒有誰敢違抗。

先前要拆掉武器庫，說是不可不拆毀；後來又想重建，又說不可不重建。如果一定要建造宮室，本非臣下言語所能說服得了的；如果稍加留意，高明的回心轉意，也不是臣下所能做到的。漢明帝想要興修德陽殿，鍾離意勸阻，漢明帝馬上採納他的意見，後來卻又重新建造。德陽殿建成後，他對羣臣說：『鍾離尚書在，不可能建成此殿。』帝王哪裏會懼怕一個臣子，這是為百姓著想。現在我不能讓陛下稍微留意我的意見，比鍾離意差得遠了。」於是，明帝建造宮室有所減省。

7 當初，太祖時，劉廙因弟弟參與魏諷謀反牽連坐罪，應當斬首。陳羣向太祖陳述了自己的看法。太祖說：「劉廙是個名臣，我也想赦免他。」於是恢復了劉廙的職位，劉廙深深的感激陳羣。陳羣說：「討論刑罰是為了國家，不是為了私情，並且這都是出自聖明君主的意思，我懂得什麼？」他寬宏博大，不自我誇揚，都像這一類情況。青龍四年逝世，諡為靖侯。他的兒子陳泰為繼承人。明帝追思陳羣的功德，分取陳羣的食邑，封他一個兒子為列侯。

1 泰字玄伯。青龍❶中，除散騎侍郎❷。正始❸中，徙游擊將軍❹，為并州刺史❺，加振威將軍❻，使持節❼，護匈奴中郎將❽，懷柔夷民❾，甚有威惠❿。京邑貴人多寄寶貨⓫，因泰市奴婢⓬，泰皆挂之於壁，不發其封，及徵為尚書，悉以還之。嘉平⓭初，代郭淮⓮為雍州⓯刺史，加奮威將軍⓰。蜀大將軍姜維⓱率眾依麴山⓲築二城，使牙門將⓳句安、李歆等守之，聚羌胡質任⓴等寇偪諸郡。征西將軍㉑郭淮與泰謀所以禦之，泰曰：「麴城雖固，去蜀險遠㉒，當須運糧。羌夷患維勞役，必未肯附。今圍而取之，可不血刃而㉓拔其城；雖其有救，山道阻險，非行兵之地也。」淮從泰計，使泰率討蜀護軍徐質㉔、南安太守鄧艾㉕等進兵圍之，斷其運道及城外流水。安等挑戰，不許，將士困窘㉖，分糧聚雪以稽㉗日月。維果來救，出自牛頭山㉘，與泰相對。泰曰：「兵法貴在不戰而屈人㉙。今絕牛頭，維無反道，則我之禽也。」敕諸軍各堅壘勿與戰，遣使白淮，欲自南渡白水㉚，循水而東，使淮趣牛頭，截其還路，可并取維，不惟安等而已。」淮善其策，進率諸軍軍洮水㉛。維懼，遁走，安等孤縣㉜，遂皆降。

2 淮薨，泰代為征西將軍，假節都督雍、涼㉝諸軍事。後年㉞，雍州刺史王經㉟白泰，云姜維、夏侯霸㊱欲三道向祁山㊲、石營㊳、金城㊴，求進兵為翅㊵，使涼州軍至枹罕㊶，討蜀護軍向祁山。泰量賊勢終不能三道，且兵勢惡分㊷，涼州未宜越境，報經：「審其定問㊸，知所趣向，須㊹東西勢合乃進。」時維等將㊺數萬人至枹罕，趣狄道㊻。泰敕經進屯狄道，須軍到，乃規取之。泰進軍陳倉㊼。會經所統諸軍於故關㊽與賊戰不利，經輒渡洮。泰以經不堅據狄道，必有他變，並遣五營在前，泰率諸軍繼之。經已與維戰，大敗，以萬餘人還保狄道城，餘皆奔散。維乘勝圍狄道。泰軍上邽㊾，分兵守要，晨夜進前。鄧艾、胡奮、王祕㊿亦到，即與艾、祕等分為三軍，進到隴西(51)。艾等以為：「王經精卒破衄(52)於西，賊眾大盛，乘勝之兵既不可當，而將軍以烏合之卒[53]，繼敗軍之後，將士失氣，隴右傾蕩[54]。古人有言：『蝮蛇螫手，壯士解其腕[55]。』孫子曰：『兵有所不擊，地有所不守。』蓋小有所失而大有所全故也。今隴右之害，過於蝮蛇，狄道之地，非徒不守之謂。姜維之兵，是所辟[56]之鋒。不如割險自保，觀釁待弊[57]，然後進救，此計之得者也。」泰曰：「姜維提輕兵深入，正欲與我爭鋒原野，求一戰之利。王經當高壁深壘，挫其銳氣。今乃與戰，使賊得計，走破[58]王經，封[59]之狄道。若維以戰克[60]之威，進兵東向，據櫟陽[61]積穀之實，放兵收降，招納羌、胡，東爭關、隴[62]，傳檄四郡[63]，此我之所惡也。而維以乘勝之兵，挫峻城之下，銳氣之卒，屈力致命，攻守勢殊，客主不同。兵書云『修櫓轒轀，三月乃成，拒堙三月而後已』[64]。誠非輕軍遠入，維之詭謀倉卒所辦。縣軍遠僑[65]，糧穀不繼，是我速進破賊之時也，所謂疾雷不及掩耳，自然之勢也。洮水帶其表[66]，維等在其內，今乘高據勢，臨其項領[67]，不戰必走。寇不可縱，圍不可久，君等何言如此？」遂進軍度高城嶺[68]，潛行，夜至狄道東南高山上，多舉烽火，鳴鼓角。狄道城中將士見救者至，皆憤踊[69]。維始謂官救兵當須眾集乃發，而卒[70]聞已至，謂有奇變宿謀[71]，上下震懼。自軍之發隴西也，以山道深險，賊必設伏。泰詭從南道，維果三日施伏[72]。定軍潛行，卒出其南。維乃緣山突至，泰與交戰，維退還。涼州軍從金城南至沃干阪[73]。泰與經共密期[74]，當共向其還路，維等聞之，遂遁，城中將士得出。經歎曰：「糧不至旬，向不應機[75]，舉城屠裂，覆喪一州矣。」泰慰勞將士，前後遣還，更差軍守[76]，並治城壘，還屯上邽。

3 初，泰聞經見[77]圍，以州軍將士素[78]皆一心，加得保城，非維所能卒傾。表上進軍晨夜速到還[79]。眾議以經奔北[80]，城不足自固，維若斷涼州之道，兼四郡民夷，據關、隴之險，敢能[81]沒經軍而屠隴右。宜須大兵四集，乃致攻討。大將軍司馬文王[82]曰：「昔諸葛亮常有此志，卒[83]亦不能。事大謀遠，非維所任也。且城非倉卒所拔，而糧少為急，征西速救，得上策矣。」泰每以一方有事，輒以虛聲[84]擾動天下，故希簡[85]白上事，驛書不過六百里[86]。司馬文王語荀顗[87]曰：「玄伯沉勇能斷，荷方伯[88]之重，救將陷之城，而不求益兵，又希簡上事，必能辦賊故也。都督大將，不當爾[89]邪！」

4 後徵泰為尚書右僕射[90]，典[91]選舉，加侍中光祿大夫[92]。吳大將孫峻[93]出淮、泗。以泰為鎮軍將軍[94]，假節都督淮北諸軍事，詔徐州監軍[95]已下受泰節度[96]。峻退，軍還，轉為左僕射。諸葛誕[97]作亂壽春[98]，司馬文王率六軍軍丘頭[99]，泰總署行臺(100)。司馬景王、文王(101)皆與泰親友，及沛國武陔(102)亦與泰善。文王問陔曰：「玄伯何如其父司空也？」陔曰：「通雅博暢，能以天下聲教為己任者，不如也；明統簡至，立功立事，過之。」泰前後以功增邑二千六百戶，賜子弟一人亭侯，二人關內侯。景元(103)元年薨，追贈司空，謚曰穆侯。子恂嗣。恂薨，無嗣。弟溫紹(104)封。咸熙(105)中開建五等(106)，以泰著勳前朝，改封溫為慎子(107)。

【章　旨】以上是〈陳泰傳〉。傳中記述他先後任雍州刺史及征西將軍假節都督雍、涼諸軍時的功績。重點介紹兩次與蜀的軍事衝突，表現他沉勇剛斷的大將風采。傳末記載他晚年在魏與吳的兩次重大軍事對壘中都身處要職，深得司馬氏信任。對他後嗣所得封賜，也作了簡略敘述。

【注　釋】❶青龍　魏明帝曹叡年號，西元二三三—二三七年。❷散騎侍郎　官名。三國魏始置。東漢延康元年（西元二二〇年）二月，曹丕置散騎常侍，散騎侍郎各四人。❸正始　魏齊王曹芳年號，西元二四〇—二四九年。❹游擊將軍　官名。西漢時始置，東漢及魏、吳二國均因之，屬雜號將軍。❺并州刺史　并州行政長官。并州，州名。《周禮・職方》「正北曰并州」。治所在今山西太原西南。刺史，州行政長官，主要職責是巡行所屬郡國，考察官吏治績，每年派遣計吏到京都奏事。❻振威將軍　官名。東漢雜號將軍之一，曹魏沿置，四品。此為加官。❼使持節　古代使臣奉君王之命出使，持符節以為憑證，稱持節。至曹魏於文帝黃初三年（西元二二二年），始置都督諸州軍事領刺史，並對這些掌握地方軍政大權的官員，分別授予使持節、持節、假節稱號。授「使持節」稱號者，有權殺二千石以下者的權力。❽護匈奴中郎將　官名。東漢初，設使匈奴中郎將一人，秩比兩千石，主護南單于。東漢建武二十六年（西元五〇年）置護匈奴中郎將，設官府，入居雲中，將兵屯西河美稷以衛護之。三國魏沿其制，並以并州刺史兼是官，駐晉陽。❾懷柔夷民　招來安撫邊疆少數民族百姓。❿威惠　威望、恩惠。⓫京邑貴人多寄寶貨　京都的貴族皇戚不少人寄來珍寶奇貨。⓬因泰市奴婢　通過陳泰來買奴婢。因，通過。市，買。

⑬嘉平　魏齊王曹芳年號，西元二四九—二五四年。⑭郭淮　字伯濟，太原陽曲（今山西陽曲）人，先後在夏侯淵、張郃等人手下任司馬。曹丕稱帝後，歷任領雍州刺史、都督雍涼諸軍事等。多次立有戰功。詳見本書卷二十六〈郭淮傳〉。⑮雍州　州名。治所在今陝西西安西北。⑯奮威將軍　官名。三國魏、蜀、吳均設，四品。⑰蜀大將軍姜維　盧弼《集解》據〈姜維傳〉認為，姜維任大將軍是在蜀漢後主劉禪延熙十九年（西元二五六年），此時應為衛將軍。姜維，字伯約，天水冀縣（今甘肅甘谷東）人。本仕曹魏，蜀漢建興六年（西元二二八年）諸葛亮首次伐魏時投降蜀漢。歷任征西將軍、涼州刺史、衛將軍、大將軍等職，是蜀漢後期傑出的人才。詳見本書卷四十四〈姜維傳〉。⑱麴山　地名。在今甘肅武山縣西南。山勢險要，易守難攻。姜維曾率眾依山築城，稱為麴城。後鄧艾等進圍此城，姜維敗走。⑲牙門將　即牙門將軍。⑳羌胡質任　羌族和其他少數民族的人質。羌胡，羌族與其他和羌族雜居的少數民族的合稱，分布在甘肅、四川一帶。㉑征西將軍　東漢置，魏因之，秩二千石，二品，文帝黃初時位次三公，領兵屯長安，統雍、涼二刺史。㉒險遠　道路險阻、遙遠。㉓而　原作「以」，據宋本改。㉔討蜀護軍徐質　討蜀護軍，官名。護軍主要是監督作戰。徐質，曹魏將領，曾任討蜀護軍，多次隨雍州刺史陳泰出征，抵禦姜維，後被姜維殺死。事跡散見於本書卷二十二〈陳泰傳〉、卷四十四〈姜維傳〉。㉕南安太守鄧艾　南安，郡名。治所在今甘肅隴西東南。鄧艾，字士載，義陽棘陽（今河南南陽）人，曹魏將領，曾在淮河南北屯田，解決軍糧問題。任討寇將軍、汝南太守、兗州刺史等職。景元四年（西元二六三年）率兵攻蜀漢，一直打到成都，迫使劉禪投降。詳見本書卷二十八〈鄧艾傳〉。㉖困窘　被困而處境艱難。㉗稽　延。㉘牛頭山　在今四川與甘肅交界之地，即今甘肅迭部與四川南坪之間的岷山。蜀將姜維與魏軍於此山周圍反覆激戰。㉙兵法貴在不戰句　《孫子兵法》：「百戰百勝，非善之善者也；不戰而屈人，善之善者也。」屈人，使人屈服。㉚白水　水名。有二源，南即今白水江，北即羌水。在甘、川交界處的白龍江匯合，此即指兩源匯合之處的白水。㉛洮水　黃河上游一條支流。在甘肅西南部，即今之洮河。㉜縣　同「懸」。㉝雍涼　雍州、涼州。㉞後年　盧弼《集解》：「〈淮（郭淮）傳〉正元二年薨。……後年，應書『正元二年』，移在『淮薨』之上。」㉟王經　字彥緯，清河（今山東臨清）人。與許允稱冀州名士。歷二州刺史，司隸校尉。甘露中，坐高貴鄉公事誅。事見本書卷九〈夏侯玄傳〉。㊱夏侯霸　夏侯淵次子，字仲權，正始中為討蜀護軍右將軍，素為曹爽所厚，聞爽誅，自疑，亡入蜀。事見本書卷九〈夏侯淵傳〉及裴松之注。㊲祁山　在今甘肅西和東北，蜀漢在西漢水北岸山上築城，極為嚴固，即今祁山堡，為軍事要地，諸葛亮伐魏，六出祁山即此。㊳石營　聚落名。故址在今甘肅武山縣南。㊴金城　縣名。治所在今甘肅蘭州西北。㊵為翅　地名。在今甘肅岷縣東南五十公里，時魏屯兵於此。㊶枹罕　縣名。治所在今甘肅臨夏東北。㊷惡分　忌諱分散。

㊸定問　確定的音信、情報。㊹須　等待。㊺將　率領。㊻趣狄道　往狄道縣進軍。趣，通「趨」。狄道，縣名。治所在今甘肅臨洮。㊼陳倉　縣名。治所在今陝西寶雞東。㊽故關　盧弼《集解》曰：「故關即河關也，在洮水西。」故址在今甘肅臨洮西北。㊾上邽　縣名。治所在今甘肅天水市。㊿鄧艾胡奮王祕　皆魏將。鄧艾，詳本書卷二十八〈鄧艾傳〉。胡奮，字玄威，安定臨涇（今甘肅鎮遠南）人，胡遵之子。少好武事，有籌略。入晉官至左僕射。(51)隴西　郡名。治所在今甘肅隴西西。(52)破衄　失敗；挫折。(53)烏合之卒　像一群烏鴉一樣，沒有經過訓練，而暫時聚合的士兵。(54)隴右傾蕩　隴山（今陝西隴縣西北）以西的地區已被衝擊得動盪不安。(55)蝮蛇螫手二句　《漢書．田儋傳》：「蝮蠚手則斬手，蠚足則斬足。何者？為害於身也。」蝮蛇，毒蛇。螫，咬。解，即「斬」的意思。(56)辟　同「避」。(57)觀釁待弊　觀察敵方的漏洞破綻，等待敵人出現弊病。釁，間隙；破綻。弊，弊病。(58)走破　即破走。敗退。(59)封　圍困。(60)戰克　戰勝。(61)櫟陽　盧弼《集解》引胡三省說：櫟陽應為略陽之誤。按：略陽，在今甘肅秦安東北。(62)關隴　指關中、隴西，包括今陝西省中部，甘肅省東南部。(63)四郡　盧弼《集解》引胡三省語：「四郡，謂隴西、南安、天水、略陽。略陽，時為廣魏郡，及晉乃更名略陽。」(64)兵書云三句　見《孫子．謀攻》。文字稍異。修，治也。櫓，大楯。轒轀，攻城用的戰車，四輪，車上以繩為脊，生牛皮蒙之，下可藏十人，推至城下，可以攻掘，金、火、木、石不能敗。原作「樍榅」，據《資治通鑑》改。拒堙，人造土山，而前附城牆，攻城時可憑藉以登城。(65)縣軍遠僑　謂孤軍無援。縣軍，孤立無援之軍。縣，通「懸」。遠僑，在遠處僑居、僑駐。(66)洮水帶其表　洮水像帶子一樣環繞它的外面。(67)項領　脖子。指要害之處。(68)高城嶺　《水經注》：「隴西首陽縣有高城嶺，嶺上有城曰渭源城。」按：嶺在今甘肅渭源西北。(69)憤踊　振奮、踴躍。(70)卒　同「猝」。突然。(71)奇變宿謀　意想不到之變化。宿謀，老謀深算。(72)維果三日施伏　裴松之注對以上傳文提出批評：「此傳云『謂救兵當須眾集，而卒聞已至，謂有奇變，上下震懼』。此則救至出於不意，若不知救至，何故伏兵深險乃經三日乎？設伏相伺，非不知之謂。此皆語之不通也。」(73)沃干阪　山嶺名。又名沃干嶺，在今甘肅蘭州南。自涼州濟河，必經此嶺，乃至狄道。(74)密期　祕密商定日期。(75)向不應機　假如不能在這關鍵時刻趕來。向，假設。機，關鍵。(76)前後遣還二句　指將原守狄道城的軍隊和王經後來的軍隊調遣回去，另外派遣軍隊換防戍守。(77)見　被。(78)素　平素；平常。(79)還　盧弼《集解》：「『還』字，與下文『敢能』字疑皆有脫誤。」(80)奔北　逃跑；敗北。大敗的意思。(81)敢能　可能。(82)司馬文王　即司馬昭。(83)卒　終究。(84)虛聲　虛浮不實；虛張聲勢。(85)希簡　不該用簡而用簡。上事，上奏。(86)驛書不過六百里　胡三省曰：「狄道東至洛陽二千二百餘里，而驛書不過六百里，蓋傳人近里郡縣，使如常郵筒以達洛陽也。」驛，古代交通供傳遞公文的人或往來官員途中歇息、換馬之處所。按：驛站傳

書，三騎同行，日夜兼程。(87)荀顗　字景倩，荀彧之子。《三國志·荀彧傳》裴松之注曰：「《晉陽秋》曰：幼為姊夫陳羣所異。博學洽聞，意思慎密。司馬宣王見顗，奇之……擢拜散騎侍郎。顗佐命晉室，位至太尉，封臨淮康公。」(88)方伯　古代以一方諸侯之長為方伯。東漢以後，多稱刺史、州牧等負有一方重任之人為方伯。(89)爾　這樣。(90)尚書右僕射　與尚書左僕射同為尚書臺副長官。東漢建安四年（西元一九九年）分置左、右僕射，曹魏因之。協助尚書令處理朝政。尚書令缺位，則以左僕射代行。(91)典　擔任。(92)光祿大夫　官名。三品，位次三公。無固定職，重臣加拜此官以示優重。(93)孫峻　字子遠，吳郡富春（今浙江富陽）人，孫吳宗室。孫權死時受遺詔輔政。歷任丞相、大將軍、督中外諸軍事，專擅朝政。詳見本書卷六十四〈孫峻傳〉。(94)鎮軍將軍　官名。盧弼《集解》云：「泰前已為征西將軍，似不應降為鎮軍將軍，疑有誤。」(95)監軍　官名。魏於諸州不置都督時，則置監軍，將軍領兵出征時，亦置監軍。(96)節度　節制調度。(97)諸葛誕　字公休，琅邪陽都（今山東沂南南）人，與諸葛亮同宗。初以尚書郎為滎陽令，後遷至御史中丞尚書。明帝時被免官，齊王曹芳時復職，出為揚州刺史，加昭武將軍。因不滿司馬氏專權，於魏甘露二年（西元二五七年）起兵反，投降孫吳。後兵敗被殺。詳見本書卷二十八〈諸葛誕傳〉。(98)壽春　縣名。治所在今安徽壽縣。(99)丘頭　又名武丘，在今河南沈丘東南。(100)總署行臺　總理隨行於外的尚書臺。行臺，與皇帝隨行於外的尚書臺。當時司馬昭挾持少帝高貴鄉公曹髦和太后共同出征，以防京師有變，故尚書臺隨行。時泰為尚書左僕射，故總署臺事。(101)司馬景王文王　即司馬師和司馬昭。(102)沛國武陔　沛國人武陔。沛國，為郡級行政單位，三國魏時為王國封地，治所在今江蘇沛縣。武陔，字元夏，沛國竹邑（今安徽宿遷北）人，武周之子，潔身自好，先為魏大臣，後任西晉，官至左僕射，右光祿大夫，開府儀同三司。(103)景元　魏元帝曹奐年號，西元二六〇—二六四年。(104)紹　繼續；繼承。(105)咸熙　魏元帝曹奐年號，西元二六四—二六五年。(106)開建五等　咸熙元年（西元二六四年），晉文王司馬昭奏准恢復五等爵，即公、侯、伯、子、男。(107)慎子　封子爵於慎。慎，慎縣。治所在今安徽潁上西北。

【語譯】陳泰，字玄伯。青龍年間，任命為散騎侍郎。正始年間，改任游擊將軍，擔任并州刺史，加官振威將軍。皇帝授予符節，為護匈奴中郎將，安撫教化匈奴民眾，很有威望和恩惠。京城達官貴人多有寄寶物財貨給陳泰，想通過他購買奴婢，陳泰把寄來的寶物財貨都掛在牆上，不開封，等到他被徵召為尚書時，把寶物財貨全部如數歸還。嘉平初年，代郭淮擔任雍州刺史，加官奮威將軍。蜀國大將軍姜維率領軍隊依託麴山修築兩座城池，派牙門將句安、李歆等人鎮守，聚集羌胡的人質等侵逼邊境諸郡。征西將軍郭淮與陳泰商量防禦的對策，陳泰說：「麴城雖然堅固，但離蜀遙遠，路途險阻，應需運輸糧草維持生活。羌族民眾憂慮姜維徵發勞役，一定不肯歸附。現在用包圍的方法奪取這兩座城池，可以兵不血刃而攻取城池；雖然他們有救援，但山路險阻難行，不是行軍打仗的地方。」郭淮聽從陳泰的意見，讓陳泰率領討蜀護軍徐質、南安太守鄧艾等進軍包圍二城，截斷他們的運糧道路以及城外的水源。句安等人挑戰，陳泰不應戰，城中將士處境困難，只能分配糧食，聚雪為水，藉以拖延時間。姜維果然前來救援，從牛頭山出來，與陳泰對峙。陳泰說：「用兵之法貴在不用打仗而使敵人屈服。現在截斷牛頭山，姜維沒有退路，就是我們的獵物了。」命令諸軍各自堅守營壘，不要交戰，派人稟告郭淮，準備自己南渡白水，沿白水東進，要郭淮奔赴牛頭山，截斷姜維的退路，可將二城連同姜維一併攻取，不僅僅是句安等人而已。郭淮認為他的計策很好，率領各路人馬進軍駐紮洮水。姜維恐懼，率軍逃跑。句安等人孤軍遠懸，於是都投降了。

2 郭淮逝世，陳泰代理征西將軍，假節，統管雍州、涼州各種軍務。後年，雍州刺史王經稟告陳泰，說姜維、夏侯霸準備兵分三路向祁山、石營、金城進軍，請求進兵為翅，讓涼州軍隊到枹罕，討蜀護軍進兵祁山。陳泰估量賊軍勢力肯定不能兵分三路，而且兵力最怕分散，涼州軍隊不宜越境行動，便回答王經說：「了解了他們的確實消息，知道了他們的動向，等我們東西兩邊的軍隊會合才可進兵。」這時姜維等人率領數萬人馬到了枹罕，奔赴狄道。陳泰命令王經進軍駐紮狄道，等大軍到了，再商議攻取敵軍。陳泰進兵陳倉。正遇上王經所率領的軍隊在故關與敵兵交戰失利，王經便渡過洮水。陳泰認為王經不堅守狄道，一定會有其他變故，便同時派遣五營軍隊先行進兵，陳泰率領各軍隨後出發。王經已與姜維交戰，被姜維大敗，只有一萬多人回來守衛狄道城，其餘的人都四散奔逃了。姜維乘勝包圍了狄道城。陳泰進駐上邽，分撥兵力把守險要之處，日夜兼程前進。鄧艾、胡奮、王祕的部隊也到達了，陳泰便與鄧艾、王祕等人分為三軍，進軍到隴西。鄧艾等人認為：「王經的精兵在西邊吃了敗仗，賊兵氣勢大振。乘勝前進的軍隊已經是不可阻擋的，而將軍帶領一羣烏合之眾，跟在敗軍之後，將士們灰心喪氣，隴右地區動盪不安。古人有言：『蝮蛇咬傷了手，壯士就斬去手腕。』《孫子》說：『軍隊有不能攻擊的，土地有不能據守的。』這是因為在小處有損失而在大局卻得了保全的緣故。現在隴右地區的禍害，超過蝮蛇；狄道這塊土地，還不僅是不能守的問題。姜維的軍隊，是應該避免的鋒芒。不如放棄險地保全自己，觀察敵人破綻，等待敵人弊端，然後進兵救援，這是得當的計策。」陳泰說：「姜維帶領輕兵深入，正是想與我們在野外交鋒，求得一戰而勝。王經應該使營壘高深，挫傷姜維的銳氣。現在就與姜維交戰，使賊軍計策得逞，王經敗逃，被圍困於狄道。如果姜維憑著戰勝的餘威，向東進兵，占據櫟陽積穀豐實的糧倉，派出部隊收攏降卒，招納羌胡民眾，再東進爭奪關、隴，向隴西、南安、天水、廣魏四郡發布檄文，這是我們所忌諱的。而姜維卻以獲勝之軍，受挫於高城之下；具有銳氣的士兵，竭力拚命，攻守的態勢不同了，主客的形勢不一樣了。兵書上說『修治大盾牌和攻城用的戰車，要三個月才能完成；堆積一座土山要三個月後才能停工』。這的確不是輕兵遠道深入，靠姜維的詭計在倉卒之間所能辦到的。他們是孤軍在遠方僑居，糧草供應不繼，這是我們迅速進軍擊破敵人的好時機，正是所謂的迅雷不及掩耳，很自然的一種形勢。洮水環繞在外，姜維的軍隊在裏面，現在我們居高臨下，占據有利地形，面對他們的要害，敵人定不戰而逃。敵人不可縱放，包圍不能長久。你們幾位怎麼說這種話？」於是進兵越過高城嶺，暗中行進，夜間到達狄道東南高山上，燃起大量烽火，鼓角齊鳴。狄道城中將士看見救兵到了，個個振奮、踴躍。姜維開始以為曹魏救兵定當等到眾軍會師後才出發，而現在突然聽說魏軍已經來到，以為這種意料之外的變化為事先謀劃，全軍上下無不驚恐。陳泰自從軍隊從隴西出發，便以為山深路險，賊兵定會設置埋伏。於是假裝從南道進軍，姜維果然派軍隊埋伏了三天。陳泰穩定軍隊，暗中行進，突然出現在狄道的南邊。姜維便沿山快速趕到。陳泰與姜維交戰，姜維撤兵退回。涼州軍隊從金城的南邊到達沃干阪。陳泰與王經共同祕密約定日期，準備同時攻向姜維的退路。姜維等人聽到此事，就逃走了，城中將士得以解圍而出。王經嘆道：「存糧不到十天，假如不是關鍵時刻來援救，那就會全城遭屠戮，全州覆滅了。」陳泰慰勞將士，先後將他們遣返內地，另外派遣軍隊在此據守。同時修治城牆和防禦工事，回軍屯駐上邽。

3 起初，陳泰聽說王經被圍，認為雍州軍隊將士平素都同心同德，加上是保衛城池，不是姜維一下子所能傾覆的。他上表朝廷，要求進軍，日夜兼程解王經之圍，然後返回。朝廷眾官員議論認為王經敗逃，城池不足以固守，姜維如果截斷涼州之路，兼併四郡漢夷民眾，占據關、隴地區的險要之地，就可能消滅王經軍隊而屠掠隴右地區。應當等到大軍從四面八方聚集，才能進行攻討。大將軍司馬文王說：「過去諸葛亮常有這種想法，但終究也未能成功。此事關係重大，需要深謀遠慮，這不是姜維所能勝任的。況且城池不是倉卒之間所能攻克的，而城中糧食缺少，形勢緊急，征西將軍迅速救援，這是上策。」陳泰常常認為一方有事，就藉此虛張聲勢，擾動天下，所以他很少上奏表白事情，通過驛站傳遞公文也不超過六百里。司馬文王告訴荀顗說：「玄伯沉著勇敢，能果斷處事，擔負一方重任，援救即將陷落的城池，而不要求增兵，又很少上書言事，一定是能夠處置賊兵的緣故。都督、大將，不是應當這樣嗎！」

4 後來徵召陳泰擔任尚書右僕射，掌管選舉，加官侍中、光祿大夫。吳國大將孫峻從淮水、泗水出兵，以陳泰為鎮軍將軍，持皇帝符節，統管淮北各路軍隊事務，皇帝詔令徐州監軍以下的將領都由陳泰指揮。孫峻退兵後，陳泰還師，改任左僕射。諸葛誕在壽春叛亂，司馬文王率領朝廷六軍駐紮在丘頭，陳泰暫時主管隨行於外的尚書臺。司馬景王、文王都與陳泰親近友好，還有沛國武陔也與陳泰友善。文王問武陔說：「玄伯與他的父親司空陳羣相比怎麼樣？」武陔說：「陳羣為人通達高雅，學識淵博，待人和暢，能把天下的教化作為自己的責任，在這些方面陳泰不如他父親；陳泰明於綱紀，為人簡易，建立功勳，開創事業，在這些方面陳泰超過他父親。」陳泰先後因功增加食邑二千六百戶，賜給他的子弟一人為亭侯，二人為關內侯。景元元年逝世，追贈司空，謚號為穆侯。他的兒子陳恂為繼承人。陳恂逝世後，沒有後代，陳恂的弟弟陳溫繼承封爵。咸熙年間設立五等爵，因為陳泰在前朝功勳卓著，改封陳溫為慎子。

1 陳矯，字季弼，廣陵東陽❶人也。避亂江東❷及東城❸，辭孫策、袁術之命❹，還本郡。太守陳登❺請為功曹❻，使矯詣許❼，謂曰：「許下論議，待吾不足；足下⑧相為觀察，還以見誨。」嶠還曰：「聞遠近之論，頗謂明府驕而自矜⑨。」登曰：「夫閨門雍穆⑩，有德有行，吾敬陳元方兄弟⑪；淵清玉潔⑫，有禮有法，吾敬華子魚⑬；清修疾惡⑭，有識有義，吾敬趙元達⑮；博聞彊記⑯，奇逸卓犖⑰，吾敬孔文舉⑱；雄姿傑出，有王霸之略⑲，吾敬劉玄德⑳：所敬如此，何驕之有！餘子瑣瑣㉑，亦焉足錄㉒哉？」登雅意㉓如此，而深敬友嶠。

2 郡為孫權㉔所圍於匡奇㉕，登令嶠求救於太祖。嶠說太祖曰：「鄙郡雖小，形便㉖之國也，若蒙救援，使為外藩，則吳人剉㉗謀，徐方㉘永安，武聲遠震，仁愛滂流㉙，未從之國，望風景附㉚，崇德養威，此王業㉛也。」太祖奇嶠，欲留之。嶠辭曰：「本國倒縣㉜，本奔走告急，縱無申胥㉝之效，敢忘弘演㉞之義乎？」太祖乃遣赴救。吳軍既退，登多設閒伏，勒㉟兵追奔，大破之。

3 太祖辟嶠為司空掾屬，除相令㊱，征南長史㊲，彭城㊳、樂陵㊴太守，魏郡㊵西部都尉㊶。曲周㊷民父病，以牛禱㊸，縣結正棄市㊹。嶠曰：「此孝子也。」表赦之。遷魏郡太守。時繫囚千數，至有歷年。嶠以為周有三典之制㊺，漢約三章之法㊻，今惜輕重之理，而忽久繫之患，可謂謬矣。悉自覽罪狀，一時論決。大軍東征，入為丞相長史㊼。軍還，復為魏郡㊽，轉西曹屬㊾。從征漢中㊿，還為尚書。行未到鄴，太祖崩[51]洛陽，羣臣拘常，以為太子即位，當須詔命[52]。矯曰：「王薨于外，天下惶懼。太子宜割哀即位，以繫遠近之望。且又愛子在側[53]，彼此生變，則社稷[54]危矣。」即具官[55]備禮，一日皆辦。明旦，以王后令，策太子即位，大赦[56]蕩然。文帝曰：「陳季弼臨大節，明略過人，信[57]一時之俊傑也。」帝既踐阼，轉署吏部，封高陵亭侯，遷尚書令。明帝即位，進爵東鄉侯，邑六百戶。車駕嘗卒至尚書門[58]，矯跪問帝曰：「陛下欲何之[59]？」帝曰：「欲案[60]行文書耳。」矯曰：「此自臣職分[61]，非陛下所宜臨也。若臣不稱其職，則請就黜退[62]。陛下宜還。」帝慚，回車而反[63]。其亮直[64]如此。加侍中光祿大夫，遷司徒。景初[65]元年薨，諡曰貞侯。

4 子本嗣，歷位郡守、九卿[66]。所在操綱領[67]，舉大體[68]，能使羣下自盡[69]。有統御之才，不親小事，不讀法律而得廷尉[70]之稱，優於司馬岐[71]等，精練文理。遷鎮北將軍[72]，假節都督河北諸軍事。薨，子粲嗣。本弟騫[73]，咸熙[74]中為車騎將軍[75]。

5 初，矯為郡功曹，使過泰山[76]。泰山太守東郡[77]薛悌異之，結為親友。戲謂矯曰：「以郡吏而交二千石[78]，鄰國君屈從陪臣[79]游，不亦可乎！」悌後為魏郡及尚書令[80]，皆承代矯云。

【章　旨】以上是〈陳矯傳〉。傳中首先敘述他為陳登功曹的事跡。通過詣許與勸說曹操救援匡奇兩件事，寫他高雅、仁義。其次敘述他在太祖、文帝、明帝三朝的仕歷。其中重點寫他在太祖去世、曹丕即位期間處理果斷，以及拒阻明帝案行文書。表明他明略過人，剛方亮直。最後為〈陳矯傳〉附傳，附載矯子陳本事略，以及與薛悌的交友。

【注　釋】❶廣陵東陽　廣陵郡東陽縣。東陽治所在今安徽天長西北，地處三國魏、吳邊境。❷江東　長江在蕪湖和南京之間的流向是從西南向東北，因稱自此以下的長江南岸地區為江東。❸東城　縣名（一說郡名）。治所在今安徽定遠東南。❹辭孫策袁術之命　分別辭去孫策和袁術給他的任命。孫策，字伯符，吳郡富春（今浙江富陽）人。孫堅子。漢興平二年（西元一九五年）率軍渡江，削平當地的割據勢力，據有吳、會稽五郡。其後又奪取廬江郡，依靠南北士族，在江東地區建立了孫氏政權。事見本書卷四十六〈孫策傳〉。❺陳登　字元龍，下邳淮浦（今江蘇漣水縣西）人，在廣陵有威名。見本書卷七〈陳登傳〉及裴松之注引《先賢行狀》。❻功曹　漢制州郡及縣之佐吏有功曹掾、功曹史，簡稱功曹。❼許　縣名。建安時為都。後來魏文帝改為許昌，今河南許昌東。❽足下　對對方的敬稱。古代下對上，或同輩之間相稱都用「足下」。❾驕而自矜　驕傲並且自以為賢能。❿閨門雍穆　家門和睦。⓫陳元方兄弟　即陳元方、陳季方。陳元方，名紀，陳羣父；陳紀弟諶，字季方。《後漢書．陳寔列傳》：「兄弟孝養，閨門雍和，後進之士，皆推慕其風。」⓬淵清玉潔　比喻人品如深潭之清澈、如美玉之潔白。⓭華子魚　即華歆。平原高唐（今山東禹城）人。獻帝時詔拜豫章太守。建安五年（西元二〇〇年），被徵入京，累官尚書令。曹操征孫權，表歆為國師。曹丕稱帝，歆官司徒。明帝時為太尉。太和五年（西元二三一年）卒。詳本書卷十三〈華歆傳〉。⓮清脩疾惡　意謂品行修正，痛恨邪惡。⓯趙元達　趙昱字元達，《後漢書．陶謙列傳》：「別駕從事趙昱，知名士也。昱，字元達，琅邪人。清修疾惡，潛志好學。」⓰博聞彊記　見識廣博，並有特別好的記憶力。⓱奇逸卓犖　奇特飄逸，特出他人之上。⓲孔文舉　孔融字文舉，《後漢書．孔融列傳》說他幼有異才。性好學，博涉多該覽。⓳王霸之略　古代稱以仁義治天下為王道，以武力結諸侯為霸道，二者俱備的謀略，為「王霸之略」。⓴劉玄德　即劉備，蜀主，見本書卷三十二〈先主傳〉。㉑餘子瑣瑣　其餘的人不值一談。㉒錄　採用。㉓雅意　高雅鑑識。㉔孫權　據盧弼《集解》，孫權當為孫策。㉕匡奇　匡奇城。故址在今江蘇淮安東南。《三國志》卷七裴松之注引《先賢行狀》述匡奇之戰較詳，云孫策遣軍攻登於匡奇城，賊眾十倍於郡兵。登閉門自守，示弱不與戰。待乘城觀察形勢，知其可擊，乃申令將士，宿整兵器，縱兵擊賊，斬虜萬數。賊忿喪軍，尋復大興兵向登。登以兵不敵，使功曹陳矯求救於曹操。㉖形便　地理形勢有利。㉗剉　挫敗。㉘徐方　徐州這個地方。㉙滂流　像奔湧的大水一樣流淌。㉚景附　像影子附於物一樣。景，同「影」。㉛王業　帝王之業。㉜倒縣　比喻處境危急，如人之倒掛。縣，同「懸」。㉝申胥　申包胥，春秋時楚大夫。吳軍攻楚，入郢，申包胥至秦求救，哭於秦廷七日夜，秦終出兵救楚，敗吳軍。事見《左傳》定公四年及《戰國策・楚策》。㉞弘演　人名。春秋時衛國人。狄人伐衛，殺死衛懿公，且將其屍體吃掉，僅留其肝。弘演十分悲痛，於是挖出自己的內臟，將衛懿公肝臟納入腹內而死。齊桓公聞知，曰：「衛之亡也，以為無道也；今有臣若此，不可不存。」於是派兵救衛，又於楚丘建衛。事見《呂氏春秋》卷十一及劉向《新序》。㉟勒　驅。㊱相令　相縣令。相縣，治所在今安徽淮北西。㊲征南長史　征南將軍的長史。征南將軍，東漢建武二年（西元二六年）置，曹魏因之，領兵屯新野，統荊、豫二州刺史。曹魏於征南將軍下置長史。㊳彭城　郡名。治所在今江蘇徐州。㊴樂陵　郡名。治所在今山東樂陵東南。㊵魏郡　郡名。治所在今河北臨漳西南。㊶都尉　官名。掌郡屬軍隊，備盜賊。一般每郡置都尉一人。大郡有時置二人，或為東西部。東漢建安十八年（西元二一三年），分魏郡為東、西部。㊷曲周　縣名。治所在今河北曲周東北。㊸以牛禱　用牛作祭品向神靈祈禱。㊹縣結正棄市　意謂正準備執行死刑。縣結，捆綁吊起。縣，通「懸」。棄市，古代在鬧市執行死刑，暴屍街頭稱棄市。㊺周有三典之制　《周禮・秋官・大司寇》：「大司寇之職，掌建邦之三典，以佐王刑邦國，詰四方。一曰刑新國，用輕典；二曰刑平國，用中典；三曰刑亂國，用重典。」典，法律。㊻漢約三章之法　漢高祖劉邦入關中，去秦苛政，約三章之法：「殺人者死，傷人及盜抵罪。」㊼丞相長史　官名。東漢置丞相長史一人。長史為相府總管，佐助丞相，署理諸曹。曹操為丞相時始置左右長史，後因之。㊽復為魏郡　再次擔任魏郡太守。㊾西曹屬　漢制，丞相、太尉屬吏分曹治事，有西曹，吏官正者稱掾，副者稱屬，主府內官吏署用。㊿漢中　郡名。治所在今陝西漢中東。三國時本郡治，為軍事重鎮。(51)崩　天子或王死叫崩。(52)須詔命　盧弼《集解》引胡三省曰：「謂須漢帝詔命。」(53)愛子在側　盧弼《集解》引胡三省曰：「愛子，謂鄢陵侯彰也。」按：曹彰留守長安，曹操得疾即急召彰，待彰至洛陽，曹操已死。(54)社稷　本指古代帝王祭祀之土地神（社）與穀神（稷），後用作國家的代稱。(55)具官　委派官員。(56)大赦　新王即位，對天下已判罪犯免刑或減刑。(57)信　的確。(58)卒至尚書門　突然到尚書臺門。卒，通「猝」。突然。尚書門，尚書臺門。(59)何之　到哪裏。(60)案　考察。(61)分　本分。(62)黜退　罷退。(63)反　通「返」。(64)亮直　光明磊落，誠實正直。(65)景初　魏明帝曹叡年號，西元二三七—二三九年。(66)九卿　古代中央政府的九位高級官員。亦為對中央政府諸卿類高級官員的習慣泛稱。秦漢置奉常（即太常）、郎中令（即大鴻臚）、宗正、治粟內史、中尉（即執金吾）、少府等諸卿，但並非固定為九位。三國因置諸卿，名號與漢略同。(67)操綱領　抓到要領。(68)大體　大要。(69)自盡　自覺盡力。(70)廷尉　為九卿之一，掌刑獄。(71)司馬岐　河內溫（今河南溫縣）人。大司農司馬芝之子，官至廷尉，後以疾去官，年三十五卒。見本書卷十二〈司馬芝傳〉附傳。(72)鎮北將軍　官名。二品，位次四征將軍，領兵如征北將軍。(73)騫　裴松之注引《晉書》曰：「騫，字休淵，為晉佐命功臣。至太傅，封高平郡公。」(74)咸熙　魏元帝曹奐年號，西元二六四—二六五年。(75)車騎將軍　官名。漢制，僅次大將軍、驃騎將軍，金印紫綬，地位相當於上卿，或比三公，掌管京師及宮廷兵衛。(76)泰山　郡名。治所在今山東泰安東。(77)東郡　郡名。治所在今河南濮陽南。(78)二千石　漢制，官吏等級以所得俸祿多少為準，有中二千石、二千石、比二千石等名稱。二千石者月俸百二十斛。郡太守、諸侯王相都為二千石。故以二千石稱郡國守相。(79)陪臣　古代諸侯的大夫，對天子自稱陪臣，也用以指大夫之家臣。(80)悌後為魏郡句　裴松之注引《世語》曰：「悌，字孝威。年二十二，以兗州從事為泰山太守。初，太祖定冀州，以悌及東平王國為左右長史，後至中領軍，并悉忠貞練事，為世吏表。」

【語　譯】 陳矯，字季弼，廣陵郡東陽縣人。避亂到江東和東城，辭去孫策、袁術的任命，返回本郡。廣陵太守陳登請他擔任功曹，派他到許昌，告訴他說：「許昌人的議論，有批評我的不足之處，您為我觀察一下，回來後教誨我。」陳矯回來說：「我聽到遠近議論，頗有一些人說您驕傲自大。」陳登說：「家門和睦，有道德，有操行，我敬佩陳元方兄弟；冰清玉潔，有禮儀，有法度，我敬佩華子魚；清正修美，憎恨惡行，有識見，講道義，我敬佩趙元達；見多識廣，具有超強的記憶力，品格奇特不羣，我敬佩孔文舉；具有英雄氣概，超凡脫俗，有為王稱霸的韜略，我敬佩劉玄德。我敬佩的就是這樣，哪有什麼驕傲的！其餘的人都是些凡夫俗子，哪裏值得一提呢？」陳登高雅志趣如此，但非常敬重友善陳矯。

2　郡守陳登被孫策圍困在匡奇城，陳登命陳矯向太祖求救。陳矯勸太祖說：「我郡雖然狹小，卻是地理形勢很有利的地方。如果承蒙您出兵援救，讓我們成為您外圍的屏障，那麼就會挫敗吳人的計謀，徐州方面永遠安定。您的威武之聲遠震四方，仁愛廣布各地。那些尚未臣服的地方，一定會聞風歸附。推崇仁德，積累威望，這是帝王的大業啊！」太祖驚異於陳矯的才智，想留下他。陳矯辭謝說：「我國正處於倒懸危急之中，我本是跑來告急的，縱然沒有申包胥哭秦求救的成效，怎敢忘記弘演犧牲救國的義舉呢？」太祖於是派兵奔赴援救。吳軍撤退，陳登乘機多設伏兵，率軍追擊，大敗吳軍。

3 太祖徵召陳矯為司空府掾屬，擔任相縣縣令，為征南將軍長史，拜彭城、樂陵太守，官魏郡西部都尉。曲周縣一個縣民因為父親生病，殺牛祈禱，官府把他捆綁著吊起來正準備在鬧市處死。陳矯說：「這是孝子。」上表赦免了他。升任魏郡太守，當時關押的囚犯數以千計，甚至有的已關押多年。陳矯認為周代有「三典」的制度，漢代有約法三章的法律。現在只重視判罪的輕重，而忽視長久關押囚犯所帶來的禍患，可以說是很荒謬的。他親自查閱全部罪案，立刻定罪判決。太祖大軍東征，他進京擔任丞相府長史。軍隊回師後，又任魏郡太守，轉任西曹屬。跟隨太祖出征漢中。回來後擔任尚書。太祖還師還沒有到達鄴城，便在洛陽逝世了。羣臣拘泥常規，認為太子即位，應當有皇帝的詔命。陳矯說：「大王在外逝世，天下驚恐。太子應該節哀即位，以凝聚遠近人心。並且大王寵愛的兒子正在靈柩之旁，萬一發生爭奪王位的變故，那麼國家就危險了。」立即委派官員準備登極禮儀，一天之內全部辦妥。第二天早晨，以王后的命令，策命太子即位，大赦天下，煥然一新。文帝說：「陳季弼面對關鍵大事，見識策略過人，確為一時俊傑。」文帝登上皇位後，陳矯暫時調任吏部，封高陵亭侯，升任尚書令。明帝即皇位後，進爵東鄉侯，食邑六百戶。明帝車駕曾經突然來到尚書臺門前，陳矯跪迎，問明帝說：「陛下想去什麼地方？」明帝說：「不過想審查一下你這裏的公文罷了。」陳矯說：「這本是臣的職責本分，不是陛下所應該親臨處理的，如果臣不稱職，那就請給我免官處分。陛下應該回去。」明帝感到慚愧，調轉車頭返回。他就是如此的坦誠正直。加官侍中、光祿大夫，遷升司徒。景初元年逝世，諡號貞侯。

4 兒子陳本繼承爵位。陳本歷任郡太守、九卿。陳本在官能抓到要領，管理大事，能使他的下屬自覺盡力。具有統帥駕馭的才能，不親自處理瑣事。他不習讀法律而能稱職廷尉的官職，表現優於司馬岐等人，精通文書法令。升任鎮北將軍，假節，總管河北各種軍務。逝世後，兒子陳粲為繼承人。陳本的弟弟陳騫，咸熙年間任車騎將軍。

5 當初，陳矯擔任郡功曹，太守派他外出經過泰山。泰山太守東郡人薛悌認為他不同於一般人，與他結拜為好友。薛悌對陳矯開玩笑說：「以郡吏的身分而結交郡守，就像鄰國的君主屈尊與陪臣交遊，不也是可以的嗎！」薛悌後來擔任魏郡太守及尚書令，都是接替陳矯。

1 徐宣，字寶堅，廣陵海西❶人也。避亂江東，又辭孫策之命，還本郡。與陳矯並為綱紀❷，二人齊名而私好不協，然俱見器❸於太守陳登，與登並心❹於太祖。海西、淮浦❺二縣民作亂，都尉❻衛彌、令梁習❼夜奔宣家，密送免之。太祖遣督軍扈質來討賊，以兵少不進。宣潛見責之，示以形勢，質乃進破賊。太祖辟為司空掾屬，除東緡、發干❽令，遷齊郡❾太守，入為門下督❿，從到壽春⓫。會馬超⓬作亂，大軍西征，太祖見官屬曰：「今當遠征，而此方未定，以為後憂，宜得清公大德以鎮統之。」乃以宣為左護軍⓭，留統諸軍。還，為丞相東曹掾，出為魏郡太守。太祖崩洛陽，羣臣入殿中發哀。或言可易諸城守，用譙⓮、沛⓯人。宣厲聲曰：「今者遠近一統，人懷效節⓰，何必譙、沛，而沮⓱宿衛⓲者心。」文帝聞曰：「所謂社稷之臣也。」帝既踐阼，為御史中丞，賜爵關內侯，徙城門校尉⓳，旬月遷司隸校尉⑳，轉散騎常侍。從至廣陵，六軍乘舟，風浪暴起，帝船回倒，宣病㉑在後，陵㉒波而前，羣寮莫先至者。帝壯之，遷尚書。

2 明帝即位，封津陽亭侯，邑二百戶。中領軍桓範㉓薦宣曰：「臣聞帝王用人，度世授才，爭奪之時，以策略為先；分定之後，以忠義為首。故晉文行舅犯之計而賞雍季之言㉔，高祖用陳平之智而託後於周勃也㉕。竊見尚書徐宣，體忠厚之行，秉直亮之性；清雅特立，不拘世俗；確然㉖難動，有社稷之節；歷位州郡，所在稱職。今僕射缺，宣行㉗掌後事；腹心任重，莫宜宣者。」帝遂以宣為左僕射，後加侍中光祿大夫。車駕幸許昌，總統留事。帝還，主者奏呈文書。詔曰：「吾省㉘與僕射何異？」竟㉙不視。尚方令坐猥見考竟㉚，宣上疏陳威刑大㉛過，又諫作宮殿窮盡民力，帝皆手詔嘉納㉜。宣曰：「七十有縣車㉝之禮，今已六十八，可以去矣。」乃固辭疾遜位㉞，帝終不許。青龍㉟四年薨，遺令布衣疏巾㊱，斂以時服㊲。詔曰：「宣體履至實㊳，直內方外㊴，歷在三朝，公亮㊵正色，有託孤寄命之節，可謂柱石㊶臣也。常欲倚以台輔㊷，未及登之，惜乎大命不永㊸！其追贈車騎將軍，葬如公禮。」諡曰貞侯。子欽嗣。

【章　旨】以上是〈徐宣傳〉。傳中先敘他在曹操、曹丕時的經歷。密送衛彌、梁習免禍；責令扈質進兵破賊；太祖崩時嚴斥調換守城軍士；文帝乘舟遇險，宣凌波護駕，都表明了對曹魏的忠誠。傳中後敘宣在明帝時的功業仕歷。桓範薦宣語，是對宣一生風節的總結。

【注　釋】❶廣陵海西　廣陵郡海西縣。海西，治所在今江蘇灌南東南。❷綱紀　郡主簿或功曹的別稱。❸見器　被器重。❹並心　同心。❺淮浦　縣名。治所在今江蘇漣水縣西。❻都尉　地方臨時武官，盧弼《集解》引應劭說：「每有劇賊，臨時置都尉。」❼梁習　字子虞，時任海西縣令，後以別部司馬領并州刺史，邊境肅靜，正式出任并州刺史。曹丕稱帝，習仍為并州刺史。太和二年（西元二二八年），徵拜大司馬。習在州二十餘年，居處貧窮，所在有治名。詳見本書卷十五〈梁習傳〉。❽東緡發干　皆為縣名。東緡，治所在今山東金鄉。發干，治所在今河南濮陽南。❾齊郡　郡名。治所在今山東臨淄北。❿門下督　官名。將帥府屬官。曹操時置。後驃騎將軍、車騎將軍、衛將軍等將軍府內均置門下督一人，七品。⓫壽春　縣名。治所在今安徽壽縣。⓬馬超　字孟起，扶風茂陵（今陝西興平）人，馬騰之子。東漢建安十六年（西元二一一年）與韓遂聯合進攻曹操，失敗後還據涼州。自稱征西將軍，領并州牧，督涼州軍事。被楊阜等人攻擊，先奔張魯，後投劉備，歷任左將軍、驃騎將軍等，為蜀漢名將。詳見本書卷三十六〈馬超傳〉。⓭左護軍　東漢有中護軍，為將軍幕府之員。曹操為丞相時置護軍，建安中改為中護軍。諸要鎮及將軍出征皆置諸護軍。六品。⓮譙　郡名。治所在今安徽亳州。⓯沛　王國名。治所在今安徽濉溪縣西北。按：曹操為沛國譙人。⓰效節　效忠的氣節。⓱沮　敗壞。⓲宿衛　指宮中的守衛者。⓳城門校尉　官名。漢置，管京城城門屯兵。曹魏因之，秩比二千石，四品，掌洛陽城門十二所。⓴司隸校尉　官名。掌察舉百官及京師附近違法者，並掌一州軍政大權。㉑病　恨。㉒陵　通「淩」。㉓桓範　魏大臣，字元則，沛（今安徽濉溪縣西北）人。事見本書卷九〈桓範傳〉及裴松之注引《魏略》。㉔晉文行舅犯之計句　裴松之注引《呂氏春秋》記載：晉文公將與楚人戰於城濮，召舅犯而問曰：「楚眾我寡，奈何而可？」舅犯回答說：「臣聞繁禮之君，不足於文，繁戰之君，不足於詐，君亦詐之而已。」文公把舅犯的話告訴了雍季，雍季說，詐偽之道，雖然可以一用，但不是長久之術。文公用舅犯之言，敗楚人於城濮。行賞時，雍季在上。左右諫曰：「城濮之功，咎犯（舅犯）之謀也。君用其言而後其身，或者不可乎！」文公曰：「雍季之言，百代之利也；咎犯之言，一時之務也。焉有以一時之務，先百代之利乎？」晉文，晉文公重耳，春秋時晉國國君。晉獻公殺太子申生，重耳奔狄，流亡十九年，後藉秦穆公之力還晉執政，年已六十二。用狐偃、趙衰、先軫諸賢，誅王子帶，納周襄王，救宋破楚，取得城濮之戰勝利，繼齊桓公為五霸之一。在位九年，死後謚文公。舅犯，名狐偃，字子犯，晉文公重耳之舅父，故稱舅犯。隨重耳流亡十九年，後助重耳回國即位，任上軍之佐，又以「尊王」相號召，平周內亂。在城濮之戰中，率軍戰勝楚，並與齊、宋盟，使晉成為霸主。雍季，晉大臣。㉕高祖用陳平之智句　《史記‧高祖本紀》載劉邦臨終交代後事時說：「陳平智有餘，然難以獨任。周勃厚重少文，然安劉氏者必勃也，可令為太尉。」高祖，即漢高祖劉邦。陳平，漢高祖重要謀臣，曾「六出奇計」，佐劉邦得天下。周勃，西漢初大臣，為人敦厚，不好文學，隨劉邦征戰，有功，賜絳侯，屢戰屢勝，升為太尉。㉖確然　堅定、剛強的樣子。㉗行　代理。㉘省　察看；檢查。㉙竟　終。㉚尚方令坐猥見考竟　意謂尚方令因犯了製造器物混入了雜質的罪而被拷打至死。尚方令，官名。職掌皇宮所用各種器物的製造。坐，犯。猥，雜。見，被。考竟，拷問而死。㉛大　同「太」。㉜手詔嘉納　皇帝親手寫詔書嘉獎並採納。㉝縣車　縣，通「懸」。把車子懸起不再用。謂古人至七十，因年老，有辭官家居的規定。㉞遜位　讓位。㉟青龍　魏明帝曹叡年號，西元二三三—二三七年。㊱疏巾　粗布作的頭巾。㊲時服　當時季節所穿的衣服。㊳體履至實　是說徐宣做過的事情，走過的路都是實實在在。體，行。《荀子‧修身》：「篤志而體，君子也。」履，實踐；施行。《禮記‧表記》：「處其位而不履其事，則亂也。」㊴直內方外　內心正直而外有稜角。㊵公亮　公正坦誠。㊶柱石　支梁的柱子和承柱的基石。比喻擔負國家重任的大臣。㊷台輔　宰相。因其位列三臺。漢因秦制，設置尚書為中臺、御史為憲臺、謁者為外臺，職居宰輔，故稱。㊸永　長。

【語　譯】徐宣，字寶堅，廣陵郡海西縣人。曾到江東避亂，又辭去孫策的任命，回到本郡。與陳矯一起擔任郡功曹，二人名望相當而個人愛好不同，但都被太守陳登所器重，與陳登一起心向太祖。海西、淮浦二縣百姓作亂，都尉衛彌、海西縣令梁習夜間逃到徐宣家，徐宣把他們暗中送走而免遭殺害。太祖派遣督軍扈質來討伐賊兵，扈質因兵少而不敢舉兵前進。徐宣暗中去見扈質，責備他，向他講明形勢，扈質才進兵擊潰賊兵。太祖徵召徐宣為司空掾屬，擔任東緡、發干縣令，遷升為齊郡太守。入朝為司空府門下督，隨從太祖到達壽春。恰逢馬超作亂，大軍西征馬超，太祖召見官員僚屬說：「現在應當遠征，但這個地方尚未平定，是我們的後顧之憂，應該選一位清正為公、具有大德的人統軍鎮守這裏。」於是任命徐宣為左護軍，留下來統率各軍。太祖返回，徐宣任丞相府東曹掾，外調擔任魏郡太守。太祖在洛陽逝世，羣臣進入殿中舉行哀悼。有人說應該撤換各城守將，任用譙縣、沛縣人。徐宣厲聲說：「現在遠近一體，人人都懷有報效魏王的忠節，為什麼一定要用譙縣、沛縣人，而使宿衛將士寒心。」文帝聽到後說：「這就是所說的社稷之臣啊。」文帝登上帝位後，徐宣任御史中丞，賜給關內侯的爵位，調任城門校尉，一個月後升任司隸校尉，轉任散騎常侍。隨從文帝到達廣陵，天子六軍乘船進發，風浪突起，文帝所乘之船被風浪掀得顛簸旋轉，徐宣怨自己落在後面，於是頂風破浪向前，羣臣沒有人比他先趕到。文帝讚賞他的勇氣，升任尚書。

2 明帝即帝位，封徐宣為津陽亭侯，食邑二百戶。中領軍桓範推薦徐宣說：「聽說帝王用人，是根據社會需要任用人才。在爭奪天下的時候，把有無謀略放在前面；國家安定之後，就以忠誠仁義為首要標準了。所以，晉文公採用舅犯的計謀卻賞識雍季的見解，漢高祖用陳平的智謀卻將後事託付給周勃。臣私下認為尚書徐宣，秉持忠厚的品行，正直的性格；清正高雅，出類拔萃，不拘泥於世俗；剛強堅定不能動搖，具有輔佐國家的大節；先後擔任過州、郡的職務，在任上都很稱職。現在尚書僕射出缺，徐宣代理掌管留守事務；僕射為心腹近臣，責任重大，沒有人比徐宣更合適的了。」明帝於是任命徐宣為左僕射，後來加官侍中、光祿大夫。明帝車駕臨幸許昌，徐宣總管留守政務。明帝返回後，尚書臺各曹的主事者呈上文書，明帝下詔說：「我查閱與僕射查閱有什麼區別？」最終沒有閱視文書。尚方令因製造器物時混入雜質被拷打致死，徐宣上疏陳述威嚴的刑罰太過頭，又諫言興建宮殿耗盡了民力。明帝都親手寫詔書嘉賞並表示採納。徐宣說：「七十歲有辭官家居的禮制，我今年已有六十八歲，可以離職而去了。」於是，以身體有病堅決要求離職。明帝最終沒有答應。青龍四年逝世，遺囑家人穿戴布衣粗巾，收殮屍體時用當時季節穿的衣服。明帝下詔說：「徐宣一生身體力行極為實際，內心正直而舉止方正，歷仕三朝，公正嚴肅，具有託付遺孤、寄託性命的大節，真可謂國家柱石之臣，我常想讓他當丞相，沒來得及任用他，可惜他壽命不長！追贈他為車騎將軍，用公爵的禮儀安葬。」謚號為貞侯。兒子徐欽為繼承人。

1 衛臻，字公振，陳留襄邑❶人也。父茲❷，有大節，不應三公之辟❸。太祖之初至陳留，茲曰：「平天下者，必此人也。」太祖亦異之，數詣茲議大事。從討董卓❹，戰于滎陽❺而卒。太祖每涉郡境，輒遣使祠焉。夏侯惇❻為陳留太守，舉臻計吏❼，命婦出宴，臻以為「末世之俗，非禮之正」。惇怒，執臻，既而赦之。後為漢黃門侍郎❽。東郡朱越謀反❾，引❿臻。太祖令曰：「孤⓫與卿君⓬同共舉事，加欽令問⓭。始聞越言，固自不信。及得荀令君⓮書，具亮忠誠。」會奉詔命，聘貴人于魏⓯，因表留臻參丞相軍事⓰。追錄臻父舊勳，賜爵關內侯，轉為戶曹掾⓱。文帝即王位，為散騎常侍。及踐阼，封安國亭侯。時羣臣並頌魏德，多抑損前朝。臻獨明禪授之義⓲，稱揚漢美⓳。帝數目臻曰：「天下之珍，當與山陽⓴共之。」遷尚書，轉侍中吏部尚書㉑。帝幸廣陵，行中領軍，從。征東大將軍曹休表得降賊辭，「孫權已在濡須口㉒」。臻曰：「權恃長江，未敢抗衡，此必畏怖偽辭㉓耳。」考核降者，果守將詐所作也。

2 明帝即位，進封康鄉侯，後轉為右僕射，典選舉，如前加侍中。中護軍蔣濟㉔遺臻書曰：「漢祖遇亡虜為上將㉕，周武拔漁父為太師㉖，布衣廝養㉗，可登王公，何必守文㉘，試而後用？」臻答曰：「古人遺智慧而任度量，須考績㉙而加黜陟㉚；

今子同牧野於成、康[31]，喻斷虵於文、景[32]，好不經之舉[33]，開拔奇之津[34]，將使天下馳騁[35]而起矣。」諸葛亮寇天水[36]，臻奏：「宜遣奇兵入散關[37]，絕其糧道。」乃以臻為征蜀將軍[38]，假節督諸軍事[39]，到長安[40]，亮退。還，復職，加光祿大夫。

是時，帝方隆意於殿舍，臻數切諫。及殿中監擅收蘭臺令史[41]，臻奏案[42]之。詔曰：「殿舍不成，吾所留心，卿推之何？」臻上疏曰：「古制侵官之法[43]，非惡其勤事也，誠以所益者小，所墮者大也。臣每察校事[44]，類皆如此，懼群司[45]將遂越職[46]，以至陵遲[47]矣。」亮又出斜谷[48]；征南[49]上：「朱然[50]等軍已過荊城[51]。」臻曰：「然，吳之驍將[52]，必下從權，且為勢以綴[53]征南耳。」權果召然入居巢[54]，進攻合肥[55]。帝欲自東征，臻曰：「權外示應亮，內實觀望。且合肥城固，不足為慮。車駕可無親征，以省六軍之費。」帝到尋陽[56]而權竟退。

3 幽州刺史毌丘儉[57]上疏曰：「陛下即位已來，未有可書。吳、蜀恃險，未可卒平，聊可以此方無用之士克定遼東[58]。」臻曰：「儉所陳皆戰國細術[59]，非王者之事也。吳頻歲稱兵，寇亂邊境，而猶案甲養士，未果尋[60]致討者，誠以百姓疲勞故也。且淵[61]生長海表[62]，相承三世[63]，外撫戎夷[64]，內修戰射，而儉欲以偏軍[65]長驅，朝至夕卷，知其妄矣。」儉行軍遂不利。

4　臻遷為司空，徙司徒。正始中，進爵長垣侯，邑千戶，封一子列侯[66]。初，太祖久不立太子，而方奇貴臨菑侯[67]。丁儀等為之羽翼，勸臻自結，臻以大義拒之。及文帝即位，東海王霖[68]有寵，帝問臻：「平原侯[69]何如？」臻稱明德美而終不言。曹爽[70]輔政，使夏侯玄[71]宣指[72]，欲引臻入守[73]尚書令，及為弟求婚，皆不許。固乞遜位。詔曰：「昔干木偃息，義壓彊秦[74]；留侯頤神，不忘楚事[75]。讜言嘉謀[76]，望不吝焉。」賜宅一區，位特進[77]，秩[78]如三司。薨，追贈太尉[79]，謚曰敬侯。子烈嗣，咸熙中為光祿勳。

【章　旨】以上是〈衛臻傳〉。傳中先寫衛臻在曹操、曹丕時期的經歷。通過指責夏侯惇「非禮」、文帝即位後「稱揚漢美」、不相信吳國降卒的詐辭，表現了衛臻剛正不阿，敢於犯顏直言和獨立不羣的品格。之後又敘述了衛臻在明帝時期的仕歷。其中著重記載了四件事：一是典選舉時與蔣濟關於考績問題的討論；二是對殿中監越職侵官的處理；三是蜀吳出兵對吳軍形勢的分析；四是分析幽州刺史毌丘儉的對遼策略。本傳最後寫臻在太祖奇貴臨菑侯、文帝寵東海王霖、曹爽輔政而有意結納等問題上，態度謹慎，立場中正，表現出衛臻的凜然公正，具有遠見。

【注　釋】❶陳留襄邑　陳留郡襄邑縣。陳留，治所在今河南開封東南。襄邑，治所在今河南睢縣。❷茲　字子許。初為車騎將軍何苗所辟。董卓作亂，漢室傾蕩，曹操到陳留，始與茲相見，結為同盟。後聚集兵卒三千人，從曹操入滎陽，力戰終日，失利，身歿。裴松之注引《先賢行狀》載其事。❸辟　徵聘。❹董卓　字仲穎，隴西臨洮（今甘肅岷縣）人，剛猛有謀，廣交豪帥。東漢桓帝末從中郎將張奐為軍司馬，以後歷任并州刺史、河東太守、并州牧。昭寧元年（西元一八九年），率兵進入洛陽，廢少帝，立獻帝，專擅朝政，遭到關東諸侯反對。後遷獻帝至長安，不久被呂布所殺。詳見《後漢書・董卓列傳》、本書卷六〈董卓傳〉。❺滎陽　縣名。治所在今河南滎陽。❻夏侯惇　字元讓，夏侯嬰之後，性情兇烈。追隨曹操四方征戰，歷任折衝校尉、陳留太守、河南尹、伏波將軍、前將軍。曹丕繼王位，拜為大將軍，數月卒。詳本書卷九〈夏侯惇傳〉。❼計吏　郡國到京師上計簿（戶籍簿冊等）的官吏。❽黃門侍郎　官名。東漢置，六百石，無定員，掌侍從左右，給事中，關通中外。❾朱越謀反　朱越，東漢末曹操屬部，建安中曾謀反曹操。❿引　牽連。⓫孤　古代王侯自稱。⓬卿君　卿的父親，指臻之父衛茲。⓭加欽令問　加上又欽佩你的美名。令問，美名。⓮荀令君　荀彧。荀彧在漢末為尚書令，故稱。詳本書卷十〈荀彧傳〉。⓯聘貴人于魏　東漢建安十八年（西元二一三年），漢獻帝聘曹操三女為貴人。貴人，妃嬪名。東漢光武帝時始置，位次皇后。⓰參丞相軍事　官名。即參軍。參與丞相府軍事謀劃，為重要幕僚。⓱戶曹掾　丞相府屬官，主民戶、祠祀、農桑。⓲禪授之義　指漢獻帝禪位於曹丕的意義。⓳漢美　漢朝的美德。⓴山陽　山陽公，指漢獻帝。獻帝禪位後，魏奉獻帝為山陽公。㉑侍中吏部尚書　曹魏於東漢建安十八年初置五尚書，主吏部者稱吏部尚書，位居諸尚書之首，主選舉。侍中乃為加官。㉒濡須口　堡塢名。東漢建安十七年（西元二一二年）孫權令築以據曹。因當古濡須水入長江口，故名。亦稱濡須城、濡須塢。又因其形似偃月，又名偃月塢、偃月城。㉓畏怖偽辭　畏懼、恐怖而製造的謠言。㉔蔣濟　字子通，楚國平阿（今安徽懷遠西南）人。曾為丹陽太守，為曹操謀士。曹丕稱帝，為東中郎將、散騎常侍。明帝時遷中護軍。齊王芳時徙領軍將軍，遷太尉。從司馬懿誅曹爽。詳本書卷十四〈蔣濟傳〉。㉕漢祖遇亡虜為上將　指漢高祖劉邦封韓信為大將軍之事。《史記・淮陰侯列傳》云：韓信先在項羽部下任郎中，「數以策干項羽，羽不用」，乃逃離楚軍而投奔劉邦，故稱「亡虜」。㉖周武拔漁父為太師　指周文王選拔姜子牙為太師事。周武，應為「周文」之誤。漁父，姜子牙曾垂釣於渭濱，故稱。太師，西周始置，為國君輔佐之官。㉗布衣廝養　指普通百姓和奴僕下人。古代平民至老方可穿絲織衣服，此前只能穿細麻布衣，故曰布衣。廝養，給人砍柴養馬為廝，燒火煮飯名養。即奴僕。㉘文　已有成文的法度。㉙考績　考核官吏之成績。㉚黜陟　指官吏的進升和退降。㉛同牧野於成康　謂將成康的承平之世與武王牧野伐紂的戰爭年代等同。牧野，地名。在今河南淇縣西南。周武王與各路諸侯會師，渡孟津，大敗殷紂王於此。成康，即周成王、周康王，史稱當時國泰民安，為承平之世。㉜喻斷虵於文景　謂把漢文景之治的盛世比喻為漢高祖斬蛇起義的歲月。斷虵，指漢高祖劉邦斬蛇起義。《史記・高祖本紀》：劉邦醉行澤中，前有大蛇擋道，乃拔劍斬之。文景，西漢文帝與景帝，史稱文景之治，當時社會安定，經濟發展。㉝不經之舉　荒誕沒有道理的行為。㉞拔奇之津　超乎常規的途徑。津，本指渡口，這裏引申為途徑。原作「律」，今從宋本。㉟馳騁　奔競；趨赴。㊱諸葛亮寇天水　諸葛亮進兵河西走廊，天水等三郡吏民叛魏應亮即此。天水，郡名。治所在今甘肅甘谷東。㊲散關　即大散關。在今陝西寶雞西南大散嶺上。為川、陝交通要道，是魏、蜀兵爭重地。㊳征蜀將軍　官名。曹魏置，三品。㊴假節督諸軍事　官名。魏置，為一方之軍事統帥。㊵長安　都名。治所在今陝西西安西北。㊶殿中監擅收句　殿中監，盧弼《集解》引胡三省曰：「此殿中監以其時營造宮室，使監作殿中耳。」蘭臺令史，官名。掌書奏，屬御史臺。漢時御史臺又稱蘭臺。㊷案　查辦。㊸侵官之法　古代百官各司其職，不相踰越。越職侵犯他官職權，為侵官，違犯了法令。㊹校事　官名。曹操初置，至嘉平中罷。職充皇帝耳目，刺探臣民言行，上察宗廟，下攝眾官。㊺羣司　各官署。㊻越職　超越自己的職權範圍。㊼陵遲　衰敗。㊽斜谷　此事發生在魏青龍二年（西元二三四年），即蜀漢建興十二年，諸葛亮伐魏，兵出於此。之後，魏蜀於此往來交鋒，亦稱斜谷道。斜谷，位於今陝西眉縣西南之終南山。南口叫褒，北口叫斜。班固〈西都賦〉：「右界褒斜，隴首之險。」為古陝、蜀險要通道。㊾征南　即征南將軍。領兵屯新野，統荊豫二州刺史。㊿朱然　字義封，丹陽故鄣（今浙江安吉西北）人，孫吳將領。擒關羽有功，遷昭武將軍。代呂蒙鎮江陵，與陸遜破劉備，拒曹魏將領夏侯尚，出師皆有功。詳見本書卷五十六〈朱然傳〉。(51)荊城　地名。治所在今湖北荊門東南。(52)驍將　勇猛、驍悍之將。(53)綴　牽制。(54)居巢　縣名。治所在今安徽巢湖市東北。(55)合肥　淮南郡治所，今安徽合肥西北。(56)尋陽　縣名。治所在今湖北黃梅西南。(57)毌丘儉　字仲恭，河東聞喜（今山西聞喜）人。襲父爵，為平原侯文學。魏明帝時任尚書郎，遷羽林監。出為洛陽典農。青龍中，遷幽州刺史。後與文欽矯太后詔誣司馬師謀反，發兵討伐，兵敗被殺。詳見本書卷二十八〈毌丘儉傳〉。(58)遼東　郡名。治所在今遼寧遼陽。(59)細術　小計謀。(60)尋　盧弼《集解》引趙一清說：「尋字衍。」(61)淵　公孫淵。魏明帝太和二年（西元二二八年），淵割據遼東，拜遼東太守。淵南通孫權，權立淵為燕王。後明帝任淵為大司馬。景初元年（西元二三七年）叛魏，自立為燕王。二年，魏出兵遼東，淵敗，被魏軍斬殺。事見本書卷八公孫度附傳。(62)海表　海外。(63)相承三世　子孫相承，已經三代。指公孫度、公孫康、公孫淵子孫三代。(64)戎夷　對北方少數民族的貶稱。(65)偏軍　主力軍之外的軍隊，為全軍之一支。(66)列侯　爵位名。其地位高於關內侯，功大者食縣邑，小者食鄉、亭。(67)臨菑侯　指曹植。(68)東海王霖　東海，王國名。治所在今山東郯城西北。霖，東海王曹霖，文帝子，詳本書卷二十〈東海定王傳〉。(69)平原侯　指曹植。植東漢建安十六年（西元二一一年）封平原侯，十九年徙封臨菑侯。(70)曹爽　曹真嗣子，字昭伯。明帝臨終，引爽入臥內，拜大將軍、假節鉞，都督中外諸軍事，錄尚書事，與太尉司馬懿並受遺詔輔少主。詳本書卷九〈曹爽傳〉。(71)夏侯玄　字太初，沛國譙（今安徽亳州）人，夏侯尚之子。曹爽執政時歷任散騎常侍、征西將軍等軍政要職，曹爽被司馬懿誅殺後，與李豐等謀殺司馬懿代之，事敗後被斬於東市。詳見本書卷九夏侯尚附傳。[72]指 同「旨」。意旨。[73]守 試任。[74]干木偃息二句 干木，段干木，戰國時魏人。偃息，安臥，指隱居。段干木隱居窮巷，不肯出仕。魏文侯很敬重他。《呂氏春秋・期賢》載，秦國準備進攻魏國，司馬康勸阻秦君說：「段干木賢者，而魏禮之，天下皆聞，無乃不可乎？」秦君認為他說得對，於是按兵不敢進攻魏國。[75]留侯頤神二句 漢十一年，黥布謀反，劉邦領兵征討。時張良患病，不能從征。臨發，張良說：「楚人剽疾，願上無與楚人爭鋒。」事見《史記・留侯世家》。留侯，即張良。漢高祖主要謀臣。頤神，保養精神。[76]讜言嘉謀 正直的言論，高超的計謀。[77]特進 官位名。屬於加官。凡功德高，朝廷特別敬重者，賜位特進。其祿不變，只表示班位。[78]秩 等級。
[79]太尉 三公之一。為中央政府最高武官，但不參朝政。

【語譯】衛臻，字公振，陳留郡襄邑縣人。父親衛茲，具有高尚節操，不接受朝廷三公的徵聘。太祖剛到陳留郡時，衛茲說：「平定天下的，一定是這個人。」太祖也認為他不同於一般人，多次前往衛茲那裏商議大事。衛茲隨從太祖討伐董卓，在滎陽戰死。太祖後來每次路過陳留郡境，總是派人祭祀衛茲。夏侯惇擔任陳留太守，薦舉衛臻任計吏，命妻子出席宴會。衛臻認為這是「衰微末世的風氣，不是正規的禮儀」。夏侯惇大怒，把衛臻抓起來，不久又赦免了他。衛臻後來擔任漢朝的黃門侍郎。東郡朱越謀反，牽連衛臻。太祖下令說：「我與你父親共同起事，加上又欽佩你美好的名聲。開始聽到朱越的話，我本就不相信。等收到荀令君的書信，就全都明白了你的忠誠。」這時正好衛臻奉漢獻帝詔命，到魏聘娶貴人，太祖藉機上表留衛臻任丞相府軍事參謀。追錄衛臻父親過去的功勳，賜給衛臻關內侯的爵位，轉任戶曹掾。文帝即魏王位後，衛臻為散騎常侍。到文帝登上皇位，封衛臻為安國亭侯。當時羣臣都讚頌魏朝的功德，對前朝多有貶抑。唯獨衛臻闡明漢帝禪讓的道理，頌揚漢朝的美德。文帝幾次看著衛臻說：「天下的珍寶，我當與山陽公共享。」衛臻升任尚書，轉任侍中、吏部尚書。文帝駕臨廣陵，衛臻代理中領軍，隨從文帝。征東大將軍曹休上表說他得到投降賊兵的供詞，「孫權已經在濡須口」。衛臻說：「孫權依恃長江，不敢抗衡，這一定是因恐懼而散布的假話。」經拷問降卒核實，果然是吳軍守將為欺詐而編造出來的。

2 明帝即帝位，衛臻進封為康鄉侯，後來轉任尚書右僕射，負責選舉，如同以前一樣加領侍中。中護軍蔣濟寫信給衛臻說：「漢高祖任用逃犯為上將，周武王提拔漁夫做太師，平民奴僕，可以升任王公，為什麼一定要墨守成規，經過考試之後才錄用？」衛臻回答說：「古人不採用智慧而採取考核的方法，需要考核官吏政績以後再決定進退升降。現在你把周武王在牧野大戰的時代與成、康承平之世等同起來，把漢高祖斬蛇起義的時代與文、景太平盛世相比，喜歡荒誕不經的行為，開啟舉拔奇才的途徑，將使天下奔競的惡習從此開始了。」諸葛亮進犯天水，衛臻上奏：「應該派遣奇兵進入大散關，截斷他們的糧道。」於是朝廷讓衛臻擔任征蜀將軍，假節，督統各軍軍務。衛臻到達長安，諸葛亮退兵。衛臻返回朝廷，恢復原職，加官光祿大夫。這時，明帝正對營建殿舍興趣濃厚。衛臻多次言辭激切的進行規勸。等到殿中監擅自逮捕了蘭臺令史後，衛臻上奏要求查辦。明帝下詔說：「殿舍沒有建成，是我最關心的，你追究殿中監做什麼呢？」衛臻上疏說：「古代制訂了禁止官府互相侵犯權力的法令，並不是厭惡他們勤奮工作，實在是因為這樣做益處很小，而帶來的損害很大。臣每每觀察校事官，行事大都與此相同。我擔心各官署將更加超出職權範圍，以致使整個制度衰敗。」諸葛亮又出兵斜谷，征南將軍上奏說：「朱然等人的軍隊已經越過荊城。」衛臻說：「朱然，是吳國的一員猛將，一定會去跟隨孫權，暫且做出架勢來牽制征南將軍罷了。」孫權果然調朱然到居巢，進攻合肥。明帝打算親自東征，衛臻說：「孫權表面上與諸葛亮呼應，實際上內心抱著觀望態度。況且合肥城池堅固，不值得憂慮。陛下可不必親征，以節省朝廷軍費。」明帝到達尋陽而孫權終於退兵了。

3 幽州刺史毌丘儉上疏說：「陛下即位以來，沒有什麼功業可以記載。吳、蜀兩國依恃天險，不可能一下平定，姑且可以使這裏閒置的軍隊去平定遼東。」衛臻說：「毌丘儉所說的都是戰國時代的小計謀，不是成就王業的人所應該做的事情。吳國連年用兵，為寇侵擾邊境，而我們還按兵不動，休養士卒，沒有果斷的立刻討伐，實在是因為百姓疲勞的緣故。並且公孫淵生長在海邊，已相傳三代，他對外安撫戎夷，對內操練習射，而毌丘儉想用一部分軍隊長驅直進，早晨到達，晚上平定，可以斷定這是狂妄的。」毌丘儉進軍果真失利。

4 衛臻升任司空，轉任司徒。正始年間，進升爵位為長垣縣侯，食邑千戶，封一個兒子為列侯。當初，太祖久久不確立太子，而正寵愛臨菑侯曹植。丁儀等人做為曹植的黨羽，勸衛臻結交曹植，衛臻以大義拒絕了他們。等到文帝即位後，東海王曹霖受到文帝寵愛，文帝問衛臻：「他與平原侯曹植相比怎麼樣？」衛臻稱讚曹霖品德優秀而始終不說可以立為太子。曹爽輔佐朝政，派夏侯玄傳達他的意思，打算推薦衛臻試任尚書令，並為他弟弟求婚，衛臻都沒有答應。衛臻堅決要求退休讓位。皇帝下詔說：「從前段干木偃臥家中，他的正義行為壓服強秦；留侯張良在家養病，不忘與楚軍交戰之事。正直的言論和美好的計謀，希望你不吝獻出。」賜給衛臻住宅一棟，賜位特進，俸祿仍同三司。衛臻逝世，追贈太尉，諡號為敬侯。他的兒子衛烈繼承爵位，咸熙年間擔任光祿勳。

1 盧毓，字子家，涿郡❶涿人也。父植，有名於世❷。毓十歲而孤❸，遇本州亂，二兄死難。當袁紹、公孫瓚交兵❹，幽冀❺饑荒，養寡嫂孤兄子，以學行見稱。文帝為五官將❻，召毓署門下賊曹❼。崔琰❽舉為冀州主簿❾。時天下草創❿，多逋逃⓫，故重士亡法⓬，罪及妻子。亡士妻白等，始適⓭夫家數日，未與夫相見，大理奏棄市⓮。毓駁之曰：「夫女子之情，以接見而恩生，成婦而義重。故詩云『未見君子，我心傷悲；亦既見止，我心則夷』⓯。又禮『未廟見之婦而死，歸葬女氏之黨，以未成婦也』⓰。今白等生有未見之悲，死有非婦之痛，而吏議欲肆之大辟⓱，則若同牢合巹⓲之後，罪何所加？且記曰『附從輕⓳』，言附人之罪，以輕者為比也。又書云『與其殺不辜，寧失不經』⓴，恐過重也。苟以白等皆受禮聘，已入門庭，刑之為可，殺之為重。」太祖曰：「毓執之是也。」又引經典有意，使孤歎息。」由是為丞相法曹議令史[21]，轉西曹議令史[22]。

2 魏國既建，為吏部郎[23]。文帝踐阼，徙黃門侍郎，出為濟陰相[24]，梁、譙[25]二郡太守。帝以譙舊鄉[26]，故大徙民充之，以為屯田[27]。而譙土地墝瘠[28]，百姓窮困，毓愍[29]之，上表徙民於梁國[30]就沃衍[31]，失帝意。雖聽毓所表，心猶恨之，遂左遷[32]毓，使將[33]徙民為睢陽典農校尉[34]。毓心在利民，躬自臨視，擇居美田，百姓賴之。遷安平[35]、廣平[36]太守，所在有惠化。

3 青龍[37]二年，入為侍中。先是，散騎常侍劉劭[38]受詔定律，未就。毓上論古今科律之意，以為法宜一正[39]，不宜有兩端，使姦吏得容情。及侍中高堂隆[40]數以宮室事切諫，帝不悅，毓進曰：「臣聞君明則臣直，古之聖王恐不聞其過，故有敢諫之鼓[41]。近臣盡規，此乃臣等所以不及隆。隆諸生，名為狂直[42]，陛下宜容之。」在職三年，多所駁爭。詔曰：「官人秩才[43]，聖帝所難，必須良佐，進可替否[44]。侍中毓稟性貞固，心平體正，可謂明試有功，不懈於位者也。其以毓為吏部尚書。」使毓自選代，曰：「得如卿者乃可。」毓舉常侍鄭沖[45]，帝曰：「文和，吾自知之，更舉吾所未聞者。」乃舉阮武[46]、孫邕[47]，帝於是用邕。

4 前此諸葛誕、鄧颺[48]等馳名譽，有四聰八達[49]之誚[50]，帝疾之。時舉中書郎[51]，詔曰：「得其人與否，在盧生耳。選舉莫取有名，名如畫地作餅，不可啖[52]也。」毓對曰：「名不足以致異人，而可以得常士。常士畏教慕善[53]，然後有名，非所當疾也。愚臣既不足以識異人，又主者正以循名案常為職，但當有以驗其後。故古者敷奏以言，明試以功[54]。今考績之法廢，而以毀譽相進退，故真偽渾雜，虛實相蒙。」帝納其言，即詔作考課法[55]。會司徒缺，毓舉處士管寧[56]，帝不能用。更問其次，毓對曰：「敦篤至行，則太中大夫韓暨[57]；亮直清方，則司隸校尉崔林[58]；貞固純粹，則太常常林[59]。」帝乃用暨。毓於人及選舉，先舉性行，而後言才。黃門李豐[60]嘗以問毓，毓曰：「才所以為善也，故大才成大善，小才成小善。今稱之有才而不能為善，是才不中器[61]也。」豐等服其言。

5 齊王[62]即位，賜爵關內侯。時曹爽秉權，將樹其黨，徙毓僕射，以侍中何晏[63]代毓。頃之，出毓為廷尉，司隸畢軌[64]又枉奏免官。眾論多訟[65]之，乃以毓為光祿勳。爽等見收[66]，太傅司馬宣王使毓行[67]司隸校尉，治其獄。復為吏部尚書，加奉車都尉[68]，封高樂亭侯，轉為僕射，故典選舉，加光祿大夫。高貴鄉公即位，進封大梁鄉侯。封一子亭侯[69]。毌丘儉作亂，大將軍司馬景王出征，毓綱紀[70]後事，加侍中。正元[71]三年，疾病，遜位。遷為司空[72]，固推驃騎將軍王昶[73]、光祿大夫王觀[74]、司隸校尉王祥[75]。詔使使者即授印綬[76]，進爵封容城侯[77]，邑二千三百戶。甘露[78]二年薨，謚曰成侯。孫藩嗣。毓子欽、珽[79]，咸熙中欽為尚書，珽泰山太守。

【章　旨】以上是〈盧毓傳〉。傳中記述了他在漢末及文帝時期，不顧個人得失，愛民惠民。青龍間，毓任侍中，為直臣高堂隆進行辯護。在職三年，多所駁爭。又直率表達選士、考績的見解，為明帝採納，下詔作考課法。本傳最後簡述了盧毓在齊王芳時期的仕歷及其後嗣。

【注　釋】❶涿郡　治所在今河北涿州。❷父植二句　據裴松之注引《續漢書》，植字子幹。少事馬融，與鄭玄同門相友。建寧中，徵博士，出補九江太守，以病去官。作《尚書章句》、《禮記解詁》。稍遷侍中、尚書。董卓議欲廢帝，眾莫敢對，植獨正言。植以老病去位，隱居上谷軍都山，初平三年（西元一九二年）卒。植有四子，毓最小。❸孤　幼年喪父。❹袁紹公孫瓚交兵　公孫瓚與冀州袁紹連年混戰，東漢建安十四年（西元二〇九年）為袁紹所敗，自焚死。詳本書卷八〈公孫瓚傳〉。袁紹，見前注。公孫瓚，字伯珪，漢末擊鮮卑有功，升涿令遷騎都尉、中郎將，封都亭侯。後征討青、徐黃巾軍起家，割據幽州。❺幽冀　即幽州、冀州。《爾雅・釋地》：「燕曰幽州」。即今北京市、天津市大部、河北北部、及遼寧一帶。東漢幽州治所在今北京市大興，三國魏同。東漢冀州治所在今河北臨漳西南。時公孫瓚割幽州，袁紹據冀州。❻五官將　即五官中郎將。與左、右中郎將皆職掌皇帝侍衛。❼門下賊曹　官名。漢制，郡守掾吏分曹治事，有賊曹，主盜賊事。因郡府諸曹，均可冠以「門下」二字，故稱「門下賊曹」。開府將軍亦置門下賊曹，盧毓即是。❽崔琰　字季珪，清河東武城（今山東武城東北）人。曹操辟為別駕從事。操征并州，令琰留鄴城傅曹丕。魏國初建，拜尚書，遷中尉。曹操為魏王，認為琰與人書中意指不遜，賜琰死。事見本書卷十二〈崔琰傳〉。❾主簿　官名。管州府文書簿籍及府內事務。❿草創　事情剛開始，尚未就緒。⓫逋逃　逃亡。⓬亡法　懲處逃跑者之法。⓭適　女子出嫁。⓮大理奏棄市　大理，官名。掌司法，為九卿之一。古稱法官為理，或李。棄市，斬於鬧市，拋屍街頭。⑮詩云四句　見《詩經・召南・草蟲》。君子，指女子丈夫。止，語助詞。則夷，則平靜。⑯又禮三句　見《禮記・曾子問》。廟見，古代女子出嫁至夫家如公婆已死，則應於三月後在宗廟參見，並擇吉日祭祀。歸葬女氏之黨，歸葬於女氏（娘家）的親族中。⑰大辟　死刑。⑱同牢合巹　為古代婚禮中新婚夫婦的儀式。同牢，為新婚夫婦同食的儀式。合巹，《禮記・昏義》：「合巹而酳。」孔穎達疏：「以一匏，分為二瓢謂之巹，婿之與婦各執一片以酳（用酒漱口）。」⑲附從輕　《禮記・王制》：「附從輕，赦從重。」附，施刑。⑳又書云二句　《尚書・大禹謨》：「與其殺不辜，寧失不經。好生之德，洽於民心。」不辜，無辜。不經，不按照成規成法。㉑丞相法曹議令史　官名。曹操任漢丞相時置。主管郵驛科程。㉒西曹議令史　官名。曹操任漢丞相時置，主管府吏署用。㉓吏部郎　官名。東漢分尚書為六曹，一尚書領郎六人。吏部曹尚書領吏部郎。凡郎，初稱尚書郎，滿一年稱郎中，滿三年稱侍郎。吏部郎主文書起草。㉔濟陰相　濟陰國相。濟陰，王國名。治所在今山東定陶西北。相，官名。諸侯王國各置相一人，由中央政府派遣。王國相，職如太守；侯國相，職如縣令。㉕梁譙　梁郡、譙郡。㉖譙舊鄉　譙為曹操的故鄉。曹氏為譙郡人。㉗屯田　聚屯民眾以開墾荒地。㉘墝瘠　土壤堅硬貧瘠。墝，同「磽」。㉙愍　哀憐。㉚梁國　即梁郡。曹魏太和六年（西元二三二年）改梁國為郡。㉛沃衍　土地平坦肥美。㉜左遷　降職。㉝將　帶領。㉞典農校尉　官名。郡縣有屯田者，設典農校尉以負責。㉟安平　郡名。治所在今河北冀州。㊱廣平　郡名。治所在今河北曲周西南。㊲青龍　魏明帝曹叡年號，西元二三三—二三七年。㊳劉劭　字孔才，廣平邯鄲（今河北邯鄲）人。東漢獻帝時為祕書郎。魏黃初間官尚書郎、散騎侍郎，受詔集五經羣書，作《皇覽》。明帝時，與議郎庾嶷、荀詵等定科令，作《新律》十八篇，又撰《律略論》，遷散騎常侍。景初間，受詔作《都官考課》，又撰《說略》一篇、《樂論》十四篇。詳前卷〈劉劭傳〉及注。㊴一正　統一、正當。㊵高堂隆　字升平。明帝青龍中大治宮舍，高堂隆曾上疏切諫。詳本書卷二十五〈高堂隆傳〉。㊶敢諫之鼓　古代聖王堯、禹皆設諫鼓以求直言。《管子・桓公問》：「舜有告善之旌，而主不蔽也；禹立諫鼓於朝，而備訊唉。」《藝文類聚》卷十九孫楚〈反金人銘〉：「堯懸諫鼓，舜立謗木。」㊷狂直　不拘細節，性格直爽。㊸官人秩才　授官職與人，應按才能的高低來作為標準。㊹進可替否　任用可以稱職的，代替不能勝任的。㊺鄭沖　字文和，河南開封人。出身寒微，博究儒術。初為文帝文學，又遷尚書郎、陳留太守。累遷至光祿勳。後又拜三公。朝中定禮儀律令，皆先諮之。㊻阮武　字文業，陳留人。阮諶之子，闊達博通，官至清河太守。㊼孫邕　曾官陳留太守，光祿大夫，封關內侯。㊽鄧颺　字玄茂，鄧禹之後。少得士名於京師。明帝時為尚書郎，除洛陽令，坐事免。拜中郎，又入兼中書郎。正始初，出為潁川太守，轉大將軍長史，遷侍中尚書。《三國志》卷九裴注引《魏略》略載其行跡。㊾四

聽八達　《三國志》卷二十八裴松之注引《世語》曰：「是時，當世俊士散騎常侍夏侯玄、尚書諸葛誕、鄧颺之徒，共相題表，以玄、疇四人為四聰，誕，備八人為八達，中書監劉放子熙、孫資子密、吏部尚書衛臻子烈三人，咸不及比，以父居勢位，容之為三豫，凡十五人。」聽，原作「窗」。《三國志集解》云：「當作『聽』，見〈諸葛誕傳〉引《世語》。」㊿誚　諷嘲。51中書郎　即中書侍郎，主詔誥。52啖　吃。53畏教慕善　敬畏教令，傾慕善行。54故古者敷奏以言二句　《尚書・舜典》：「羣后四朝，敷奏以百，明試以功。」孔穎達疏：「諸侯四處來朝，每朝之處，舜各使陳進其治理之言，令自說己之治政。既得其言，乃依其言明試之，以要（求）其功。」敷奏，陳述奏進。55考課法　考核官吏政績的制度。西漢時京房奏考功課吏法，此為考課法之始。大體是按一定準則考察官吏的功過善惡，分別等差，以便升降賞罰。56處士管寧　處士，有才德而身不在位者。管寧，字幼安，北海朱虛（今山東臨朐）人。終生閉門讀書，不求仕進。魏國初建，徵太中大夫、光祿卿，皆辭不受。詳本書卷十一〈管寧傳〉。57韓暨　字公至，南陽堵陽（今河南方城）人。舉考廉，司空辟，皆不就。改易姓名，隱居避亂魯陽山中。山民結伙，欲行寇掠。暨散家財以供牛酒，請其首領，說明安危，山民終不為害。曹操平荊州，選為樂陵太守，徙監冶謁者。舊時冶鐵多用馬排和人排，暨提倡水排，利用水力鼓風，功效提高三倍。在職七年，器用充實。詳見本書卷二十四〈韓暨傳〉。58崔林　字德儒，清河東武城（今山東武城東北）人。曹操定冀州，召除鄔長，貧無車馬，單步之官。曹丕為帝，林拜尚書，出為幽州刺史。對北方胡人鎮之以靜，在官期間，胡人不南下侵掠。因為不事上司，左遷河間太守。明帝即位，轉光祿勳、司隸校尉，屬郡皆罷非法除過員吏。為政推誠，簡存大體。詳見本書卷二十四〈崔林傳〉。59常林　字伯槐，河內溫（今河南溫縣）人。被刺史梁習所薦，曹操任為南和長，治化有成，超遷博陵太守、幽州刺史。曹丕為五官將，林為功曹。出為平原太守、魏郡東部都尉，入為丞相東曹屬。文帝時，官少府，轉大司農。明帝即位，徙光祿勳、太常。時論認為林節操清峻。詳見本書卷二十三〈常林傳〉。60黃門李豐　黃門侍郎李豐。李豐，字安國。事見本書卷九〈夏侯玄傳〉及裴注引《魏略》中。61器　古代標誌名位、爵號的器物。即標準。62齊王　即齊王曹芳。詳本書卷四〈齊王紀〉。63何晏　玄學家，字平叔，幼為曹操收養。正始初曹爽輔政，以散騎常侍代盧毓遷侍中尚書。詳本書卷九〈何晏傳〉。64司隸畢軌　即司隸校尉畢軌，本書卷九裴松之注曰：畢軌，字昭先，以才能，少有名聲。明帝在東宮時，軌在文學中。黃初末，出為長史。明帝即位，入為黃門郎，遷并州刺史。正始中，入為中護軍，轉侍中尚書，遷司隸校尉。與曹爽善。後以附爽反逆罪，伏誅，夷三族。65訟　辯白冤屈。66見收　被捕入監。67行　代行。即代理。68奉車都尉　官名。盧弼《集解》引《百官志》：「奉車都尉，比二千石，掌御乘輿車。」69亭侯　此二字上原有「高」字，據《三國志集解》引潘眉說刪。70綱紀管理、經營。(71)正元　魏高貴鄉公曹髦年號，西元二五四—二五六年。(72)遷為司空　本書〈高貴鄉公紀〉：「甘露元年冬十月，以尚書左僕射盧毓為司空。」(73)王昶　字文舒，太原晉陽（今山西太原）人。文帝時任兗州刺史。齊王曹芳正始中，為徐州刺史，遷征南將軍。嘉平二年，為征南大將軍、儀同三司。以平息毌丘儉、文欽之亂有功，進位驃騎將軍。事見本書卷二十七〈王昶傳〉。(74)王觀　字偉臺，東郡廩丘（今山東鄄城）人。文帝時為尚書郎、廷尉監，出為南陽、涿郡太守。明帝時召為治書侍御史。高貴鄉公即位，加光祿大夫，轉右僕射。事見本書卷二十四〈王觀傳〉。(75)王祥　字休徵，琅琊臨沂（今山東費縣）人。性至孝，漢末大亂，與母、弟避地廬江，隱居三十餘年，不應州郡之命。母終，始出仕。魏高貴鄉公即位，封關內侯，拜光祿勳，轉司隸校尉。官至司空、太尉、侍中。晉武帝立國，拜太保，進爵為公。詳見《晉書・王祥傳》。(76)綬　繫印的絲帶。(77)容城侯　容城縣侯。容城，治所在今河北容城北。(78)甘露　魏高貴鄉公曹髦年號，西元二五六—二六〇年。(79)欽珽　據裴松之注引《世語》，欽字子若，珽字子笏。欽泰始中為尚書僕射，咸寧四年（西元二七八年）卒，追贈衛將軍、開府。又引虞預《晉書》，云珽及子皓、志并至尚書。

【語譯】盧毓，字子家，涿郡涿縣人。父親盧植，有名於天下。盧毓十歲時父親去世，又碰上本州戰亂，兩位兄長死於戰亂。當時袁紹與公孫瓚交戰，幽州和冀州發生饑荒，盧毓供養寡嫂和兄長遺孤，因學識和品行被人稱道。文帝為五官中郎將時，徵召盧毓主管門下賊曹。崔琰薦舉他為冀州主簿。當時國家正處於草創階段，很多人逃亡，所以加重懲處逃亡者的刑罰，逃亡罪要株連到妻室兒女。有一個逃亡士兵的妻子白氏等，剛嫁到丈夫家只有幾天，還沒有與丈夫見面，大理上奏要處死棄屍鬧市。盧毓駁斥這種判決說：「按女子常情，與丈夫見面接觸後才產生恩愛，成為夫婦後才情義深重。所以《詩經》上說『沒有見到那男子，我心中悲傷；見到之後，我的心就平靜了』。又《禮記》上說『尚未行廟見禮的婦人死了，要送回女方親族的墓地中安葬，因為還沒有成為妻子』。現在白氏等人活著有未見丈夫的悲哀，死後有未成妻子的痛苦，執法官員討論要判她們死刑，那麼，如果是已經與丈夫行過婚禮，成為正式夫妻，這樣的婦人又如何加罪呢？並且《禮記》上說『施刑從輕』，就是說懲治人的罪過，要依輕的刑罰判處。又《尚書》上說『與其殺了無辜的人，寧可失於不遵從法規』，這是擔心處罰過重。如果認為白氏等人都已接受聘禮，已入男方家門，處以刑罰是可以的，處死就未免太重了。」太祖說：「盧毓所持的意見是對的。又引經據典，很有見解，令我讚嘆。」因此任命盧毓為丞相府法曹議令史，轉任西曹議令史。

2 魏國建立後，盧毓擔任吏部郎。文帝登上皇位，改任黃門侍郎，外調出京擔任濟陰相、梁郡和譙郡太守。文帝因為譙郡是自己的故鄉，所以大量遷徙民眾充實那裏，讓他們屯住墾田。但譙郡土地貧瘠，百姓生活貧困。盧毓哀憐他們，上表要求把百姓遷移到梁國，居住在平坦肥沃的地方，違背了文帝的心意。文帝雖然聽從盧毓表章上的意見，但心中還是怨恨他，於是把盧毓降職，派他帶領移民到睢陽擔任典農校尉。盧毓一心為民眾謀利，親自巡視，選擇肥美的土地讓百姓居住，百姓很信賴他。升任安平、廣平太守，他居官所在，皆有恩惠教化。

3 青龍二年，盧毓入朝擔任侍中。在此之前，散騎常侍劉劭接受皇帝詔命制訂法律，沒有完成。盧毓上疏論述古今法律的意義，認為法律應該統一、正確，不應模稜兩可，使那些奸猾的官吏得以容納私情。等到侍中高堂隆屢次對明帝營建宮殿之事提出激烈的勸諫，明帝不高興，盧毓進言說：「臣聽說君王賢明，臣下就正直。古代聖明的君王擔心聽不到自己的過錯，所以設置讓人們敢於進諫的鼓。親近的臣子全都進諫，這正是我們這些人不如高堂隆之處。高堂隆是個儒生，以狂放直率著稱，陛下應該寬容他。」盧毓在職三年，屢次反駁爭論。皇帝下詔書說：「任命官吏、按才能評定品級，這是連聖明的君主都感到困難的事，必須要有好的輔佐大臣，推薦可用的人才，罷黜不能任用的人。侍中盧毓生性堅貞，心境公平，行為端正，可以說是公開檢驗具有成績，在自己的職位上從不懈怠的人。任命盧毓擔任吏部尚書。」明帝讓盧毓自己挑選接替他工作的人，說：「應像你這樣的人才行。」盧毓薦舉散騎常侍鄭沖，明帝說：「文和這個人，我自然了解，另薦舉我所不知道的人。」盧毓又薦舉了阮武、孫邕，明帝於是任用了孫邕。

4 在此之前諸葛誕、鄧颺等人競逐名譽，當時有所謂「四聰」、「八達」的譏嘲。明帝很討厭他們。當時要薦舉中書郎，明帝下詔說：「能不能得到適合的人，在於盧先生了。選拔人才不要取有名聲的人，名聲好像畫地作餅，是不能吃的。」盧毓回答說：「根據名聲選拔不能得到奇異的人才，但可以得到一般的人才。一般的人才敬畏教令，傾慕善行，然後便有了名聲，因此不應該加以鄙視。愚臣我既無能識別奇異人才，主管的工作又正是根據名聲考察平常情況為職責，只是應當在其任職後有辦法考察他是否真正合格。所以古代君主先讓臣下奏言自己的工作情況，然後以實際的政績來驗明。現在考核官吏工作政績的法規已經廢除，而根據人們的貶毀或稱譽來決定官吏的升降，所以真假混雜，虛實相互掩蓋。」明帝採納他的意見，立刻下詔制訂考察官吏的制度。適逢司徒出缺，盧毓薦舉處士管寧，明帝沒有任用。明帝又問另外還有誰可擔任，盧毓回答說：「忠誠厚道、品行高尚，則有太中大夫韓暨；坦率正直、清廉方正，則有司隸校尉崔林；堅貞專一、為人純正，則有太常常林。」明帝便任用了韓暨。盧毓評價人以及選拔官員，首先著眼於氣質、品行，然後才講才幹。黃門侍郎李豐曾經問盧毓為什麼這樣做，盧毓回答說：「才幹是用來辦好事的。所以大才成就大好事，小才成就小好事。現在被稱為有才幹的人卻不能辦好事，這樣的才幹是不符合標準的。」李豐等人佩服他的見解。

5 齊王即帝位，賜盧毓關內侯爵位。當時曹爽執政，準備樹立他的黨羽，調盧毓任尚書僕射，讓侍中何晏接替盧毓的職務。不久，又把盧毓調出尚書臺擔任廷尉，司隸校尉畢軌又上奏誣陷而罷免了盧毓的職務。眾人議論大多為盧毓辯冤，於是又讓盧毓擔任光祿勳。曹爽等人被收押入獄後，太傅司馬宣王讓盧毓代理司隸校尉，審理曹爽的案件。接著又擔任吏部尚書，加官奉車都尉，封為高樂亭侯，轉任尚書僕射，照舊負責選舉，加官光祿大夫。高貴鄉公即帝位，進封為大梁鄉侯。封盧毓的一個兒子為亭侯。毌丘儉叛亂，大將軍司馬景王出兵征討，盧毓總管朝中事務，加官侍中。正元三年，盧毓患病，辭去官職。遷升為司空，盧毓堅決推薦驃騎將軍王昶、光祿大夫王觀、司隸校尉王祥擔任。皇帝下詔派使者授予盧毓金印紫綬，進爵為容城侯，食邑二千三百戶。甘露二年盧毓逝世，諡號成侯。他的孫子盧藩為繼承人。盧毓的兒子盧欽、盧珽，咸熙年間，盧欽任尚書，盧珽任泰山太守。

評曰：桓階識覩成敗，才周❶當世。陳羣動仗名義，有清流雅望❷。泰弘濟簡至，允克堂構❸矣。魏世事統臺閣❹，重內輕外❺，故八座尚書❻，即古六卿❼之任也。陳、徐、衛、盧，久居斯位❽，矯、宣剛斷骨鯁❾，臻、毓規鑒清理❿，咸不忝⓫厥⓬職云。

【章旨】以上為史家對傳主的綜合評價。

【注釋】❶才周　全才，即才識周備。❷清流雅望　清高重名節，並富於時望。❸允克堂構　實在足以勝任父祖的遺業。允，的確。克，勝任；能夠。堂構，父祖遺蔭之業。❹臺閣　尚書臺。❺重內輕外　內，指尚書臺。尚書臺設在宮廷之內。外，指其他機構，如三公府等。❻八座尚書　曹魏時，尚書臺中有令一人，僕射二人，五曹尚書各一人。稱「八座尚書」。❼古六卿　即《周禮》上所說的太宰、大司徒、大宗伯、大司馬、大司寇、大司空。❽斯位　這個職位。❾骨鯁　剛直。❿規鑒清理　見識深刻，精於事理。⓫忝　愧。⓬厥　其。

【語譯】評論說：桓階能察見事情的成敗，在當時可稱全才。陳羣一舉一動本於名節道義，品行清純，聲望高雅。陳泰廣濟天下，為人簡易，確實能繼承父祖的遺業。魏代政務都統歸臺閣，重視尚書臺而輕忽其他機構，所以八位尚書，即相當於古代六卿的職務。陳、徐、衛、盧，長期在這個職位上，陳矯、徐宣剛毅果斷，骨節錚錚，衛臻、盧毓謀略鑑識深刻，精於事理，都無愧於所任的職務。

【研析】桓階、陳羣、陳泰、陳矯、徐宣、衛臻、盧毓等七人，都是曹魏政權的社稷之臣、柱石之臣。他們都是由基層官吏逐步成為一方大員並最後進入國家的核心機構尚書臺，成為舉手投足撼動天下的政治人物。他們不僅人生經歷、政治地位相近，且有極為一致的道德準則，即崇仁尚義，中正不倚，忠君惠民，又與司馬氏關係較好，這大概是史學家陳壽將他們放在一起合傳的原因。

就本卷文章的整體風貌和史傳筆法考量，主要有如下特色：

一、人物同中見異，各具風神。本卷所傳七人，雖然有諸多共同之處，但在具體敘寫中，由於每人個性差異，所處環境及所遇問題有別，七人又各具面目，各具個性，作者分別寫出了他們各自的特徵。桓階、陳羣皆起於漢末建安，而主要活動在魏武帝、文帝時期，並都非常重名節、講道義。但由於二人出身不同，早年處境不同，性格、功業各具特色。桓階早年冒死乞孫堅屍、說張羨依曹拒劉表，說明他深明大義。武帝、文帝時期他在立儲、全保毛玠、徐奕及建言解曹仁之圍等問題上，都表現了將順匡救、正義凜然的品格。而陳羣出身名門，為人動仗名義，有清流雅望，早年就顯名於世。傳文重在寫他於武帝時諫阻復肉刑及明帝時作為託孤顧命老臣，在政體得失、百姓甘苦、國家安危等大事方面所展示的輔臣胸懷、端正氣概及長者風範。陳羣、陳泰為父子，二人相較，按泰傳中武陔所說，羣通雅博暢，以天下聲教為己任；泰明統簡至，善能立功立事；父子各有千秋。陳矯、徐宣、衛臻、盧毓四人，魏明帝之後都久居尚書之位，他們都無愧於所任的職務，但陳矯、徐宣剛直果斷，而骨節錚錚；衛臻、盧毓則謀略鑑識深刻，而精於事理。在史家筆下，分別寫出了他們各自不同的功業及風神面貌。

二、傳文筆法靈動，隱含匠心。本卷行文極富變化，但選材安排，深蘊匠心。首先，敘傳以傳主仕履為一傳之骨，詳取二三大事彰顯傳主個性，使文章詳略有致，骨肉豐滿。如〈陳羣傳〉寫陳羣在文帝時期，只敘其加官進爵，非常簡略；而明帝時期則詳寫他傾力輔佐、獻言建策的四件大事，充分展示了一位顧命老臣輔佐少主的良苦用心。〈陳泰傳〉則詳寫他早年任雍州刺史及征西將軍假節都督雍、涼諸軍事時兩次與蜀的軍事衝突，以彰顯他沉勇剛斷的處事才能。〈陳矯傳〉寫矯入魏後歷武、文、明三帝，在簡要敘述其仕履中穿插三件事，而詳寫曹操去世時曹丕即位事，彰顯他遇事果斷，明略過人的個性特徵。其二，埋伏呼應，暗含文脈。〈桓階傳〉寫階說張羨立功明義、依曹拒劉，實為後來得到曹魏政權信任埋下伏筆；寫他入魏後太祖時「將順匡救」，而詳寫立儲事，則為以後得到曹丕信任設伏；最後寫桓階晚年倍受曹丕恩寵並惠及後嗣以呼應前文。〈陳泰傳〉作為〈陳羣傳〉附傳出現在本卷中，〈陳羣傳〉述及後嗣，已為〈陳泰傳〉張目，〈陳泰傳〉最後一段寫武陔對父子二人事功的評論不僅是陳泰的蓋棺論定，也是對其父傳的呼應。其三，據傳主為國貢獻不同，而史筆敘寫隨之變化。〈桓階傳〉圍繞傳主「將順匡救」著墨，而〈陳泰傳〉則為突出其「弘濟簡至」選材，〈徐宣傳〉每敘其不同時期事功，則用太祖讚其「清公大德」、文帝稱其「社稷之臣」、死後明帝褒為「柱石臣」作為潛設線索來結構傳文。而〈盧毓傳〉主要從兩方面表現傳主：一是愛民，二是選才。縱觀七人傳文，筆法各異，異彩紛呈。

三、客觀述史，而評議巧出。傳統史筆，皆據事直書，只作客觀敘述，行文一般不作史家主觀評議。本卷傳文鮮明的呈現了這一特點。但往往在史事的敘述中或敘事後，穿插簡短確當的評語議論，會起到畫龍點睛，彰顯人物個性，使文章頓生光彩的作用。如果這些議論既不顯史家主觀傾向，又不失信史規範，只有通過巧筆出之，才能達到這一效果。本卷巧筆可見三種方式：其一，簡潔直評，點到即止。此種用筆往往在敘事或述史到一程度時，順勢而出，給人不覺做論，有水到渠成之感。如寫桓階歸魏之初，述階向曹操數陳曹丕德優齒長、又敘他全保毛玠、徐奕，緊承兩事之後，順勢推出一句議論：「其將順匡救，多此類也。」再如〈陳羣傳〉，在歷敘他於太祖、文帝、明帝三朝事功後，最後一段補敘陳羣不受劉廙感激的一段回話後，史家出來直接點出他「弘博不伐」的性格特點。這些議論一句帶過，不枝不蔓，讓人絲毫沒有不實之感。其二，傳主評議，多從時人之口出之。如寫陳泰在西北戰場上與蜀姜維的一場戰役後，寫了一段朝臣議論，通過司馬文王（昭）之口，對陳泰品格及臨危應變的才能作了評價，既敘了事，又議了人。〈徐宣傳〉中評宣「體忠厚之行，秉直亮之性；清雅特立，不拘世俗；確然難動，有社稷之節」。這一評議是由中領軍桓範在舉薦徐宣的上疏中說出的。〈徐宣傳〉穿插評議更為巧妙，分別從太祖、文帝、明帝的褒獎中出之，太祖說他「清公大德」，文帝讚他「社稷之臣」，明帝褒他「體履至實，直內方外，歷在三朝，公亮正色，有託孤寄命之節，可謂柱石臣也」。這些議論從時人之口出之，實際隱寓了史家看法，但只覺歷史本身說話，絲毫不覺有史家的主觀傾向。（王樹林注譯）

卷二十三 魏書二十三

和常楊杜趙裴傳第二十三

【題解】本卷為三國魏和洽、常林、楊俊、杜襲、趙儼、裴潛等六人的合傳。他們都是魏國傑出的名士文臣，共同的特點是才氣過人，守正不阿，堪稱一代精英人才。由於經歷、氣質差別，又各具風貌。陳壽評價他們：和洽清靜和平有才幹，明事理；常林守清素之業，純樸專一；楊俊品評人物，好行義事；杜襲溫和純粹，識大體；趙儼剛毅而堅守法度；裴潛平和有恆，才而有節。準確的總結了他們各自不同的特點。

1 和洽，字陽士，汝南❶西平❷人也。舉❸孝廉❹，大將軍❺辟❻，皆不就❼。袁紹❽在冀州❾，遣使迎汝南士大夫。洽獨以「冀州土平民彊，英桀❿所利，四戰之地⓫。本初乘資⓬，雖能彊大，然雄豪方起，全未可必也。荊州劉表⓭無他遠志，愛人樂士，土地險阻，山夷民弱，易依倚也」。遂與親舊俱南從表，表以上客待之。洽曰：「所以不從本初，辟⓮爭地也。昏世之主，不可黷近⓯，久而阽危⓰，必有讒慝[17]間其中者。」遂南度武陵[18]。

2 太祖[19]定荊州，辟為丞相掾屬[20]。時毛玠[21]、崔琰[22]並以忠清幹事[23]，其選用先尚儉節[24]。洽言曰：「天下大器[25]，在位與人，不可以一節儉也。儉素過中[26]，自以處身則可，以此節格物[27]，所失或多。今朝廷之議，吏有著新衣、乘好車者，謂之不清；長吏[28]過營[29]，形容[30]不飾，衣裘敝壞[31]者，謂之廉潔。至令士大夫故汙辱其衣[32]，藏其輿服[33]；朝府[34]大吏，或自挈[35]壺餐[36]以入官寺[37]。夫立教觀俗，貴處中庸[38]，為可繼也。今崇[39]一概難堪[40]之行以檢[41]殊塗[42]，勉而為之，必有疲瘁[43]。古之大教，務[44]在通人情而已。凡激詭[45]之行，則容隱偽[46]矣。」

3 魏國既建，為侍中[47]。後有白[48]毛玠謗毀[49]太祖，太祖見近臣，怒甚。洽陳[50]玠素行[51]有本，求案實[52]其事。罷朝，太祖令曰：「今言事者白玠不但謗吾也，乃復為崔琰觖望[53]。此損君臣恩義，妄[54]為死友怨歎[55]，殆[56]不可忍也。昔蕭、曹[57]與高祖[58]並起微賤，致功立勳[59]。高祖每在屈笮[60]，二相恭順，臣道益彰[61]，所以祚[62]及後世也。和侍中比求實[63]之，所以不聽，欲重參之耳。」洽對曰：「如言事者言，玠罪過深重，非天地所覆載[64]。臣非敢曲理玠以枉大倫[65]也，以玠出羣吏之中，特見[66]拔擢[67]，顯在首職[68]，歷年荷寵[69]，剛直忠公，為眾所憚[70]，不宜有此。然人情難保，要宜考覈[71]，兩驗其實。今聖恩垂含垢之仁[72]，不忍致之于理[73]，更使曲直之分[74]不明，疑自近始。」太祖曰：「所以不考，欲兩全玠及言事者耳。」洽對曰：「玠信[75]有謗主[76]之言，當肆之市朝[77]；若玠無此，言事者加誣[78]大臣以誤主聽；二者不加檢覈，臣竊不安。」太祖曰：「方有軍事，安可受人言便考之邪？狐射姑刺陽處父於朝[79]，此為君之誡也。」

4 太祖克張魯[80]，洽陳便宜[81]以時拔軍徙民，可省置守之費。太祖未納，其後竟徙民棄漢中[82]。出為郎中令[83]。文帝踐阼[84]，為光祿勳，封安城亭侯。明帝[85]即位，進封西陵鄉侯，邑二百戶。

5 太和[86]中，散騎常侍高堂隆[87]奏：「時風不至，而有休廢之氣[88]，必有司不勤職事以失天常[89]也。」詔書謙虛引咎[90]，博諮異同[91]。洽以為「民稀耕少，浮[92]食者多。國以民為本，民以穀為命。故費一時之農，則失育命之本。是以先王務蠲[93]煩費，以專耕農。自春夏以來，民窮於役，農業有廢，百姓囂然[94]，時風不至，未必不由此也。消復之術[95]，莫大於節儉。太祖建立洪業，奉[96]師徒[97]之費，供軍賞之用，吏士豐於資食，倉府衍[98]於穀帛，由不飾無用之宮，絕浮華之費。方今之要，固在息省勞煩之役，損除他餘之務，以為軍戎之儲。三邊[99]守禦，宜在備豫(100)。料賊虛實，蓄士養眾，算廟勝之策(101)，明攻取之謀，詳詢眾庶以求厥中(102)。若謀不素定(103)，輕弱小敵(104)，軍人數舉，舉而無庸(105)，所謂『悅武無震』(106)，古人之誡也。」

6 轉為太常(107)，清貧守約(108)，至賣田宅以自給。明帝聞之，加賜穀帛。薨(109)，諡(110)曰簡侯。子离(111)嗣(112)。离弟迪(113)，才爽開濟(114)，官至廷尉、吏部尚書。

7 洽同郡許混者，許劭(115)子也。清醇(116)有鑒識(117)，明帝時為尚書。

【章旨】以上是〈和洽傳〉，並附許混簡略事跡。漢末戰亂中，和洽棄袁紹、依劉表、南遷武陵，以見其洞悉形勢，清正平和的性格；佐太祖，諫選人才過分重視節儉而帶來的官場弊端、論毛玠被誣應考察核實及建議敗張魯後處理善後事宜，表現了他守正用中，又具遠見卓識的名臣風範。整篇傳文詳略巧置，既敘述了和洽一生經歷，又揭示了他的性格特點。附許混事跡更惜墨如金，突出其一生最鮮明的特徵，只用五個字「清醇有鑒識」。

【注釋】❶汝南　郡名。治所在今河南上蔡西南。❷西平　縣名。治所在今河南西平。❸舉　選拔。❹孝廉　漢代選拔人才的一種科目。孝，孝順父母老人。廉，廉潔。合稱孝廉。每年令郡國推舉孝、廉各一人。東漢時，被舉孝廉，為求仕進的必由之路。❺大將軍　官名。東漢多以貴戚任之，位在三公上。三國因置。❻辟　徵召。❼就　出任職位。❽袁紹　字本初，汝南汝陽（今河南商水縣西南）人，祖上四世三公。有清名，好交結，與曹操友善。東漢末與何進謀誅宦官，董卓之亂起，在冀州起兵討董卓，為關東聯軍盟主。後占據冀、青、幽、并四州，成為北方最強大的割據勢力。在官渡之戰中被曹操打敗，後病死。詳見《後漢書・袁紹列傳》、本書卷六〈袁紹傳〉。❾冀州　州名。東漢末治所在今河北臨漳西南。漢末袁紹為冀州牧，曹操破紹後自領之。❿英桀　英雄豪傑。⓫四戰之地　四面平坦，無險可守，易受攻擊之戰地。⓬乘資　借助；利用。

⑬劉表　字景升，山陽高平（今山東微山縣西北）人。東漢遠支皇族。曾任荊州刺史，據有今湖南、湖北地方。後為荊州牧。他在羣雄混戰中，採取觀望態度，轄區破壞較小，中原人來避難者甚眾。後病死，其子劉琮降於曹操。詳見本書卷六〈劉表傳〉。⑭辟　同「避」。⑮黷近　輕易接近。黷，輕慢。⑯阽危　危險。阽如屋檐，近邊欲墮之意。⑰讒慝　暗地愛說壞話的邪惡小人。⑱武陵　郡名。治所在今湖南常德。⑲太祖　指曹操。操於東漢建安十三年（西元二〇八年）進擊荊州，時劉表已死，其次子琮在位，舉州降，事見本書卷一〈武帝紀〉。⑳丞相掾屬　丞相屬吏。漢制，掾為丞相自辟，分曹治事。其中東、西曹掾秩比四百石，餘掾比三百石。曹魏因之，置東曹、西曹等諸曹掾。每曹其正者稱掾，副者稱屬。㉑毛玠　字孝先，陳留平丘（今河南封丘）人。初被曹操辟為治中從事。建議圖霸王之業，轉任幕府功曹。後為東曹掾，與崔琰同典選舉，舉用清正之士。魏國始建，為尚書僕射，仍掌選舉。事詳本書卷十二〈毛玠傳〉。㉒崔琰　字季珪，清河東武城（今山東武城東北）人。曹操辟為別駕從事。操征并州，令琰留鄴城傳曹丕。魏國初建，拜尚書，遷中尉。建安二十一年（西元二一六年），曹操為魏王，以琰與人書中意指不遜，賜死。事詳本書卷十二〈崔琰傳〉。㉓忠清幹事　忠正清廉，治理事務。㉔尚儉節　崇尚儉樸、氣節。㉕大器　寶器。喻國家政府的權力。㉖過中　超過正常標準。㉗格物　糾正事物之不正。㉘長吏　俸祿高的官吏。漢以秩二百石以上為長吏。㉙營　治所。㉚形容　外表形象容貌。㉛敝壞　破舊已壞。㉜故汙辱其衣　有意弄髒自己的衣服。㉝輿服　車輿、官服。古代官吏乘車、服衣、冠帶都有規定，以表示等級。㉞朝府　指朝廷與丞相府。㉟挈　提。㊱壺餐　酒與飯。㊲官寺　官署。㊳中庸　盧弼《集解》引胡三省注曰：「中者正道，庸者常道。程子曰：不偏之謂中，不易之謂庸。」即不偏不倚，恰到好處，儒家以此為道德最高標準。㊴崇　崇尚。㊵難堪　難以忍受。㊶檢　要求。㊷殊塗　不同的道路。塗，通「途」。㊸疲瘁　弊病。㊹務　努力做到。㊺激詭　過激、離奇。㊻隱偽　掩蓋假象。㊼侍中　官名。為丞相屬官。往來殿中，入侍天子，故云。曹魏初置，官員加侍中，得以親近天子，備顧問應對，拾遺補闕，興建制度，權力頗大。㊽白　告發。㊾謗毀　非議、詆毀。㊿陳　陳述。(51)素行　平常的行為。(52)案實　調查核實。(53)觖望　不滿而怨恨。猶言怨望。(54)妄　胡亂。(55)怨歎　埋怨興嘆。(56)殆　及。(57)蕭曹　漢初蕭何、曹參。二人於秦末隨劉邦起事，屢建功勳，漢朝有天下，先後為相。(58)高祖　漢高祖劉邦。初起時，劉邦為泗水亭長，蕭何為沛掾吏，曹參為沛縣獄吏，故曰「並起微賤」。(59)致功立勳　取得成績，建立功勳。(60)屈笮　委屈、困迫。盧弼《集解》引周壽昌說：「屈笮是委屈急迫之意。笮，《說文》：迫也。」(61)益彰　更加明顯。(62)祚　福祉。(63)求實　要求核實。(64)覆載　覆蓋、承載，猶言容納。(65)曲理玠以枉大倫　曲意為毛玠辯護以歪曲君臣大義。枉，歪曲。大倫，《孟子》曰：內則父子，外則君臣，人之大倫也。(66)見　被。(67)拔擢　提拔擢用。(68)首職

最大的官職。時毛玠為尚書僕射。(69)荷寵　受寵。(70)憚　害怕；畏懼。(71)宜考覈　應該考察核實。(72)垂含垢之仁　施於容納有汙垢的人的仁愛。(73)理　法。(74)曲直之分　有理和無理的區別。(75)信　確實。(76)主　馮夢禎刻本作「上」。(77)肆之市朝　應劭注：「大夫以上屍諸朝，士以下屍諸市。」肆，處死後曝屍。市，鬧市。朝，朝廷。(78)加誣　誇大事實，誣諂。《說文》：「加，語相增加也。」即誇大其詞。(79)狐射姑刺句　《左傳》文公六年載：晉使狐射姑將中軍，趙盾佐之。陽處父易趙盾將中軍。射姑怨陽子之易其班也。而知其無援於晉也。使狐鞠居殺陽處父。(80)張魯　字公祺，沛國豐縣（今江蘇豐縣）人，張道陵之孫，五斗米道首領。東漢末率徒眾攻取漢中，統治長達三十餘年。後投降曹操，任鎮南將軍。詳見本書卷八〈張魯傳〉。(81)便宜　應辦的事，特指對國家有利的事。(82)漢中　郡名。治所在今陝西漢中東，三國時為軍事重鎮。(83)郎中令　官名。職掌顧問參議，宿衛侍從，為宮內總管。曹魏於建安十八年（西元二一三年）初置，黃初元年（西元二二〇年），改稱光祿勳。下文云「文帝踐阼，為光祿勳」即是，只是改稱，無調升降。(84)文帝踐阼　魏文帝曹丕代漢稱帝，國號魏，詳本書卷二〈文帝紀〉。踐阼，皇帝登極即位。(85)明帝　魏明帝曹叡，西元二二六年即位，詳本書卷三〈明帝紀〉。(86)太和　魏明帝曹叡年號，西元二二七—二三三年。(87)高堂隆　字升平，泰山平陽（今山東新泰）人。善占天象。歷官陳留太守、散騎常侍、侍中、太史令，光祿勳。青龍間，上疏諫阻大治宮室。事詳本書卷二十五〈高堂隆傳〉。(88)休廢之氣　衰敗之氣。(89)天常　天之常道，即大自然的正常規律。(90)引咎　引咎自責。即承認過失的責任。(91)博諮異同　廣泛徵求不同的意見。(92)浮　原作「人」，今從宋本。(93)蠲　免除。(94)囂然　憂愁的樣子。(95)消復之術　消除災情、恢復正常的辦法。(96)奉　供給。(97)師徒　士兵。(98)衍　富足。(99)三邊　漢幽、并、涼三州，其地皆為邊，故稱。後泛指邊疆。(100)備豫　事先有準備。(101)廟勝之策　廟，宗廟明堂。古代帝王遇大事要告於宗廟，議於明堂，故又以廟堂指朝廷。此指臨戰前朝廷制定出敵制勝的謀略。(102)厥中　正中，謂正確意見。(103)素定　前定。(104)輕弱小敵　輕視弱小，小看敵人。(105)無庸　無用；無功。庸，同「用」。(106)悅武無震　喜歡使用武力反而無威嚴。《國語．周語上》：「夫兵戢而時動，動則威，觀則玩，玩則無震。」(107)太常　即太常卿，為九卿之一。掌管宗廟祭祀儀禮，兼選試博士。曹魏初名奉常，黃初元年（西元二二〇年）改名太常。(108)清貧守約　清廉貧困，保持儉約。(109)薨　古代諸侯死叫薨。(110)諡　古代帝王、大臣死後加帶有褒貶之意的稱號。(111)离　原誤作「禽」。下同。(112)嗣　繼承。(113)逌　原誤作「適」。(114)開濟　開創事業，承濟時業。(115)許劭　字子將，善推舉人才，不願當官，後曾投徐州刺史陶謙，揚州刺史劉繇。孫策平吳，南奔豫章而卒。《後漢書》有傳。(116)清醇　高潔醇厚。(117)鑒識　見識高明。

【語 譯】和洽，字陽士，汝南郡西平縣人。被薦舉為孝廉，大將軍徵召他為官，都沒有赴任就職。袁紹在冀州時，派使者迎接汝南郡的士大夫。和洽卻偏偏認為「冀州土地平坦，人民強悍，對英雄豪傑有利，是四方爭戰的地方。袁紹依託冀州，雖然能夠勢力強大，但現在英雄豪傑正在起事，能否保全還不一定。荊州的劉表沒有別的遠大志向，愛護民眾，喜歡士人，那裏地勢險要，山平民弱，容易依靠」。於是和洽與親戚朋友一起到南方依從劉表，劉表用上客之禮對待他。和洽說：「我之所以不跟隨袁本初，是為了躲避爭戰之地。昏暗社會的君主，不能輕易接近，久了就會面臨危險，一定會有暗地說壞話的邪惡小人從中挑撥離間。」於是往南遷到武陵郡。

2 太祖平定荊州，徵召和洽為丞相府掾屬。當時毛玠、崔琰正同心協力用忠直清廉處理事務，他們選用人才首先推崇儉樸氣節。和洽進言說：「天下最寶貴的，在於職位和任職的人，不能夠拿節儉這一個標準要求所有的人。節儉樸素過了頭，自己拿來要求自己還可以，如果拿這一個品德去規範一切事物，失誤恐怕可能會很多。現在朝廷上議論，官員中有穿新衣、乘好車的人，就說他們不清廉；大官們到治所來，不修飾容貌，衣服皮袍破舊的人，就稱之為廉潔。以至於讓士大夫們故意弄髒衣服，隱藏他們的車子、衣服；朝廷和丞相府的大官們，有的人自己提著酒食到官署來。實施教化，觀察風俗，貴在恰到好處，這是為了可以行之久遠。現在推崇一個死板的、難為人人接受的行為用以要求不同的人，勉強推行下去，一定會出現弊端。古代最大的教化，務在通達人情而已。凡是過激而離奇的行為，就容易掩蓋假象。」

3 魏國建立以後，和洽擔任侍中。後來有人告發毛玠誹謗詆毀太祖，太祖接見身邊大臣時，非常憤怒。和洽陳述毛玠平素行為都有一定的準則，要求調查核實這件事。退朝時，太祖下令說：「最近告發的人說毛玠不只是誹謗我，又替崔琰抱怨。這樣損害君臣之間的恩義，妄自為死去的朋友怨嘆，實在不能容忍。過去蕭何、曹參和漢高祖同時起於微賤，建立了功勳。漢高祖每次遇到困境，這兩位丞相都恭敬順從，為臣之道更加明顯，這就是福澤延續到他們後代的原因啊。和侍中近來要求核實這件事，我之所以不聽，是想重新斟酌查證這件事情。」和洽回答說：「如果像告發的人所說，毛玠的罪過深重，不是天地所能容納的。我並不敢曲意為毛玠辯護來歪曲君臣大義，因為毛玠出身羣吏，被特別提拔，地位顯要，職處眾官之首，多年受寵。他剛強正直，忠心為公，為眾人所畏懼，不應當有這樣的事。但是人各有情，難保不變，首要的是應該考察核實，原告和被告兩方一併查明實際情況。現今聖恩顯示出容忍汙垢的仁心，不忍心交給獄吏處理，更使有理與無理的區別不清，疑心就會從身邊開始。」太祖說：「我所以不查證，是想使毛玠和告發的人兩全罷了。」和洽回答說：「毛玠若確實有誹謗您的言論，就應當鬧市斬首，棄屍街頭；如果毛玠沒有這種言論，告發者就是誣陷大臣來誤導主上的視聽；這兩方面不加以考察核實，我內心實在不安。」太祖說：「正在打仗，怎能聽了別人的話就考察呢？狐射姑在朝廷刺殺陽處父，這是身為國君應該警戒的事情啊。」

4 太祖打敗張魯，和洽陳述應當及時移轉軍隊遷徙人民的建議，可以減省設置守備的費用。太祖沒有採納，後來終究還是遷徙民眾，放棄了漢中郡。和洽出任郎中令。文帝即位，擔任光祿勳，封為安城亭侯。明帝即位，進封為西陵鄉侯，食邑二百戶。

5 太和年間，散騎常侍高堂隆上奏：「按季節應有之風沒有吹來，而有衰敗之氣，一定是有官吏不勤懇工作而使天道失常。」明帝下詔書謙虛的引咎自責，廣泛諮詢不同意見。和洽以為：「人口稀少，農耕的人更少，吃閒飯的人多。國家以民為根本，民以糧食為生命，所以荒廢了一個季節的農業生產，就失去了養育生命的根本。因此先王都致力免除繁雜的勞役，以便專心於農業生產。自從春夏以來，人民被勞役困擾，農業荒廢，百姓憂愁，按季節應有之風沒有吹來，未必不是因為這個原因。消除災情恢復元氣的方法，沒有比節儉更好的了。太祖建立大業，供給士兵的費用，提供軍中賞賜的用度，官員士兵們錢財糧食豐富，倉庫裏糧食布帛充足，這都是由於不修飾無用的宮殿，棄絕了浮華的費用。當今的首要問題，根本在於停止和減少勞苦煩雜的差役，去除其他多餘的事務，拿這些節省的錢財作為軍需儲備。三面邊疆的守禦，應該預作準備。了解敵人的虛實，蓄養好軍隊士兵，在朝廷上就謀劃好制勝的策略，明白進攻取勝的計謀，詳細諮詢眾人以求得中肯的意見。如果謀略不預先制訂，輕視弱小，小看敵方，軍隊一次又一次出動，出動又沒有功效，所謂『喜歡動武，反而沒有威嚴』，這就是古人的告誡。」

6 轉任太常卿，清廉貧困，保持儉約，以致要賣掉土地房宅來供給自己的生活。明帝聽到這事，多賜給他糧食絲帛。逝世後，謚號為簡侯。兒子和離繼承他的封爵。和離的弟弟和逌，才氣爽朗，能創業濟時，官至廷尉、吏部尚書。

7 與和洽同郡的許混，是許劭的兒子。高潔醇厚，有鑒察識別能力，魏明帝時任尚書。

1 常林，字伯槐，河內溫人[1]也。年七歲，有父黨[2]造門[3]，問林：「伯先[4]在否？汝何不拜！」林曰：「雖當下客[5]，臨子字父[6]，何拜之有？」於是咸[7]共嘉[8]之。太守[9]王匡[10]起兵討董卓[11]，遣諸生於屬縣微伺[12]吏民罪負[13]，便收[14]之，考責[15]錢穀贖罪，稽遲[16]則夷滅宗族，以崇[17]威嚴。林叔父撾[18]客，為諸生所白，匡怒收治。舉宗惶怖，不知所責多少，懼繫者不救。林往見匡同縣胡母彪[19]曰：「王府君[20]以文武高才，臨吾鄙郡。鄙郡表裏山河[21]，土廣民殷[22]，又多賢能，惟所擇用。今主上幼沖[23]，賊臣虎據[24]，華夏震慄，雄才奮用[25]之秋也。若欲誅天下之賊，扶王室之微，智者望風[26]，應之若響[27]，克亂在和[28]，何征不捷？苟無恩德，任失其人，覆亡將至，何暇匡翼[29]朝廷，崇立功名乎？君其藏之！」因說叔父見拘[30]之意。彪即書責[31]匡，匡原[32]林叔父。林乃避地上黨[33]，耕種山阿[34]。當時旱蝗，林獨豐收，盡呼比鄰，升斗分之。依故河間[35]太守陳延[36]壁[37]。陳、馮二姓，舊族冠冕(38)。張楊(39)利(40)其婦女，貪其資貨。林率其宗族，為之策謀。見圍六十餘日，卒全(41)保壁。

2 并州(42)刺史(43)高幹表為騎都尉(44)，林辭不受。後刺史梁習(45)薦州界名士林及楊俊(46)、王淩(47)、王象(48)、荀緯(49)，太祖皆以為縣長(50)。林宰(51)南和(52)，治化有成，超遷博陵(53)太守、幽州(54)刺史，所在有績(55)。文帝為五官將(56)，林為功曹(57)。太祖西征，田銀、蘇伯反(58)，幽、冀扇動(59)。文帝欲親自討之，林曰：「昔忝(60)博陵，又在幽州，賊之形勢，可料度(61)也。北方吏民，樂安厭亂，服化已久，守善者多。銀、伯犬羊相聚(62)，智小謀大，不能為害。方今大軍在遠，外有彊敵，將軍為天下之鎮(63)也，輕動遠舉，雖克不武(64)。」文帝從之，遣將往伐，應時克滅。

3 出為平原(65)太守、魏郡東部都尉(66)，入為丞相東曹屬(67)。魏國既建，拜尚書。文帝踐阼，遷少府(68)，封樂陽亭侯，轉大司農(69)。明帝即位，進封高陽鄉侯，徙光祿勳太常(70)。晉宣王(71)以林鄉邑耆德(72)，每為之拜。或謂林曰：「司馬公貴重，君宜止之。」林曰：「司馬公自欲敦(73)長幼之敘(74)，為後生之法。貴非吾之所畏，拜非吾之所制也。」言者踧踖(75)而退。時論以林節操清峻(76)，欲致之公輔(77)，而林遂稱疾篤(78)。拜光祿大夫(79)。年八十三，薨，追贈驃騎將軍(80)，葬如公禮，諡曰貞侯。子旹81嗣，為泰山太守，坐法82誅。旹弟靜紹封83。

【章　旨】以上是〈常林傳〉。傳文以常林出仕為官為界，敘述了他前後兩個時期的經歷事跡：早年漢末戰亂時，常林就顯示了卓犖不凡的才智；為官時期處事明達得體，步步升遷。為人淡泊清雅，被推為三公而不任，被史家所稱頌。

【注　釋】❶河內溫人　河內郡溫縣人。春秋戰國時黃河以北為河內，黃河以南為河外。楚漢之際於今黃河以北河南省地置河內郡，治所在今河南武陟西南十公里。溫縣，治所在今河南溫縣西。❷父黨　父系的親戚朋友。❸造門　登門造訪。❹伯先　常林父親字伯先。❺下客　向客下拜。❻臨子字父　面對兒子直呼他父親的名字。❼咸　都。❽嘉　讚美。❾太守　一郡最高行政長官。漢初稱郡守，漢景帝中元二年（西元前一五五年）更名為太守。上與天子剖符，下得刑賞及任命縣令。曹魏太守皆加將軍號。❿王匡　字公節，泰山（今山東泰安）人。輕財好施，以任俠聞。任河內太守。東漢初平元年（西元一九〇年），與後將軍袁術、渤海太守袁紹、冀州牧韓馥等同時起兵討董卓，後為部下所殺。⓫董卓　字仲穎，隴西臨洮（今甘肅岷縣）人，剛猛有謀，廣交豪帥。東漢桓帝末從中郎將張奐為軍司馬，以後歷任并州刺史、河東太守、并州牧。昭寧元年（西元一八九年），率兵進入洛陽，廢少帝，立獻帝，專擅朝政，遭到關東諸侯反對。後遷獻帝至長安，不久被呂布所殺。詳見《後漢書．董卓列傳》、本書卷六〈董卓傳〉。⓬微伺　暗中察探。⓭罪負　罪過。⓮收　逮捕。⓯考責　拷打索取。⓰稽遲　滯留；耽誤。⓱崇　抬高。⓲撾　打；擊。⓳胡母彪　漢末名士，溫人，與王匡有交情。⓴王府君　王匡，漢魏時對太守尊稱府君。㉑表裏山河　河內郡以黃河為外部屏障，以高山為郡內險阻。喻地理形勢牢固，防守無虞。表，外。裏，內。㉒殷　富庶。㉓幼沖　幼小。㉔虎據　像老虎一樣盤據。喻董卓挾天子而稱雄作威。㉕奮用　奮發有為。㉖望風　觀察風向而歸服。㉗若響　像回聲一樣。㉘克亂在和　戰勝叛亂在於官民和順。㉙匡翼　輔助。㉚見拘　被逮捕拘留。㉛責　求。㉜原　原諒；赦免。㉝上黨　郡名。治所在今山西長治北。㉞山阿　山裏轉彎處，乃高山幽蔽之地。㉟河間　郡名。治所在今河北獻縣東南。㊱陳延　人名。時為河間太守。㊲壁　地主莊園的塢堡。㊳冠冕　比喻受人擁戴，或出人頭地。㊴張楊　字稚叔，雲中（今內蒙古呼和浩特西南）人，東漢末將領。靈帝末任西園軍假司馬，西園軍散後，回本州募兵，得千餘人。董卓之亂時，割據上黨，任建義將軍、河內太守。與呂布關係好，助呂布對抗曹操，後被部下所殺。詳見本書卷八〈張楊傳〉。㊵利圖利；貪圖好處。㊶卒全　最終保全。㊷并州　州名。治所在今山西太原南。㊸刺史　官名。東漢時為州級最高行政長官。㊹騎都尉　官名。屬光祿勳，掌監羽林軍。㊺梁習　字子虞，陳郡柘（今河南柘城北）人，曹操當政時累任乘氏、海西、下邳縣令，所在甚有治績。後以別部司馬領并州刺史，使邊境肅清，令行禁止。在并州二十多年，生活儉樸，政績突出。後被徵拜大司農。詳見本書卷十五〈梁習傳〉。㊻楊俊　字季才，獲嘉（今河南獲嘉縣）人。曾任丞相掾屬、南陽太守。魏建國，遷中尉。因魏諷反，楊俊自貶為平原太守。因楊俊曾稱美曹植，被魏文帝曹丕以事付獄，後自殺。㊼王淩　字彥雲，太原祁（今山西祁縣）人，漢司徒王允之姪。東漢末任中山太守，後被曹操任為丞相掾屬。歷任曹魏散騎常侍、太尉。與其外甥令狐愚謀廢曹芳，事洩，服毒而死。詳見本書卷二十八〈王淩傳〉。㊽王象　字羲伯，河內（今河南武陟）人。詳見本卷〈楊俊傳〉及裴松之注引《魏略》。㊾荀緯　字公高，少喜文學。建安中，召署軍謀掾，魏太子庶子，稍遷至散騎常侍、越騎校尉。黃初四年（西元二二三年）卒，年四十二。事見裴松之注引荀勖《文章敘錄》。㊿縣長　縣級最高行政長官。萬戶以上縣稱縣令，萬戶以下縣稱縣長。(51)宰　主宰。(52)南和　縣名。治所在今河北南和。(53)博陵　郡名。治所在今河北蠡縣南。(54)幽州　州名。治所在今北京市西南。(55)所在有績　不管在什麼地方都處處有政績。(56)五官將　即五官中郎將。漢武帝時設中郎三將，其首為五官中郎將，主五官中郎。侍衛宮廷，供事禁中。(57)功曹　佐吏，主考察記錄功勞、參與任免賞罰。(58)田銀蘇伯反　東漢建安十六年（西元二一一年），曹操西征馬超，田銀、蘇伯反河間，後為曹仁討平。(59)扇動　風波鼓動。(60)忝　辱。謙詞。(61)度　估計；測度。(62)犬羊相聚　像家畜羊狗一樣聚在一起。(63)鎮　威鎮；控制。此用為名詞，猶言天下重心所在。(64)雖克不武　即使戰勝了，也不足以顯示威武。(65)平原　郡名。治所在今山東平原南。(66)魏郡東部都尉　魏郡治所在今河北磁縣東南。東漢建安十七年（西元二一二年），曹操擴大魏郡地，第二年分魏郡為東西兩部，分置都尉。都尉，郡級軍事長官，輔佐郡守並掌領全郡軍事。(67)丞相東曹屬　漢制，丞相府置東曹掾屬，曹操因之，典選舉。(68)少府　官名。為九卿之一，掌管宮廷總務。東漢時漸成為政務中心。收發文書、起草詔令的尚書臺及掌察舉非法、接受公卿奏事的御史臺，符節臺及存放檔案的蘭臺，都歸少府。(69)大司農　官名。為九卿之一，掌管租稅錢穀鹽鐵和國家的財政收支。(70)光祿勳太常　光祿勳兼太常卿。光祿勳，即秦之郎中令，為宮內總管，統領皇帝的顧問參議、宿衛侍從、傳達接待等諸官。太常，又曰奉常，九卿之一，掌宗廟禮儀。(71)晉宣王　即司馬懿。(72)鄉邑耆德　同鄉本邑中年高有德望之人。按：司馬氏亦河內溫人。(73)敦　厚；重。(74)長幼之敘　尊長與晚輩的次序。(75)踧踖　局促不安的樣子。(76)清峻　清雅高潔。(77)公輔　三公或輔相。(78)疾篤　病重。(79)光祿大夫　官名。秦郎中令屬官有中大夫，漢武帝太初元年（西元前一〇四年）更名為光祿大夫，曹魏因置，位次三公，無固定職守。諸公告老及在朝重臣加拜此官以示優重。(80)驃騎將軍 高級武官，位比三公。(81)旹 「時」的古體字。(82)坐法 犯法。(83)紹封 繼封。

【語譯】常林，字伯槐，河內郡溫縣人。七歲時，有一位父親的朋友登門造訪，問常林：「伯先在家嗎？你為何不下拜！」常林說：「雖然應當向客人下拜，但對著兒子直呼他父親的名字，有什麼值得下拜的呢？」於是大家都稱讚他。河內郡太守王匡起兵討伐董卓，派遣很多門生到下屬各縣暗地探查官吏百姓的罪過，有錯就逮捕起來，拷問索取錢穀贖罪，拖延的就滅掉他的宗族，以此提高自己的威嚴。常林的叔叔拷打佃戶，被儒生們告發，王匡憤怒的把他逮捕治罪。全族人驚惶恐怖，不知要索取多少錢穀，怕被拘囚的人無法解救。常林前去拜見王匡的同縣人胡母彪說：「王太守憑藉他的文武高才，掌控鄙郡。鄙郡內外有山河險阻，土地寬廣，民眾殷富，又有很多賢士能人，任他選用。現在皇上幼小，叛臣如虎盤據，天下震恐，這正是英雄才士奮發有為的時候。如果想誅殺天下的叛賊，匡扶衰弱的皇室，聰明的人就會望風歸附，立刻響應。平定戰亂在於和睦一心，這樣什麼樣的征伐會不勝利呢？如果沒有恩德，用人不當，覆滅就在眼前，哪還有時間去匡輔朝廷，建立崇高的功名呢？您還是隱藏起來吧！」於是說明了自己叔父被拘留的事情。胡母彪當即寫信責備王匡，王匡赦免了常林的叔父。常林於是避亂來到上黨郡，在山溝裏耕種為生。當時旱災蝗災並發，常林獨獲豐收，他把鄰居都叫來，把糧食一升一斗的分給他們。後來依附於河間郡太守陳延的莊園，陳、馮二姓，是當地舊族的首領。張楊貪求他們的婦女，貪圖他們的財貨。常林率領自己的宗族，為陳、馮兩家出謀劃策。被圍困六十多天，最終還是保全了莊園塢堡。

2 并州刺史高幹上書推薦常林為騎都尉，常林推辭不接受。後來刺史梁習推薦并州境內的名士常林和楊俊、王淩、王象、荀緯，太祖都任命他們為縣長。常林主治南和縣，治理教化有成效，越級升遷為博陵郡太守、幽州刺史，所在之處都有政績。魏文帝任五官中郎將時，常林為功曹。太祖西征，田銀、蘇伯反叛，幽州、冀州動盪不安。文帝想親自討伐他們，常林說：「以前我任職博陵，又任幽州刺史，叛賊的情形，可以料知。

北方的官民，喜好安定，厭惡動亂，歸附教化已經很久，安分守善的人多。田銀、蘇伯如同犬羊相聚，智慧小而圖謀大，不會成為大害。當今大軍在遠方，外有強大的敵人，您就是天下的重心所在，如果輕易動兵遠征，雖然是勝利了也不足以顯示威武。」文帝聽從了他的意見，另派將領去討伐，很快就消滅了他們。

3 常林出任平原郡太守、魏郡東部都尉，入朝任丞相府東曹屬。魏國建立後，官拜尚書。文帝即帝位，升任少府，封樂陽亭侯，轉任大司農。明帝即位，進封為高陽鄉侯，調任光祿勳兼太常卿。晉宣王司馬懿認為常林是同鄉德高望重的人，每次見面都下拜行禮。有人對常林說：「司馬公地位尊貴，您應制止他。」常林說：「司馬公自己想重視長幼輩分的次序，成為後輩人的榜樣。權貴不是我所懼怕，下拜也不是我所能制止的。」進言的人尷尬的退下去。當時的評論認為常林氣節品行清雅高潔，要推薦他為三公和輔相，常林便推說病重推辭。後任命他為光祿大夫。八十三歲逝世，追贈驃騎將軍，以三公之禮安葬，諡號貞侯。兒子常旹繼承封爵，任泰山郡太守，因犯法而被處死刑。常旹的弟弟常靜繼承爵位。

1 楊俊，字季才，河內獲嘉❶人也。受學陳留邊讓❷，讓器異❸之。俊以兵亂方起，而河內處四達之衢❹，必為戰場，乃扶持老弱詣京、密❺山間，同行者百餘家。俊振濟貧乏，通共有無。宗族知故❻為人所略❼作奴僕者凡六家，俊皆傾財贖之。司馬宣王年十六七，與俊相遇，俊曰：「此非常❽之人也。」又司馬朗❾早有聲名，其族兄芝❿，眾未之知，惟俊言曰：「芝雖夙望⓫不及朗，實理但有優耳。」俊轉避地并州。本郡王象⓬，少孤特⓭，為人僕隸，年十七八，見使牧羊而私讀書，因被箠楚⓮。俊嘉其才質，即贖象著家⓯，聘娶立屋，然後與別。

2 太祖除⑯俊曲梁⑰長，入為丞相掾屬，舉茂才⑱，安陵⑲令，遷南陽⑳太守。宣德教，立學校，吏民稱之。徙為征南軍師㉑。魏國既建，遷中尉㉒。太祖征漢中，魏諷㉓反於鄴，俊自劾詣行在所。俊以身方㉔罪免，牋辭太子㉕。太子不悅，曰：「楊中尉便去，何太高遠邪！」遂被書㉖左遷㉗平原太守。文帝踐阼，復在南陽。時王象為散騎常侍，薦俊曰：「伏見南陽太守楊俊，秉㉘純粹㉙之茂質㉚，履㉛忠肅㉜之弘量㉝，體仁㉞足以育物，篤實㉟足以動眾，克㊱長㊲後進，惠訓㊳不倦，外寬內直，仁而有斷。自初彈冠㊴，所歷垂化㊵，再守南陽，恩德流著㊶，殊鄰異黨，襁負而至㊷。今境守清靜，無所展其智能，宜還本朝，宣力㊸輦轂㊹，熙帝之載㊺。」

3 俊自少及長，以人倫㊻自任。同郡審固、陳留衛恂本皆出自兵伍，俊資拔獎致㊼，咸作佳士㊽；後固歷位郡守㊾，恂御史㊿、縣令，其明鑒[51]行義多此類也。初，臨菑侯[52]與俊善，太祖適嗣[53]未定，密訪羣司。俊雖並論文帝、臨菑才分所長，不適[54]有所據當[55]，然稱臨菑尤[56]美，文帝常以恨之。黃初[57]三[58]年，車駕至宛[59]，以市不豐樂，發怒收俊。尚書僕射司馬宣王、常侍王象、荀緯請俊，叩頭流血，帝不許。俊曰：「吾知罪矣。」遂自殺。眾冤痛之[60]。

【章　旨】以上是〈楊俊傳〉。楊俊一生好品評人物，識拔賢才，行善仗義，而最後被心狹氣窄的文帝所冤殺，實乃可惜。

【注　釋】❶獲嘉　縣名。治所在今河南新鄉西南。❷邊讓　字文禮，陳留浚儀（今河南開封西北）人。東漢末名士。少年時善辯博，能屬文，剛直不阿，天下知名。與陶丘洪、孔融並為後進之冠，任大將軍令史，出為九江太守。獻帝初平中，避亂辭官。恃才氣，傲曹操。建安中，其鄉人誣構，操命郡守殺之。❸器異　器重。❹四達之衢　四通八達之路。❺詣京密　往京縣、密縣。京縣治所在今河南滎陽東南；密縣治所在今河南新密東南。❻知故　相識的老朋友。❼略　掠奪；奪取。❽非常　非同尋常；不一樣。❾司馬朗　字伯達，河內溫（今河南溫縣）人，司馬懿兄。曹操辟為司空掾屬，歷任成皐令、兗州刺史等職，在任有政績。詳見本書卷十五〈司馬朗傳〉。❿芝　即司馬芝，字子華。詳本書卷十二〈司馬芝傳〉。⓫夙望　平常的聲望。⓬王象　字羲伯。為俊所知拔，有才志。建安中，與同郡荀緯等俱為魏太子所禮待。及王粲、陳琳、阮瑀、路粹等亡後，新出之中，惟象才最高。裴松之注引《魏略》略載其事。⓭孤特　無依無靠。⓮被箠楚　受到荊條和棍杖抽打。箠，杖。楚，荊條。⓯著家　著籍在家。⓰除　授予官職。⓱曲梁　縣名。治所在今河北曲周西南。⓲茂才　漢代選舉人才的一種科目，即秀才。⓳安陵　縣名。治所在今陝西咸陽東北。⓴南陽　郡名。治所在今河南南陽。㉑征南軍師　征南將軍之軍師。時曹仁為征南將軍。軍師，官名。三國時各國均設軍師官。曹魏以荀攸為軍師。蜀以諸葛亮為軍師。軍師皆參與主持軍事謀議等事。㉒中尉　官名。掌宮廷之外，京師之內的巡查緝捕。東漢建安十八年（西元二一三年），曹魏始設中尉。後改名執金吾。㉓魏諷　字子京，沛（今安徽濉溪縣西北）人。相國鍾繇辟為西曹掾。東漢建安二十四年（西元二一九年）與長樂衛尉陳禕謀反，襲鄴（今河北臨漳西南鄴鎮東約一里半處，時為魏都）。㉔身方　自身方正。㉕牋辭太子　寫信箋向太子曹丕告辭。㉖被書　受書。㉗左遷　降職。自漢代始以右為尊，左為卑，故稱。㉘秉　執；持。㉙純粹　清正純潔。㉚茂質　秀質。優秀品質。㉛履　踐行。㉜忠肅　忠誠恭謹。㉝弘量　大度量。㉞體仁　身體力行仁道，以仁為本。㉟篤實　忠厚老實。㊱克　能。㊲長　培植；培養。㊳惠訓　培養教育。惠，養。㊴彈冠　整潔其冠。比喻出仕做官。㊵垂化　留下良好的社會風氣。化，風俗、風氣被培植為優良。㊶流著　流傳顯著。㊷襁負而至　用背帶布兜背著小孩子而來。喻老百姓紛紛歸向善政。㊸宣力　效力；出力。㊹輦轂　天子的車輿。代指朝廷、天子。㊺熙帝之載　《尚書‧舜典》：「舜曰：『咨四岳，有能奮庸熙帝之載。』」傳：「奮，起。庸，功。載，事也。訪羣臣有能起發其功，廣堯之事者。」意即發揚帝王之功業。㊻人

倫　人的流品。㊼資拔獎致　資助提拔，獎勵延攬。㊽佳士　美士；優秀人才。㊾郡守　即郡太守。㊿御史　官名。秦時地方設御史，監察郡縣，有彈劾糾察之權。東漢有侍御史，掌糾察百官。治書侍御史審察疑獄。此或為侍御史之職。(51)明鑒　清楚的鑑別；善於識別。(52)臨菑侯　指曹植。(53)適嗣　嫡嗣。適，同「嫡」。即世子、太子。(54)不適　不宜。(55)據當　進據失當，猶謂措置不當。(56)尤　宋本作「猶」。(57)黃初　魏文帝曹丕年號，西元二二〇—二二六年。(58)三　原作「二」，今從宋本。(59)宛　縣名。治所在今河南南陽，時為南陽郡治。(60)眾冤痛之　大家都為他感到冤枉而悲憤沉痛。

【語　譯】楊俊，字季才，河內郡獲嘉縣人。跟隨陳留郡邊讓學習，邊讓特別器重他。楊俊因為戰亂初起，而河內郡位處四通八達的要道，必定成為戰場，於是扶老攜幼到京縣、密縣的山中，同行的有一百多家。楊俊救濟貧困的人，與他們互通有無。他的同族和朋友被人掠去做奴僕的共有六家，楊俊都傾盡家財把他們贖回。宣王司馬懿十六七歲時，與楊俊相遇，楊俊說道：「這是一位非比尋常的人。」另外司馬朗早就有聲名，他的族兄司馬芝，眾人不了解，只有楊俊說：「司馬芝雖然平時聲望趕不上司馬朗，實際情況只會更優秀些。」楊俊遷徙到并州避亂。并州郡王象，小時孤立無靠，給人做奴僕，十七八歲時，被派去牧羊而偷偷讀書，因而被主人鞭打。楊俊讚美他的才氣和品行，就把他贖出來留在自己家中。為他娶妻建屋，然後才和他分開。

2　太祖任命楊俊為曲梁縣長，進京任丞相府屬官，薦舉為茂才，任安陵縣令，遷升為南陽郡太守。他宣揚道德教化，建立學校，官吏百姓都稱頌他。調任征南將軍的軍師。魏國建立後，升任中尉。太祖討伐漢中，魏諷在鄴縣反叛，楊俊自我彈劾，到太祖營中認罪。楊俊因自身端正，被免除罪過，寫信向太子辭職。太子不高興，說：「楊中尉這就要離去，為什麼那麼清高呢！」於是接受辭呈降職為平原郡太守。文帝即帝位，又到南陽任太守。當時王象任散騎常侍，舉薦楊俊說：「臣私下看到南陽太守楊俊，保持潔白無瑕的優秀品格，實踐忠誠肅敬的弘大氣度，推行仁道，足以撫育萬物，忠厚老實，足以感動民眾，又能培植後輩，培育教誨，不知倦怠，外表寬厚，內心正直，仁愛而果斷。從開始當官以來，所任職的地方都留下良好的風氣，兩次任南陽太守，恩德流布，別處鄰里和不同鄉黨的人，都扶老攜幼而至。現在南陽境內清靜無事，他沒有機會施展才能智慧，應該回到朝廷，在皇帝身邊效力，弘揚光大帝王的功業。」

3 楊俊從少年到年長，以品評人物流品為己任。同郡的審固、陳留郡的衛恂都出自行伍，楊俊扶助提拔、獎勵任用他們，他們都成為優秀的人才；後來審固歷職郡守，衛恂為御史、縣令。他明於鑑識，行仁仗義，大多像這種情況。當初，臨菑侯曹植和楊俊關係友好，太祖繼位的太子還沒有確定，祕密的徵求各部門長官的意見。楊俊雖然一併評論魏文帝和臨菑侯才能天分的長處，認為不應措置失當，有所偏袒，但說臨菑侯更好，文帝常常因此痛恨他。黃初三年，文帝的車駕到宛縣，因為街市不豐足，人民不安樂，生氣逮捕了楊俊。尚書僕射司馬宣王司馬懿、常侍王象、荀緯為楊俊求情，叩頭流血，文帝仍不答應。楊俊說：「我知道我犯的罪了。」於是自殺。眾人都認為他死得冤枉而痛惜。

1 杜襲，字子緒，潁川❶定陵❷人也。曾祖父安❸，祖父根❹，著名前世。襲避亂荊州，劉表待以賓禮。同郡繁欽❺數見奇於表，襲喻之曰：「吾所以與子俱來者，徒欲龍蟠幽藪❻，待時鳳翔❼。豈謂劉牧❽當為撥亂之主，而規❾長者❿委身⓫哉？子若見能⓬不已⓭，非吾徒也。吾其與子絕矣！」欽慨然曰：「請敬受命。」襲遂南適長沙⓮。

2 建安初，太祖迎天子都許⓯。襲逃還鄉里，太祖以為西鄂⓰長。縣濱南境，寇賊縱橫。時長吏皆斂民⓱保城郭，不得農業。野荒民困，倉庾空虛。襲自知恩結於民，乃遣老弱各分散就田業，留丁彊備守，吏民歡悅。會荊州出步騎萬人來攻城，襲乃悉召縣吏民任拒守者五十餘人，與之要誓⓲。其親戚在外欲自營護者，恣聽[19]遣出；皆叩頭願致死。於是身執矢石，率與戮力[20]。吏民感恩，咸為用命。臨陣[21]斬數百級，而襲眾死者三十餘人，其餘十八人盡被創[22]，賊得入城。襲帥傷痍吏民決圍得出，死喪略盡[23]，而無反背者。遂收散民，徙至摩陂[24]營，吏民慕而從之如歸。

3 司隸[25]鍾繇[26]表拜議郎[27]參軍事[28]。荀彧[29]又薦襲，太祖以為丞相軍祭酒[30]。魏國既建，為侍中，與王粲、和洽並用。粲[31]彊識博聞[32]，故太祖游觀出入，多得驂乘[33]，至其見敬[34]不及洽、襲[35]。襲嘗獨見，至于夜半。粲性躁競[36]，起坐曰：「不知公對杜襲道何等也？」洽笑答曰：「天下事豈有盡邪？卿晝侍可矣，悒悒[37]於此，欲兼之乎！」後襲領丞相長史[38]，隨太祖到漢中討張魯。太祖還，拜襲駙馬都尉[39]，留督漢中軍事。綏懷開導[40]，百姓自樂出徙洛、鄴者，八萬餘口。夏侯淵[41]為劉備[42]所沒[43]，軍喪元帥，將士失色。襲與張郃、郭淮[44]糾攝[45]諸軍事，權宜以郃為督，以一[46]眾心，三軍遂定。太祖東還，當選留府長史[47]，鎮守長安[48]，主者所選多不當，太祖令曰：「釋騏驥而不乘[49]，焉皇皇而更索[50]？」遂以襲為留府長史，駐關中[51]。

4 時將軍許攸[52]擁部曲[53]，不附太祖而有慢言[54]。太祖大怒，先欲伐之。羣臣多諫：「可招懷(55)攸，共討彊敵。」太祖橫刀於膝，作色不聽。襲入欲諫，太祖逆謂(56)之曰：「吾計以定，卿勿復言。」襲曰：「若殿下計是邪，臣方助殿下成之；若殿下計非邪，雖成宜改之。殿下逆臣，令勿言之，何待下之不闇乎？」太祖曰：「許攸慢吾，如何可置乎？」襲曰：「殿下謂許攸何如人邪？」太祖曰：「凡人(57)也。」襲曰：「夫惟賢知賢，惟聖知聖，凡人安能知非凡人邪？方今豺狼當路而狐狸是先(58)，人將謂殿下避彊攻弱，進不為勇，退不為仁。臣聞千鈞(59)之弩不為鼷鼠(60)發機(61)，萬石(62)之鍾不以莛(63)撞起音，今區區之許攸，何足以勞神武哉？」太祖曰：「善。」遂厚撫攸，攸即歸服。時夏侯尚(64)暱(65)於太子，情好至密。襲謂尚非益友，不足殊待，以聞太祖。文帝初甚不悅，後乃追思。語在尚傳。其柔而不犯(66)，皆此類也。

文帝即王位，賜爵關內侯(67)。及踐阼，為督軍糧御史(68)，封武平亭侯，更為督軍糧執法(69)，入為尚書。明帝即位，進封平陽鄉侯。諸葛亮(70)出秦川(71)，大將軍曹真(72)督諸軍拒亮，徙襲為大將軍軍師，分邑百戶賜兄基爵關內侯。真薨，司馬宣王代之，襲復為軍師，增邑三百戶，并前五百五十戶。以疾徵還，拜太中大夫(73)。薨，追贈少府，諡曰定侯。子會嗣。

【章旨】以上是〈杜襲傳〉。杜襲早年蟄居荊州就胸懷大志。初仕西鄂長，得到百姓的效死擁戴。入為太祖侍從，出為關中留守，無不得到太祖的敬重信任。特別是說服太祖招撫許攸、勸文帝不必過於親近夏侯尚，表現了他處事溫順又正氣凜然不可犯的氣質節操。

【注釋】❶潁川　郡名。治所在今河南禹州。❷定陵　縣名。治所在今河南郾城西。❸曾祖父安　杜襲的曾祖父杜安。裴松之注引《先賢行狀》曰：安年十歲，名稱鄉黨。至十三，入太學，號曰神童。既名知人，清高絕俗。三府并辟，公車特徵，拜宛令。後徵拜巴郡太守，率身正下，以禮化俗。以病卒官，時服薄斂，素器不漆，子自將車。州郡賢之，表彰墳墓。❹祖父根　杜襲的祖父杜根。裴松之注引《先賢行狀》曰：根舉孝廉，除郎中。時鄧后臨朝，外戚橫恣，根乃與同時郎上書直諫。鄧后怒，收根等伏誅。執法者以根德重事公，默使不加力。根以撲輕得蘇息，密起逃竄，為宜城山中酒家客。積十五年，鄧后崩，根乃自出，拜符節令，遷濟陰太守，以德讓為政，風移俗改。年七十八以壽終，棺不加漆，斂以時服。長吏下車，常先詣安、根墓致祠。❺繁欽　字休伯。少時以文章才辯聞名。長於書記，善為詩賦。曾為丞相曹操主簿。東漢建安二十三年（西元二一八年）卒。事見本書卷二十一王粲附傳。❻龍蟠幽藪　像蛟龍蟠曲在深幽的湖澤中。喻高士深隱。蟠，彎曲伏地。藪，水少而草木茂盛的湖澤。❼鳳翔　像鳳凰鳥一樣翱翔。喻實現理想抱負，施展才華。❽劉牧　即劉表，是時表為荊州牧。牧，州牧，即刺史。❾規　規勸。❿長者　德高望重的人，此處是對對方的尊稱。⓫委身　託身；以身事人。⓬見能　表現才能。見，同「現」。⓭已　止。⓮南適長沙　往南去長沙。長沙，郡名。治所在今湖南長沙。⓯都許　以許為都。許，地名。在今河南許昌東。東漢建安元年（西元一九六年），曹操迎獻帝還洛陽，時洛陽殘破，曹操挾獻帝都許。⓰西鄂　縣名。治所在今河南南陽東北。⓱斂民　集合民眾。⓲要誓　盟約發誓。⓳恣聽　聽任；任憑。⓴戮力　并力；勉力。㉑臨陣　在陣前。㉒被創　受傷。㉓略盡　將盡。㉔摩陂　地名。在今河南郟縣東南。㉕司隸　即司隸校尉。官名。權勢極重，可持節察舉朝廷百官及京師近郡的違法者。東漢時領三輔、三河、弘農七郡為一州。朝會時可與尚書令、御史中丞專席而坐。㉖鍾繇　字元常，潁川長社（今河南長葛東）人，建安年間任大理、相國，後受魏諷謀反牽連被免官。曹魏時復為太尉、太傅，主張恢復肉刑。詳見本書卷十三〈鍾繇傳〉。㉗議郎　郎官的一種。隸屬於光祿勳，其職掌為備顧問應對。㉘參軍事　官名。始於東漢末。當時曹操以丞相總攬軍政，其僚屬往往有參丞相軍事之銜，職權頗重，後又推廣至州郡長官。㉙荀彧　字文若，潁川潁陰（今河南許昌）人。曹操的謀士。東漢建安元年（西元一九六年），建議曹操迎獻帝都許，使曹操取得有利的政治形勢。不久，任尚書令，參與軍國大事。事見本書卷十〈荀彧傳〉。㉚丞相軍祭酒　本書卷一〈武帝紀〉：「（建安）三年春正月，公（曹操）還許，初置軍師祭酒。」後避晉（司馬師）諱，去「師」字。五品。㉛綮　原脫，宋本有，據補。㉜彊識博聞　記憶力強，見聞廣博。㉝驂乘　在車邊陪乘。㉞見敬　被敬重。㉟襲　原脫，宋本有，據補。㊱躁競　急躁好勝。急於與人比高低，競寵勢。㊲悒悒　愁悶不安的樣子。㊳丞相長史　官名。為丞相府總管，佐助丞相，署理諸曹。曹操為漢丞相，始置左右長史，後因之。㊴駙馬都尉　掌皇帝副車之馬，為侍從親近之官職。後多以宗室及外戚諸人充任。帝婿例加駙馬都尉稱號，簡稱「駙馬」。㊵綏懷開導　安撫關懷，啟發誘導。㊶夏侯淵　字妙才，沛國譙（今安徽亳州）人，夏侯惇族弟。初隨曹操起兵，征袁紹，戰韓遂，破黃巾，平張魯，屢立戰功。東漢建安二十三年（西元二一八年），與蜀軍戰於陽平關，為蜀將黃忠所殺。詳見本書卷九〈夏侯淵傳〉。㊷劉備　字玄德，涿郡涿縣（今河北涿州）人，自稱中山靖王之後。東漢末年起兵，參加討伐黃巾，先後投靠公孫瓚、陶謙、曹操、袁紹、劉表。後得諸葛亮輔助，占領荊州、益州，建立蜀漢。詳見本書卷三十二〈先主傳〉。㊸所沒　所殺死。本書卷九〈夏侯淵傳〉載：（建安）二十四年正月，（劉）備夜燒圍鹿角。淵使張郃護東圍，自將輕兵護南圍。備挑郃戰，郃軍不利。淵分所將兵半助郃，為備所襲。淵遂戰死。㊹張郃郭淮　皆魏大將。張郃，字儁乂，河間鄚（今河北任丘北）人，東漢末為韓馥部將，後依袁紹，官渡之戰後歸降曹操。攻鄴城，擊袁譚，討柳城，屢立戰功，為曹魏名將之一。平張魯後，與夏侯淵守漢中，夏侯淵死，被眾人推為軍主，退屯陳倉。魏明帝時，諸葛亮北伐，張郃督諸軍，在街亭打敗諸葛亮將馬謖。魏太和五年（西元二三一年），諸葛亮再次北伐，張郃與蜀軍戰，在木門被飛矢所中，卒。詳見本書卷十七〈張郃傳〉。郭淮，字伯濟，太原陽曲（今山西陽曲）人，先後在夏侯淵、張郃等人手下任司馬。曹丕稱帝後，歷任領雍州刺史、都督雍涼諸軍事等。多次立有戰功。詳見本書卷二十六〈郭淮傳〉。㊺糾攝　督察統領。㊻一　統一。㊼留府長史　官名。曹操為漢丞相時置。或稱居府長史。丞相出征，則由其統理留守事宜。㊽長安　地名。在今陝西西安西北，當時為京兆尹治所。㊾釋騏驥而不乘　放棄駿馬不乘騎。釋，放下。騏驥，駿馬；千里馬。㊿焉皇皇而更索　匆匆忙忙還到哪裏再去尋找呢。焉，到哪裏。皇皇，匆匆忙忙的樣子。更，再。索，求。(51)關中　泛指函谷關以西地區，或指秦嶺以北之地。(52)將軍許攸　盧弼《集解》：「《通鑑》作『關中營帥許攸』。」胡三省曰：「此又一許攸，非自袁紹來奔之許攸也。」《官本考證》曰：「『此非南陽許攸。』《御覽》作『許游』。」(53)部曲　豪門大族或割據軍閥私人的軍隊。(54)慢言　輕視侮辱之言。(55)招懷　招撫；勸其降順。(56)逆調　預先攔截要說之言。(57)凡人　平凡人。(58)狐貍是先　把對付狐貍放在首先位置。(59)鈎　重量單位。三十斤。(60)鼷鼠　一種最小的老鼠。(61)機　發弩的機關。(62)石　一百二十斤為一石。(63)莛　草莖。(64)夏侯

尚　夏侯淵從子，字伯仁。善征戰。曾隨曹操平定冀州，討平代郡叛胡。曹丕時為征南將軍，領荊州刺史，假節都督南方諸軍事。率軍大破蜀國，平三郡九縣，遷征南大將軍。黃初三年（西元二二二年），率軍攻吳，大敗諸葛瑾水軍。六年病死。事詳本書卷九〈夏侯尚傳〉。65暱　親近。66柔而不犯　溫和謙順而又不可冒犯。67關內侯　爵位名。為二十等級爵位的第十九級。僅有封號而無封邑，因寄食於關內，故名。68督軍糧御史　為御史臺之屬官。魏置，出征則設，七品。69軍糧執法　亦為御史臺屬官。三國魏置，出征則設，六品。70諸葛亮　字孔明，琅邪陽都（今山東沂南南）人。先隱居荊州隆中，後輔佐劉備，提出並實踐聯合孫吳、跨有荊益、北拒曹操的方針。劉備去世後，受遺詔輔佐劉禪，先後平定南中，六次北伐曹魏。後逝世於北伐前線。詳見本書卷三十五〈諸葛亮傳〉。71秦川　今陝西、甘肅一帶，即關中。72曹真　字子丹，沛國譙（今安徽亳州）人。本姓秦，曹操收為養子。歷任偏將軍、中堅將軍、中領軍等職。詳見本書卷九〈曹真傳〉。73太中大夫　官名。職掌言議，顧問應對，為天子高級參謀官。

【語譯】杜襲，字子緒，潁川郡定陵縣人。曾祖父杜安、祖父杜根，在前代很有名。杜襲到荊州避亂，劉表待以賓客之禮，同郡人繁欽多次向劉表表現自己的特殊才能，杜襲告訴他說：「我所以與您一起來荊州，只是想像蟠龍屈身於幽深的湖底，等待時機像鳳凰一樣展翅飛翔。難道說劉州牧會成為撥亂反正的主上，而規勸您這位長者委身於他嗎？您如果不停的顯現自己的才能，就不是我的朋友了。我恐怕要與您絕交了！」繁欽感慨的說：「請讓我恭敬的接受您的指教。」杜襲便往南遷徙到長沙郡居住。

2　建安初年，太祖迎天子建都許昌。杜襲逃回家鄉，太祖任命他為西鄂縣縣長。西鄂縣靠近南部邊境，盜賊橫行。當時的縣官都集合民眾保衛城郭，不能從事農業生產，土地荒蕪，百姓貧困，倉廩空虛。杜襲自己知道已施恩於民眾，於是派出老弱百姓分散到各處從事農業生產，留下強壯的百姓防守城邑，官吏百姓都很高興。恰逢荊州方面派出一萬多步騎兵來攻城，杜襲就把縣裏官兵中擔任守備的五十多人悉數召來，和他們盟約發誓。有親戚在城外想自己去營救保護的人，聽任他們出城。這些人都磕頭願意效命。於是杜襲親自手持弓箭和石塊，帶領官民同心合力奮勇作戰。官民感恩戴德，都聽從他的命令。臨陣斬殺數百個敵人，而杜襲的官兵死了三十多人，其餘的十八人都受了傷，寇賊得以攻入城內。杜襲率領受傷的官吏百姓突圍出來，隨員死傷殆盡，而沒有一個反叛的。杜襲便收攏散去的民眾，轉移到摩陂安營，官民們因敬仰而跟從他，像回自己的家鄉一樣。

3 司隸鍾繇上表薦舉任命杜襲為議郎參軍事。荀彧又推薦杜襲，太祖任命他為丞相軍祭酒。魏國建立後，任侍中，與王粲、和洽一起任職。王粲記憶力強，見聞廣博，因此太祖出入遊覽，王粲經常陪乘，至於被敬重則比不上和洽、杜襲。杜襲曾單獨被太祖召見，直到半夜。王粲性格急躁好勝，坐起來說：「不知曹公對杜襲講些什麼？」和洽笑著回答說：「天下事難道談得完嗎？您白天陪侍就可以了，在這裏鬱鬱不樂，想一人兼任二職嗎！」後來杜襲兼任丞相長史，跟隨太祖到漢中討伐張魯。太祖返回，任命杜襲為駙馬都尉，留下來督察漢中軍事。杜襲對人民安撫開導，老百姓自己樂意遷出漢中轉徙洛陽、鄴都的有八萬多人。夏侯淵被劉備軍殺死，軍隊失去元帥，將士驚恐失色。杜襲和張郃、郭淮督察統領各軍事務，暫且以張郃為統帥，以統一軍心，三軍於是安定下來。太祖東進返回許昌，要選拔留府長史，鎮守長安，負責的人所選大多不合適，太祖下令說：「放著千里馬不乘坐，匆匆忙忙再到哪裏去尋找呢？」於是任命杜襲為留府長史，駐守關中。

4 當時將軍許攸擁有私人軍隊，不歸附太祖，而且有輕慢的話。太祖非常氣憤，打算首先討伐他。羣臣中很多人勸諫說：「可以招撫許攸，共同討伐強敵。」太祖把刀橫放在膝蓋上，變了臉色，不聽從大家的意見。杜襲進去想勸諫，太祖先攔住他的話對他說：「我主意已定，你不要再說了。」杜襲說：「如果殿下的主意是對的，臣正要幫助殿下完成此事；如果殿下的計謀是錯的，即使決定了也應改變它。您攔住我的話，叫我不要講了，為什麼不等臣下把道理說明白呢？」太祖說：「許攸輕慢我，怎麼可以置之不理呢？」杜襲說：「殿下認為許攸是個什麼樣的人呢？」太祖說：「平凡人。」杜襲說：「只有賢人才了解賢人，只有聖人才了解聖人，平凡人怎麼能了解不平凡的人呢？當今豺狼當道而先去消滅狐狸，人們將要說殿下避強攻弱，進攻不算勇敢，後退不算仁愛。臣聽說千鈞強弩不會為小鼷鼠而發動機關，萬石重的宏鐘不會被一根草莖撞響，如今一個小小的許攸，怎麼值得煩勞神明威武的殿下呢？」太祖說：「好。」於是以厚禮安撫許攸。許攸立即歸服。當時夏侯尚與太子親昵，感情非常親密。杜襲認為夏侯尚不是對人有益的朋友，不值得特別對待，把實情告訴了太祖。文帝開始很不高興，後來才追念這件事。此事記在〈夏侯尚傳〉中。他處事柔和而不可冒犯，都像這類情況。

文帝即魏王位，杜襲被賜爵關內侯。等到文帝即帝位，任督軍糧御史，封武平亭侯，改任督軍糧執法，進京任尚書。明帝即帝位，進封為平陽鄉侯。諸葛亮出兵秦川，大將軍曹真督率各軍抵抗諸葛亮，調任杜襲為大將軍軍師，從封邑中分出一百戶賜給他的哥哥杜基，封為關內侯。曹真去世，宣王司馬懿代替曹真的職務，杜襲又任軍師，增封食邑三百戶，加上以前封的共五百五十戶。因病召回，任命為太中大夫。逝世後，追贈為少府，諡號定侯。他的兒子杜會繼承封爵。

趙儼，字伯然，潁川陽翟❶人也。避亂荊州，與杜襲、繁欽通財同計，合為一家。太祖始迎獻帝都許，儼謂欽曰：「曹鎮東❷應期命世❸，必能匡濟華夏❹，吾知歸矣。」建安二年，年二十七，遂扶持老弱詣太祖，太祖以儼為朗陵長❺。縣多豪猾❻，無所畏忌。儼取其尤甚者，收縛案驗❼，皆得死罪。儼既因之，乃表府解放，自是威恩並著。時袁紹舉兵南侵，遣使招誘豫州❽諸郡，諸郡多受其命。惟陽安郡❾不動，而都尉李通❿急錄戶調⓫。儼見通曰：「方今天下未集⓬，諸郡並叛，懷附者復收其綿絹，小人樂亂，能無遺恨！且遠近多虞⓭，不可不詳也。」通曰：「紹與大將軍相持⓮甚急，左右郡縣背叛乃爾⓯。若綿絹不調送，觀聽者必謂我顧望⑯，有所須待⑰也。」儼曰：「誠亦如君慮；然當權⑱其輕重，小緩調，當為君釋此患。」乃書與荀彧曰：「今陽安郡當送綿絹，道路艱阻，必致寇害。百姓困窮，鄰城並叛，易用傾蕩，乃一方安危之機也。且此郡人執守忠節，在險不貳。微善必賞，則為義者勸。善為國者，藏之於民。以為國家宜垂⑲慰撫，所斂綿絹，皆俾⑳還之。」彧報曰：「輒㉑白曹公，公文下郡，綿絹悉以還民。」上下歡喜，郡內遂安。

2 入為司空掾屬主簿㉒。時于禁㉓屯潁陰㉔，樂進㉕屯陽翟，張遼㉖屯長社㉗，諸將任氣㉘，多共不協；使儼并參三軍，每事訓喻㉙，遂相親睦。太祖征荊州，以儼領章陵㉚太守，徙都督護軍㉛，護于禁、張遼、張郃、朱靈㉜、李典㉝、路招㉞、馮楷㉟七軍。復為丞相主簿，遷扶風㊱太守。太祖徙出故韓遂㊲、馬超㊳等兵五千餘人，使平難將軍㊴殷署㊵等督領，以儼為關中護軍，盡統諸軍。羌虜數來寇害，儼率署等追到新平㊶，大破之。屯田客㊷呂並自稱將軍，聚黨據陳倉㊸，儼復率署等攻之，賊即破滅。

3 時被書㊹差千二百兵往助漢中守，署督送之。行者卒與室家別，皆有憂色。署發後一日，儼慮其有變，乃自追至斜谷口㊺，人人慰勞，又深戒署。還宿雍州㊻

刺史張既[47]舍。署軍復前四十里，兵果叛亂，未知署吉凶。而儼自隨步騎百五十人，皆與叛者同部曲，或婚姻，得此問[48]，各驚，被甲持兵[49]，不復自安。儼欲還，既等以為「今本營黨已擾亂，一身赴之無益，可須定問[50]」。儼曰：「雖疑本營與叛者同謀，要當聞行者變，乃發之。又有欲善不能自定，宜及猶豫，促撫寧[51]之。且為之元帥，既不能安輯[52]，身受禍難，命也。」遂去。行三十里止，放馬息，盡呼所從人，喻以成敗，慰勵懇切。皆慷慨曰：「死生當隨護軍，不敢有二。」前到諸營，各召料簡[53]諸姦結叛者八百餘人，散在原野，惟取其造謀魁率[54]治之，餘一不問。郡縣所收送，皆放遣，乃即相率還降。儼密白：「宜遣將詣大營，請舊兵鎮守關中。」太祖遣將軍劉柱將二千人，當須到乃發遣，而事露，諸營大駭，不可安喻。儼謂諸將曰：「舊兵既少，東兵未到，是以諸營圖為邪謀。若或成變，為難不測。因其狐疑，當令早決。」遂宣言[55]當差留新兵之溫厚者千人鎮守關中，其餘悉遣東。便見主者，內[56]諸營兵名籍[57]，案累重[58]，立差[59]別之。留者意定，與儼同心。其當去者亦不敢動，儼一日盡遣上道，因使所留千人，分布羅落[60]之。東兵尋[61]至，乃復脅喻，并徙千人，令相及共東，凡所全致二萬餘口。

4 關羽圍征南將軍曹仁於樊[62]。儼以議郎參仁軍事南行，與[63]平寇將軍[64]徐晃[65]俱前。既到，羽圍仁遂堅，餘救兵未到。晃所督不足解圍，而諸將呵責晃促救。儼謂諸將曰：「今賊圍素固，水潦猶盛。我徒卒單少，而仁隔絕不得同力，此舉適[66]所以弊內外[67]耳。當今不若前軍偪圍，遣諜通仁，使知外救，以勵將士。計北軍不過十日，尚足堅守。然後表裏俱發，破賊必矣。如有緩救[68]之戮，余為諸軍當之。」諸將皆喜，便作地道，箭飛書與仁，消息數通[69]，北軍亦至，并勢大戰。羽軍既退，舟船猶據沔水[70]，襄陽[71]隔絕不通，而孫權[72]襲取羽輜重[73]，羽聞之，即走南還。仁會諸將議，咸曰：「今因[74]羽危懼，必可追禽[75]也。」儼曰：「權邀[76]羽連兵之難，欲掩制其後，顧羽還救，恐我承[77]其兩疲，故順辭求效[78]，乘釁因變[79]，以觀利鈍[80]耳。今羽已孤迸[81]，更宜存之以為權害。若深入追北[82]，權則改虞[83]於彼，將生患於我矣。王必以此為深慮。」仁乃解嚴。太祖聞羽走，恐諸將追之，果疾敕[84]仁，如儼所策[85]。

5 文帝即王位，為侍中。頃之，拜駙馬都尉，領河東[86]太守、典農中郎將[87]。黃初三年，賜爵關內侯。孫權寇邊[88]，征東大將軍曹休[89]統五州軍御之，徵儼為軍師。權眾退，軍還，封宜土亭侯，轉為度支中郎將[90]，遷尚書。從征吳，到廣陵(91)，復留為征東軍師。明帝即位，進封都鄉侯，邑六百戶，監荊州諸軍事，假節(92)。會疾，不行，復為尚書，出監豫州諸軍事，轉大司馬軍師(93)，入為大司農。齊王(94)即位，以儼監雍、涼諸軍事，假節，轉征蜀將軍，又遷征西將軍，都督雍、涼。正始(95)四年，老疾求還，徵為驃騎將軍(96)，遷司空。薨，謚曰穆侯。子亭嗣。

初，儼與同郡辛毗(97)、陳羣(98)、杜襲(99)並知名，號曰辛、陳、杜、趙云。

【章　旨】以上是〈趙儼傳〉。趙儼與同郡辛毗、陳羣、杜襲齊名，號稱辛陳杜趙，本卷六位傳主中，以此傳著墨最多。趙儼二十七歲扶老攜幼投靠太祖，初仕朗陵長，入京為太祖手下掾屬，多次出任監、領、護軍，洞析事理，處變不驚，剛毅果敢，堅守法度。官至三公，為魏立下汗馬功勞。

【注　釋】❶陽翟　縣名。治所在今河南禹州。❷曹鎮東　即曹操。建安元年（西元一九六年）六月，曹操任鎮東將軍。❸應期命世　適應時代的變化，駕馭世道的命數。❹匡濟華夏　匡正救濟中國。❺朗陵長　朗陵縣縣長。朗陵治所在今河南確山縣南。時大縣長官曰令，小縣曰長。❻豪猾　不守法度的豪強。❼案驗　查訊證實。❽豫州　州名。東漢治所在今安徽亳州，三國魏以後治所屢遷。❾陽安郡　東漢曾分汝南郡部分為陽安郡，治所在今河南確山縣東北。❿李通　字文達，江夏平春（今河南信陽西北）人。建安初，率眾歸曹操，為振威中郎將，屯汝南西界。操討張繡，通助操有功，拜裨將軍，封建功侯，分汝南二縣，以通為陽安都尉。事見本書卷十八〈李通傳〉。⓫戶調　按戶徵收的賦稅。當時規定每戶徵收絹二匹、棉二斤。⓬集安。⓭虞　憂患。⓮相持　相互對峙，各不認服。⓯乃爾　如此。⓰顧望　觀望。⓱須待　等待。⓲權　衡量。⓳垂　施；賜。⓴俾　使。㉑輒　即時；立刻。㉒司空掾屬主簿　曹操為漢司空時置主簿一人，第七品，掌文書簿籍及印鑑。㉓于禁　字文則，泰山鉅平（今山東泰安）人。初隨濟北相鮑信，後歸曹操，為曹操手下名將。東漢建安二十四年（西元二一九年），與關羽戰於樊城，兵敗被俘。孫權取荊州後，于禁被送還魏，慚恨而死。詳見本書卷十七〈于禁傳〉。㉔屯潁陰　駐軍潁陰。

潁陰，縣名。治所在今河南許昌。㉕樂進　字文謙，陽平衛國（今河南清豐南）人，曹操部將，初為帳下吏，後遷陷陣都尉。歷大小百餘戰，每戰剋捷，軍功卓著，歷任討寇校尉、遊擊將軍、折衝將軍、右將軍。詳見本書卷十七〈樂進傳〉。㉖張遼　字文遠，雁門馬邑（今山西朔縣）人，原為并州刺史丁原部下，後投呂布，又依附曹操。在曹操部下屢立戰功，歷任軍中重職，為曹魏重要軍事將領。詳見本書卷十七〈張遼傳〉。㉗長社　縣名。治所在今河南長葛東北。㉘任氣　意氣用事。㉙訓喻　教訓曉諭。㉚章陵　郡名。治所在今湖北棗陽東。㉛都督護軍　官名。三國魏置。為重要軍事將領的名號。有統領，監護諸軍權。㉜朱靈　字文博，清河（今河北清河縣東南）人。初為袁紹將，後歸曹操，從征有功，授橫海將軍。文帝時封高唐亭侯，官至後將軍，事見本書卷十七〈徐晃傳〉附。㉝李典　字曼成，山東鉅野（今山東巨野東北）人，隨曹操起兵，屢立戰功。性好學問，不與諸將爭功，軍中稱為長者。歷任潁陰令、中郎將、裨將軍、破虜將軍等。詳見本書卷十八〈李典傳〉。㉞路招　魏將。東漢建安十七年（西元二一二年），隨夏侯淵屯長安，圍擊馬超。㉟馮楷　曹操部下將領，東漢建安十三年（西元二〇八年），曾隨曹操征荊州。㊱扶風　屬司隸校尉部，三輔地之一。東漢治所在今陝西興平東南。㊲韓遂　字文約，金城（今甘肅永靖西北）人。與同郡邊章俱著名西州，受羌、氐民愛戴。擁兵十餘萬，與馬騰割據涼州。獻帝時聯合馬超等率兵反曹操，被擊敗，為部將所殺。㊳馬超　字孟起，扶風茂陵（今陝西興平）人，馬騰之子。東漢建安十六年（西元二一一年），與韓遂聯合進攻曹操，失敗後還據涼州。自稱征西將軍，領并州牧，督涼州軍事。被楊阜等人攻擊，先奔張魯，後投劉備，歷任左將軍、驃騎將軍等，為蜀漢名將。詳見本書卷三十六〈馬超傳〉。㊴平難將軍　官名。曹魏置，第三品，有官屬。㊵殷署　曹操部將，關羽圍曹仁於樊，署奉命於徐晃之後馳援，終解仁圍。㊶新平　郡名。治所在今陝西彬縣。㊷屯田客　租種屯田的客戶。本書卷十五〈梁習傳〉：「習表置屯田都尉二人，領客六百夫，於道次耕種菽粟，以給人牛之費。」㊸陳倉　縣名。治所在今陝西寶雞東。漢魏時為攻守要地。㊹被書　接受軍書命令。㊺斜谷口　地名。在今陝西眉縣西南，為褒斜道東口，谷口有關曰斜谷關。此道為西安一帶至漢中的軍事要道。㊻雍州　州名。治所在今陝西西安西北。㊼張既　字德容，馮翊高陵（今陝西高陵）人。從曹操破馬超後，為京兆尹。魏國建立，為尚書，出為雍州刺史，後為涼州刺史，封西鄉侯。事見本書卷十五〈張既傳〉。㊽問　音訊；消息。㊾被甲持兵　披甲、手持兵器。㊿可須定問　可稍待確切消息。(51)撫寧　撫慰安定。(52)安輯　安撫、親慰。(53)料簡　估量選取。(54)造謀魁率　製造陰謀叛亂的頭目。(55)宣言　宣布主張。(56)內　通「納」。交納。(57)名籍　名冊。(58)案累重　核查家屬財產。案，通「按」。(59)立差　定出等次。(60)羅落　聯絡控制在一起。(61)尋　不久。(62)樊　地名。又名樊城。在今湖北襄樊北，南臨漢水。(63)與　原誤作「遷」。《三國志集解》引陳景雲云：「《冊府》『遷』

作『與』，《通志》同，當從之。」今據改。64平寇將軍　官名。曹魏置，三品，有官屬。65徐晃　字公明，河東楊（今山西洪洞東南）人，曹操手下著名軍事將領。從征呂布、劉備、袁紹、張魯等，屢立戰功。善於治軍，被曹操稱為有周亞夫之風。歷任平寇將軍、右將軍等職。詳見本書卷十七〈徐晃傳〉。66適　只。67弊內外　使內外困乏疲憊。68救　原作「急」，今從宋本。69消息數通　盧弼《集解》引胡三省注：「消者，浸微浸滅之意；息者，漸生漸長之意。消息數通，則城內城外各知安否也。」70沔水　即漢水。71襄陽　郡名。治所在今湖北襄樊。72孫權　字仲謀，吳郡富春（今浙江富陽）人，孫策弟。孫策死後即位，被封討虜將軍，領會稽太守。黃武八年（西元二二九年）即帝位於武昌。死後諡大皇帝，廟號太祖。詳見本書卷四十七〈吳主傳〉。73輜重　行軍攜帶之軍用物資。《孫子．軍爭》：「是故軍無輜重則亡。」74因　趁著。75禽　通「擒」。76邀　中途截擊。引申為於別人困危之時趁機進擊。77承　原作「乘」，今從宋本。78順辭求效　言辭卑順，請求效力。79乘釁因變　乘有空隙，加以利用。釁，縫隙；破綻。因，利用。80利鈍　猶言利害。81孤迸　勢孤奔竄。82追北　追擊敗軍。83虞　悅；和好。84敕　告諭；告誡。85策　推測。86河東　郡名。治所在今山西夏縣西北。87典農中郎將　官名。漢末，曹操於實行屯田的諸郡國置屯田官。郡國大者置典農中郎將，掌管農業生產、民政、田租，職如太守。88寇邊　侵犯邊境。89曹休　字文烈，沛國譙（今安徽亳州）人，曹操族子。東漢末隨曹操起兵，常從征伐。歷任曹魏領軍將軍、大司馬等職。詳見本書卷九〈曹休傳〉。90度支中郎將　官名。曹魏置，隸大司農，主諸軍兵田的調遣。91廣陵　郡名。漢治所在今江蘇揚州。三國魏移治今江蘇清江。92假節　朝廷臨時授予符節。表示其權力可代表朝廷在一方實行。93大司馬軍師　大司馬屬官。大司馬，三公之一，為國家最高軍事行政長官。94齊王　曹芳，字蘭卿，明帝養子。青龍三年（西元二三五年）立為齊王。景初三年（西元二三九年）正月立為皇太子，旋即皇帝位。事詳本書卷四〈齊王紀〉。95正始　魏齊王曹芳年號，西元二四〇—二四九年。96驃騎將軍　秩位同大將軍，皆金印紫綬，位同三公。97辛毗　字佐治，潁川陽翟（今河南禹州）人，祖居隴西，東漢建武年間遷居潁川。初從袁紹，後歸曹操。歷任議郎、侍中、衛尉等職。詳見本書卷二十五〈辛毗傳〉。98陳羣　字文長，潁川許昌（今河南許昌東）人，深得曹操信任，歷任曹魏尚書僕射、錄尚書事等。文帝病重，與曹真等人受遺詔輔政。詳見本書卷二十二〈陳羣傳〉。99杜襲　見本卷〈杜襲傳〉。

【語　譯】趙儼，字伯然，潁川郡陽翟縣人。到荊州躲避戰亂，和杜襲、繁欽通財共用，合為一家。太祖最初迎接獻帝建都許昌，趙儼對繁欽說：「曹鎮東將軍順應時勢擔負時代重任，一定能匡扶拯救華夏，我明白了自己的歸宿。」建安二年，趙儼二十七歲，便扶老攜幼投奔太祖，太祖任命趙儼為朗陵縣長。朗陵縣有很多奸猾豪強，肆無忌憚。趙儼擇取其中特別厲害者，逮捕審查，全部判處死刑。趙儼囚禁了他們之後，又上書郡府請求赦免他們，從此他的威嚴和恩德同時並著。這時袁紹起兵向南侵犯，派使者引誘招降豫州各郡，各郡大多接受了袁紹的任命。只有陽安郡不為所動，而郡都尉李通又加緊登錄每戶應徵的賦稅。趙儼去見李通說：「現在天下未定，各郡一併叛變，歸附的人又要徵收他們的綿絹，小人們喜歡作亂，這樣做怎能沒有遺憾的事情發生！況且遠近多有憂患，不能不詳察形勢啊。」李通說：「袁紹和大將軍對峙非常激烈，左右郡縣背叛已成這個樣子。如果綿絹不調送，旁觀的人一定說我們前瞻後顧，有所等待。」趙儼說：「確實也像您所顧慮的那樣；然而也應權衡輕重，稍緩徵調，我當為您解除這個憂患。」於是寫信給荀彧：「現在陽安郡應當調送的綿絹，因道路艱險隔絕，必會招致賊寇劫掠。百姓窮困，鄰近各郡縣都已背叛，陽安郡容易引起動亂，現在是一方安危的關鍵。況且這郡的人民堅守忠誠節操，身處險境也沒有二心。對微小善事一定給予獎賞，就是對堅持正義的人的鼓勵。善於治國的人，藏富於民。我認為國家當前應該施惠撫慰人民，所收取的綿絹，全部讓郡縣退還給百姓。」荀彧回信說：「即時報告了曹公，公文下發到郡，綿絹全都退還給百姓。」吏民上下歡喜，郡內便安定下來。

2 趙儼調入京師任司空掾屬主簿。當時于禁駐紮潁陰縣，樂進駐紮陽翟縣，張遼駐紮長社縣，幾位將領任性使氣，經常不能協調一致。派遣趙儼同時擔任三方的軍事參謀。趙儼事事訓導曉喻，三位將領便親近和睦。太祖征討荊州，讓趙儼兼領章陵太守，調任都督護軍，監領于禁、張遼、張郃、朱靈、李典、路招、馮楷七軍。又擔任丞相主簿，升任扶風太守。太祖調出原來韓遂、馬超等部下士兵五千多人，派平難將軍殷署等人統領，任趙儼為關中護軍，全面統率各軍。羌族人多次來侵擾，趙儼率領殷署等人追到新平郡，把他們打得大敗。屯田客戶呂並自稱將軍，聚集黨徒占據陳倉縣，趙儼又率領殷署等人攻打他們，賊寇很快被消滅。

3 當時受命差遣一千二百名兵士前往幫助漢中太守，殷署負責監督發送這些兵士。遠行的士兵突然與家室親人告別，都面有憂色。殷署出發一天後，趙儼擔憂他們發生變故，便親自追到斜谷口，一個一個的慰勞，又深切的告誡殷署。返回時住在雍州刺史張既家。殷署的軍隊又往前走了四十里，士兵果然叛亂，也不知殷署吉凶。而趙儼自己帶領的一百五十個隨行的步兵騎士，都與叛亂的人屬於同一部隊編制，有的是姻親關係。得知這個消息，個個驚慌，都穿好鎧甲，拿著武器，不再安心。趙儼想再返回，張既等人認為，「現在本營的同黨已騷亂，單身前去沒有用處，可以等候確實消息。」趙儼說：「雖然懷疑本營士兵與叛兵同謀，但關鍵是聽到遠行的士兵叛亂，他們才發生騷亂。遠行的士兵中還有些想從善而猶豫不決的人，應趁他們猶豫時，趕快安撫穩住他們。況且身為元帥，既然不能安撫穩住他們，身受禍難，也是命該如此。」於是出發。走了三十里停下，放馬休息。把隨從的人全都叫在一起，曉諭事情成敗的道理，安慰鼓勵，言詞懇切。隨從的人全都慷慨激昂的說：「死活都跟隨您，絕不敢有二心。」前進到各軍營，趙儼分別召集估計會勾結叛變的八百多人，當時都散在野外。只把出謀反叛的首謀抓起來治罪，其餘的人一概不問罪。郡縣所抓獲送來的叛兵，都釋放打發走，於是叛兵都相繼回來投降。趙儼又祕密稟告丞相：「應該派遣將領前往大營，請用舊兵鎮守關中。」太祖派遣將軍劉柱帶領二千人，等他們到達後就遣送出發，但事情洩露，各營十分驚駭，無法解釋清楚安定軍心。趙儼對各將領說：「舊兵既然很少，東邊來的軍隊又尚未抵達，因此各營策劃邪謀。如果釀成叛變，造成的災難將不可預測。趁他們猶豫未定，應當下令及早解決。」於是揚言說要派遣一千個家中生活溫暖富足的新兵留下來鎮守關中，其餘的都派遣到東邊。立即召見各營主管的人，交納各營的軍士名冊，按照家屬財產，訂出等級區別對待。這樣留下的人心裏踏實，與趙儼同心合力。那些應當離開的也不敢亂動。趙儼在一天之內全部派遣上路，乘機使留下的一千人，分開駐紮加以控制。東邊派來的軍士不久到達，趙儼便又是威脅，又是講理，同時遷出這一千人，命令他們相繼東進，總共完滿的遣送兩萬多人。

4 關羽在樊城包圍征南將軍曹仁。趙儼以議郎之職參與曹仁的軍務南行，與平寇將軍徐晃一同前進。到達以後，關羽包圍曹仁已非常堅固，其餘的救兵還沒有到達。徐晃帶領的人馬不足以解圍，而各將領都責備徐晃，催促他趕快援救曹仁。趙儼對將領們說：「現在敵兵的包圍已很堅固，水勢又很大。我們兵力單薄，而曹仁被隔絕，不能與我們合力行動，現在進攻恰恰使包圍圈內外都困乏疲憊。當今不如讓軍隊前鋒逼近包圍圍，派間諜通知曹仁，使他知道外有救兵，藉以激勵將士。估計北方援兵到達不過十天，尚且足以堅守。然後裏外一同發動攻勢，一定會打敗敵人。如果有救援遲緩的罪責，我替各軍承擔責任。」各位將領聽了都很高興，便挖鑿地道，射箭飛書給曹仁，多次互通消息，北方援兵也到了，各路軍隊合力大戰。關羽的軍隊退走以後，水軍船隻還控制著沔水，襄陽隔絕不通，而孫權襲擊奪取關羽的軍事物資，關羽聽到消息，立即南撤回軍。曹仁召集將領們商議，將領們都說：「現在趁著關羽危難驚恐之時，一定可以追上擒獲他。」趙儼說：「孫權乘關羽與我們交兵的困境，想襲擊他的後方，見關羽回軍救援，怕我們利用他們雙方疲憊之機，因此言辭卑順，請求為我們效力，趁著時機，利用變故，以觀利害。現在關羽力孤逃竄，更應該使他存活下去，作為孫權的禍患，我們如果深入追擊敗兵，孫權就會改變而和他們和好，對我們就要產生禍患了。魏王對此事一定會深思熟慮。」曹仁便解除了戒嚴。太祖聽說關羽逃走，擔心諸將追趕，果然迅速告誡曹仁不要追趕，就像趙儼所推測的一樣。

5 文帝即王位，趙儼任侍中。不久，任命他為駙馬都尉，兼任河東太守、典農中郎將。黃初三年，賜予關內侯的爵位。孫權侵犯邊境，征東大將軍曹休率領五州的兵馬抵禦孫權，徵召趙儼為軍師。孫權退兵後，各軍回師，封趙儼為宜土亭侯，轉任度支中郎將，升為尚書。跟隨大軍征討吳國，到廣陵郡，又留下任征東將軍軍師。明帝即帝位，進封為都鄉侯，食邑六百戶，監荊州諸軍事，授與符節。正巧身體有病，沒有赴任，仍任尚書。出京監豫州諸軍事，轉任大司馬軍師，入朝任大司農。齊王即位，任命趙儼監雍、涼二州諸軍事，授與符節，轉任征蜀將軍，又升任征西將軍，統領雍、涼二州諸軍事。正始四年，年老多病，請求回京，徵召為驃騎將軍，升司空。逝世後，諡號穆侯。兒子趙亭繼承封爵。當初，趙儼和同郡的辛毗、陳羣、杜襲同時出名，號稱辛、陳、杜、趙。

1 裴潛，字文行，河東聞喜❶人也。避亂荊州，劉表待以賓禮。潛私謂所親王粲、司馬芝曰：「劉牧非霸王之才，乃欲西伯[2]自處，其敗無日矣。」遂南適長沙。太祖定荊州，以潛參丞相軍事，出歷三縣令，入為倉曹屬[3]。太祖問潛曰：「卿前與劉備俱在荊州，卿以備才略何如[4]？」潛曰：「使居中國[5]，能亂人而不能為治也。若乘間[6]守險，足以為一方主。」

2 時代郡[7]大亂，以潛為代郡太守。烏丸[8]王及其大人[9]，凡三人，各自稱單于[10]，專制郡事。前太守莫能治正，太祖欲授潛精兵以鎮討之。潛辭曰：「代郡戶口殷眾，士馬控弦[11]，動有萬數。單于自知放橫日久，內不自安。今多將兵往，必懼而拒境，少將則不見憚[12]。宜以計謀圖之，不可以兵威迫也。」遂單車之郡。單于驚喜。潛撫之以靜。單于以下脫帽稽顙[13]，悉還前後所略[14]婦女、器械、財物。潛案誅郡中大吏與單于為表裏[15]者郝溫、郭端等十餘人，北邊大震，百姓歸心。在代三年，還為丞相理曹掾[16]，太祖褒稱治代之功，潛曰：「潛於百姓雖寬，於諸胡[17]為峻[18]。今計者必以潛為理過嚴，而事加寬惠；彼素驕恣[19]，過寬必弛，既弛又將攝之以法，此訟爭[20]所由生也。以勢料之，代必復叛。」於是太祖深悔還潛之速。後數十日，三單于反問至[21]，乃遣鄢陵侯彰[22]為驍騎將軍[23]征之。

3 潛出為沛國相[24]，遷兗州[25]刺史。太祖次[26]摩陂，歎其軍陳齊整，特加賞賜。

文帝踐阼，入為散騎常侍。出為魏郡、潁川典農中郎將，奏通貢舉㉗，比之郡國，由是農官進仕路泰㉘。遷荊州刺史，賜爵關內侯。明帝即位，入為尚書。出為河南㉙尹㉚，轉太尉軍師㉛、大司農㉜，封清陽亭侯，邑二百戶。入為尚書令㉝，奏正分職，料簡名實㉞，出事使斷官府者百五十餘條。喪父去官，拜光祿大夫。正始五年薨，追贈太常，諡曰貞侯。子秀㉟嗣。遺令儉葬，墓中惟置一坐，瓦器㊱數枚，其餘一無所設。秀，咸熙㊲中為尚書僕射。

【章旨】以上是〈裴潛傳〉。此傳敘裴潛事跡分三個層面：敘他依劉表，隨太祖之初的經歷，通過評劉表、論劉備，說明他鑑識超人。敘他治代郡事跡，說明他處事平和得體，善謀有恆。敘他在文帝、明帝時期歷官處事，說明他恪盡職守，樸實純正。

【注釋】❶聞喜　縣名。治所在今山西聞喜。裴松之注引《魏略》曰：「潛世為著姓。父茂，仕靈帝時，歷縣令、郡守、尚書。建安初，以奉使率導關中諸將討李傕有功，封列侯。潛少不修細行，由此為父所不禮。」❷西伯　即西方諸侯之長。周文王姬昌，曾為西伯，積善累德，諸侯都歸向他。❸倉曹屬　丞相府屬官。丞相府設長史，長史下分曹治事，有東曹、西曹、戶曹、倉曹等。每曹掾為正，屬為副。❹何如　二字原互倒，今從宋本。❺中國　國之中，謂中原。此泛指黃河中下游地區。❻乘閒　趁空。猶言乘機。❼代郡　郡名。治所在今河北蔚縣東北。三國魏同。因本郡先後北鄰匈奴、烏桓、鮮卑等族，故一直為北方軍事要郡。❽烏丸　即烏桓。又名赤山。國名，亦為族名。為東胡族一支，秦末東胡遭匈奴擊破後，部分退遷烏桓山，因以為名。❾大人　首領。❿單于　匈奴最高首領的稱號。《史記·匈奴列傳》注引《漢書音義》曰：「單于者，廣大之貌，言其象天單于然。」⓫控弦　拉弓。⓬憚　畏懼；害怕。⓭稽顙　行跪拜禮，兩手拱至地，頭觸地。⓮略　宋本作「掠」。⓯為表裏　猶言裏應外合。⓰丞相理曹掾　官名。為丞相府屬官，典刑法。曹操建安十九年（西元二一四年）置。

本書卷一〈武帝紀〉云：建安十九年十二月，曹操曰：「夫刑，百姓之命也，而軍中典獄者或非其人，而任以三軍死生之事，吾甚懼之。其選明達法理者，使持典刑。」於是置理曹掾屬。⑰諸胡　對代郡所有少數民族的統稱。⑱峻　嚴峻。⑲驕恣　驕橫放縱。⑳訟爭　爭辯；爭論。㉑反問至　反叛的消息來到。㉒鄢陵侯彰　建安二十一年，彰封鄢陵侯。二十三年，代郡烏丸反，以彰為北中郎將，行驍騎將軍。詳見本書卷十九〈任城威王傳〉。㉓驍騎將軍　在諸雜號將軍中，品秩較高。三國魏為內軍，有營兵，以功高者據之。㉔沛國相　中央派往沛國的治理王國的長官，職如太守。諸侯王的封地稱王國，東漢時相當於郡。諸侯王只得衣食租稅，不能治理，治理則由朝廷派之國相。沛國治所在今安徽濉溪縣西北。三國魏治所在今江蘇沛縣。㉕兗州　州名。治所在今山東鄄城東北。㉖次　駐紮。㉗奏通貢舉　上奏陳述意見和選拔推薦人才。㉘泰　通達；暢泰。㉙河南　即洛陽。㉚尹　正也。因為都城所在，故不稱郡而稱尹。㉛太尉軍師　曹魏太尉屬官有軍師一人。㉜大司農　官名。東漢建安十八年（西元二一三年），曹魏初置大農，黃初元年（西元二二〇年）更名大司農，秩中二千石，三品，掌管國家財政收支。㉝尚書令　東漢始為掌管中央實權的尚書臺首長，是直接對皇帝負責，總攬一切政令的首腦。㉞料簡名實　推求、考察名與實際是否相符。㉟秀　裴松之注引《文章敘錄》曰：秀字季彥。弘通博濟，八歲能屬文，遂知名。累遷散騎常侍、尚書僕射令、光祿大夫。咸熙中，晉文王始建五等，命秀典為制度，封廣川侯。晉室受禪，進左光祿大夫，改封巨鹿公，遷司空。㊱瓦器　陶器。㊲咸熙　魏元帝曹奐年號，西元二六四—二六五年。

【語　譯】 裴潛，字文行，河東郡聞喜縣人。到荊州躲避戰亂，劉表以賓客之禮相待。裴潛私底下對他親近的王粲、司馬芝說：「劉州牧不是稱霸稱王的人才，卻想以周文王自居，他不用多久就要失敗了。」於是南往長沙。太祖平定荊州，任命裴潛參謀丞相府軍事，出任三個縣的縣令，入京任丞相府倉曹屬官。太祖問裴潛：「卿原先與劉備都在荊州，卿認為劉備才能謀略怎樣？」裴潛說：「讓他處於中原地區，只能擾亂別人而不能治理。如果乘機占據險隘，足以成為一方的霸主。」

2 當時代郡大亂，任命裴潛為代郡太守。烏丸王和他的部落首領，共三人，各自號稱單于，專權掌控郡中政事。前任太守沒有人能夠治理，太祖想授給裴潛精兵去鎮壓討伐他們。裴潛推辭說：「代郡百姓殷富，人口眾多，兵馬善射之人，動輒數以萬計。單于自己知道放縱驕橫很長時間了，內心也不安。現在帶領很多軍隊前往，他們一定害怕而在邊界抵抗。如果少帶兵士，他們就不會害怕。應該利用計謀對付他們，不可用武力威逼他們。」於是裴潛單車赴郡。單于驚喜。裴潛平靜的撫慰他們。單于以下的首領都脫帽磕頭，悉數交還前後掠去的婦女、器械、財物。裴潛追查處死郡中與單于裏應外合的大吏郝溫、郭端等十多人，北部邊境大為震動，百姓歸心。裴潛在代郡三年，回京任丞相府理曹屬官。太祖誇獎他治理代郡的功勞，裴潛說：「我對老百姓雖然寬大，但對胡人是嚴峻的。現在的主政者一定認為我治理過嚴，而處事更加寬厚仁惠；那些胡人平常驕橫放縱，過於寬厚一定會鬆弛，鬆弛了再用刑法威懾他們，這就是爭鬥產生的原因。從形勢上預料，代郡一定又要叛亂。」於是太祖十分後悔太快召回裴潛了。幾十天後，三個單于叛亂的消息傳來，太祖便派鄢陵侯曹彰為驍騎將軍去征討他們。

3 裴潛出任沛國相，升兗州刺史。太祖駐紮在摩陂，讚嘆裴潛軍陣整齊，特別加以賞賜。文帝即帝位，進京任散騎常侍。又出任魏郡、潁川郡的典農中郎將，上奏陳述意見和選拔推薦人才，與郡國相同，從此農官升遷的道路暢通。升任荊州刺史，賜給關內侯的爵位。明帝即位，入京任尚書。又出任河南尹，轉太尉軍師、大司農，封為清陽亭侯，食邑二百戶。進京任尚書令，上書整飭官員職守，考察名分和實際是否相符，寫出官府判斷政務的規定一百五十多條。父親去世離職，後任命為光祿大夫。正始五年去世。追贈為太常，諡號貞侯。兒子裴秀繼承爵位。裴潛遺言要求喪葬從儉，墓中只放置一個座位，陶器幾件，其他東西一概不設置。裴秀，咸熙年間擔任尚書僕射。

評曰：和洽清和幹理❶，常林素業純固❷，楊俊人倫行義，杜襲溫粹識統❸，趙儼剛毅有度，裴潛平恆貞幹❹，皆一世之美士也。至林能不繫心❺於三司❻，以大夫告老，美矣哉！

【章　旨】以上是史家對傳中六人的綜合品評。特別對常林不戀高位的品格給予了高度讚揚。

【注　釋】❶清和幹理　清靜、和平，幹練有條理。❷素業純固　清白任事，純樸專一。❸溫粹識統　溫和純正，識大體。❹平恆貞幹　平和有耐力，有恆心，品德高尚又有才幹。❺繫心　掛心。❻三司　即三公。

【語　譯】評論說：和洽清靜平和，幹練達理，常林清淡守業，純樸專一，楊俊品評人物，踐行道義，杜襲溫和純粹，能識大體，趙儼剛強堅毅，具有法度，裴潛平穩有恆，忠貞幹練，這些人都是一代的優秀人才。至於常林能不嚮往三公這樣的高位，以大夫的身分告老退休，真是高尚啊！

【研　析】六篇人物傳記，給我們提供了三個方面的啟示：

第一、六人中有四人：和洽、杜襲、趙儼、裴潛，早年都避亂荊州，依附劉表（不只四人，當時有一批中原文士）。但他們都非真心佐輔劉表，荊州破後，都歸屬了曹操。甚至當時繁欽「數見奇於表」，反遭杜襲的批評。為什麼？劉表待他們不為不厚，據傳文載，和洽到荊州，「表以上客待之」；杜襲、趙儼、裴潛到荊州，劉表皆待以賓禮。我民族傳統的一個重要道德觀念就是受恩思報，而他們為何不報效劉表？這不能不引起後人思考。究其原因，大體可從三個方面解讀：其一，可從他們依歸劉表的動因和目的推之。四人皆因中原戰亂，無處避兵，而荊州「土地險阻，山夷民弱，易依倚」，所以才「與親舊俱南從表」。他們到荊州的目的不是為助劉表成大業，而是為避亂棲身，被社會形勢所迫不得已而來。其二，可從四人理想抱負推之。他們四人都是有才有識，志向遠大之士。杜襲諭繁欽的一席話很能說明問題：「吾所以與子俱來者，徒欲龍蟠幽藪，待時鳳翔」，這才是他們的真實用意。他們只是借劉表這把雨傘，暫避一時，一有機會，他們就會龍躍鳳翔，平治天下。而荊州並不是他們久據之地，只是把這裏當做待時的「幽藪」而已。其三，從他們的才識遠鑑觀之，劉表並不是他們的理想之主。他們選擇荊州，主要是看中「劉表無他遠志」，又「愛人樂士」。實際上他們看不起劉表，認為他並不是「撥亂之主」，「非霸王之才」，而自己還想「欲西伯自處，其敗無日矣」。認為他只是「昏世之主，不可黷近」。儘管劉表敬重他們，一有機會，和洽南適武陵，杜襲、裴潛南適長沙，趙儼「持老弱詣太祖」。荊州破，都歸順了曹操。敘述他們棄劉歸曹，是正面讚揚四人的才識遠略，善擇木而棲，擇主而仕，從側面也將亂世中英主和庸主作了對比。

第二，常林、楊俊是同郡名士，經歷近似，卻下場各異。陳壽將二人放在一起立傳，從中可體悟出什麼？二人與和洽、杜襲、趙儼都是中州名士，早年漢末戰亂時，二人並沒與和洽等人一樣遠徙荊州，而是一個避亂於上黨（今山西長治北）深山中，一個避亂於密縣（河南新密）深山中，都帶領團結鄉黨百姓自耕而食，扶危濟困，成為一方難民的領袖。但由於二人品性不同，傳文更突出的寫出了二人的同中之異。〈常林傳〉凸顯的是常林的智謀和對長幼尊卑禮序的謹守，如早年叔父被郡守王匡所逮，他說胡母彪而得解救；為陳延出謀劃策保全塢堡；田銀、蘇伯反叛，諫曹丕不必親自出征，都顯示了他的遠見卓識和超人的智慧謀略。再如他童年時因客人直呼自己父親的名字而不拜，晚年位高權大的司馬懿施禮而不辭，都說明他非常尊重長幼輩分之禮。〈楊俊傳〉凸顯的是楊俊善於鑑識人物，行善仗義，獎拔賢才。如早年識司馬懿、司馬芝，救助王象於奴僕，資助援拔同郡的審固、陳留的衛恂於兵卒等，這些人後來在魏晉時期都成了顯赫的名臣。楊俊成名於品鑑人物，也敗亡於品鑑人物。在對流品的品評中一旦觸犯心狹氣窄的統治者的利益，他們就會不惜違背天理人情，必將觸犯者置之死地而後快。楊俊最後被曹丕所逼殺就說明了這個問題。常林晚年託病辭卻三公和輔相之位，大概也是看到楊俊悲慘的結局，採取的一種遠禍避害的態度。

第三，〈和洽傳〉中敘和洽進言太祖，論選才過分重視節儉而帶來官場弊端，裴松之注引孫盛的一段品評文字，時至今天仍有重要的啟示意義。裴松之注曰：「孫盛曰：昔先王御世，觀民設教，雖質文因時，損益代用，至于車服禮秩，貴賤等差，其歸一揆。魏承漢亂，風俗侈泰，誠宜仰思古制，訓以約簡，使奢不陵肆，儉足中禮，進無蜉蝣之刺，退免采莫之譏；如此則治道隆而頌聲作矣。夫矯枉過正則巧偽滋生，以克訓下則民志險隘，非聖王所以陶化民物，閑邪存誠之道。和洽之言，于是允矣。」是說先世明主治理國家，設立各種制度，或增或減，都是根據時代的需要而達到和諧統一的。魏承漢亂，風俗崇尚奢侈，應吸取歷史經驗，使奢侈不至於沒有章法，節儉也足以符合實際。如果矯枉過正就會巧偽滋生，過分要求就會民意走向極端，這不是教民育物，保持誠信的方法。這雖是對和洽進言的評價，但同時也揭示了一個道理，也就是治國立策，不可偏左，亦不可偏右，應執中用中，掌握適度。過分的做法，只能使社會裝偽做假，失去誠實。中和思想是中國優秀傳統文化的重要組成部分，對當今社會，不管是國家、黨團組織，乃至個人都不失指導借鑑意義。

（王樹林注譯）

卷二十四　魏書二十四

韓崔高孫王傳第二十四

【題解】本卷為三國魏韓暨、崔林、高柔、孫禮、王觀等五人的合傳。他們都從普通文士官至三公之位，且政績卓著。但品格出處、執政風格各具特色。陳壽評價他們：韓暨以靜行化，崔林簡樸智能，高柔明於法理，孫禮剛斷伉厲，王觀清勁貞白。他們都是一代優秀人才，為魏國初建及政局穩固做出了重要貢獻。

1 韓暨，字公至，南陽堵陽人❶也。同縣豪右❷陳茂，譖❸暨父兄，幾至大辟❹。暨陽❺不以為言，庸賃❻積資，陰結死士❼，遂追呼尋禽❽茂，以首祭父墓，由是顯名。舉孝廉❾，司空辟❿，皆不就⓫。乃變名姓，隱居避亂魯陽山⓬中。山民合黨，欲行寇掠。暨散家財以供牛酒，請其渠帥⓭，為陳安危。山民化之，終不為害。避袁術⓮命召⓯，徙居山都⓰之山。荊州牧劉表禮辟⓱，遂遁逃，南居孱陵⓲界，所在見敬愛，而表深恨之。暨懼，應命，除宜城長⓳。

2 太祖平[20]荊州，辟為丞相士曹屬[21]。後遷樂陵[22]太守，徙監冶謁者[23]。舊時冶，作馬排[24]，每一熟石用馬百匹；更[25]作人排，又費功力；暨乃因[26]長流[27]為水排[28]，計其利益，三倍於前。在職七年，器用充實。制書褒歎[29]，就加司金都尉[30]，班亞九卿[31]。文帝踐阼，封宜城亭侯。黃初七年[32]，遷太常[33]，進封南鄉亭侯，邑二百戶。

3 時新都洛陽[34]，制度未備，而宗廟主祏[35]皆在鄴都[36]。暨奏請迎鄴四廟神主，建立洛陽廟，四時蒸嘗[37]，親奉粢盛[38]。崇明正禮，廢去淫祀[39]，多所匡正[40]。在官八年，以疾遜位[41]。景初[42]二年春，詔[43]曰：「太中大夫[44]韓暨，澡身浴德[45]，志節高潔，年踰八十，守道彌固[46]，可謂純篤[47]，老而益劭[48]者也。其以暨為司徒[49]。」夏四月薨[50]，遺令斂以時服[51]，葬為土藏。諡[52]曰恭侯。子肇嗣[53]。肇薨，子邦[54]嗣。

【章　旨】以上是〈韓暨傳〉。寫韓暨報父仇，化亂民，奏立洛陽廟祀，皆關孝、禮大節，說明他有膽識，品操高潔。詳敘他製水排鼓風冶鐵的政績，重點突出。

【注　釋】❶南陽堵陽人　南陽郡堵陽縣人。堵陽縣治所在今河南方城東。裴松之注引《楚國先賢傳》曰：「暨，韓王信之後。祖術，河東太守。父純，南郡太守。」❷豪右　豪強大族。❸譖　誣陷。❹幾至大辟　幾乎到了要判死刑的地步。❺陽表面上。❻庸賃　又作「傭賃」。受雇為人勞役。❼陰結死士　暗中結交敢死之士。❽尋禽　不久捉拿。禽，通「擒」。❾孝廉　漢代推舉人才的一種科目。孝，孝敬父母與老人。廉，為人為事廉潔。每年由郡國推舉孝、廉各一人。東漢時舉孝廉為求仕進的必由之路。❿司空辟　司空徵召。司空，三公之一。掌水土事。⓫就　就職；上任。⓬魯陽山　魯陽縣之山。魯陽縣，治所在今河南魯山縣。其縣東北十八里之山即魯山。⓭渠帥　首領；頭目。⓮袁術　字公路，汝南汝陽（今河南商水縣）人，袁紹從弟。少以俠氣聞名，歷任郎中、河南尹、虎賁中郎將。董卓之亂起，出奔南陽，後割據揚州。建安二年（西元一九七年）稱帝，後因眾人反對，糧盡眾散，欲往青州依袁譚，於途中病死。詳見《後漢書·袁術列傳》、本書卷六〈袁術傳〉。⓯命召　命令徵召。⓰山都　縣名。治所在今湖北襄樊西北四十公里，因其縣有山都山而得名。⓱禮辟　備禮徵召。⓲孱陵　縣名。治所在今湖北公安南。⓳除宜城長　任命為宜城縣縣長。宜城縣治所在今湖北宜城東南。長，縣長，為縣最高行政長官。萬戶以上大縣稱令，萬戶以下小縣稱長。⓴平　攻取；平定。東漢建安十三年（西元二〇八年），劉表死。曹操南征，劉表少子劉琮舉城降。㉑丞相士曹屬　丞相府屬官。丞相府下分曹治事，士曹為曹操所增設，每曹設掾、屬之職。掾為正，屬為副。㉒樂陵　郡名。治所在今山東樂陵東南。㉓監冶謁者　官名。由謁者出使監領礦冶之事。謁者之職掌賓贊之事，也有奉使監他事者。㉔排　冶鐵鼓風吹火的工具，最早的鼓風機。㉕更　改變。㉖因　依靠；憑藉。㉗長流　長流的河水。㉘水排　《後漢書·杜詩列傳》：遷南陽太守，「造作水排」。章懷太子李賢注：「冶鑄者為排以吹炭，令激水以鼓之也。」乃用流水沖擊以為動力，使排運轉以鼓風。㉙制書褒歎　皇帝制詔書下令嘉獎讚揚。㉚司金都尉　官名。東漢末曹操始置，秩比二千石，四品，主管冶鐵事。㉛班亞九卿　班序僅次於九卿。班，官位的次序。亞，次於。九卿，中央高級官員，位次三公，分別為奉常（太常）、郎中令（光祿勳）、衛尉、太僕、廷尉（大理）、典客（大行令，大鴻臚）、宗正（宗伯）、治粟內史（大農令，大司農）、少府。㉜黃初七年　西元二二六年。黃初，魏文帝曹丕年號，西元二二〇—二二六年。㉝太常　九卿之一，始稱奉常。掌朝廷宗廟禮樂之政，兼主持博士及博士弟子的考核、薦舉。㉞新都洛陽　曹丕於東漢建安二十五年（西元二二〇年）即魏黃初元年即位，十二月，定都洛陽（今河南洛陽東北），開始從許遷都。㉟主祏　主，神主；供奉死者的牌位。祏，宗廟裏藏神主的石匣。㊱鄴都　東漢建安十八年（西元二一三年）封曹操魏公，建都於鄴，在今河北臨漳西南鄴鎮東約一公里處。㊲蒸嘗　又作「烝嘗」。祭祀名。冬祭曰蒸，秋祭曰嘗。此泛指祭祀。㊳粢盛　祭品。指盛在祭器內的黍稷。㊴淫祀　浮濫不當的祭祀。㊵匡正　改正；糾正。㊶遜位　退位；退職。㊷景初　魏明帝曹叡年號，西元二三七—二三九年。㊸詔　皇帝的命令或文告。㊹太中大夫　官名。職掌言議，顧問應對，為天子高級參謀。㊺澡身浴德　修潔身心，清純品德。㊻守

道彌固 恪守道德準則，更加堅定。㊼純篤 純樸、敦厚。㊽劭 自強；自勉。㊾司徒 三公之一。主教化。曹魏初稱丞相，繼改相國，黃初元年（西元二二〇年）改稱司徒。一品，但無常職，不參與朝政。㊿薨 諸侯王死。(51)時服 當時季節所穿的衣服。(52)諡 古代帝王、大臣等有地位的人死後加上的帶有褒貶意義的稱號。(53)嗣 繼承。(54)邦 裴松之注引《楚國先賢傳》曰：邦字長林。少有才學，晉武帝時為野王令，有政績。為新城太守，坐舉野王故吏為新城計吏，武帝大怒，遂殺邦。

【語　譯】韓暨，字公至，南陽郡堵陽縣人。同縣的豪強大族陳茂，誣陷韓暨的父親和哥哥，幾乎被處死。韓暨表面上不說這件事，受雇替人幹活，積累資財，暗地裏結交敢死之士，於是這些人就追趕呼叫，不久擒殺了陳茂，韓暨拿陳茂的首級在父親墳墓前奠祭，由此名聲顯揚。被薦舉為孝廉，司空徵召，都不去就職。於是改名換姓，隱居在魯陽縣山中避亂。山民結黨，想為寇搶掠。韓暨發放家財供給牛肉和酒食，請來他們的首領，向他們陳述利害安危。山民受到了感化，終於不再為害。為了躲避袁術的徵召，韓暨移居到山都縣的山中。荊州刺史劉表以禮徵召，他便暗中逃走，往南隱居在孱陵縣境內。所到之處都被人敬重愛戴，然而劉表非常恨他。韓暨恐懼，接受了劉表任命，擔任宜城縣縣長。

2 太祖平定荊州，徵召韓暨為丞相府士曹屬。後來升任樂陵郡太守，調為監冶謁者。以前冶煉，使用馬匹鼓風，每次熔煉一石的金屬溶液，要用一百匹馬；改為人力鼓風，又耗費人力；韓暨於是利用長流水製成水排鼓風，計算它的效益，是以前的三倍。任職七年，器具資金都很充實。皇帝下詔褒揚，在原職位上加授司金都尉，官位僅次於九卿。文帝即帝位，封為宜城亭侯。黃初七年，升任太常，進封為南鄉亭侯，食邑二百戶。

3 當時，剛建都洛陽，制度尚未完備，而且宗廟的神主及存放神主的石匣都在鄴都。韓暨上奏請求迎來鄴都四廟的神主，建立洛陽宗廟，四季祭祀，皇帝親自奉獻祭品。推尊光大正統禮儀，廢除浮濫不當的祭祀，在禮制方面多所改正。任職八年，因病退位。景初二年春，皇帝下詔說：「太中大夫韓暨，潔身修德，志向節操高潔，年過八十，遵守道義更加堅定，可以說是純樸敦厚，年老而更加自強不息的人。現任命韓暨為司徒。」當年夏季四月去世，遺命用當時季節所穿的衣服入殮，墓葬用土掩埋。諡號恭侯。兒子韓肇繼承封爵。

韓肇死，兒子韓邦繼承封爵。

1 崔林，字德儒，清河東武城❶人也。少時晚成，宗族莫知，惟從兄琰❷異之。太祖定冀州❸，召除鄔長❹，貧無車馬，單步之官❺。太祖征壺關❻，問長吏❼德政最❽者，并州❾刺史張陟❿以林對，於是擢⓫為冀州主簿⓬，徙署⓭別駕⓮、丞相掾屬。魏國既建，稍遷御史中丞⓯。

2 文帝踐阼，拜尚書⓰，出為幽州⓱刺史。北中郎將⓲吳質⓳統河北軍事，涿郡⓴太守王雄㉑謂林別駕曰：「吳中郎將，上所親重，國之貴臣也。仗節㉒統事，州郡莫不奉牋致敬，而崔使君㉓初不與相聞。若以邊塞不修㉔斬卿，使君寧能護卿邪？」別駕具以白林，林曰：「刺史視去此州如脫屣㉕，寧當相累邪？此州與胡虜㉖接，宜鎮之以靜，擾之則動其逆心，特㉗為國家生北顧憂，以此為寄。」在官一期，寇竊寢息㉘；猶以不事上司，左遷㉙河間㉚太守，清論㉛多為林怨也。

3 遷大鴻臚㉜。龜茲㉝王遣侍子㉞來朝，朝廷嘉其遠至，褒賞其王甚厚。餘國各遣子來朝，間使㉟連屬，林恐所遣或非真的㊱，權取疏屬賈胡㊲，因通使命，利得印綬㊳，而道路護送，所損滋多。勞㊴所養之民，資㊵無益之事，為夷狄㊶所笑，此曩時[42]之所患也。乃移書[43]燉煌[44]喻指[45]，并錄前世待遇諸國豐約故事[46]，使有恆常[47]。明帝即位，賜爵關內侯，轉光祿勳、司隸校尉。屬郡皆罷非法除過員吏。林為政推誠[48]，簡存[49]大體，是以去後每輒見思[50]。

4 散騎常侍劉劭[51]作考課論[52]，制下百僚[53]。林議曰：「案周官考課[54]，其文備矣，自康王[55]以下，遂以陵遲[56]。此即考課之法，存乎其人也。及漢之季[57]，其失豈在乎佐吏之職不密[58]哉？方今軍旅，或猥或卒[59]，備之以科條[60]，申之以內外，增減無常，固難一矣。且萬目不張舉其綱[61]，眾毛不整振其領[62]。皋陶[63]仕虞[64]，伊尹[65]臣殷[66]，不仁者遠。五帝三王[67]未必如一，而各以治亂。易曰：『易簡，而天下之理得矣。』[68]太祖隨宜設辟[69]，以遺來今[70]，不患不法古[71]也。以為今之制度，不為疏闊[72]，惟在守一[73]勿失而已。若朝臣能任仲山甫[74]之重，式是百辟[75]，則孰[76]敢不肅[77]？」

5 景初元年，司徒、司空並缺，散騎侍郎孟康[78]薦林曰：「夫宰相[79]者，天下之所瞻效[80]，誠宜[81]得秉忠[82]履正[83]本德[84]仗義[85]之士，足為海內所師表者。竊見司隸校尉崔林，稟[86]自然之正性，體[87]高雅之弘量[88]。論其所長以比古人，忠直不回則史魚[89]之儔[90]，清儉守約則季文[91]之匹[92]也。牧守州郡，所在而治，及為外司[93]，萬里肅齊(94)，誠台輔(95)之妙器(96)，袞職(97)之良才也。」後年遂為司空，封安陽亭侯，邑六百戶。三公封列侯，自林始也。頃之，又進封安陽鄉侯。

6 魯相(98)上言：「漢舊立孔子廟，褒成侯(99)歲時奉祠，辟雍(100)行禮，必祭先師，王家出穀，春秋祭祀。今宗聖侯(101)奉嗣，未有命祭之禮，宜給牲牢(102)，長吏奉祀，尊為貴神。」制三府(103)議，博士(104)傅祇以春秋傳(105)言立在祀典，則孔子是也。宗聖適足繼絕世(106)，章(107)盛德耳。至於顯立言(108)，崇明德，則宜如魯相所上。林議以為「宗聖侯亦以王命祀，不為未有命也。周武王(109)封黃帝、堯、舜之後，及立三恪(110)，禹、湯之世，不列于時，復特命他官祭也。今周公已上(111)，達於三皇(112)，忽焉(113)不祀，而其禮經亦存其言。今獨祀孔子者，以世近故也。以大夫之後，特受無疆之祀，禮過古帝，義踰湯、武，可謂崇明報德(114)矣，無復重祀於非族也。」

7 明帝又分林邑，封一子列侯。正始(115)五年薨，諡曰孝侯。子述嗣。

【章　旨】以上是〈崔林傳〉。通過崔林治幽州不阿媚上官、固定接待贈封屬國使節禮制、論考課、議祭孔等事跡的敘述，說明他處世不善張揚，為政清簡，務存大體。他一生的主要特徵是推誠不阿、求實務本。

【注　釋】❶清河東武城　清河國東武城縣。清河，王國名。皇子封王之地，其郡為國。治所在今山東臨清東北。東武城，治所在今山東武城東北。❷從兄琰　從兄，堂兄。琰，字季珪，本書卷十二有傳。❸冀州　州名。東漢治所在今河北柏鄉北。三國魏移治今河北冀州。袁紹、曹操先後領本州牧。❹鄔長　鄔縣長。鄔為春秋晉鄔邑，漢置縣。治所在今山西介休東北。❺之官　到官府任上。❻壺關　即壺口關，或壺關口，在今山西黎城東北太行山口，因山形險狹如壺口而得名。❼長吏　對縣令、長、丞、尉的通稱。❽德政最　道德政績最高等。❾并州　州名。治所在今山西太原西南。❿張陟　東漢末官吏，建安十一年（西元二〇六年）為并州刺史。⓫擢　提拔。⓬主簿　官名。漢代三公、御史府、九卿諸監及州、郡、縣級官府多設置主簿，掌管文書簿籍。⓭署　代理。⓮別駕　官名。別駕從事史的簡稱，為部州刺史的佐吏，協助刺史總理眾務。⓯御史中丞　官名。漢承秦制而設，為御史大夫之佐吏，在殿中蘭臺掌圖書簿籍，督部刺史領侍御史，劾按公卿奏章。西漢末，御史大夫轉為司空，御史中丞成為御史臺長官。三國時魏沿置。⓰尚書　官名。始為少府屬官，居宮內負責詔令文書的傳達、宣布和保管。東漢初，諸曹尚書與尚書令、僕射、丞、郎組成尚書臺，職權在三公之上。魏晉後，尚書臺變為尚書省，成為執行政務的中央機關。⓱幽州　州名。治所在今北京市。⓲北中郎將　官名。東漢建安二十三年（西元二一八年）始置。曹魏此官秩比二千石，第四品，屬光祿勳。⓳吳質　字季重，濟陰（今山東定陶西北）人。初出為朝歌長，遷元城令。以學識淵博，為曹丕器重。⓴涿郡　郡名。治所在今河北涿州。㉑王雄　字元伯，琅琊臨沂（今山東費縣）人。曾任涿郡太守，後為幽州刺史。㉒仗節　猶言持節。表示接受王命。魏晉以後，實為地方長官的加號。加仗節號的有一定專殺大權。節，皇帝符節。仗，原誤作「杖」，據宋本改。㉓使君　漢代對刺史的稱呼，漢後有時對州郡長官都尊稱使君。㉔修　治理；整治。㉕屣　鞋子。㉖胡虜　古代對北方匈奴等少數民族的蔑稱。㉗特　只。㉘寇竊寢息　賊寇自己私下止息了。㉙左遷　降職。㉚河間　郡名。治所在今河北獻縣東南。㉛清論　公正的輿論、評論。㉜大鴻臚　官名。九卿之一，掌管國家禮賓之事，凡諸侯王、各少數民族和外國君主、使者交往朝貢等事，都由大鴻臚接待。㉝龜茲　西域國名。東漢時為西域都護府屬國都尉，治所在今新疆維吾爾自治區庫車。㉞侍子　古代諸侯屬國遣王子入侍皇帝，稱侍子。㉟間使　負有乘間隙行事之使命的使者。㊱真的　真實。的，即「底」。㊲賈胡　經商的域外胡人。㊳印綬　印，官印。綬，印的絲帶。㊴勞　辛苦。㊵資　資助。㊶夷狄　古代對各少數民族的統稱。㊷曩時　過去。㊸移書　下文書。㊹燉煌　又作「敦煌」。郡名。治所在今甘肅敦煌西，其地處河西走廊西端，自漢以來成為中原與中亞交通之門戶。㊺喻指　曉諭皇帝的命令。指，同「旨」。㊻豐約故事　豐厚或簡約的前例、故例。㊼恆常　常規。㊽推誠　推心至誠。㊾簡存　選擇保留。㊿每輒見思　每次總是被思念。(51)劉劭　字孔才。廣平邯鄲（今河北邯鄲）人。受詔作《皇覽》，任尚書郎，散騎侍郎等職。詳本書卷二十一〈劉劭傳〉。(52)考課論　論考察吏治之書。見本書卷二十一〈劉劭傳〉。(53)百僚　百官。(54)案周官考課　案，考查。周官，即《周禮》。亦稱《周官經》、《周官禮》。全書雜彙周代官制及戰國年間各國制度，附會儒家政治理想，增損排比而成。(55)康王　即周康王，成王子，名釗。上繼文、武之業，天下大治。(56)陵遲　衰落。(57)季　末年。(58)密　周詳。(59)或猥或卒　有時頻繁有時倉猝。(60)科條　法令條規。(61)萬目不張舉其綱　意思是說當魚網的網眼不張時，應提舉網綱才能張開。目，網眼。綱，網綱。即魚網的總繩。(62)眾毛不整振其領　皮袍上各處的毛不整齊，應抖擻一下皮衣領。(63)皋陶　人名。舜的大臣，曾掌管刑法，以正直著稱。相傳他發明了刑法監獄。(64)虞　舜為古部落有虞氏首領，故稱虞舜。此指舜的時代。(65)伊尹　商湯王輔臣，名伊，尹是官名。佐商湯王攻滅夏桀，綜理國政，輔弼湯、外丙、中壬三朝，尊稱為阿衡。(66)殷　即商朝。商遷都殷，後遂稱殷。(67)五帝三王　傳說上古時五個部落首領稱五帝。其說有三：一為伏羲、神農、黃帝、堯、舜；一為黃帝、顓頊、帝嚳、堯、舜；一說為少昊、顓頊、高辛（帝嚳）、堯、舜。三王即夏禹王、商湯王、周文王。(68)易曰三句　所引三句出自《易經．繫辭上》，意思是說，平易簡略，那麼天下之道理都可以從中得到了。(69)隨宜設辟　隨著正常的發展要求而設立法度。辟，法度。(70)遺來今　將法度留傳給以後的子孫。遺，留下。來今，將來。(71)法古　效法古代。(72)疏闊　疏散；不嚴謹。(73)守一　保持統一。(74)仲山甫　周宣王時大臣，有美德，恭效先王遺典，能奉行王命，宣王「料民」於太原，曾加以勸諫。(75)式是百辟　即為百官做出榜樣。《詩經．大雅．烝民》：「王命仲山甫，式是百辟。」式，法；榜樣。百辟，百官。(76)孰　誰。(77)肅　恭敬嚴肅。(78)孟康　《三國志》卷六裴松之注引《魏略》曰：「康，字公休，安平人。黃初中，以於郭后有外屬，并受九親賜拜，遂轉為散騎侍郎。」(79)宰相　王朝輔助天子、總理百官、處理要事的最高官員的泛指。東漢、三國以三公共掌國政，皆稱宰相。(80)瞻效　敬仰效法。(81)誠宜　確實應該。(82)秉忠　保持忠誠之美德。(83)履正　履行正道。(84)本德　以立德為本。(85)仗義　堅守正義。仗，原誤作「杖」，據宋本改。(86)稟　承受。(87)體　包容；具有。(88)弘量　寬弘大量。(89)史魚　春秋末衛國史官，名鰌，字子魚，以正直著稱。(90)儔　同類。(91)季文　季文子，又稱季孫行父，春秋時魯國大臣，曾輔助魯文公、魯宣公、魯襄公，執國政達三十四年，但臨終家無穿帛之妾、無食糧之馬，無保存金玉、無珍寶、甲兵等國家器物，故後世認為季文子是最清廉而忠於公室者。(92)匹　相當。(93)外司　中央以外的地方官署。(94)肅齊　莊嚴而整齊統一。(95)台輔　指三公宰相之位。(96)妙器　出色的人才。(97)袞職　三公（即宰相）之職位。古代上公服袞，後世因稱三公（宰相）為袞。(98)魯相　魯王國之相。西漢初改薛郡置魯國。治所在今山東曲阜。三國魏因之。曹魏諸王國各置相一人，秩二千石，五品，職如郡太守。(99)褒成侯　即孔均。本名孔莽，避王莽諱改名為均。孔子之後，西漢平帝元始元年（西元元年）封為褒成侯，食邑二千戶，以奉孔子之祠祀。

(100)辟雍　太學。古代為貴族子弟設立的太學南為成均、北為上庠、東為東序、西為瞽宗、中曰辟雍。是行禮，宣揚德化的場所。如本書卷四〈齊王紀〉：「使太常以太牢祭孔子於辟雍，以顏淵配。」(101)宗聖侯　即孔羨，孔子二十一世孫。魏文帝黃初二年（西元二二一年），封孔羨為宗聖侯，邑百戶，奉孔子祠。令魯修舊廟，置吏卒守衛。(102)牲牢　供祭祀用之牲畜。(103)三府　三公之府，即太尉府、司徒府、司空府。(104)博士　秦以前，泛指博學之士。至秦統一，設為官位，掌通古今，備顧問。漢因置。武帝置《五經》博士，專職教授經學。魏文帝時，設立太常博士四人，掌引導乘輿及議謚等事。又置太學博士，掌教授之任，設博士祭酒以統之。(105)春秋傳　即為《春秋》所作之傳注。為《春秋》作傳者三家：《左氏傳》、《穀梁傳》、《公羊傳》。(106)繼絕世　恢復延繼已滅絕的世禮。(107)章　同「彰」。顯明。(108)立言　創立學說。(109)周武王　名姬發，周文王子。起兵伐紂，滅殷，建立周王朝。(110)三恪　恪，尊敬。古代新王朝建立後，分封前代三個王朝的子孫，給以王侯名號，稱三恪。(111)已上　即以上。(112)三皇　傳說遠古三位民眾首領。說法不一。一謂伏羲、神農、黃帝；或謂天皇、地皇、泰皇等。(113)忽焉　忽略。(114)崇明報德　尊崇正教，報答恩德。(115)正始　魏齊王曹芳年號，西元二四〇—二四九年。

【語　譯】崔林，字德儒，清河國東武城縣人。少年時成名較晚，同族人也不了解他，只有堂兄崔琰認為他與眾不同。太祖平定冀州，徵召任命為鄔縣縣長，貧窮沒有車馬，一個人步行赴任。太祖征討壺關，詢問縣級官吏中誰的政績最卓著，并州刺史張陟回答說是崔林，於是提拔崔林為冀州主簿，調為代理別駕從事、丞相府屬官。魏國建立後，逐漸升遷為御史中丞。

2　文帝即帝位，任命崔林為尚書，出任幽州刺史。北中郎將吳質統領河北軍事，涿郡太守王雄告訴崔林的別駕說：「吳中郎將，是皇上親近重用的人，是國家的顯貴大臣。他持節統領軍事，各州郡沒有不向他呈上書信，表達敬意，但是崔刺史從不和他相往來。如果他以邊塞沒治理好為由殺掉您，崔刺史難道能保護您嗎？」別駕把這些話都告訴了崔林，崔林說：「我這個刺史把離開這個州看得像脫掉鞋子一樣，難道會連累你嗎？這個州與胡虜接壤，應該用平和寧靜的政策鎮撫他們，攪擾他們就會觸動他們的反叛之心，那就只會給國家產生顧念北方的憂慮，我的心寄託於此。」任職一年，外族的侵犯騷擾都停息了；但仍因為不奉事上司，降職為河間郡太守，公正的輿論大多替崔林抱不平。

3 升遷為大鴻臚。龜茲王派兒子來京朝見，朝廷嘉許他遠道而來，獎賞龜茲王的禮物非常豐厚。其他屬國也都派兒子到朝廷來，使者接連不斷。崔林擔心他們派來的人有的不真實，只是暫且找些疏遠親屬的經商胡人，藉他們來通使命，得到印綬封贈之利，但道路上要護送，損失很多。勞累國家所養育的百姓，資助無益之事，被夷狄譏笑，這是過去所憂患的。崔林於是發文書到燉煌說明意圖，並抄錄前代接待各國的舊例，使賞賜有個常規標準。明帝即位，賜給崔林關內侯的封爵，轉任為光祿勳、司隸校尉。他下屬的郡都精簡非法任命的超編官吏。崔林治理政務推誠布公，保留大的方面，因此離任後常常被人思念。

4 散騎常侍劉劭作《考課論》，皇帝命令發下給百官們討論。崔林議論說：「考察《周官》中考課的記載，它的條文已經很完備。從周康王以後，這項制度就已經衰落。這就說明考課制度的存在，在於人們自身。到漢朝末年，它的缺失難道在於輔佐官吏職責規定不嚴密嗎？當今戰爭之事，有時頻繁有時突然，準備好法令條規，在內外申明，或增或減沒有常規，確實難以統一。況且魚網萬目不張應該提起綱繩，皮袍毛不整齊應該抖動它的衣領。皋陶任職於虞舜，伊尹為臣於殷商，不仁的人都逃得遠遠的。五帝三王的政治措施不一定是一樣的，但各人都憑藉它得到治理。《易經》說：『平易簡單，天下的道理便從中得到了。』太祖隨著社會需要設立法度，留傳給後代子孫，不擔心沒有遵行古代的制度。我認為當今的制度，不算不嚴密，只要保持一致而不失誤就行了。如果朝廷的大臣們都能擔當起像仲山甫那樣的重任，給百官們做好榜樣，那麼誰敢不恭敬嚴肅呢？」

5 景初元年，司徒、司空一併出缺，散騎侍郎孟康薦舉崔林說：「宰相，是天下敬仰效法的人，誠然應該得到秉性忠貞、履行正道、以德為本、堅守正義的賢士，足以成為海內師表的人。我看到司隸校尉崔林，承受天地自然正氣，體現出高雅的宏大度量。要說他的優點與古人相比，忠直不屈則與史魚相類，清廉節儉、遵守法度則與季文子相當。擔任州刺史和郡太守，所任職之處都治理得很好，等到外任官職，萬里之內，嚴肅整齊，確實是三公之位的出色人選，擔任宰輔的優秀人才。」第二年就出任司空，封他為安陽亭侯，食邑六百戶。三公封為列侯，是從崔林開始。不久，又進封為安陽鄉侯。

6 魯國國相上書說：「漢朝過去建立孔子廟，褒成侯每年按時敬奉祭祀，太學舉行典禮，一定祭祀先師孔子，由王家公室支出糧食，春秋二季祭祀。現在宗聖侯繼承封爵，但沒有受命舉行祭祀的禮儀，應該供給祭祀的牲畜，讓地方長官敬奉祭祀，尊孔子為貴神。」明帝命令三公府討論，博士傅祗根據《春秋傳》說在確立的祭祀制度中，孔子是應該祭祀的。宗聖侯恰好足以繼承已斷絕的世祀，彰顯盛大的德行。至於光大孔子創立的學說，尊崇聖人光明的德行，就應該像魯國國相上書所說的那樣做。崔林議論時認為：「宗聖侯也是按照王命祭祀，不是沒有命令。周武王分封黃帝、堯、舜的後代，以至立為三恪。夏禹、商湯的時代，不列在時祭之中，又特地命令其他官府祭祀。現在周公以上，直到三皇，忽略他們不祭，但在禮儀的經典中，還保存著有關記載。現今獨祀孔子，是因為時代較近罷了。以一個大夫的後代，特別受到沒有止境的祭祀，禮儀超過了上古的帝王，超過了商湯、周武，可以說算得上尊崇賢明、報答恩德了，沒有必要再由其他宗族的人來祭祀。」

7 魏明帝又分出崔林的食邑，封崔林的一個兒子為列侯。正始五年去世，謚號為孝侯。兒子崔述承襲了爵位。

1 高柔，字文惠，陳留圉❶人也。父靖❷，為蜀郡都尉❸。柔留鄉里，謂邑中曰：「今者英雄並起，陳留四戰之地❹也。曹將軍❺雖據兗州❻，本有四方之圖，未得安坐守也。而張府君❼先得志於陳留，吾恐變乘間作也，欲與諸君避之。」眾人皆以張邈與太祖善，柔又年少，不然其言❽。柔從兄幹❾，袁紹甥也，在河北呼柔，柔舉宗從之。會靖卒於西州，時道路艱澀，兵寇縱橫，而柔冒艱險詣蜀迎喪，辛苦荼毒⑩，無所不嘗，三年乃還。

2 太祖平袁氏，以柔為菅長⑪。縣中素聞其名，姦吏數人，皆自引去⑫。柔教曰：「昔邴吉臨政⑬，吏嘗有非，猶尚容之。況此諸吏，於吾未有失乎！其召復之。」咸⑭還，皆自勵，咸為佳吏。高幹既降⑮，頃之以并州叛。柔自歸太祖，太祖欲因事誅之，以為刺姦令史⑯；處法允當⑰，獄無留滯⑱，辟為丞相倉曹屬⑲。太祖欲遣鍾繇⑳等討張魯㉑，柔諫，以為今猥㉒遣大兵，西有韓遂㉓、馬超㉔，謂為己舉，將相扇動㉕作逆㉖，宜先招集三輔㉗，三輔苟平，漢中㉘可傳檄而定㉙也。繇入關㉚，遂、超等果反。

3 魏國初建，為尚書郎㉛。轉拜丞相理曹掾㉜，令曰：「夫治定之化，以禮為首。撥亂之政，以刑為先。是以舜流四凶族㉝，皋陶㉞作士㉟。漢祖除秦苛法，蕭何定律㊱。掾清識平當㊲，明于憲典㊳，勉恤㊴之哉！」鼓吹㊵宋金㊶等在合肥㊷亡㊸逃。舊法，軍征士亡，考竟㊹其妻子。太祖患猶不息，更重其刑。金有母妻及二弟皆給官㊺，主者奏盡殺之。柔啟曰：「士卒亡軍，誠在可疾，然竊聞其中時有悔者。愚謂乃宜貸㊻其妻子，一可使賊中不信，二可使誘其還心。正如前科㊼，固已絕其意望，而猥復㊽重之，柔恐自今在軍之士，見一人亡逃，誅將及己，亦且相隨而走，不可復得殺也。此重刑非所以止亡，乃所以益走耳。」太祖曰：「善。」即止不殺金母、弟，蒙活者甚眾[49]。

4 遷為潁川[50]太守，復還為法曹掾[51]。時置校事[52]盧洪、趙達等，使察羣下，柔諫曰：「設官分職，各有所司[53]。今置校事，既非居上信下之旨，又達等數以憎愛擅作威福，宜檢治之。」太祖曰：「卿知達等，恐不如吾也。要能刺舉[54]而辨眾事，使賢人君子為之，則不能也。昔叔孫通用羣盜[55]，良有以[56]也。」達等後姦利發，太祖殺之以謝[57]於柔。

5 文帝踐阼，以柔為治書侍御史[58]，賜爵關內侯，轉加治書執法[59]。民間數有誹謗妖言，帝疾之，有妖言輒殺，而賞告者。柔上疏曰：「今妖言者必戮，告之者輒賞。既使過誤無反善[60]之路，又將開凶狡之羣相誣罔[61]之漸[62]，誠非所以息姦省訟[63]，緝熙[64]治道也。昔周公作誥，稱殷之祖宗，咸不顧小人之怨[65]。在漢太宗，亦除妖言誹謗之令[66]。臣愚以為宜除妖謗賞告之法，以隆[67]天父養物之仁。」帝不即從，而相誣告者滋甚。帝乃下詔：「敢以誹謗相告者，以所告者罪罪之。」於是遂絕。校事劉慈等，自黃初初數年之間，舉吏民姦罪以萬數，柔皆請懲[68]虛實；其餘小小挂法者，不過罰金。四年，遷為廷尉[69]。

6 魏初，三公無事，又希與[70]朝政。柔上疏曰：「天地以四時成功，元首以輔弼興治；成湯仗阿衡之佐[71]，文、武憑旦、望之力[72]，逮至漢初，蕭、曹[73]之儔[74]並以元勳代作心膂[75]，此皆明王聖主任臣於上，賢相良輔股肱[76]於下也。今公輔之臣，皆國之棟梁，民所具瞻[77]，而置之三事，不使知政[78]，遂各偃息養高[79]，鮮[80]有進納，誠非朝廷崇用大臣之義，大臣獻可替否[81]之謂也。古者刑政有疑，輒議於槐棘[82]之下。自今之後，朝有疑議及刑獄大事，宜數以咨訪[83]三公。三公朝朔望[84]之日，又可特延入[85]，講論得失，博盡事情，庶有裨[86]起天聽[87]，弘益[88]大化[89]。」帝嘉納焉。

7 帝以宿嫌[90]，欲枉法[91]誅治書執法鮑勛[92]，而柔固執不從詔命。帝怒甚，遂召柔詣臺[93]；遣使者承指[94]至廷尉考竟勛，勛死乃遣柔還寺[95]。

8 明帝即位，封柔延壽亭侯。時博士執經[96]，柔上疏曰：「臣聞遵道重學[97]，聖人洪訓[98]；褒文崇儒[99]，帝者明義。昔漢末陵遲，禮樂[100]崩壞，雄戰虎爭[101]，以戰陳[102]為務，遂使儒林之羣，幽隱而不顯。太祖初興，愍[103]其如此，在於撥亂之際，並使郡縣立教學之官。高祖即位，遂闡[104]其業，興復辟雍[105]，州立課試[106]，於是天下之士，復聞庠序[107]之教，親俎豆[108]之禮焉。陛下臨政，允迪叡哲[109]，敷弘[110]

大猷[111]，光濟先軌[112]，雖夏啟[113]之承基，周成[114]之繼業，誠無以加也。然今博士皆經明行修[115]，一國清選[116]，而使遷除[117]限[118]不過長，懼非所以崇顯儒術，帥勵怠惰[119]也。孔子稱『舉善而教不能則勸[120]』，故楚禮申公[121]，學士銳精，漢隆卓茂[122]，搢紳[123]競慕[124]。臣以為博士者，道之淵藪[125]，六藝[126]所宗，宜隨學行[127]優劣，待以不次[128]之位。敦崇[129]道教[130]，以勸[131]學者，於化為弘。」帝納之。

9 後大興殿舍，百姓勞役；廣采眾女，充盈後宮；後宮皇子連夭[132]，繼嗣未育。柔上疏曰：「二虜[133]狡猾，潛自講肄[134]，謀動干戈，未圖束手[135]；宜畜養將士，繕治甲兵，以逸待之。而頃[136]興造殿舍，上下勞擾[137]；若使吳、蜀知人虛實，通謀并勢，復俱送死，甚不易也。昔漢文惜十家之資，不營小臺之娛[138]；去病慮匈奴之害，不遑治第之事[139]。況今所損者非惟百金之費，所憂者非徒北狄[140]之患乎？可粗成見[141]所營立，以充朝宴之儀。乞罷作者[142]，使得就農。二方平定，復可徐興[143]。昔軒轅[144]以二十五子，傳祚彌遠[145]；周室以姬國四十[146]，歷年滋多。陛下聰達[147]，窮理盡性[148]，而頃皇子連多夭逝，熊羆[149]之祥[150]又未感應[151]。羣下之心，莫不悒戚[152]。周禮，天子后妃以下百二十人[153]，嬪嫱[154]之儀，既以盛矣。竊聞後庭之數，或復過之，聖嗣不昌，殆[155]能由此。臣愚以為可妙簡[156]淑媛[157]，以備內官之數，其餘盡遣還家。且以育精養神，專靜為寶。如此，則螽斯之徵[158]，可庶[159]而致矣。」帝報曰：「知卿忠允[160]，乃心[161]王室，輒克昌言[162]；他復以聞。」

10 時獵法甚峻[163]。宜陽典農[164]劉龜竊於禁內射兔，其功曹[165]張京詣[166]校事言之。帝匿[167]京名，收[168]龜付獄。柔表請告者名，帝大怒曰：「劉龜當死，乃敢獵吾禁地。送龜廷尉[169]，廷尉便當考掠[170]，何復請告者主名，吾豈妄[171]收龜邪？」柔曰：「廷尉，天下之平[172]也，安得以至尊[173]喜怒而毀法乎？」重復為奏，辭指深切。帝意寤[174]，乃下京名。即還訊，各當[175]其罪。

11 時制，吏遭大喪[176]者，百日後皆給役[177]。有司徒吏解弘[178]遭父喪，後有軍事，受敕[179]當行，以疾病[180]為辭。詔怒曰：「汝非曾、閔[181]，何言毀[182]邪？」促收考竟。柔見弘信甚羸劣[183]，奏陳其事，宜加寬貸[184]。帝乃詔曰：「孝哉弘也！其原[185]之。」

12 初，公孫淵[186]兄晃，為叔父恭[187]任內侍[188]，先淵未反，數陳其變[189]。及淵謀逆[190]，帝不忍市斬[191]，欲就獄殺之。柔上疏曰：「書稱『用罪伐厥死，用德彰厥善』[192]，此王制之明典也。晃及妻子叛逆之類，誠應梟縣[193]，勿使遺育。而臣竊聞晃先數自歸，陳淵禍萌[194]，雖為凶族，原心可恕[195]。夫仲尼亮司馬牛之憂[196]，祁奚明叔向之過[197]，在昔之美義也。臣以為晃信有言，宜貸[198]其死；苟自無言，便當市斬。

今進不赦其命，退不彰其罪，閉著囹圄[199]，使自引分[200]，四方觀國，或疑此舉也。」帝不聽，竟遣使齎[201]金屑飲晃及其妻子，賜以棺、衣，殯斂於宅[202]。

13 是時，殺禁地[203]鹿者身死，財產沒官[204]，有能覺告[205]者厚加賞賜。柔上疏曰：「聖王之御世[206]，莫不以廣農為務[207]，儉用為資[208]。夫農廣則穀積，用儉則財畜，畜財積穀而有憂患之虞[209]者，未之有也。古者，一夫不耕，或為之饑；一婦不織，或為之寒。中間已來，百姓供給眾役，親田者既減，加頃復有獵禁，羣鹿犯暴，殘食生苗，處處為害，所傷不貲[210]。民雖障防，力不能禦。至如滎陽[211]左右，周數百里，歲略不收，元元[212]之命，實可矜傷[213]。方今天下生財者甚少，而麋鹿之損者甚多。卒[214]有兵戎之役，凶年之災，將無以待之。惟陛下覽先聖之所念，愍[215]稼穡[216]之艱難，寬放民間，使得捕鹿，遂除其禁，則眾庶[217]永濟，莫不悅豫[218]矣。」

14 頃之，護軍營[219]士竇禮近出不還。營以為亡[220]，表言逐捕，沒其妻盈及男女為官奴婢。盈連至州府，稱冤自訟[221]，莫有省[222]者。乃辭詣廷尉。柔問曰：「汝何以知夫不亡？」盈垂泣對曰：「夫少單特[223]，養一老嫗為母，事[224]甚恭謹，又哀兒女，撫視不離，非是輕狡[225]不顧室家者也。」柔重問曰：「汝夫不與人有怨讎乎？」對曰：「夫良善，與人無讎。」又曰：「汝夫不與人交錢財乎？」對曰：

「嘗出錢與同營士焦子文，求不得。」時子文適坐[226]小事繫獄，柔乃見子文，問所坐。言次[227]，曰：「汝頗曾舉人錢不[228]？」子文曰：「自以單貧，初不敢舉人錢物也。」柔察子文色動，遂曰：「汝昔舉竇禮錢，何言不邪？」子文怪知事露，應對不次[229]。柔曰：「汝已殺禮，便宜[230]早服。」子文於是叩頭，具首[231]殺禮本末[232]，埋藏處所。柔便遣吏卒，承子文辭往掘禮，即得其屍。詔書復盈母子為平民。班[233]下天下，以禮為戒。

在官二十三年，轉為太常，旬日遷司空，後徙司徒。太傅[234]司馬宣王[235]奏免曹爽[236]，皇太后詔召柔假節行大將軍事[237]，據爽營。太傅謂柔曰：「君為周勃[238]矣。」爽誅，進封萬歲鄉侯。高貴鄉公[239]即位，進封安國侯，轉為太尉[240]。常道鄉公[241]即位，增邑并前四千，前後封二子亭侯。景元[242]四年，年九十薨，諡曰元侯。孫渾嗣。咸熙[243]中，開建五等[244]，以柔等著勳[245]前朝，改封渾昌陸子。

【章旨】以上是〈高柔傳〉。傳文敘述高柔初任刺奸令史即處法允當，獄無留滯。升丞相府理曹掾止殺逃兵家屬，轉法曹掾諫置校事，為治書執法諫治謗者，為廷尉二十三年，不從文帝枉殺鮑勛的詔命、治劉龜罪不以至尊喜怒而毀法、寬免遭父喪的解弘、諫殺公孫晃、明察竇禮冤獄等，說明他是一位明於法理，不阿附，不屈從，公正執法的清廉高官，為魏國的法律建設做出了重要貢獻。另外，疏三公參政、疏遵道重學褒文崇儒等，都事關國家大政。

【注釋】❶圉　縣名。治所在今河南杞縣南。❷靖　裴松之注引《陳留耆舊傳》曰：靖高祖父固，不仕王莽世，為淮陽太守所害，以烈節垂名。固子慎，字孝甫，敦厚少華，有沉深之量。子式，至孝，後以孝廉為郎。式子弘，孝廉。弘生靖。❸蜀郡都尉　蜀郡，治所在今四川成都。都尉，官名。各郡置都尉之職，佐郡守主一郡之軍事。❹四戰之地　四周無險可設，皆可成為戰場，為易攻難守之地。❺曹將軍　指曹操，東漢初平三年四月（西元一九二年），兗州鮑信與州吏萬潛至東郡（時曹操行備武將軍，為東郡太守），迎曹操領兗州牧。事見本書卷一〈武帝紀〉。❻兗州　州名。治所在今山東金鄉西北。❼張府君　指時為陳留太守的張邈。府君，對郡太守的敬稱。張邈事，詳本書卷七〈呂布傳〉附。❽不然其言　不以他的話為然。❾幹　高幹。裴松之注引謝承《後漢書》曰：「幹字元才。才志弘邈，文武秀出。父躬，蜀郡太守。」裴松之案：「《陳留耆舊傳》及謝承書，幹應為柔從父，非從兄也。」❿荼毒　喻苦難。荼，苦菜。毒，毒蟲。⓫菅長　菅縣長。菅，縣名。治所在今山東濟陽東北。原誤作「管」，無以「管」名縣者。形近而誤。⓬引去　離職而去。⓭邴吉臨政　邴吉，西漢大臣。字少卿，魯國人。《漢書．丙吉傳》載：邴吉於官屬掾吏，務掩過揚善，曾說：士無不可容，能各有所長。⓮咸　都；全。⓯高幹既降　本書卷一〈武帝紀〉載：「初，袁紹以甥高幹領并州牧，公子拔鄴，幹降，遂以為刺史。幹聞公討烏丸，乃以州叛。」⓰刺奸令史　官名。曹操位漢丞相時，於府內置右刺奸掾，並置刺奸令史以屬之。⓱允當　公允恰當。⓲獄無留滯　案件無積壓滯留現象。⓳丞相倉曹屬　官名。丞相府屬官，為倉曹掾之副，掌管倉穀事務。裴松之注引《魏氏春秋》曰：「柔既處法平允，又夙夜匪懈，至擁膝抱文書而寢。太祖嘗夜微出，觀察諸吏，見柔，哀之，徐解裘覆柔而去，自是辟焉。」⓴鍾繇　字元常，潁川長社（今河南長葛東）人，建安年間任大理、相國，後受魏諷謀反牽連被免官。曹魏時復為太尉、太傅，主張恢復肉刑。詳見本書卷十三〈鍾繇傳〉。㉑張魯　字公祺，沛國豐縣（今江蘇豐縣）人，張道陵之孫，五斗米道首領。東漢末率徒眾攻取漢中，統治長達三十餘年。後投降曹操，任鎮南將軍。詳見本書卷八〈張魯傳〉。㉒猥　多；頻繁。㉓韓遂　《三國志》卷一裴松之注引《典略》曰，遂字文約，始與同郡邊章俱著名西州。章為督軍從事。遂奉計詣京師，何進宿聞其名，特與相見。說進誅諸閹人，不從，乃歸。會涼州宋楊、北宮玉等反，為楊等所劫，年七十餘死。㉔馬超　字孟起，扶風茂陵（今陝西興平）人，馬騰之子。東漢建安十六年（西元二一一年）與韓遂聯合進攻曹操，失敗後還據涼州。自稱征西將軍，領并州牧，督涼州軍事。被楊阜等人攻擊，先奔張魯，後投劉備，歷任左將軍、驃騎將軍等，為蜀漢名將。詳見本書卷三十六〈馬超傳〉。㉕扇動　慫恿鼓動。㉖作逆　反叛作亂。㉗三輔　長安附近原京畿之地。包括右扶風、左馮翊和京兆尹。㉘漢中　郡名。治所在今陝西漢中東。三國時為軍事重地。㉙傳檄而定　發布一道檄文即可平定。檄，軍事中徵召曉諭之文書。㉚入關　入函谷關。函谷關，在今河南新安東。遺址尚存，隴海鐵路經此。㉛尚書郎　官名。漢制，尚書置令、僕射，左右丞下有郎，分掌尚書諸曹事。㉜丞相理曹掾　丞相府屬官，掌刑法。本書卷一〈武帝紀〉：「建安十九年，選明達法理者，使持典刑，置理曹掾屬。」㉝舜流四凶族　指不服從舜控制的四個部族的首領。《尚書・舜典》：「流共工於幽州，放驩兜於崇山，竄三苗於三危，殛鯀於羽山，四罪而天下咸服。」㉞皋陶　舜的大臣。㉟作士　管刑獄之官。㊱漢祖除秦苛法二句　漢高祖劉邦滅秦，廢除了秦的嚴刑苛法，約法三章；漢朝建立，命丞相蕭何定漢律。蕭何參《秦律》，定《漢律》九章。㊲清識平當　見識清明，公平恰當。㊳憲典　法律。㊴勉恤　勤勉努力。㊵鼓吹　軍中演奏軍樂的軍人。㊶宋金　人名。㊷合肥　地名。又稱合肥新城，在今安徽合肥西約十五公里處，依雞鳴山東麓而築。㊸亡　逃跑。㊹考竟　拷問至死。㊺給官　供給官府役使。㊻貸　寬免。㊼前科　以前之法律條文。科，法律條款。㊽猥復　繁雜重複。㊾蒙活者甚眾　盧弼《集解》引趙一清語曰：「金母、弟因此不殺，而其後遂寬逃亡之令，故云『蒙活者甚眾』。」蒙，承受。㊿潁川　郡名。治所在今河南禹州。(51)法曹掾　官名。丞相府屬官。曹操因漢制置，主郵驛科程事。(52)校事　官名。曹操置，至嘉平中罷，職充皇帝耳目，刺探臣民言行，上察宗廟，下攝眾官。或作典校，又別作校曹。(53)所司　所管。司，主管。(54)刺舉　探人隱私而揭發之。(55)叔孫通用羣盜　叔孫通，秦漢之際儒生。薛（今山東滕州東南）人。初為秦二世博士。楚漢之爭時，先事項羽，後降劉邦，被劉邦拜為博士。漢初立，雜採古禮及秦制，為高祖定朝儀制度，拜太子博士。《漢書・叔孫通傳》云：「通之降漢，從弟子百餘人，然無所進，專言諸故羣盜壯士進之。」(56)良有以　確實有其原因。《漢書・叔孫通傳》云：叔孫通舉薦羣盜壯士而不進弟子，弟子皆竊罵曰：「事先生數歲，幸得從降漢，今不能進臣等，專言大猾，何也？」通聞之，乃謂曰：「漢王方蒙矢石，爭天下，諸生寧能鬥乎？故先言斬將搴旗之士。諸生先待我，我不忘矣。」(57)謝　表示歉意。(58)治書侍御史　官名。漢宣帝時始置，職掌依據法律處理疑難案件，屬御史中丞。(59)治書執法　官名。魏始設。隸御史臺，六品，掌奏劾。(60)反善　回頭向善。反，通「返」。(61)誣罔　以不實之辭陷害別人以騙取功勞。(62)漸　開端。(63)息奸省訟　息除奸佞之事，減少訴訟案件。(64)緝熙　光明。(65)昔周公作誥三句　《尚書・無逸》載周公告誡成王時，說到殷王中宗，高宗，祖甲及周文王四人都明智，有人卜告說小人怨罵他們，他們卻更加自敬修德。有人舉其過失，他們不但不怒，反而說自己的錯誤確如此。周公，名姬旦，周文王第四子，曾佐武王伐紂。武王死，成王年幼，周公攝政。誥，告誡之文書。《尚書》中保留多篇周公發布的文告。咸，全；都。(66)在漢太宗二句　漢太宗即漢文帝劉恆。他在位期間，採取一系列政策使漢朝逐步安定富庶。景帝繼之，號「文景之治」。文帝即位之二年，下詔除誹謗妖言之罪。事見《漢書・文帝紀》。(67)隆　尊崇。(68)懲　受創知戒。(69)廷尉　官名。九卿之一，掌國家刑法，審理疑獄、詔獄，是朝廷最高司法官。本書卷二〈文帝紀〉：黃初四年，以廷尉鍾繇為太尉。柔當繼繇之後而任。(70)希與　很少參與。(71)成湯仗阿衡之佐　成湯，商湯王，原為商部族領袖，與有莘氏通婚。任用伊尹執政，先後歷十一次出征，後一舉滅夏，建立商朝。阿衡，即伊尹。(72)文武憑旦望之力　文武，指周文王、周武王。旦望，指周公旦和姜太公呂望。呂望，名尚，字望，一說字子牙。初釣於渭濱，被文王所知，任為國師。武王伐紂，被尊為師尚父，後封於齊。周公旦，文王第四子，初佐武王伐紂，後成王即位，幼，攝政。(73)蕭曹　蕭何、曹參。佐漢高祖有天下，漢初先後為丞相。(74)儔　類。(75)心膂　心腹和脊骨。比喻他們這些功臣元老，既是心腹親信，又是骨幹脊梁。(76)股肱　大腿、胳膊。比喻輔佐君主的大臣。(77)具瞻　意思是為眾人所瞻仰。具，通「俱」。眾；全。瞻，瞻仰。(78)知政　主持政務。(79)偃息養高　臥伏休息，以養高壽。(80)鮮　少。(81)獻可替否　貢獻可行之良策，廢止不好之政令。(82)槐棘　周朝時，朝廷種三槐九棘，公卿大夫分坐其下。左九棘，為孤卿大夫之位；右九棘，為公、侯、伯、子、男之位；面三槐，為三公之位。後以槐棘指三公之位或聽訟的處所。(83)咨訪　諮詢訪議。(84)朔望　每月陰曆初一為朔，十五為望。(85)延入　延請以入宮庭。(86)有裨　有益。(87)天聽　帝王聽聞。(88)弘益　猶言發揚光大。弘，弘揚；擴大。益，增加。(89)大化　偉大深廣的教化。(90)宿嫌　舊怨。(91)枉法　私意曲解法律。(92)鮑勛　字叔業，泰山平陽（今山東新泰）人。鮑信子。初辟丞相掾，出為魏郡西部都尉。因得罪曹丕而免官。後拜侍御史，遷駙馬都尉，兼侍中，因諫文帝遊獵，出為右中郎將。黃初四年（西元二二三年），任御史中丞。六年，帝欲征吳，勛面諫，帝益忿，左遷為治書執法，不久，因故殺之。(93)詣臺　到尚書臺。(94)承指　奉旨。(95)寺　官署。自漢開始，一般三公所居曰府，九卿所居曰寺。(96)執經　持經以授學子。猶言教授。(97)遵道重學　遵循聖道，重視學問。(98)洪訓　偉大教導。(99)褒文崇儒　褒揚文學，尊崇儒教。(100)樂　原誤作「義」，據宋本改。(101)雄戰虎爭　英雄戰鬥，猛虎爭奪。虎，喻猛士。(102)戰陳　即「戰陣」。(103)愍　哀憐。(104)闡　明確。(105)辟雍　古代貴族子弟設立的太學。(106)課試　考試；考核。(107)庠序　古代官府於地方所設的學校。(108)俎豆　放肉的几叫俎，盛乾肉一類食物的器皿叫豆，是古代宴客、朝聘、祭祀用的禮器。(109)允迪叡哲　誠信能啟迪聰明智慧。允，誠信；確信。迪，啟發；開導。叡哲，明達聰慧。(110)敷弘　猶言發揚光大。(111)大猷　大道；偉大的計劃。(112)光濟先軌　光大前輩的法規。(113)夏啟　夏朝的國君。禹之子。繼承夏禹的基業。(114)周成　周成王姬誦，武王之子，繼武王為周朝的君主。(115)經明行修　經典通達，品德美好。(116)清選　精選；公正慎重的挑選。(117)遷除　遷升授職。

(118)限　範圍。(119)帥勵怠惰　引導激勵懈怠懶惰之人。(120)舉善而教句　《論語．為政》：「子曰：臨之以莊則敬，孝慈則忠，舉善而教不能則勸。」邢昺疏曰：「言君能舉用善人，置之祿位，教誨不能之人，使之材能如此，則民相勸勉為善也。」(121)楚禮申公　楚元王劉交禮遇申公。申公，西漢魯人，名培，少與楚元王劉交同時從浮丘伯學《詩》。後劉交封楚王，以申公為中大夫。高后時，浮丘伯在長安，元王遣子郢客與申公俱終業。元王好《詩》，諸子皆讀《詩》，申公為《詩》作注，稱為《魯詩》。詳《漢書．楚元王傳》及〈儒林傳〉。(122)卓茂　字子康，南陽宛（今河南南陽）人。父祖皆至郡守。茂元帝時學於長安，事博士江生。習《詩》、《禮》及曆算。光武初詔封為太傅。曾下詔云「茂束身自修，執節淳固」，「能為人所不能為」。《後漢書》有傳。(123)搢紳　古代高級官吏都插笏而垂紳帶，故對士大夫等高級官吏稱搢紳。搢，插。紳，紳帶。(124)競慕　競相敬慕。(125)淵藪　比喻事物會聚的地方。淵，水深之潭，為魚會聚之地。藪，水淺草茂的澤地，為獸相聚之地。(126)六藝　指《詩》、《書》、《易》、《禮》、《樂》、《春秋》等儒家的六部經典著作。(127)學行　學問品行。(128)次　次第。即按等次順序排列。(129)敦崇　督促崇敬。(130)道教　道德教化。(131)勸　鼓勵。(132)夭　早亡。(133)二虜　指吳、蜀二國。(134)潛自講肄　暗自講習、訓練。指習武練兵。(135)束手　停手；罷手。(136)頃　最近。(137)勞擾　勞苦煩擾。(138)昔漢文惜十家之資二句　《漢書．文帝紀》：文帝即位二十三年，不增益宮室、苑囿、車騎、服御。曾想建露臺，召工匠計議，值百金。文帝曰：「百金，中人十家之產也。吾奉先帝宮室，常恐羞之，何以台為？」漢文，漢文帝。(139)去病慮匈奴之害二句　去病，霍去病，西漢名將，河東平陽（今山西臨汾西南）人。曾兩度率兵擊敗匈奴，開闢通往西域的走廊。又曾深入漠北，與衛青擊敗匈奴主力，控制河套地區。《漢書．霍去病傳》載：武帝為他建造府第，他說：「匈奴未滅，無以家為。」(140)北狄　對北方少數民族的泛稱。狄族，春秋前長期活動在齊、魯、晉、衛、宋、邢等國之間，與諸國有頻繁接觸。西元前七世紀時分為赤狄、白狄、長狄三部，各有支系。因他們主要居住北方，故名。秦、漢以後，多為中原人對北方各族的泛稱。(141)見　現。(142)乞罷作者　請求停止勞役。乞，原作「訖」，今據武英殿刻本改。(143)徐興　緩慢興建。(144)軒轅　傳說上古帝王，即黃帝。《史記．五帝本紀》載：「黃帝二十五子，其得姓者十四人。」(145)傳祚彌遠　帝位傳承久遠。祚，帝位。彌，久。顓頊帝為黃帝之孫，帝嚳為黃帝之曾孫，堯為帝嚳之子，舜為黃帝八世孫。故云。(146)周室以姬國四十　周人以后稷為祖，姬姓，周武王統一天下後，封諸侯，建藩國，姬姓親屬都被分封為諸侯，各建邦國。《荀子．儒效》：周「兼制天下，立七十一國，姬姓獨子五十三人。」周室，周朝。四十，乃大約之數。(147)聰達　聰明穎達。(148)窮理盡性　窮盡理性，即徹底通曉理性。(149)熊羆　懷孕為男孩。《詩經．小雅．斯干》：「大人占之，維熊維羆，男子之祥。」(150)祥　祥兆。言生男子吉祥的預兆。(151)感應　以精誠感動神明，而神明應之。(152)悒戚　憂鬱不安。(153)天

子后妃句　王弼《集解》引胡三省注：「王立后三，夫人九，嬪二十七，世婦八十一，御妻是為百二十人。」(154)嬪嬙　古代宮廷內的女官。(155)殆　可能；大概。(156)妙簡　精細挑選。(157)淑媛　賢惠美女。(158)螽斯之徵　子孫眾多的徵兆。《詩經・周南・螽斯》傳曰：「螽斯，后妃子孫眾多也。」(159)庶　差不多。(160)允　誠。(161)心　用如動詞，心繫。(162)輒克昌言　輒，總是。克，能。昌言，無隱之直言。(163)獵法甚峻　皇家打獵的苑囿管理非常嚴苛。(164)典農　即典農中郎將，官名。漢末，曹操於實行屯田的諸郡國置屯田官。郡國大者置典農中郎將，掌農業生產、民政、田租，職如太守。(165)功曹　官名。漢州郡佐吏有功曹史，簡稱功曹，掌人事，考查記錄功勞，參與州郡政務。縣令下亦設此官。(166)詣　往。(167)匿　隱瞞。(168)收　逮捕。(169)廷尉　九卿之一，掌刑獄。此指廷尉之衙門。(170)考掠　拷打。(171)妄　無根據。(172)平　公正。(173)至尊　指皇上。(174)寤　覺悟；明白。(175)當　判決。(176)大喪　帝王、皇后及皇嫡長子的喪禮。後來父母之喪亦稱大喪。(177)給役　供職。謂可給百日喪假，百日後即需照常供職。(178)司徒吏解弘　司徒府屬吏一個名叫解弘的人。(179)敕　皇帝的命令或詔書。(180)疾病　病重。(181)曾閔　曾參、閔子騫。皆為孔子弟子，以孝敬父母著稱。(182)毀　指居喪過於哀傷。(183)羸劣　瘦弱。(184)寬貸　寬恕；免罪。(185)原　原諒；赦免。(186)公孫淵　三國時遼東地方割據首領，公孫康之子。魏明帝太和二年（西元二二八年），淵奪其叔父公孫恭之位，割據遼東，明帝拜淵揚烈將軍、遼東太守。景初元年（西元二三七年）叛魏，自立為燕王，置百官有司。二年，明帝遣太尉司馬懿出兵遼東，淵敗，為魏軍所殺。(187)恭　公孫恭。東漢末地方割據首領公孫度之子。公孫康弟，封永寧鄉侯。康死，子晃、淵等皆幼，眾立恭為遼東太守。後其位為公孫淵所奪。(188)內侍　宮庭內幃供役使之人。(189)數陳其變　多次陳說遼東的事情變化。(190)謀逆　陰謀反叛。(191)市斬　斬殺並暴屍於鬧市。(192)書稱二句　語見《尚書・盤庚上》。用，因。厥，其。彰，表明。(193)梟縣　言刑殺而懸其頭以示眾。縣，通「懸」。(194)禍萌　猶言禍亂開始發端。(195)原心可恕　推究其本來心意可以寬恕。(196)仲尼亮司馬牛之憂　仲尼，孔子。亮，通「諒」。諒解。司馬牛，孔子弟子，名耕，字子牛。《論語・顏淵》：「司馬牛問君子。子曰：『君子不憂不懼。』曰：『不憂不懼斯謂之君子已乎？』子曰：『內省不疚，夫何憂何懼？』」司馬牛憂曰：『人皆有兄弟，我獨亡。』」邢昺疏曰：「亡，無也。牛兄桓魋行惡，死亡無日，故牛常憂而告人。」(197)祁奚明叔向之過　《左傳》襄公二十一年載：晉欒盈奔楚，范宣子殺盈黨十人，其中有叔向之兄羊舌虎，並囚叔向。祁奚聽說，乘驛車見宣子，詳陳兄弟罪不相及。范宣子赦免叔向。(198)貸　寬恕。(199)閉著囹圄　禁閉監獄。(200)引分　自殺。(201)齎　送。(202)宅　墓地，又稱陰宅。(203)禁地　皇家專用、禁止百姓進入的地區，此指皇家林苑園囿。(204)沒官　沒收入官府。(205)覺告　發覺後上告。(206)御世　治世。(207)廣農為務　發展農業為大事。(208)儉用為資　節儉用度為根本。(209)虞　憂慮。(210)貲　計算。(211)滎陽　縣名。治所在今河南滎陽東北。(212)元

元　平民；老百姓。[213]矜傷　憐惜感傷。[214]卒　突然。[215]愍　哀憐。[216]稼穡　種植和收割莊稼，此指農業勞動。[217]眾庶　廣大庶民百姓。[218]悅豫　喜悅；高興。[219]護軍營　護軍將軍的部隊。魏初，因漢置護軍，主武官選拔，隸領軍。[220]亡　逃跑。[221]自訟　為自己申辯冤屈。[222]省　審察。[223]單特　孤單；孤獨。[224]事　侍奉。[225]輕狡　輕佻、狡猾。[226]坐　犯罪。[227]言次　言談之間。[228]舉人錢不　借別人的錢否。不，否。[229]不次　語無倫次。[230]便宜　謂斟酌事宜，自行決斷處理。[231]具首　全部承認。[232]本末　樹幹曰本，樹梢曰末，比喻事物的始終、原委。[233]班　同「頒」。頒布。[234]太傅　官名。東漢、三國時，皇帝即位，置太傅，位在三公上。[235]司馬宣王　司馬懿，封宣王。曹芳即位，與曹爽同受遺詔輔政。後逐漸控制中央禁軍，發動政變，殺曹爽，代為丞相，執國政。[236]曹爽　字昭伯，沛國譙（今安徽亳州）人，曹真之子。明帝時任武衛將軍。明帝病重，拜其為大將軍、假節鉞、都督中外諸軍事，與司馬懿同受遺詔輔少主。齊王曹芳即位後，司馬懿發動政變，曹爽被剝奪兵權，後被殺。詳見本書卷九〈曹爽傳〉。[237]假節行大將軍事　官名。三國魏置，即假節之大將軍。行，代行其職權。假節，暫授以符節。大將軍，為將軍的最高職位。東漢三國時大臣執政，多加上大將軍官號。[238]周勃　漢初大臣，沛（今江蘇沛縣）人，初隨劉邦起事，屢立功，劉邦稱帝，賜絳侯。呂后死，呂氏謀篡漢，與陳平誅諸呂，立漢孝文帝，任右丞相。[239]高貴鄉公　即曹髦，字彥士，曹丕之孫，正始五年（西元二四四年）封高貴鄉公。齊王曹芳被廢後立為皇帝。後被司馬昭派人殺害。詳見本書卷四〈齊王紀〉。[240]太尉　三公之一，全國軍事最高行政長官。[241]常道鄉公　即曹奐，燕王曹宇之子。甘露三年（西元二五八年），封安次縣常道鄉公。五年，高貴鄉公被殺，奐被立為帝。咸熙二年（西元二六五年），司馬炎代魏，奐被封為陳留王。事詳本書卷四〈陳留王紀〉。[242]景元　魏元帝曹奐年號，西元二六〇—二六四年。[243]咸熙　魏元帝曹奐年號，西元二六四—二六五年。[244]開建五等　開始設立五等爵位。五等：公、侯、伯、子、男。[245]著勳　有顯著功勳。

【語　譯】高柔，字文惠，陳留郡圉縣人。父親高靖，任蜀郡都尉。高柔留在家鄉，告訴鄉裏人說：「當今英雄並起，陳留郡是四面爭戰的地方。曹將軍雖然已據有兗州，他本來就有奪取天下四方的意圖，不會安然坐守。而張邈先得志於陳留郡，我擔心變故會乘機發生，想和各位躲開這裏。」大家都認為張邈和太祖友好，高柔又年輕，對他的話不以為然。高柔的堂兄高幹，是袁紹的外甥，在黃河以北招呼高柔，高柔帶領全族人去跟從他。適逢高靖死在西邊的蜀郡，當時道路艱難，兵賊橫行，而高柔冒著艱險到蜀郡迎喪，辛苦災難，無所不嘗，三年才回來。

2 太祖平定袁紹、袁術，任命高柔為菅縣縣長。縣中早聽說過高柔的名聲，幾個奸猾的縣吏，都自行離職而去。高柔告訴其他縣吏說：「過去邴吉施政，吏員曾有錯誤，尚且寬容他們。何況這些縣吏，對我沒有過失啊！應該叫他們回來復職。」那些離去的縣吏都回來了，全部自我勉勵，都成了好的官吏。高幹投降曹操以後，不久又憑藉并州叛亂。高柔自行歸附太祖，太祖想藉故殺掉他，就任他為刺奸令史。但高柔按法律處理案件公正恰當，獄訟從不滯留，太祖任他為丞相府倉曹屬官。太祖想派遣鍾繇等人討伐張魯，高柔勸諫，認為當今頻繁的調遣大軍，西邊有韓遂、馬超，會說是為他們而舉兵，將會互相煽動而叛亂，應當先招撫三輔地區，三輔地區如果平定，漢中地區發布一封檄書就可以平定。鍾繇帶兵進入函谷關，韓遂、馬超等人果然反叛。

3 魏國建立之初，高柔任尚書郎，轉任丞相府理曹掾。太祖下令說：「治理安定的教化，以禮儀為首，撥亂反正的政令，以刑法為先。因此舜流放四凶之族，任皋陶為刑官。漢高祖廢除秦朝苛刻的法律，蕭何制訂律令。理曹掾見識高明、公平允當，明習法典，要勤勉努力啊！」軍中鼓吹宋金等人在合肥逃走，根據舊法，軍中徵召的兵士逃亡，要拷打他的妻子兒女至死。太祖怕逃兵制止不住，更加加重了這些刑法。宋金的母親、妻子和兩個弟弟都抓到官府供給役使，主管的人上奏要全部殺掉他們。高柔啟奏說：「士兵從軍中逃走，確實可恨。但我聽說他們當中常常有後悔的人。我認為應該寬免他們的妻室兒女，一來可以使敵方不信任他們，二來可誘導他們回心轉意。真正按以前的條文，本來就已經斷絕了他們歸來的願望，而又不斷的加重處罰，我恐怕從今以後在軍中的士卒，看見一人逃走，誅殺將連及自己，也將相隨而逃走，再不能抓到他們殺掉了。這樣加重刑法不但不能阻止逃兵，反而會助長了逃跑。」太祖說：「說得好。」立即停止，不殺宋金的母親、弟弟。承蒙高柔救活的人很多。

4 升任潁川郡太守，又返回任法曹掾。當時設置校事盧洪、趙達等人，讓他們監察百官。高柔勸諫說：「設置官員，劃分職責，各有主掌。現今設置校事，已經不是上級信任下級的本義，加上趙達等人多次憑自己的愛憎擅自作威作福，應該查明懲治他們。」太祖說：「你了解趙達等人，恐怕不如我。首要的是能刺探檢舉而辨明眾多的情況，讓賢人君子去做這樣的事，是不可能的。過去叔孫通任用一羣強盜，確實是有原因的。」趙達等人後來作奸牟利的事被發現，太祖殺掉他們，並向高柔表示歉意。

5 文帝即帝位，任命高柔為治書侍御史，賜給關內侯的爵位，轉加治書執法。民間多次出現誹謗朝廷的妖言，文帝對此十分痛恨，有散布妖言的就處死，而且獎賞告發的人。高柔上疏說：「現在傳播妖言的人一定殺掉，告發的人就獎賞。不但使犯了過錯的人，沒有回頭向善之路，又將成為兇惡狡詐的一幫人互相誣陷的開端，這的確不是平息奸詐、減少爭訟、光明正大的治國之道。過去周公發布文告，稱讚殷商的祖先，全然不顧忌小人的怨罵。在漢文帝時期，也下令廢除誹謗妖言的法令。臣愚笨的認為應該廢除有關妖言誹謗獎賞告發的法令，以尊崇上天養育萬物的仁德。」文帝沒有立即聽從，而互相誣告的人越來越多。文帝才下詔：「有敢於以不實之辭誣告別人的人，按照他所誣告別人的罪名來處罰他。」於是誣告之風才斷絕。校事劉慈等人，從黃初初年以來的數年間，檢舉臣民罪行的數以萬計，高柔都請求按虛實來懲辦；其他稍稍犯了法的人，不過處以罰金。黃初四年，升任廷尉。

6 魏國初建，三公無事，又很少參與朝政。高柔上疏說：「天地因有四季才能生成萬物，帝王因有大臣的輔佐才能治理天下；商湯王倚仗阿衡伊尹的輔佐，周文王、周武王憑藉周公姬旦和姜太公呂望的力量。直到漢朝初年，蕭何、曹參等人都以元勳的身分一代一代作為朝廷的心腹骨幹，這些都是英明賢聖的帝王在上信任大臣，賢相良輔在下為股肱。現在三公輔弼之臣，都是國家的棟梁，民眾所共瞻仰，但安排他們在三公的位置，卻不使他們參與政事，於是他們就各自休息養老，很少進言獻策，這實在不是朝廷重用大臣的本衷，不是大臣進獻正確建議去除政治弊端的本義。古代刑法政務有疑議，三公大臣就在朝廷的槐棘之下討論。從今以後，朝廷有疑議和刑獄大事，應多多諮詢三公。三公在每月初一、十五日上朝朝見，也可以特別請進宮中，討論政事得失，廣泛而全面的了解政事的真實情況，或許有益於啟發帝王的聽聞，弘揚皇上的偉大教化。」文帝讚許，採納了高柔的意見。

7 文帝因為舊怨，想曲解法律殺掉治書執法鮑勛，而高柔堅持不聽從文帝的命令。文帝非常憤怒，便召高柔到尚書臺，派遣使者奉旨到廷尉官衙把鮑勛拷問至死。鮑勛死後才讓高柔回官署。

8 明帝即位，封高柔為延壽亭侯。當時博士執經授業，高柔上疏說：「臣聽說遵循聖道，重視學問，是聖人的偉大教導；褒揚文學，崇尚儒學，是帝王明顯的宗旨。往昔漢末衰落，禮崩樂壞，雄爭虎鬥，以戰爭為事，於是使儒生學士羣體，埋沒不顯。太祖初起，哀憐他們這種狀況，在撥亂反正之際，都讓郡縣設立教學官員。高祖即位，便弘揚這個事業，興建恢復中央太學辟雍，各州建立考試制度，於是天下的讀書人，又能接受學校教育，親自學習祭祀禮儀。陛下親臨政事，確實能啟發聰明才智，弘揚偉大的計劃，光大前輩的法規，即使夏啟繼承大禹王的基業，周成王繼承文、武的功業，也確實不能超過陛下。然而現在博士都通曉經典，德行優良，是全國精選的優秀人才，而使他們任職範圍不超過縣長，我擔心這不是用來崇尚和顯揚儒家學術，引導和激勵怠懈的人的方法。孔子說『推舉優秀人才而教育沒有才能的人，那麼就能鼓勵大家』，因此楚國禮待申培公，學士們都銳意精進；東漢尊重卓茂，士大夫都競相敬慕。臣以為博士，是大道的匯集，六藝的宗主，應該根據學問品行的優劣，授予職位且不按順序排列。尊崇道德教化，用來勉勵求學的人，這對於推行教化，意義非常深遠宏大。」明帝採納了他的意見。

9 後來朝廷大肆興建宮殿館舍，老百姓服役勞苦；又廣泛挑選美女，充實後宮；後宮皇子接連夭折，明帝的繼承人沒有養育。高柔上疏說：「孫權、劉禪二人奸狡巨猾，暗地習武練兵，圖謀大動干戈，不打算罷手；我們應該保養將士，修治武器裝備，以靜養來對付他們。而最近興建宮殿館舍，上下勞累煩擾；如果讓吳、蜀二國知道我們的虛實，共同謀劃，聯合兵力，又都來送死賣命，我們非常不容易對付。過去漢文帝以百金值十家老百姓的資產為念，不營建娛樂的小臺；霍去病擔憂匈奴侵擾為害，沒時間考慮建造私人府宅。何況今天損耗的不只是一百金的費用，憂患的不只是北狄的騷擾啊？我認為可以粗略完成現在已營建的殿舍，以供朝會和宴會禮儀之用。請求停止興建宮殿的勞役，使那些百姓能從事農業生產。吳、蜀二方平定以後，才可以慢慢興建。過去軒轅因有二十五個兒子，傳位久遠；周王室憑藉四十個姬姓國，經歷的年代更多。陛下聰穎聖達，深通理性，而最近皇子接連夭折，又沒有顯露生兒子的吉兆。羣臣的心中，無不憂傷。按《周禮》

規定，天子的皇后妃子一共一百二十人，宮廷內嬪妃的禮儀，已經很盛大了。臣聽說現在後宮嬪妃數目，可能又超過了這個規定，皇上的繼嗣不昌盛，可能是由於這個原因。臣下愚見認為可以精選賢良的美女，來充後宮固定的妃子之數，其餘的女子全部遣返回家。而且可以蓄精養神，重視心專氣靜。這樣，子孫發達的徵兆，差不多就可以實現了。」皇帝回批道：「知道你忠誠，心繫王室，總是能直言不諱。其他意見可再上奏。」

10 當時打獵的法規非常嚴峻。宜陽典農中郎將劉龜偷偷在皇帝禁苑內射兔子，他的功曹張京到校事處告發這件事。皇帝隱瞞張京的姓名，逮捕劉龜入獄。高柔上表請問告發人的姓名，皇帝大怒，說：「劉龜應當處死，竟然膽敢在我的禁地打獵。把劉龜送交廷尉，廷尉就應當拷打，為什麼又請求告發者的姓名，我難道會隨便逮捕劉龜嗎？」高柔說：「廷尉是全國的評理之官，怎麼能因為皇上的喜怒而毀棄法律呢？」又再次上奏，辭意深切。皇帝醒悟了，才向下告訴了張京的名字。高柔立即回去審訊，兩人各按法判罪。

11 當時制度，吏員遇到父母喪亡，經一百天喪假以後都要照常供職。司徒府吏員解弘遭父喪，後來有軍事行動，接到命令應隨軍出征，解弘以有病為由推辭。皇帝下詔發怒的說：「你又不是像曾參、閔子騫那樣的孝子，說什麼哀傷過度毀害了身體？」催促廷尉逮捕入獄拷問處死。高柔見解弘確實非常羸弱，上奏說明這件事，認為應當寬恕他。皇帝於是下詔說：「孝順啊解弘！還是赦免他吧。」

12 起初，公孫淵的哥哥公孫晃，替叔叔公孫恭到皇宮內當內侍，在公孫淵沒有謀反以前，多次上書說明公孫淵會叛變。等到公孫淵陰謀叛亂，皇上不忍心把公孫晃在街市斬首，想在獄中殺掉他。高柔上疏說：「《尚書》說『根據罪行判處他的死刑，按照品德表彰他的善行』，這是帝王法制中明顯的原則。公孫晃和他的妻子兒女，若是與叛逆同類，確實應該梟首示眾，不讓他遺留後代。但臣聽說公孫晃先前自己多次歸心朝廷，陳述公孫淵作亂的跡象，雖然是叛逆的同族，但推求他的本心是可以寬恕的。孔仲尼體諒到司馬牛的憂愁，祁奚辨明叔向的過錯，這是過去的美德。臣認為公孫晃確實有揭發的言論，就應寬恕他的死罪；如果沒有揭發的言論，就應在街市上斬首暴屍。現在進不赦免他的死罪，退不公開他的罪行，關在監牢中，使他自殺，全國各地觀察朝廷，也許會懷疑這種做法。」皇上不聽從他的意見，最後派使者送去金屬粉末要公孫晃和他的妻子兒女喝下自殺，賜給他棺材、衣服，殯葬在墓地。

13 這時，獵殺皇家苑囿中的鹿的人要處死，財產沒收入官。有能夠發現上告的人重加賞賜。高柔上疏說：「聖明帝王治理天下，沒有不把發展農業生產作為大事，把勤儉節約作為根本的。農業發展了就會有積蓄的糧食，用度節儉了財物就會有貯存，貯存了財物積蓄了糧食而還有憂患之慮的，是沒有這種事的。古代，一個男子不耕種，有人會因此挨餓；一個女子不紡織，有人會因此受凍。這些年以來，老百姓供給各種勞役，親自種田的人已經減少，加上近來又有狩獵禁令，大批鹿羣侵犯農田，殘食生長的禾苗，到處造成危害，造成的損失不可計量。百姓雖然設置障礙防護，但力量不足以防禦。以至於滎陽附近，周圍數百里，每年幾乎沒有收成。百姓的命運，實在讓人憐憫痛心。現在全國產出財富的很少，而麋鹿損壞的卻很多。突然有戰爭之役，凶年之災，將沒有辦法應付。希望陛下看看過去聖人留意的事情，哀憐農業勞動的艱苦，寬容民間百姓，使他們能夠捕鹿，免除這些禁令，那麼平民百姓永久得到救助，就沒有誰不感到高興了。」

14 不久，護軍營士兵竇禮出外到附近沒有回來。護軍營以為他逃走了，上表要追捕他，把他的妻子盈和兒女沒入官府做奴婢。盈接連不斷到州府，為自己喊冤申訴，卻沒有省察的人。最後上告到廷尉。高柔問：「你根據什麼知道丈夫不會逃走？」盈垂淚回答說：「我丈夫小時孤單一人，奉養一位老婆婆做母親，侍奉得非常恭敬謹慎，又憐愛兒女，看護撫養他們從不離開，他不是那種輕狂狡詐不顧家室的人。」高柔又問：「你丈夫不是與別人有怨仇吧？」盈回答說：「我丈夫善良，與別人無仇無怨。」高柔又問：「你丈夫與別人沒有錢財往來嗎？」盈回答：「他曾經借錢給同營士兵焦子文，要他還錢但沒有得到。」當時焦子文剛好因小事犯罪關在監獄裏，高柔就召見焦子文，問他犯的罪。言談中間，又問：「你曾經向別人借錢沒有？」焦子文說：「我自幼因為孤獨貧窮，從來不敢借別人錢財。」高柔觀察焦子文臉色有變化，便說：「你過去借過竇禮的錢，為什麼說沒有呢？」焦子文感到奇怪，知道事情已暴露，回答時語無倫次。高柔說：「你已殺害竇禮，應該趁早認罪。」焦子文於是磕頭，全部供認了殺害竇禮的過程，以及埋藏屍體的地方。高柔便派遣吏卒，根據焦子文的供詞前往挖掘，當即找到了竇禮的屍體。皇上下詔書恢復盈母子為平民，並頒布全國，以處理竇禮的事件為警戒。

15 高柔任官二十三年，轉為太常，十多天後升為司空，後轉為司徒。太傅司馬宣王上奏免除曹爽的職務，皇太后下詔召高柔假節代理大將軍職務，進駐曹爽軍營。太傅告訴高柔說：「你就是周勃了。」曹爽被誅殺後，進封高柔為萬歲鄉侯。高貴鄉公即位，進封安國侯，轉任太尉。常道鄉公即位，增加封邑和以前封邑加在一起共四千戶，先後封他兩個兒子為亭侯。景元四年，九十歲時去世，諡號為元侯。孫子高渾繼承封爵。咸熙年間，朝廷設立五等爵位，認為高柔等人在前朝功勳卓著，改封高渾為昌陸子。

1 孫禮，字德達，涿郡容城❶人也。太祖平幽州，召為司空軍謀掾❷。初喪亂時，禮與母相失，同郡馬台求得禮母，禮推家財盡以與台。台後坐法當死❸，禮私導令踰獄自首，既而曰：「臣無逃亡之義。」徑詣刺奸主簿❹溫恢❺。恢嘉之，具白太祖，各減死一等。

2 後除河間郡丞❻，稍遷滎陽都尉❼。魯❽山中賊數百人，保固險阻，為民作害；乃徙禮為魯相。禮至官，出俸穀，發吏民，募首級，招納降附，使還為閒❾，應時平泰。歷山陽、平原、平昌、琅邪❿太守。從大司馬曹休⓫征吳於夾石⓬，禮諫以為不可深入，不從而敗。遷陽平⓭太守，入為尚書。

3 明帝方修宮室，而節氣⓮不和，天下少穀。禮固爭，罷役，詔曰：「敬納讜言⑮，促遣民作⑯。」時李惠監作，復奏留一月，有所成訖⑰。禮徑至作所⑱，不復重奏，稱詔罷民，帝奇其意而不責也。

帝獵於大石山⑲，虎趨乘輿⑳，禮便投鞭下馬，欲奮劍斫虎，詔令禮上馬。

明帝臨崩之時，以曹爽為大將軍，宜得良佐，於牀下受遺詔，拜禮大將軍長史㉑，加散騎常侍。禮亮直不撓㉒，爽弗便也，以為揚州㉓刺史，加伏波將軍㉔，賜爵關內侯。吳大將全琮㉕帥數萬眾來侵寇，時州兵休使㉖，在者無幾。禮躬勒㉗衛兵禦之，戰於芍陂㉘，自旦及暮，將士死傷過半。禮犯蹈白刃，馬被㉙數創㉚，手秉㉛枹鼓㉜，奮不顧身，賊眾乃退。詔書慰勞，賜絹七百匹。禮為死事者設祀哭臨，哀號發心，皆以絹付亡者家，無以入身。

徵拜少府㉝，出為荊州刺史，遷冀州牧。太傅司馬宣王謂禮曰：「今清河、平原爭界八年，更㉞二刺史，靡㉟能決之；虞、芮待文王而了㊱，宜善令分明。」禮曰：「訟者據墟墓為驗㊲，聽者以先老為正，而老者不可加以榎楚㊳，又墟墓或遷就高敞㊴，或徙避仇讎。如今所聞，雖皋陶㊵猶將為難。若欲使必也無訟，當以烈祖㊶初封平原時圖決之。何必推古問故㊷，以益辭訟？昔成王以桐葉戲叔虞㊸，周公便以封之。今圖藏在天府㊹，便可於坐上斷也，豈待到州乎？」宣王曰：「是也。當別下圖。」禮到，案圖宜屬平原。而曹爽信清河言，下書云：「圖不可用，當參異同。」禮上疏曰：「管仲[45]霸者之佐，其器[46]又小，猶能奪伯氏駢邑，使沒齒無怨言[47]。臣受牧伯[48]之任，奉聖朝明圖，驗地著之界，界實以王翁河[49]為限；而鄃[50]以馬丹候為驗，詐以鳴犢河[51]為界。假虛訟訴，疑誤臺閣[52]。竊聞眾口鑠金[53]，浮石沉木[54]，三人成市虎[55]，慈母投其杼[56]。今二郡爭界八年，一朝決之者，緣有解書圖畫[57]，可得尋案擿校[58]也。平原在兩河，向東上，其間有爵隄[59]，爵隄在高唐[60]西南，所爭地在高唐西北，相去二十餘里，可謂長歎息流涕者也。案解與圖奏而鄃不受詔，此臣軟弱不勝[61]其任，臣亦何顏尸祿素餐[62]。」輒束帶著履，駕車待放[63]。爽見禮奏，大怒。劾[64]禮怨望[65]，結刑五歲[66]。在家期年[67]，眾人多以為言，除城門校尉[68]。

6 時匈奴王劉靖[69]部眾彊盛，而鮮卑[70]數寇邊[71]，乃以禮為并州刺史，加振武將軍[72]，使持節，護匈奴中郎將[73]。往見太傅司馬宣王，有忿色而無言。宣王曰：「卿得并州，少邪？恚[74]理分界失分[75]乎？今當遠別，何不懽也！」禮曰：「何明公言之乖細[76]也！禮雖不德，豈以官位往事為意邪？本謂明公齊蹤伊、呂[77]，匡輔魏室，上報明帝之託，下建萬世之勳。今社稷將危，天下兇兇[78]，此禮之所以不悅也。」因涕泣橫流。宣王曰：「且止，忍不可忍[79]。」爽誅後，入為司隸校尉，凡臨七郡五州，皆有威信。遷司空，封大利亭侯，邑一百戶。禮與盧毓[80]同郡時輩，而情好不睦。為人雖互有短長，然名位略齊云。嘉平[81]二年薨，諡曰景侯。孫元嗣。

【章　旨】以上為〈孫禮傳〉。敘孫禮三類事：一是通過敘述報答馬台尋母和斫虎護主及出任并州臨行對司馬懿的泣訴，說明他是位知恩圖報、盡孝盡忠、捨己憂國，具有俠肝義膽的人。二是通過敘述他任魯相平盜，處理清河、平原二郡爭地及一生治七郡五州的政績，說明他是一位頗具經邦治國才能的人。三是突出寫他與曹爽的矛盾，重在表現他清廉忠直、剛正不阿的精神品格。

【注　釋】❶容城　縣名。治所在今河北容城北。❷司空軍謀掾　官名。曹操為漢司空時置。司空府參謀軍事之屬官。❸坐法當死　犯法應該判處死刑。❹刺奸主簿　官名。曹操為漢丞相時，於府內置刺奸掾，主簿乃掾下之屬官。掌訴訟文書，參與審理案件。❺溫恢　字曼基，太原祁（今山西祁縣東）人。漢末歷任廩丘長、揚州刺史等職。曹魏建立後，歷任侍中、魏郡太守、涼州刺史等職。❻河間郡丞　河間郡，治所在今河北獻縣東南。丞，郡太守的佐官，輔助郡太守治理政務。❼稍遷滎陽都尉　稍遷，逐漸提升。滎陽都尉，地方郡國設都尉一人，主兵。滎陽本為縣，不應設都尉，或滎陽有屯田，置滎陽典農都尉也未可知。❽魯　國名。治所在今山東曲阜。❾閒　偵探。❿山陽平原平昌琅邪　皆郡名。山陽郡治所在今山東巨野南，平原郡治所在今山東平原南、平昌郡治所在今山東安丘東南、琅邪郡治所在今山東臨沂北。⓫曹休　字文烈，沛國譙（今安徽亳州）人，曹操族子。東漢末隨曹操起兵，常從征伐。歷任曹魏領軍將軍、大司馬等職。詳見本書卷九〈曹休傳〉。⓬夾石　亦作「硤石」。地名。故址在今安徽桐城北。今名北峽山。曹休攻吳，敗於此。下原衍「口」字。⓭陽平　郡名。魏文帝黃初二年（西元二二一年），分魏郡東部置，治所在今河北大名東北，後遷治今河北館陶。⓮節氣　時令氣候。⓯讜言　正直之言。⓰促遣民作　立即遣散民工。⓱成訖　完成。⓲作所　工地現場。⓳大石山　又名萬安山、石林。在今河南洛陽東南二十公里。⑳乘輿　皇帝乘坐的車子。㉑大將軍長史　官名。漢制，大將軍置長史一人，秩皆千石，總管府內列曹事務。㉒亮直不撓　光明正直，剛正不阿。㉓揚州　州名。三國時魏、吳各置揚州。魏揚州治所在今安徽壽縣。㉔伏波將軍　官名。西漢雜號將軍中有此，曹魏因置。㉕全琮　字子璜，吳郡錢唐（今浙江杭州）人，官至吳右大司馬、左軍師，為王室至親。詳見本書卷六十〈全琮傳〉。㉖休使　休假外出。㉗躬勒　親自率領。㉘芍陂　湖泊名。故址在今安徽壽縣南，因引淖水經白芍亭東積而成湖，故名。㉙被　遭受。㉚數創　多處創傷。㉛秉　持；拿。㉜枹鼓　鼓槌擊鼓。㉝少府　官名。九卿之一。掌皇帝內府的車馬衣服、珍寶器物、膳食醫療、文書符節、庫藏供應等。東漢時，逐漸成為政務中心，尚書臺、御史臺、符節臺、蘭臺皆歸少府。㉞更　更換。㉟靡　沒有。㊱虞芮待文王而了　虞芮，皆上古小國名。《詩經．大雅．綿》：「虞芮質厥成。」《毛傳》：「虞、芮之君相與爭田，久而不平，乃相謂曰：『西伯（周文王），仁人也。盍往質焉？』乃相與朝周。入其境，則耕者讓畔，行者讓路。入其邑，男女異路，斑白不提挈。入其朝，士讓為大夫，大夫讓為卿。二國之君感而相謂曰：『我等小人，不可以履君子之庭。』乃相讓以其所爭田為閒田而退。天下聞之而歸者四十餘國。」㊲驗　憑據。㊳榎楚　皆樹木名。古代用作笞罰的刑具。此代指刑具。㊴高敞　指高凸明敞的地方。㊵皋陶　虞舜時大臣，掌管聽斷刑獄。㊶烈祖　指魏明帝曹叡。明帝封平原王，時劃壤分國，有地圖在天府。㊷推古問故　推求往事，詢問故人。㊸昔成王句　叔虞，周武王之子，成王弟，名虞，字子于。《說苑．君道》：「成王與唐叔虞燕居。剪梧桐葉以為珪，而授唐叔虞曰：『余以此封汝。』唐叔虞喜，以告周公。周公以請曰：『天子封虞耶？』成王曰：『余一與虞戲也。』周公對曰：『臣聞之，天子無戲言，言則史書之，工誦之，士稱之。』於是遂封唐叔虞于晉。」㊹天府　本為周官名，掌管祖廟的寶藏、民登記冊、邦國盟書、獄訟簿籍等。後用以指皇帝的府庫。㊺管仲　春秋初年政治家，佐齊桓公稱霸諸侯。㊻器　器量。《論語．八佾》：「子曰：管仲之器小哉。」㊼猶能奪伯氏駢邑三句　《論語．憲問》載，伯氏食邑三百家，管仲奪之，但使他能得到疏食，因為符合道理，使伯氏終生無怨言。伯氏，齊大夫。駢邑，地名。沒齒，終身。㊽牧伯　漢以後州郡長官稱牧伯。《禮記．曲禮下》：「九州之長，入天子之國，曰牧。」《禮記．王制》：「千里以外設方伯，……二百一十國以為州。州有伯。」按：殷時一州之長曰伯，虞、夏及周時皆曰牧。㊾王翁河　河名。在濟南府平原縣（今山東平原）西南，為黃河支津，或疑為王莽河，為王莽時期所開運河。㊿鄃　縣名。治所在今山東高唐東北。(51)鳴犢河　河名。時已淤塞，在平原境，為黃河支流。(52)臺閣　尚書臺的別稱。(53)眾口鑠金　比喻輿論力量強大，大眾的話語可將黃金銷熔。《國語．周語下》謂，故諺曰「眾心成城，眾口鑠金」。注：「鑠，銷也，眾口所毀，雖金石猶可銷也。」(54)浮石沉木　言輿論會使人相信石頭能浮在水面，而木頭卻會沉在水底。(55)三人成市虎　謂流言可聳動視聽。《淮南子・說山》：「三人成市虎。」高誘注：「三人從市中來，皆言市中有虎，市非虎處，而人信以為有虎，故曰三人市成虎。」(56)慈母投其杼　《戰國策・秦策二》載：曾參居費邑，有與同姓名者殺人，人告曾母曰：「曾參殺人。」母不信，織如故。至第三人來告，母懼，投杼踰牆而走。(57)解書圖畫　文字解說及地圖。(58)擿校　選取證據，校正疑誤。擿，通「摘」。選取。(59)爵隄　河堤名。在今山東高唐東南。(60)高唐　縣名。在今山東高唐東。(61)勝　承擔。(62)尸祿素餐　占據官位享受俸祿而不做事。(63)放　流放。(64)劾　彈劾；揭發罪狀。(65)怨望　心懷不滿。(66)結刑五歲　盧弼《集解》引胡三省注謂：只判徒刑勞作五年之罪，而不使之輸作。(67)期年　一週年。(68)城門校尉　官名。漢制，掌京城城門屯兵。曹魏因之，掌洛陽城門十二所。(69)匈奴王劉靖　匈奴首領自西漢冒頓，其子孫開始將冒頓改姓劉氏。三國時，曹操分南匈奴為左、右、南、北、中五部，劉靖為其五部帥之一。(70)鮮卑　族名。東胡族之一支，秦漢時游牧於今西喇木倫河與洮兒河之間，附於匈奴。北匈奴西遷後，進入匈奴故地，併其餘眾，勢力漸盛。桓帝時，首領檀石槐建制，分東、中、西三部，各置大人率領。檀石槐死，解體，有步度根、軻比能等首領各擁所部，附屬魏。(71)寇邊擾攘、侵亂邊境。(72)振武將軍　曹魏雜號將軍之一。四品。(73)護匈奴中郎將　官名。東漢初，設使匈奴中郎將一人。東漢建武二十六年（西元五〇年），置護匈奴中郎將，設官府，入居雲中，將兵屯西河美稷以衛護之。魏沿其制，並以并州刺史兼此官，駐晉陽（今山西太原）。(74)恚　怨恨。(75)失分　失分寸；不恰當。(76)乖細　失當；不精細。(77)齊蹤伊呂　齊蹤，跟上；步伐相齊。伊呂，商湯王的賢相伊尹與周文王的賢相呂望。(78)兇兇　騷動不安的樣子。(79)忍不可忍　要能忍耐不可忍耐的事情。(80)盧毓　字子家，涿郡涿縣（今河北涿州）人。曹操執政時曾為丞相法曹議令史、西曹議令史。文帝時歷任濟陰相，梁、譙、安平、廣平太守，所在有政績。齊王芳時為吏部尚書，轉為僕射，典選舉，作考課法。事詳本書卷二十二〈盧毓傳〉。(81)嘉平　魏齊王曹芳年號，西元二四九—二五四年。

【語　譯】孫禮，字德達，涿郡容城縣人。太祖平定幽州，徵召為司空軍謀掾。當初動亂時，孫禮與母親失散，同郡人馬台找到了孫禮的母親，孫禮就把家裏的財產全部送給馬台。馬台後來犯法應當處死，孫禮私下指導馬台要他越獄自首，不久又說：「當臣子的沒有逃跑的道理。」直接到刺奸主簿溫恢那裏認罪。溫恢嘉許他們的行為，全部稟告太祖，每人減死罪一等。

2 後被任命為河間郡郡丞，逐漸升為滎陽都尉。魯國的山中有盜賊數百人，固守險阻，為害百姓；於是調孫禮任魯國相。孫禮到職，拿出自己的俸祿糧食，發動官吏和百姓，懸賞賊人首級，招納願意投降和歸附官府的人，讓他們回去當間諜，魯國很快就平安無事。歷任山陽、平原、平昌、琅邪郡太守。跟隨大司馬曹休到夾石征伐吳國，孫禮勸諫，認為不可深入敵地，曹休不聽而導致失敗。升任陽平郡太守，進京擔任尚書。

3 明帝正在營建宮殿時，而時令節氣不調和，全國缺少糧食。孫禮堅決諫諍。要求停止修建宮殿的勞役，於是朝廷下令停止勞役，下詔書說：「恭敬的接受正直的進言，立即遣散民工。」當時李惠監督營建工作，又上奏請求讓民工再留一個月，使一些工程能夠完成。孫禮直接到建築工地，不再重新上奏，宣布詔令，遣散民工。皇上對他的做法感到驚奇，但沒有責備他。

4 明帝到大石山打獵，老虎跑向明帝乘坐的車子，孫禮立刻扔下鞭子下馬，想奮劍砍死老虎，皇上下令孫禮上馬。明帝臨死時，任命曹爽為大將軍，應有一個好輔佐，曹爽在床下接受遺詔，任命孫禮為大將軍長史，加官散騎常侍。孫禮光明正直，剛正不阿，曹爽感到不能任意行事，讓他任揚州刺史，加伏波將軍的稱號，賜爵為關內侯。東吳大將全琮帶領幾萬大軍前來侵犯寇邊，當時州兵休假外出，留在州裏的不多。孫禮親自率領衛兵抵禦吳兵，在芍陂作戰，從早到晚，將士死傷超過一半。孫禮冒著敵人的刀劍衝鋒陷陣，戰馬多處受傷，仍手執鼓槌擊鼓，奮不顧身，敵軍才被打退。皇上下詔慰勞，賞賜七百匹絹。孫禮為戰死的人設祭痛哭，悲痛號哭發自內心，把絹全部送給死者親屬，自己一匹都不留。

5 召回京師任命為少府，出任荊州刺史，轉冀州刺史。太傅司馬宣王告訴孫禮說：「現在清河郡和平原郡爭奪邊界八年了，換了兩任刺史，都不能解決這個問題；虞、芮兩國君爭田要等周文王才能了結，應該好好的讓他們劃清郡界。」孫禮說：「爭訟的人拿墓地作為證據，聽訟的人認為老年人的話是正確的，老年人不能鞭笞，而墳墓有的又遷到明敞的高地，有的遷走躲避仇人。現在聽到的情況，即使皋陶也會感到為難。如果想使他們一定沒有爭訟，應當拿烈祖最初分封平原王時的地圖來斷決。何必要推求往事，詢問老人，來助長爭訟呢？過去周成王開玩笑拿桐葉作珪封叔虞，周公就把唐封給他。現在地圖收藏在皇上的府庫中，就可在座位上馬上判決，難道還要等我到達州裏才解決嗎？」宣王說：「是這樣沒錯。應當另外頒下地圖。」孫禮到州，根據地圖應屬平原郡。但曹爽相信清河郡的話，下書說：「地圖不能用，應該參考其他不同的情況。」孫禮上疏說：「管仲是霸主的輔佐，他器量又小，尚且能剝奪伯氏的駢邑，使伯氏終身沒有怨言。臣接受州刺史的重任，遵照朝廷明白的地圖，驗明兩郡的地界，地界實際是以王翁河為界，而鄃縣根據馬丹候墓為憑證，假說以鳴犢河為界。利用虛假的證據進行訴訟，使臺閣產生疑誤。我聽說眾口鑠金，假話可使人相信石頭浮在水面，木頭沉在水底，三人說市上有虎就有人信，謊言可使曾子的母親丟下機杼越牆逃跑。現在兩郡爭界八年，一下子就能決斷，是因為有文字說明和地圖，能夠查找證據，校正疑誤。平原郡在兩河地帶，往東偏上。中間有爵隄，爵隄在高唐縣西南，有爭執的地界在高唐縣西北，相距二十多里，可說是值得嘆息流涕的事情。按照說明文字與地圖上奏而鄃縣不接受詔令，這說明我軟弱無能不能承擔這個重任，我還有什麼顏面領俸祿不做事。」便繫好衣帶，穿上鞋子，駕車等待貶謫。曹爽見到孫禮上奏，非常憤怒，彈劾孫禮，說他心懷不滿，判處徒刑勞作五年。在家一年，眾人都為他說話，又任他為城門校尉。

6 當時匈奴王劉靖的部落人多勢強，而鮮卑族也多次侵犯邊境，於是派孫禮任并州刺史，加振武將軍，使持節，護匈奴中郎將。孫禮去見太傅司馬宣王，滿臉怨忿不說話。宣王說：「卿得并州，太小嗎？還是怨恨處理邊界糾紛不恰當呢？現今正當分別遠離，為什麼不高興！」孫禮說：「明公說話為什麼這樣失當！孫禮雖然無德，難道會把官位和往事放在心上嗎？本來以為您可以與伊尹、呂望看齊，輔正魏國，上報明帝的囑託，下建萬代的功業。現在國家將有危難，天下騷動不安，這是我為什麼不高興的原因。」於是涕淚橫流。宣王說：「暫且停止哭泣，要忍下那些不可忍受的事情。」曹爽被誅後，進京任司隸校尉。他一共治理過七郡五州，都有威信。升遷為司空，封為大利亭侯，食邑一百戶。孫禮和盧毓是同郡同時同輩的人，但感情不和。為人雖各有優缺點，但名望地位大致相同。嘉平二年去世，謚號為景侯。孫子孫元繼承爵位。

1 王觀，字偉臺，東郡❶廩丘❷人也。少孤貧勵志，太祖召為丞相文學掾❸，出為高唐、陽泉、酇、任④令，所在稱治。文帝踐阼，入為尚書郎、廷尉監⑤，出為南陽、涿郡太守。涿北接鮮卑，數有寇盜，觀令邊民十家已⑥上，屯居⑦，築京候⑧。時或有不願者，觀乃假⑨遣朝吏，使歸助子弟，不與期會，但敕事訖各還。於是吏民相率不督自勸，旬日之中，一時俱成。守禦有備，寇鈔⑩以息。明帝即位，下詔書使郡縣條為劇、中、平者⑪。主者欲言郡為中平，觀教⑫曰：「此郡濱近外虜，數有寇害，云何不為劇邪？」主者曰：「若郡為外劇⑬，恐於明府⑭有任子⑮。」觀曰：「夫君者，所以為民也。今郡在外劇，則於役條當有降差⑯，豈可為太守之私而負一郡之民乎？」遂言為外劇郡，後送任子詣鄴。時觀但有一子而又幼弱。其公心如此。觀治身清素⑰，帥下以儉，僚屬承風⑱，莫不自勵。

2 明帝幸⑲許昌，召觀為治書侍御史，典行臺獄⑳。時多有倉卒喜怒，而觀不阿意順指㉑。太尉司馬宣王請觀為從事中郎㉒，遷為尚書，出為河南尹㉓，徙少府。大將軍曹爽使材官㉔張達斫家屋材，及諸私用之物，觀聞知，皆錄奪以沒官。少府統三尚方御府㉕內藏玩弄之寶，爽等奢放，多有干求㉖，憚㉗觀守法㉘，乃徙為太僕㉙。司馬宣王誅爽，使觀行中領軍㉚，據爽弟羲㉛營，賜爵關內侯，復為尚書，加駙馬都尉㉜。高貴鄉公即位，封中鄉亭侯。頃之，加光祿大夫，轉為右僕射㉝。

常道鄉公即位，進封陽鄉侯，增邑千戶，并前二千五百戶。遷司空，固辭㉞，不許，遣使即第㉟拜授。就官數日，上送印綬，輒自輿㊱歸里舍㊲。薨于家，遺令藏足容棺㊳，不設明器㊴，不封㊵不樹㊶。謚曰肅侯。子悝嗣。咸熙中，開建五等，以觀著勳前朝，改封悝膠東子。

【章　旨】以上是〈王觀傳〉。本傳略寫王觀在太祖、文帝及高貴鄉公、常道鄉公時期事跡，而詳敘他在明帝時期的貢獻。通過治涿為了百姓不惜讓年幼體弱的兒子做人質而自報為繁難之郡、任少府沒收張達搜取的民物等事件的敘述，讚揚他清廉勤儉，正直不阿的高尚品格。

【注　釋】❶東郡　郡名。治所在今河南濮陽西南。❷廩丘　縣名。治所在今山東鄆城西北。❸丞相文學掾　官名。曹操任漢丞相時府內置此官。多為精通經學的教師。❹高唐陽泉酇任　皆縣名。高唐治所在今山東禹城西南。陽泉治所在今安徽霍丘西北。酇縣治所在今河南永城西之酇城。任縣治所在今河北任縣東。❺廷尉監　漢制，廷尉屬官有廷尉監。主緝捕事，秩千石，曹魏因之。❻已　同「以」。❼屯居　相聚而居。❽京候　瞭望臺。❾假　憑藉。❿寇鈔　亂賊騷擾掠奪。⓫條為劇中平者　條，分條項列舉上報。劇，繁難。中，中等。平，平治。⓬教　上對下的教導、諭告。⓭外劇　邊境繁難。⓮明府　對太守的尊稱，猶言賢明的府君。⓯任子　做人質的兒子。⓰降差　降低等級。⓱治身清素　對自身要求嚴格，清廉樸素。⓲承風　受到風氣的影響。⓳幸　皇帝到某處，某處為幸，遂以幸為皇帝出行。⓴典行臺獄　代行御史臺管轄之牢獄。典行，代行，為兼官。㉑阿意順指　迎合心意，順從意圖。㉒從事中郎　官名。漢魏時，三公及將軍府均設從事中郎，職參謀議，位在長史、司馬下。㉓河南尹　京師所在的郡稱尹。洛陽原稱河南郡，定為京師後稱河南尹。尹，作為官名，主一尹之政務，職掌略高於郡太守，可主京都特奉朝請。㉔材官　即材官將軍，始為以訓練步兵為主的武官，後多用以稱呼供差遣的低級武官。後魏又設材官校尉，主天下材木事。㉕三尚方御府　尚方令本為少府屬官，掌管宮廷中所用刀劍及玩好器物的製作，後分為左、中、右三尚方令，丞。㉖干求　求取。㉗憚　畏懼。㉘守法　遵守法度；按法行事。㉙太僕　官名。九卿之一，掌皇帝車馬及全國馬政。㉚行中領軍　暫代理中領軍之職。中領軍，官名。曹操為丞相時置，三品，掌禁軍，主五校尉、中壘、武衛三營。為重要軍事長官。㉛義　曹義，曹真之次子，真卒，封為列侯，正始中為中領軍，安鄉侯。與兄曹爽謀削司馬懿之權，被以謀反罪收捕，伏誅，夷三族。㉜駙馬都尉　官名。掌管副車（隨從皇帝的車）之馬，為皇帝近侍官。㉝右僕射　尚書令的副貳稱尚書僕射。漢末分左右僕射。㉞固辭　堅決辭讓。㉟即第　到府第。官僚貴族的大宅稱第。㊱自輿　自備車子。㊲歸里舍　回故鄉家中。㊳藏足容棺　藏，通「葬」。指墓穴。容棺，墓穴僅容納得下棺柩。㊴明器　用木、竹或陶土製作的隨葬物。㊵封　聚土起墳。㊶樹　栽植松柏等樹木。

【語譯】王觀，字偉臺，東郡廩丘縣人。年少時孤單貧窮，砥礪心志，太祖徵召任丞相府文學掾，出任高唐、陽泉、酇縣、任縣縣令，所任職之處，都有善治的美稱。文帝即帝位，入朝任尚書郎、廷尉監，出任南陽郡、涿郡太守。涿郡北邊與鮮卑族接界，屢次有盜賊騷擾，王觀命令邊境民眾十家以上，屯聚在一起居住，修築瞭望臺。當時有不情願這樣做的人，王觀就利用派遣官府的吏員，讓他們回去幫助子弟，不限定日期，只命令事情辦成後各自回來。於是吏員民眾相隨，不用督促，自相勉勵，十天之間，一下子全部建成。防守抵禦有了準備，賊寇的侵犯騷擾因此就停止了。明帝即位，下詔書要各郡縣按繁難、中等、平治三等分條列舉上報。主事者想報涿郡為中等或平治，王觀告諭說：「此郡邊界接近外虜，屢次受到侵害，為什麼不算繁難呢？」主事者說：「如果涿郡算邊境繁難地區，恐怕會讓明府的兒子入朝去做人質。」王觀說：「當長官，就是為了民眾。現在涿郡屬邊陲繁難地區，那麼在勞役項目上應當降低等級，難道可以為了太守的一己私利而辜負一郡的百姓嗎？」於是上報為邊陲繁難的郡，後來送兒子到鄴城做人質。當時王觀只有一個兒子，而且年幼體弱。他辦事一心為公就是這樣。王觀要求自身清廉樸素，率領下面的人勤儉節約，下屬受他這種風氣的影響，沒有不自我勉勵的。

2　明帝親臨許昌，徵召王觀任治書侍御史，兼管御史臺刑獄。當時明帝常喜怒無常，而王觀從不迎合順從。太尉司馬宣王請王觀任從事中郎，升遷為尚書，出任河南尹，調任少府。大將軍曹爽派材官校尉張達砍伐蓋房的木材，以及搜刮一些私人用的東西，王觀聽說此事，全部登記沒收入官。少府統管三尚方令中皇宮內保藏的玩好器物等寶器，曹爽等人奢侈放縱，多次索取，害怕王觀守正執法，於是調他任太僕。司馬宣王誅殺曹爽，使王觀代理中領軍之職，進駐曹爽的弟弟曹羲的軍營。賜爵關內侯，恢復尚書職位，加駙馬都尉稱號。高貴鄉公即位，封為中鄉亭侯。不久，加光祿大夫稱號，調任右僕射。常道鄉公即位，進封為陽鄉侯，增加食邑一千戶，加上以前的封邑共二千五百戶。升任司空，王觀堅決推辭，皇上不允許，派使者到家中授職。任職幾天，上繳官印，就自己乘車回到故鄉家中。死於家中，遺言只須埋葬在足夠容納棺柩的墓穴中，不要設置隨葬品，不要聚土起墳，不種植樹木。諡號為肅侯。兒子王悝繼承封爵。咸熙年間，開設五等爵位，認為王觀在前朝功勳卓著，改封王悝為膠東子。

評曰：韓暨處以靜居行化❶，出以任職流稱❷；崔林簡樸知能❸；高柔明於法理❹；孫禮剛斷❺伉厲❻；王觀清勁❼貞白❽，咸克致公輔。及暨年過八十，起家就列❾；柔保官二十年，元老終位❿，比之徐邈⓫、常林⓬，於茲為疚⓭矣。

【章　旨】以上是陳壽對五人的綜合評價。

【注　釋】❶行化　推行教化。❷流稱　流傳稱讚。❸知能　智慧、才能。知，通「智」。❹法理　法律刑理。❺剛斷　剛毅果斷。❻伉厲　高傲、有骨氣。❼清勁　高潔正直。❽貞白　忠貞清廉。❾起家就列　由家中出來擔任官職而就三公之列位。❿元老終位　在資望崇高的老臣之位上而終。⓫徐邈　字景山，燕國薊（今北京市附近）人。在任政績卓著，尤其在西北時，興修水利、廣開水田、整頓吏治、移風易俗。詳見本書卷二十七〈徐邈傳〉。⓬常林　字伯槐，河內郡溫縣（今河南溫縣西南）人，性好學，初任南和縣長，因政績突出，超遷博陵郡太守、幽州刺史。詳見本書卷二十三〈常林傳〉。⓭疚　內心有愧病。

【語　譯】評論說：韓暨在家則平靜居處，推行教化，出外則任職為官，稱譽流布；崔林生活簡樸，有智慧才能；高柔明曉法律；孫禮剛毅果斷，高傲不屈；王觀高潔正直，忠誠清廉，都能位至三公。韓暨年過八十，起家就職；高柔保持官位二十多年，以國家元老終於任上，和徐邈、常林比起來，在這方面是應該內心有愧的。

【研　析】 韓暨、崔林、高柔、孫禮、王觀等五人傳記，據傳主生平事跡，品格出處，執政功業的各自特點，著墨用力不同，組織結構各異，但都鮮明的展示了各自的個性特徵，給人留下深刻印象。

韓暨、王觀的傳文在本卷中最少，都在六、七百字左右，但組織結構各具匠心。〈韓暨傳〉將韓暨一生分為三個階段敘寫：早年通過他為父兄報仇、治化山民、逃避徵辟等極富傳奇色彩的敘寫，既表現了他的孝，更突出了他的俠義。中年為官時期，詳敘他製水排鼓風冶鐵的政績，既突出了重點，又為他以後步步升遷作了鋪墊。晚年寫他官太常八年，重點敘述他在宗廟祭祀制度建立方面的貢獻，最後以授司徒之詔命做結，實際是國家對他的蓋棺論定。全傳極為緊湊。而〈王觀傳〉雖然也是按傳主一生先後順序來寫，但在取捨敘述中與〈韓暨傳〉採取了不同方式，傳文略寫他在太祖、文帝及高貴鄉公、常道鄉公時期事跡，而詳敘他在明帝時期的貢獻。詳敘時也不是泛泛寫來，而是以極節儉的筆墨，選擇他兩件事：一是治涿，巧妙利用朝吏資源，使民屯居築京候；為了百姓，不惜讓年幼體弱的兒子做人質，而自報為繁難之郡。二是任少府，沒收張達搜取的民物等事件。從而讚揚了他清廉勤政，正直無私的高尚品格。兩傳相較，可見史家用心良苦。

本卷著墨最多，傳文最長的是〈高柔傳〉，傳文多達一萬二千二百八十餘字。高柔初為刺奸令史，升丞相府理曹掾，轉法曹掾，遷治書執法，升廷尉，為廷尉長達二十三年，一生經歷主要從事刑獄司法工作，為魏國治政秩序的穩定和法律建設做出了重要貢獻。傳主一生的焦點在此，而傳文的著力點也在此。傳文敘述曹操任高柔為刺奸令史，並不是了解他精通法律，有多強的執法能力，而是為了「欲因事誅之」。但當他看到高柔在任職期間處法允當，獄無留滯的工作作風和工作能力時，徹底改變了初衷，從而也決定了高柔一生的命運。升丞相府理曹掾，止殺逃兵家屬；轉法曹掾，諫置校事；為治書執法，諫治謗者；都顯示了他是一位明於法理，公正執法，又慈愛為懷的清廉好官。為廷尉二十三年，不執行文帝枉殺鮑勛的詔命、治劉龜罪不以至尊喜怒而毀法、寬免遭父喪的解弘、諫殺公孫晃、明察竇禮冤獄等，都展示了他剛直不阿，守正不移，忠操亮節，無私無畏的大家風範。另外，疏三公參政，疏遵道重學、褒文崇儒，疏興殿舍、充後宮事等，無不事關國家大政，不慚公輔之位。

崔林、孫禮二傳文都在一千六百字左右，他們的不同性格卻展示得極為鮮明。崔林處世低調，為人不善張揚，少時不被人知。除鄔縣長，貧無車馬，步行到任。文帝時出為幽州刺史，時北中郎將吳質統河北軍事，州郡莫不奉牋致敬，獨崔林不卑不媚，靜鎮邊州，不擾百姓。崔林又是一位為政清簡，務存大體，推誠不阿、求實務本的人。任大鴻臚，龜茲王遣侍子來朝，褒賞甚厚，引起各國紛紛效仿，接待褒贈禮無定制，且真假不辨，崔林移書燉煌，參考前朝待遇諸國做法，建立制度。論考課、議祭孔等，無不體現了他不張揚，求實務本的執政特點。孫禮與崔林處世為政的風格大不相同。他是一位具有俠肝義膽，敢作敢為的人。傳文敘孫禮三類事：一是通過敘述他報答馬台尋母、斫虎護主、保衛揚州勝利後哭祭戰死將士，寫出了他知恩就報、盡孝盡忠、捨己為國、肝膽照人的高尚人格。二是通過敘述他任魯相平盜，果斷處理清河、平原二郡爭地事，說明他又是一位具有很強經邦治國才能的人。三是突出寫他與曹爽的矛盾。曹爽曲意阻撓他正確處理清河、平原二郡爭地事，他辭官立馬走人；出任并州，臨行對司馬懿的泣訴；都重在表現他清廉忠直、憂國憂民、剛正不阿的精神品格。

總之，史家以靈活的史筆，寫出了魏國五位精英人物的鮮活的經歷，也寫活了一段歷史，不僅給後世留下了確信的史料，也給後人留下了史家的文理精神。(王樹林注譯)

卷二十五　魏書二十五

辛毗楊阜高堂隆傳第二十五

【題解】本卷為辛毗、楊阜、高堂隆三人的合傳，〈高堂隆傳〉後並附棧潛小傳。通過對三人（實為四人）一生經歷的敘述，讚揚了辛毗、楊阜剛毅忠誠、公正耿直、匡扶勸諫而不顧個人安危的高風亮節，以及高堂隆學業修明、志在匡君、因變陳戒、發於懇誠的忠直品格。〈高堂隆傳〉後附棧潛小傳，是對忠直敢諫精神的進一步闡揚。傳文體現了史家推崇的為臣之道，即「盡忠」和「直諫」精神。

1 辛毗，字佐治，潁川陽翟❶人也。其先建武❷中，自隴西❸東遷。毗隨兄評❹從袁紹。太祖為司空❺，辟❻毗，毗不得應命。及袁尚攻兄譚於平原❼，譚使毗詣❽太祖求和。太祖將征荊州❾，次于西平❿。毗見太祖致譚意，太祖大悅。後數日，更欲先平荊州，使譚、尚自相弊。他日置酒，毗望太祖色，知有變，以語郭嘉⓫。嘉白太祖，太祖謂毗曰：「譚可信？尚必可克不⓬？」毗對曰：「明公無問信與詐也，直當論其勢耳。袁氏本兄弟相伐，非謂他人能閒其間⑬，乃謂天下可定於己也。今一旦求救於明公，此可知也。顯甫見顯思困而不能取，此力竭也。兵革敗於外，謀臣誅於內，兄弟讒鬩⑭，國分為二；連年征⑮伐，而介冑⑯生蟣蝨，加以旱蝗，饑饉並臻⑰，國無囷倉，行無裹糧，天災應於上，人事困於下，民無愚智，皆知土崩瓦解⑱，此乃天亡尚之時也。兵法稱有石城湯池⑲帶甲百萬而無粟者，不能守也。今往攻鄴⑳，尚不還救，即不能自守。還救，即譚踵㉑其後。以明公之威，應困窮之敵，擊疲弊之寇，無異迅風之振秋葉矣。天以袁尚與明公，明公不取而伐荊州。荊州豐樂，國未有釁㉒。仲虺有言：『取亂侮亡。』㉓方今二袁不務遠略而內相圖，可謂亂矣；居者無食，行者無糧，可謂亡矣。朝不謀夕，民命靡㉔繼，而不綏㉕之，欲待他年；他年或登㉖，又自知亡而改修厥德㉗，失所以用兵之要矣。今因其請救而撫之，利莫大焉。且四方之寇，莫大於河北；河北平，則六軍㉘盛而天下震。」太祖曰：「善。」乃許㉙譚平㉚，次于黎陽㉛。明年攻鄴，克之，表毗為議郎㉜。

2 久之，太祖遣都護曹洪㉝平下辯㉞，使毗與曹休㉟參之，令曰：「昔高祖貪財好色，而良、平匡其過失㊱。今佐治、文烈憂不輕矣。」軍還，為丞相長史㊲。

3 文帝踐阼[38]，遷侍中[39]，賜爵關內侯[40]。時議改正朔[41]。毗以「魏氏遵舜、禹之統[42]，應天順民；至於湯、武[43]，以戰伐定天下，乃改正朔。孔子曰『行夏之時[44]』，左氏傳曰『夏數為得天正[45]』，何必期[46]於相反」。帝善而從之。

4 帝欲徙冀州士家十萬戶實河南[47]。時連蝗民饑，羣司[48]以為不可，而帝意甚盛。毗與朝臣俱求見，帝知其欲諫，作色以見之，皆莫敢言。毗曰：「陛下欲徙士家，其計安出？」帝曰：「卿謂我徙之非邪？」毗曰：「臣[49]以為非也。」帝曰：「吾不與卿共議也。」毗曰：「陛下不以臣不肖，置之左右，廁[50]之謀議之官，安得不與臣議邪！臣所言非私也，乃社稷之慮也，安得怒臣！」帝不答，起入內。毗隨而引[51]其裾[52]，帝遂奮衣不還。良久乃出，曰：「佐治，卿持[53]我何太急邪？」毗曰：「今徙，既失民心，又無以食也。」帝遂徙其半。嘗從帝射雉[54]，帝曰：「射雉樂哉！」毗曰：「於陛下甚樂，而於羣下甚苦。」帝默然，後遂為之稀[55]出。

5 上軍大將軍曹真[56]征朱然[57]于江陵，毗行軍師[58]。還，封廣平亭侯[59]。帝欲大興軍征吳，毗諫曰：「吳、楚之民，險[60]而難禦，道隆[61]後服，道洿[62]先叛，自古患之，非徒今也。今陛下祚[63]有海內，夫不賓[64]者，其能久乎？昔尉佗[65]稱帝，子陽僭號[66]，歷年未幾，或臣或誅。何則？違逆之道不久全，而大德無所不服也。方今天下新定，土廣民稀。夫廟算[67]而後出軍，猶臨事而懼，況今廟算有闕[68]而欲用之，臣誠未見其利也。先帝屢起銳師，臨江而旋[69]。今六軍不增於故，而復循之，此未易也。今日之計，莫若修范蠡之養民[70]，法管仲之寄政[71]，則充國之屯田[72]，明仲尼之懷遠[73]；十年之中，彊壯未老，童齔[74]勝戰[75]，兆民[76]知義，將士思奮，然後用之，則役不再舉矣。」帝曰：「如卿意，更當以虜遺子孫邪？」毗對曰：「昔周文王以紂遺武王，唯知時也。苟時未可，容得已乎？」帝竟伐吳，至江而還。

6 明帝即位，進封潁鄉侯，邑三百戶。時中書監[77]劉放[78]、令[79]孫資[80]見信於主[81]，制斷[82]時政，大臣莫不交好，而毗不與往來。毗子敞[83]諫曰：「今劉、孫用事，眾皆影附[84]，大人宜小降意[85]，和光同塵[86]，不然必有謗言。」毗正色曰：「主上雖未稱聰明，不為闇劣[87]。吾之立身，自有本末。就與劉、孫不平，不過令吾不作三公而已，何危害之有？焉有大丈夫欲為公而毀其高節者邪？」冗從僕射[88]畢軌[89]表言：「尚書僕射[90]王思[91]精勤舊吏[92]，忠亮[93]計略不如辛毗，毗宜代思。」帝以訪放、資，放、資對曰：「陛下用思者，誠欲取其效力，不貴虛名也。毗實亮直，然性剛而專，聖慮所當深察也。」遂不用。出為衛尉[94]。

7 帝方修殿舍，百姓勞役。毗上疏曰：「竊聞諸葛亮[95]講武治兵，而孫權[96]市馬遼東[97]，量[98]其意指[99]，似欲相左右[100]。備豫不虞[101]，古之善政。而今者宮室大興，加連年穀麥不收。詩云：『民亦勞止，迄可小康，惠此中國，以綏四方。』[102]唯陛下為社稷計。」帝報曰：「二虜未滅而治宮室，直諫者立名之時也。夫王者之都，當及民勞兼辦，使後世無所復增，是蕭何[103]為漢規摹[104]之略也。今卿為魏重臣，亦宜解其大歸[105]。」帝又欲平北芒[106]，令於其上作臺觀[107]，則見孟津[108]。毗諫曰：「天地之性，高高下下，今而反之，既非其理；加以損費人功，民不堪[109]役。且若九河[110]盈溢，洪水為害，而丘陵皆夷[111]，將何以禦之？」帝乃止。

8 青龍二年[112]，諸葛亮率眾出渭南[113]。先是，大將軍司馬宣王[114]數請與亮戰，明帝終不聽。是歲恐不能禁，乃以毗為大將軍軍師，使持節[115]；六軍皆肅，準毗節度[116]，莫敢犯違。亮卒，復還為衛尉。薨，諡曰肅侯。子敞嗣[117]，咸熙[118]中為河內[119]太守。

【章　旨】以上是〈辛毗傳〉。傳文在敘述辛毗一生仕歷中，重點寫了他五件大事：即為袁譚向太祖求和並平袁尚、諫遷冀州士家實河南、諫興兵伐吳、不與幸臣劉放等交往、諫修宮殿及在北芒山建樓臺宮觀等。表現了辛毗善於洞察形勢，剛正不阿，敢言直諫的品格。

【注 釋】❶潁川陽翟 潁川郡陽翟縣。潁川以潁水得名，治所在今河南禹州。❷建武 東漢光武帝劉秀年號，西元二五—五六年。❸隴西 郡名。因在隴山之西得名。治所在今甘肅臨洮南。三國魏治所在今甘肅隴西南。❹評 辛毗之兄辛評。辛評，字仲治，漢末攜弟辛毗從袁紹。官渡戰後，袁紹死，同郭圖附袁譚。後袁譚、袁尚相攻，譚敗奔平原，辛評全家被捕入鄴獄。東漢建安九年（西元二〇四年）曹操攻破鄴城，評全家為審配所殺。❺太祖為司空 太祖即曹操，字孟德，沛國譙（今安徽亳州）人。曹丕稱帝後，追尊曹操為武皇帝，廟號太祖。獻帝遷都於許，任操大將軍，旋以大將軍讓於袁紹，操乃為司空，行車騎將軍。建安十三年，進位丞相。事詳本書卷一〈武帝紀〉。❻辟 徵召。❼及袁尚攻兄譚句 袁尚、袁譚皆袁紹子。袁尚字顯甫，袁譚字顯思。詳見本書卷六〈袁紹傳〉附傳。平原，郡名。治所在今山東平原南。❽詣 往；到。裴松之注引《英雄記》曰：譚、尚戰於外門，譚軍敗奔北。郭圖說譚說曹操擊袁尚，並薦辛毗可使。譚遂遣毗前往。❾荊州 州名。東漢治所在今湖南常德東北。初平中劉表為荊州刺史，徙治今湖北襄樊。三國魏因之，後移治今河南新野。❿次于西平 次，臨時駐紮。西平，縣名。治所在今河南西平西。⓫郭嘉 字奉孝，潁川陽翟（今河南禹州）人。初投袁紹，後由荀彧推薦，歸曹操。多謀善斷，得到重視。運籌策劃，對統一北方有貢獻。詳見本書卷十四〈郭嘉傳〉。⓬克不 克，戰勝。不，同「否」。⓭閒其閒 插手其間離間。⓮讒鬩 惡語相傷，兄弟爭鬥。鬩，兄弟相爭鬥。《詩經・小雅・常棣》：「兄弟鬩於牆。」後因稱兄弟不和為鬩牆。⓯征 宋本作「戰」。⓰介冑 原作「戰士」，今從宋本。⓱臻 至；到。⓲土崩瓦解 像土倒塌，瓦碎裂。比喻潰敗不可收拾。⓳石城湯池 像石頭築的城牆，像沸水一樣熱不可侵的護城河水。比喻防守堅固。⓴鄴 縣名。治所在今河北臨漳西南。㉑踵 接踵；跟隨。㉒釁 空隙；破綻。㉓仲虺有言二句 是說攻取亂國，欺侮將要滅亡之國。仲虺，商湯王的左相。取亂侮亡，語見《尚書・仲虺之誥》。㉔靡 不；無。㉕綏 安撫。㉖登 莊稼成熟，指豐收。㉗修厥德 修其美德。㉘六軍 朝廷軍隊。周制，天子有六軍。後為朝廷軍隊的統稱。㉙許 同意。㉚平 講和。㉛黎陽 縣名。治所在今河南浚縣東。㉜議郎 官名。郎中令的屬官，為郎官中地位較高者。掌顧問應對。㉝都護曹洪 都護，官名。即都護將軍。東漢光武時設，三國魏沿置，職權如大都督，總領內外諸軍事。曹洪，字子廉，沛國譙（今安徽亳州）人，曹操從弟。救曹操於討伐董卓之役，從征張邈、呂布、劉表有功，累遷鷹揚校尉、驃騎將軍等。文帝時因舍客犯法，被免官削爵土。明帝即位後，復為後將軍。詳見本書卷九〈曹洪傳〉。㉞下辯 又作「下辨」。縣名。治所在今甘肅成縣西北。㉟曹休 字文烈，沛國譙（今安徽亳州）人，曹操族子。東漢末隨曹操起兵，常從征伐。歷任曹魏領軍將軍、大司馬等職。詳見本書卷九〈曹休傳〉。㊱昔高祖貪財好色二句　漢高祖劉邦居山東時，貪財好色。西入咸陽時想住在秦皇宮中，但張良等人勸止。將秦府庫封存，還軍霸上，珍物無所取，婦女無所幸。良，張良，字子房，西漢初大臣。平，陳平，西漢初大臣。匡，正。㊲丞相長史　官名。三公府設長史，為眾史之長。丞相長史，東漢置一人，為相府總管，佐助丞相，治理諸曹。曹操為丞相時始置左右長史，秩千石，六品。㊳踐阼　《禮記・曲禮下》：「踐阼，臨祭祀，內事曰孝王某，外事曰嗣王某。」指天子新即位，升宗廟東階以主祭。阼，指王位前之階。㊴侍中　官名。為丞相屬官，往來殿中，入侍天子，故名。東漢建安十八年（西元二一三年），曹魏初置侍中，黃初以來因之，分兩類：一為加官，無定額；一為實職，定額四人，秩比二千石，三品。官員加侍中，得以近天子，權力頗大。㊵關內侯　爵名。第十九級，位次於列侯。有其號，無國邑。寄食關內，故名。㊶改正朔　每年首月稱正月，每月首日稱朔日，因此一年的第一天稱正朔。改正朔，即改變記時曆法制度。古代改朝換代，要重定正朔。漢武帝改用夏曆後，一般沿用夏曆。㊷舜禹之統　舜禹，傳說中上古帝王。舜禪位於禹，禹建夏。舜禹之統，即夏曆，正月建寅，古稱人統。㊸湯武　即商湯王、周武王，分別為商朝、周朝的開國君主。商朝正月建丑，稱地統；周朝正月建子，稱天統。此與夏曆人統合稱三統。㊹行夏之時　執行夏朝的曆法制度。語見《論語・衛靈公》。夏，夏朝。時，曆法。㊺左氏傳曰句　左氏傳，即《春秋左氏傳》，又稱《左傳》，為中國第一部編年體歷史著作《春秋》作詳細注解的書。相傳為左丘明作。引語見《左傳》昭公十七年。原文「夏數得天」，杜預注：「得天正。」意為夏朝的曆法與上天運行一致。㊻期　希望。㊼實河南　充實、補充河南。河南，河南尹，魏京畿之地，治所在今河南洛陽東北，屬司隸校尉部。㊽羣司　朝廷直屬各機構。㊾臣　宋本作「誠」。誠，確實。㊿廁　置身於；參加。(51)引　牽扯。(52)裾　衣後襟。(53)持　挾持；逼迫。(54)雉　野雞。(55)稀少。(56)上軍大將軍曹真　上軍大將軍，官名。二品，職不常設。曹魏於黃初三年（西元二二二年）置，是年曹真由鎮西將軍遷此職。曹真，字子丹，沛國譙（今安徽亳州）人。本姓秦，曹操收為養子。歷任偏將軍、中堅將軍、中領軍等職。詳見本書卷九〈曹真傳〉。(57)朱然　字義封，吳國將軍，時為吳征北將軍，鎮江陵。詳見本書卷五十六〈朱然傳〉。(58)行軍師　行，某官缺而未補，暫由另外的官員兼職代理。軍師，官名。東漢隗囂遣使聘請平陵人方望為軍師。三國時各國均設軍師官。軍師皆參與主持謀議軍事。(59)亭侯　列侯之一。秦漢以二十等爵賞功者，其最高者叫徹侯，後因避漢武帝劉徹諱，改曰通侯，又稱列侯。列侯按功之大小，又分縣侯、鄉侯、亭侯等。(60)險　邪惡。(61)道隆　政治興隆。(62)道洿　政治汙穢。洿，同「汙」。(63)祚　國統；皇位。(64)賓　歸順；服從。(65)尉佗　即趙佗。《史記・南越列傳》載：南越王尉佗者，真定人也。姓趙氏。秦滅，擊併桂林、象郡，自立為南粵武王。漢高祖時遣陸賈立佗為南粵王，與之剖符通使，互不相犯。呂后時有司請楚南粵關市鐵器，於是佗自加尊號為南粵武帝，發兵攻長沙，與漢分庭抗禮。文帝初，遣陸賈復往招撫，佗去帝號，依舊稱王。景帝時向漢稱臣，遣使入朝請。66子陽僭號　子陽，即公孫述。《後漢書・公孫述列傳》載：述字子陽，扶風茂陵（今陝西興平）人。王莽天鳳中，自稱為蜀王，都成都。東漢光武建武元年（西元二五年），自立為天子，號成家，建元龍興。光武修書勸降，不聽。建武十二年戰死。67廟算　在廟堂（朝廷）之內運籌克敵制勝的謀略。68有闕　有缺陷；不完美。闕，同「缺」。69旋回。70修范蠡之養民　修，學習；效法。范蠡，春秋末越國大夫。越王句踐敗於吳，被困於會稽山，用范蠡、文種計，臥薪嚐膽，發展生產，發奮圖強。後終於滅吳。71法管仲之寄政　法，效法。管仲，字夷吾，潁上（今安徽潁上）人。春秋初政治家，佐齊桓公成霸業。寄政，託寄於政。《史記・管晏列傳》載：管仲既任政相齊，以區區之齊在海濱，行使通貨積財，富國強兵，與俗同好惡的政策。認為倉廩實而知禮節，衣食足而知榮辱，上服度則六親固，四維不張國乃滅亡。下令如流，水之原令順民心。故論卑而易行。俗之所欲，因而予之。俗之所否，因而去之。其為政也，善因禍而為福，轉敗而為功。貴輕重，慎權衡。72則充國之屯田　則，法則；仿效。充國，漢大將趙充國。作戰勇敢，有謀略，擊匈奴有功。與羌人作戰，屯田於西北，促進了西北地區的開發。《漢書・趙充國傳》有〈屯田疏〉。73明仲尼之懷遠　明，明確。仲尼，即孔子。主張仁政。懷遠，安撫邊遠之民。《論語・季氏》：「遠人不服，則修文德以來之。」74童齔　此指孩童。齔，兒童換牙。75勝戰　能勝任承擔戰鬥任務。76兆民　古代十萬為億，十億為兆。此極言民眾之多。77中書監　官名。漢末曹操為魏王，初置祕書令掌機要文書。文帝曹丕黃初二年（西元二二一年）改祕書令為中書監及中書令。78劉放　字子棄，涿郡（今河北涿縣）人。魏國初建，命為祕書郎，旋改中書監加給事中，掌中樞機密。本書卷十四有傳。79令　中書令，位次略低於中書監，與監並掌樞密，參機務，擬詔旨。80孫資　字彥龍，人稱孫計君，太原（今山西太原）人。文帝時，為中書令，與中書監劉放共掌機密。明帝即位，尤見寵任，因加散騎常侍。事詳本書卷十四〈劉放傳〉附傳。81見信於主　被主（明帝）信任。見，被。82制斷　控制、壟斷。83敞　辛毗的兒子辛敞，字泰雍。見下文及注。84影附　像影子隨人一樣歸附。85小降意　稍微降低一下清高自直的意志。86和光同塵　《老子》：「和其光，同其塵。」意為不持異論，隨波逐流，與世俗同浮沉。87闇劣　即昏憒無能。闇，昏昧。劣，才能低下。88冗從僕射　官名。東漢少府屬官有中黃門冗從僕射，主中黃門冗從。曹魏因其名，置冗從僕射，職責改為掌散從師射事，五品，屬光祿勳。89畢軌　字昭先，東平（今山東東平東）人，明帝在東宮，為文學侍從。黃初末，出為長史。明帝即位，入為黃門郎。後與曹爽謀奪司馬懿之權，事敗被殺。事見本書卷九〈曹爽傳〉。90尚書

僕射　官名。尚書臺副長官。曹魏於東漢建安十八年（西元二一三年）初置尚書僕射二人，分左右，三品。91王思　濟陽（今山東定陶）人，先為西曹令史，遷豫州刺史。正始中，遷大司農，封列侯。92精勤舊吏　精誠勤懇的老官員。93忠亮　忠直。94衛尉　官名。為九卿之一，掌皇宮門衛等事。三國時，各國均設此官。95諸葛亮　字孔明，琅邪陽都（今山東沂南南）人。先隱居荊州隆中，後輔佐劉備，提出並實踐聯合孫吳、跨有荊益、北拒曹操的方針。劉備去世後，受遺詔輔佐劉禪，先後平定南中，六次北伐曹魏。後逝世於北伐前線。詳見本書卷三十五〈諸葛亮傳〉。96孫權　字仲謀，吳郡富春（今浙江富陽）人，孫策弟。孫策死後即位，被封討虜將軍，領會稽太守。黃武八年（西元二二九年）即帝位於武昌。死後諡大皇帝，廟號太祖。詳見本書卷四十七〈吳主傳〉。97市馬遼東　到遼東買馬。遼東，郡名。〈吳主傳〉載：嘉禾元年，三月，遣將軍周賀、校尉裴潛乘海之遼東。冬十月，魏遼東太守公孫淵遣校尉宿舒、閬中令孫綜稱藩於權，並獻貂馬。98量　估計。99意指　意圖。100相左右　左右相輔，互相聯合。101備豫不虞　防備不測。102詩云五句　引文見《詩經・大雅・民勞》。意思是說：人民已經很疲勞了，王應該使他們休息一下。給京師的人施以恩惠，以安撫四方百姓。迄，《詩經》作「汔」。103蕭何　漢初大臣，佐高祖劉邦定天下。《史記・蕭相國世家》：「漢王與諸侯擊楚，何守關中，侍太子治櫟陽，為法令約束，立宗廟、社稷、宮室、縣邑，輒奏上可，許以從事。」104規摹　規劃摹擬方案、藍圖。105大歸　大旨；要領。106北芒　山名。即洛陽北芒山。此山在魏京師近北，東連偃師、鞏縣，北接黃河渡口孟津。107臺觀　樓臺亭閣，登之可以遠觀，故云。108孟津　黃河津渡名。在今河南洛陽北。相傳周武王伐紂，與八百諸侯會盟於此，故又名盟津。109不堪　不能承受。110九河　指黃河。古代黃河自孟津而北分為九道，故名。111夷　平。112青龍二年　西元二三四年。青龍，魏明帝曹叡年號，西元二三三—二三七年。113渭南　渭水之南，今陝西南部地區。《資治通鑑・魏紀》：「(青龍)二年，春，二月，亮悉大眾十萬由斜谷入寇，遣使約吳同時大舉。」「夏，諸葛亮至郡，軍於渭水之南。」114司馬宣王　即司馬懿。字仲達，魏大臣。曾多次出師與諸葛亮相拒。曹芳即位，與曹爽同受遺詔輔政。後政變，殺曹爽，獨攬魏軍政大權。死後其孫司馬炎代魏稱帝，建晉，追尊為宣帝。115使持節　地方長官加號。加號後有專殺大權。加號分使持節、持節、假節等號。加「使持節」者，有權處死二千石以下官員。116節度　統率；指揮。117嗣　繼承。118咸熙　魏元帝曹奐年號，西元二六四—二六五年。119河內　郡名。治所在今河南武陟西南。原作「河南」，今從宋本。

【語　譯】辛毗，字佐治，潁川郡陽翟縣人。他的先人在建武年間，從隴西郡東遷至此。辛毗跟隨哥哥辛評隨從袁紹。太祖任司空時，徵召辛毗，辛毗未能從命。到了袁尚在平原郡攻打他哥哥袁譚時，袁譚派辛毗到太祖那裏求和。太祖準備征討荊州，駐紮在西平縣。辛毗見到太祖後轉達了袁譚的意思，太祖十分高興。幾天以後，太祖想先平定荊州，使袁譚、袁尚自相消耗實力。有一天太祖擺酒設宴，辛毗看太祖的臉色，知道事情有變化，把情況告訴了郭嘉。郭嘉稟告太祖，太祖對辛毗說：「袁譚可以信任嗎？袁尚是否一定可以被打敗？」辛毗回答說：「明公您不要問是可信還是欺詐，只應當討論當前的形勢罷了。袁氏本來是兄弟之間互相攻伐，不認為別人能插手其間離間，而認為自己可以平定天下。現在竟然來向您求救，形勢如何便可以知道了。袁顯甫眼見袁顯思困頓但不能取勝，這說明他已經精疲力盡了。在外戰事失敗，在內謀臣被誅殺，兄弟之間鬩牆互鬥，國家分裂為二；連年征戰攻伐，而將士的鎧甲頭盔上長滿蟣蝨，加上旱災蝗害，飢餓災荒同時並至，國家糧倉沒有存糧，行人沒有攜帶的乾糧，災荒上應於天，人事困頓於下，百姓不論愚蠢聰明，都知道袁氏會土崩瓦解，這正是上天滅亡袁尚的時候。兵法上說有石頭壘成的城牆和像注滿沸水一樣的護城河以及披甲之士百萬，但沒有糧食，仍然不能堅守。現在前去攻打鄴城，袁尚不返回救援，鄴城就不能守護自己。返回救援，那麼袁譚會在他的後邊跟著進擊。憑藉明公的威武，對付窮途末路的敵人，打擊疲弊無力的賊寇，無異於疾風掃除秋天的落葉。上天把袁尚給了明公您，明公卻不收取而去攻打荊州。荊州物豐民樂，國內沒有空隙可鑽。仲虺說過：『攻取亂國，欺侮行將滅亡之國。』當今二袁不考慮長遠的戰略而在內部互相爭鬥，可算是亂了；家居百姓沒有食物，行路民眾沒有乾糧，可算是行將滅亡了。他們過了早上而謀畫不了晚上，民眾的生命不能延續下去，您卻不去安撫他們，還想等到來年；來年或許豐收，也可能自知滅亡而改過修德，那就會喪失得以用兵的時機了。現在趁著他請求救援的機會去安撫百姓，得到的利益沒有比這更大的了。況且四方的敵人，沒有比黃河以北的袁氏更強大的了；黃河以北平定了，那麼就會軍力強大而天下震動。」太祖說：「好。」於是答應和袁譚講和，軍隊駐紮黎陽。第二年攻打鄴城，攻下鄴城，上表推舉辛毗為議郎。

2 過了很久，太祖派都護將軍曹洪平定下辯縣，讓辛毗和曹休參謀曹洪的軍事。下令說：「過去漢高祖貪財好色，而張良、陳平糾正他的過失。現今辛佐治、曹文烈要憂慮的不輕啊。」大軍返回，辛毗為丞相長史。

3 文帝即位，升任侍中，賜爵關內侯。當時討論改變曆法制度。辛毗認為「魏國沿襲了虞舜、夏禹的曆法傳統，上應蒼天，下順人民；至於商湯王、周武王，則是依靠戰爭征伐平定天下，才改變曆法制度。孔子說『實行夏朝的曆法制度。』《春秋左氏傳》說『夏朝的曆法與上天的運行一致』，何必希望和它相反」。文帝稱讚他說得對，並聽從了他的意見。

4 文帝想遷移冀州十萬戶世代當兵的家庭充實河南。當時連年蝗災，百姓飢餓，朝廷百官都認為不能移民，但文帝態度十分堅決。辛毗和朝臣們都請求見文帝，文帝知道他們想勸諫，滿臉怒氣的接見他們，眾臣沒有人敢說話。辛毗說：「陛下想遷移世代當兵的家庭，這個主意是怎麼想出來的？」文帝說：「你認為我遷移他們不對嗎？」辛毗說：「臣認為是不對的。」文帝說：「我不跟你討論這件事。」辛毗說：「陛下不認為我才能低下，把我放在您的左右，使我廁身謀議朝政官員的行列，怎麼能不和臣討論呢！臣講的不是我個人的私事，是為國家考慮的國事，怎麼能對臣發怒呢！」文帝不回答，起身進入內室。辛毗跟上去拉著他的衣襟，文帝就掙脫衣襟進去不再出來。過了很長時間文帝才出來，說：「佐治，你為什麼逼得我這麼急？」辛毗說：「現在移民，既會喪失民心，又沒有糧食給他們吃。」文帝便只遷移了一半。辛毗曾跟隨文帝打野雞，文帝說：「打野雞真快樂啊！」辛毗說：「對陛下來說非常快樂，但對眾臣民來說非常痛苦。」文帝沉默無語，以後就很少外出打獵了。

5 上軍大將軍曹真到江陵征伐朱然，辛毗代理軍師。回來後，辛毗被封為廣平亭侯。文帝想大舉起兵征伐東吳，辛毗勸諫說：「吳、楚百姓，邪惡難治，政治興盛以後才服從，政治汙濁就先叛離，自古以來的統治者就擔心他們，不僅僅是現在。當今陛下皇朝享有天下，那些不賓服的人，難道能夠長久嗎？以前尉佗稱帝，公孫子陽冒稱帝號，歷時沒有多久，不是臣服，就是被誅。為什麼呢？叛逆之道不會長久安全，而偉大的品德，是沒有人不服從的。當今天下初定，土地廣闊，百姓稀少。朝廷先制訂克敵制勝的謀略然後出兵，尚且會事到臨頭而憂懼，何況現今朝廷的謀略還有缺陷就想用兵，臣實在沒有看到有什麼好處。先帝屢次出動精銳的軍隊，都只到長江邊就回來了。現在朝廷大軍沒有比過去增加，而又因循往事，這是不容易的。現在的計策，不如學習范蠡與民休養生息的政策，效法管仲修內政而寓軍令的改革方針，仿效趙充國的屯田策略，宣揚孔子安撫邊遠地區的仁政；十年之內，強壯的人還沒有老，七八歲的小孩能夠打仗了，億萬民眾深明大義，將士們都想奮發有為，然後用兵，就會一舉成功，不需再勞師動眾了。」文帝說：「按照卿的主張，還應當把敵人留給子孫去消滅嗎？」辛毗回答說：「過去周文王把商紂王留給周武王去消滅，知道只有等待時機。如果時機不允許，能夠成功嗎？」文帝最後還是討伐東吳，到長江邊就返回了。

6 明帝即位，進封辛毗為潁鄉侯，食邑三百戶。當時中書監劉放、中書令孫資被明帝信任，專斷朝政，大臣沒有不與他們交往友好的，然而辛毗不與他們往來。辛毗的兒子辛敞勸諫說：「現在劉放、孫資執掌朝政，眾人都像影子一樣歸附他們，大人應該略微抑制個人的意願，和眾人混同一樣，隨世俗沉浮，否則一定會有誹謗您的話。」辛毗臉色嚴肅的說：「皇上雖然說不上聰明，但也不算昏憒無能。我立身處世，自有為人根本與末節的原則。即使與劉放、孫資不和，也只不過不讓我擔任三公罷了，有什麼危害？哪有大丈夫想任三公之職而損害自己的高風亮節呢？」冗從僕射畢軌上表說：「尚書僕射王思是精誠勤勉的老臣，但忠直和謀略不如辛毗，辛毗應該代替王思。」明帝向劉放、孫資詢問這件事，劉放、孫資回答說：「陛下之所以任用王思，實是想取他肯為陛下效力，而不是看重虛名。辛毗確實忠誠正直，但性格剛強而專斷，陛下應當深思熟慮。」於是明帝不用辛毗。辛毗被外調任衛尉。

7 明帝當時正修建宮殿，老百姓服役勞苦。辛毗上疏說：「臣聽說諸葛亮習武練兵，而孫權從遼東郡購買戰馬，估量他們的意圖，似乎想互相聯合。預防不測，是古代的善政。而現在大興宮室，加上連年糧食歉收。《詩經》上說：『百姓已經非常勞苦，應使他們稍微安康，施惠這中原地區，以此安撫天下。』希望陛下能為國家著想。」明帝回批道：「吳、蜀沒有消滅而修治宮室，這正是勸諫的人建立名聲的時候。帝王之都，應該趁百姓耕作時兼顧進行，使後代不要再增加擴建，這是蕭何替漢朝規劃的大概情況。現在你是魏國的重臣，也應該了解這些大旨。」明帝又想整平北芒山，命令在山上修建樓臺宮觀，那就可以看到孟津了。辛毗勸諫說：「天地本來的面貌，有高有低，現在違反它自然的本性，已經不是天地的內在規律；加上損耗人力，百姓承受不了這些勞役。況且如果黃河及其支流水漲氾濫，洪水成災，而山陵都鏟平了，將用什麼去防禦洪水？」明帝便取消了原來的計畫。

8 青龍二年，諸葛亮率領大軍出兵渭水南。在這以前，大將軍司馬宣王多次請示領軍與諸葛亮交戰，明帝始終不聽從。這一年擔心不能禁止，便任命辛毗為大將軍軍師，使持節；全軍都整肅，聽從辛毗調度，沒有人敢違犯不從。諸葛亮死，又返回任衛尉。去世，謚號為肅侯。兒子辛敞繼承封爵，咸熙年間辛敞任河內太守。

1 楊阜，字義山，天水冀❶人也。以州從事❷為牧❸韋端❹使詣許❺，拜安定長史❻。阜還，關右❼諸將問袁、曹勝敗孰在，阜曰：「袁公寬而不斷，好謀而少決；不斷則無威，少決則失後事，今雖彊，終不能成大業。曹公有雄才遠略，決機無疑，法一而兵精，能用度外之人，所任❽各盡其力，必能濟大事者也。」長史非其好，遂去官。而端徵為太僕❾，其子康代為刺史，辟阜為別駕❿。察孝廉⓫，辟丞相府，州表留參軍事⓬。

2 馬超⓭之戰敗渭南⓮也，走保諸戎⓯。太祖追至安定，而蘇伯反河間⓰，將引軍東還。阜時奉使，言於太祖曰：「超有信、布⓱之勇，甚得羌、胡心，西州⓲畏之。若大軍還，不嚴為之備，隴上諸郡⓳非國家之有也。」太祖善之，而軍還倉卒，為備不周。超率諸⑳戎渠帥㉑以擊隴上郡縣，隴上郡縣皆應之，惟冀城奉州郡以固守。超盡兼隴右之眾，而張魯㉒又遣大將楊昂㉓以助之，凡萬餘人，攻城。阜率國士大夫㉔及宗族子弟勝兵者㉕千餘人，使從弟㉖岳於城上作偃月營㉗，與超接戰，自正月至八月拒守而救兵不至。州遣別駕閻溫㉘循水潛出求救，為超所殺，於是刺史、太守失色，始有降超之意㉙。阜流涕諫曰：「阜等率父兄子弟以義相勵，有死無二；田單㉚之守，不固於此也。棄垂成㉛之功，陷不義之名，阜以死守之。」遂號哭。刺史、太守卒遣人請和㉜，開城門迎超。超入，拘岳於冀，使楊昂殺刺史、太守。

3 阜內有報超之志，而未得其便。頃之，阜以喪妻求葬假。阜外兄㉝姜敘㉞屯歷城㉟。阜少長敘家，見敘母及敘，說前在冀中時事，歔欷㊱悲甚。敘曰：「何為乃爾㊲？」阜曰：「守城不能完㊳，君亡不能死，亦何面目以視息㊴於天下！馬超背父叛君，虐殺州將，豈獨阜之憂責，一州士大夫皆蒙其恥。君擁兵專制而無討賊心，此趙盾所以書弒君也㊵。超彊而無義，多釁㊶易圖耳。」敘母慨然，敕㊷敘從阜㊸。計定，外與鄉人姜隱、趙昂、尹奉、姚瓊、孔信、武都㊹人李俊、王靈結謀㊺，定討超約，使從弟謨至冀語岳，并結安定梁寬、南安㊻趙衢、龐恭等。

約誓既明，十七年九月，與敘起兵於鹵城[47]。超聞阜等兵起，自將出。而衢、寬等解岳，閉冀城門，討超妻子。超襲歷城，得敘母。敘母罵之曰：「汝背父之逆子，殺君之桀賊[48]，天地豈久容汝，而不早死，敢以面目視人乎？」超怒，殺之。阜與超戰，身被五創[49]，宗族昆弟[50]死者七人。超遂南奔張魯。

4 隴右平定，太祖封討超之功，侯者十一人，賜阜爵關內侯。阜讓曰：「阜君存無扞難[51]之功，君亡無死節之效，於義當絀[52]，於法當誅；超又不死，無宜苟荷[53]爵祿。」太祖報曰：「君與羣賢共建大功，西土之人以為美談。子貢[54]辭賞，仲尼謂之止善[55]。君其剖心[56]以順國命。姜敘之母，勸敘早發，明智乃爾，雖楊敞之妻蓋不過此[57]。賢哉，賢哉！良史記錄[58]，必不墜於地矣。」

5 太祖征漢中[59]，以阜為益州[60]刺史。還，拜金城[61]太守，未發，轉武都[62]太守。郡濱蜀漢，阜請依龔遂[63]故事，安之而已。會劉備[64]遣張飛[65]、馬超等從沮[66]道趣下辯，而氐[67]雷定[68]等七部萬餘落[69]反應之。太祖遣都護曹洪禦超等，超等退還。洪置酒大會，令女倡[70]著羅縠[71]之衣，蹋鼓[72]，一坐皆笑。阜厲聲責洪曰：「男女之別，國之大節，何有於廣坐之中裸女人形體！雖桀、紂之亂，不甚於此。」遂奮衣辭出。洪立罷女樂，請阜還坐，肅然憚[73]焉。

6 及劉備取漢中以逼下辯，太祖以武都孤遠，欲移之，恐吏民戀土。阜威信素著[74]，前後徙民、氐，使居京兆[75]、扶風[76]、天水[77]界者萬餘戶，徙郡小槐里[78]，百姓襁負[79]而隨之。為政舉大綱而已，下不忍欺也。文帝問侍中劉曄[80]等：「武都太守何如人也？」皆稱阜有公輔之節[81]。未及用，會帝崩[82]。在郡十餘年，徵拜城門校尉[83]。

7 阜嘗見明帝著[84]繡帽，被[85]縹綾半褎，阜問帝曰：「此於禮何法服[86]也？」帝默然不答，自是不法服不以見阜。

8 遷將作大匠[87]。時初治宮室，發美女以充後庭，數出入弋獵[88]。秋，大雨震電，多殺鳥雀。阜上疏曰：「臣聞明主在上，羣下盡辭[89]。堯、舜聖德，求非索諫[90]；大禹勤功，務卑宮室[91]；成湯遭旱，歸咎責己[92]；周文刑於寡妻，以御家邦[93]；漢文躬行節儉，身衣弋綈[94]：此皆能昭[95]令問[96]，貽厥孫謀[97]者也。伏惟陛下奉武皇帝開拓之大業，守文皇帝克終之元緒[98]，誠宜思齊[99]往古聖賢之善治[100]，總觀季世[101]放盪之惡政。所謂善治者，務儉約、重民力也；所謂惡政者，從心恣欲[102]，觸情而發也。惟[103]陛下稽古世代之初所以明赫[104]，及季世所以衰弱至於泯滅，近覽漢末之變，足以動心誡懼矣。曩使桓、靈[105]不廢高祖之法，文、景之恭儉，太祖雖有神武，於何所施其能邪？而陛下何由處斯尊哉？今吳、蜀未定，軍旅在外，願陛下動則三思，慮而後行，重慎出入，以往鑒來[106]，言之若輕，成敗甚重。頃者天雨，又多卒暴[107]雷電非常，至殺鳥雀。天地神明，以王者為子也，政有不當，則見[108]災譴[109]。克己[110]內訟[111]，聖人所記。惟陛下慮患無形之外，慎萌纖微之初，法漢孝文出惠帝美人[112]，令得自嫁；頃所調送小女，遠聞不令，宜為後圖。諸所繕治，務從約節。書曰：『九族既睦，協和萬國。』[113]事思厥宜，以從中道[114]，精心計謀，省息[115]費用。吳、蜀以[116]定，爾[117]乃上安下樂，九親熙熙[118]。如此以往，祖考[119]心歡，堯舜其猶病諸[120]。今宜開大信於天下，以安眾庶，以示遠人。」時雍丘王植[121]怨於不齒[122]，藩國至親，法禁峻密，故阜又陳九族之義焉。詔報曰：「間[123]得密表，先陳往古明王聖主，以諷[124]闇政[125]，切至之辭，款誠篤實[126]。退思補過，將順匡救[127]，備至悉[128]矣。覽思苦言，吾甚嘉之。」

9 後遷少府[129]。是時大司馬[130]曹真伐蜀，遇雨不進。阜上疏曰：「昔文王有赤烏之符，而猶日昃不暇食[131]；武王白魚入舟[132]，君臣變色。而動得吉瑞[133]，猶尚憂懼，況有災異而不戰竦[134]者哉？今吳、蜀未平，而天屢降變，陛下宜深有以專精[135]應答，側席而坐[136]，思示遠以德，綏邇[137]以儉。間者諸軍始進，便有天雨之患，稽閡[138]山險，以[139]積日矣。轉運之勞，擔負之苦，所費以多，若有不繼，必違本圖。傳曰：『見可而進，知難而退，軍之善政也。』[140]徒[141]使六軍[142]困於山谷之間，進無所略[143]，退又不得，非主兵之道也。武王還師[144]，殷卒以亡，知天期也。今年凶民饑，宜發明詔損膳[145]減服[146]，技巧珍玩之物，皆可罷之。昔邵信臣為少府於無事之世，而奏罷浮食[147]；今者軍用不足，益[148]宜[149]節度。」帝即召諸軍還。

10 後詔大議[150]政治之不便於民者，皐議以為：「致治[151]在於任賢，興國在於務農。若舍賢而任所私，此忘治之甚者也。廣開宮館，高為臺榭，以妨民務，此害農之甚者也。百工[152]不敦[153]其器，而競作奇巧，以合上欲，此傷本之甚者也。孔子曰：『苛政甚於猛虎。』[154]今守功文俗[155]之吏，為政不通治體，苟好煩苛[156]，此亂民之甚者也。當今之急，宜去四甚[157]，並詔公卿郡國，舉賢良方正[158]敦樸[159]之士而選用之，此亦求賢之一端也。」

11 皐又上疏欲省宮人諸不見幸[160]者，乃召御府吏[161]問後宮人數。吏守舊令，對曰：「禁密，不得宣露[162]。」皐怒，杖吏一百，數[163]之曰：「國家不與九卿為密，反與小吏為密乎？」帝聞而愈[164]敬憚皐。

12 帝愛女淑，未期而夭[165]，帝痛之甚，追封平原公主，立廟[166]洛陽，葬於南陵[167]。

將自臨送，阜上疏曰：「文皇帝(168)、武宣皇后(169)崩，陛下皆不送葬，所以重社稷、備不虞(170)也。何至孩抱(171)之赤子而可送葬也哉？」帝不從。

13 帝既新作許宮，又營洛陽宮殿觀閣。阜上疏曰：「堯尚(172)茅茨(173)而萬國安其居，禹卑宮室(174)而天下樂其業；及至殷、周，或堂崇三尺，度以九筵耳(175)。古之聖帝明王，未有極宮室之高麗以彫弊(176)百姓之財力者也。桀作璇室、象廊(177)，紂為傾宮、鹿臺(178)，以喪其社稷，楚靈(179)以築章華(180)而身受其禍；秦始皇作阿房(181)而殃及其子，天下叛之，二世而滅。夫不度(182)萬民之力，以從(183)耳目之欲，未有不亡者也。陛下當以堯、舜、禹、湯、文、武為法則，夏桀、殷紂、楚靈、秦皇為深誡。高高在上，實監后德(184)。慎守天位，以承祖考，巍巍大業，猶恐失之。不夙夜敬止(185)，允恭卹民(186)，而乃自暇(187)自逸(188)，惟宮臺是侈是飾(189)，必有顛覆危亡之禍。易曰：『豐其屋，蔀其家，闚其戶，閴其無人。』(190)王者以天下為家，言豐屋之禍，至於家無人也。方今二虜合從(191)，謀危宗廟，十萬之軍，東西奔赴，邊境無一日之娛；農夫廢業，民有饑色。陛下不以是為憂，而營作宮室，無有已(192)時。使國亡而臣可以獨存，臣又不言也(193)；君作元首，臣為股肱(194)，存亡一體，得失同之。孝經曰：『天子有爭臣(195)七人，雖無道不失其天下。』臣雖駑怯(196)，敢忘爭臣之義？言不切至，不足以感寤[197]陛下。陛下不察臣言，恐皇祖烈考之祚[198]，將墜于地。使臣身死有補萬一，則死之日，猶生之年也。謹叩棺[199]沐浴，伏俟[200]重誅。」奏御[201]，天子感其忠言，手筆詔答。每朝廷會議，阜常侃然[202]以天下為己任。數諫爭，不聽，乃屢乞遜位[203]，未許。會卒，家無餘財。孫豹嗣。

【章　旨】以上是〈楊阜傳〉。此傳分四個層次敘述了楊阜的一生：早年出使許昌觀天下形勢，就有遠見卓識。為本郡參軍，在冀縣與馬超的爭奪戰中，捨生忘死，忍辱負重，表現了忠肝義膽的氣節。任武都太守，斥曹洪軍中女樂，遷移郡民，表現了他持禮守正，愛民守信的操行。入京拜城門校尉，升將作大匠，遷少府，諷明帝不著法服，諫帝應修身勤政、勤儉節欲、愛民睦族，疏曹真伐蜀，議去「四甚」，杖御府吏，阻帝為愛女送葬，上疏諫治洛陽宮觀等，表現了一個老臣忠君報國的良苦用心。

【注　釋】❶天水冀　天水郡冀縣。天水郡，西漢治所在今甘肅通渭西北。東漢改為漢陽郡，移治今甘肅甘谷東。三國魏復名。❷從事　官名。漢魏時州刺史的屬官。由於分管職責不同，分別駕從事、治中從事、功曹從事、簿曹從事、兵曹從事等。❸牧　即刺史，州最高行政長官。❹韋端　東漢末官吏，京兆（今陝西西安）人。後從涼州牧徵為太僕。❺詣許　到許昌。許，曹操曾迎獻帝都此，稱許都。治所在今河南許昌東。❻拜安定長史　拜，授官。安定，郡名。西漢治所在今寧夏固原。魏移治今甘肅鎮原東南。長史，官名。東漢邊陲郡府置長史，掌兵馬。魏因之。❼關右　函谷關以西，古人以西為右。❽任　原作「在」，今從宋本。❾太僕　官名。為九卿之一，掌皇帝出行，或親自駕車，並主馬政。❿別駕　官名。即別駕從事史，為州刺史佐吏，協助刺史總理眾務。⓫察孝廉　舉孝廉。漢代察舉官吏科目名。孝，孝子。廉，清廉。東漢時為求仕進的必由之路。⓬參軍事　官名。東漢末及三國魏司隸及各州均置參軍事官，主參謀議。⓭馬超　字孟起，扶風茂陵（今陝西興平）人，馬騰之子。東漢建安十六年（西元二一一年）與韓遂聯合進攻曹操，失敗後還據涼州。自稱征西將軍，領并州牧，督涼州軍事。被楊阜等人攻擊，先奔張魯，後投劉備，歷任左將軍、驃騎將軍等，為蜀漢名將。詳見本書卷三十六〈馬超傳〉。⓮渭

南 渭水之南。⑮戎 古代對西部少數民族的統稱。⑯蘇伯反河間 河間，郡名。三國魏治所在今河北獻縣東南。《資治通鑑・漢紀》建安十七年春載：「操之西征也，河間民田銀、蘇伯反，扇動幽、冀。五官將丕欲自討之，功曹常林曰：『北方吏民，樂安厭亂，服化已久，守善者多；銀、伯犬羊相聚，不能為害。方今大軍在遠，外有強敵，將軍為天下之鎮，輕動遠舉，雖克不武。』乃遣將軍賈信討之，應時克滅。」⑰信布 韓信、呂布。韓信，漢初諸侯王，軍事家，秦末歸劉邦，拜為大將，為劉邦東征天下，滅項羽。《史記》有傳。呂布，字奉先，五原九原（今內蒙古包頭西南）人，善弓馬，武勇過人，先為并州刺史丁原部將，後殺丁原投董卓，任騎都尉、中郎將等職。又與王允合謀誅殺董卓，被董卓餘黨打敗，東依袁術，又割據徐州，終被曹操打敗絞殺。詳見《後漢書・呂布列傳》、本書卷七〈呂布傳〉。⑱西州 漢、魏時稱涼州為西州，以在中原之西得名。故地即今河西走廊至玉門關附近一帶，為羌、胡少數民族聚居之地。⑲隴上諸郡 盧弼《集解》引胡三省注：「隴西、南安、漢陽、永陽皆隴上諸郡也。」按：此四郡皆隴關（今甘肅張家川回族自治縣與陝西隴縣間二省接界處）西邊，故稱隴上。⑳諸 原作「眾」，今從宋本。㉑渠帥 頭領。㉒張魯 字公祺，沛國豐縣（今江蘇豐縣）人，張道陵之孫，五斗米道首領。東漢末率徒眾攻取漢中，統治長達三十餘年。後投降曹操，任鎮南將軍。詳見本書卷八〈張魯傳〉。㉓楊昂 張魯部將。馬超掠隴上，張魯遣昂助超攻占城池。曹操征張魯，魯使昂據陽平關，橫山築城十餘里，操夜襲大破之。㉔國士大夫 指郡國中的將士官員。㉕勝兵者 能勝任操使兵器的人。兵，武器。㉖從弟 堂弟。㉗偃月營 作戰時布置為半月形的營陣。㉘閻溫 字伯儉，天水西城（今甘肅甘谷東）人。以涼州別駕守上邽令。馬超圍州治所冀城，州遣溫從水中潛出求救，被馬超所執。超勸降不成，遂殺溫。事詳本書卷十八〈閻溫傳〉。㉙意 宋本作「計」。㉚田單 戰國時齊國名將。臨淄（今山東臨淄）人。少習兵事，齊湣王時為臨淄市掾。燕樂毅率趙、楚、韓、魏、燕五國兵伐齊，連下七十餘城。單獨堅守即墨（今山東平度東南）。後又施反間計，乘敵不備，用火牛陣大敗燕軍，一舉收復七十餘城。㉛垂成 即將成功。㉜刺史太守句 裴松之注引皇甫謐《列女傳》：「刺史韋康素仁，愍吏民傷殘，欲與超和。」《三國志・荀彧傳》裴松之注引《三輔決錄》：「（韋）康為馬超所圍，堅守歷時，救軍不至，遂為超所殺。」㉝外兄 表兄。㉞姜敘 天水（今甘肅甘谷東）人。時任撫夷將軍。㉟歷城 城名。在今甘肅成縣北。㊱歔欷 抽泣；咽噎。㊲乃爾 如此。㊳完 保全。㊴視息 目僅能視，鼻僅能息。言苟且偷生。㊵此趙盾所以句 趙盾，趙宣子，春秋時晉國正卿，趙衰之子。趙衰死，被擁戴代狐氏將中軍，掌晉大權。節儉奉公，整飭政紀，民心大和。晉靈公荒淫不君，他驟諫不聽，反欲加害。盾避禍出走。靈公被趙穿所殺，於是回趙迎立成公。《左傳》宣公二年：「乙丑，趙穿攻靈公於桃園。宣子未出而復。太史書曰：『趙盾弒其君。』以示於朝。宣子曰：『不然。』

對曰：「子為正卿，亡不越境，反不討賊，非子而誰？」」(41)多釁　多破綻、疏漏。(42)敕　告誡。(43)敘從阜　原作「從阜計」。今據宋本補「敘」字，據元本、吳氏西爽堂本、毛氏汲古閣本刪「計」字。(44)武都　郡名。治所在今甘肅成縣西北。(45)結謀　締結謀劃。(46)南安　郡名。治所在今隴西渭水東岸。(47)鹵城　地名。在今甘肅天水市西南。(48)桀賊　兇狠的叛賊。(49)創傷。(50)昆弟　兄弟。(51)扞難　抵抗災難。(52)絀　通「黜」。貶退。(53)苟荷　苟且承受。(54)子貢　名賜，孔子弟子。(55)止善　截止向善之道。《說苑．政理》：「魯國之法，魯人有贖臣妾於諸侯者，取金於府。子貢贖人於諸侯而還其金。孔子聞之曰：『賜，失之矣。聖人之舉事也，可以移風易俗，而教導可施於百姓，非獨適其身之行也。今魯國富者寡而貧者眾，贖而受金，則為不廉，不受，則後莫復贖。自今以來，魯人不復贖矣。』」(56)剖心　推心置腹，坦誠相見。(57)雖楊敞之妻句　楊敞，西漢大臣，謹慎怕事。《漢書．楊敞傳》載：敞為丞相，昭帝崩。昌邑王征即位，淫亂。大將軍霍光等謀欲廢王更立，使大司農田延年報敞。敞驚懼，不知所言。敞夫人遽從東廂謂敞曰：「此國大事。今大將議已定，使九卿來報君侯。君侯不疾應，與大將軍同心，猶豫無決，先事誅矣。」敞夫人與延年參語許諾，請奉大將軍教令，遂共廢昌邑王立宣帝。(58)良史記錄　皇甫謐《列女傳》有〈姜敘母傳〉（見裴松之注引），又元郝經《續後漢書．列女》亦有傳。裴松之案：「（皇甫）謐稱阜為敘姑子，而本傳云敘為阜外兄，與今名內外為不同。」(59)漢中　郡名。治所在今陝西漢中東。(60)益州　州名。治所在今四川成都。(61)金城　郡名。治所在今甘肅永靖。(62)武都　郡名。治所在今甘肅成縣西北。(63)龔遂　字少卿，山陽南平陽（今山東鄒縣）人。為人忠厚，剛毅有大節。《漢書．龔遂傳》載：「渤海左右郡歲飢，盜賊并起，二千石不能禽制。上選能治者，丞相、御史舉遂可用。上以為渤海太守。時遂年七十餘，召見，形貌短小，宣帝望見，不副所聞，心內輕焉。謂遂曰：『渤海廢亂，朕甚憂之，君欲何以息其盜賊，以稱朕意？』遂對曰：『海瀕遐遠，不沾聖化。其民困於飢寒而吏不恤，故使陛下赤子盜弄陛下之兵於潢池之中耳。今欲使臣勝之邪？將安之也？』上聞遂對，甚悅，答曰：『選用賢良，固欲安之也。』遂曰：『臣聞治亂民猶治亂繩，不可急也。唯緩之然後可治。臣願丞相御史且無拘臣以文法，得一切便宜行事。』上許焉。」(64)劉備　字玄德，涿郡涿縣（今河北涿州）人，自稱中山靖王之後。東漢末年起兵，參加討伐黃巾，先後投靠公孫瓚、陶謙、曹操、袁紹、劉表。後得諸葛亮輔助，占領荊州、益州，建立蜀漢。詳見本書卷三十二〈先主傳〉。(65)張飛　字益德，涿郡（今河北涿州）人。早年與關羽隨劉備起兵，有「萬人敵」之稱。歷任宜都太守、征虜將軍、車騎將軍等職，後被部將殺死。詳見本書卷三十六〈張飛傳〉。(66)沮　縣名。治所在今陝西略陽東。(67)氐　部族名。也泛指氐人所居之地。周至南北朝，氐人分布在今陝西、甘肅、四川等省。(68)雷定　東漢末氐族地方勢力首領，在下辯一帶活動。(69)落　部落；聚落。(70)女倡　舞女。(71)羅穀　稀疏輕軟帶有皺紋的絲紗。(72)蹋鼓　歌者穿舞鞋舞於鼓上。(73)憚　畏懼。(74)素著　一向顯著。(75)京兆　郡名。治所在今陝西西安西北，又稱京兆尹。(76)扶風　郡名。治所在今陝西興平東南。(77)天水　郡名。治所在今甘肅甘谷東。(78)小槐里　城邑名。故址在今陝西武功城東附近。扶風郡原治槐里，此槐里之西城。因東已有槐里城，故為小槐里。(79)襁負　用布包裹嬰兒負於背。(80)劉曄　字子揚，淮南成悳（今安徽壽縣）人。少有能名，後事於曹操，魏文帝時任侍中，封東亭侯，魏明帝時病卒。詳見本書卷十四〈劉曄傳〉。(81)公輔之節　三公丞相的大節。(82)崩　帝王或皇后死曰崩。(83)城門校尉　官名。掌京師城門屯兵，即洛陽城門十二所。(84)著　戴。(85)被　披。(86)法服　禮服。(87)將作大匠　官名。秦曰將作少府。漢景帝中元六年（西元前一四四年）更此名。掌修建宗廟、路寢、宮室、陵園木土之工，並種桐梓樹木等事，秩二千石，三品。(88)弋獵　射獵。(89)盡辭盡言。猶言無不盡。(90)求非索諫　索求指出錯誤以諷諫。(91)大禹勤功二句　大禹勤於建立功業，力求簡陋他的宮室。《史記．五帝本紀》：「禹傷先人父鯀功之不成受誅，乃勞身焦思，居外十三年，過家門不敢入。薄衣食，致孝於鬼神，卑宮室，致費於溝淢。」(92)成湯遭旱二句　成湯王遭天下旱災，把造成災害的責任歸到自己身上，反躬自責。成湯，商朝的開國君主。咎，錯誤；罪過。(93)周文刑於寡妻二句　《詩經．大雅．思齊》：「刑於寡妻，至於兄弟，以御於家邦。」意思是說周文王給自己的妻子作榜樣，讓妻子效法於自己。進而與兄弟作榜樣，進而治理一國。刑，通「型」。作典範。寡妻，寡德之妻。君主對自己妻子的謙稱。御，治。邦，國。(94)漢文躬行節儉二句　《史記．孝文本紀》：「孝文帝從代來即位二十三年，宮室苑囿，狗馬服輿無所增益，有不便輒弛以利民。……上常衣綈衣，所幸慎夫人令衣不得曳地，幃帳不得文繡，以示敦樸為天下先。」衣，穿。弋綈，黑色粗厚的織物。(95)昭　彰明。(96)令問　好名聲。(97)貽厥孫謀　《詩經．大雅．文王有聲》：「武王豈不仕，詒厥孫謀，以燕翼子。」貽，遺留；流傳。厥，其。孫謀，順天下之謀，即順應人心。孫，通「順」。(98)元緒　盧弼《集解》引胡三省注：「元，始也。緒，絲端也。言文帝克終武帝之志，受禪易制，此絲端所從始也。」(99)齊　看齊；跟上。(100)善治　美治。(101)季世　末世。(102)從心恣欲　隨心所為，放縱私欲。從，同「縱」。恣，毫無檢點、約束。(103)惟　希望。(104)明赫　光明顯赫。(105)桓靈　指東漢桓帝劉志、靈帝劉宏。兩朝皆外戚、宦官把持朝政，大興黨錮，政治日趨腐敗，導致黃巾起事。(106)以往鑒來　以往事作為今後的鑑戒。(107)卒暴　急促猛烈。(108)見　同「現」。(109)災譴　天降災禍表示譴責。(110)克己　克制自己的言行、私欲。《論語．顏淵》：「克己復禮為仁。」(111)內訟　內心自責。(112)法漢孝文句　《漢書．文帝紀》十二年：「二月，出孝惠皇帝後宮美人，令得嫁。」法，效法。(113)書曰三句　語見《尚書．堯典》。九族，同姓族眾。自高祖至玄孫共九代，都同姓。睦，和睦；團結。協和，協調、和合。萬國，即四方諸侯。國，《尚書》作「邦」。(114)中道　中庸之道。(115)省

息　節省停息。(116)以　同「已」。(117)爾　如此。(118)熙熙　融洽和睦的樣子。(119)祖考　祖、父。(120)堯舜其猶病諸　《論語・雍也》：「何事於仁，必也聖乎。堯舜其猶病諸。」注：「孔子曰：君能廣施恩惠，濟民於患難，堯舜至聖，猶病其難。」病，擔心；憂慮。諸，「之乎」的合音，意思是這樣的事情。(121)雍丘王植　指曹植。曹植於魏黃初四年（西元二二三年）封為雍丘王。詳本書卷十九〈陳思王傳〉。(122)不齒　不與同列。(123)閒　近。(124)諷　婉言勸說。(125)闇政　不清明的政治。(126)款誠篤實　懇摯、忠誠、忠厚、老實。(127)匡救　匡正補救。(128)至悉　非常清楚明白。(129)少府　官名。為九卿之一。掌管皇室財政收支，天子供養及宮廷雜務。機構之龐雜，屬官之多，居諸卿之首。東漢少府因國家財政與帝室財政不分，因而只管皇帝支出和衣服、寶貨、珍膳等物資及雜務。曹魏因置，秩中二千石，三品。(130)大司馬　官名。魏文帝黃初二年（西元二二一年）因秦漢置此官。協助皇帝總領國家軍事。盧弼《集解》：「大司馬曹真伐蜀，會天大雨，三十餘日，棧道斷絕。事在太和四年。阜此疏應在諫治宮室、發美女疏之前。」(131)昔文王二句　《史記・周本紀》載：文王為西伯，遵后稷、公劉的大業，效法古公、公季，篤仁，敬老，慈少，禮下賢者。日中不暇食以待士，士以此多歸之。赤烏之符，《史記》載「赤烏之符」指武王，楊阜引證有誤。見下注。(132)武王白魚入舟　《史記・周本紀》載：武王即「東觀兵於孟津。為文王木主載以車中軍。武王自稱太子發，言奉文王以伐，不敢自專，乃告司馬、司徒、司空諸節：『齊栗信哉。予無知，以先祖有德臣，小子受先功。畢立賞罰，以定其功。』遂興師。師尚父號曰：『總爾眾庶，與爾舟楫，後至者斬。』武王渡河中流，白魚躍入王舟中。武王俯取以祭。既渡，有火自上復於下，至於王屋，流為烏，其色赤，其聲魄云。是時，諸侯不期而會盟津者八百諸侯。諸侯皆曰：『紂可伐矣。』武王曰：『女未知天命，未可也。』乃還師，歸。」(133)吉瑞　吉祥之兆。(134)戰竦　因恐懼而竦慄。(135)專精　專注精力。(136)側席而坐　因思慮國事而不正坐。《說苑・尊賢》：「楚有子玉、得臣，文公為之側席而坐。」又《後漢書・孝章帝紀》：「朕思遲直士，側席異聞。」注：「側席，謂不正坐，所以待賢良也。」(137)綏邇　安定京師附近。邇，近。(138)稽閡　延滯、阻隔。(139)以　同「已」。下文「所費以多」中之「以」，同。(140)傳曰四句　語見《左傳》宣公二十年，記隨武子之言。意思是：認為可以就進軍，知道困難就退兵，這是治軍的好辦法。傳，《左傳》。(141)徒　白白的。(142)六軍　朝廷大軍。周制，天子有六軍。(143)略　攻取。(144)武王還師　見(132)。(145)損膳　節儉膳食。(146)減服　減少服飾。(147)昔邵信臣二句　邵信臣，西漢元帝時大臣。字翁卿，九江壽春（今安徽壽縣）人。先後任穀陽長、河南太守等。視民如子，好為民興利，吏民愛之。元帝時，任少府，常進言戒奢靡。事見《漢書・召信臣列傳》。(148)益　更加。(149)宜　應該。(150)大議　大規模的討論。(151)致治　達到盛世。(152)百工　各種工匠。(153)敦　誠厚。(154)孔子曰二句　語見《禮記・檀弓下》。原語作「苛政猛於虎」。意為苛刻的政治比猛虎還厲害。(155)守功文俗　拘守功利，文飾習俗。(156)煩苛　煩瑣、苛刻。(157)四甚　指上面所說的四種。即忘治之甚者、害農之甚者、傷本之甚者、亂民之甚者。(158)賢良方正　漢代選拔人才的科目名。漢文帝二年，下詔舉賢良方正能直言極諫者，諸侯王、公卿、郡守均有推舉之責。後漢及三國均有此科。(159)敦樸　淳厚樸實。(160)不見幸　不被幸；不被寵愛。(161)御府吏　當為御府令、丞等官吏，屬少府，主管宮婢事，用宦官為之。(162)宣露　洩露。(163)數　斥責；數說。(164)愈　更加。(165)未期而夭　不滿周歲而死。期，一周歲。夭，早亡。(166)立廟　建立供祭祀用的廟堂。(167)南陵　漢文帝薄太后死後葬於南陵，亦謂南霸陵，在今陝西西安東南。(168)文皇帝　指魏文帝曹丕。(169)武宣皇后　即武宣卞皇后。瑯邪開陽（今山東臨沂）人。文帝生母。年二十被曹操納為妾，東漢建安二十四年（西元二一九年）立為王后，文帝即位尊為皇太后。(170)不虞　不測；難以預料之事。(171)孩抱　幼兒在懷抱之中。(172)尚　崇尚。(173)茅茨　茅草屋頂，指茅屋。《韓非子・五蠹》：「堯之王天下也，茅茨不翦，采椽不斫。」(174)禹卑宮室　《史記・夏本紀》：「卑宮室，致費於溝減。」卑，低下；簡陋。(175)及至殷周三句　崇，高。筵，放在地上坐的席子。《周禮・考工記》：「殷人重屋，堂脩七尋，堂崇三尺，四阿重屋。周人明堂，度九尺之筵，東西九筵，南北七筵，堂崇一筵。」意為：殷人王宮正堂，長五丈六尺，高三尺，四周立柱重簷。周人行禮宣教的明堂，用九尺的筵席來量。東西長九筵，南北長七筵，堂高一筵。(176)彫弊　損傷、衰敗。(177)桀作璇室象廊　夏桀王製作用美玉裝飾的居室，用象牙雕飾的迴廊。(178)紂為傾宮鹿臺　傾宮，高聳之宮。鹿臺，臺名。舊址在今河南湯陰朝歌南。劉向《新序・刺奢》：「紂為鹿台，七年而成，其大三里，高千尺，臨望雲雨。」(179)楚靈　楚靈王熊國。西元前五四一至前五二九年在位。在位期間國事日亂。(180)章華　章華臺。故址在今湖北監利西北。楚靈王殺郟敖以自立。築章華臺，行不義，國人苦役，後被餓死在山中。事見《史記・楚世家》。(181)阿房　阿房宮，秦宮名。故址在今陝西西安西。《史記・秦始皇本紀》：「乃營作朝宮渭南上林苑中，先作前殿阿房，東西五百步，南北五十丈，上可以坐萬人，下可以建五丈旗。」《三輔黃圖・宮》：「阿房宮，亦曰阿城。惠文王選宮未成而亡。始皇廣其宮規，恢三百餘里。離宮別館，彌山跨谷，輦道相屬，閣道通驪山八百餘里。」(182)度　思考。(183)從　同「縱」。(184)實監后德　監，通「鑑」。鏡；照視。后，君王。后德，君德。(185)夙夜敬止　早晚敬慎。止，語氣詞。(186)允恭卹民　誠心恭敬，體察民情。(187)暇　閒暇。(188)逸　安逸。(189)惟宮臺是侈是飾　只求宮室臺閣裝飾奢華。惟，只。(190)易曰五句　見《易經・豐卦》上六爻辭。王弼《集解》：「蔀，覆暖障光明之物也。屋，藏陰之物也。既豐其屋，又蔀其家屋厚，象覆闇之甚也。雖窺其戶，闃其無人，棄其所處，而自深藏民。」闃，寂靜。(191)二虜合從　二虜，指吳、蜀二國。合從，合縱；縱向聯合。(192)已　止。(193)使國亡二句　裴松之注認為：「忠至之道，以亡己為理。是以匡救其惡，不為身計。而阜表云『使國亡而臣可以獨存，臣又不言也』，此則發憤為己，豈為國哉？斯言也，豈不傷讜烈之義，為一表之病乎！」[194]股肱 大腿、胳膊。喻君主的輔佐大臣。[195]爭臣 亦作「諍臣」。敢於直言勸諫之臣。[196]駑怯 笨拙、膽小。[197]寤 通「悟」。醒悟。[198]皇祖烈考之祚 光輝偉大的祖先創立的皇位。祖、考，指祖先。烈，光輝偉大。祚，皇位。[199]叩棺 臨近棺柩。[200]俟 待。[201]奏御 奏進；奏章進上。[202]侃然 耿直的樣子。侃，理直氣壯，直抒己見。[203]遜位 退位。

【語譯】 楊阜，字義山，天水郡冀縣人。以州從事的身分替州刺史韋端出使到許昌，拜官安定郡長史。楊阜返回，關西將領們問他袁紹、曹操究竟誰勝誰敗，楊阜說：「袁公寬容而不果斷，喜歡謀劃而很少下決心；不果斷就沒有威嚴，很少下決心就會喪失以後的事機，現在雖然強大，終究不能成就大業。曹公有雄才遠略，見機決斷，不會遲疑，法令統一而兵眾精良，能任用特殊人才，任用的人都各盡其力，一定是一個能成就大業的人。」長史的職位不是他喜歡的，於是辭去官職。韋端被徵召為太僕，他的兒子韋康代替他為刺史，徵召楊阜為別駕從事史。楊阜又被推舉為孝廉，要徵召到丞相府，州裏上表請求留下參謀軍事。

2 馬超在渭水之南戰敗，逃往西部少數民族地區自保。太祖追擊到安定郡，而蘇伯在河間郡叛亂，太祖準備率軍東還。楊阜當時奉命出使太祖營中，對太祖說：「馬超有韓信、呂布那樣的勇力，深得羌、胡人心，西州都畏懼他。如果大軍返回中原，不嚴密的防備他，隴上各郡就不歸國家所有了。」太祖認為他說得對，但大軍回去得太匆忙，設防不夠周密。馬超率領各少數民族頭領來攻擊隴上郡、縣，隴上郡、縣都響應他，只有冀城擁護州郡官員堅守。馬超兼併了全部的隴右軍隊，張魯又派大將楊昂來援助他，共一萬多人，攻打冀城。楊阜率領郡國將士官員以及同族能打仗的子弟一千多人，派堂弟楊岳在城牆上部署偃月營陣，和馬超交戰，從正月一直堅守到八月而救兵卻不到。州刺史派別駕從事史閻溫沿著水道潛水出城求救，被馬超殺掉，於是州刺史、郡太守大驚失色，開始有了投降馬超的意思。楊阜痛哭流涕的勸諫說：「我們這些人率領父兄子弟依仗大義互相勉勵，至死沒有二心；田單守衛的即墨，不比冀城堅固。現在卻要放棄馬上成就的功業，陷於不義的名聲，我要拚死守城。」說完號啕大哭。刺史、太守最終派人求和，打開城門迎接馬超。馬超進城，把楊岳拘留在冀城，派楊昂殺掉刺史、太守。

3 楊阜心裏有向馬超報仇的想法，但沒有得到機會。不久，楊阜因妻子去世請假埋葬。楊阜的表兄姜敘駐軍歷城。楊阜年幼時在姜敘家長大，見到姜敘的母親及姜敘，說到以前在冀縣時的事情，哽咽哭泣十分悲痛。姜敘說：「為什麼這樣呢？」楊阜說：「守城而不能保全，上司死了而我沒有一起赴死，又有什麼臉面在世上苟且偷生呢！馬超背棄父親，反叛君王，殘暴的殺害州郡將領，豈只是我楊阜的憂愁和責任，全州的將士官員都蒙受了這個恥辱。您擁兵專權而沒有討伐叛逆的心志，這就是趙盾被史官記載為『弒其君』的原因。馬超強大而不講仁義，有很多破綻，容易謀取啊。」姜敘的母親感慨萬分，命令姜敘聽從楊阜。計謀已定，在外與同鄉人姜隱、趙昂、尹奉、姚瓊、孔信和武都郡人李俊、王靈聯繫謀劃，訂立討伐馬超的誓約，派堂弟姜謨到冀縣告訴楊岳，同時聯合安定郡梁寬、南安郡趙衢、龐恭等。約誓已經明確，十七年九月，楊阜和姜敘在鹵城起兵。馬超聽說楊阜等人起兵，自己帶兵出城。趙衢、梁寬等解救出楊岳，關閉冀縣城門，攻打馬超的妻室兒女。馬超襲擊歷城，擄獲了姜敘的母親。姜敘的母親罵馬超說：「你是背叛父親的逆子，殺害上司的兇賊，天地豈能長久的容忍你，你不早死，還有面目見人嗎？」馬超大怒，殺了她。楊阜與馬超作戰，身上五處受傷，同族兄弟七人戰死。於是馬超南去投奔張魯。

4 隴右平定以後，太祖封賞討伐馬超有功的人，被封侯的有十一人，賜給楊阜關內侯的封爵。楊阜辭讓說：「我在上司活著時沒有抵禦災難的功勞，在他們死後沒有獻身死節的貢獻，按道義應該貶退，按法律應當處死；馬超又沒死，不應該隨便接受爵祿。」太祖回答說：「你與羣賢共同建立大功，隴右的民眾都傳為美談。子貢辭退賞金，孔仲尼認為這是停止了行善之道。你還是推心置腹順從國家的命令吧。姜敘的母親，鼓勵姜敘早早起兵，如此明智，即使楊敞的妻子也超越不了她。賢良啊，賢良啊！優秀的史官記載歷史，一定不會把這樣的事跡丟在一邊的。」

5 太祖征伐漢中郡，任命楊阜為益州刺史。回來後，任金城郡太守，尚未出發上任，轉任為武都郡太守。武都郡接近蜀漢，楊阜請求按照龔遂治理渤海郡的舊例，只求安定罷了。適逢劉備派遣張飛、馬超等人從沮縣取道進軍下辯，而氐族首領雷定等七個部族一萬多個部落反叛響應他們。太祖派遣都護曹洪抵禦馬超等，馬超等人退兵而回。曹洪設酒大宴諸將，命令舞女身著羅縠之衣，穿著舞鞋在鼓上踏步跳舞，在座的人都大笑。楊阜大聲責備曹洪說：「男女有別，這是國家的重大禮節，怎麼可以在大眾廣座之中使女人赤身裸體！即使夏桀王、商紂王那樣的淫亂，也不比這樣厲害。」於是拂袖告辭離開。曹洪立刻停止女樂，請楊阜返回座位，對他肅然起敬，十分畏懼。

6 等到劉備奪取漢中郡進逼下辯時，太祖認為武都郡孤懸遙遠，打算遷徙郡中百姓，但又怕官民留戀故土。楊阜一向很有威信，先後遷徙漢人及氐族民眾，讓他們居住到京兆、扶風、天水郡界，有一萬多戶，把郡的治所移到小槐里，老百姓都攜兒帶女跟著他。楊阜施政只推行大的原則，不忍心欺負下民。文帝問侍中劉曄等人：「武都太守是一個怎樣的人？」劉曄等人都稱讚楊阜有擔任三公的節操。沒來得及任用，適逢文帝逝世。楊阜在郡任職十多年，徵召回京擔任城門校尉。

7 楊阜曾經見明帝戴著繡花帽，穿著縹綾做的短袖衣，楊阜問明帝說：「這衣服在禮制上是什麼樣的禮服？」明帝默然無語，從此以後不穿禮服便不接見楊阜。

8 升任將作大匠。當時明帝開始營建宮室，徵召美女來充實後宮，多次出宮打獵。秋天，大雨雷電，擊死很多鳥雀。楊阜上疏說：「臣聽說英明的君主在上，下面的大臣就會言無不盡。堯、舜具有聖明的品德，還要求指出過失，索取勸諫；大禹辛勤的建功立業，卻只追求卑陋的宮室；商湯王遇到旱災，歸罪責備自己；周文王先給自己的妻子作出榜樣，以此來治理國家；漢文帝親身力行節儉，身穿黑色粗厚的紡織品。這些人都能顯揚美名，留下應天順民的謀劃。我俯首思考陛下繼承武皇帝開拓的大業，守護文皇帝善始善終的事業，實在應該考慮與往昔聖明賢良帝王的善政一樣，總結觀察每朝末世放縱荒淫的惡政。所謂善政，就是要努力做到勤儉節約，重視民力；所謂惡政，就是隨心放縱自己的私欲，觸犯了自己的情緒就發怒。希望陛下考察古代建朝之初光明顯赫的原因，以及末世衰弱以致滅亡的緣故，近世觀察漢末的變亂，足夠使陛下驚心動魄、警戒害怕了。過去假使漢桓帝和靈帝不廢除漢高祖的成法和漢文帝、景帝的恭儉美德，太祖雖然神勇威武，到哪裏施展他的才能呢？陛下又怎麼能處於這樣尊貴的地位呢？現在吳、蜀還沒有平定，軍隊羈留在外，希望陛下每一個行動都要再三思考，考慮好後再行動，出入嚴謹慎重。以過去的歷史作為將來的借鑑，說起來好像很輕鬆，但對於國家的成敗卻非常重要。近來天下大雨，又多是急促猛烈，雷電很不正常，以致殺死烏雀。天地神明，把帝王當作自己的兒子，為政有所不當，就出現災害以示譴責。約束自己，內心自責，是聖人記錄的格言。希望陛下在憂患還沒顯露時就要預先考慮到，謹慎的處理剛剛萌芽的事情，效法漢文帝放出惠帝後宮美人，讓她們自行嫁人；最近徵調送來年幼女子，使遠方的名聲不好，應該為將來多加考慮。各種修建的工程，務必遵從勤儉節約的原則辦理。《尚書》上說：『同族人已經和睦，然後協調團結四方諸侯。』辦事要想一想怎樣才適宜，選擇中庸之道，精心計謀，節省和停止不必要的費用。吳、蜀平定以後，這樣皇上安心，百姓歡樂，九親和睦。這樣以後，祖父和父皇也心裏高興，堯、舜恐怕也會感到自己的不足。現在應該向天下顯示誠信，用來安定民眾，以便昭示遠方。」當時雍丘王曹植埋怨自己不被同等相待，對藩國最親的人，朝廷法律禁令非常嚴密，因此楊阜又陳述同姓九族應行的道理。明帝下詔回答說：「最近得到你的祕密奏章，先陳述往昔明王聖主的品德，以批評昏暗的政治，切中要害的言辭，懇切誠摯，忠厚實際。退下來思考彌補過失，匡正補救，你說的非常全面。觀覽思考一片良苦之言，我十分讚賞。」

9 後升遷為少府。這時大司馬曹真討伐蜀國，遇到天雨不能進軍。楊阜上疏說：「過去周文王有大火化為赤色烏鴉的吉兆，但還是太陽西斜了都沒空閒吃飯；周武王渡黃河遇到白魚躍入船中的好預兆，君臣們仍臉上驚恐變色。行動能得到吉祥的兆頭，尚且憂懼，況且有災異發生還不戰慄恐懼嗎？現在吳、蜀沒有平定，而上天屢次降下災變，陛下應該集中精力以專心應對，坐不安席，考慮向邊遠地區顯示自己的德政，用節儉的美德安撫附近地區。近來各軍才開始進發，就遇到天雨為患，阻滯於高山險阻之中，已經很多天了。輾轉運輸之勞，肩挑背負之苦，耗費很多，如果不能繼續支持下去，一定會違背原來的打算。《左傳》上說：『看到可以進軍才前進，知道進軍困難就退兵，這是用兵的最好策略。』白白使大軍困在山谷中間，進軍不能攻城掠地，後退又做不到，這不是統率軍隊的原則。周武王曾退兵回營，但殷商最終還是滅亡，因為他知道上天安排的命數。現在收成不好，百姓飢餓，應該明白的頒布詔書，節省皇室膳食，減少宮廷服飾，奇巧玩弄的珍寶器物，都可停止不用。過去邵信臣在天下太平的世道擔任少府，還上奏請示停止浮食之政，現在軍隊用度不足，更應該節儉用度。」明帝立即召回各軍。

10 後來明帝下詔大規模討論不利於人民的政治，楊阜議論時認為：「要達到天下大治關鍵在於任用賢人，要國家興旺關鍵在於重視農業。如果捨棄賢人而任用所愛的人，這是忘記治國之道最嚴重的。到處營建宮殿館舍，高築樓觀臺榭，妨礙百姓生產，這是傷害農業最厲害的。各種工匠不老老實實的製作器物，而競相爭奇鬥巧，來迎合皇上的私欲，這是傷害治國根本最厲害的。孔子說：『苛刻的政治比猛虎還厲害。』現在那些拘泥功利文飾習俗的官吏，施政不精通治理的綱領，隨意喜好煩瑣苛刻的條文，這是擾亂人民最厲害的。當前最急迫的，應該去掉這四種『最厲害的』，並且下詔給朝廷的公卿和郡國的官員，推舉賢良方正、敦厚樸實的人而選用他們，這也是求賢的一個方面。」

11 楊阜又上疏想減少那些不被明帝寵幸的宮女，於是召集御府吏詢問後宮宮女人數。御府吏遵守舊有的詔令，回答說：「這是宮禁的祕密，不能洩露。」楊阜大怒，杖打了他一百下，斥責他說：「國家大事不讓九卿保密，反而讓小吏保密嗎？」明帝聽說了更加敬畏楊阜。

12 明帝的愛女曹淑，不滿周歲夭折，明帝非常悲痛，追封為平原公主，並在洛陽建立廟堂，埋葬在南陵，還準備親臨送葬。楊阜上疏說：「文皇帝和武宣皇后逝世，陛下都不送葬，因為要以國家為重，防備不測的緣故啊。為什麼一個還在懷抱中的孩子死了卻可以送葬呢？」明帝沒有聽從。

13 明帝許都的宮殿新建成之後，又營建洛陽的宮殿觀閣。楊阜上疏說：「帝堯崇尚茅屋而四方諸侯安居，大禹修建低矮的宮室而天下百姓樂業，到了殷商和周代，有的王宮堂高三尺，有的明堂只用九尺標準的席子而已。古代的聖明帝王，沒有把宮室建得極其高大華麗來損傷老百姓財力的。夏桀興建用美玉裝飾的宮室、用象牙裝飾的迴廊，商紂修建高聳的宮殿和鹿臺，因此喪失了國家。楚靈王因為修築章華臺而身受其禍。秦始皇興建阿房宮而殃及兒子，天下背叛他，只傳兩代就滅亡了。不考量天下百姓的財力，而放縱耳目的私欲，沒有不滅亡的。陛下應該以堯、舜、夏禹、商湯、周文王、周武王為榜樣，以夏桀、商紂、楚靈王、秦始皇深自鑑戒。陛下高高在上，實在應以先王之德為鏡子。謹慎的堅守皇位，以繼承先祖，偉大崇高的功業，還恐怕失去。不早晚敬慎，誠信恭敬，體恤民眾，卻自我安閒逸樂，只求宮殿臺閣裝飾侈華，一定會遭到顛覆滅亡的災禍。《易經》上說：『擴大他的房屋，用席子裝飾覆蓋他的家室，窺看他的門戶，一定會寂靜無人。』帝王以天下為家，講的是擴大房屋的禍害，會導致家中寂靜無人。當今吳、蜀結盟，陰謀危害國家。十萬大軍，東奔西走，邊境沒有一天安樂。農民荒廢了田業，百姓面帶飢色。陛下不擔憂這些事，而營造宮室，沒有停止的時候。假如國家滅亡，臣可以單獨存活，臣就不說了。君主為一國元首，大臣為君王的股肱，存亡聯為一體，得失相同。《孝經》說：『天子有七個敢於直言勸諫的大臣，即使天子無道也不會喪失天下。』臣雖然駑劣怯弱，難道敢忘記身為直言勸諫之臣的大義？言辭不深切，不足以感動醒悟陛下。陛下如果不省察臣下的話，恐怕光輝偉大的祖先創建的帝位，將墜落於地。假如臣的生命能彌補萬分之一，那麼臣死的那天，就像臣再生之年。臣走近棺柩沐浴完畢，俯伏等待您重加誅滅。」奏章進上，明帝被他的忠言感動，親自提筆下詔回答。每次朝廷集會討論，楊阜經常侃侃而談，把治理天下看作自己的職責。多次直言勸諫，明帝不聽，於是他多次乞求退職，明帝不同意。死時，家中沒有多餘的財物。孫子楊豹繼承封爵。

1 高堂隆，字升平，泰山平陽❶人，魯高堂生❷後也。少為諸生，泰山太守薛悌❸命為督郵❹。郡督軍❺與悌爭論，名❻悌而呵❼之。隆按劍叱督軍曰：「昔魯定見侮，仲尼歷階❽；趙彈秦箏，相如進缶❾。臨臣名君，義之所討也。」督軍失色，悌驚起止之。後去吏，避地濟南❿。

2 建安⓫十八年，太祖召為丞相軍議掾⓬，後為歷城侯徽⓭文學⓮，轉為相⓯。

徽遭太祖喪，不哀，反游獵馳騁。隆以義正諫，甚得輔導之節。黃初[16]中，為堂陽長[17]，以選為平原王傅[18]。王即尊位，是為明帝。以隆為給事中[19]、博士[20]、駙馬都尉[21]。帝初踐阼，羣臣或以為宜饗會[22]，隆曰：「唐、虞[23]有遏密之哀[24]，高宗有不言之思[25]，是以至德雍熙[26]，光[27]于四海。」以為不宜為會，帝敬納之。遷陳留[28]太守。犢民[29]酉牧[30]，年七十餘，有至行[31]，舉為計曹掾[32]。帝嘉之，特除[33]郎中[34]以顯焉。徵隆為散騎常侍[35]，賜爵關內侯。

3 青龍[36]中，大治殿舍，西取長安大鐘。隆上疏曰：「昔周景王[37]不儀刑[38]文、武之明德[39]，忽公旦[40]之聖制[41]，既鑄大錢[42]，又作大鐘，單穆公[43]諫而弗聽，伶州鳩[44]對而弗從，遂迷不返，周德以衰，良史記焉[45]，以為永鑒。然今之小人，好說秦、漢之奢靡[46]以蕩[47]聖心，求取亡國不度[48]之器，勞役費損，以傷德政，非所以興禮樂之和，保神明之休[49]也。」是日，帝幸上方[50]，隆與卞蘭[51]從。帝以隆表授蘭，使難隆曰：「興衰在政，樂何為也？化之不明，豈鐘之罪？」隆曰：「夫禮樂者，為治之大本也。故簫韶九成，鳳皇來儀[52]，雷鼓六變[53]，天神以降，政是以平，刑是以錯[54]，和之至[55]也。新聲發響，商辛以隕[56]，大鐘既鑄，周景以弊，存亡之機，恆由斯作，安在廢興之不階[57]也？君舉必書[58]，古之道也，作而不法[59]，何以示後？聖王樂聞其闕[60]，故有箴規[61]之道；忠臣願竭其節，故有匪躬[62]之義也。」帝稱善。

4 遷侍中，猶領[63]太史令[64]。崇華殿[65]災，詔問隆：「此何咎[66]？於禮，寧有祈禳[67]之義乎？」隆對曰：「夫災變之發，皆所以明[68]教誡也，惟率禮修德[69]，可以勝之。易傳[70]曰：『上不儉，下不節，孽火[71]燒其室。』又曰：『君高其臺，天火為災。』此人君苟飾宮室，不知百姓空竭，故天應之以旱，火從高殿起也。上天降鑒[72]，故譴告陛下；陛下宜增崇[73]人道，以答天意。昔太戊[74]有桑穀生於朝[75]，武丁有雊雉登於鼎[76]，皆聞災恐懼，側身[77]修德，三年之後，遠夷朝貢，故號曰中宗、高宗。此則前代之明鑒也。今案[78]舊占，災火之發，皆以臺榭宮室為誡。然今宮室之所以充廣者，實由宮人猥多[79]之故。宜簡擇[80]留其淑懿[81]，如周之制，罷省其餘。此則祖己之所以訓高宗，高宗之所以享遠號也。」詔問隆：「吾聞漢武帝時，柏梁[82]災，而大起宮殿以厭[83]之，其義云何？」隆對曰：「臣聞西京柏梁既災，越巫陳方[84]，建章是經[85]，以厭火祥；乃夷越之巫所為，非聖賢之明訓也。五行志[86]曰：『柏梁災，其後有江充[87]巫蠱[88]衛太子事。』如志之言，越巫建章無所厭也。孔子曰：『災者修類[89]應行，精祲[90]相感，以戒人君。』是以聖主覩災責躬，退而修德，以消復[91]之。今宜罷散民役。宮室之制，務從約節，內足以待風雨，外足以講禮儀。清埽所災之處，不敢於此有所立作，萐莆[92]、嘉禾[93]必生此地，以報陛下虔恭[94]之德。豈可疲民之力，竭民之財！實非所以致符瑞而懷遠人也。」帝遂復崇華殿，時郡國有九龍見[95]，故改曰九龍殿。

5 陵霄闕[96]始構，有鵲巢其上，帝以問隆，對曰：「詩云『維鵲有巢，維鳩居之』。[97]今興宮室，起陵霄闕，而鵲巢之，此宮室未成身不得居之象也。天意若曰，宮室未成，將有他姓[98]制御[99]之，斯乃上天之戒也。夫天道無親[100]，惟與[101]善人，不可不深防，不可不深慮。夏、商之季[102]，皆繼體[103]也，不欽承[104]上天之明命，惟讒諂[105]是從，廢德適欲[106]，故其亡也忽焉[107]。太戊、武丁，覩災竦懼[108]，祗承[109]天戒，故其興也勃焉[110]。今若休罷百役，儉以足用，增崇德政，動遵帝則[111]，除普天之所患，興兆民之所利，三王可四，五帝可六，豈惟殷宗轉禍為福而已哉！臣備腹心[112]，苟可以繁祉[113]聖躬，安存社稷，臣雖灰身破族，猶生之年也。豈憚忤逆[114]之災，而令陛下不聞至言乎？」於是帝改容動色。

6 是歲，有星孛[115]於大辰[116]。隆上疏曰：「凡帝王徙都立邑，皆先定天地社稷[117]之位，敬恭以奉之。將營宮室，則宗廟為先，廄庫為次，居室為後。今圜丘[118]、方澤[119]、南北郊[120]、明堂[121]、社稷，神位未定，宗廟之制又未如禮，而崇飾居室，士民失業。外人咸云宮人之用，與興戎軍國之費，所盡略齊。民不堪命，皆有怨怒。書曰『天聰明自我民聰明，天明畏自我民明威』[122]，輿人[123]作頌，則嚮以五福[124]，民怒吁嗟[125]，則威以六極[126]，言天之賞罰，隨民言，順民心也。是以臨政務在安民為先，然後稽古之化，格[127]于上下，自古及今，未嘗不然也。夫采椽[128]卑宮，唐、虞、大禹之所以垂皇風[129]也；玉臺瓊室，夏癸、商辛[130]之所以犯昊天[131]也。今之宮室，實違禮度，乃更建立九龍，華飾過前。天彗章灼[132]，始起於房心，犯帝坐而干紫微[133]，此乃皇天子愛[134]陛下，是以發教戒之象，始卒[135]皆於尊位，殷勤鄭重，欲必覺寤陛下；斯乃慈父懇切之訓，宜崇孝子祗聳[136]之禮，以率先天下，以昭示後昆[137]，不宜有忽，以重[138]天怒。」

7 時軍國多事，用法深重。隆上疏曰：「夫拓跡垂統[139]，必俟[140]聖明，輔世匡治，亦須良佐[141]，用能庶績其凝而品物康乂[142]也。夫移風易俗，宣明道化，使四表[143]同風[144]，回首面內[145]，德教光熙[146]，九服[147]慕義，固非俗吏之所能也。今有司務糾刑書[148]，不本大道，是以刑用而不措[149]，俗弊[150]而不敦[151]。宜崇禮樂，班敘[152]明堂，修三雍[153]、大射[154]、養老[155]，營建郊廟，尊儒士，舉逸民[156]，表章制度，改正朔，易服色[157]，布愷悌[158]，尚儉素，然後備禮封禪[159]，歸功天地，使雅頌[160]之聲盈于六合[161]，緝熙[162]之化混[163]于後嗣[164]。斯蓋至治之美事，不朽之貴業也。然九域[165]之內，可揖讓[166]而治，尚何憂哉！不正其本而救其末，譬猶棼絲[167]，非政理也。可命羣公卿士通儒，造具其事，以為典式[168]。」隆又以為改正朔，易服色，殊徽號[169]，異器械，自古帝王所以神明其政，變民耳目，故三春稱王，明三統也。於是敷演[170]舊章[171]，奏而改焉。帝從其議，改青龍五年春三月為景初元年孟夏四月，服色尚黃，犧牲用白，從地正也。

8 遷光祿勳[172]。帝愈增崇宮殿，彫飾觀閣，鑿太行[173]之石英，采穀城[174]之文石[175]，起景陽山於芳林之園[176]，建昭陽殿於太極[177]之北，鑄作黃龍鳳皇[178]奇偉之獸，飾金墉[179]、陵雲臺、陵霄闕。百役繁興，作者[180]萬數，公卿以下至于學生，莫不展力，帝乃躬自掘土以率之。而遼東不朝。悼皇后[181]崩。天作淫雨，冀州水出，漂沒民物。隆上疏切諫[182]曰：

9 「蓋『天地之大德曰生，聖人之大寶曰位；何以守位？曰仁；何以聚人？曰財[183]』。然則士民者，乃國家之鎮[184]也；穀帛者，乃士民之命也。穀帛非造化[185]不育，非人力不成。是以帝耕[186]以勸農，后桑[187]以成服，所以昭事上帝，告虔報施也。昔在伊唐[188]，世值陽九厄運之會[189]，洪水滔天，使鯀治之[190]，績用不成，乃舉文命[191]，隨山刊木[192]，前後歷年二十二載。災眚[193]之甚，莫過於彼，力役之興，莫久於此，堯、舜君臣，南面[194]而已。禹敷九州[195]，庶士庸勳[196]，各有等差，君子小人，物有服章[197]。今無若時[198]之急，而使公卿大夫並與廝徒[199]共供事役，聞之四夷，非嘉聲也，垂[200]之竹帛[201]，非令名[202]也。是以有國有家者，近取諸身，遠取諸物[203]，嫗煦[204]養育，故稱『愷悌君子，民之父母[205]』。今上下勞役，疾病凶荒，耕稼者寡，饑饉荐臻[206]，無以卒歲；宜加愍卹[207]，以救其困。

10 「臣觀在昔書籍所載，天人之際[208]，未有不應也。是以古先哲王，畏上天之明命，循陰陽之逆順，矜矜業業[209]，惟恐有違。然後治道用興，德與神符，災異既發，懼而修政，未有不延期流祚者也。爰[210]及末葉[211]，闇君昏[212]主，不崇先王之令軌[213]，不納正士之直言，以遂[214]其情志，恬忽[215]變戒，未有不尋[216]踐[217]禍難，至於顛覆者也。

11 「天道既著[218]，請以人道論之。夫六情五性[219]，同在於人，嗜欲廉貞，各居其一。及其動也，交爭于心。欲彊質弱[220]，則縱濫不禁；精誠不制，則放溢無極。夫情之所在，非好則美，而美好之集，非人力不成，非穀帛不立。情苟無極，則人不堪其勞，物不充其求。勞求並至，將起禍亂。故不割情，無以相供。仲尼云：『人無遠慮，必有近憂。』[221]由此觀之，禮義之制，非苟[222]拘分[223]，將以遠害[224]而興治也。

12「今吳、蜀二賊，非徒[225]白地[226]小虜、聚邑之寇，乃據險乘流[227]，跨有[228]士眾，僭號[229]稱帝，欲與中國[230]爭衡[231]。今若有人來告，權、禪[232]並脩德政，復履[233]清儉[234]，輕省[235]租賦，不治玩好，動咨耆賢[236]，事遵禮度。陛下聞之，豈不惕然[237]惡其如此，以為難卒討滅，而為國憂乎？若使告者曰，彼二賊並為無道，崇侈無度，役其士民，重其徵賦，下不堪命，吁嗟日甚。陛下聞之，豈不勃然[238]忿其困[239]我無辜之民，而欲速加之誅，其次，豈不幸[240]彼疲弊而取之不難乎？苟如此，則可易心而度[241]，事義之數[242]亦不遠矣。

13「且秦始皇不築道德之基，而築阿房之宮[243]；不憂蕭牆之變[244]，而修長城之役。當其君臣為此計也，亦欲立萬世之業，使子孫長有天下，豈意[245]一朝匹夫[246]大呼，而天下傾覆哉？故臣以為使先代之君知其所行必將至於敗，則弗為之矣。是以亡國之主自謂不亡，然後至於亡；賢聖之君自謂將亡，然後至於不亡。昔漢文帝稱為賢主，躬行約儉，惠下養民，而賈誼方之[247]，以為天下倒縣[248]，可為痛哭者一，可為流涕者二，可為長歎息者三。況今天下彫弊，民無儋石[249]之儲，國無終年之畜，外有彊敵，六軍暴邊[250]，內興土功，州郡騷動，若有寇警，則臣懼版築之士[251]不能投命[252]虜庭矣。

14 「又，將吏奉祿，稍見折減，方之於昔，五分居一；諸受休[253]者又絕廩賜[254]，不應輸[255]者今皆出半：此為官入兼[256]多於舊，其所出與參[257]少於昔。而度支經用[258]，更每不足，牛肉小賦[259]，前後相繼。反而推之，凡此諸費，必有所在。且夫祿賜穀帛，人主所以惠養吏民而為之司命[260]者也，若今有廢，是奪其命矣。既得之而又失之，此生怨之府也。周禮，太府掌九賦之財，以給九式之用，入有其分，出有其所，不相干乘而用各足。各足之後，乃以式貢之餘，供王玩好[261]。又上用財，必[262]考[263]于司會[264]。今陛下所與共坐廊廟[265]治天下者，非三司九列[266]，則臺閣近臣[267]，皆腹心造膝[268]，宜在無諱。若見豐省[269]而不敢以告，從命奔走，惟恐不勝，是則具臣[270]，非鯁輔[271]也。昔李斯教秦二世曰：『為人主而不恣睢，命之曰天下桎梏。』[272]二世用之，秦國以覆，斯亦滅族。是以史遷議其不正諫[273]，而為世誡。」

15 書奏，帝覽焉，謂中書監、令[274]曰：「觀隆此奏，使朕懼哉！」

16 隆疾篤[275]，口占[276]上疏曰：

17 「曾子有疾，孟敬子問之[277]。曾子曰：『鳥之將死，其鳴也哀；人之將死，其言也善。』臣寢疾病，有增無損，常懼奄忽[278]，忠款[279]不昭。臣之丹誠，豈惟曾子，願陛下少垂省覽！渙然[280]改往事之過謬[281]，勃然興來事之淵塞[282]，使神人嚮應，殊方慕義，四靈[283]效珍[284]，玉衡[285]曜精[286]，則三王可邁[287]，五帝可越，非徒繼體守文[288]而已也。

18 「臣常疾[289]世主[290]莫不思紹[291]堯、舜、湯、武之治，而蹈踵桀、紂、幽、厲[292]之跡，莫不蚩笑季世惑亂亡國之主，而不登踐虞、夏、殷、周之軌。悲夫！以若[293]所為，求若所致，猶緣木求魚[294]，煎水作冰，其不可得，明矣。尋觀三代之有天下也，聖賢相承，歷載數百，尺土莫非其有，一民莫非其臣，萬國咸寧，九有有截[295]；鹿臺之金，巨橋之粟[296]，無所用之，仍舊南面，夫何為哉！然癸、辛之徒，恃其旅力，知[297]足以拒諫，才足以飾非，諂諛是尚，臺觀是崇，淫樂是好，倡優[298]是說[299]，作靡靡之樂[300]，安濮上之音[301]。上天不蠲[302]，眷然回顧，宗國為墟，下夷于隸[303]，紂縣白旗[304]，桀放鳴條[305]；天子之尊，湯、武有之，豈伊異人，皆明王之胄[306]也。且當六國之時，天下殷熾[307]，秦既兼之，不修聖道，乃構阿房之宮，築長城之守，矜夸中國[308]，威服百蠻[309]，天下震竦，道路以目[310]；自謂本枝百葉，永垂洪暉[311]，豈悟[312]二世而滅，社稷崩圮[313]哉？近漢孝武[314]乘文、景之福，外攘夷狄，內興宮殿，十餘年間，天下囂然[315]。乃信越巫，懟[316]天遷怒，起建章之宮，千門萬戶，卒致江充妖蠱之變，至於宮室乖離[317]，父子相殘，殃咎之毒，禍流數世。

19 「臣觀黃初之際，天兆[318]其戒，異類之鳥，育長燕巢，口爪胸赤[319]，此魏室之大異也，宜防鷹揚[320]之臣於蕭牆之內。可選諸王，使君國典兵[321]，往往棊跱[322]，鎮撫皇畿，翼亮[323]帝室。昔周之東遷，晉、鄭是依[324]，漢呂之亂，實賴朱虛[325]，斯蓋前代之明鑒。夫皇天無親，惟德是輔。民詠德政，則延期過歷，下有怨歎，掇錄授能。由此觀之，天下之天下，非獨陛下之天下也。臣百疾所鍾[326]，氣力稍微，輒自輿出，歸還里舍，若遂沉淪[327]，魂而有知，結草[328]以報。」

20 詔曰：「生[329]廉侔[330]伯夷[331]，直過史魚[332]，執心[333]堅白[334]，謇謇[335]匪躬，如何微疾未除，退身里舍？昔邴吉[336]以陰德，疾除而延壽；貢禹[337]以守節，疾篤而濟愈。生其彊飯[338]專精[339]以自持。」隆卒，遺令薄葬，斂以時服。

21 初，太和[340]中，中護軍[341]蔣濟[342]上疏曰「宜遵古封禪[343]」。詔曰：「聞濟斯言，使吾汗出流足。」事寢[344]歷歲，後遂議修之，使隆撰其禮儀。帝聞隆沒，歎息曰：「天不欲成吾事，高堂生舍我亡也。」子琛嗣爵。

【章　旨】以上是〈高堂隆傳〉。通過對高堂隆一生經歷的敘述，突出他的「忠」和「直」。陳壽評他「學業修明，志在匡君，因變陳戒，發於懇誠」，即是讚揚這種精神。

【注　釋】❶泰山平陽　泰山，郡名。治所在今山東泰安東。平陽，縣名。治所在今山東新泰。❷高堂生　西漢名儒，字伯，魯郡（今山東曲阜）人。專治古代禮制。今本《儀禮》十七篇即出所傳。言禮者多宗師之。❸薛悌　字孝威，東郡（今河南濮陽）人。出身寒微。任兗州從事，時郡縣叛迎呂布，悌與程昱協謀，得保三城以待曹操。官至護軍，中領軍。事見本書卷二十二〈陳泰傳〉及注。❹督郵　郡太守的重要佐吏。每郡分二至五部，部設督郵一人，掌管督察糾舉所領縣之違法事，宣達命令，並兼管獄訟捕亡等。❺督軍　本為監軍之官。漢光武帝建武初，征伐四方，始權置督軍御史，事竟即罷。郡督軍，即郡之屬官督軍從事，三國時魏、蜀二國均置。❻名　直呼其名。❼呵　呵斥。❽魯定見侮二句　《史記・孔子世家》載：「(魯定公)會齊侯夾谷，為壇位，土階三等，以會遇之禮相見。揖讓而登，獻酬之禮畢。齊有司趨而進曰：『請奏四方之樂。』景公曰：『諾。』於是旍旄羽袚，矛戟劍撥，鼓噪而至。孔子趨而進，歷階而登，不盡一等，舉袂而言曰：『吾兩君為好會，夷狄之樂何為於此？請命有司。』有司卻之不去。則左右視晏子與景公。景公心怍，麾而去之。」見侮，被侮。歷階，登階。❾趙彈秦箏二句　《史記・廉頗藺相如列傳》載：「秦王使使者告趙王欲與王為好，會於西河外澠池。秦王飲酒酣，曰：『寡人竊聞趙王好音，請鼓瑟。』趙王鼓瑟，秦御史前書曰：『某年月日，秦王與趙王會飲，令趙王鼓瑟。』藺相如前曰：『趙王竊聞秦王善為秦聲，請奏盆缻秦王，以相娛樂。』秦王怒，不許。於是相如前進缻，因跪請秦王。秦王不肯擊缻。相如曰：『五步之內，相如請得以頸血濺大王矣。』左右欲刃相如。相如張目叱之，左右皆靡。於是秦王不懌，為一擊缻。相如顧召趙御史，書曰：某年月日，秦王為趙王擊缻。」❿濟南　郡國名。治所在今山東章丘西。⓫建安　東漢獻帝劉協年號，西元一九六－二二〇年。⓬丞相軍議掾　官名。為丞相府屬掾之一。掾乃丞相自辟，分曹治事。曹操為漢丞相時府內置軍議掾。⓭歷城侯徽　曹徽，曹操子，初封歷城侯，後封東平王，詳本書卷二十〈東平靈王傳〉。⓮文學　官名。漢代始州、郡及王國皆設文學，教授經學。⓯相　官名。諸侯王國相，為諸侯國行政長官，職如郡太守。諸侯王封國不得治政，僅衣食租稅，其政由相治。⓰黃初　魏文帝曹丕年號，西元二二〇－二二六年。⓱堂陽長　堂陽縣縣長。堂陽，縣名。治所在今河北新河縣西北。長，即一縣之行政長官。縣在萬戶以上者稱令，以下者稱長。⓲平原王傅　平原王，魏明帝曹叡初封之王。傅，官名。諸侯王國設傅，導王以善，禮如師，不稱臣。⓳給事中　官名。始為加官，將軍、列侯、九卿加此官可給事殿中，侍從皇帝，備顧問應對，參機密。曹魏時為正官，無定員。⑳博士　官名。西漢以博士為高級學術官，漢武帝時設《五經》博士，傳授儒家經術。東漢、魏因之。㉑駙馬都尉　官名。掌管副車（隨從皇帝之車）之馬，為皇帝近侍官。㉒饗會　盛大宴會。㉓唐虞　唐堯、虞舜。傳說中上古賢明的帝王。㉔遏密之哀　遏密，禁絕之意。皇帝崩，天下不准演奏音樂，以示哀悼。《尚書・舜典》：「帝（唐堯）乃殂落，百姓如喪考妣，三載，四海遏密八音。」㉕高宗有不言之思　高宗，殷高宗武丁。《史記・殷本紀》：「帝武丁即位，思復興殷，而未得其佐。三年不言，政事決定於冢宰。」㉖雍熙　協和喜樂，上下關係融洽和睦。《三國志・明帝紀》裴松之注引《魏略》：「為上者不虛授，處下者不虛受，然後外無伐檀之嘆，內無尸素之刺，雍熙之美著，太平之律顯矣。」㉗光　光照。㉘陳留　郡名。西漢元狩元年（西元前一二二年）置。治所在今河南開封東南。㉙犢民　放牛的百姓。㉚西牧　人名。㉛至行　高尚的行為品德。㉜計曹掾　官名。曹魏時郡太守屬下置計曹掾。㉝除　升遷；拜授。㉞郎中　官名。最早的郎官，本義為「廊」中。指供職於宮殿前左右廊廡之中。漢武帝時分郎中為車郎、戶郎，屬光祿勳。曹魏因置，主輪番宿衛諸殿門及出充車騎。㉟散騎常侍　官名。秦漢時置散騎，又置中常侍。至魏文帝時，合散騎與中常侍為一官，稱散騎常侍。掌侍從皇帝左右，隨事規諫，不典事。㊱青龍　魏明帝曹叡年號，西元二三三—二三七年。㊲周景王　東周國王姬貴。靈王子，在位二十五年。㊳儀刑　模範；典型。刑，同「型」。㊴明德　完美的德性。《尚書・君陳》：「黍稷非馨，明德惟馨。」《禮記・大學》：「大學之道，在明明德。」㊵公旦　周公姬旦。文王第四子，輔佐成王治政，為周建立各項典章制度。㊶聖制　聖明的制度。㊷鑄大錢　景王二十一年（西元前五二四年），鑄造大錢，是中國文獻記載中鑄錢的最早記錄。㊸單穆公　東周王室大臣。襄公五世孫，名旗，景王將鑄大錢大鐘，穆公諫以不可！所創子母相權論，為中國最早的貨幣理論。㊹伶州鳩　春秋時周景王的樂官。伶，宋本作「泠」。㊺良史記焉　優良的史官記載了這些。《國語・周語下》載：景王二十一年，將鑄大錢。單穆公曰：不可，今王廢輕而作重，民失其資，能無匱乎？王弗聽，卒鑄大錢。二十三年，王將鑄無射（鐘名），單穆公諫，王弗聽，問之伶州鳩。對曰：若夫匱財用，罷民力，以逞淫心，聽之不和，比之不度，無益於教，而離民怒神，非臣之所聞也。王不聽，卒鑄大鐘。《左傳》昭公二十一年亦有記載。㊻奢靡　奢侈；浪費。㊼蕩　搖動。㊽不度　不合法度。㊾休　美善。㊿幸上方　帝親臨尚方。幸，帝駕臨某處，某處為幸。上，即「尚」。尚方為少府下屬官署，掌管宮廷刀劍及玩好器物的製作。設有尚方令、丞等官。(51)卞蘭　曹操卞皇后弟卞秉之子。少有才學，為奉車都尉、游擊將軍，加散騎常侍，襲父爵為開陽侯。(52)簫韶九成二句　語出《尚書・益稷》。簫，竹製管樂器名。韶，舜時樂曲名。九成，九奏。鄭玄箋：「成，猶終也。每曲一終，必變更奏。故經言九成，傳言九奏，《周禮》謂之九變，其實一也。」鳳皇，古傳說中的瑞祥之鳥。雄曰鳳，雌曰凰。儀，有容儀。《正義》曰：「簫《韶》之樂作之九成，以致鳳凰來而有容儀也。」53雷鼓六變　雷鼓，八面鼓。《周禮・地官・鼓人》：「以雷鼓，鼓神祀。」鄭玄注：「雷鼓，八面鼓也。神祀，祀天神也。」六變，六奏。54錯　同「措」。廢棄不用。55至　頂點。56新聲發響二句　商辛，商帝辛，即商紂王。《史記・殷本紀》：帝辛「好酒淫樂，嬖於婦人。愛妲己。妲己之言是從。於是使師涓作新淫聲，北里之舞，靡靡之樂。」隕，隕落；敗亡。57階　臺階。喻像登臺階一樣，一步步逐漸發展。58君舉必書　國君的一舉一動一定記入史冊。59不法　不合法度。60闕　同「缺」。缺點。61箴規　規勸、諷諫。62匪躬　盡忠而不顧自身。63領　兼任。多為職位高的官員兼管較低職務之事。64太史令　官名。秦置，漢因之，掌天文曆法，亦兼修史，隸太常。曹魏沿置，專管天文曆法。65崇華殿　魏宮殿名。文帝死後殯於崇華前殿。明帝時此殿遭火災，修復後改曰九龍殿。66咎　災禍。67祈禳　祈求福祥，祛除災變。68明　顯明。69率禮修德　遵循和修練禮法、道德。70易傳　即對《易經》的傳注。據盧弼《集解》引胡三省注，書中所引乃京房《易傳》之辭。傳，注解。71孽火　邪火；妖火。72降鑒　降下的鑑戒。73增崇　更加尊崇。74太戊　殷帝太戊。《史記・殷本紀》：帝雍已崩，弟太戊立，是為帝太戊。帝太戊立伊陟為相。殷復興，諸侯歸之，稱中宗。75桑穀生於朝　《史記・殷本紀》：亳有祥桑穀共生於朝，一暮大拱。帝太戊懼，問伊陟。伊陟曰：臣聞妖不勝德，帝之政其有闕歟？帝其修德。太戊從之，而祥桑枯死而去。76武丁有雊雉登於鼎　武丁，殷帝名。《史記・殷本紀》：帝武丁祭成湯，明日，有飛雉登鼎耳而向，武丁懼。祖己曰：王勿憂，先修政事。武丁修政行德，天下咸歡，殷道復興。祖己嘉武丁之以祥雉為德，立其廟為高宗。雊，雉鳴聲。77側身　不敢正坐。喻戒慎恐懼。78案　考察。79猥多　繁多。80簡擇　精選。81淑懿　善良美好。82柏梁　未央宮柏梁臺。《漢書・武帝紀》：太初元年，十一月甲子朔旦冬至，禮上帝於明堂。乙酉，柏梁臺災。二月，起建章宮。顏師古注：「文穎曰：越巫名勇，謂帝曰：『越國有火災。』即復大起宮室以壓勝之。故帝作建章宮。師古曰：在未央宮西，今長安故城西，俗所呼貞女樓者，即建章宮之闕也。」83厭　通「壓」。鎮壓；制服。84陳方　陳述禳災的方術。85建章是經　只有經營建章宮。盧弼《集解》：「《續五行志》注：經，作營。」86五行志　指《漢書・五行志》。87江充　西漢時人，字次倩，本名齊，逃亡入關，改名充。武帝以為謁者，使匈奴還，授直指繡衣使者，督辦三輔盜賊，舉劾不避權貴，頗受武帝信任。因與太子劉據有隙，恐武帝去世後為其所誅。征和二年（西元前九一年），值武帝有疾，充謂病在巫蠱。受命治獄，牽連被冤殺者數萬人，且誣劉據以巫蠱謀害武帝。劉據收斬充，舉兵反，事敗自殺。後武帝知充有詐，夷其三族。事見《漢書・江充傳》及〈武帝紀〉。88蠱　下原有「也」字，《漢書・五行志》無，據刪。89修類　儆戒事類。90精祲　陰陽災害之氣。91消復　消除災害，恢復正常。92蓮莆《說文》：「莆莆，瑞草也。堯時生於庖廚，扇暑而涼。」《白虎通・封禪》[illegible]「莆莆者，樹名也，其葉大於門扇，不搖自扇，於飲食清涼，助供養也。」93嘉禾　生長特別茁壯茂盛的禾稻，一莖多穗[illegible]時認為嘉禾生為吉祥瑞兆。94虔恭　虔誠、恭敬。95見　同「現」。96陵霄闕　皇宮前面兩邊的樓臺叫闕。本為陵雲臺。又[illegible]雲臺。文帝曹丕時築，在洛陽光明殿臺為木結構，高二十三丈。《世說新語・巧藝》：「台雖高峻，常隨風搖動，而終無傾倒之理。」明帝即位後對其重新修飾[illegible]曰陵霄闕。97詩云二句　語見《詩經・召南・鵲巢》。意[illegible]性拙[illegible]善營巢，居鵲之巢。98他姓　別姓。99制[illegible]控制、駕御。100天道無親　天的規律是沒有親疏的。[illegible]幫助。[illegible]末世[illegible]繼體　繼承皇位。104欽承　敬承。105讒[illegible]背地說別人的壞話和當面奉承諂媚於人。106廢德[illegible]廢除德政，[illegible]私欲。[illegible]忽然；一下子。108覿災誎懼　看到[illegible]的預兆而恐懼。109祗承　敬承。祗，恭敬。110[illegible]猶勃然。突然的[illegible]子。111動[illegible]則　行為遵循帝王的法規。112腹心　[illegible]股大臣。113繁祉　猶言增福。114忤逆　違反。[illegible]彗星出現時光芒四[illegible]現象。[illegible]大辰　星宿名。蒼龍七宿中的三宿，[illegible]、心、尾。心宿中的亮星即大火，大火即大[illegible]。117天地社稷　祭天、祭地與祭社稷的地方。社稷，即土地神與穀神。代[illegible]國家。118圜丘　古代祭天的圓形高壇。119[illegible]澤　夏至日祭地之處。120南北郊　都城南、北城門外。皇帝每年夏至日祭地於[illegible]在城北門外，稱北郊，或北郊大祭[illegible]每年冬至日祭天於圜丘，在城南門外，稱南郊，或南郊大祭。121明堂　古帝王宣明[illegible]的地方。凡朝會、祭祀、慶賞、[illegible]、養老、教學等大典，均舉行於明堂。後宮室漸備，則另在近郊東南建明堂，以存古制[illegible]書曰二句　意為上天的視[illegible]善惡與民相同。語見《尚書・皋陶謨》。聰明，耳聽為聰，目視為明。畏，通「威」。明威，[illegible]自，從。123輿人　眾[illegible]。124則嚮以五福　嚮，勸導。《尚書・洪範》：「次九曰嚮用五福，威用六極。」講上天用五福勸導[illegible]六極[illegible]所謂五福，即《洪範》所載：「一曰壽，二曰富，三曰康寧（平安），四曰攸好德（遵行美德），五曰考終命（老而善終）。」125吁嗟　憂嘆。126威以六極　威，敬戒。六極，《尚書・洪範》：「一曰凶短折（早死），二曰疾，三曰憂，四曰貧，五曰惡（作惡），六曰弱（愚懦）。」127格　至。128采椽　用柞木作椽，不加削斫，言其儉樸。《史記・李斯列傳》：「堯之有天下也，堂高三尺，采椽不斫。」129皇風　帝王之風。130夏癸商辛　夏桀王與商紂王，皆亡國之君。131昊天　上天。132章灼　彰明照耀。133犯帝坐而干紫微　帝坐，星名。在天市垣內，古以喻帝王。干，侵犯。紫微，星座名。為北極星周圍三百六十星區。常用以比喻帝王之宮殿。134子愛　愛之如子。135始卒　始終。從開始到最後。136祇聳　敬重。137後昆　後代子孫。138重　加重。139拓跡垂統　開創基業，將皇位傳給子孫。140俟　等待。141良佐　良臣輔佐。142用能庶績句　因為（他們）能凝聚成各種事功而將各種事物安排治理。《尚書・皋陶謨》：「撫於五辰，庶績其凝。」

用，因。庶績，眾績；各種事功。品物，各種事物。康乂，安治。(143)四表　四方極遠的地方。(144)同風　同受教育風化。(145)回首面內　回頭仰望著中心。喻四表歸心朝廷。(146)光熙　光明遠照。(147)九服　古代天子所居京都王畿以外的地方，按遠近不同分為九等，叫九服。方千里之內稱王畿，其外方五百里稱侯服，又其外方五百里叫甸服，又其外方五百里叫男服，又其外方五百里叫采服。以次類推還有衛服、蠻服、夷服、鎮服、藩服。見《周禮・夏官・職方氏》。以後泛指全國各地。(148)務糾刑書　一味糾纏在刑法條文上面。(149)措　廢置；棄捨。《廣韻・暮韻》：「措，投也。」(150)俗弊　世俗弊陋衰敗。(151)不敦不敦厚。(152)班敘　按班次排序。(153)三雍　辟雍、明堂、靈臺合稱三雍，為帝王舉行祭祀和盛典的場所。(154)大射　為祭祀而舉行的射禮叫大射。(155)養老　對老而賢者按時享以酒食以禮敬之。(156)逸民　避世隱居之賢人。(157)服色　朝服顏色。(158)布愷悌　廣泛布施和樂簡易。愷，《說文》：「愷，樂也。」悌，《集韻・霽韻》：「悌，易也。」《左傳》僖公十二年：「《詩》曰：『愷悌君子，神所勞矣。』」(159)封禪　帝王祭祀天地的大典。(160)雅頌　《詩》有〈大雅〉、〈小雅〉和〈頌〉，後世用以代指太平盛世之樂。(161)六合　上天、下地及東、西、南、北四方稱六合。(162)緝熙　光明。(163)混　流傳。(164)後嗣　後世子孫。(165)九域　九州。泛指全國。(166)揖讓　賓主相見以禮相接。喻文德。(167)棼絲　亂絲。棼，通「紊」。紛亂。(168)典式　法式。(169)徽號　旗幟上的標誌，即圖式、顏色。作為新朝或某一帝王新政的標誌之一。(170)敷演　鋪陳論說。(171)舊章　舊時典章。(172)光祿勳　官名。秦置郎中令，漢武帝太初元年（西元前一〇四年）更名為光祿勳。為宮內總管，統領皇帝的顧問參議、宿衛侍從，傳達接待等諸官。曹魏初稱郎中令，黃初元年（西元二二〇年）更此名。(173)太行　太行山。原誤作「太山」，今據宋本改。(174)穀城　縣名。治所在今河南洛陽西北。(175)文石　有紋理之石。(176)起景陽山句　《三國志・明帝紀》裴松之注引《魏略》：「起土山於芳林園西北陬。」芳林園，齊王芳即位避諱改為華林園。(177)太極　魏宮殿名。(178)鳳皇　即鳳凰。(179)金墉　金墉城。明帝時築，為當時洛陽城（今河南洛陽東）西北角一小城。城小而固，為攻守要地。(180)作者　服役勞動的人。(181)悼皇后　即明悼毛皇后。魏明帝皇后，河內（今河南武陟西南）人。太和元年（西元二二七年）立為后。詳本書卷五〈明悼毛皇后傳〉。(182)切諫　痛切勸諫。(183)天地之大德曰生六句　引自《易經・繫辭下》。(184)鎮　重。(185)造化　指創造化育萬物之大自然。(186)帝耕　皇帝親自耕田以鼓勵天下農耕。名義是帝王親耕的藉田，實際只是一種禮儀形式。《禮記・月令》孟春之月：「帥三公九卿諸侯大夫，躬耕帝藉。」(187)后桑　皇后親自養蠶桑。(188)伊唐　一名有唐氏，即唐堯。(189)陽九厄運之會　陽九，術數家以四千六百一十七歲為一元，初入元一百零六歲，內有旱災九年，謂之陽九。道家謂「天厄謂之陽九」（《靈寶天地運度經》），此泛指逢災荒厄運之年。(190)使鯀治之　《史記・夏本紀》：「帝堯之時，鴻水滔天，浩浩懷山襄陵，下民其憂。堯求能治水者。羣臣四岳皆曰：『鯀可。』堯曰：『鯀為人負命毀族，不可。』四岳曰：『等之未有賢於鯀者，願帝試之。』於是堯聽四岳，用鯀治水，九年而水不息，功用不成，於是帝堯乃求人更得舜。舜登用，攝行天子之政，巡狩行視。鯀之治水無狀，乃殛鯀於羽山以死。」(191)文命　夏禹王。《史記・夏本紀》：夏禹，名曰文命。「舜舉鯀子禹而使續鯀之業。堯崩，帝舜問四岳曰：『有能成美堯之事者，使居官。』皆曰：『伯禹為司空，可成美堯之功。』舜曰：『嗟然。』命禹：『女平水土，維是勉之。』禹拜稽首。」(192)隨山刊木　沿山伐木開道。刊，伐除。(193)災眚　災禍。眚，災異；疾苦。《易經・復卦》：「有災眚」。《釋文》：「子夏傳云：傷害曰災，妖祥曰眚。鄭云：異自內生曰眚，自外曰祥，害物曰災。」(194)南面　古代以坐北朝南為尊位，天子諸侯見羣臣，卿大夫見僚屬皆南面而坐，後引申為帝王或大臣的統治為南面。《易經・說卦》：「聖人南面而聽天下，向明而治。」(195)禹敷九州　大禹劃分九州。敷，分。(196)庸勳　功勳。(197)服章　表示官吏身分等級的服飾。(198)若時　這時；此時。(199)廝徒　幹粗活的奴隸。(200)垂　流傳。(201)竹帛　竹簡和帛書。指書籍。(202)令名　美名。(203)近取諸身二句　諸，之於。引自《易經・繫辭下》。言近取法於身，遠取象於物。(204)嫗煦　生育撫養。(205)愷悌君子二句　語引自《詩經・大雅・泂酌》。愷悌，和樂簡易，平易近人。(206)荐臻　再來；重至。(207)愍卹　憂憐。(208)天人之際　即天與人之間。(209)矜矜業業　即兢兢業業，戒慎自持貌。(210)爰　句首語氣詞。(211)末葉　末世。(212)昏　宋本作「荒」。(213)令軌　美好的法度。(214)遂　順。(215)怙忽　忽視。(216)尋　隨即。(217)踐　踐履；走向。(218)著　昭著；顯明。(219)六情五性　六情指喜、怒、哀、樂、愛、惡等六種感情。五性指仁、義、禮、智、信等五種性情。(220)欲彊質弱　私欲強而本身素質低下。(221)仲尼云三句　引文見《論語・衛靈公》。意思是說人沒有長遠的思慮，一定會有立即到來的憂患。(222)苟　苟且。(223)拘分　謹守本分。(224)遠害　遠離禍害。(225)非徒　並不是。(226)白地　無根據地；無根基。(227)據險乘流　憑藉高山險阻，利用江河奔流。(228)跨有　據有。(229)僭號　舊指與統治王朝對立而稱王稱帝的行為。(230)中國　中原。(231)爭衡　爭高低；決勝負。(232)禪　原誤作「備」。是時劉備已死，《通鑑》作「禪」，據改。(233)履　踐行。(234)清儉　清廉儉樸。(235)輕省　減輕節省。(236)動咨耆賢　一舉一動都諮詢於年高德重的賢者。(237)惕然　憂懼的樣子。(238)勃然　憤怒的樣子。(239)困　困擾。(240)豈不幸　豈不是慶幸。(241)易心而度　換一個思考的角度來估量、推測。(242)事義之數　事情的道理有哪些。(243)築阿房之宮　阿房宮前殿始築於始皇三十五年（西元前二一二年），遺址在今陝西西安西阿房村（俗名郿鄔嶺）。全部工程至秦亡時猶未完成，故未正式命名。時人因其前殿所在地名而稱之。秦亡，為項羽所焚。(244)蕭牆之變　蕭牆，古代宮室用以分隔內外的當門小牆。又稱門屏。《論語・季氏》：「吾恐季氏之憂，不在顓臾（小國名），而在蕭牆之內也。」後常用蕭牆之變喻內部潛在的變亂。(245)豈意　怎能想到。(246)匹夫　庶人；平民。此指秦末陳勝、吳廣的起兵抗秦。(247)賈誼方之　賈誼，西漢大臣，洛陽人，年十八以能誦詩屬文稱於郡中。文帝召以為博士。超遷侍中至太中大夫。出為長沙王太傅。遷梁懷王太傅。《漢書・賈誼傳》說他數上疏陳政事，多所欲匡建。其大略曰：「臣竊惟事勢可為痛哭者一，可為流涕者二，可為長太息者六。若其它背理而傷道者，難遍以疏舉。」後懷王死，亦感憤卒。方，比擬。248倒縣　倒掛。縣，同「懸」。249儋石　十斗。喻微少。250暴邊　暴露於邊疆。意為在邊疆蒙受日曬風霜雨淋之苦。251版築之士　建築服役之人。古築牆以兩板相夾，用泥土置其中，以杵築實，故名。252投命　捨生忘死而投入。253受休　退休。254稟賜　糧食給養。255輸　繳納賦稅。256兼　加倍。257所出與參　所付出的占三分之一。258度支經用　規劃計算經費用度。259牛肉小賦　盧弼《集解》引胡三省：「此蓋犒饗工徒，度支經用不足以給，故賦牛肉以批之。」260司命　主命。261周禮九句　出自《周禮・天官・大府》。財，原誤作「則」。262必　一定。263考　考察。264司會　主管財政經濟的機構。265廊廟　二字原互倒，今從宋本。266三司九列　即三公九卿。267臺閣近臣　尚書臺親近的大臣。268腹心造膝　比喻親近。造膝，至於膝下。269豐省　豐盛、節儉。270具臣　備位充數，不稱職守之臣。《漢書・翟方進傳》：「上無惻怛濟世之功，下無推讓避賢之效，欲當大位，為具臣以全身。」注：「具位之臣，無功德也。」271鯁輔　鯁直敢諫的輔臣。272昔李斯教秦二世曰三句　李斯，楚上蔡人。秦丞相，秦始皇死，與趙高合謀，逼秦始皇長子扶蘇自殺，扶少子胡亥為二世皇帝。後被趙高誣陷，腰斬，夷三族。《史記・李斯列傳》載：李斯阿二世意，欲求容，以書對曰：「夫賢主者必且能全道而行督責之術者也。督責之則臣不敢不竭能以徇其主矣。……是故主獨制於天下而無所制也，能窮樂之極矣，賢明之主也。可不察焉。故申子曰：有天下而不恣睢，命之曰以天下為桎梏者。」恣睢，任情放肆。桎梏，刑具。即腳鐐手銬。273史遷譏其不正諫　史遷，指太史令司馬遷。《史記・李斯列傳》太史公曰：「李斯以閭閻歷諸侯，入事秦因以瑕釁以輔始皇，卒成帝業。斯為三公，可謂尊用矣。斯知六藝之歸，不務明政以補主上之缺。持爵祿之重，阿順苟合。嚴威酷刑，聽高邪說。廢適立庶，諸侯以畔。斯乃欲諫爭不亦末乎！」274中書監令　中書監、中書令，皆官名。漢末曹操為魏王，初置祕書令掌機要文書。文帝曹丕黃初二年（西元二二一年）改祕書令為中書監及中書令。共掌樞密，參預機務，主擬詔旨。監位次略高於令。275疾篤　疾病形勢沉重。276口占　隨口成文。277曾子有疾二句　曾子，即曾參，孔子弟子。孟敬子，魯大夫仲孫氏，名捷。此事及下文「曾子曰」諸句，見《論語・泰伯》。原文：「曾子有疾，孟敬子問之。曾子言曰：『鳥之將死，其鳴也哀。人之將死，其言也善。』君子所貴乎道者三：動容貌，斯遠暴慢矣；正顏色，斯近信矣；出辭氣，斯遠鄙倍矣。」278奄忽　比喻死亡。279忠款　忠誠。280渙然　流散的樣子。281過謬　過錯和荒謬。282淵塞　篤實深遠。283四靈　指麟、鳳、龜、龍。284效珍　獻珍。285玉衡　北斗第五星。286曜精　閃耀精光。287邁　超越。288繼體守文　繼承帝位，遵守成法。[289]疾　痛心。[290]世主　國君。[291]紹　繼續。[292]幽厲　指周幽王、周厲王。幽王名宮湦，宣王子。任用虢時父為卿，統治殘暴，國人皆怨。時天災嚴重，人不堪命，他終日與寵姬褒姒尋歡，又以褒姒為后，廢申后與太子宜臼。西元前七七一年，申后父申侯引犬戎攻周，殺幽王於驪山下。厲王名胡，夷王子。貪狠好利，任用奸臣榮夷公，對山林川澤實行專行。諸侯不朝，國人莫敢言。西元前八四二年，國人反，逃於彘。共和十四年死。[293]若　如此；這樣。[294]緣木求魚　爬到樹上捕魚。喻徒勞。緣，攀援。以上句引自《孟子·梁惠王上》。[295]九有有截　九州整齊劃一。《詩經·商頌·長發》：「九有有截。」鄭箋：「截，整齊也。」又云：「九州齊一截然。」[296]鹿臺之金二句　鹿臺，商紂王所築之臺。巨橋，商代糧倉所在地，今河北曲周東北。《史記·周本紀》載：周武王滅殷，命召公釋箕子之囚，命畢公釋百姓之囚，表商容之閭，命南宮括散鹿臺之財，發巨橋之粟以振貧弱。[297]知　同「智」。[298]倡優　歌舞演戲的藝人。[299]說　同「悅」。[300]靡靡之樂　頹廢淫蕩的樂曲。《史記·殷本紀》：「(紂)使師涓作新淫聲，北里之舞，靡靡之樂。」[301]濮上之音　濮上，謂濮水之濱。以侈靡之樂聞名。《禮記·樂記》：「桑間濮上之音，亡國之音也。」注：「濮水之上，地有桑間者，亡國之音，於此之水出也。昔殷紂使師延作靡靡之樂，已而自沉於濮水。」[302]不蠲　不放過；免除。[303]下夷于隸　被下面的奴隸所夷滅。下，原作「不」，據《三國志集解》引何焯說校改。夷，平；夷滅。[304]紂縣白旗　《史記·殷本紀》：「紂走，反入，登於鹿台之上，蒙衣其珠玉自燔於火而死。」「遂入，至紂死所。武王自射之三發而後下車，以輕劍擊之。以黃鉞斬紂頭，縣太白之旗。」縣，同「懸」。[305]桀放鳴條　夏桀王被流放鳴條而死。《史記·夏本紀》：「湯修德，諸侯皆歸法湯，湯遂率兵以伐夏桀。桀走鳴條，遂放而死。」鳴條，地名。在今山西安邑北，與夏縣接界，一名高侯原。[306]胄　後代。[307]殷熾　盛烈。爭鬥激烈。[308]矜夸中國　誇耀中原。[309]百蠻　古代對南方各少數民族的統稱。[310]道路以目　在路上相遇只用眼相互示意。形容國民在暴政下敢怒而不敢言。《國語·周語上》：「厲王虐，國人謗王，召公告王曰：『民不堪命矣。』王怒，得衛巫，使監謗者，以告，則殺之。國人莫敢言，道路以目。」[311]永垂洪暉　長久流傳其洪大光輝。[312]豈悟　怎能醒悟、理解。[313]崩圮　崩潰毀滅。圮，毀壞；坍塌。[314]漢孝武　即西漢孝武帝劉徹。[315]囂然　喧擾不安的樣子。[316]懟　怨恨。[317]乖離　背離；抵觸。[318]兆　徵兆。[319]異類之鳥三句　《晉書·五行志》：黃初元年，未央宮中又有燕生鷹，口爪俱赤，此與商紂，宋隱同象。景初元年，又有燕生巨鷇於衛國李蓋家，形若鷹，吻似燕，比羽蟲之大孽，又赤眚也。高堂隆曰：魏室之大異，宜防鷹揚之臣於蕭牆之內。其後宣帝起，誅曹爽，遂有魏室。[320]鷹揚　鷹之奮揚。喻得勢之士，威武顯赫，大展雄才。[321]典兵　掌管軍隊。[322]綦跱　像下棋一樣對峙。跱，同「峙」。[323]翼亮　輔助光大。[324]周之東遷二句　西元前七七一年，申侯舉兵攻周，殺幽王。諸侯及申侯擁立宜臼繼位，是為平王。平王於第二年遷都雒邑（今河南洛陽）。平王東遷，由晉文侯、鄭武公輔助王室。《左傳》隱公六年載：「周桓公言于王曰：『我周之東遷，晉鄭焉依。』」325漢呂之亂二句　朱虛，朱虛侯劉章。西漢齊悼惠王劉肥次子。為人有力，性剛烈。八年，高后崩，劉章在京師，知呂祿、呂產等謀亂，於是使人告齊王，令發兵西。章與太尉周勃、丞相陳平協力誅諸呂。文帝二年，因平諸呂功，進封城陽景王。《漢書》有傳。326鍾　聚積。327沉淪　汩沒；埋沒。喻死亡。328結草　喻報恩。《左傳》宣公十五年載：春秋晉大夫魏武子臨死，使其子魏顆以妾殉葬。顆在父死後，沒從父命而嫁妾。顆與秦力士杜回戰。見一老人結草使杜回仆地，遂獲之。顆夜夢老人曰：「余，爾所嫁婦人之父也。」329生　先生。330侔　宋本作「追」。331伯夷　商末孤竹國君之長子。父死，與弟叔齊互相謙讓，不肯繼位。武王伐紂，他叩馬而諫。商亡，他逃往首陽山，不食周粟而死。332史魚　春秋末衛國史官。名鰌，字子魚，以正直著稱。333執心　持心；用心。334堅白　志節貞潔，堅定不可動搖。335謇謇　忠貞貌。336邴吉　漢宣帝時名臣。字少卿，魯國人。宣帝幼時坐巫蠱事在獄，吉有恩焉。《漢書・丙吉傳》載：封吉為博陽侯，邑千三百戶。臨當封，吉疾病。上憂吉疾不起，太子太傅夏侯勝曰：「此未死也。臣聞有陰德者必饗其樂以及子孫。今吉未獲報而疾甚，非其死疾也。」後病果瘉。五年後，代魏相為丞相。337貢禹　漢元帝時大臣。字少翁，琅邪人。元帝即位，拜為諫議大夫。《漢書・貢禹傳》載其上書有「疾病侍醫臨治，賴陛下神靈，不死而活」等語，乞辭官歸里。天子報曰：「朕以生有伯夷之廉，史魚之直，守經據古，不阿當世。」願其「強飯慎疾以自輔。」後代為御史大夫，列於三公。338彊飯　努力加餐，勉強進食。339專精　專心一志，集中精力。340太和　魏明帝曹叡年號，西元二二七—二三三年。341中護軍　官名。曹操為丞相時置護軍，東漢建安二十一年（西元二一六年），改為中護軍。掌禁兵，總統諸將，任主武官選舉，隸中領軍，其資歷深者為護軍將軍，資歷淺者為中護軍。342蔣濟　字子通，楚國平阿（今安徽懷遠西南）人，東漢末年任郡計吏、州別駕，為曹操心腹謀士。詳見本書卷十四〈蔣濟傳〉。343封禪　皇帝祭祀天地的大典。在泰山上築土為壇祭天，報天之功曰封。在泰山下梁父山上闢場祭地，報地之功稱禪。344寢　停止。

【語　譯】高堂隆，字升平，泰山郡平陽縣人，是魯國高堂生的後代。少年時為儒生，泰山郡太守薛悌任命他為督郵。郡督軍和薛悌發生爭論，督軍直呼薛悌的名字來呵斥他。高堂隆按劍斥責督軍說：「過去魯定公被侮辱，孔仲尼登上臺階指責對方；趙王被要挾彈奏秦箏，藺相如進缶秦王。對著下屬直呼上司的名字，道義上應受到聲討。」督軍嚇得變了臉色，薛悌驚慌的站起來制止他。後來高堂隆離職，到濟南避難。

2 建安十八年，太祖徵召高堂隆任丞相軍議掾，後任歷城侯曹徽的文學，轉為王國相。曹徽遭逢太祖逝世，不表示悲痛，反而馳騁游獵。高堂隆以大義正言相勸，充分表現出輔助王侯的節操。黃初年間，任堂陽縣長，又通過選拔任平原王曹叡的太傅。平原王即帝位，這就是魏明帝。任高堂隆為給事中、博士、駙馬都尉。明帝剛即位，羣臣中有的認為應該舉行盛大宴會，高堂隆說：「唐堯、虞舜去世，禁絕音樂，表示哀痛。殷高宗沉默不語，表示哀思。因此最高尚的道德和樂融洽，光照四海。」認為不應該舉行盛大宴會，明帝敬重的接納了他的意見。升為陳留郡太守。放牛人酉牧，年紀七十多歲了，有高尚的品德，高堂隆推舉他為計曹掾。明帝十分讚賞他，特地任命他為郎中以示表彰。徵召高堂隆為散騎常侍，賜給他關內侯的爵位。

3 青龍年間，明帝大規模修建宮殿館舍，到西邊去取長安大鐘。高堂隆上疏說：「過去周景王不效法周文王、武王的美德，忽視周公旦制訂的神聖制度，既鑄大錢，又造大鐘，單穆公勸諫而不聽從，伶州鳩批評也不聽從，於是迷途不返，周朝的政治因此衰敗，優秀的史官記錄了這些事，把它作為永久的鑑戒。然而現今的小人們，喜歡述說秦朝、漢朝奢侈浪費的排場來動搖皇上的思想，求取導致國家滅亡的不符合制度的器物，勞苦百姓又耗費財力，以致損害國家德政。這不是用來興起和諧的禮樂，保持神明休美的方法。」這天，明帝親臨尚方署，高堂隆和卞蘭隨從。明帝把高堂隆的表章給卞蘭，令卞蘭責難高堂隆說：「國家的興盛衰敗由政治決定，和音樂有什麼關係呢？教化不顯明，難道是樂鐘的罪過？」高堂隆說：「禮樂，是治國最重要的根基。因此舜的簫《韶》之樂九次演奏，鳳凰成對的飛舞，雷鼓六次變更演奏，天神也會因此降臨，政治因此而安定，刑罰因此而廢棄，這就是和樂的最高境界。淫聲奏響，商紂王的統治由此崩潰；大鐘鑄成後，周景王的統治由此衰落，國家存亡的關鍵，永遠由這裏產生，怎麼說國家的興亡不是從這裏一步步逐漸發展的呢？國君的一舉一動一定要載入史冊，這是古代的規矩，國君的行動不符合法規，拿什麼給後人看呢？聖王樂意聽到他的缺點，因此有規勸的原則；忠臣願意竭盡節操，所以有不顧自己安危的大義。」皇上稱道他說得好。

4 升任侍中，仍兼太史令。崇華殿火災，明帝下詔問高堂隆：「這是什麼災禍？在禮法方面，難道有祈福祛災的方法嗎？」高堂隆回答說：「災變的發生，都是上天用來表示教導和告誡的方法，只有遵循禮法修養道德，可以戰勝它。《易傳》說：『上面不儉約，下面不節制，災火就會燒毀他們的房屋。』又說：『國君高築他的樓臺，天火就會造成災害。』這說明國君如果只知修飾宮室，不知道老百姓財物空竭，所以上天用旱災來感應，火就從高殿發生。上天降下鑑戒，因此譴責告誡陛下。陛下應該更加尊崇人道，來回答天意。過去太戊時有桑穀生長在朝廷中，武丁時有野雞登上鼎耳鳴叫，他們都聽說災變就恐懼不安，不敢正坐，立刻修養德政，三年之後，遠方的民族都來朝貢，因此號稱中宗、高宗。這就是前代明明白白的借鑑啊。現在考察過去的占卜，火災的發生，都是因為修建臺榭宮室產生的告誡。然而現今擴建宮室的原因，實在是因為宮女太多的緣故。應該精選留下那些賢淑秀麗的宮女，與周朝的制度相同，減省那些多餘的。這也是祖己教訓高宗，高宗能享有長久美號的原因。」皇上又下詔問高堂隆：「我聽說漢武帝時，柏梁臺發生火災，卻大建宮殿來鎮壓它，那是什麼道理？」高堂隆回答說：「臣聽說西京柏梁臺發生火災後，越巫提供禳災的方法，營建建章宮，來鎮住火災造成的災禍；這只是越巫的所作所為，並不是中國聖賢的英明訓導。〈五行志〉說：『柏梁發生火災，以後就發生了江充誣衊衛太子巫蠱漢武帝以致衛太子自殺的事情。』按〈五行志〉的說法，越巫建議修建建章宮並沒有制止什麼災禍。孔子說：『災害是儆戒人事、報應人的行為的，由陰陽災害之氣相互感應，以此來告誡國君。』所以聖明的君主目睹災禍就責備自己，退下來修養品德，以便消除災禍恢復正常，現在應該停工遣散民役。宮室的規模，務必遵守節儉的原則，內宮足夠避風雨，外殿足夠舉行禮儀就行了。清除打掃發生火災的地方，不敢在這裏再建造宮殿，蓮莆、嘉禾等吉祥之物一定會在這裏生長出來，以報答陛下誠信恭敬上天的品德。怎麼能使民力疲弊不堪，耗盡民財呢！這實在不是用來招致祥瑞、安撫遠方的措施。」明帝於是修復崇華殿。當時郡國有九條龍出現，因此改稱九龍殿。

5 陵霄闕開始構建，有鳥鵲在上面築巢，明帝就此事詢問高堂隆。高堂隆回答說：「《詩經》上說：『鳥鵲築好了窩，鳩居住裏邊。』現今興建宮室，起造陵霄闕，而鳥鵲在上面築巢，這是宮室沒有建成而自己不能居住的象徵。上天的意思好像說，宮室沒有建成，將有別姓的人來控制它，這是上天的告誡。天的規律是無親無疏，只幫助善良有德的人，對這不能不深切防範，不能不深思熟慮。夏朝、商朝末年，都是繼位的國君，不敬奉上天的明確告誡，只聽從讒言和奉承話，敗壞道德，順從私欲，因此他們滅亡得很快。太戊、武丁，看到災禍就恐懼害怕，敬奉上天的警告，因此他們興旺蓬勃。現在如果停止各種勞役，節省開支以使用度充足，推崇德政，行為舉止遵循帝王的準則，消除天下的憂患，興建對億萬民眾有利的事業，那麼三皇可以有第四個，五帝可以有第六個，難道只有殷商的祖先可以轉禍為福而已嗎？臣備位心腹大臣，如果可以造福皇上，使國家安定，臣即使家破人亡，也好像是臣的再生之年。怎麼會害怕蒙受違逆聖上的罪名，而使陛下不能聽到至理真言呢？」於是明帝改變了臉色有所驚懼。

6　這年，在大辰星次出現彗星。高堂隆上疏說：「凡是帝王遷移都城建立城邑，都要先安定天神、地神、土神、穀神的神位，恭敬的奉祀祂們。準備營建宮室，就要首先修好宗廟，馬廄府庫居次，最後才是建造居住的房舍。現在圜丘、方澤、南北郊祭、明堂、土神、穀神，神位都沒有確定下來，宗廟的祭祀制度又沒有遵循禮法，卻增飾宮室，士民百姓失去了本業。外邊的人都說宮人的用度，與興兵打仗的開支差不多相等。人民經受不住這樣的政令，都懷有怨憤之情。《尚書》上說：『上天的視聽依從民眾的視聽，上天的賞罰依從臣民的賞罰。』眾人作頌歌，上天就會用五福勸導人。人民怨怒憂嘆，那麼上天就會用六極警戒人。這是說上天的賞罰，是聽隨民眾的言論，順從民眾的心意。因此施政要努力把安定百姓放在首位，然後考察古代聖王的教化，通達天地，從古到今，沒有不是這樣的。用不加斫削的柞木作屋椽，宮室低矮，這就是唐堯、虞舜、大禹的帝王之風流傳下來的原因。用美玉裝飾樓臺宮室，這就是夏桀、商紂觸犯上天的原因。現在的宮室，確實違背了禮法制度，又改建九龍殿，華麗的裝飾超過以前。天上的彗星閃耀，開始時起於房宿心宿之間，侵犯帝坐星進而干犯紫微星座。這是皇天像對待兒子一樣愛撫陛下，因此顯示教誨告誡的跡象，彗星運行始終都在尊貴的方位，天意懇切鄭重，一定想讓陛下覺悟。這是慈父懇切的訓導，陛下應崇尚孝子敬重的禮節，率先示範天下，以便昭示後代子孫，不應該有所忽略，而加重上天的憤怒。」

7　當時軍事國事繁多，使用刑法很嚴苛。高堂隆上疏說：「開創基業，傳位後代，一定要等待聖明的君主，治國救世，也需要優良的佐輔，因為他們能成就各種事功治理安定眾事。移風易俗，宣揚教化，使天下四方同受教育，回首歸心朝廷，道德教化光明遠照，國內遠近內外傾慕道義，這本來就不是一般的官吏能夠做到的。現在有些官員只知糾纏刑律條文，不以仁政大道為根本，因此施用刑法而刑法不能廢除，民俗衰敗而不敦厚。應該尊崇禮樂，在明堂按次序排列行禮，修建辟雍、明堂、靈臺，舉行大射、養老等禮儀，營建郊祭廟堂，尊重儒士，推舉隱逸之士，宣示制度，改定曆法，改變朝服的顏色，提倡和樂簡易的風氣，崇尚儉約樸素，然後備好禮品舉行封禪大典，把功勞歸於天地，使〈雅〉〈頌〉之樂充滿天地四方，光明的教化流傳於後世子孫。這大概應是國家太平的美好大事，是不朽的高尚事業。這樣九州之內，可以拱手達到大治，還擔憂什麼呢！不端正治國的根本而糾正那些細微末節的小事，就好像整理絲線反而弄亂了，不是治國理政的原則。可以命令三公、朝廷官員和知識淵博的儒生，制訂這些事情的詳細內容，作為法定的規範。」高堂隆又認為改定曆法，變更朝服顏色，區別旗號標誌，使用不同的器械，是自古以來帝王使自己的政權神聖光明，改變人民視聽的方法。因此春季的三個月加「王」字稱呼，以顯明天統、地統、人統等不同的曆法制度。於是他鋪陳論述舊的規章制度，上奏請求改變。明帝聽從他的建議，改青龍五年春三月為景初元年孟夏四月，服色崇尚黃色，祭牲用白色，按正月建丑的地統制度紀時。

8 升任光祿勳。明帝更加擴充和增高宮殿，裝飾臺觀樓閣，開鑿太行山的石英石，採辦穀城縣有紋理的石頭，在芳林園堆起景陽山，在太極殿以北修建昭陽殿，鑄造黃龍鳳凰等奇特雄偉的獸像，裝飾金墉、陵雲臺、陵霄闕。各種勞役繁雜俱興，服勞役的人員以萬計，從公卿以下官員到太學學生，沒有不出力的。明帝還親自挖土來帶動大家。但是遼東郡不來朝見。明悼毛皇后逝世。天降大雨，冀州大水泛濫，沖走淹沒百姓財物。高堂隆上疏痛切的勸諫說：

9 「《易經》上說『天地最大的恩德叫生，聖人最大的寶物叫位。用什麼守住寶位？用仁。用什麼聚集人民？用財』。那麼由此可見，士民是國家的基石，糧食布帛是民眾的生命。糧食布帛，沒有天地自然不能培育，沒有人力不會形成。因此帝王親自耕種以鼓勵農耕，皇后親自採桑來鼓勵織布製衣，這是明奉上帝，表示虔誠，報答上天的恩賜。過去在唐堯時，世逢陽九厄運之時，洪水滔天，派鯀治水，沒有功績，於是舉用大禹，沿山伐木開道，前後經歷二十二年。災難嚴重的程度，沒有超過那次的；勞役的徵發，沒有比那次更長久的；但堯、舜君臣，卻面向南安坐統治而已。大禹分治九州，按上下官員的功勞，封賞各有等級，君子小人，服飾各有不同。現在沒有那時事情的緊急，卻使公卿大夫一起與服役之徒共同勞役，傳到四方邊遠民族那裏，不是什麼佳聲，寫在書籍中傳到後代，也不是什麼美名。因此，那些擁有國家的人，近的取法於身，遠的取象於物，生養撫育，所以稱頌『和樂簡易的君子，就是人民的父母』。現在上下勞苦服役，到處疾病災荒，從事農業生產的人少，饑荒不斷，民眾無法度日；對他們應該加以憐憫體恤，以解救他們的困苦。

10 「臣觀覽過去書籍所記載的，天人之間，沒有不相互感應的。因此古代聖明的帝王，都畏懼上天明確的命令，遵循陰陽的逆順規律，兢兢業業，唯恐有所違背。然後國家政治因此興盛起來，道德與神明一致，災異已經發生，就懼怕而修明國政，這就沒有不延續王朝而流傳給後代的。到了末世，昏暗荒淫的君主，不尊崇先王的良好規矩，不採納正直大臣的正直言論，而放縱感情志趣，輕忽變異和上天的告誡，這沒有不隨即就走向災難，以致國家傾覆的。

11 「天道已經昭明，現在請用人道來論述。喜、怒、哀、樂、愛、惡等六情和仁、義、禮、智、信等五性，共同存在於人身上，嗜好欲望與清廉忠貞，各占一部分。到它們活動時，就在心中交相爭戰。如果欲望強盛而素質虛弱，就會放縱不能自禁；精誠不能控制欲望，就會放蕩得沒有極限。人們的情欲在於，不是好的就是美的，而美好物品的積累，沒有人力不會成功，沒有糧食布帛不能建立。情欲如果沒有極限，那麼人們就承受不了這樣的勞苦，物資也滿足不了這樣的需求。勞苦和需求一起到來，就會發生禍亂。所以不捨棄情欲，就無法供給。孔子說：『人沒有長遠的考慮，一定會有立即到來的憂患。』由此看來，禮義的制訂，不是只求謹守本分，而是用以遠離禍害、振興政治的呀。

12 「當今吳、蜀二賊，並不是沒有根據地的小毛賊、聚集在鄉邑的敵寇，而是憑藉高山險阻和江河奔流，擁有士兵和民眾，僭號稱帝，想和中原爭奪天下。現在如果有人來報告，孫權、劉禪都在修治德政，又實行清廉儉樸，減少賦稅，不製造玩物寶器，做事諮詢年高賢能的人，行為遵守禮儀法度。陛下聽到了，難道不憂懼，討厭他們這樣做，認為不容易一下子消滅，而為國家擔憂嗎？如果報告的人說，那兩個賊寇都治國無道，提倡奢侈，沒有限度，役使士民，加重徵收人民的賦稅，下民不堪忍受，怨嘆之聲一天甚於一天。陛下聽到了，難道不憤怒的痛恨他們使我們無辜的人民受苦受難，而想立即誅滅他們嗎？其次，難道不慶幸他們疲弊不堪而容易攻取嗎？如果這樣，那就可以換一個角度考慮這些問題，事情的道理在哪裏也就明白了。

13 「而且秦始皇不奠定道德的基礎，修築阿房宮；不擔心內部潛在的變亂，而興長城之役。當他們君臣確定這些計畫的時候，也想創立萬代基業，使子孫長久擁有天下。怎麼會想到，有朝一日，一個庶民百姓大聲疾呼，而天下就傾倒覆滅呢？因此臣認為，假使前代的國君知道他們的做法一定會導致失敗，那麼他們就不會那樣做了。因此亡國之主自認不會滅亡，然後走向滅亡；賢聖的君主自認將要滅亡，然後不至於滅亡。過去漢文帝被人們稱為賢主，親自力行勤儉節約，恩惠臣下，撫育人民，但賈誼上疏尚且比喻，認為天下人民的危機像倒掛著一樣，應該為之痛哭的問題有一個，應該為之流淚的問題有兩個，應該為之長嘆息的問題有三個。何況現今天下凋弊，百姓沒有十斗糧食的儲備，國家沒有一年的積累，外邊有強大的敵人，軍隊露宿在邊境，朝廷大興土木，州郡騷動不安，如果有敵軍警報，那麼臣害怕那些修築宮殿的士民不會拚死抵禦敵人的。

14 「再者，將領官吏們的俸祿，逐漸被減少，和過去相比，只有過去的五分之一；各個退休的官員又斷絕糧食給養，不應該繳納的賦稅現在都要繳納一半：這說明官府的收入比過去加倍，支出的比過去少了三分之一。而規劃計算經費用度，更是每每不夠，販賣牛肉要收取小額賦稅，前後連續不斷。反過來推論，凡是這些經費，一定用到某個地方。再說俸祿賞賜糧食布帛，是君主用來撫養官員民眾而使他們保持生命的東西，如果現在廢除了，就是奪取了他們的生命。他們已經得到了而又失掉，這就是產生怨恨的根源啊。根據《周禮》，太府掌管九種賦稅收納的財物，用來供給九種費用，財物的收入有一定的制度，支出有一定的地方，不互相干擾而各種用度充足。各種用度充足之後，才把按規定徵收的貢賦的多餘部分，供給君主玩樂。又皇上使用的財物，一定要由主管財政經濟的司會查核。現在和陛下一起坐朝治理天下的人，不是三公九卿，就是尚書臺的親近大臣，都是陛下膝前的心腹之人，應該沒有忌諱。如果看到財政收入的多寡而不敢報告，只知聽從命令左右奔走，唯恐不能做到這樣，這就是不稱職的臣子，不是直言敢諫的輔臣了。過去李斯教導秦二世說：『做君主的不能任意放縱，這叫做天下成了桎梏。』秦二世採用了李斯的話，秦國因此傾覆，李斯也被滅族。因此太史令司馬遷評論他不能直言正諫，作為後世的鑑戒。」

15 奏疏上奏，明帝閱讀後，對中書監、中書令說：「看了高堂隆的這封奏章，真使我恐懼啊！」

16 高堂隆病重，口述上疏說：

17 「曾子有病，孟敬子問候他。曾子說：『鳥將要死的時候，牠的叫聲也悲哀；人將要死的時候，他的話也是良善的。』臣臥床病重，病情只有加重，沒有減輕，常常害怕突然死亡，忠誠之心沒有表示出來。我的赤誠，豈止是曾子那樣，希望陛下稍微察看一下！猛然改正以往的謬誤，勃然興起，使將來的基業深厚久遠，使上天與人世相感應，遠方仰慕德義，麟鳳龜龍獻寶，北斗星閃耀光芒，那麼可以超越三王，跨越五帝，不只是繼承君位遵守成法而已。

18 「臣經常痛心世上的君主沒有不想繼承堯、舜、商湯王、周武王的英明政治，但實際步上了夏桀、商紂、周幽王、周厲王的後塵。他們沒有不譏笑末代惑亂亡國的君主，但實際上卻不實踐虞舜、夏禹王、商湯王、周武王的正軌。可悲啊！用如此做法，追求他們所要獲致的結果，就好像攀登到樹上去尋找魚，用火燒水來製冰一樣，不能達到目的，是非常明顯的。考察夏、商、周三代擁有天下，聖主賢君接連相繼，經歷了數百年，沒有一尺土地不是他們所有，沒有一個人民不是他們的臣子。天下諸侯國都平靜安寧，九州整齊劃一；鹿臺的黃金，巨橋的糧食，根本用不了，世代依然南面稱王，哪需要如此搜括呢！但是商紂、夏桀之類的人，依仗他們的武力，智慧足夠拒絕勸諫，才能足夠掩飾過失，崇尚阿諛諂媚，高築樓臺館舍，愛好奢侈淫樂，喜歡優人歌女，製作靡靡之樂，沉迷於濮上淫亂之音。上天不放過他們，猛然回頭，宗廟國家已化為廢墟，他們被下面的奴隸們消滅，商紂王的頭被懸掛在太白旗上，夏桀被放逐到鳴條；天子的尊位，被商湯王、周武王據有了，難道商紂、夏桀他們是特殊的人，他們都是聖明帝王的後代啊。且看六國時代，天下爭鬥激烈，秦國兼併六國後，不推行聖王的政治，卻構築阿房宮，修建萬里長城作為防守，在中原誇耀武力，用威勢降服各邊遠民族，天下震恐，人們在道路上相遇只敢用眼睛示意；自認根本鞏固，枝葉扶持，秦國的統治永遠光輝，哪裏會理解只傳了兩代就滅絕、國家就崩潰了呢？近代漢武帝承受漢文帝、景帝的福分，對外抗拒夷狄，在內興建宮殿，十多年間，天下喧擾不安。他卻相信越國巫師，怨恨上天，遷怒於人，修建建章宮，千門萬戶，最後導致江充誣蠛太子巫蠱的事變，以致宮廷內部眾叛親離，父子之間互相殘殺，災禍造成的毒害，流傳了好幾代。

19 「臣觀察黃初年間，上天降下告誡的徵兆，不同種類的鳥，在燕子的窩裏生育成長，嘴巴、腳爪和胸部都是紅色，這是魏國的重大怪異，在朝廷內應該防備囂張跋扈的臣子。可以揀選各國諸侯王，讓他們君臨封國，掌管軍隊，經常處於相持之勢，鎮守輔助京城附近，輔弼光大皇室。過去周平王向東遷都，依靠晉國、鄭國的力量，漢朝諸呂之亂，實際是依靠朱虛侯劉章平定的，這都是前代明明白白的鑑戒。皇天不講什麼親疏，只輔助有道德的人。人民歌頌德政，就能延續皇統，人民怨恨嘆息，就要選擇和授予有才能的人來統治天下。由此看來，天下是民眾的天下，不只是陛下個人的天下。臣現在百病纏身，氣力逐漸衰微，就要自己坐車出京，回到故鄉老家，如果就此死去，魂靈有知，一定對陛下結草報恩。」

20 明帝下詔說：「先生的廉潔與伯夷相等，正直超過史魚，用心堅貞潔白，忠直而不顧個人私利，為什麼一點小病沒有消除，就退位回家鄉呢？過去邴吉因為積了陰德，疾病消除而延年益壽；貢禹因為堅守節操，病重而痊癒。先生還是努力加餐，專心自我保養。」高堂隆去世，遺言喪葬從簡，用當時穿戴的衣服入殮。

21 當初，太和年間，中護軍蔣濟上疏說：「應該遵循古代的制度舉行封禪大典。」明帝下詔說：「聽到蔣濟這樣的話，使我汗出流到腳上。」這件事擱置了一年，後來又討論實行，讓高堂隆撰寫封禪的禮儀。明帝聽說高堂隆過世，嘆息說：「上天不想成就我的封禪大事，高堂先生捨棄我先走了。」高堂隆的兒子高堂琛繼承封爵。

1 始，景初❶中，帝以蘇林❷、秦靜❸等並老，恐無能傳業者。乃詔曰：「昔先聖既沒，而其遺言餘教，著於六藝❹。六藝之文，禮又為急，弗可斯須❺離者也。末俗背本，所由來久。故閔子❻譏❼原伯❽之不學，荀卿醜秦世之坑儒❾，儒學既廢，則風化曷由興哉？方今宿生❿巨儒，並各年高，教訓之道，孰為其繼？昔伏生將老，漢文帝嗣以鼂錯⓫；穀梁⓬寡疇⓭，宣帝承以十⓮郎。其科⓯郎吏⓰高才解經義者三十人，從光祿勳隆、散騎常侍林、博士靜，分受四經⓱三禮⓲，主者具為設課試⓳之法。夏侯勝⓴有言：『士病不明經術，經術茍明，其取青紫㉑如俯拾地芥㉒耳。』今學者有能究極經道，則爵祿榮寵，不期而至。可不勉哉！」數年，隆等皆卒，學者遂廢。

2 初，任城㉓棧潛㉔，太祖世歷縣令，嘗督守鄴城。時文帝為太子，耽樂㉕田獵，晨出夜還。潛諫曰：「王公設險以固其國，都城禁衛，用戒不虞㉖。大雅㉗云：『宗子維城，無俾城壞㉘。』又曰：『猶之未遠，是用大諫㉙。』若逸于遊田，晨出昏歸，以一日從禽㉚之娛，而忘㉛無垠㉜之釁㉝，愚竊惑之。」太子不悅，然自後游出差簡㉞。黃初中，文帝將立郭貴嬪㉟為皇后，潛上疏諫，語在后妃傳㊱。明帝時，眾役並興，戚屬疏斥㊲，潛上疏曰：「天生蒸民㊳而樹之君，所以覆燾㊴

羣生，熙育兆庶(40)，故方制(41)四海匪為天子，裂土分疆(42)匪為諸侯也。始自三皇，爰曁唐、虞，咸以博濟(43)加于天下，醇德(44)以洽(45)，黎元(46)賴之。三王既微，降逮于漢，治日益少，喪亂弘多，自時厥後，亦罔克乂(47)。太祖濬哲神武(48)，芟除(49)暴亂，克復王綱(50)，以開帝業。文帝受天明命，廓恢(51)皇基，踐阼七載，每事未遑(52)。陛下聖德，纂承洪緒(53)，宜崇晏晏(54)，與民休息。而方隅匪寧(55)，征夫遠戍，有事海外，縣旌(56)萬里，六軍騷動，水陸轉運，百姓舍業，日費千金。大興殿舍，功作萬計，徂來(57)之松，刊(58)山窮谷，怪石珷玞(59)，浮于河、淮，都(60)圻(61)之內，盡為甸服(62)，當供稾秸(63)銍粟(64)之調，而為苑囿擇禽之府，盛林莽(65)之穢(66)，豐鹿兔之藪(67)；傷害農功，地繁茨棘，災疫流行，民物大潰，上減和氣，嘉禾不植。臣聞文王作豐(68)，經始勿亟，百姓子來，不日而成。靈沼、靈囿(69)，與民共之。今宮觀崇侈，雕鏤極妙，忘有虞之總期(70)，思殷辛(71)之瓊室(72)，禁地千里，舉足投網，麗擬阿房(73)，役百乾谿(74)，臣恐民力彫盡(75)，下不堪命也。昔秦據殽函(76)以制六合(77)，自以德高三皇，功兼五帝，欲號諡至萬葉(78)，而二世顛覆，願為黔首(79)，由枝幹既扤(80)，本實先拔也。蓋聖王之御世也，克明俊德(81)，庸勳(82)親親(83)，俊乂在官(84)，則功業可隆，親親顯用，則安危同憂；深根固本，並為幹翼(85)，雖歷盛衰，內外有輔。昔成王幼沖[86]，未能莅政[87]，周、呂、召、畢[88]，並在左右；今既無衛侯、康叔之監[89]，分陝[90]所任，又非旦、奭。東宮[91]未建，天下無副[92]。願陛下留心關塞，永保無極，則海內幸甚。」後為燕[93]中尉[94]，辭疾[95]不就，卒。

【章　旨】以上附記漢以來經學傳承流變及棧潛小傳，一方面對高氏學術地位作了補充，另一方面也是進一步闡明史家倡導的為臣之道應志在匡輔直諫這樣一種思想。

【注　釋】❶景初　魏明帝曹叡年號，西元二三七—二三九年。❷蘇林　字孝友，陳留人。博學，多通古今字指，凡諸書傳文間危疑，林皆釋之。建安中為五官將文學，甚見禮待。黃初中，為博士給事中。官至散騎常侍。文帝作《典論》稱之。以老歸第，國家每遣人就問之，數加賜遺。年八十餘卒。生平見《三國志》卷二十一裴松之注引《魏略》。❸秦靜　亦為三國時魏學者，任博士。❹六藝　指《詩》、《書》、《禮》、《樂》、《易》、《春秋》等六部儒家經典著作。❺斯須　片刻。❻閔子　春秋時魯大夫。名馬，又名子馬。❼譏　指責。❽原伯　原伯魯，周大夫。《左傳》昭公十八年：「秋，葬曹平公，往者見周原伯魯焉。與之語，不說學。歸以語閔子馬。閔子馬曰：周其亂乎？夫必多有是說，而後及其大人。大人患失而惑。」又曰：「可以無學？無學不害，不害而不學，則苟而可，於是乎下陵上替，能無亂乎？夫學，殖也。不學將落，原氏其亡乎？」❾荀卿醜秦世句　荀卿，戰國時思想家。秦始皇坑儒在秦三十五年，荀卿不及見坑儒事，不可能醜之。此處據典有誤。❿宿生　老先生。⓫昔伏生將老二句　《漢書・儒林傳》：「伏生，濟南人也。故為秦博士。孝文時求能治《尚書》者，天下亡有，聞伏生治之，欲詔。時伏生年九十餘，老不能行，於是詔太常，使掌故朝錯（即鼂錯）往受之。」伏生，漢初儒士。⓬穀梁　即《春秋穀梁傳》，為《春秋》三傳之一。《漢書・儒林傳》載：宣帝善《穀梁》說，愍其學且絕，仍以蔡千秋為郎中戶將，選郎十人從受。⓭寡疇　少疇；缺少同道之人。⓮十　原誤作「士」，據宋本改。⓯科　科選。⓰郎吏　郎官。⓱四經　指《詩》、《書》、《易》、《春秋》。⓲三禮　指《周禮》、《儀禮》、《禮記》。⓳課試　考試。⓴夏侯勝　漢初儒士。《漢書・儒林傳》：「夏侯勝，其先夏侯都尉從濟南張生受《尚書》以傳族子始昌。始昌傳勝。勝又事同郡簡卿，簡卿者倪寬門人。勝傳從兄子建。建又事歐陽高。勝至長信少府。」㉑青紫　指卿大夫之官服。㉒地芥　地上的草芥。㉓任城　王國名。治所在今山東濟寧東南。㉔棧潛　字彥皇，盧弼《集解》引胡三省：「何氏《姓苑》：棧姓出任城。潛，任城人也。蓋自潛始著。」㉕耽樂　沉迷於歡樂。㉖不虞　不能預料。㉗大雅　《詩經》的組成部分。〈雅〉為周王畿內樂調，〈大雅〉多西周初年作品。下文所引見《詩經・大雅・板》。㉘宗子維城二句　王的嫡子就是保國的城牆，莫要使城牆毀壞。宗子，王之嫡子。維城，保衛國家的城牆。俾，使。㉙猶之未遠二句　意思是王的謀劃不能圖遠，因此之故我要對王大聲勸告。猶，圖謀。是用，因此。㉚從禽　田獵時跟蹤追逐禽獸。㉛忘　原誤作「妄」，據宋本校改。㉜無垠　無邊際。㉝釁　災禍。㉞差簡　略為簡少。㉟郭貴嬪　魏文帝曹丕皇后，安平廣宗（今河北威縣）人。字女王，早失二親，沒在銅鞮侯家。父郭永，漢末官至南郡太守，諡敬侯。母董氏。曹操為魏公時入東宮，曹丕即王位，為夫人，登帝位，為貴嬪。甄皇后死，於黃初三年（西元二二二年）立為皇后。事見本書卷五〈文德郭皇后傳〉。㊱語在后妃傳　本書卷五〈文德郭皇后傳〉云：「黃初三年，將登后位，文帝欲立為后，中郎棧潛上疏曰：『在昔帝王之治天下，……今後宮嬖寵，常亞乘輿。若因愛登后，使賤人暴貴，臣恐後世下陵上替，開張非度，亂自上起也。』文帝不從，遂立為皇后。」㊲疏斥　疏遠排斥。㊳蒸民　眾民。㊴覆燾　遮蓋。喻恩澤庇蔭。㊵熙育兆庶　溫熙養育億萬民眾。熙，和熙。兆，數詞，萬萬曰億，億億曰兆。㊶方制　總領；一統。㊷裂土分疆　分割土地，劃分邊界。㊸博濟　廣施恩惠對民眾救濟。㊹醇德　敦厚樸實的美德。㊺洽　協和。㊻黎元　百姓；民眾。㊼罔克乂　不能治理。㊽濬哲神武　有深邃的智慧，神明而威武。濬，深邃。㊾芟除　剷除。㊿克復王綱　恢復朝廷的紀綱。(51)廓恢　擴大。(52)未遑　沒有空閒。(53)纂承洪緒　繼承大業。(54)晏晏　溫和、安祥的樣子。(55)方隅匪寧　邊境不安寧。(56)縣旍　掛旗出征。縣，同「懸」。(57)徂來　山名。在今山東泰安東南。(58)刊　通「砍」。(59)珷玞　次於玉的美石。(60)都　京都。(61)圻　通「畿」。京城附近地區。(62)甸服　王畿之外五百里為侯服。侯服外圍五百里曰甸服。(63)稾秸　禾莖一類的牲畜飼料。(64)銍粟　糧食。(65)林莽　樹木雜草。(66)穢　荒蕪。(67)藪　水淺草茂之澤地。比喻人或物聚集之地方。(68)文王作豐　豐，為周之舊京。周文王姬昌積善累德，得到人民擁護。在他建立發跡之基地豐邑城（今陝西西安西南）時，人民都歸附他。他本人不急於求成，但卻很快建成了。《詩經・大雅・靈臺》：「庶民攻之，不日成之；經始勿亟，庶民子來。」(69)靈沼靈囿　人民稱頌王之水池叫「靈沼」，蓄養禽獸的林園叫「靈囿」。此池、園在今陝西長安西南灃河以西。(70)有虞之總期　有虞，即有虞氏舜。總期，舜之明堂舉禮之室，又叫總章。《文選》張子平〈東京賦〉：「則是黃帝合宮，有虞總期。」李善注：「尸子曰：欲觀黃帝之行於合宮，觀舜堯之行於總章。章、期，一也。」《呂氏春秋・孟秋》：「天子居總章左個。」注：「總章，西向堂也。西方總成萬物章明之也。」(71)殷辛　殷帝辛，即殷紂王。(72)瓊室　用玉石裝飾的宮室。(73)麗擬阿房　壯麗可比阿房宮。阿房，秦宮殿名。《史記・秦始皇本紀》：「三十五年作前殿阿房，東西五百步，南北五十丈，上可以坐萬人，下可以建立丈旗。」顏師古注：「阿，近也。以其去咸陽近，且號阿房。」(74)役百乾谿　乾谿，臺名。春秋楚地。今安徽亳州東南。《新序・善謀》：「楚靈王起章華之台，為乾溪之役，百姓罷勞，怨懟於下，羣臣倍畔於上。公子棄疾作亂，靈王亡逃，卒死於野。」(75)彫盡　凋弊殆盡。(76)殽函　殽山與函谷關。函谷關在今河南靈寶，殽山在函谷關的東邊。(77)制六合　控制天下。六合，指東西南北上下六方，喻整個天下。(78)萬葉　萬世。(79)黔首　百姓。(80)扤　動搖。原誤作「杌」，今據《三國志集解》引沈家本說校改。(81)克明俊德　《尚書・堯典》：「克明俊德，以睦九族。」克明，能明。俊德，賢哲；具有美好德行之人。(82)庸勳　用勳；用功。(83)親親　親近團結親人。(84)俊乂在官　言有才能、有德性之人在官位就職。才德能超過千人為俊，才德能過百人為乂。(85)幹翼　輔助。(86)幼沖　幼小。(87)莅政　臨政。(88)周呂召畢　指周公姬旦（文王第四子）、太公呂望（姜子牙）、召公姬奭（文王庶子）、畢公姬高（文王第十五子）。四人都是輔佐君主的賢臣。(89)衛侯康叔之監　周成王時，周公平定武庚叛亂，把殷統治地區封給周文王少子姬封，監管殷的遺民。並分給殷民七族，駐重兵八師，建立衛國。姬封原封於康，史稱康叔封。又為衛國始祖，即衛侯。(90)分陝　成王親政，召公任太保，與周公分陝（今河南陝縣）而治。自陝而東，周公治理；自陝而西，召公主之。(91)東宮　太子所居之宮，故代指太子。(92)副　副主；副君。即太子。又稱儲貳。(93)燕　國名。治所在今北京市。(94)中尉　官名。秦為武官，漢因之，掌宮廷之外、京師之內的巡查緝捕。東漢建安十八年（西元二一三年），曹魏始設中尉，黃初改執金吾，掌宮外警戒，水、火之災及意外事件。(95)辭疾　因病辭官。

【語　譯】最初，景初年間，明帝因為蘇林、秦靜等人都老了，擔心沒有能傳授他們學業的人。於是下詔說：「過去先聖逝世後，他們留下的言論和教誨，都寫在六部經典著作中。六經的文章，《禮》又是最緊要的，是不能夠片刻離開的。末世的風俗違背禮這個根本，由來已久。因此閔子譏刺原伯不談學問，荀卿憎惡秦朝焚書坑儒。儒學既已廢棄，那麼風俗教化還從哪裏興起呢？當今老一輩學者和大儒學家，都已經年邁，教育訓導的大業，由誰來繼承他們呢？過去伏生將要老了，漢文帝命鼂錯繼承他的學業。《穀梁傳》缺少志同道合的研究者，漢宣帝選用十位郎官來繼承。現從郎官中選拔三十個才高、理解經義的人，跟隨光祿勳高堂隆、散騎常侍蘇林、博士秦靜，分別學習《詩》、《書》、《易》、《春秋》四經和《周禮》、《儀禮》、《禮記》三禮，主事者要為此設置考試的法規。夏侯勝曾說過：『儒士就怕不精通經術，經術如果精通了，取得高官職位就像俯身拾取草芥那樣容易。』現在學者有能透澈研究經學的，那麼爵位俸祿、榮耀寵幸，你不想得到也會得到。怎麼可以不勤勉呢！」幾年後，高堂隆等人都死了，學習經術的人便荒廢了。

2 當初，任城人棧潛，太祖時歷任縣令，曾經督守鄴城。當時文帝還是太子，迷戀於畋獵之樂，早晨出去，夜間回來。棧潛勸諫說：「王公設置險阻用來鞏固他的國家，都城布署警衛，用來戒備意外事件。〈大雅〉上說：『太子好比是城牆，不要讓城牆毀壞了。』又說：『謀劃不能長遠，因此要極力勸諫。』如果只安逸於畋獵遊樂，早出晚歸，為了一天追逐禽獸的歡樂，而忘記了無邊無際的災禍，我暗自對這感到迷惑不解。」太子不高興，然而從此以後出遊打獵的次數稍有減少。黃初年間，文帝將要立郭貴嬪為皇后，棧潛上疏勸諫，勸諫的話記在〈后妃傳〉。明帝的時候，各種勞役同時興起，親屬被疏遠排斥。棧潛上疏說：「上天生育眾民而為他們樹立國君，以此來保護眾生，養育億萬民眾，因此控制四海不是為了天子一人，分割土地劃分邊界不是為了諸侯。從三皇開始，到唐堯、虞舜，都能對天下廣為救濟，用敦厚樸實的美德使之和洽，黎民百姓都依賴他們。三王衰微後，下來到了漢代，安定太平的日子更加少了，喪亂增多，從此以後，也就不能夠治理。太祖智慧深邃、神明威武，剷除暴亂，恢復朝廷的綱紀，因此開創了帝業。文帝接受上天的光明使命，擴展帝王的基業，即位七年，每件事情忙得都沒有空閒休息。陛下具有聖德，繼承大業，應該崇尚安定和平，讓百姓休養生息。然而現在邊境不得安寧，征戰的兵士到遠方防守，境外發生戰事，懸掛旌旗於萬里之外，國家大軍動盪不安，從水路、陸路轉運糧草，老百姓放棄了農業生產，每天耗費千萬錢財。又大興宮殿館舍，工程多以萬計，徂來山的松樹，山上山下都被砍得精光，奇石美玉，在黃河、淮河運送，京城附近地區，要供給馬料、糧食等徵調上來的賦稅；這些地方成了皇家苑囿選擇禽獸的地方，成了草木繁茂、雜草叢生的荒地和鹿兔等野獸聚積的場所；傷害了農業，地上長滿荊棘，災疫流行，民力物力消耗殆盡。上天減少了和熙的氣象，好禾苗不能種植。我聽說周文王修建豐邑，開始時度量籌劃得並不急迫，但老百姓都攜兒帶女的聚集來，沒有幾天就建成了。文王的靈沼、靈囿，與人民共同使用。現在宮殿臺觀崇尚華麗奢侈，裝飾雕刻極盡其妙，忘記了舜舉行儀禮場所的儉樸，想的是商紂用美玉裝飾的宮室，禁區上千里，百姓舉手投足都會觸犯法網，壯麗可與阿房宮相媲美，勞役是修建乾谿的一百倍。我恐怕民力凋弊殆盡，下面的百姓經受不住這樣的政令。過去秦國據有殽山、函谷關來控制天下，自認為品德高過三皇，功績勝過五帝，想把帝業稱號流傳萬代，但只有二代就傾覆了，情願做普通百姓，這都是由於枝幹已經動搖，根基先被剷除。聖王統治天下，能尊重英俊有德之士，任用功臣，親近親人，賢人俊才在位，那麼功業就可以興隆。親近的人被提拔重用，就會安危與共。國家根基深厚，本體堅固，大家都會如同枝幹羽翼，即使經歷興盛和衰落，內外都有人輔佐。過去周成王年幼，不能親政，周公、呂望、召公、畢公同時在左右扶持；現在既沒有衛侯、康叔那樣監管前朝遺民的人，又沒有像周公、召公那樣能擔任分陝而治大業的人。太子沒有確立，天下沒有國君的儲貳。希望陛下留心關隘和邊塞，永保無盡的大業，那麼海內人民就會非常幸運了。」後來任命為燕國中尉，因病推辭沒有就職，不久去世。

評曰：辛毗、楊阜，剛亮❶公直，正諫❷匪躬❸，亞乎汲黯❹之高風焉。高堂隆學業修明，志在匡❺君，因變陳戒，發於懇誠，忠矣哉！及至必改正朔，俾魏祖虞❻，所謂意過其通者歟！

【章旨】以上是陳壽對辛毗、楊阜、高堂隆三人的綜合評價。

【注釋】❶剛亮　剛毅貞亮。❷正諫　正言勸諫。❸匪躬　盡忠而不顧身。《易經・蹇卦》：「王臣蹇蹇，匪躬之故。」疏：「忠於君，匪以私身之故而不往濟君，故曰匪躬之故。」❹汲黯　西漢大臣，字長孺，濮陽人。任東海太守，輕刑簡政，數年大治，召為主爵都尉，列於九卿。性不能容人之過，好直諫廷爭，武帝稱為「社稷之臣」。《漢書》有傳。❺匡　正。❻祖虞　效法虞舜。

【語　譯】評論說：辛毗、楊阜，剛毅貞亮，公正耿直，正言直諫，不顧個人安危，僅次於汲黯的高風亮節。高堂隆學業精粹，一心匡正國君，利用災變陳述歷史的鑑戒，發自誠懇之心，真是忠誠啊！至於建議一定要改變曆法，使魏國效法虞舜，這就是所說的意想超過了他所通曉的知識啊！

【研　析】本卷四家傳文（主傳三家附一家），首先，從史家的價值取向評判，明顯的表現了這樣一種政治傾向，即著力讚揚了為臣之道的兩種精神：一是「忠心報主」，二是「直言勸諫」。

〈辛毗傳〉在敘述傳主一生仕歷的過程中，緊緊圍繞辛毗「忠心報主」和「直言勸諫」，重點寫了他四件大事：早年為袁譚向太祖求和，雖然他知道袁譚不是什麼明君聖主，但他還是表現出受主所命，終主之事的忠信品格。文帝時諫遷冀州士家實河南，諫興兵伐吳，展示了他傾心報國，不顧主怒，逆意而諫的直臣形象。明帝時不與幸臣劉放等交往，諫修宮殿及北芒建樓臺宮觀等，則重在表現他無私無畏，剛正不阿，志在以諫匡輔的諍臣精神。

〈楊阜傳〉寫楊阜早年出使許昌觀天下形勢，就認定了曹操是他能信賴可救民的報效之主，從而決定了他一生為之奮鬥至死不變的政治取向。為本郡參軍，在冀縣與馬超的爭奪戰中，他捨生忘死，捨家為國，浴血疆場；城陷後他忍辱負重，圖謀恢復，表現了他忠肝義膽光照日月的氣節。任武都太守，斥曹洪軍中女樂、遷移郡民，一方面表現了他持禮守正、愛民守信的操行；另一方面則說明他的忠君愛民精神，上至大將，下至百姓都為之感動和敬佩。入京拜城門校尉、升將作大匠、遷少府，諷明帝不著法服，諫帝應修身勤政、勤儉節欲、愛民睦族，疏曹真伐蜀，議去「四甚」，杖御府吏，阻帝為愛女送葬，上疏諫治洛陽宮觀等，都表現了一個老臣直言不避，忠君愛國的良苦用心。

〈高堂隆傳〉也是通過高堂隆一生經歷的敘述，重在突出他的「忠」和「直」。早年為泰山太守薛悌的督郵，督軍對悌不敬，直呼其名，高堂隆按劍怒斥，認為「臨臣名君，義之所討」，首次展現出了他堅定的忠君報主的道德精神。為歷城侯曹徽的文學，「以義正諫」曹徽遭太祖喪不哀，被社會公認為「甚得輔導之節」。

明帝時諫大治殿舍及西取長安大鐘、疏崇華殿災、對答陵霄闕鵲巢其上、疏有星孛於大辰、諫重法嚴刑、切諫百役繁興、臨逝還口占上疏哀諫等等。正像陳壽評價他的那樣：「志在匡君，因變陳戒，發於懇誠。」裴松之注引習鑿齒評語謂他：「君侈每思諫其惡，將死不忘憂社稷。正辭動于昏主，明戒驗于身後。謇諤足以勵物，德音沒而彌彰。」都對他的忠心報主，直諫不諱作了高度讚揚。就是後附的〈棧潛傳〉，也是刻意表現為臣之道應志在匡輔直諫這樣一種思想。

其次，從史家的材料取捨評判，本卷四家傳文，多取傳主奏疏以充實傳文內容，成為突出特點。如〈辛毗傳〉載辛毗〈諫興軍征吳〉、〈上修殿舍百姓勞役疏〉；〈楊阜傳〉載楊阜〈上治宮室選美充後宮數弋獵疏〉、〈上召曹真還軍疏〉、〈諫又營洛陽宮觀疏〉等；〈高堂隆傳〉更是引用高堂隆上疏、奏對達六篇之多。全文載〈上切諫疏〉，多至一千七百餘字，比本書一般的人物傳還長。後附一千字的〈棧潛傳〉，其中有九百三十三字是引用棧潛的奏疏。為人物立傳，大量引用傳主的奏疏文章，從司馬遷、班固以來，就是紀傳類史書的常見現象，陳壽的《三國志》沿用此例並不為奇。奇就奇在如〈高堂隆傳〉引用其奏疏之多、之具體實屬少見。如何認識這一特點？這是值得探討的問題。具體分析大致有這樣一些作用：其一，在這些文人作品文集因代遠年淹而散失的情況下，這些奏疏為今天保留了大量的原始文本，為我們了解時人思想、心態及思維方式、觀察社會角度提供了第一手資料。其二，大量用傳主本人疏對來展示其治世方略、用世思想、社會態度，比用史家語言敘述更具客觀性，從而增加了史書的可信度。再三，對奏疏材料入傳的取捨，從一個方面也表現了史家的撰史意圖，通過這些奏疏入傳的多寡及奏疏蘊含的感情色彩和思想傾向，明顯可見作者的愛憎好惡，從而透視了史家的歷史觀、價值觀、道德觀。（王樹林注譯）

卷二十六　魏書二十六

滿田牽郭傳第二十六

【題　解】本卷是滿寵、田豫、牽招、郭淮四人的合傳，他們均為魏國獨當一面而與吳、蜀相抗衡的高級將領，活動年代又大體相當，所以合在一起予以載述。其中滿寵官至太尉，共載十四宗事跡，而以先後在合肥主戰場挫敗吳國水路進攻為主，顯示出這位抗吳名將剛毅有謀和清忠儉約的本色。田豫官至衛尉，共載八宗事跡，而以鎮撫塞外部族為主，展示出這位安邊名將熟諳兵機和廉潔奉公的風采。牽招官至雁門太守，共載九宗事跡，而以開創邊郡防務大好局面為主，凸顯出這位籌邊名將猛毅深沉和顧全大局的雄風。郭淮官至車騎將軍，共載九宗事跡，而以瓦解西羌與蜀國的軍事聯盟，以及與劉備、諸葛亮、姜維在西陲鬥智為主，反映出這位抗蜀名將縝密周詳和力排眾議的英風。透過本篇四位傳主的事跡及其軍事專長與人格特徵，頗可了解三國鼎立形勢下曹魏政權與吳、蜀圍繞戰略要地展開的拉鋸戰爭，東北部族和西北部族同曹魏政權時而歸服時而反叛的關係，以及曹魏政權在三面受敵的極為錯綜複雜局勢中所採取的行之有效的應對措施。

1　滿寵，字伯寧，山陽昌邑❶人也。年十八，為郡督郵❷。時郡內李朔等各擁部曲❸，害于平民，太守❹使寵糾焉。朔等請罪，不復鈔略❺。守高平令❻。縣人張苞為郡[7]督郵，貪穢受取，干亂[8]吏政[9]。寵因其來在傳舍[10]，率吏卒出收之，詰責[11]所犯，即日考竟[12]，遂棄官歸。

2 太祖[13]臨兗州[14]，辟為從事[15]。及為大將軍[16]，辟署西曹屬[17]，為許[18]令。時曹洪[19]宗室親貴，有賓客在界，數犯法，寵收治之。洪書報寵，寵不聽。洪白太祖，太祖召許主者[20]。寵知將欲原[21]，乃速殺之。太祖喜曰：「當事[22]不當爾邪？」故太尉[23]楊彪[24]收付縣獄，尚書令荀彧[25]、少府[26]孔融[27]等並屬[28]寵：「但當受辭，勿加考掠[29]。」寵一無所報，考訊如法。數日，求見太祖，言之曰：「楊彪考訊無他辭語。當殺者宜先彰其罪；此人有名海內，若罪不明，必大失民望。竊為明公[30]惜之。」太祖即日赦出彪。初，彧、融聞考掠彪，皆怒，及因此得了，更善寵。

3 時袁紹[31]盛於河朔[32]，而汝南[33]紹之本郡，門生賓客布在諸縣，擁兵拒守。太祖憂之，以寵為汝南太守。寵募其服從者五百人，率攻下二十餘壁[34]，誘其未降渠帥[35]，於坐上殺十餘人，一時[36]皆平。得戶二萬，兵二千人，令就田業。

4 建安[37]十三年，從太祖征荊州[38]。大軍還，留寵行奮威將軍[39]，屯當陽[40]。孫權[41]數擾東陲，復召寵還為汝南太守，賜爵關內侯[42]。關羽[43]圍襄陽[44]，寵助征南將軍[45]曹仁[46]屯樊城[47]拒之，而左將軍[48]于禁[49]等軍以霖雨[50]水長為羽所沒。羽急攻樊城，樊城得水，往往崩壞，眾皆失色。或謂仁曰：「今日之危，非力所支。可及羽圍未合，乘輕船夜走，雖失城，尚可全身。」寵曰：「山水速疾，冀其不久。聞羽遣別將[51]已在郟[52]下，自許以南，百姓擾擾[53]，羽所以不敢遂進[54]者，恐吾軍掎[55]其後耳。今若遁去，洪河[56]以南，非復國家有也；君宜待之。」仁曰：「善。」寵乃沉白馬[57]，與軍人盟誓。會徐晃[58]等救至，寵力戰有功，羽遂退。進封安昌亭侯[59]。

文帝[60]即王位[61]，遷揚武將軍[62]。破吳[63]於江陵[64]有功，更拜伏波將軍[65]，屯新野[66]。大軍南征[67]，到精湖[68]，寵帥諸軍在前，與賊隔水相對。寵敕諸將曰：「今夕風甚猛，賊必來燒軍，宜為其備。」諸軍皆警。夜半，賊果遣十部伏夜[69]來燒，寵掩擊[70]破之，進封南鄉侯[71]。黃初[72]三年，假寵節鉞[73]。五年，拜前將軍[74]。

明帝[75]即位，進封昌邑侯。太和[76]二年，領豫州刺史[77]。三年春，降人稱吳大嚴[78]，揚聲欲詣江北獵，孫權欲自出。寵度其必襲西陽[79]而為之備，權聞之，退還。秋，使曹休從廬江[80]南入合肥[81]，令寵向夏口[82]。寵上疏曰：「曹休[83]雖明果[84]而希用兵，今所從道，背湖[85]旁江，易進難退，此兵之窪地[86]也。若入無彊口[87]，宜深為之備。」寵表未報，休遂深入。賊果從無彊口斷夾石[88]，要[89]休歸路。休戰不利，退走。會朱靈[90]等從後來斷道，與賊相遇。賊驚走，休軍乃得還。是歲休薨，寵以前將軍代都督揚州諸軍事[91]。汝南兵民戀慕，大小相率，奔隨道路，不可禁止。護軍[92]表上，欲殺其為首者。詔使寵將親兵千人自隨，其餘一無所問。四年，拜寵征東將軍[93]。其冬，孫權揚聲欲至合肥，寵表召兗、豫諸軍，皆集。賊尋退還，被詔罷兵。寵以為今賊大舉而還，非本意也，此必欲偽退以罷吾兵，而倒還乘虛，掩不備也，表不罷兵。後十餘日，權果更來，到合肥城，不克而還。

7 其明年，吳將孫布[94]遣人詣揚州求降，辭云：「道遠不能自致，乞兵見迎。」刺史王淩[95]騰布書，請兵馬迎之。寵以為必詐，不與兵，而為淩作報書曰：「知識[96]邪正，欲避禍就順，去暴歸道，甚相嘉尚。今欲遣兵相迎，然計兵少則不足相衛，多則事必遠聞。且先密計以成本志，臨時節度[97]其宜。」寵會被書[98]當入朝，敕留府長史[99]：「若淩欲往迎，勿與兵也。」淩於後索兵不得，乃單遣一督將[100]步騎七百人往迎之。布夜掩擊，督將迸走[101]，死傷過半。初，寵與淩共事不平[102]，淩支黨[103]毀寵疲老悖謬[104]，故明帝召之。既至，體氣康彊[105]，見而遣還。寵屢表求留，詔報曰：「昔廉頗彊食[106]，馬援據鞍[107]，今君未老而自謂已老，何與廉、馬之相背邪？其思安邊境，惠此中國[108]。」

8 明年，吳將陸遜[109]向廬江，論者以為宜速赴[110]之。寵曰：「廬江雖小，將勁兵精，守則經時[111]。又賊舍船二百里來，後尾空縣[112]，尚欲誘致，今宜聽其遂進，但恐走不可及耳。」整軍趨楊宜口[113]。賊聞大兵東下，即夜遁。時權歲有來計。青龍[114]元年，寵上疏曰：「合肥城南臨江湖，北遠壽春[115]，賊攻圍之，得據水為勢；官兵救之，當先破賊大輩[116]，然後圍乃得解。賊往甚易，而兵往救之甚難，宜移城內之兵，其西三十里，有奇險可依，更立城以固守，此為引賊平地而掎其歸路，於計為便。」護軍將軍蔣濟[117]議，以為：「既示天下以弱，且望賊煙火而壞城，此為未攻而自拔。一至於此，劫略[118]無限，必以淮北[119]為守。」帝未許。寵重表曰：「孫子[120]言，兵者，詭道[121]也。故能而示之以弱不能，驕之以利，示之以懾。此為形實不必相應也。又曰『善動敵者形之』[122]。今賊未至而移城卻內，此所謂形而誘之也。引賊遠水，擇利而動，舉得於外，則福生於內矣。」尚書[123]趙咨[124]以寵策為長，詔遂報[125]聽。

9 其年，權自出，欲圍新城，以其遠水，積二十日不敢下船。寵謂諸將曰：「權得吾移城，必於其眾中有自大之言，今大舉來欲要[126]一切之功[127]，雖不敢至，必當上岸耀兵以示有餘。」乃潛遣步騎六千，伏肥城[128]隱處以待之。權果上岸耀兵，寵伏軍卒起擊之，斬首數百，或有赴水死者。明年，權自將號十萬，至合肥新城。寵馳往赴，募壯士數十人，折松為炬，灌以麻油[129]，從上風[130]放火，燒賊攻具，射殺權弟子孫泰。賊於是引退。三年春，權遣兵數千家佃[131]於江北。至八月，寵以為田向[132]收熟，男女布野，其屯衛兵去城遠者數百里，可掩擊也。遣長吏[133]督三[134]軍循江東下，摧破諸屯，焚燒穀物而還。詔美之，因以所獲盡為將士賞。

景初[135]二年，以寵年老徵還，遷為太尉。寵不治產業，家無餘財。詔曰：「君典兵在外，專心憂公，有行父[136]、祭遵[137]之風。賜田十頃，穀五百斛[138]，錢二十萬，以明清忠儉約之節焉。」寵前後增邑[139]，凡九千六百戶，封子孫二人亭侯。正始[140]三年薨，諡曰景侯。子偉嗣。偉以格度[141]知名，官至衛尉[142]。

【章旨】以上為〈滿寵傳〉，記述滿寵的籍貫、由郡督郵到太尉的仕履與十四宗事跡：懲治山陽郡禍害平民的私人武裝，查辦高平縣籍的奸惡官吏，用刑審訊名門顯貴楊氏家族的主要成員，掃除軍閥袁紹的故鄉勢力，協助征南將軍曹仁堅守樊城擊退蜀將關羽的圍攻，在大軍南征中粉碎敵軍夜燒軍營的計畫，通過加強西陽防備迫使孫權退軍，對曹休進軍路線提出忠告，識破吳國佯撤真進的軍事策略，挫敗吳將詐降的詭計，創議並據險營築合肥新城，憑藉合肥新城伏擊吳國登陸水軍，火燒吳國進攻器械，摧毀吳國的江北屯田據點。

【注釋】❶山陽昌邑　山陽，郡名。治所在今山東金鄉西北。昌邑，縣名。為山陽郡郡治所在。❷督郵　郡設屬官，負責監察各縣，管制地方奸猾豪強，形同太守的耳目。❸部曲　漢代為軍隊編制之稱，三國時變為私人武裝之稱。❹太守　又稱郡守，為一郡最高長官。品秩二千石，掌管整個轄區內的軍政事務。❺鈔略　搶劫、掠奪。❻守高平令　即試任高平縣縣令。高平縣治所在今山東微山縣西北。漢制，縣萬戶以上稱縣令，不滿萬戶稱縣長。試用曰守。❼郡　指山陽郡。其下轄有高平縣。❽干亂　干預擾亂。❾吏政　猶政事。❿傳舍　負責傳遞公文和接待往來官員及商旅的專設場所，即驛站。⓫詰責　責問。⓬考竟　刑訊至死。⓭太祖　即曹操，字孟德，小名阿瞞，沛國譙（今安徽亳州）人。東漢末起兵討黃巾，後參加袁紹討董聯盟。占據兗州後，收編黃巾軍三十餘萬，組成青州軍，先後擊敗袁術、陶謙、呂布、袁紹，統一了北方。任丞相，相繼封為魏公、魏王。曹丕建魏後，追封為魏武帝。詳見本書卷一〈武帝紀〉。⓮兗州　州名。治所在今山東金鄉西北。這裏則指州治而言。當時曹操官為領兗州牧。⓯從事　全稱從事史，職在協助州牧料理事務。⓰大將軍　原為漢代掌管領兵征伐之事的最高將領，後來變成文職的宰輔之官，又由榮譽稱號變成權勢極大的實職，多由外戚、宗室或權臣、元老充任。曹操於漢獻帝建安元年（西元一九六年）取得大將軍職位。⓱西曹屬　供職於大將軍府主管府史署用之西曹的佐吏。正職曰掾，副職曰屬。⓲許　縣名。治所在今河南許昌東。建安元年曹操挾持獻帝建都於此，故而又稱許都。⓳曹洪　字子廉，沛國譙（今安徽亳州）人，曹操從弟。救曹操於討伐董卓之役，從征張邈、呂布、劉表有功，累遷鷹揚校尉、驃騎將軍等。文帝時因舍客犯法，被免官削爵土。明帝即位後，復為後將軍。詳見本書卷九〈曹洪傳〉。⓴主者　指具體負責案件審理的縣屬官吏。㉑原饒恕；赦免。㉒當事　任事；任職。㉓太尉　東漢三公之一，掌管全國軍政等事務。㉔楊彪　東漢名門顯貴楊氏家族的第四代成員。《後漢書》卷五十四為其立傳。內載：「時袁術僭亂，操託彪與術婚姻，誣以欲圖廢置，奏收下獄，劾以大逆。」㉕尚書令荀彧　尚書令，中樞機構尚書臺的長官。其品秩為千石，掌管選署和上傳下達尚書六曹文書眾事。荀彧，字文若，潁川潁陰（今河南許昌）人。曹操的謀士。東漢建安元年（西元一九六年），建議曹操迎獻帝都許，使曹操取得有利的政治形勢。不久，任尚書令，參與軍國大事。事見本書卷十〈荀彧傳〉。㉖少府　漢代九卿之一，掌管皇室財務和皇帝車輦、服飾、寶貨、珍膳等物。㉗孔融　字文舉，魯國（今山東曲阜）人。少有才，曾任北海相。值漢末之亂，志在靖難，但才疏意廣，迄無成功。因為曹操所忌，被殺。詳見本書卷十二〈孔融傳〉。㉘屬　委託；囑託。㉙考掠　嚴刑逼供。㉚明公　對名位高貴者的尊稱。㉛袁紹　字本初，汝南汝陽（今河南商水縣西南）人，祖上四世三公。有清名，好交結，與曹操友善。東漢末與何進謀誅宦官，董卓之亂起，在冀州起兵討董卓，為關東聯軍盟主。後占據冀、青、幽、并四州，成為北方最強大的割據勢力。在官渡之戰中被曹操打敗，後病死。詳見《後漢書・袁紹列傳》、本書卷六〈袁紹傳〉。㉜河朔　泛指黃河以北地區。㉝汝南郡名。治所在今河南上蔡西南。㉞壁　營壘；堡壘。㉟渠帥　首領；頭目。㊱一時　即時；立刻。㊲建安　東漢獻帝劉協年號，西元一九六—二二〇年。㊳荊州　州名。最初治所在今湖南常德東北；後移治今湖北襄樊。東吳後亦設置荊州，治所在今湖北江陵。㊴行奮威將軍　武職之稱，即代理奮威將軍，其屬雜號將軍。行謂某官缺而未補，暫命某官代理。㊵當陽　縣名。治所在今湖北當陽東北。㊶孫權　字仲謀，吳郡富春（今浙江富陽）人，孫策弟。孫策死後即位，被封討虜將軍，領會稽太守。黃武八年（西元二二九年）即帝位於武昌。死後諡大皇帝，廟號太祖。詳見本書卷四十七〈吳主傳〉。㊷關內侯　爵位名。為二十等爵位中的第十九級，位在列侯之次。無食邑，寄食關內，故名。㊸關羽　字雲長，河東解縣（今山西臨猗西南）人。東漢末年從劉備起兵。劉備被曹操擊敗，被俘，封漢壽亭侯。後仍歸劉備。曾鎮守荊州，圍樊城，破于禁七軍。後被孫權襲敗，被殺。詳見本書卷三十六〈關羽傳〉。㊹襄陽　郡名。治所在今湖北襄樊。㊺征南將軍　武職之稱，屬四征將軍之一，為額設之官。㊻曹仁　字子孝，沛國譙（今安徽亳州）人，曹操從弟，少好弓馬遊獵。從曹操起兵，征袁術、陶謙、呂布、張繡等，平黃巾，戰官渡，討馬超，鎮荊州，屢立戰功，官至大司馬。詳見本書卷九〈曹仁傳〉。㊼樊城　地名。在今湖北襄樊北，南臨漢水。㊽左將軍　武職之稱，為額設之官。㊾于禁　字文則，泰山鉅平（今山東泰安）人。初隨濟北相鮑信，後歸曹操，為曹操手下名將。東漢建安二十四年（西元二一九年），與關羽戰於樊城，兵敗被俘。孫權取荊州後，于禁被送還魏，慚恨而死。詳見本書卷十七〈于禁傳〉。㊿霖雨　連綿大雨。(51)別將　另外執行軍事任務的將領。(52)郟　縣名。治所在今河南郟縣。(53)擾擾　亂成一團的樣子。(54)遂進　長驅直入。(55)掎　牽制；拖住。(56)洪河　水名。在今河南境內，流入淮河。(57)沉白馬　古代舉行盟誓的一種形式。但凡盟誓，白馬常被用作犧牲。《史記・呂太后本紀》載：「高帝刑白馬盟曰：『非劉氏而王，天下共擊之！』」(58)徐晃　字公明，河東楊（今山西洪洞東南）人，曹操手下著名軍事將領。從征呂布、劉備、袁紹、張魯等，屢立戰功。善於治軍，被曹操稱為有周亞夫之風。歷任平寇將軍、右將軍等職。詳見本書卷十七〈徐晃傳〉。(59)安昌亭侯　按功勞授予的十等爵位中屬於第九等的一種爵位。曹魏之制，亭侯多為虛封，無食邑。(60)文帝　即曹丕，字子桓，沛國譙（今安徽亳州）人，曹操次子。先任五官中郎將、副丞相，後被立為魏太子。西元二二〇年代漢稱帝。愛好文學，與當時著名文人往來甚密，在中國文學史上也有重要地位。詳見本書卷二〈文帝紀〉。(61)王位　指魏王之位。時在東漢建安二十五年（西元二二〇年）即延康元年正月。(62)揚武將軍　武職之稱，屬雜號將軍。(63)吳　三國時代與魏國、蜀國相對峙的南方孫氏政權。(64)江陵　縣名。治所在今湖北江陵。當時為吳置荊州州治所在。(65)伏波將軍　武職之稱，屬雜號將軍。(66)新野　縣名。治所在今河南新野。(67)大軍南征　指魏文帝於延康元年六月發兵攻打吳、蜀的軍事行動。本書卷二〈文帝紀〉載：「六月辛亥，治兵於東郊。庚午，遂南征。」秋七月，「孫權遣使奉獻。蜀將孟達率眾降。武都氐王楊僕率種人內附，居漢陽郡。」

(68)精湖　地名。位於今江蘇寶應南。(69)伏夜　意為隱沒在黑夜中。(70)掩擊　襲擊、衝殺。(71)南鄉侯　按功勞授予的十等爵位中屬於第八等的一種爵位。曹魏之制，鄉侯多有食邑。(72)黃初　魏文帝曹丕年號，西元二二〇—二二六年。(73)假寵節鉞　意為賜給滿寵假節鉞的信物與稱號。假節鉞通稱假節，乃係代表朝廷行使權力的一種信物與稱號，獲此信物與稱號者有權斬殺違抗軍令者。假，授予。節鉞，旌節與斧鉞。(74)前將軍　武職之稱，為額設之官。(75)明帝　即曹叡，字元仲，文帝之子。文帝病重時才立其為太子。即位後大興土木，耽意遊玩，也關心文化，鼓勵學術。詳見本書卷三〈明帝紀〉。(76)太和　魏明帝曹叡年號，西元二二七—二三三年。(77)領豫州刺史　即兼任豫州刺史。自漢代起，以地位較高的官員兼理較低的職務，謂之「領」或「錄」。豫州，州名。治所在今安徽亳州。刺史乃係一州長官，至東漢後期漸由負責監察轉變為掌管所在州的軍政大權。(78)大嚴　意為全國進入戒嚴狀態。(79)西陽　縣名。治所在今河南光山縣西南。(80)廬江　郡名。漢治所在今安徽廬江縣西南。三國魏、吳於境內各置廬江郡。魏治所在今安徽六安北，吳治所在今安徽潛山縣。(81)合肥　縣名。治所在今安徽合肥。(82)夏口　邑名。即今湖北武漢長江南岸武昌城。(83)曹休　字文烈，沛國譙（今安徽亳州）人，曹操族子。東漢末隨曹操起兵，常從征伐。歷任曹魏領軍將軍、大司馬等職。詳見本書卷九〈曹休傳〉。(84)明果　明智果斷。(85)湖　指巢湖。(86)兵之窪地　作戰中的不利地形之一，即《孫子兵法・九地》所講的圮地：「山林險阻沮澤，凡難行之道者，為圮地。」(87)無彊口　地名。在今安徽桐城東北。(88)夾石　地名。在今安徽桐城北。(89)要　攔截；阻擊。(90)朱靈　字文博，清河（今河北清河縣東南）人，初為袁紹將，後歸曹操。從征有功，授橫海將軍，官至後將軍。詳見本書卷十七〈徐晃傳〉及裴松之注引《九州春秋》。(91)都督揚州諸軍事　武職之稱，即揚州整個轄區內各處駐軍的最高軍事長官，相當於後世的軍區或戰區司令。都督為漢末三國時形成的軍事職稱，除指帳下領兵者即衛隊長之外，主要為一軍統帥或某個軍區的主將。揚州，州名。治所在今安徽壽縣。東吳亦置揚州，州治則在今江蘇南京。(92)護軍　軍職之稱。秦漢時臨時設置護軍都尉或中尉，以調節各將領間的關係。至魏改設護軍將軍或中護軍，負責軍職的選用，且與領軍將軍或中領軍同掌中央軍隊。(93)征東將軍　武職之稱，屬四征將軍之一，為額設之官。(94)孫布　東吳的中郎將。本史無其傳。本書卷四十七〈吳主傳〉載：黃龍三年夏，「中郎將孫布詐降，以誘魏將王淩，淩以軍迎布。冬十月，權以大兵潛伏於阜陵俟之，淩覺而走。」(95)王淩　字彥雲，太原祁（今山西祁縣）人，漢司徒王允之姪。東漢末任中山太守，後被曹操任為丞相掾屬。歷任曹魏散騎常侍、太尉。與其外甥令狐愚謀廢曹芳，事洩，服毒而死。詳見本書卷二十八〈王淩傳〉。(96)知識　明瞭、辨識。(97)節度　安排調度。(98)被書　接到詔書。(99)留府長史　主將入朝留在軍府料理日常事務性工作的長官。長史類似於後世的總管。[100]督將　指帳下領兵官。[101]迸走　四散逃走。迸，散走四方。[102]不平　不和。[103]支黨　黨羽。[104]悖謬　背理荒謬。[105]康彊　安平強健。[106]廉頗彊食　廉頗為戰國後期趙國的名將，事見《史記・廉頗藺相如列傳》：廉頗奔魏，「趙使者既見廉頗，廉頗為之一飯斗米、肉十斤，被甲上馬，以示尚可用。」便是這裡所說的「彊食」，亦即勉力進食。[107]馬援據鞍　馬援為東漢的開國元勳，雲臺二十八將之一。《後漢書・馬援列傳》：「建武二十四年，武威將軍劉尚擊武陵五溪蠻夷，深入，軍沒。援因復請行，時年六十二。帝愍其老，未許之。援自請曰：『臣尚能被甲上馬。』帝令試之。援據鞍顧眄，以示可用。帝笑曰：『矍鑠哉！是翁也。』」[108]惠此中國　語出《詩經・大雅・民勞》。意謂愛此京師眾人。中國指京師而言。[109]陸遜　字伯言，吳郡吳（今江蘇蘇州）人，本名陸議，後改陸遜。世為江東大族，後經呂蒙推薦，拜右都督。謀取荊州有功。吳黃武元年（西元二二二年），大敗劉備軍。後與曹魏軍戰有功，拜上大將軍，官至丞相。詳見本書卷五十八〈陸遜傳〉。[110]赴　意為趕往前去抗擊。[111]經時　歷時長久。[112]空縣　即「空懸」，空虛之意。[113]楊宜口　地名。在今安徽霍丘西。[114]青龍　魏明帝曹叡年號，西元二三三－二三七年。[115]壽春　縣名。治所在今安徽壽縣。[116]大輩　指主力部隊。[117]蔣濟　字子通，楚國平阿（今安徽懷遠西南）人，東漢末年任郡計吏、州別駕，為曹操心腹謀士。詳見本書卷十四〈蔣濟傳〉。[118]劫略　搶劫掠奪。[119]淮北　指淮水北岸。[120]孫子　春秋後期的偉大軍事理論家，《孫子兵法》十三篇的撰著者。名武。事見《史記・孫子吳起列傳》。[121]詭道　變化莫測的軍事指揮藝術。這裏引述的五句孫子之言，或徑為原文，或撮其大義而成。《孫子・計》曰：「兵者，詭道也。故能而示之不能，用而示之不用。近而示之遠，遠而示之近。利而誘之，亂而取之，實而備之，強而避之，怒而撓之，卑而驕之，佚而勞之，親而離之。」[122]又曰句　出自《孫子・勢》：「故善動敵者形之，敵必從之；予之，敵必取之。」[123]尚書　尚書臺的屬官。尚書臺又稱中臺，是漢代以來專設的一個協助皇帝處理政務的機構，下分六曹，每曹均設尚書一人，各掌其事。尚書意為執掌文書，秩低權重，為其特徵。[124]趙咨　人名。本書無傳。卷十五〈司馬朗傳〉則略載：「趙咨官至太常，為世好士。」[125]報　答覆。[126]要　求取。[127]一切之功　眼前的一時戰績。一切指不做根本考慮、只圖眼前利益而採取的臨時性的做法，亦即權宜之計。顏師古《漢書》注：「一切者，權時之事，非經常也。猶如以刀切物，苟取整齊，不顧長短縱橫，故言一切。」[128]肥城　指合肥舊城。[129]麻油　用麻實榨出的油。[130]上風　風颳來的那個方向。[131]佃　開墾耕種土地。這裏指一邊生產一邊防衛的屯田活動。[132]向　臨近；接近。[133]長吏　指州縣長官的輔佐人員。原誤作「長史」。《漢書・百官公卿表》謂：「(縣）有丞、尉，秩四百石至二百石，是為長吏。百石以下有斗食、佐史之秩，是為少吏。」[134]三　原作「二」，誤。宋本作「三」，據改。[135]景初　魏明帝曹叡年號，西元二三七－

二三九年。136行父　指春秋中後期魯國接連輔助魯宣公、魯成公、魯襄公的正卿季孫行父（季文子）。《左傳》襄公五年載：「十一月，季文子卒，大夫入斂，公在位，宰庀家器為葬。無衣帛之妾，無食粟之馬，無藏金玉，無重器備（珍寶甲兵之物）。君子是以知季文子之忠於公室也。相三君矣，而無私積，可不謂忠乎！」137祭遵　東漢的開國元勳，雲臺二十八將之一。《後漢書・祭遵列傳》載：「遵為人廉約小心，克己奉公，賞賜輒盡與士卒，家無私財，身衣韋絝，布被，夫人裳不加緣，帝以是重焉。」138斛　容量單位，即十斗為一斛。139邑　指食邑，即君主賜給臣下作為世祿的封邑。封邑內諸住戶的租稅則歸其所有。140正始　魏齊王曹芳年號，西元二四〇—二四九年。141格度　品格氣度。142衛尉　九卿之一，負責統率衛士守衛皇宮，多由皇帝親信擔任此職。

【語譯】滿寵，字伯寧，山陽郡昌邑縣人。十八歲時，擔任郡督郵。當時郡內李朔等人各自聚集私人部隊，為害平民百姓，郡太守派滿寵懲治他們。李朔等人主動認罪，不再搶劫掠奪。滿寵試用為高平縣縣令。本縣人張苞擔任山陽郡的督郵，貪汙受賄，干預擾亂官吏的政務。滿寵趁他來縣巡查住在驛站的時候，帶領吏卒前去逮捕了他，責問他所犯下的罪過，當天就把他刑訊致死，之後滿寵便棄官回鄉了。

2　太祖掌領兗州，徵召他任從事史。到了任大將軍時，徵召滿寵暫代西曹副職佐吏，任許縣縣令。當時曹洪是魏太祖寵信的宗親，他有個門客在許縣境內屢次犯法，滿寵將他逮捕治罪。曹洪寫信給滿寵，滿寵不予理會。曹洪稟報太祖，太祖召見許縣具體負責案件審理的官吏。滿寵看出這是要饒恕罪犯，於是立刻殺了他。魏太祖高興的說：「任職掌權不正應該這樣做嗎？」原太尉楊彪被逮捕關進許縣監獄，尚書令荀彧、少府孔融等人同時囑咐滿寵：「只應看他怎麼交代罪行，不要以嚴刑逼供。」滿寵沒有任何回應，仍依法用刑審問。幾天後，滿寵求見太祖，稟告說：「楊彪用刑審問後沒有其他供辭。對於要殺的人應該先明確宣布他的罪狀；這個人有名於天下，如果罪狀不明確殺了他，必定大失民心。我私下替明公感到可惜。」太祖當天就赦免釋放楊彪。當初，荀彧、孔融聽說楊彪被用刑審問，都很憤怒，到了經由用刑審問而使案件了結，反而讚賞起滿寵來。

3　當時袁紹在黃河以北地區勢力強大，而汝南郡正是袁紹故鄉所在的郡，門生賓客分布在各個屬縣中，都擁兵據險堅守。太祖對此感到憂心，任命滿寵為汝南太守。滿寵招募五百名願意服從的人，帶領他們攻下了二十多處堡壘，引誘那些尚未投降的首領會面，在座席上斬殺了十多個人，立刻使各縣平定下來。共獲得兩萬戶居民，二千名士兵，讓他們從事農業生產。

4 漢獻帝建安十三年，滿寵跟隨太祖征伐荊州。大軍返回北方，留下滿寵授予代理奮威將軍稱號，屯駐當陽縣。孫權多次侵擾東部邊境，太祖又召滿寵回任汝南太守，賜予關內侯的封爵。關羽圍攻襄陽，滿寵協助征南將軍曹仁駐紮樊城抵禦關羽，而左將軍于禁等部隊因大雨連綿、漢水暴漲而被關羽消滅。關羽加緊攻打樊城，樊城遭到水淹，處處崩塌，眾人全都驚惶不安。有人對曹仁說：「現在的危急情況，不是我們的力量所能承擔的。可以趁關羽的包圍圈尚未合攏，乘坐輕快的船隻連夜逃走，儘管丟失了樊城，還可保全性命。」滿寵說：「山上沖下來的水勢迅速，想來不會持續很久。聽說關羽派遣別的將領已經抵達郟縣縣城下了，從許縣往南一帶，百姓亂成一團，關羽不敢長驅直入的原因，就是害怕我軍在後邊牽制他啊。現在如果逃走，洪河以南地區就不再歸國家所有了；您應該等一等。」曹仁說：「講得好。」滿寵於是斬白馬沉到水底，與眾軍士盟誓。適逢徐晃等人救兵到來，滿寵奮力搏戰立下戰功，關羽於是退兵。滿寵被進封為安昌亭侯。

5 魏文帝即魏王位，升任滿寵為揚武將軍。在江陵擊敗吳軍立下戰功，又被任命為伏波將軍，屯駐新野縣。大軍南征，抵達精湖，滿寵率領各軍在前方，與敵軍隔水對峙。滿寵告誡眾將說：「今天傍晚風勢甚為猛烈，敵人必定會前來火燒我軍，應該對此做好防備。」於是各軍都保持警戒。夜半時分，敵軍果然派十支人馬隱沒在夜色中前來放火燒營，滿寵揮軍襲擊打敗了他們，被進封為南鄉侯。文帝黃初三年，賜給滿寵假節鉞的信物與稱號。五年，官拜前將軍。

6 魏明帝即位，進封滿寵為昌邑侯。太和二年，兼任豫州刺史。太和三年春季，前來投降的人說吳國進入全國戒嚴的狀態，揚言要進攻江北，孫權打算親自出征。滿寵猜測他們必定襲取西陽縣，為此做好了防備，孫權聽到這個消息，就退軍而回了。秋季，魏明帝派曹休從廬江郡南部進入合肥，命令滿寵兵向夏口。滿寵上呈奏疏說：「曹休雖然明智果斷，然而很少帶兵打仗，如今他所經過的路線，背靠巢湖、依傍長江，容易挺進難以後退，這屬於作戰中的一種不利地形。如果進入無彊口，應該充分做好防備。」滿寵的奏疏還沒得到回覆，曹休已經率軍深入了。敵軍果然從無彊口截斷夾石通道，攔截了曹休的退路。曹休作戰不利，撤退逃走。適逢朱靈等人從後面趕來截斷道路，與敵軍相遇。敵軍驚懼逃走，曹休的軍隊這才得以撤退。這一年曹休去世，滿寵以前將軍的身分接替都督揚州諸軍事的職務。汝南郡士兵和民眾對他眷戀敬慕，大人小孩一個接一個，在路上跟著滿寵走，無法禁止，護軍奏呈章表，打算斬殺那些帶頭的人。明帝下詔讓滿寵帶領一千名親兵跟隨自己，其餘的人一個也不查辦問罪。太和四年，授予滿寵征東將軍職務。這年冬季，孫權對外聲稱準備進攻合肥，滿寵奏呈章表要求調集兗州、豫州各支軍隊，匯集到合肥一帶。敵軍不久撤退而回，承奉詔書停止軍事行動。滿寵認為目前敵軍大舉進兵卻又撤回，並不是他們的真正意圖，這肯定是想佯裝撤退來使我方停止軍事行動，然後掉轉頭來利用我方空虛的弱點，趁我方沒有防備加以襲擊，於是奏呈章表請求不要停止軍事行動。十多天過後，孫權果然又率軍前來，抵達合肥城，未能攻克便又撤軍而回了。

7　第二年，吳國將領孫布派人到揚州請求投降，信中說：「路途太遠無法自行抵達，請求派兵接應我們。」刺史王淩轉來孫布的信，要求撥付兵馬接應他。滿寵認為這必定是詐降，不撥給軍隊，並代替王淩寫信回覆孫布說：「您能明瞭邪惡與正義，打算避開禍難歸順朝廷，遠離兇暴歸向正道，非常值得讚許崇敬。現在想派兵接應你，但考慮到派兵太少則不足以衛護你們，派兵太多那麼又必定會使事情傳了開來。暫且先祕密籌劃以實現你們的本來願望，到時候我方再安排調度該做的事情。」適逢滿寵接到詔書應入京朝見，於是在行前命令留府長史說：「如果王淩想前往接應，不准撥付給他兵馬。」王淩在之後要求派兵遭到拒絕，就只單派一名督將帶領七百名步兵和騎兵前去接應孫布。孫布趁夜襲擊，督將等人四散逃跑，兵軍士死傷超過一半。當初，滿寵與王淩共事不和，王淩的黨羽就詆毀滿寵年老糊塗、處事荒謬，所以魏明帝召他入京朝見。滿寵來到之後，明帝見他身強體健，精神十足，就叫他返回揚州任所。滿寵多次呈遞章表請求留下，魏明帝下達詔書答覆說：「從前廉頗勉力進食，馬援躍身上馬，如今您年紀還未老卻自稱已經年老，怎麼竟與廉頗、馬援恰恰相反呢？還是考慮安定邊境地區，加惠京師眾人吧。」

8 第二年，吳國大將陸遜進軍廬江郡，議論軍情的人認為應該迅速趕去迎敵。滿寵說：「廬江郡城雖然小，但將勇兵強，可以防守很長一段時間。再者敵軍捨棄船隻行軍二百里路而來，後部空虛沒有支撐，我還想引誘他們到來，目前應該任憑他們長驅直入，到時只怕他們逃跑還來不及呢！」整頓軍隊奔赴楊宜口。敵軍聽說大軍東進，就在夜裏逃走了。當時孫權年年都有前來進犯的打算。魏明帝青龍元年，滿寵進呈奏疏說：「合肥城南面靠近長江和巢湖，北邊距離壽春很遠，敵軍圍攻它，得以依憑江水湖水構成圍攻的態勢；我方軍隊援救合肥城，應先擊破敵軍的主力部隊，然後才能解合肥之圍。敵軍前去圍攻十分容易，而我軍前往救援卻相當困難，應該轉移合肥城內的軍隊，城西三十里的地方，有一處險要之地可以作為憑藉，應在那裏修建新城用來加強防守，這是引敵軍到平地而又牽制他們的退路，就策略上而言是有利的。」護軍將軍蔣濟提議，認為：「這樣已經向天下表明我朝怯弱了，況且看見敵軍進攻的架勢就要毀棄城池，這是敵人還沒進攻而我方自動撤離陣地。一旦到了這種境地，對方侵擾劫掠就會沒有限度，必定要以淮水北岸作為防線了。」魏明帝不答應滿寵的請求。滿寵又進呈章表說：「孫子說，用兵作戰，是變化莫測的軍事指揮藝術。因而我方能打卻向對方擺出軟弱不能打的架勢，以小利讓對方驕傲，向對方顯出害怕的樣子。這是表象和實情不一定要完全應合啊。孫子又說『善於調動敵人的人，要把假象故意暴露給敵人看』。現在敵軍尚未到達，而我方轉移城池退到內地作防守，這正是所謂用假象引誘敵人啊。引誘敵軍遠離水域，選擇有利的時機出擊，在邊境外部獲取戰果，那麼吉福也就生於朝廷內部了。」尚書趙咨認為滿寵的策略高明，魏明帝下詔答覆表示同意。

9 這一年，孫權親自出征，打算圍攻新城，因為新城離水很遠，經過了二十天不敢下船。滿寵對眾將領說：「孫權占領了我們撤出軍隊的舊城，必定會在他的部眾中講出自大的話，現在大舉進攻，是想獲取到一時的戰績，雖然不敢到新城來，必定會登陸炫耀武力，表示他們力量有餘。」於是暗中派出六千名步兵和騎兵，埋伏在合肥舊城隱蔽的地方等待孫權軍隊。孫權果然上岸炫耀武力，滿寵設下的伏兵突然襲擊他們，斬殺了幾百人，有人跳入水中淹死。第二年，孫權親自率領號稱十萬的大軍，進抵合肥新城城下。滿寵火速趕去迎擊，招募到幾十名壯士，折下松枝製成火把，裏外灌滿麻油，從上風處放火，燒毀了敵軍進攻的器械，射死了孫權的姪子孫泰。敵軍在這時便撤回去了。到魏明帝青龍三年春季，孫權派遣幾千家軍戶到江北屯田。到了八月時，滿寵認為莊稼接近成熟可以收割，男女勞力分布於田野，那些負責屯衛的士兵距離城池遠的有好幾百里，可以襲擊。於是派州縣長官的輔佐人員督率各支部隊沿江東下，摧毀擊破各處屯田據點，焚燒穀物以後撤回。魏明帝下達詔書予以讚美，便把繳獲的戰利品全部獎賞給將士。

10　明帝景初二年，由於滿寵年老便召他回朝，升任太尉。滿寵不置辦家業，家中沒有多餘的財物。明帝下詔說：「您在外面掌領軍隊，一心為國家分憂，具有當年季孫行父和祭遵那樣的風範。賜給十頃土地，五百斛穀米，二十萬銅錢，用來彰明清廉忠誠、勤儉節約的節操。」滿寵前前後後增賜的食邑，共九千六百戶，子孫兩人被封為亭侯。他在魏齊王曹芳正始三年去世，朝廷賜諡號景侯。兒子滿偉承襲了封爵。滿偉憑仗品格氣度聞名於世，官至衛尉。

1　田豫，字國讓，漁陽雍奴❶人也。劉備❷之奔公孫瓚❸也，豫時年少，自託於備，備甚奇之。備為豫州刺史，豫以母老求歸，備涕泣與別，曰：「恨不與君共成大事也。」

2　公孫瓚使豫守東州❹令，瓚將王門叛瓚，為袁紹將萬餘人來攻。眾懼欲降。豫登城謂門曰：「卿為公孫所厚而去，意有所不得已也；今還作賊，乃知卿亂人耳。夫挈瓶❺之智，守不假器，吾既受之矣；何不急攻乎？」門慚而退。瓚雖知豫有權謀❻而不能任也。瓚敗而鮮于輔❼為國人所推，行太守事❽，素善豫，以為長史⑨。時雄傑並起，輔莫知所從。豫謂輔曰：「終能定天下者，必曹氏也。宜速歸命，無後禍期。」輔從其計，用受封寵。太祖召豫為丞相軍謀掾⑩，除潁陰、朗陵⑪令，遷弋陽⑫太守，所在有治。

3 鄢陵侯彰⑬征代郡⑭，以豫為相⑮。軍次易北⑯，虜伏騎擊之，軍人擾亂，莫知所為。豫因地形，回車結圜陣⑰，弓弩持滿於內，疑兵⑱塞其隙。胡不能進，散去。追擊，大破之，遂前平代，皆豫策也。

4 遷南陽⑲太守。先時⑳，郡人侯音㉑反，眾數千人在山中為羣盜，大為郡患。前太守收其黨與五百餘人，表奏皆當死。豫悉見諸繫囚㉒，慰諭，開其自新之路，一時破械㉓遣之。諸囚皆叩頭，願自效，即相告語，羣賊一朝解散，郡內清靜。具以狀上，太祖善之。

5 文帝初，北狄㉔彊盛，侵擾邊塞，乃使豫持節護烏丸校尉㉕，牽招、解儁㉖并護鮮卑㉗。自高柳㉘以東，濊貊㉙以西，鮮卑數十部，比能、彌加、素利㉚割地統御，各有分界；乃共要誓㉛，皆不得以馬與中國市㉜。豫以戎狄為一，非中國之利，乃先構離㉝之，使自為讎敵，互相攻伐。素利違盟，出馬千匹與官㉞，為比能所攻，求救於豫。豫恐遂相兼并，為害滋深，宜救善討惡，示信眾狄。單將銳卒，深入虜庭[35]，胡人眾多，鈔軍前後，斷截歸路。豫乃進軍，去虜十餘里結屯營，多聚牛馬糞然[36]之，從他道引去。胡見煙火不絕，以為尚在，去，行數十里乃知之。追豫到馬城[37]，圍之十重，豫密嚴，使司馬[38]建旌旗，鳴鼓吹[39]，將步騎從南門出，胡人皆屬目[40]往赴之，豫將精銳自北門出，鼓譟[41]而起，兩頭俱發，出虜不意，虜眾散亂，皆棄弓馬步走，追討二十餘里，僵尸蔽地。又烏丸王骨進桀黠[42]不恭，豫因出塞案行[43]，單將麾下百餘騎入進部。進逆拜[44]，遂使左右斬進，顯其罪惡以令眾。眾皆怖慴[45]不敢動，便以進弟代進。自是胡人破膽，威震沙漠。山賊高艾，眾數千人，寇鈔，為幽、冀[46]害，豫誘使鮮卑素利部斬艾，傳首京都。封豫長樂亭侯。為校尉九年，其御夷狄，恆摧抑[47]兼并，乖散[48]彊猾[49]。凡逋亡[50]姦宄[51]，為胡作計不利官者，豫皆構刺攪離[52]，使凶邪之謀不遂，聚居之類不安。事業未究[53]，而幽州刺史王雄[54]支黨欲令雄領烏丸校尉，毀豫亂邊，為國生事。遂轉豫為汝南太守，加殄夷將軍[55]。

6 太和末，公孫淵[56]以遼東[57]叛，帝欲征之而難其人，中領軍[58]楊暨[59]舉豫應選。乃使豫以本官督青州諸軍[60]，假節，往討之。會吳賊遣使與淵相結，帝以賊眾多，又以渡海，詔豫使罷軍。豫度賊船垂還[61]，歲晚風急，必畏漂浪[62]，東隨無岸，當赴成山[63]。成山無藏船之處，輒便循海，案行地勢，及諸山島，徼截[64]險要，列兵屯守。自入成山，登漢武之觀[65]。賊還，果遇惡風，船皆觸山沉沒，波蕩著岸，無所逃[66]竄，盡虜其眾。初，諸將皆笑於空地待賊，及賊破，競欲與謀，求入海鉤取浪船[67]。豫懼窮虜[68]死戰，皆不聽。初，豫以太守督青州，青州刺史程喜[69]內懷不服，軍事之際，多相違錯[70]。喜知帝寶愛明珠，乃密上：「豫雖有戰功而禁令寬弛，所得器仗珠金甚多，放散[71]皆不納官。」由是功不見列。

7 後孫權號十萬眾攻新城[72]，征東將軍滿寵欲率諸軍救之。豫曰：「賊悉眾大舉，非徒投射小利，欲質[73]新城以致大軍耳。宜聽使攻城，挫其銳氣，不當與爭鋒也。城不可拔，眾必罷怠[74]；罷怠然後擊之，可大克也。若賊見計，必不攻城，勢將自走。若便進兵，適入其計。又大軍相向，當使難知，不當使自畫[75]也。」豫輒上狀，天子從之。會賊遁走。後吳復來寇，豫往拒之，賊即退。諸軍夜驚，云：「賊復來！」豫臥不起，令眾「敢動者斬」。有頃，竟無賊。

8 景初末，增邑三百，并前五百戶。正始初，遷使持節護匈奴中郎將[76]，加振威將軍[77]，領并州[78]刺史。外胡聞其威名，相率來獻。州界寧肅，百姓懷之。徵為衛尉。屢乞遜位[79]，太傅[80]司馬宣王[81]以為豫克壯[82]，書喻未聽。豫書答曰：「年過七十而以居位，譬猶鐘鳴漏[83]盡而夜行不休，是罪人也。」遂固稱疾篤[84]。拜太中大夫[85]，食卿祿[86]。年八十二薨。子彭祖嗣。

9 豫清約儉素，賞賜皆散之將士。每胡、狄私遺，悉簿[87]藏官，不入家；家常貧匱。雖殊類[88]，咸高豫節。嘉平[89]六年，下詔褒揚，賜其家錢穀。語在徐邈傳。

【章旨】以上為〈田豫傳〉，記述田豫的籍貫、早期經歷，由試任東州縣縣令到衛尉的仕履與八宗事跡：斥退圍攻東州縣城之敵，規勸遼東太守鮮于輔從速歸順曹操，協助鄢陵侯曹彰平定代郡，消弭南陽山中羣盜，鎮撫北方鮮卑部落，抗旨組織成山阻擊戰，諫阻在合肥新城與吳軍展開重兵正面交鋒，威服并州塞外部族。

【注釋】❶漁陽雍奴　漁陽，郡名。治所在今北京市密雲西南。雍奴，縣名。治所在今天津市武清西北。❷劉備　字玄德，涿郡涿縣（今河北涿州）人，自稱中山靖王之後。東漢末年起兵，參加征討黃巾，先後投靠公孫瓚、陶謙、曹操、袁紹、劉表。後得諸葛亮輔助，占領荊州、益州，建立蜀漢。詳見本書卷三十二〈先主傳〉。❸公孫瓚　字伯珪，遼西令支（今河北遷安）人，從盧植讀經，歷任遼東屬國長史、涿令、騎都尉等職。董卓之亂後割據幽州，後被袁紹打敗。詳見《後漢書・公孫瓚列傳》、本書卷八〈公孫瓚傳〉等。❹東州　當作「泉州」。泉州為縣名，治所在今天津市武清西南。❺挈瓶　意為汲水要提小瓶。比喻才智淺小。語出《左傳》昭公七年：「雖有挈缾之知，守不假器，禮也。」❻權謀　隨機應變的謀略。❼鮮于輔　人名。本書無其傳。本書卷八〈公孫瓚傳〉載：「瓚自知必敗，盡殺其妻子，乃自殺。鮮于輔將其眾，奉王命，以輔為建忠將軍，督幽州六郡。太祖與袁紹相拒於官渡，閻柔遣使詣太祖受事，遷護烏丸校尉；而輔身詣太祖，拜左度遼將軍，封亭侯，遣還，鎮撫本州。」❽行太守事　官名，即代理太守。太守又稱郡守，為一郡最高長官。品秩二千石，掌管整個轄區內的軍政事務。❾長史　郡設屬官，全面負責日常事務性工作。❿丞相軍謀掾　在丞相手下參與軍事謀議活動的正職佐吏。丞相為輔佐皇帝處理國政的首席大臣。秦統一後設立左、右丞相，漢代則置一名丞相。其品秩為萬石，負責典領百官，於政務無所不統。曹操於東漢建安十五年（西元二一〇年）擔任丞相。⑪潁陰朗陵　均為縣名。潁陰治所在今河南許昌，朗陵治所在今河南確山縣南。⑫弋陽　郡名。治所在今河南潢川縣西。⑬鄢陵侯彰　鄢陵侯為其封爵名號，彰即曹彰。曹彰為卞夫人所生的曹操第二子，於東漢建安二十一年（西元二一六年）受封鄢陵侯。事見本書卷十九〈任城威王傳〉。⑭代郡　郡名。治所在今河北蔚縣東北。⑮相　由中央派往封國協助諸侯王治理其國的官員，職如郡守。⑯易北　易縣北部。易縣，治所在今河北易縣。⑰圜陣　圓形陣勢。恃此可四面應敵。⑱疑兵　指虛張聲勢用以迷惑敵人的軍陣。⑲南陽　郡名。治所在今河南南陽。⑳時　原作「是」，今從宋本。㉑侯音　人名。其為把守宛城的將領。本書卷一〈武帝紀〉載：建安二十三年「冬十月，宛守將侯音等反，執南陽太守，劫略民吏，保宛。初，曹仁討關羽，屯樊城。是月，使仁圍宛。二十四年春正月，仁屠宛，斬音。」㉒繫囚　在押的罪犯。㉓破械　砸開枷鎖等刑具。㉔北狄　對北方異族部落的蔑稱。這裏實指鮮卑而言。㉕持節護烏丸校尉　持節為朝廷賜給的一種信物與稱號。凡獲此信物與稱號者，有權斬殺無官位的人。護烏丸校尉則是負責民族事務的駐外武官，掌管對烏丸的賞賜以及質子、關市等事務。烏丸亦作「烏桓」，為東胡部落之一，因遷至烏桓山（今內蒙古阿魯科爾沁旗北，即大興安嶺山脈南端）而以山名作為族號。其後繼續內徙，至東漢主要分布在東起遼東、西至朔方的沿邊十郡之內，常助漢王朝抗擊匈奴及鮮卑。事見本書卷三十〈烏丸傳〉。㉖解儁　人名。在本書僅此一見。㉗鮮卑　東胡部落之一，因遷至鮮卑山（今內蒙古科爾沁右翼中旗西）而以山名作為族號。南鄰烏丸，至東漢後期起，陸續占領匈奴故地，並向塞內移動，對中原王朝則時降時叛。事見本書卷三十〈鮮卑傳〉。㉘高柳　縣名。治所在今山西陽高。㉙濊貊　族名。自漢武帝時期開始內屬，居住在今遼寧沿海一帶。事見本書卷三十〈濊傳〉。㉚比能彌加素利　均為鮮卑部落首領的名字。詳見本書卷三十〈鮮卑傳〉。㉛要誓　訂立盟誓。㉜市　指邊區貿易活動。㉝搆離　猶言離間。㉞官　指魏國這一方。㉟虜庭　對異族部落大本營的貶稱。㊱然　「燃」的古字，燃燒。㊲馬城　指馬邑城，當年漢高祖劉邦曾被匈奴圍困於此，即今山西朔縣。㊳司馬　基層軍官之稱。按部屬和級別又分假司馬、軍司馬等。㊴鼓吹　軍中的成套樂器。㊵屬目　即矚目。這裏是緊緊盯住的意思。㊶鼓譟　擂鼓吶喊。㊷桀黠　兇悍狡黠。㊸案行　巡視查驗。㊹逆拜　迎拜。㊺怖慴　驚惶恐懼。㊻幽冀　俱為州名。幽州治所在今北京市西南。冀州治所在今河北臨漳西南。㊼摧抑　壓制。㊽乖散　離散。㊾彊猾　強橫狡詐。㊿逋亡　戴罪逃亡。(51)姦宄　違法作亂。在外曰姦，在內曰宄。(52)構刺攪離　製造矛盾，擾亂對方關係使之離散。(53)究　完成；進行到底。(54)王雄　人名。本書無其傳。曾任涿郡太守。(55)殄夷將軍　武職之稱，屬雜號將軍。(56)公孫淵　公孫康之子，奪其叔父公孫恭之位，割據遼東。被曹魏任為遼東太守，又派人南通孫權，被立為燕王。後曹魏拜其為大司馬，封樂浪公。魏景初元年（西元二三七年）自立為燕王，後被司馬懿所滅。詳見本書卷八公孫度附傳。(57)遼東　郡名。治所在今遼寧遼陽老城區。(58)中領軍　曹魏所設的重要軍事長官之一。曹操於東漢末擔任丞相時始置領軍，乃係相府屬官。後更名為中領軍，又改稱領軍將軍，與護軍將軍或中護軍同掌中央軍隊。(59)楊暨　人名，本書無傳。(60)本官督青州諸軍　本官，現任官職，即汝南太守。督青州諸軍，武職之稱，即青州整個轄區內各處駐軍的最高軍事長官。青州，州名。治所在今山東淄博東北。(61)垂還　眼看要撤回來。(62)漂浪　洶湧的波濤。(63)成山　又作「盛山」。位於今山東文登西北一百九十里處，自古為帝王祭祀日主即太陽神的處所。《史記・封禪書》云：「七日日主，祠成山。成山斗入海。」唐張守節《索隱》：「斗入海，謂斗絕曲入海也。」(64)徼截　攔截；阻截。(65)漢武之觀　漢武指西漢除呂后之外的第五代皇帝劉徹。卒謚孝武。觀謂在成山上修築的宮闕，《漢書・武帝紀》載：太始三年二月「行幸東海，獲赤鴈，作〈朱鴈之歌〉；幸琅邪，禮日成山。」(66)逃　宋本作「蒙」。(67)浪船　隨海浪顛簸的船隻。(68)窮虜　陷入絕境的敵人。(69)程喜　人名，本書無傳。後為征北將軍。(70)違錯　互不遵從。(71)放散　隨意散發。(72)新城　即上文所記述的由滿寵修築的合肥新城。(73)質　作為誘餌、當成靶子的意思。(74)罷怠　即疲怠。罷，通「疲」。疲乏。(75)自晝　自己限制自己。(76)使持節句　使持節是魏晉以來對地方軍政要員所授予的一種信物與稱號。獲此信物與稱號者有權斬殺二千石以下官員。護匈奴中郎將乃係負責民族事務的駐外武官，掌護南匈奴單于。匈奴為活動於中國北方的古老遊牧部族。其社會組織以部落聯盟為主，最高首領稱為單于。自西漢宣帝時分裂為東、西兩部，東匈奴降漢。迄至東漢初期，又分裂為南、北兩部，南匈奴內附，北匈奴則在東漢王朝的軍事打擊下日益陷入困窘的境地。(77)振威將軍　武職之稱，屬雜號將軍。(78)并州　州名。治所在今山西太原西南。(79)遜位　從所在職位上退下來，即辭職。(80)太傅　級別最高的官稱。品秩為上公，無常職，以開導皇帝為其任，帶有榮譽職銜的性質。(81)司馬宣王　即司馬懿，字仲達，河內溫縣（今河南溫縣西）人。多謀略，善權變。率軍與諸葛亮對峙關中，領兵征討遼東公孫淵，歷任侍中、太傅、都督中外諸軍事等軍政要職。後發動高平陵之變，掌握曹魏大權。詳見《晉書・宣帝紀》。(82)克壯　健康強壯。(83)漏　指漏壺，即利用滴水多寡來計量時間的一種儀器。因儀器上有刻度，亦稱漏刻。(84)疾篤　重病纏身。(85)太中大夫　大夫官之一種。秩比千石，掌論議。(86)卿祿　九卿所享受的俸祿，即月俸一百八十斛錢米。(87)簿　造冊登記。(88)殊類　指反對他的人。(89)嘉平　魏齊王曹芳年號，西元二四九—二五四年。

【語　譯】田豫，字國讓，漁陽郡雍奴縣人。劉備投奔公孫瓚的時候，田豫當時年少，自己到劉備那裏託身，劉備覺得他非常奇特。劉備任豫州刺史時，田豫因母親年老請求回家，劉備流淚與他分別，說：「遺憾不能和你一起成就大事業啊。」

2 公孫瓚讓田豫試任東州縣縣令，公孫瓚的部將王門背叛公孫瓚，替袁紹帶領一萬多人前來攻打縣城。眾人畏懼想要投降。田豫登上城樓對王門說：「你受到公孫瓚厚待卻離開他，想來有不得已的地方；如今掉轉頭來當了奸賊，才知道你是製造禍亂的人。僅僅懂得汲水要提小瓶的智淺之人，也要守住汲水瓶不借給別人。我已經承擔了縣令的職務；你為什麼不加緊攻城呢？」王門羞慚的退了兵。公孫瓚雖然知道田豫有隨機應變的謀略卻不能重用他。公孫瓚敗亡後，鮮于輔被遼東眾人推舉，代理太守職務，他素來友善田豫，任他當郡長史。當時英雄豪傑同時崛起，鮮于輔不知道該歸從誰。田豫對鮮于輔說：「最終能夠平定天下的，一定是曹氏。應該盡快向他歸服，不要等到禍難降臨後才作決定。」鮮于輔聽從這個策略，因此受到封賞和寵信。太祖徵召田豫任丞相府軍謀掾，授予潁陰縣令、朗陵縣令等官職，升任弋陽太守，所任職之處都有治績。

3 鄢陵侯曹彰征伐代郡，任田豫為輔相。軍隊駐紮易縣北部時，胡人埋伏的騎兵襲擊他們，軍士亂成一團，不知道該怎麼辦。田豫藉著地形，將戰車環繞結成圓形陣式，讓弓箭手在陣內拉滿弓弩待命，在空隙處又設置疑兵。胡人騎兵衝不進來，就離去了。曹彰追擊，大敗敵軍，緊接著向前推進，於是進軍平定了代郡，這都是田豫的策略。

4 田豫升任南陽太守。在此以前，郡人侯音造反，部眾幾千名在山中當盜賊，成了郡內大患。前任太守逮捕了侯音的黨羽五百多人，進呈章表奏報都應處死。田豫和所有囚犯見面，好話安慰勸導他們，指明重新做人的出路，隨即砸開枷鎖等刑具釋放他們。囚犯們都跪地叩頭，願意效力，隨後就相互傳話，盜賊一下子便解散了，郡內清明平靜。詳情通過公文奏報上去，太祖認為田豫做得很好。

5 文帝初年，北方部族強盛，侵擾邊塞地區，於是賜給田豫持節任護烏丸校尉，派牽招、解儁共同擔任護鮮卑校尉。從高柳縣以東，濊貊以西，鮮卑有幾十個部落，由比能、彌加、素利劃分地盤分別統領，各有既定的界區；於是他們一起結盟立誓，都不准拿馬匹與中原進行貿易活動。田豫認為鮮卑各部族合成一體，對朝廷不利，便先離間他們，使他們自相成為仇敵，相互殺來殺去。素利違背盟約，拿出一千匹馬賣給官府，被比能所攻打，特向田豫求救。田豫擔心他們趁勢相互兼併，危害更深，應當營救良善的、討伐兇惡的，向各個部族顯示誠信。隻身率領精兵，深入敵人的大本營，胡人部眾多，在軍隊前後截擊，截斷了歸路。田豫於是進軍，在距離敵人十多里處紮下軍營，大量聚積起牛糞馬糞，點燃它們，從另外的道路引兵撤走。胡人見煙火不斷，以為田豫還在那裏，等到田豫撤離幾十里後，才知道他們已經撤離了。追擊田豫直至馬城，裏裏外外包圍了十層，田豫周密布置戒備，命令司馬高舉旌旗，奏軍樂，帶領步兵騎兵從南門殺出城去，對方都緊盯這支部隊前往追擊。田豫率領精銳部隊從北門出城，擂鼓吶喊，一路衝殺，南北兩門同時出擊，出乎敵人意料之外，敵人四散慌亂，全都放棄弓箭戰馬徒步逃跑，田豫揮軍追擊二十多里，敵人的屍體遮蓋了大地。還有烏丸王骨進兇悍狡黠，拒不聽命，田豫於是出塞巡視，隻身帶領帳下一百多名騎兵進入骨進的部落，骨進上前迎拜，田豫趁勢就叫左右斬殺骨進，宣布他的罪狀來號令部眾。部眾個個驚惶恐懼，不敢妄動，隨即就讓骨進的弟弟接替骨進為王。從此胡人嚇破了膽，田豫威震沙漠。山中盜賊高艾，部眾有幾千人，四處劫掠，成為幽、冀兩州的禍害，田豫誘使鮮卑素利轄有的部落斬了高艾，將首級透過驛站送到京師。朝廷封田豫為長樂亭侯。田豫任護烏丸校尉九年，他統馭各個部族，總是抑制彼此間的兼併，離間拆散強橫狡詐的部落。凡是有罪逃亡、違法作亂又替胡人部族出主意而不利官府的人，田豫都製造矛盾，破壞雙方關係離散他們，讓那些兇惡邪僻的陰謀無法實現，聚居在一起不得安寧。事業尚未完成，幽州刺史王雄的黨羽打算讓王雄兼任烏丸校尉，就詆毀田豫擾亂邊務，替國家製造事端。於是田豫被轉任汝南太守，加授殄夷將軍。

6 明帝太和末年，公孫淵憑藉遼東叛亂，明帝準備征討他卻為誰當主帥為難，中領軍楊暨推舉田豫符合選任條件。於是命令田豫以汝南太守本官督領青州諸軍，賜給假節的信物與稱號，前去征伐公孫淵。適逢吳國派遣使者與公孫淵相勾結，明帝認為敵軍眾多，又因為要渡海作戰，就給田豫下達詔書，詔令田豫停止軍事行動。田豫推測敵軍船隻將要撤回，年底海風迅疾，肯定要畏懼洶湧的波濤，向東停靠又沒有口岸，應當航向成山。成山沒有藏匿船隻的地方，田豫於是便順著海岸察看地勢，抵達各個山島上，阻截住險要之處，安排軍隊把守，自己則進入成山，登上漢武帝當年祭日的樓臺。敵軍往回撤，果然遇到了兇猛的大風，船隻都撞山沉沒，人隨波浪漂蕩上了岸，沒有逃竄的地方，田豫全部俘虜了他們。起初，眾將都譏笑田豫在空地上等待敵軍的做法，到敵軍被擊破，又爭著想和田豫謀劃，請求入海鉤取隨同海浪在顛簸的船隻。田豫擔心陷入絕境的敵人會死戰，全都不答應。當初，田豫憑藉太守的資格督領青州諸軍，青州刺史程喜心裏不服氣，有軍事行動之時，常不遵從指揮調度。程喜知道明帝珍愛明珠，就祕密上奏說：「田豫雖然立有戰功，但軍令鬆弛，繳獲的兵器和金銀珠寶很多，卻隨意散發給兵士，都不上繳國庫。」因此田豫的戰功沒有被列入。

7 後來孫權號稱十萬的大軍攻打合肥新城，征東將軍滿寵打算率領各軍救援合肥新城。田豫說：「敵人出動所有兵力大舉進攻，不只是投機牟取小利，而是想用新城當誘餌誘使我方大軍開到。應該任由他們攻城，挫敗他們的銳氣，不應與他們正面交鋒。新城攻不下來，敵軍必定疲乏懈怠，疲乏懈怠之後再進擊他們，可以大獲全勝。如果敵人看出我們的計略，必定不再攻城，勢必自動撤退。如果我們迅即進軍，正好中了他們的計。再者大軍對壘，應使對方難以捉摸，不應讓自己限制自己。」田豫便向朝廷上書奏明情況，天子採納了他的意見。正好敵軍悄悄撤退。後來吳國又來進犯，田豫前往抵禦吳軍，敵軍立即退走。各支部隊在夜裏受了驚擾，說：「敵人又來了！」田豫躺在營帳中不起來，命令部眾「誰敢亂動就斬首」。過了一會兒，最終沒有敵人出現。

8 明帝景初末年，增加田豫食邑三百戶，連同以前的共五百戶。魏齊王曹芳正始初年，升任使持節護匈奴中郎將，加授振威將軍，兼任并州刺史。塞外胡人聽說他的威名，接連前來獻納禮物。并州轄區安寧肅靜，百姓們都懷念他。後來被徵召擔任衛尉。多次請求辭職，太傅司馬宣王認為田豫還健康強壯，寫信說明不予批准。田豫回信答覆說：「年過七十還占在官位上不動，就像報時鐘響完、計時器到頭卻還在夜間走個不停，是罪人啊。」於是堅持說重病纏身。授太中大夫，享受九卿的俸祿待遇。八十二歲時去世。兒子田彭祖承襲了封爵。

9 田豫清廉節儉樸素，朝廷的賞賜都分發給將士們。每次胡人私下的餽贈，都造冊登記，讓官府收納，不帶進自己的家中；家中總是貧困匱乏。即使反對他的人，都認為田豫節操高尚。魏齊王曹芳嘉平六年，朝廷下達詔書予以褒讚表揚，賜給他家錢糧。載錄在〈徐邈傳〉中。

1 牽招，字子經，安平❶觀津❷人也。年十餘歲，詣同縣樂隱受學。後隱為車騎將軍❸何苗❹長史，招隨卒業。值京都亂，苗、隱見害，招俱與隱門生史路等觸蹈鋒刃，共殯斂隱屍，送喪還歸。道遇寇鈔，路等皆悉散走。賊欲斫棺取釘，招垂淚請赦。賊義之，乃釋而去。由此顯名。

2 冀州牧❺袁紹辟為督軍從事❻，兼領烏丸突騎❼。紹舍人❽犯令，招先斬乃白，紹奇其意而不見罪也。紹卒，又事紹子尚❾。建安九年，太祖圍鄴❿。尚遣招至上黨⓫，督致軍糧。未還，尚破走，到中山⓬。時尚外兄⓭高幹為并州刺史，招以并州左有恆山⓮之險，右有大河⓯之固，帶甲五萬，北阻彊胡，勸幹迎尚，并力觀變。幹既不能，而陰欲害招。招聞之，閒行⓰而去，道隔不得追尚，遂東詣太祖。太祖領冀州，辟為從事。

3 太祖將討袁譚⓱，而柳城⓲烏丸欲出騎助譚。太祖以招嘗領烏丸，遣詣柳城。到，值峭王⓳嚴，以五千騎當遣詣譚。又遼東太守公孫康⓴自稱平州㉑牧，遣使韓忠齎單于㉒印綬㉓往假㉔峭王。峭王大會羣長，忠亦在坐。峭王問招：「昔袁公言受天子之命，假我為單于；今曹公復言當更白㉕天子，假我真單于；遼東復持印綬來。如此，誰當為正？」招答曰：「昔袁公承制㉖，得有所拜假；中間違錯，天子命曹公代之，言當白天子，更假真單于，是也。遼東下郡㉗，何得擅稱拜假也？」忠曰：「我遼東在滄海㉘之東，擁兵百萬，又有扶餘㉙、濊貊之用；當今之勢，彊者為右㉚，曹操獨何得為是也？」招呵忠曰：「曹公允恭㉛明哲，翼戴㉜天子，伐叛柔服㉝，寧靜四海，汝君臣頑嚚㉞，今恃險遠，背違王命，欲擅拜假，侮弄神器㉟，方當屠戮，何敢慢易咎毀㊱大人㊲？」便捉忠頭頓築㊳，拔刀欲斬之。峭王驚怖，徒跣㊴抱招，以救請忠，左右失色。招乃還坐，為峭王等說成敗之效，禍福所歸。皆下席跪伏，敬受敕教，便辭遼東之使，罷所嚴騎㊵。

4 太祖滅譚於南皮㊶，署招軍謀掾，從討烏丸。至柳城，拜護烏丸校尉。還鄴，遼東送袁尚首，縣在馬市㊷，招覩之悲感，設祭頭下。太祖義之，舉為茂才㊸。從平漢中㊹，太祖還，留招為中護軍。事罷，還鄴，拜平虜校尉㊺，將兵督青、徐州郡諸軍事㊻，擊東萊㊼賊，斬其渠率㊽，東土寧靜。

5 文帝踐阼㊾，拜招使持節護鮮卑校尉㊿，屯昌平(51)。是時，邊民流散山澤，又亡叛在鮮卑中者，處有千數。招廣布恩信，招誘降附。建義中郎將[52]公孫集等，率將部曲，咸各歸命；使還本部[53]。又懷來[54]鮮卑素利、彌加等十餘萬落，皆令款塞[55]。

6 大軍欲征吳[56]，召招還，至，值軍罷，拜右中郎將[57]，出為鴈門[58]太守。郡在邊陲，雖有候望[59]之備，而寇鈔[60]不斷。招既教民戰陣，又表復[61]烏丸五百餘家租調，使備鞍馬，遠遣偵候[62]。虜每犯塞，勒兵逆擊[63]，來輒摧破，於是吏民膽氣日銳，荒野無虞。又搆間離散，使虜更相猜疑。鮮卑大人[64]步度根、泄歸泥等與軻比能為隙，將部落三萬餘家詣郡附塞。敕令還擊比能，殺比能弟苴羅侯，及叛烏丸歸義侯[65]王同、王寄等，大結怨讎。是以招自出，率將歸泥等討比能於雲中[66]故郡，大破之。招通河西[67]鮮卑附頭[68]等十餘萬家，繕治陘北[69]故上館城[70]，置屯戍以鎮內外，夷虜大小，莫不歸心，諸亡叛[71]雖親戚不敢藏匿，咸悉收送。於是野居晏閉[72]，寇賊靜息。招乃簡選有才識者，詣太學[73]受業，還相授教，數年中庠序[74]大興。郡所治廣武[75]，井水鹹苦，民皆擔輦[76]遠汲流水，往返七里。招準望[77]地勢，因山陵之宜，鑿原開渠，注水城內，民賴其益。

7 明帝即位，賜爵關內侯。太和二年，護烏丸校尉田豫出塞，為軻比能所圍於故馬邑城，移招求救。招即整勒兵馬，欲赴救豫。并州以常憲[78]禁招，招以為節將[79]見圍，不可拘於吏議，自表輒行。又並馳布羽檄[80]，稱陳形勢，云當西北掩取虜家，然後東行，會誅虜身。檄到，豫軍踴躍。又移[81]一通於虜蹊要[82]，虜即恐怖，種類[83]離散。軍到故平城[84]，便皆潰走。比能復大合騎來，到故平州塞[85]北。招潛行撲討，大斬首級。招以蜀虜諸葛亮[86]數出，而比能狡猾，能相交通[87]，表為防備，議者以為縣遠[88]，未之信也。會亮時在祁山[89]，果遣使連結比能。比能至故北地[90]石城，與相首尾。帝乃詔招，使從便宜[91]討之。時比能已還漠南，招與刺史畢軌議曰：「胡虜遷徙無常。若勞師遠追，則遲速不相及。若欲潛襲，則山溪艱險，資糧轉運，難以密辦[92]。可使守新興[93]、雁門二牙門[94]，出屯陘北，外以鎮撫，內令兵田[95]，儲畜資糧，秋冬馬肥，州郡兵合，乘釁[96]征討，計必全克。」未及施行，會病卒。招在郡十二年，威風遠振。其治邊之稱，次於田豫，百姓追思之。而漁陽傅容[97]在雁門有名績，繼招後，在遼東又有事功云。

8 招子嘉嗣。次子弘，亦猛毅有招風，以隴西[98]太守隨鄧艾[99]伐蜀有功，咸熙[100]中為振威護軍[101]。嘉與晉司徒李胤[102]同母，早卒。

【章　旨】以上為〈牽招傳〉，記述牽招的籍貫、求學經過，由督軍從事到雁門太守的仕履與九宗事跡：護師靈柩免遭強盜毀壞，始事袁氏盡職盡忠，脣槍舌劍征服烏丸峭王，義祭舊主，平定東土，柔化鮮卑部落，開闢雁門邊務大好局面，援救塞外被圍節將，精心謀劃有關阻止西北部族與蜀國連兵的對策。

【注　釋】❶安平　國名。治所在今河北冀州。❷觀津　縣名。治所在今河北武邑東南。❸車騎將軍　武官名號，地位比同公一級，掌管征伐叛逆者。❹何苗　東漢靈帝何皇后的兄弟。本書及《後漢書》俱無傳。❺冀州牧　冀州最高軍政長官。牧由原負監察之責的刺史於東漢靈帝中平四年（西元一八七年）升格而成，時或仍與刺史混稱。詳見《後漢書・劉焉列傳》及《董扶列傳》所述。內云：「州任之重，自此而始。」❻督軍從事　協助州牧監管軍隊的佐吏。❼突騎　承擔衝鋒陷陣任務的輕騎兵。❽舍人　王公貴官所聘用的私府吏員。❾尚　袁尚，字顯甫，汝南汝陽（今河南商水縣西南）人，袁紹之子。袁紹死後繼立，與兄袁譚互相攻伐，被曹操所敗，投奔遼東公孫康，後為公孫康所殺。詳見本書卷六袁紹附傳。❿鄴　縣名。治所在今河北臨漳西南。⓫上黨　郡名。治所在今山西長治北古驛。⓬中山　國名。治所在今河北定州。⓭外兄　表兄。⓮恆山　五嶽中的北嶽。主峰在今河北曲陽西北。⓯大河　即黃河。⓰閒行　潛行。即祕密上路，暗地離開。⓱袁譚　字顯思，汝南汝陽（今河南商水縣西南）人，袁紹長子。不受袁紹寵愛，出為青州刺史。袁紹死，遺命袁譚異母弟袁尚繼位，袁譚與袁尚相攻，依靠曹操之力打敗袁尚。後叛曹操被殺。詳見《後漢書》卷七十四袁紹附傳、本書卷六〈袁紹傳〉。⓲柳城　地名。在今遼寧朝陽西南。⓳峭王　烏丸的部落首領之一。⓴公孫康　漢末冀州刺史、遼東太守公孫度之子。度死，嗣為遼東太守。傳附本書卷八〈公孫度傳〉。㉑平州　州名。治所在今遼寧遼陽老城區。㉒單于　在匈奴語中全稱撐犁孤塗單于。撐犁意謂天，孤塗意謂子，單于意謂廣大。撐犁孤塗單于則是廣大如天之子的意思。將其簡稱為單于，相當於漢語中的天子。㉓印綬　印和繫印的絲帶。㉔假　授予。㉕更白　另行奏報。㉖承制　秉承皇帝旨意而便宜行事。㉗下郡　意為歸朝廷管轄的郡。㉘滄海　大海。㉙扶餘　亦作「夫餘」。其為古族名與古國名，主要活動於以今吉林農安為中心的松花江中游平原地區。㉚右　古代以右為上。㉛允恭　信實而恭勤。不懈於位曰恭。㉜翼戴　輔佐擁戴。㉝柔服　寬待歸服的人。㉞頑嚚　愚妄奸詐。語出《尚書・堯典》：「瞽子，父頑，母嚚，象傲。」㉟神器　指代表國家政權的實物。㊱慢易呰毀　輕視詆毀。㊲大人　對身居高位者的尊稱，實指曹操而言。㊳頓築　往地上撞。㊴徒跣　光腳。㊵嚴騎　嚴裝待發的騎兵。㊶南皮　縣名。治所在今河北南皮北。㊷馬市　進行馬匹交易的場所。㊸茂才　漢代選拔人才的一種科目。原稱秀才，因避東漢光武帝劉秀名諱改。

(44)漢中　郡名。治所在今陝西漢中。(45)平虜校尉　臨時因事而設置的一種武官名號。校尉為將軍之下的武職之稱。(46)督青徐州郡諸軍事　武職之稱，即青州、徐州整個轄區內各處駐軍的最高軍事長官。徐州，州名。治所在今山東郯城。(47)東萊　郡名。治所在今山東龍口東黃城。(48)渠率　即渠帥，謂首領、頭目。(49)踐阼　登上皇帝正位。(50)護鮮卑校尉　負責民族事務的駐外武官，掌管對鮮卑的賞賜以及質子、關市等事務。(51)昌平　縣名。治所在今北京市昌平東南。(52)建義中郎將　對邊區或屬國主動接受中央管轄者所授予的一種官稱。(53)部　宋本作「郡」。(54)懷來　感化吸引。(55)款塞　叩擊邊塞城門。意謂主動前來歸服。(56)征吳　指魏文帝於黃初六年（西元二二五年）五月至十月發動的攻打吳國的一次大規模軍事行動。又稱東征。本書卷二〈文帝紀〉載：「冬十月，行幸廣陵故城，臨江觀兵，戎卒十餘萬，旌旗數百里。是歲大寒，水道冰，舟不得入江，乃引還。」(57)右中郎將　中郎將原為九卿之一光祿勳的屬官，負責率部守衛宮殿，出充車騎。逢有戰事，則任征伐。曹魏按四方左右分設中郎將，各掌一方或某項軍政。(58)雁門　郡名。東漢治所在今山西朔縣東南夏關城；三國魏移治今山西代縣西南。(59)候望　巡邏守望。(60)寇鈔　劫掠。(61)復　免除。(62)偵候　偵察瞭望。(63)逆擊　迎擊。(64)大人　鮮卑對其部族首領的稱謂。(65)歸義侯　對邊區或屬國主動接受中央管轄者所賜予的一種爵稱。(66)雲中　郡名。治所在今內蒙古托克托東北。(67)河西　指今山西、陝西兩省間黃河南段之西。(68)附頭　歸附的頭領。(69)陘北　指句注山以北。句注山在今山西代縣西北，東西橫亙，峰巒環繞，路狹谷深，形勢險要，自古為九塞之一。陘謂山脈中斷的地方。(70)故上館城　即雁門郡原治所陰館縣城。(71)亡叛　宋本作「叛亡」。(72)晏閉　平安無事。(73)太學　設於京師的國家最高學府。(74)庠序　古代地方學校稱庠序。後亦用以泛指學校。(75)廣武　縣名。治所在今山西代縣西南。(76)擔輦　肩挑車掛。輦在這裏指人力車。(77)準望　辨正方位。(78)常憲　例行的制度規定。(79)節將　擁有朝廷授予的持節稱號與信物的大將。(80)羽檄　緊急軍事文書。上插鳥羽，以示急若飛鳥，必須迅速傳遞。(81)移　毛氏汲古閣本同，宋本作「遺」。(82)蹊要　指險要地帶。(83)種類　即各個部族。(84)平城　縣名。治所在今山西大同東北。(85)故平州塞　平州當作武州。武州塞為古代軍事要塞之一，由西向東延伸，在今山西左雲至大同西一帶。其東端即為武州山，又名雲岡。《史記・韓長孺列傳》載：「於是單于穿塞，將十餘萬騎入武州塞。」宋裴駰《集解》引徐廣曰：「在鴈門。」唐司馬貞《索隱》：「崔浩云『今平城直西百里，有武州城』是也。」(86)諸葛亮　三國時期的政治家、軍事家和蜀漢政權的丞相。事見本書卷三十五〈諸葛亮傳〉。(87)交通　這裏為勾結之義。(88)縣遠　距離遙遠。(89)祁山　山名。在今甘肅禮縣東。漢代在西漢水北岸山上築城，極為嚴固，即今祁山堡，為軍事必爭之地。(90)北地　郡名。治所在今寧夏吳忠西南黃河東岸。(91)便宜　按實際情況自行靈活處理。(92)密辦　周密籌辦。(93)新興　郡名。治所在今山西忻縣。(94)牙門　指守城的武將。古時駐軍，主帥或主將帳前樹牙旗以為軍門，謂之為牙門。95兵田　軍隊屯田，即一邊從事農業生產，一邊執行守衛任務。96乘釁　利用機會。97傅容　人名，本書僅此一見。98隴西　郡名。治所在今甘肅臨洮。99鄧艾　字士載，義陽棘陽（今河南南陽）人，曹魏將領，曾在淮河南北屯田，解決軍糧問題。任討寇將軍、汝南太守、兗州刺史等職。景元四年（西元二六三年）率兵攻蜀漢，一直打到成都，迫使劉禪投降。詳見本書卷二十八〈鄧艾傳〉。100咸熙　魏元帝曹奐年號，西元二六四—二六五年。101振威護軍　權力頗重的一種武官。102晉司徒李胤　晉，指司馬炎威逼魏元帝曹奐讓位而建立的西晉王朝。司徒，三公之一，掌管全國民政等事務。李胤，人名，事見《晉書·李胤傳》。

【語譯】牽招，字子經，安平國觀津縣人。十幾歲時，到同縣人樂隱那裏拜師求學。後來樂隱擔任車騎將軍何苗的長史，牽招跟隨他完成了學業。適逢京師洛陽大亂，何苗、樂隱被殺害，牽招和樂隱的門生史路等人一起冒著生命危險，共同收殮了樂隱的屍體，護送靈柩回到故鄉。在路上遇到強盜搶劫，史路等人全都逃走了。強盜想要劈棺拿走鐵釘，牽招流淚請求赦免，強盜覺得他很義氣，就丟下棺材離開了。牽招從此名聲傳揚。

2　冀州牧袁紹徵召牽招任督軍從事，兼管烏丸部落負責衝鋒陷陣的輕騎兵。袁紹的舍人觸犯法令，牽招先將他斬首後才稟告袁紹，袁紹對他這一做法感到驚奇而未怪罪他。袁紹死後，他又奉事袁紹的兒子袁尚。漢獻帝建安九年，魏太祖圍攻鄴縣。袁尚派遣牽招前去上黨郡，督催軍糧。尚未返回，袁尚已被擊敗遁走，逃到了中山國。當時袁尚的表兄高幹任并州刺史，牽招認為并州左面有恆山的險峻屏障，右面有黃河的阻隔，武裝的軍士有五萬名，北面被強悍的胡人阻隔，就勸高幹迎請袁尚，合兵觀察局勢的變化。高幹既不接受這一建議，又暗中想殺害牽招。牽招得知此事，就祕密上路離去了，道路阻隔沒有辦法追上袁尚，就向東投奔太祖。太祖兼任冀州刺史，徵召牽招任從事。

3　太祖準備討伐袁譚，而柳城的烏丸部落想派騎兵援助袁譚。太祖因為牽招曾經督領烏丸，派他前往柳城。抵達後，適逢烏丸首領峭王整備齊整，即將派五千名騎兵前往袁譚那裏。還有遼東太守公孫康自稱平州牧，派使者韓忠攜帶單于印綬前去授給峭王。峭王將各部落的首領全都會集在一起，韓忠也在座。峭王質問牽招：

「從前袁公說奉天子的命令，封我為單于；如今曹公又說應再稟報天子，封我為真單于；而遼東又拿印綬到來。這樣，究竟誰才是真的呢？」牽招回答說：「過去袁公秉承皇帝旨意，有權授予單于封號；中間出現了過失，天子命曹公代替他，曹公說應當稟報天子，重新授予真單于封號，是真的。遼東屬朝廷轄下的一個郡，怎麼可以擅自授予封號呢？」韓忠反駁說：「我遼東在大海以東，擁有百萬大軍，還有扶餘、濊貊等國效力；當今天下形勢，強者為尊，為什麼只有曹操能授予封號呢？」牽招斥責韓忠說：「曹公誠信恭勤又明智，輔佐擁戴天子，討伐叛逆者，寬待歸服的人，平定天下，你們君臣愚妄奸詐，如今依仗地勢險峻，路途遙遠，違抗天子的命令，想要擅自授人封號，輕侮代表國家政權的實物，正應受到斬盡殺絕的懲罰，怎麼竟敢輕視詆毀國家的大臣？」隨即抓起韓忠的腦袋往地上撞，拔出腰刀準備斬他。峭王驚慌恐懼，光腳跑上前去抱住牽招，請求饒恕韓忠，左右的人大驚失色。牽招這才回到座位上，向峭王等人陳說成敗的結果，禍福的歸向。在場的人都離開座位，跪著趴在地上，恭敬接受牽招的訓斥教誨，於是打發了遼東使者，解散嚴裝待發的騎兵。

4 太祖在南皮縣消滅了袁譚，牽招代理軍謀掾，隨同討伐烏丸。到達柳城，任命他為護烏丸校尉。回到鄴縣，遼東送來了袁尚的首級，懸掛在馬匹交易的場所中，牽招看到後傷感悲痛，在袁尚的首級下用祭品祭奠。太祖認為他有情義，薦舉他為茂才。跟從太祖平定漢中，太祖返回時，留下牽招擔任中護軍。事情結束，回到鄴縣，任平虜校尉，率部隊督領青、徐州郡諸軍事，進擊東萊郡的盜賊，斬了他們的首領，東部地區安寧平靜下來。

5 文帝即位，任牽招為使持節護鮮卑校尉，駐守昌平縣。這時，邊區居民四散流離到山巒湖澤中，還有逃到鮮卑境內的人，分布在一千多個聚落裏。牽招廣泛施予恩德信義，誘引投降歸附的人。建義中郎將公孫集等，帶領部隊，全都歸順；牽招讓他們回到本部。同時感召安撫鮮卑的素利、彌加等十多萬個聚落，讓他們全都主動前來歸服。

6 文帝想要征討吳國，召牽招回來，牽招抵達後，適逢軍事行動停止，任命他為右中郎將，出任雁門太守。

雁門郡位於邊境，雖然有巡邏守望的防備設施，然而侵擾劫掠不斷。牽招一方面對民眾進行作戰訓練，一方面上表奏請免除五百多家烏丸人的租稅，讓他們自備鞍馬，到遠處去偵察敵情。胡人每次進犯邊塞，就帶兵迎擊，一來便將他們擊垮打敗，於是官吏和民眾的膽量氣魄日益強盛，荒野中沒有憂患。又離間挑撥他們，使胡人相互猜疑。鮮卑大人步度根、泄歸泥等人和軻比能有了嫌隙，帶領部落三萬多家前往雁門郡歸附。牽招命令他們掉頭攻擊軻比能，殺死軻比能的弟弟苴羅侯以及反叛的烏丸歸義侯王同、王寄等人，結下了大仇。因此牽招親自出征，率領泄歸泥等到雲中故郡討伐軻比能，大敗軻比能。牽招與河西鮮卑的歸附頭領等十萬多家往來，整修句注山以北的舊郡治上館城，設置屯駐守衛的部隊，用來鎮守內外，胡人大小部族沒有不誠心歸附的，各種叛逃的人即使是親戚也不敢藏匿，全都捉拿送交官府。於是在田野居住平安無事，盜賊銷聲匿跡。牽招於是挑選具有才幹見識的人，送到京師太學接受教育，回來後再教授學生，幾年裏學校迅速發展起來。雁門郡治所在廣武城，井水又鹹又苦，居民都要肩挑或拉車到遠處汲取河水，來回七里路。牽招觀察地勢，辨正方位，利用山陵的走向，開鑿水源，開通渠道，使水流入城內，居民賴此得到了好處。

7　明帝即位，賜牽招關內侯的封爵。太和二年，護烏丸校尉田豫出塞，被軻比能圍困在馬邑故城，發信給牽招請求救援。牽招立即整頓兵馬，準備趕去救援田豫。并州官員依照例行的制度規定阻止牽招，牽招認為持節的將領被圍困，不能被官吏的議論限制，自行上表朝廷便率軍出發了。又同時快馬發布緊急文書，陳述形勢，說應該要殺向西北，偷襲奪取胡人的居住地，然後向東進兵，會合誅滅敵人。文書傳到，田豫的部隊士氣大振。牽招又在敵人的交通要道上放置一份文書，敵人頓時驚恐畏懼，各個部落分離逃散。牽招軍隊抵達平城故城，敵眾一下子全都潰散逃跑。軻比能又聚合大批騎兵殺來，抵達平州故塞以北地帶。牽招暗中進擊征討，斬了很多敵人的首級。牽招鑑於蜀國諸葛亮屢屢出兵，而軻比能狡猾，會與蜀國相互勾結，就上表要求預先防備，議論政事的人認為他們距離遙遠，不相信會有這種情況。當時正好諸葛亮在祁山，果然派遣使者連絡交結軻比能。軻比能到達北地郡舊石城，與諸葛亮首尾呼應。魏明帝於是詔令牽招，讓他按實際情況自行靈活處斷，討平他們。當時軻比能已經撤回沙漠以南地帶，牽招與并州刺史畢軌商議說：「胡人四處遷徙，沒有固定的住處。如果派軍隊辛苦的奔赴遠方追擊，那麼速度慢追不上。如果打算暗中襲擊，那麼山嶺溪流艱難險阻，軍用物資和糧草的轉運，難以祕密籌辦。因而可以派駐守新興、雁門二郡的武將，出兵屯駐陘山以北，對外發揮鎮撫的作用，對內命令他們展開屯田活動，積蓄糧食，到秋冬戰馬肥壯時，州郡聚合兵力，利用機會征討，想必會大獲全勝。」計略還沒付諸實施，牽招便病故了。牽招在雁門郡十二年，威懾的力量振揚到遠方。他在治理邊區上的聲望，僅次於田豫，老百姓懷念他。而漁陽人傅容在雁門郡也有威名和功績，緊接牽招之後，又在遼東地區建立了功勞。

8 牽招的長子牽嘉承襲了封爵。次子牽弘，也勇猛剛毅有牽招的遺風，憑仗隴西太守的身分跟隨鄧艾討伐蜀國，建有功勳，咸熙年間擔任振威護軍。牽嘉與晉朝司徒李胤為同母兄弟，早死。

1 郭淮，字伯濟，太原❶陽曲❷人也。建安中舉孝廉❸，除平原府丞❹。文帝為五官將❺，召淮署為門下賊曹❻，轉為丞相兵曹議令史❼，從征漢中。太祖還，留征西將軍❽夏侯淵❾拒劉備，以淮為淵司馬。淵與備戰，淮時有疾不出。淵遇害，軍中擾擾，淮收散卒，推盪寇將軍❿張郃⓫為軍主⓬，諸營乃定。其明日，備欲渡漢水⓭來攻。諸將議眾寡不敵，備便乘勝，欲依水為陣以拒之。淮曰：「此示弱而不足挫敵，非算⓮也。不如遠水為陣，引而致之，半濟⓯而後擊，備可破也。」既陣，備疑不渡，淮遂堅守，示無還心。以狀聞，太祖善之，假郃節，復以淮為司馬。文帝即王位，賜爵關內侯，轉為鎮西長史⓰。又行征羌護軍⓱，護左將軍⓲

張郃、冠軍將軍⑲楊秋討山賊鄭甘、盧水⑳叛胡，皆破平之。關中㉑始定，民得安業。

2 黃初元年，奉使賀文帝踐阼，而道路得疾，故計遠近為稽留㉒。及羣臣歡會，帝正色責之曰：「昔禹會諸侯於塗山，防風後至，便行大戮㉓。今溥天㉔同慶而卿最留遲，何也？」淮對曰：「臣聞五帝㉕先教導民以德，夏后㉖政衰，始用刑辟㉗。今臣遭唐虞㉘之世，是以自知免於防風之誅也。」帝悅之，擢領雍州㉙刺史，封射陽亭侯，五年為真㉚。安定㉛羌㉜大帥辟蹏反，討破降之。每羌、胡來降，淮輒先使人推問其親理㉝，男女多少，年歲長幼；及見，一二知其款曲㉞，訊問周至，咸稱神明。

3 太和二年，蜀相諸葛亮出祁山，遣將軍馬謖㉟至街亭㊱，高詳㊲屯列柳城㊳。張郃擊謖，淮攻詳營，皆破之。又破隴西名羌唐蹏於枹罕㊴，加建威將軍㊵。五年，蜀出鹵城㊶。是時，隴右㊷無穀，議欲關中大運，淮以威恩撫循㊸羌、胡，家使出穀，平其輸調㊹，軍食用足，轉揚武將軍㊺。青龍二年，諸葛亮出斜谷㊻，並田于蘭坑㊼。是時司馬宣王屯渭南㊽；淮策亮必爭北原㊾，宜先據之，議者多謂不然。淮曰：「若亮跨渭登原，連兵北山㊿，隔絕隴道(51)，搖盪民、夷，此非國之利也。」宣王善之，淮遂屯北原。塹壘未成，蜀兵大至，淮逆擊之。後數日，亮盛兵西行，諸將皆謂欲攻西圍，淮獨以為此見形於西，欲使官兵重應之，必攻陽遂[52]耳。其夜果攻陽遂，有備不得上。

4 正始元年，蜀將姜維[53]出隴西。淮遂進軍，追至彊中[54]，維退，遂討羌迷當等，按撫柔氐[55]三千餘落，拔徙以實關中。遷左將軍。涼州[56]休屠[57]胡梁元碧等，率種落二千餘家附雍州。淮奏請使居安定之高平[58]，為民保鄣，其後因置西州都尉[59]。轉拜前將軍，領州[60]如故。

5 五年，夏侯玄[61]伐蜀，淮督諸軍為前鋒。淮度勢不利，輒拔軍出，故不大敗。還假淮節。八年，隴西、南安[62]、金城[63]、西平[64]諸羌餓何、燒戈、伐同、蛾遮塞等相結叛亂，攻圍城邑，南招蜀兵，涼州名胡治無戴復叛應之。討蜀護軍[65]夏侯霸[66]督諸軍屯為翅[67]。淮軍始到狄道[68]，議者僉[69]謂宜先討定枹罕，內平惡羌，外折賊謀。淮策維必來攻霸，遂入渢中[70]，轉南迎霸。維果攻為翅，會淮軍適至，維遁退。進討叛羌，斬餓何、燒戈，降服者萬餘落。九年，遮塞等屯河關[71]、白土[72]故城，據河拒軍。淮見形上流[73]，密於下渡兵據白土城，擊，大破之。治無戴圍武威[74]，家屬留在西海[75]。淮進軍趨西海，欲掩取其累重[76]，會無戴折還，與戰於龍夷[77]之北，破走之。今居[78]惡虜在石頭山[79]之西，當大道止，斷絕王使。淮還過討，大破之。姜維出石營[80]，從彊川[81]，乃西迎治無戴，留陰平[82]太守廖化[83]於成重山[84]築城，斂破羌保質[85]。淮欲分兵取之。諸將以「維眾西接彊胡，化以據險，分軍兩持，兵勢轉弱，進不制維，退不拔化，非計也，不如合而俱西，及胡、蜀未集[86]，絕其內外，此伐交[87]之兵也」。淮曰：「今往取化，出賊不意，維必狼顧[88]。比維自致，足以定化，且使維疲於奔命。兵不遠西，而胡交自離，此一舉而兩全之策也。」乃別遣夏侯霸等追維於沓中[89]，淮自率諸軍就攻化等。維果馳還救化，皆如淮計。進封都鄉侯。

6 嘉平元年，遷征西將軍，都督雍、涼諸軍事[90]。是歲，與雍州刺史陳泰[91]協策，降蜀牙門將[92]句安[93]等於翅[94]上。二年，詔曰：「昔漢川之役[95]，幾至傾覆。淮臨危濟難，功書王府[96]。在關右[97]三十餘年，外征寇虜，內綏民夷。比歲[98]以來，摧破廖化，禽虜句安，功績顯著，朕甚嘉之。今以淮為車騎將軍、儀同三司[99]，持節、都督[100]如故。」進封陽曲侯，邑凡二千七百八十戶，分三百戶，封一子亭侯。正元[101]二年薨，追贈大將軍，謚曰貞侯。子統嗣。統官至荊州刺史，薨。子正嗣。咸熙中，開建五等[102]，以淮著勳前朝，改封汾陽子。

【章　旨】以上為〈郭淮傳〉，記述郭淮的籍貫、由平原府丞到車騎將軍的仕履與九宗事跡：挽救曹劉漢川戰役敗局，頤解魏文帝怒責，以熟悉內情威服西北部族，識破諸葛亮兵出祁山的戰略意圖和策略手段，遷徙安頓被征服的羌氏部落，伐蜀充當前鋒無大敗，平定西羌大規模叛亂，兵分兩路粉碎蜀將姜維內外掌控西羌餘部的軍事計畫，擒獲蜀國駐守麴山二城的牙門將。

【注　釋】❶太原　郡名。治所在今山西太原西南。❷陽曲　縣名。治所在今山西定襄東。❸孝廉　漢代選拔官吏的科目之一。得人此選者，往往躋身尚書郎的行列。❹平原府丞　平原，郡名。治所在今山東平原南。府丞為副長官，輔佐太守處理政務。❺五官將　全稱五官中郎將，負責率部守衛宮殿，出充車騎。❻門下賊曹　主管清除盜賊的機構。門下謂在府門之下供職。❼丞相兵曹議令史　在丞相府主管軍務之兵曹參與謀議活動的佐吏。❽征西將軍　武職之稱，屬四征將軍之一，為額設之官。❾夏侯淵　字妙才，沛國譙（今安徽亳州）人，夏侯惇族弟。初隨曹操起兵，征袁紹，戰韓遂，破黃巾，平張魯，屢立戰功。東漢建安二十三年（西元二一八年），與蜀軍戰於陽平關，為蜀將黃忠所殺。詳見本書卷九〈夏侯淵傳〉。❿盪寇將軍　武職之稱，屬雜號將軍。⓫張郃　字儁乂，河間鄚（今河北任丘北）人，東漢末為韓馥部將，後依袁紹，官渡之戰後歸降曹操。攻鄴城，擊袁譚，討柳城，屢立戰功，為曹魏名將之一。平張魯後，與夏侯淵守漢中，夏侯淵死，被眾人推為軍主，退屯陳倉。魏明帝時，諸葛亮北伐，張郃督諸軍，在街亭打敗諸葛亮將馬謖。魏太和五年（西元二三一年），諸葛亮再次北伐，張郃與蜀軍戰，在木門被飛矢所中，卒。詳見本書卷十七〈張郃傳〉。⓬軍主　一軍的主將。⓭漢水　水名。即今漢江。⓮算　取勝的謀略。⓯半濟　渡河到一半。⓰鎮西長史　即鎮西將軍的長史。鎮西將軍屬四鎮將軍之一，為額設之官。⓱行征羌護軍　官名。即代理征羌護軍。⓲左將軍　武職之稱，為額設之官。⓳冠軍將軍　武職之稱，屬雜號將軍。⓴盧水　水名。在今青海湟源東南。㉑關中　泛指函谷關以西地區或秦嶺以北之地。㉒稽留　延遲；耽擱。㉓昔禹會諸侯三句　禹為堯舜時期的治水英雄和夏王朝的實際創建者，躋身於三皇之列。其事跡主要見於《尚書・禹貢》、《史記・夏本紀》。塗山為山名，其方位所在說法不一，而較早的說法則認為在今浙江紹興西北。防風乃係一部落酋長的名號。大戮謂斬殺並陳屍示眾。《國語・魯語下》載孔子答吳國使者問曰：「昔禹致羣神於會稽之山，防風氏後至，禹殺而戮之。」吳韋昭注：「防風，汪芒氏之君名也。」㉔溥天　即普天。指遍天下的人。㉕五帝　對傳說中五個聖明帝王的合稱。具體所指不一，通常謂黃帝、顓頊、帝嚳、堯、舜。㉖夏后　夏朝的國王，指禹。㉗刑辟　刑法；刑律。㉘唐虞　指堯舜。二人同為傳說中上古時期的聖明帝王，先後躋身於五帝之列。其事跡主要見於《尚書・堯典》、《史記・五帝本紀》。相傳堯和舜曾分別是陶唐氏和有虞氏兩個部落的領袖，故又稱之為唐虞。㉙雍州　州名。治所在今陝西西安西北。㉚真　試用期滿後授予的正職。㉛安定　郡名。治所在今甘肅鎮原東南。㉜羌　中國西部的一個古老游牧民族。主要活動於河湟地區（今青海東部黃河與湟水之間）及甘、陝一帶。㉝親理　親屬鄰里。㉞款曲　詳情；內情。㉟馬謖　字幼常，襄陽宜城（今湖北宜城南）人。初從劉備克蜀，任越巂太守。好論軍事，為諸葛亮所重。因不聽節制，大敗於街亭，下獄死。詳見本書卷三十九馬良附傳。㊱街亭　亦稱街泉亭，故址在今甘肅莊浪東南。㊲高詳　人名。曾為劉備別將。其在本書僅兩見。㊳列柳城　地名。確址不詳，當與街亭相去不遠。㊴枹罕　縣名。治所在今甘肅臨夏東北。㊵建威將軍　武職之稱，屬雜號將軍。㊶鹵城　地名。在今甘肅天水市西南。㊷隴右　即隴西，指隴山（六盤山南段）以西至黃河以東地區。㊸撫循　安撫存恤。㊹輸調　應繳納的賦稅。㊺揚武將軍　武職之稱，屬雜號將軍。㊻斜谷　指陝西終南山褒斜谷的北口。褒斜谷南北全長四百七十里，南口曰褒，北口曰斜，通道兩旁山勢險峻，為古來兵家必爭之地。㊼蘭坑　地名。確址不詳，當在斜谷附近。㊽渭南　渭水以南地帶。㊾北原　又名積石原，在渭水北。其與渭水南之南原相對而稱。其與位於岐山縣南的五丈原距離不遠。㊿北山　指九嵕山。在咸陽北部，故而又稱北山。(51)隴道　指由陝西通往甘肅的道路。(52)陽遂　地名。確址不詳，總之距離北原較近。(53)姜維　字伯約，天水冀縣（今甘肅甘谷東）人。本仕曹魏，蜀漢建興六年（西元二二八年）諸葛亮首次伐魏時投降蜀漢。歷任征西將軍、涼州刺史、衛將軍、大將軍等職，是蜀漢後期傑出的人才。詳見本書卷四十四〈姜維傳〉。(54)彊中　地名。確址不詳，或即下文所說的彊川。(55)氐　古代西北部族之一。其從羌族中分化而來，活動於今陝甘川交界地區。(56)涼州　州名。治所在今甘肅武威。(57)休屠　縣名。治所在今甘肅武威北。(58)高平　縣名。治所在今寧夏固原。(59)西州都尉　官名。負責邊塞防務。西州則是著眼於地理方位而對涼州形成的異稱。州，原誤作「川」，據宋本改。(60)領州　指兼任雍州刺史而言。(61)夏侯玄　字太初，沛國譙（今安徽亳州）人，夏侯尚之子。曹爽執政時歷任散騎常侍、征西將軍等軍政要職，曹爽被司馬懿誅殺後，與李豐等謀殺司馬懿代之，事敗後被斬於東市。詳見本書卷九夏侯尚附傳。(62)南安　郡名。治所在今甘肅隴西東南。(63)金城　郡名。治所在今甘肅永靖西北湟水南岸。(64)西平　郡名。治所在今青海西寧。(65)討蜀護軍　臨時授予的一種軍職。(66)夏侯霸　夏侯淵次子，字仲權，正始中為討蜀護軍右將軍，素為曹爽所厚，聞爽誅，自疑，亡入蜀。事見本書卷九〈夏侯淵傳〉及裴松之注。(67)為翅　軍事要地。其確址不詳，當在今甘肅岷縣附近。(68)狄道　縣名。治所在今甘肅臨洮。(69)僉　全都；無不。(70)渢中　地名。確址不詳，當與為翅距離較近。(71)河關　縣名。治所在今青海同仁西北。因兩山夾峙，黃河徑出其間，故名河關。(72)白土　縣名。治所在今青海西寧東南。北魏酈道元《水經注》卷二引《十三州志》曰：「在南津西六十里有白土城。城在大河之北，為緣河津渡之處。」73上流　上游地帶。74武威　郡名。治所在今甘肅武威。75西海　即青海湖。76累重　指家屬拖累和各種物資儲備。77龍夷　城名。故址即今青海海晏。北魏酈道元《水經注》云：「湟水又東南流，逕龍夷城，故西零之地也。《十三州志》曰：『城在臨羌新縣西三百一十里。王莽納西零之獻，以為西海郡，治此城。』」78令居　縣名。治所在今甘肅永登西北。79石頭山　山名。在今甘肅武威境內。80石營　地名。在今甘肅武山縣南。81彊川　全稱彊川口，亦作強川或漒川。位於強臺山（在今青海與甘肅西南境，又稱西傾山）南，在當時的陰平縣境內。其地西接黃沙，亦名沙漒。82陰平　郡名。治所在今甘肅文縣西北。83廖化　字元儉，本名淳，襄陽（今湖北襄樊）人，初為關羽屬吏，關羽敗死後任職東吳，後詐死逃回蜀漢。蜀亡後與宗預內遷洛陽，死於途中。詳見本書卷四十五宗預附傳。84成重山　山名。確址不詳，當在西傾山之東。85保質　保住人質。86集　宋本作「接」。87伐交　謂破壞敵方與其他方面的聯合。語本《孫子・謀攻》：「故上兵伐謀，其次伐交，其次伐兵。」88狼顧　狼行走時，經常轉過頭來觀看，以防受到襲擊。用以喻人有所顧忌。89沓中　地名。在今甘肅舟曲西北洛大鎮附近。姜維曾屯兵種麥於此。90都督雍涼諸軍事　武職之稱，即雍州和涼州整個轄區內各處駐軍的最高軍事長官。91陳泰　曹魏沉勇善斷的高級將領。事見本書卷二十二陳羣附傳。92牙門將　全稱牙門將軍，為武官之一種。93句安　人名。本書無傳。陳羣附傳：「蜀大將軍姜維率眾依麴山築二城，使牙門將句安、李歆等守之，聚羌胡質任等寇偪諸郡。」94翅　指為翅。95漢川之役　即上文所記述的夏侯淵在漢水被劉備擊殺的戰役。96王府　指帝王收藏文書的府庫，即皇室檔案館。97關右　指函谷關以西地區。98比歲　近年。99儀同三司　儀制同於三公的一種特殊待遇。三司即三公。100都督　指都督雍、涼諸軍事一職而言。101正元　魏高貴鄉公曹髦年號，西元二五四—二五六年。102開建五等　意為重新設立五等爵位，即公、侯、伯、子、男。《晉書・地理志上》載：「晉文帝為晉王，命裴秀等建立五等之制。惟安平郡公孚邑萬戶，制度如魏諸王，其餘縣公邑千八百戶，地方七十五里；大國侯邑千六百戶，地方七十里；次國侯邑千四百戶，地方六十五里；大國伯邑千二百戶，地方六十里；次國伯邑千戶，地方五十五里；大國子邑八百戶，地方五十里；次國子邑六百戶，地方四十五里；男邑四百戶，地方四十里。」

【語　譯】郭淮，字伯濟，是太原郡陽曲縣人。漢獻帝建安年間被薦舉為孝廉，任平原府丞。文帝擔任五官中郎將時，徵召郭淮暫任門下賊曹，轉任丞相府兵曹議令史，跟隨太祖征伐漢中。太祖返回時，留下征西將軍夏侯淵抵禦劉備，讓郭淮任夏侯淵的司馬。夏侯淵與劉備交戰，當時郭淮生病沒有出戰。夏侯淵遇害，軍中惶惶不安，郭淮聚集逃散的士兵，推舉盪寇將軍張郃任軍中主將，各營這才安定下來。第二天，劉備打算渡過漢水前來進攻。眾將商議認為敵眾我寡，劉備有利於乘勢取勝，打算緊靠漢水擺開陣式用來抵禦劉備。郭淮說：「這正顯示出我方疲弱而不能挫敗敵人，不是打勝仗的謀略。不如遠離漢水擺開陣式，引敵人過來，趁他們渡河到一半時然後發動攻擊，就能打敗劉備了。」擺好陣式之後，劉備疑心不派兵渡河，郭淮於是堅守，顯示沒有撤退的意向。將戰況上報，太祖認為處理得很好，賜給張郃假節，又把郭淮任命為司馬。文帝承襲魏王王位，賜郭淮關內侯的封爵，轉任鎮西將軍長史。又代理征羌護軍，監護左將軍張郃、冠軍將軍楊秋討伐山賊鄭甘以及盧水一帶反叛的胡人，全都擊敗掃平了他們。關中地區從此平定下來，民眾得以安居樂業。

2 文帝黃初元年，郭淮奉命祝賀文帝登基，在途中染上疾病，所以就按道路遠近計算好延遲的時間。到了羣臣聚會歡慶時，文帝嚴肅的責怪他說：「從前大禹在塗山會集天下諸侯，防風氏晚到，於是就殺了他。今天普天同慶，而你卻最晚到，是什麼原因呢？」郭淮回答說：「臣聽說五帝先用恩德教化引導人民，到夏王政治衰落，才開始施用刑罰。如今臣遭逢唐堯虞舜那樣的盛世，因而自己清楚可以免除像防風氏那樣的誅殺的。」文帝聽後很高興，拔擢郭淮兼任雍州刺史，封射陽亭侯，五年後正式出任雍州刺史。安定郡羌族大帥辟蹏反叛，郭淮前去討伐，擊敗了辟蹏並使他投降。每當羌、胡有人來投降，郭淮總是先派人詢問他們的親屬鄉里，男女多少，年歲長幼；到了見面時，一兩句話就知道他們的內情，訊問周到詳盡，歸降者都說他明智如神。

3 明帝太和二年，蜀國丞相諸葛亮出兵祁山，派遣將軍馬謖到街亭，高詳屯駐列柳城。張郃進擊馬謖，郭淮攻打高詳營地，全都打敗了他們。又在枹罕擊敗了隴西著名的羌族頭領唐蹏，加授建威將軍。太和五年，蜀國出兵鹵城。這時隴西一帶沒有糧食，計議結果準備從關中大量運送過去，郭淮恩威並用，安撫羌、胡部落，讓每家獻出糧食，均衡處理他們的賦稅數額，軍糧充足，轉任揚武將軍。明帝青龍二年，諸葛亮出兵斜谷，並在蘭坑屯田。這時司馬宣王駐守在渭水以南；郭淮揣測諸葛亮必定要奪取北原，應當先占據它，議論的人多認為不會這樣。郭淮說：「如果諸葛亮跨過渭水，登上北原，在九嵕山結成戰線，隔斷隴道，使當地居民和夷人動搖不安，這不是國家的好處。」司馬宣王認為他講得對，郭淮於是率兵屯駐北原。防禦工事尚未修好，蜀軍已大舉殺來，郭淮迎擊蜀軍。幾天過後，諸葛亮指揮大隊人馬向西行進，眾將都認為準備攻打西線，只有郭淮認為這是在西線製造假象，想叫我方動用重兵回應他們，其實肯定會來攻打陽遂。這一夜，蜀軍果然來攻打陽遂，因有所防備無法攻占它。

4 魏齊王曹芳正始元年，蜀國大將姜維出兵隴西。郭淮於是進軍，追趕到彊中，姜維退兵，郭淮於是討伐羌族迷當等人，安撫羌、氐三千多個部落，遷徙他們用來充實關中。升任左將軍。涼州休屠縣胡人梁元碧等，率領部落二千多家歸附雍州。郭淮奏請求讓他們居住在安定郡的高平縣，作為當地民眾的外圍屏障，此後趁勢設置西州都尉。郭淮轉任前將軍，和從前一樣兼任雍州刺史。

5 正始五年，夏侯玄征伐蜀國，郭淮督領各軍任前鋒。郭淮預估戰事不利，就率軍隊撤出，因此沒有大敗。回師後朝廷賜郭淮假節。正始八年，隴西、南安、金城、西平各郡的羌族首領餓何、燒戈、伐同、蛾遮塞等相互勾結，發動叛亂，圍攻城邑，南向招引蜀軍，涼州著名的胡人頭領治無戴又反叛響應他們。討蜀護軍夏侯霸督領各軍屯駐為翅。郭淮的軍隊才到狄道縣，議論軍情的人都認為應當先討伐平定枹罕，在內平定兇惡的羌人，對外挫敗蜀國的圖謀。郭淮預計姜維必定前來攻打夏侯霸，於是進軍渢中，向南接應夏侯霸。姜維果然攻打為翅，適逢郭淮率軍殺到，姜維退兵離去。郭淮進軍討伐反叛的羌人，斬殺了餓何、燒戈，一萬多個部落投降歸順。正始九年，蛾遮塞等人駐紮在河關、白土故城，憑藉黃河抗拒魏軍。郭淮在上游擺出渡河的架勢，祕密在下游派兵渡河占領白土故城，進擊對方，大敗敵軍。治無戴圍攻武威，家屬留在西海。郭淮進軍直奔西海，打算襲取他的家屬和各種物資儲備，適逢治無戴折返回來，就在龍夷北邊開戰，迫使治無戴戰敗逃走。令居縣兇惡的胡人在石頭山西邊，正當大道，阻斷通行，斷絕了國家使者的出入往來。郭淮回軍路過討伐他們，大敗他們。姜維從石營出兵，經過彊川，便往西迎納治無戴，留下陰平太守廖化在成重山修築城池，接納被打敗的羌人當做人質。郭淮準備分兵攻取他們。眾將領認為「姜維的部隊在西部與強大的胡人部落相接，廖化已經占據險要，分兵形成兩處對峙的局面，兵力轉為弱勢，推進無法鉗制姜維，後退不能攻取廖化，不是巧妙的計策，不如合兵全力向西挺進，趕在胡人和蜀軍尚未會合之時，斷絕他們內外的聯結，這正屬於破壞敵軍與其他方面聯合的用兵之道啊」。郭淮說：「現在去攻取廖化，出乎敵人的意料之外，姜維必定有所顧忌。等到姜維自己前來，我們足以拿下廖化，並且教姜維疲於奔命。軍隊不用遠道向西進軍，而胡人與蜀國的聯結自然解離，這是一舉兩全的策略啊。」於是另外派遣夏侯霸等人到沓中追擊姜維，郭淮自己帶領各支部隊攻打廖化等人。姜維果然火速馳回援救廖化，一切都如同郭淮所預計的。進封郭淮為都鄉侯。

6 魏齊王曹芳嘉平元年，郭淮升任征西將軍，都督雍州、涼州諸軍事。這一年，他和雍州刺史陳泰共同策劃，在翅上降服了蜀國牙門將句安等人。嘉平二年，朝廷下達詔書說：「過去漢川之戰，幾乎全軍覆沒。郭淮面對險境，拯救危難，功勞記在皇室檔案館中。在關西三十多年，對外征討賊寇，對內安撫民眾、夷人。近年來，擊敗廖化，俘擄句安，功績顯著，朕非常讚賞。現在任命郭淮為車騎將軍、儀同三司，持節、都督依舊。」進封為陽曲侯，食邑總共二千七百八十戶，劃出其中的三百戶，封他一個兒子為亭侯。魏高貴鄉公曹髦正元二年郭淮去世，追贈大將軍，賜諡號叫貞侯。兒子郭統承襲了封爵。郭統官至荊州刺史，去世。兒子郭正承襲了封爵。元帝曹奐咸熙年間，朝廷重新設五等爵位，鑑於郭淮在前朝功勳卓著，改封為汾陽子。

評曰：滿寵立志剛毅，勇而有謀。田豫居身清白，規略❶明練❷。牽招秉義壯烈，威績顯著。郭淮方策❸精詳，垂問❹秦、雍❺。而豫位止小州，招終於郡守，未盡其用也。

【章　旨】以上是陳壽對四位傳主發表的評語。分別指明各自的人格特徵與軍事專長，對田豫和牽招官位偏低而未盡其用深表惋惜。

【注　釋】❶規略　規劃謀略。❷明練　明達精熟。❸方策　方略計策。❹垂問　傳播美名。問，通「聞」。聲譽；名聲。❺秦雍　指今陝西和甘肅一帶。秦謂秦州，乃係魏文帝分隴右所置，不久又併入雍州。

【語　譯】評論說：滿寵定立志向，剛強堅毅，勇猛又有計謀。田豫立身清白，規劃謀略明達精熟。牽招秉持正義，激昂壯烈，威震邊疆的功績顯著。郭淮方略對策精密周詳，美名在秦、雍一帶傳揚。但田豫職位只到小州刺史，牽招在郡守職務上去世，沒有充分發揮他們的作用。

【研　析】本篇合傳記述了雁門太守牽招的一項超常行動：魏明帝「太和二年（西元二二八年），護烏丸校尉田豫出塞，為軻比能所圍於故馬邑城，移招求救。招即整勒兵馬，欲赴救豫。并州以常憲禁招，招以為節將見圍，不可拘於吏議，自表輒行。」牽招所使用的「節將」之稱，在《三國志》全書中僅此一見。其所謂節將，也就是擁有朝廷授予的持節稱號與信物的獨當一面的高級將領。包括牽招本人在內，本篇合傳載錄的四位傳主無一不是這等人物，不過其間還存在著差別。

節將所持之節，特指旌節而言。關於旌節，早在《周禮．地官．掌節》中便已提及，《史記．高祖本紀》明確記載秦王子嬰封存獻呈的皇帝之「節」。漢承秦制，旌節之設愈趨規範，更顯重要，《玉海》引《唐六典》稱：「漢唯旌節，餘皆號符。」旌節的作用與形制，東漢末葉應劭所撰《漢官儀》說：「節所以為信也。以竹為之，柄長八尺，以旄（牦）牛尾為其眊（同「旄」，即旗竿頂上的毛飾），三重。」與應劭大致同時的劉熙在其《釋名．釋兵》中則謂：「析雨為旌。旌，精也，有精光也。節為號令賞罰之節也。又節毛上下相重，取象竹節。」這裏「毛」通「氂」，即旄。「旄，竿首，其形蘂蘂然也。」旌節和斧鉞以及俗稱的尚方寶劍一樣，乃是皇權的象徵，國家的代表，帝王授付給臣下的代行天子一定權力的信物與憑證。

從《史記》和前後《漢書》來看，旌節往往被授給宮中特使、皇帝偵緝隊、朝廷特使、外交使節、出駐塞外部族聚居區的專職武官和主持一方戰事與軍務的將帥，使其擺出皇帝猶在身後撐腰的姿態，更有效的履行特定職責與具體任務。到三國形成，考察《三國志》及《晉書》字裏行間，節將所占比重越來越大，既包括無定員的持節都督，又包括有增無減的持節出駐塞外部族聚居區的專職武官，鮮明的顯示出旌節授付速向軍事領域傾斜的趨向，形成了一種異於前代的歷史現象。

魏文帝在「黃初三年，假（滿）寵節鉞。五年，拜前將軍」。到魏明帝「太和二年，領豫州刺史」。三年，「寵以前將軍代都督揚州諸軍事」。四年，「拜寵征東將軍」。景初二年「以寵年老徵還，遷為太尉」。郭淮於黃初五年正式就任雍州刺史，直至魏齊王曹芳正始元年「遷左將軍」，又「轉拜前將軍，領州如故」。五年則因伐蜀「督諸軍為前鋒」而「不大敗。還假淮節」。嘉平元年，「遷征西將軍，都督雍、涼諸軍事」，後又升為「車騎將軍、儀同三司，持節、都督如故」。這正說明，在曹魏中軍、外軍、州郡兵共存的軍事體制下，均由中央選派持節都督分領外軍，並冠以一定的將軍名號，通過將軍名號的品級體現持節都督的地位高低。都督區愈大，將軍名號的品級便愈高，反之亦然。但無論大小高低，持節都督在出征時均為前線一軍主帥，屯駐時則為軍區或戰區的最高軍事長官，但只「典兵在外」，不掌民政，民政仍由刺史掌管，刺史與持節都督在重大軍事行動上又常常「協策」。

如果說持節都督是隸屬於軍隊系統的軍區司令或戰區司令，那麼持節出駐塞外部族聚居區的專職武官，便是隸屬於行政系統的特別行政區的軍政首腦，帶有領軍為主、轄民為輔的雙重色彩，不妨稱之為持節將校。持節將校比持節都督級別略低，包括田豫曾出任的使持節護匈奴中郎將、持節護烏丸校尉，牽招曾出任的使持節護鮮卑校尉，以及見於〈魏書〉帝紀與其他合傳的使持節護羌校尉、假節護東羌校尉以及護東夷校尉、西域戊己校尉等。這些持節將校，亦加雜號將軍或中郎將（如田豫為殄夷將軍、牽招為右中郎將）的名號，主管所在區域的平叛和鎮撫事宜。旌節在他們手中，成為代表朝廷行使地方領轄權和監管權的標誌。田豫還以使持節護匈奴中郎將的身分兼「領并州刺史」，則是集邊塞內外軍政大權於一身的，又為持節都督所不及。

仍是田豫，曾以汝南太守「本官督青州諸軍，假節，往討」遼東的反叛勢力，而「青州刺史程喜內懷不服，軍事之際，多相違錯」，但田豫依舊成功的組織發起了成山阻擊戰，並且是他抗旨違詔逕自做出這一重大軍事部署的。由此可見，旌節在一軍主帥本非都督而戰事既開的情形下，其權威作用之大。田豫敢把魏明帝命其「罷軍」的詔書拋諸腦後，「徼截險要，列兵屯守」，除去勝券在握之外，便是因為旌節在身。

持節都督和持節將校都具有欽差御遣的性質，構成了曹魏政權鎮內馭外並與吳蜀交兵會戰的兩大支柱。僅從本篇合傳來看，其稱謂則有假節、持節、使持節的區別。這種區別不僅表現出加授方式的不同，更體現出指揮權限的細緻劃定。究竟孰輕孰重，儘管對曹魏時期的情況尚難明晰分辨，但西晉建立之初即以「使持節為上，持節次之，假節為下。使持節得殺二千石以下，持節殺無官位人，若軍事，得與使持節同。假節唯軍事，得殺犯軍令者」（《晉書・職官志》），這至少表明曹魏政權的持節都督與持節將校對所統軍官及地方長吏是擁有生殺之權的。（楊寄林注譯）

卷二十七　魏書二十七

徐胡二王傳第二十七

【題解】本卷是徐邈、胡質、王昶、王基四人的合傳。他們均為曹魏坐鎮一方的封疆大吏和高級將領，各具文韜武略，主要活動於魏明帝和三少帝時期。徐邈出色治理涼州轄區，妥善處理與羌族、匈奴部落、西域諸國的關係，對魏國西北邊區的安定貢獻甚大。胡質勒兵臨敵解救樊城之圍，在青、徐二州與東吳對峙卓有成效，表現出胡質「精良綜事」的才能。王昶進奏旨在革除弊政的《治論》及切合戰場需要的《兵書》；撰寫以起名為依託的家訓專文〈誡子姪書〉，陳說有關治國方略的五項要事並提出百官考課的意見；利用吳國出現內釁之機主動進擊而大敗江陵守敵，凸顯王昶「謀慮淵深」的特質。王基進呈〈諫明帝盛修宮室疏〉，應詔提交〈伐吳進趣之宜對〉，寄奉〈戒司馬景王書〉；在平定淮南第一次叛亂中，抗命逕取南頓，使戰局由被動轉為主動；在平定淮南第二次叛亂中採取的正確戰術，對破敵有決定性的作用；又諫阻司馬文王在大捷之後輕兵深入吳國，識破吳國將領的詐降詭計，這些舉動反映出王基敏銳的軍事洞察力和「上違詔命，下拒眾議」的非凡氣概。

1 徐邈，字景山，燕國❶薊人也。太祖❷平河朔❸，召為丞相軍謀掾❹，試守奉高令[5]，入為東曹議令史[6]。魏國[7]初建，為尚書郎[8]。時科[9]禁酒，而邈私飲至於沉醉。校事[10]趙達問以曹事[11]，邈曰：「中聖人[12]。」達白之太祖，太祖甚怒。度遼將軍[13]鮮于輔進曰：「平日醉客謂酒清者為聖人，濁者為賢人，邈性修慎[14]，偶醉言耳。」竟坐[15]得免刑。後領隴西太守[16]，轉為南安[17]。文帝[18]踐阼[19]，歷譙相[20]，平陽[21]、安平[22]太守，潁川典農中郎將[23]，所在著稱，賜爵關內侯[24]。車駕幸許昌[25]，問邈曰：「頗復中聖人不[26]？」邈對曰：「昔子反斃於穀陽[27]，御叔罰於飲酒[28]，臣嗜同二子，不能自懲[29]，時復中之。然宿瘤以醜見傳[30]，而臣以醉見識[31]。」帝大笑，顧左右曰：「名不虛立。」遷撫軍大將軍[32]軍師。

2 明帝[33]以涼州[34]絕遠，南接蜀寇[35]，以邈為涼州刺史[36]，使持節[37]領護羌校尉[38]。至，值諸葛亮[39]出祁山[40]，隴右[41]三郡[42]反，邈輒遣參軍[43]及金城[44]太守等擊南安賊，破之。河右[45]少雨，常苦乏穀，邈上修武威、酒泉鹽池[46]以收虜穀，又廣開水田，募貧民佃[47]之，家家豐足，倉庫盈溢。乃支度[48]州界軍用之餘，以市金帛犬馬，通供中國[49]之費。以漸收斂民間私仗[50]，藏之府庫。然後率以仁義，立學明訓[51]，禁厚葬，斷淫祀[52]，進善黜惡，風化[53]大行，百姓歸心焉。西域[54]流通[55]，荒戎[56]入貢，皆邈勳也。討叛羌[57]柯吾有功，封都亭侯[58]，邑[59]三百戶，加建威將軍[60]。

邈與羌、胡從事[61]，不問小過；若犯大罪，先告部帥[62]，使知，應死者乃斬以徇[63]，是以信服畏威。賞賜皆散與將士，無入家者，妻子衣食不充；天子聞而嘉之，隨時供給其家。彈邪繩枉[64]，州界肅清。

3 正始[65]元年，還為大司農[66]。遷為司隸校尉[67]，百寮敬憚之。公事去官。後為光祿大夫[68]，數歲即拜司空[69]，邈歎曰：「三公[70]論道之官，無其人則缺，豈可以老病忝[71]之哉？」遂固辭不受。嘉平[72]元年，年七十八，以大夫薨於家，用公禮[73]葬，謚曰穆侯。子武嗣。六年，朝廷追思清節之士，詔曰：「夫顯賢表德，聖王所重；舉善而教，仲尼[74]所美。故司空徐邈、征東將軍[75]胡質、衛尉田豫[76]皆服職前朝，歷事四世[77]，出統戎馬，入贊[78]庶政，忠清在公，憂國忘私，不營產業，身沒之後，家無餘財，朕甚嘉之。其賜邈等家穀二千斛[79]，錢三十萬，布告天下。」邈同郡韓觀曼游[80]，有鑒識器幹[81]，與邈齊名，而在孫禮[82]、盧毓[83]先，為豫州[84]刺史，甚有治功，卒官。盧欽[85]著書，稱邈曰：「徐公志高行潔，才博氣猛。其施之也，高而不狷[86]，潔而不介[87]，博而守約，猛而能寬。聖人以清為難[88]，而徐公之所易也。」或問欽：「徐公當武帝[89]之時，人以為通，自在涼州及還京師，人以為介，何也？」欽答曰：「往者毛孝先[90]、崔季珪[91]等用事[92]，貴清素之士，于時皆變易車服以求名高，而徐公不改其常，故人以為通。比來93天下奢靡，轉相倣效，而徐公雅尚94自若，不與俗同，故前日之通，乃今日之介也。是世人之無常，而徐公之有常也。」

【章旨】以上為〈徐邈傳〉，記述徐邈的籍貫、其自魏太祖以迄魏齊王曹芳時期由丞相軍謀掾到涼州刺史和光祿大夫的仕履與四宗事跡：在四郡和譙國以及潁川屯田區先後贏得崇高的名望，頗解魏文帝對其嗜酒的調侃，出色治理涼州轄區和妥善處理與羌族、匈奴部落、西域諸國和睦相處、友好往來的關係，固辭三公高位的封拜。

【注釋】❶燕國　國名。治所在今北京市。❷太祖　即曹操，字孟德，小名阿瞞，沛國譙（今安徽亳州）人。東漢末起兵討黃巾，後參加袁紹討董聯盟。占據兗州後，收編黃巾軍三十餘萬，組成青州軍，先後擊敗袁術、陶謙、呂布、袁紹，統一了北方。任丞相，相繼封為魏公、魏王。曹丕建魏後，追封為魏武帝。詳見本書卷一〈武帝紀〉。❸河朔　泛指黃河以北地區。❹丞相軍謀掾　丞相手下參與軍事謀議活動的佐吏。正職曰掾，副職曰屬。丞相則為輔佐皇帝處理國政的首席大臣。秦統一後設立左、右丞相，漢代則置一名丞相。其品秩為萬石，負責典領百官，於政務無所不統。曹操於東漢獻帝建安十五年（西元二一〇年）擔任丞相。❺試守奉高令　即試任奉高縣縣令。試守猶言試用。奉高縣治今山東泰安東。漢制，縣萬戶以上稱縣令，不滿萬戶稱縣長。❻東曹議令史　在丞相府主管人事之東曹參與謀議活動的佐吏。❼魏國　魏公曹操的封國。本書卷一〈武帝紀〉載：「魏國置丞相已下羣卿百寮，皆如漢初諸侯王之制。」❽尚書郎　中樞機構尚書臺的屬官，負責處理曹務。始入尚書臺者稱守尚書郎中，滿一年稱尚書郎，三年稱侍郎。具體人選則多為孝廉中身懷才能者。❾科　指法令條規。❿校事　又稱校官或校曹，專門負責刺探羣臣陰私，予以懲辦。⓫曹事　指尚書臺下屬部門的事務。⓬中聖人　謂喝醉了酒。中，受。聖人，指清酒。⓭度遼將軍　武官名號。其品秩為二千石，專掌衛護匈奴南單于，所領兵營則稱度遼營，駐紮在五原曼柏縣。⓮修慎　謂看重修養，處世謹慎。⓯坐　犯罪。⓰領隴西太守　領謂兼任，自漢代起，以地位較高的官員兼理較低的職務，謂之「領」或「錄」。隴西，郡名。治所在今甘肅臨洮。太守又稱郡守，為一郡最高長官。品秩二千石，掌管整個轄區內的軍政事務。⑰南安　郡名。治所在今甘肅隴西東南。⑱文帝　即曹丕，字子桓，沛國譙（今安徽亳州）人，曹操次子。先任五官中郎將、副丞相，後被立為魏太子。西元二二〇年代漢稱帝。愛好文學，與當時著名文人往來甚密，在中國文學史上也有重要地位。詳見本書卷二〈文帝紀〉。⑲踐阼　登上皇帝正位。⑳譙相　譙，國名。治所在今安徽亳州。相是中央派往封國協助諸侯王治理其國的官員，職如郡守。㉑平陽　郡名。治所在今山西臨汾西南。㉒安平　郡名。治所在今河北冀州。㉓潁川典農中郎將　在潁川地區主持屯田事務的武官。潁川，郡名。治所在今河南禹州。㉔關內侯　爵位名。為二十等爵位中的第十九級，位在列侯之次。無食邑，寄食關內，故名。㉕許昌　曹魏五都之一。治所在今河南許昌東。㉖不　同「否」。㉗昔子反斃於穀陽　子反為春秋時期楚國的司馬和中軍統帥。穀陽全名穀陽豎，即一名內侍宦者。《左傳》成公十六年載：在晉楚鄢陵之戰中，戰事持續一整天沒有結果，雙方視察傷亡狀況，補充士卒，秣馬厲兵，準備明日再戰。這時「（楚王）召子反謀。穀陽豎獻飲於子反，子反醉而不能見。王曰：『天敗楚也夫！余不可以待。』乃宵遁。」楚國戰敗，子反為此羞愧自殺。㉘御叔罰於飲酒　御叔為春秋時期魯國的御邑大夫。《左傳》襄公二十二年載：「春，臧武仲如晉。雨，過御叔。御叔在其邑，將飲酒，曰：『焉用聖人（指臧武仲）？我將飲酒，而己雨行，何以聖為！』穆叔聞之，曰：『不可使也。而傲使人，國之蠹也。』令倍其賦。」晉杜預注：「古者家其國邑，故以重賦為罰。」㉙自懲　自我警戒。㉚然宿瘤以醜見傳　宿瘤指戰國時齊國國都東郭的一名頸部生有大瘤的採桑醜女。西漢劉向《列女傳・辯通傳》詳載其事，且作頌曰：「齊女宿瘤，東郭採桑。閔王出遊，不為變常。王召與語，諫辭甚明。卒升后位，名聲光榮。」㉛見識　受到賞識。見，受到；得到。㉜撫軍大將軍　武職之稱，官居二品，總領東方或西方軍務。㉝明帝　即曹叡，字元仲，文帝之子。文帝病重時才立其為太子。即位後大興土木，耽意遊玩，也關心文化，鼓勵學術。詳見本書卷三〈明帝紀〉。㉞涼州　州名。治所在今甘肅武威。㉟蜀寇　對三國劉備所建蜀漢政權的蔑稱。㊱刺史　一州的最高軍政長官。㊲使持節　魏晉以來對地方軍政要員所授予的一種信物與稱號。獲此信物與稱號者有權斬殺二千石以下官員。節，旌節，屬於朝廷權力的象徵與標誌。㊳領護羌校尉　即兼職護羌校尉。護羌校尉為負責民族事務的駐外武官，總領西羌事務。其下屬有長史和司馬等。㊴諸葛亮　字孔明，琅邪陽都（今山東沂南南）人。先隱居荊州隆中，後輔佐劉備，提出並實踐聯合孫吳、跨有荊益、北拒曹操的方針。劉備去世後，受遺詔輔佐劉禪，先後平定南中，六次北伐曹魏。後逝世於北伐前線。詳見本書卷三十五〈諸葛亮傳〉。㊵祁山　山名。在今甘肅禮縣東。漢代在西漢水北岸山上築城，極為嚴固，即今祁山堡，為軍事必爭之地。㊶隴右　即隴西，指隴山（六盤山南段）以西至黃河以東地區。[42]三郡　指天水、南安、安定郡。[43]參軍　又稱參軍事，為一種幕僚性的名義職銜，自東漢末葉始為興行。[44]金城　郡名。治所在今甘肅蘭州西北。[45]河右　猶言河西，指今甘肅、青海兩省黃河以西，即河西走廊與湟水流域。[46]武威酒泉鹽池　武威，郡名。治所在今甘肅武威。酒泉，郡名。治所在今甘肅酒泉。鹽池為產鹽的鹹水湖，其所產之鹽，成分與海鹽相同，且有白鹽、黑鹽、青鹽等品種。[47]佃　租種。[48]支度　計算；籌算。[49]中國　指中原王朝。[50]私仗　個人使用的武器。[51]明訓　宣明聖人的訓誡。[52]淫祀　過度的妄濫祭祀。《禮記・曲禮下》稱：「非其所祭而祭之，名曰淫祀。」[53]風化　教化。[54]西域　漢代以來對玉門關以西地區的總稱，包括今敦煌以西至新疆全區在內。[55]流通　謂各方面的往來活動。[56]荒戎　指西部的偏遠方國。[57]羌　中國西部的一個古老游牧民族。主要活動於河湟地區（今青海東部黃河與湟水之間）及甘、陝一帶。[58]都亭侯　爵位名。東漢時增置縣、鄉、亭侯。鄉侯中有都鄉侯，亭侯中有都亭侯，三國時沿置。都亭為京師及郡縣治所城郭附近之亭，通常由千戶人家組成一個地方行政單位，設有接待來往官員及旅客的傳舍。[59]邑　指食邑，即君主賜給臣下作為世祿的封邑。封邑內諸住戶的租稅則歸其所有。[60]建威將軍　武職之稱，屬雜號將軍。[61]從事　猶言處事、共事。[62]部帥　部落首領。[63]徇　示眾。[64]繩枉　處罰邪僻者。[65]正始　魏齊王曹芳年號，西元二四〇—二四九年。[66]大司農　九卿之一，簡稱大農，主管中央財政。[67]司隸校尉　簡稱司隸，京師地區的監察官。負責督察朝中百官和京師地區的非法活動。原由統領一千二百人組成的一支武裝隊伍而得名。在曹魏諸州中，以京師及附近六郡為司州，其地位高於其他諸州，權力亦遠非其他刺史可比。[68]光祿大夫　漢為光祿勳的屬官，秩比二千石，掌顧問應對，唯詔令所使。至曹魏則變成地位尊崇的加官，帶有榮譽職銜的性質。[69]司空　三公之一，掌管全國建築工程等事務。[70]三公　對太尉、司徒、司空的合稱。三公作為最尊顯的三個宰輔重臣，古已有之，係指太師、太傅、太保或司徒、司馬、司空而言。漢武帝時，始以丞相、御史大夫、太尉為三公，其後罷太尉增設大司馬，改御史大夫之名為大司空，改丞相之名為大司徒，又改大司馬之名為太尉。三公在兩漢時期經歷了一個由官品不等到平級並立、由位尊職重到銜高權輕的過程，實質上都是對相權的分割與牽制。這種情況到三國時代仍未改變。[71]忝　謙詞。意謂羞愧的擔任。[72]嘉平　魏齊王曹芳年號，西元二四九—二五四年。[73]公禮　對待三公的禮儀。[74]仲尼　指孔子。孔子名丘，字仲尼。其為中國古代最偉大的思想家和教育家。事跡主要見於《論語》及《史記・孔子世家》。[75]征東將軍　武職之稱，屬四征將軍之一，為額設之官。[76]衛尉田豫　衛尉，九卿之一，負責統率衛士守衛皇宮，多由皇帝親信擔任此職。田豫，字國讓，漁陽雍奴（今天津市武清東北）人，先為公孫瓚屬下，後歸曹操。先後任潁陰縣令、弋陽太守，有治績。曹魏建立後，歷任護烏丸校尉、汝南太守等職。詳見本書卷二十六〈田豫傳〉。[77]四世　指魏武帝曹操、文帝曹丕、明帝曹叡和齊王曹芳。[78]贊　佐理；協助。[79]斛　容量單位元，即十斗為一斛。[80]韓觀曼游　人名，曼游為其表字。本書僅在這裏述及此人。[81]鑒識器幹　識別人才的能力和處理事務的才幹。[82]孫禮　字德達，涿郡容城（今河北容城）人，入圍尚書，矯詔停止魏明帝的土木工程。明帝臨死任之為大將軍長史，後被曹爽排擠出朝任揚州刺史。曹爽被殺後，入朝為司隸校尉。共臨七郡五州，所在皆有威信。詳見本書卷二十四〈孫禮傳〉。[83]盧毓　曹魏善於規諫和薦舉賢才的朝臣。事見本書卷二十二〈盧毓傳〉。[84]豫州　州名。治所在今安徽亳州。[85]盧欽　盧毓的長子。[86]狷　耿直固執。[87]介　孤傲特異。[88]聖人以清為難　聖人指孟子。《孟子・萬章下》載孟子曰：「伯夷，聖之清者也；伊尹，聖之任者也；柳下惠，聖之和者也；孔子，聖之時者也。」[89]武帝　指曹操。武帝為其諡號。[90]毛孝先　指曹魏倡行儉樸、公正用人的朝臣毛玠。毛玠字孝先，事見本書卷十二〈毛玠傳〉。[91]崔季珪　指投奔曹操而最終遭忌被殺的東漢末葉儒士崔琰。崔琰字季珪，事見本書卷十二〈崔琰傳〉。[92]用事　當權。[93]比來　近來。[94]雅尚　風雅高尚。

【語譯】徐邈，字景山，燕國薊縣人。太祖平定黃河以北地區，徵召他任丞相軍謀掾，試任奉高縣縣令，入朝任東曹議令史。魏王封國剛建立，徐邈任尚書郎。當時法令禁止飲酒，但徐邈私下喝得大醉。校事趙達向他詢問主管部門的事務，徐邈回答說：「中聖人。」趙達向太祖稟告此事，太祖十分憤怒。這時度遼將軍鮮于輔上前解釋說：「醉酒的人平時把酒質清淳的酒稱為聖人，把酒質渾濁的酒叫做賢人，徐邈生性注重修養，處世謹慎，這次不過是偶爾喝醉醉言醉語罷了。」徐邈最後雖有犯罪卻得以免於刑罰。後來兼任隴西太守，轉任南安太守。魏文帝即帝位，又歷任譙國輔相、平陽與安平太守、潁川典農中郎將，所到任之處政績突出，名聲顯赫，被賜給關內侯的爵位。文帝到許昌視察，向徐邈問道：「是不是還是中聖人呢？」徐邈對答說：「從前楚國子反因喝穀陽豎獻上的醇酒延誤軍機而送命，魯國御叔也因只管喝酒而受到多交賦稅的懲罰，臣的嗜好與這兩人相同，無法自我警戒，還常會喝到中聖人的地步。然而頸部生有大瘤的採桑女子因為醜陋而得到齊閔王的傳召，而臣因為酩酊大醉受到賞識。」文帝大笑，環視左右侍臣說：「名聲真不虛立啊。」升任撫軍大將軍軍師。

2　魏明帝因為涼州距離京師遙遠，南與蜀漢接壤，任徐邈為涼州刺史，同時使持節領護羌校尉。到任時，適逢諸葛亮出兵祁山，隴右三郡反叛，徐邈當即派遣參軍和金城太守等人進擊南安反賊，打敗了他們。河西地區雨水少，官府經常苦於缺糧，徐邈首先整修武威、酒泉境內的鹽池，用鹽換取胡人的糧食，又大量開墾水田，招募貧民租種，家家豐衣足食，倉庫堆得滿滿的。於是計算全州軍費總支出後剩餘的糧食，拿去換成錢幣布帛犬馬，供應調劑朝廷的經費需要。又逐漸收繳民間的私用武器，貯藏在官方府庫中。然後用仁德道義指導民眾的思想行動，建立地方學校，宣明聖人的訓誡，禁止厚葬，斷絕過度的妄濫祭祀活動，進用良善的人，斥退邪惡之士，教化普遍施行，百姓誠心歸附。西域與中原地區開展起各方面的交流活動，西部偏遠方國前來進貢，都是徐邈的功勳。徐邈討伐反叛的羌族首領柯吾立下功勞，被封為都亭侯，食邑三百戶，加授建威將軍稱號。徐邈與羌、胡部落共事，不追究小過失；如果犯下大罪，都先告知他所屬部落的首領，讓他了解情況，罪應處死者才斬首示眾，因此胡人對他既信服又畏懼。徐邈得到的賞賜全部散發給手下將士，沒有拿回自己家裏去的，妻子兒女常常衣食不足，天子聽說後稱讚他，按季節變化供給他家用度。徐邈懲治處罰奸惡邪僻的人，涼州轄下安定清平。

3 魏齊王曹芳正始元年，徐邈回朝擔任大司農。升任司隸校尉，文武百官都敬畏他。因公事出錯而被免官。後來又擔任光祿大夫，幾年後就被拜授司空，徐邈感嘆道：「三公是協助天子制定治國基本原則與大政方針的官職，沒有合適的人選就空缺，我怎能以老病之身羞愧的擔任此職呢？」於是堅決辭謝不接受任命。嘉平元年，徐邈七十八歲，以光祿大夫的身分在家中去世，朝廷用三公的禮儀為他下葬，賜給諡號叫穆侯。兒子徐武承襲了爵位。嘉平六年，朝廷追思清廉節操的士人，下達詔書說：「顯揚賢良的人，表彰道德高尚的人，是聖明帝王所重視的；提拔良善的人，用來激勵其他人，是孔老夫子所讚美的。已故司空徐邈、征東將軍胡質、衛尉田豫都在前朝任職，接連事奉四代君主，出外則統領兵馬，入內則輔助各項朝政，忠誠清廉，一心從公，憂慮國事，忘記了個人的一切，不經營家產私業，身故以後，家裏沒有多餘的財物，朕十分讚賞他們。賜給徐邈等人每家二千斛穀米，三十萬銅錢，布告天下。」徐邈的同郡人氏韓觀字曼游，具有識別人才的能力和處理事務的才幹，與徐邈齊名而在孫禮、盧毓之上，任豫州刺史期間，非常有治績，死於任內。盧欽著書，稱揚徐邈說：「徐公志節高尚，品行純潔，才氣博大，氣質威猛。這些特質具體化時，則表現為高尚而不耿直固執，純潔而不孤傲特異，博大而能操持簡約，威猛而能寬厚待人。聖人認為清純高潔很難做到，然而徐公卻覺得容易。」有人問盧欽：「徐公在魏武帝的時候，人們都認為他通達，自從他供職涼州以及返回京師後，人們又認為他孤傲特異，這是為什麼呢？」盧欽回答說：「從前毛孝先、崔季珪等人當權時，看重清廉儉樸的人，於是那時人們都改換車馬與服飾來求取高名，但徐公不改變他平常的習慣，所以人們認為他通達。近來天下奢靡成風，人們競相效仿，然而徐公依舊堅持平素的好尚，不與世俗混同，因此他往日的通達，正是他當今的孤傲特異啊。這屬於世人沒有的一貫習尚，而徐公卻具備它們啊。」

1　胡質，字文德，楚國❶壽春❷人也。少與蔣濟、朱績❸俱知名於江、淮❹間，仕州郡❺。蔣濟為別駕❻，使見太祖。太祖問曰：「胡通達❼，長者也。寧有子孫不？」濟曰：「有子曰質，規模大略❽不及於父，至於精良綜事❾過之。」太祖即召質為頓丘❿令。縣民郭政通於從妹⓫，殺其夫程他，郡吏馮諒繫獄⓬為證。政與妹皆耐掠⓭隱抵⓮，諒不勝痛，自誣⓯，當反其罪⓰。質至官，察其情色⓱，更詳⓲其事，檢驗⓳具服⓴。

2　入為丞相東曹議令史，州請為治中㉑。將軍張遼㉒與其護軍㉓武周㉔有隙。遼見刺史溫恢㉕求請質，質辭以疾。遼出謂質曰：「僕委意於君，何以相辜㉖如此？」質曰：「古人之交㉗也，取多㉘知其不貪，奔北㉙知其不怯，聞流言㉚而不信，故可終也。武伯南身為雅士[31]，往者將軍稱之不容於口，今以睚眦之恨[32]，乃成[33]嫌隙[34]。況質才薄，豈能終好？是以不願也。」遼感言，復與周平[35]。

3 太祖辟為丞相屬[36]。黃初[37]中，徙吏部郎[38]，為常山[39]太守，遷任東莞[40]。士盧顯為人所殺，質曰：「此士無讎而有少妻，所以死乎！」悉見其比居[41]年少，書吏[42]李若見問而色動，遂窮詰[43]情狀。若即自首，罪人斯得。每軍功賞賜，皆散之於眾，無入家者。在郡九年，吏民便安[44]，將士用命[45]。

4 遷荊州[46]刺史，加振威將軍[47]，賜爵關內侯。吳大將朱然[48]圍樊城[49]，質輕軍赴之。議者皆以為賊盛不可迫，質曰：「樊城卑下，兵少，故當進軍為之外援；不然，危矣。」遂勒兵臨圍，城中乃安。遷征東將軍，假節[50]都督青、徐諸軍事[51]。廣農積穀，有兼年[52]之儲，置東征臺[53]，且佃[54]且守。又通渠諸郡，利舟楫，嚴設備[55]以待敵。海邊無事。

5 性沉實內察，不以其節檢物[56]，所在見思。嘉平二年薨，家無餘財，惟有賜衣書篋[57]而已。軍師[58]以聞，追進封陽陵亭侯，邑百戶，諡曰貞侯。子威嗣。六年，詔書褒述[59]質清行，賜其家錢穀。語在徐邈傳。威，咸熙[60]中官至徐州刺史，有殊績，歷三郡守，所在有名。卒於安定[61]。

【章　旨】以上為〈胡質傳〉，記述胡質的籍貫和未見曹操時的行跡，以及從見到曹操到齊王曹芳時期，由頓丘縣縣令到征東將軍的仕履和五宗事跡：洗刷被誣告者的罪名，化解將軍張遼同其護軍武周的矛盾，迅即審結奸殺案，勒兵臨敵解救樊城之圍，與東吳對峙卓有成效。

【注　釋】❶楚國　即九江郡。治所在今安徽定遠西北。❷壽春　縣名。治所在今安徽壽縣。❸蔣濟朱績　蔣濟，字子通，楚國平阿（今安徽懷遠北）人，東漢末年任郡計吏、州別駕，為曹操心腹謀士。詳見本書卷十四〈蔣濟傳〉。朱績，字公緒，丹陽故鄣（今浙江安吉西北）人，孫吳名將朱然之子，以有膽力著稱。歷任孫吳建忠都尉、上大將軍等職。事見本書卷五十六朱然附傳。❹江淮　長江與淮水。這裏實指江蘇、安徽一帶。❺州郡　州在這裏原為監察區之稱，亦曰「刺史部」，至東漢末期則轉變成地方一級行政區。郡在這裏原為地方一級行政區之稱，其下為縣；隨著州部性質的轉變，郡亦降為事實上的二級行政區。❻別駕　全稱別駕從事史，協助刺史綜理眾務。❼胡通達　胡質的父親。名敏，字通達。❽規模大略　籌劃遠大的謀略。規模即規劃、籌謀。❾綜事　綜理事務。❿頓丘　縣名。治所在今河南清豐西南。⓫從妹　堂妹。⓬繫獄　被關進監獄。⓭耐掠　承受住嚴刑訊問。⓮隱抵　抵賴不招認。⓯自誣　自己承認妄加於己的不實之詞。⓰反其罪　把被誣告的罪名所應判處的刑罰反過來加在誣告人的身上。這是古代對誣告罪採取的刑罰。⓱情色　神色。⓲更詳　重新仔細審理。⓳檢驗　檢查驗證。⓴具服　徹底坦白認罪。㉑治中　全稱治中從事。為州部屬官，掌管選署及眾事，重在履行監察職責。㉒張遼　字文遠，雁門馬邑（今山西朔縣）人，原為并州刺史丁原部下，後投呂布，又依附曹操。在曹操部下屢立戰功，歷任軍中重職，為曹魏重要軍事將領。詳見本書卷十七〈張遼傳〉。㉓護軍　軍職之稱。秦漢時臨時設置護軍都尉或中尉，以調節各將領間的關係。至魏改設護軍將軍或中護軍，負責軍職的選用，且與領軍將軍或中領軍同掌中央軍隊。資輕者為中護軍，資重者為護軍將軍。㉔武周　人名，本書無傳。本書卷十八〈臧霸傳〉略述其事跡。㉕溫恢　字曼基，太原祁（今山西祁縣東）人。漢末歷任廩丘長、揚州刺史等職。曹魏建立後，歷任侍中、魏郡太守、涼州刺史等職。事見本書卷十五〈溫恢傳〉。㉖辜負。㉗古人之交　係指春秋前期齊國大臣鮑叔牙和管仲而言。《史記・管晏列傳》載管仲自述說：「我最初窮困時，曾與鮑叔牙做生意，我多取了利潤，『鮑叔不以我為貪，知我貧。』我曾三戰三敗，『鮑叔不以我為怯，知我有老母。』是以『生我者父母，知我者鮑子也。』」㉘取多　謂兩人合夥經商而自己多取所獲利潤。㉙奔北　戰敗逃跑。㉚流言　指誣衊的話語。㉛雅士　富有才情又品格高尚的人。㉜睚眦之恨　指極小的怨恨。睚眦，瞪眼看一下。㉝成　原作「為」，今從宋本。二字於義均通。㉞嫌隙　指因猜疑或不滿而產生的惡感、仇怨。㉟平　和好。㊱丞相屬　供職於丞相府的佐吏。其地位高於書佐低於掾，掌管諸曹之事。㊲黃初　魏文帝曹丕年號，西元二二〇—二二六年。㊳吏部郎　在中樞機構尚書臺掌管官吏銓選考核事務的郎官。㊴常山　郡名。治所在今河北元氏。㊵東莞　郡名。治所在今山東沂水縣。㊶比居　四周鄰居。㊷書吏　在郡府承辦文書事務的吏員。㊸窮詰　深入追問。㊹便安　便利安寧。㊺用命　服從和執行命令。㊻荊州　州名。最初治所在今湖南常德東北；後治所在今湖北襄樊。東吳後亦設置荊州，治所在今湖北江陵。㊼振威將軍　武職之稱，屬雜號將軍。㊽朱然　字義封，丹陽故鄣（今浙江安吉西北）人，孫吳將領。擒關羽有功，遷昭武將軍。代呂蒙鎮江陵，與陸遜破劉備，拒曹魏將領夏侯尚，出師皆有功。詳見本書卷五十六〈朱然傳〉。㊾樊城　地名。即今湖北襄樊。當時為荊州州治所在。㊿假節　授予代表朝廷行使權力的一種信物與稱號，獲此信物與稱號者有權斬殺違抗軍令者。假，授予。(51)都督青徐諸軍事　武職之稱，即青州、徐州整個轄區內各處駐軍的最高軍事長官，相當於後世的軍區或戰區司令。都督為漢末三國時形成的軍事職稱，除指帳下領兵者即衛隊長之外，主要為一軍統帥或某個軍區的主將。青州，州名。治所在今山東淄博東北。徐州，州名。治所在今山東郯城。(52)兼年　兩年。(53)東征臺　指征伐吳國的瞭望設施。吳國在江東，故而命名為東征臺。(54)佃　指屯田活動。(55)設備　設防。(56)不以其節檢物　不以自己的立身標準要求他人。物，謂人。(57)書篋　書箱。(58)軍師　軍隊；部隊。(59)褒述　意謂記述其功德予以表彰。(60)咸熙　魏元帝曹奐年號，西元二六四—二六五年。(61)安定　郡名。治所在今甘肅鎮原東南。

【語　譯】胡質，字文德，是楚國壽春縣人。年輕時與蔣濟、朱績都在江、淮一帶享有聲名，在州郡裏任職。蔣濟任別駕，被派去謁見太祖，太祖問他說：「胡通達是位言行仁厚的人，不知道他有沒有後代子孫？」蔣濟回答說：「他有個兒子叫胡質，在籌劃遠大的謀略方面比不上他父親，至於精細妥善的綜理事務則超過他父親。」太祖隨即徵召胡質任頓丘縣縣令。縣民郭政私通堂妹，殺死了堂妹的丈夫程他，郡吏馮諒作為證人被關進監獄。郭政與堂妹雙雙承受住嚴刑訊問，抵賴不招認，馮諒禁不住拷打的痛楚，自行承認了強加給他的汙衊不實之詞，反過來應按誣告罪懲辦。胡質到任後，察看涉案者的神色，重新仔細的審理，經過檢查驗證，使真凶徹底坦白認罪。

2 胡質入朝任丞相府東曹議令史，州刺史請求讓他擔任治中從事。將軍張遼和他的護軍武周有嫌隙。張遼面見揚州刺史溫恢請求調胡質替代武周，胡質以有病為由推辭。張遼出來對胡質說：「我屬意於您，您為什麼這樣辜負我呢？」胡質回答說：「古人相結交，友人即使多拿一起經商賺到的錢財卻知道他並不是貪婪，友人戰敗逃跑知道他並不是怯懦，聽到有關友人的流言蜚語而不相信，因而能始終保持友誼。武伯南是富有才情又品格高尚的人，過去將軍對他讚不絕口，如今因為極小的怨恨，竟然構成了嫌隙。何況我才能不高，怎能一直和睦相處下去呢？所以我不願意。」張遼有感於胡質所說的話，又與武周和好如初。

3 太祖徵召胡質任丞相府的副職佐吏。文帝黃初年間，調任尚書臺吏部郎，出任常山太守，轉任東莞太守。東莞郡的士人盧顯被人殺害，胡質說：「這位士人沒有仇人但有年輕的妻子，恐怕是導致死亡的原因吧！」召見盧顯鄰居中的所有年輕人，書吏李若被詢問時露出不自然的神色，於是深入追問案情。李若立即自首，殺人凶手就這樣查獲了。胡質每次因軍功得到的賞賜，全都散發給部眾，沒有帶回自己家中的。他在東莞郡任職九年，官吏和百姓都感到便利安寧，將士全都服從命令。

4 升任荊州刺史，加授振威將軍，賜給關內侯的爵位。吳國大將朱然圍攻樊城，胡質帶領輕裝部隊前去抗擊。議論軍情的人都認為吳軍氣勢正盛，不可逼近，胡質說：「樊城地勢低下，兵力單薄，本就應當揮軍進逼敵軍成為他們的外援；否則，樊城就危險了。」於是率兵逼近吳軍的包圍圈，城中軍心這才安定下來。升任征東將軍，假節都督青、徐諸軍事。擴展農業生產，積蓄糧食，倉廩有兩年的儲備，設置東征臺，一邊耕種，一邊防守。又在各郡之間開通水渠，便利船隻往來，加強防禦設施，對敵人嚴陣以待。海邊平安無事。

5 胡質性情沉穩踏實，內省自律，不用自己的立身標準要求別人，在所任職之處都被人們懷念。魏齊王曹芳嘉平二年去世，家中沒有多餘的財物，只有朝廷賞賜的衣服和書箱而已。所在部隊把這種情況上奏朝廷，朝廷追封他為陽陵亭侯，食邑一百戶，賜謚號貞侯。兒子胡威承襲了爵位。嘉平六年，朝廷下達詔書表彰胡質清廉的操行，賜給他家錢幣與穀糧。具體內容載錄在〈徐邈傳〉中。胡威咸熙年間官做到徐州刺史，有突出的政績，歷任三郡太守，所任職之處都有名聲。最後在安定太守任內去世。

1 王昶，字文舒，太原❶晉陽❷人也。少與同郡王淩❸俱知名。淩年長，昶兄事之。文帝在東宮❹，昶為太子文學❺，遷中庶子❻。文帝踐阼，徙散騎侍郎❼，為洛陽典農❽。時都畿❾樹木成林，昶斫開荒萊❿，勤勸百姓，墾田特多。遷兗州⓫刺史。明帝即位，加揚烈將軍⓬，賜爵關內侯。昶雖在外任，心存朝廷，以為魏承秦、漢之弊，法制⓭苛碎，不大釐改⓮國典以準先王之風，而望治化⓯復興，不可得也。乃著治論⓰，略依古制而合於時務⓱者二十餘篇，又著兵書⓲十餘篇，言奇正⓳之用，青龍⓴中奏之。

2 其為兄子及子作名字，皆依謙實㉑，以見其意，故兄子默字處靜，沈字處道，其子渾字玄沖，深字道沖。遂書戒之曰：

3 「夫人為子之道，莫大於寶身㉒全行，以顯父母。此三者人知其善，而或危身破家，陷於滅亡之禍者，何也？由所祖習㉓非其道也。夫孝敬仁義，百行之首，行之而立，身之本也。孝敬則宗族安之，仁義則鄉黨㉔重之，此行成於內，名著於外者矣。人若不篤㉕於至行，而背本逐末，以陷浮華焉，以成朋黨㉖焉；浮華則有虛偽之累，朋黨則有彼此之患。此二者之戒，昭然著明，而循覆車㉗滋眾，逐末彌甚，皆由惑當時之譽，昧目前之利故也。夫富貴聲名，人情所樂，而君子或得而不處，何也？惡不由其道耳。患人知進而不知退，知欲而不知足，故有困辱之累，悔吝之咎㉘。語㉙曰：『如不知足，則失所欲。』故知足之足常足矣㉚。覽往事之成敗，察將來之吉凶，未有干名要利㉛，欲而不厭㉜，而能保世持家，永全福祿者也。欲使汝曹㉝立身行己，遵儒者之教，履道家㉞之言，故以玄默沖虛為名，欲使汝曹顧名思義，不敢違越㉟也。古者盤杅㊱有銘㊲，几杖㊳有誡㊴，俛仰察焉，用無過行；況在己名，可不戒之哉！

4 「夫物速成則疾亡，晚就則善終。朝華㊵之草，夕而零落；松柏之茂，隆寒㊶不衰。是以大雅君子㊷惡速成，戒闕黨㊸也。若范匄對秦客而武子擊之，折其委笄㊹，惡其掩人也。夫人有善鮮不自伐㊺，有能者寡不自矜㊻；伐則掩人，矜則陵人。掩人者人亦掩之，陵人者人亦陵之。故三郤㊼為戮於晉，王叔㊽負罪於周，不惟矜善自伐好爭之咎乎？故君子不自稱㊾，非以讓人，惡其蓋人㊿也。夫能屈以為伸，讓以為得，弱以為彊，鮮不遂(51)矣。夫毀譽，愛惡之原(52)而禍福之機(53)也，是以聖人慎之。孔子曰：『吾之於人，誰毀誰譽？如有所譽，必有所試。』(54)又曰：『子貢方人。賜也賢乎哉，我則不暇。』(55)以聖人之德，猶尚如此，況庸庸(56)之徒而輕毀譽哉？

5 「昔伏波將軍[57]馬援[58]戒其兄子[59]，言：『聞人之惡，當如聞父母之名，耳可得而聞，口不可得而言也。』斯戒至矣。人或毀己，當退而求之於身。若己有可毀之行，則彼言當矣；若己無可毀之行，則彼言妄矣。當則無怨於彼，妄則無害於身，又何反報[60]焉？且聞人毀己而忿者，惡醜聲[61]之加人也，人報者滋甚，不如默而自修己也。諺曰：『救寒莫如重裘[62]，止謗莫如自修。』斯言信矣。若與是非之士，凶險之人，近猶不可，況與對校[63]乎？其害深矣。夫虛偽之人，言不根道[64]，行不顧言[65]，其為浮淺，較[66]可識別；而世人惑焉，猶不檢之以言行也。近濟陰[67]魏諷[68]、山陽[69]曹偉[70]皆以傾邪[71]敗沒，熒惑[72]當世，挾持姦慝[73]，驅動[74]後生[75]。雖刑於鈇鉞[76]，大為炯戒[77]，然所汙染[78]，固已眾矣。可不慎與！

6 「若夫山林之士，夷、叔[79]之倫，甘長飢於首陽[80]，安赴火於緜山[81]，雖可以激貪勵俗[82]，然聖人不可為[83]，吾亦不願也。今汝先人世有冠冕[84]，惟仁義為名，守慎為稱，孝悌[85]於閨門[86]，務學於師友。吾與時人從事，雖出處[87]不同，然各有所取。潁川郭伯益[88]，好尚通達，敏而有知。其為人弘曠[89]不足，輕貴[90]有餘；得其人重之如山，不得其人忽之如草。吾以所知親之昵之，不願兒子為之。北海[91]徐偉長[92]，不治名高，不求苟得[93]，澹然[94]自守，惟道是務。其有所是非，則託古人以見其意，當時無所褒貶。吾敬之重之，願兒子師之。東平[95]劉公幹[96]，博學有高才，誠節[97]有大義[98]，然性行不均，少所拘忌，得失足以相補。吾愛之重之，不願兒子慕之。樂安[99]任昭先[100]，淳粹履道，內敏外恕，推遜恭讓，處不避洿，怯而義勇，在朝忘身。吾友之善之，願兒子遵之。若引而伸之，觸類而長之[101]，汝其庶幾舉一隅[102]耳。及其用財先九族[103]，其施舍務周急，其出入存故老[104]，其論議貴無貶，其進仕尚忠節，其取人務實道[105]，其處世[106]戒驕淫，其貧賤慎無戚[107]，其進退念合宜，其行事加九思[108]，如此而已。吾復何憂哉？」

7 青龍四年，詔「欲得有才智文章，謀慮淵深，料[109]遠若近，視昧[110]而察，籌[111]不虛運，策弗徒發，端一[112]小心，清修密靜[113]，乾乾[114]不解[115]，志尚[116]在公者，無限年齒，勿拘貴賤，卿校[117]已上各舉一人」。太尉[118]司馬宣王[119]以昶應選。正始中，轉在徐州，封武觀亭侯，遷征南將軍[120]，假節都督荊、豫諸軍事[121]。昶以為國有常眾，戰無常勝；地有常險，守無常勢。今屯宛[122]，去襄陽[123]三百餘里，諸軍散屯[124]，船在宣池[125]，有急不足相赴，乃表徙治新野[126]，習水軍於三州[127]，廣農墾殖，倉穀盈積。

8 嘉平初，太傅[128]司馬宣王既誅曹爽[129]，乃奏博問大臣得失。昶陳治略[130]五事：

其一，欲崇道篤學[131]，抑絕浮華，使國子[132]入太學[133]而修庠序[134]；其二，欲用考試[135]，考試猶準繩也，未有舍準繩而意正曲直，廢黜陟[136]而空論能否也；其三，欲令居官者久於其職，有治績則就增位賜爵；其四，欲約官實祿，勵以廉恥，不使與百姓爭利；其五，欲絕侈靡，務崇節儉，令衣服有章[137]，上下有敘，儲穀畜帛，反民於樸。詔書褒讚。因使撰[138]百官考課事，昶以為唐虞[139]雖有黜陟之文，而考課之法不垂。周制，冢宰[140]之職，大計[141]羣吏之治而誅賞，又無校比[142]之制。由此言之，聖主明於任賢，略舉黜陟之體，以委達官[143]之長，而總其統紀[144]，故能否可得而知也。其大指[145]如此。

9 二年[146]，昶奏：「孫權[147]流放良臣，適庶[148]分爭，可乘釁[149]而制吳、蜀；白帝[150]、夷陵[151]之間，黔、巫[152]、秭歸[153]、房陵[154]皆在江北，民夷與新城郡[155]接，可襲取也。」乃遣新城太守州泰[156]襲巫、秭歸、房陵，荊州刺史王基詣夷陵，昶詣江陵[157]，兩岸引竹絙[158]為橋，渡水擊之。賊奔南岸，鑿七道並來攻。於是昶使積弩[159]同時俱發，賊大將施績[160]夜遁入江陵城，追斬數百級。昶欲引致平地與合戰[161]，乃先遣五軍[162]案大道發還，使賊望見以喜之，以所獲鎧馬甲首[163]，馳環城以怒之，設伏兵以待之。績果追軍，與戰，克之。績遁走，斬其將鍾離茂、許旻，收其甲首旗鼓珍寶器仗，振旅[164]而還。王基、州泰皆有功。於是遷昶征南大將軍[165]，儀同三司[166]，進封京陵侯。毌丘儉[167]、文欽[168]作亂，引兵拒儉、欽有功，封二子亭侯、關內侯，進位驃騎將軍[169]。諸葛誕[170]反，昶據夾石[171]以逼江陵，持施績、全熙[172]使不得東。誕既誅，詔曰：「昔孫臏佐趙，直湊大梁[173]。西兵驟進，亦所以成東征[174]之勢也。」增邑千戶，并前四千七百戶，遷司空，持節[175]、都督如故。甘露[176]四年薨，諡曰穆侯。子渾嗣，咸熙中為越騎校尉[177]。

【章　旨】以上為〈王昶傳〉，記述王昶的籍貫及其自魏文帝以迄高貴鄉公曹髦時期，由太子文學到征南大將軍和司空的仕履與八宗事跡：主持京畿屯田成效顯著，進奏旨在革除弊政的《治論》及切合戰場需要的《兵書》，撰寫以起名為依託的家訓專文〈誡子姪書〉，被保舉為朝廷所求取的卓異人才的合適人選，因地制宜，任都督荊、豫諸軍事之職時恪盡職守，陳說有關治國方略的五項要事並提出百官考課的見解，利用吳國出現內釁之機主動進擊而大敗江陵守敵，在魏國平定接踵而至的兩起嚴重叛亂事件中迭立新功。

【注　釋】❶太原　郡名。治所在今山西太原西南。❷晉陽　縣名。為太原郡郡治所在。❸王淩　字彥雲，太原祁（今山西祁縣）人，漢司徒王允之姪。東漢末任中山太守，後被曹操任為丞相掾屬。歷任曹魏散騎常侍、太尉。與其外甥令狐愚謀廢曹芳，事洩，服毒而死。詳見本書卷二十八〈王淩傳〉。❹東宮　皇太子所居之宮，其下設有官署。❺太子文學　東宮的屬官，負責經學教授等事宜。❻中庶子　東宮的屬官，職如朝廷所設的侍中。❼散騎侍郎　散騎為皇帝的騎從，而郎官入臺省，三年後則稱侍郎。三國魏時將二者併為一官，稱散騎侍郎，職在起草文書。❽洛陽典農　洛陽為曹魏國都所在之地，即今河南洛陽。典農為典農中郎將的簡稱，主持當地的屯田事務。❾都畿　京師周圍地區。❿荒萊　指荒蕪的土地。萊，謂雜草叢生。⓫兗州　州名。治所在今山東金鄉西北。⓬揚烈將軍　武職之稱，屬雜號將軍。⓭法制　法令制度。⓮釐改　改正。⓯治化　謂治理國家、教化民眾。⓰治論　原著今已失傳。⓱時務　猶言時勢，即當代需要。⓲兵書　原著今已失傳。⓳奇正　古代兵法術語。對陣交鋒為正，設伏掩襲等為奇。《孫子・勢》云：「戰勢不過奇正。奇正之變，不可勝窮也。」⓴青龍　魏明帝曹叡年號，西元二三三—二三七年。㉑謙實　謙遜平實。㉒寶身　珍愛生命。㉓祖習　宗奉學習。㉔鄉黨　鄉親。㉕篤　專一；專注。㉖朋黨　指由共同利益結成的集團和相互傾軋的宗派。㉗覆車　翻車。比喻敗亡的教訓。㉘悔吝之咎　讓人深感悔恨的罪過。悔吝，悔恨；遺憾。《易經・繫辭上》曰：「悔吝者，憂虞之象也。」㉙語　指俗話、諺語。㉚故知足句　本於《老子》第四十六章。㉛干名要利　求取名利。干、要俱為求取之義。㉜厭　滿足。㉝汝曹　你們。㉞道家　先秦百家爭鳴中所形成的一個重要學派。該學派以「道」為核心構築起自身的理論體系，主張清靜無為、摒棄禮義等，對中國思想文化影響頗深。㉟違越　違反、背離。㊱盤杅　亦作「盤盂」。即圓盤與方盂。㊲銘　指用以自警自勵的至理名言。如《禮記・武王踐阼》載武王「盥槃之銘曰：與其溺於人也，寧溺於淵。溺於淵，猶可遊也；溺於人，不可救也」。㊳几杖　坐几和手杖。㊴誡　指提醒和告誡自己的警句。如《禮記・武王踐阼》載武王「几之銘曰：皇皇惟敬，口生詬，口戕口」；「杖之銘曰：惡乎危於忿疐，惡乎失道於嗜慾，惡乎相忘於富貴」。㊵朝華　早晨開花。華，開花。㊶隆寒　嚴寒。寒，原作「冬」，據宋本改。㊷大雅君子　道德高尚又才華出眾的人。㊸闕黨　即闕里，為孔子居住的故里。其在今山東曲阜城內闕里街，因有兩石闕，故名。這裏指當時住在闕里的一位童子。《論語・憲問》載：「闕黨童子將命。或問之曰：『益者與？』子曰：『吾見其居於位也，見其與先生並行也。非求益者也，欲速成者也。』」㊹若范匄對秦客二句　范匄為春秋時期晉國范文子的兒子，這裏實則應作范燮，亦即范文子。武子則為文子之父，時任晉國正卿。秦客謂秦國使者。委笄指委貌冠上的簪子。委貌是周代佩戴的一種禮帽，用黑色絲綢製成。取義於安正容貌行道德，故名委貌。笄即用來插冠的簪子。《國語・晉語五》載：「范文子莫（暮）退於朝。武子曰：『何莫也？』對曰：『有秦客廋辭（隱語）於朝，大夫莫之能對也。吾知三焉。』武子怒曰：『大夫非不能也，讓父兄也。爾童子何知，而三掩人於朝？吾不在，晉國亡無日矣。』擊之以杖，折委笄。」而，原誤作「至」，今據宋本校正。㊺自伐　自我顯耀。㊻自矜　自以為了不起。㊼三郤　指春秋晉國淫虐的晉厲公在位時頗為驕奢的正卿郤錡、郤犨、郤至。《左傳》成公十七年：「厲公將作難，胥童曰：『必先三郤。族大，多怨。去大族，不偪；敵多怨，有庸。』公曰：『然。』壬午，胥童、夷羊五帥甲八百，將攻郤氏，長魚矯請無用眾，公使清沸魋助之。抽戈結衽，而偽訟者。三郤將謀於榭，矯以戈殺駒伯（郤錡）、苦成叔（郤犨）於其位。溫季（郤至）曰：『逃威也。』遂趨。矯及諸其車，以戈殺之，皆尸諸朝。」㊽王叔　全稱王叔陳生，為春秋時期東周王室的卿士。《左傳》襄公十年載：「王叔陳生與伯輿爭政，王右伯輿。陳生怒而出奔，及河，王復之，殺史狡以說焉。不入，遂處之。」隨後晉國委派范宣子前來做調解工作。雙方各自派出代表在王庭爭論曲直，伯輿一方則列舉王叔罪狀：政以賄成，刑寄寵臣，不勝其富。結果范宣子斷定王叔敗訴，王叔被迫出奔到晉國。㊾自稱　自我稱揚。㊿蓋人　猶言掩人，即掩蓋別人的優點或長處。51遂　成功；達到目的。52原　根源；來源。53機　事物發生、變化的原因。54孔子曰五句　出自《論語・衛靈公》。55又曰四句　出自《論語・憲問》。子貢為孔子的學生。姓端木，名賜，字子貢。方人意謂評論他人的優劣短長。不暇意謂沒功夫去做這種事。56庸庸　平凡低微。57伏波將軍　武職之稱，屬雜號將軍。58馬援　東漢的開國元勳，雲臺二十八將之一。事見《後漢書・馬援列傳》。59兄子　即姪兒。60反報　報復。61醜聲　不好的名聲。62重裘　毛厚的皮衣。63對校　面對面爭辯質問。64根道　依靠正道。65顧言　顧及到本人曾表過態的話語。66較　明顯；顯著。67濟陰　郡名。治所在今山東定陶西北。68魏諷　曹操受封魏王後所署用的西曹掾。其有惑眾之才，傾動鄴都，在東漢建安二十四年（西元二一九年）曹操西征漢中時潛結徒黨謀反，事洩被殺，連坐者達數十人。69山陽　郡名。治所在今山東金鄉西北。70曹偉　人名。本書無傳。本書卷十四〈董昭傳〉所載〈陳末流之弊疏〉曰：「凡有天下者，莫不貴尚敦樸忠信之士，深疾虛偽不真之人者，以其毀教亂治，敗俗傷化也。近魏諷則伏誅建安之末，曹偉則斬戮黃初之始。」71傾邪　指為人邪僻不正。72熒惑　炫惑；迷惑。73姦慝　奸詐邪惡。74驅動　挑動唆使。75後生　指年輕人。76鈇鉞　斫刀和大斧。屬於腰斬、砍頭所使用的刑具。77炯戒　非常明顯的鑑戒。78汙染　這裏意為牽連、連累。79夷叔　指殷末周初的高潔隱士伯夷和叔齊。伯夷為叔齊兄長，被孟子譽為「聖之清者」。事見《史記・伯夷列傳》。80首陽　山名。又稱雷首山，相傳為伯夷、叔齊採薇隱居、不食周粟直至餓死的地方。此山在今何處，舊說不一。通謂在今山西永濟南。81緜山　亦作「綿山」。在今山西介休東南。因山下有地，名為緜上，故稱緜山。相傳春秋時期隨同晉文公重耳流亡十九年的介之推隱此山中，又名介山。82激貪厲俗　抑制貪婪者，勸勉鄙俗者。83不可為　不贊同這樣做。84冠冕　古代官員所戴的官帽，借指仕宦。85孝悌　孝順父母，敬愛兄長。86閨門　內室之門，借指家庭。87出處　謂出仕和隱退。88郭伯益　曹操重要謀士郭嘉之子，官任太子文學。本書卷十四略言其事。89弘曠　謂心胸寬闊。90輕貴　對別人或輕視或重視。意謂權衡計較。91北海　國名。治所在今山東昌樂東南。92徐偉長　指東漢末葉的儒士與文學家徐幹。建安七子之一，所著《中論》今猶傳世。事見本書卷二十一王粲附傳。93苟得　通過不正當的手段與途徑獲取私利。94澹然　形容清靜淡泊。95東平　國名。治所在今山東東平東。96劉公幹　指東漢末葉的文學家劉楨。劉楨字公幹，躋身建安七子之列。事見本書卷二十一王粲附傳。97誠節　忠誠不渝的節操。98大義　指準則、要旨。義，宋本作「意」。99樂安　郡名。治所在今山東高青西北。100任昭先　指曹魏推行教化大見成效的地方太守任嘏。101若引而二句　語出《易經・繫辭上》。引而伸之意謂由一事一義延展推廣開來而及於他事他義。觸類而長之是說觸逢一類事物知識便能據此擴大增長同類事物知識。102庶幾舉一隅　意謂差不多能夠取得舉一反三的效驗。語本《論語・述而》：「舉一隅不以三隅反，則不復也。」一隅，一個角落，用以泛指事物的某個方面。103九族　凡兩說：一說父族四、母族三、妻族二為九族；一說以自身為本位，往上推至四世高祖，往下推至四世玄孫為九族。104存故老　慰撫年高而見多識廣的人。105實道　真實的原則。二字原互倒，今據宋本改。106世　原作「埶」，即「勢」字，今從宋本。107戚　憂愁；悲傷。108九思　反覆思考之義。九，泛言其多。109料　估量；揣度。110昧　不明；昏暗。111籌籌謀；籌劃。112端一　莊重專一。113密靜　穩重安詳。114乾乾　自強不息的樣子。語出《易經・乾卦》：「君子終日乾乾，夕惕若厲，旡咎。」115解　通「懈」。懈怠；鬆懈。116志尚　理想志向。117卿校　指九卿與校尉。均屬二千石官員。118太尉三公之一，掌管全國軍政等事務。119司馬宣王　即司馬懿，字仲達，河內溫縣（今河南溫縣西）人。多謀略，善權變。率軍與諸葛亮對峙關中，領兵征討遼東公孫淵，歷任侍中、太傅、都督中外諸軍事等軍政要職。後發動高平陵之變，掌握曹魏大權。詳見《晉書・宣帝紀》。120征南將軍　武職之稱，屬四征將軍之一，為額設之官。121都督荊豫諸軍事　武職之稱，即荊州、豫州整個轄區內各處駐軍的最高軍事長官。122宛　縣名。治所在今河南南陽。原誤作「苑」，今據殿本《考證》校正。123襄陽縣名。治所在今湖北襄樊。124散屯　分散屯駐防守。125宣池　當作宜池，即宜池陂，在今湖北宜城南漢江邊。126新野　縣名。治所在今河南新野。127三州　地名，位於襄陽城北。宋本作「二州」，係指荊州和豫州。128太傅　級別最高的官稱。品秩為上公，無常職，以開導皇帝為其任，帶有榮譽職銜的性質。129曹爽　字昭伯，沛國譙（今安徽亳州）人，曹真之子。明帝時任武衛將軍。明帝病重，拜其為大將軍、假節鉞、都督中外諸軍事，與司馬懿同受遺詔輔少主。齊王曹芳即位後，司馬懿發動政變，曹爽被剝奪兵權，後被殺。詳見本書卷九〈曹爽傳〉。130治略　治國方略。131篤學　重視學問。132國子　公卿大夫的子弟。133太學　設於京師的國家最高學府。134庠序　古代地方學校稱庠序。後亦用以泛指學校。135考試　指對官員的知識才能進行考查測驗的一種具體方式。136黜陟　指官吏的升降。降職曰黜，升職曰陟。137章　指服飾上繪製的用以表示等級區別的彩色花紋。138撰　編定；編集。139唐虞　指堯舜，傳說中的兩位上古時代的聖明帝王，躋身於五帝之列。其事跡主要見於《尚書・堯典》、《史記・五帝本紀》。〈堯典〉云：「三載考績。三考，黜陟幽明。」偽孔安國傳：「三年有成，故以考功。

九歲則能否幽明有別，黜退其幽者，升進其明者。」[140]冢宰　亦稱太宰，為周代所設立的最高行政長官，協助天子統領百官，掌理政務。鄭玄《周禮》注：「冢，大也。宰者，官也。天者統理萬物，天子立冢宰使掌邦治，亦所以總御眾官，使不失職。」[141]大計　每隔三年對官吏政績進行的一次總考核活動。[142]校比　考核評定。[143]達官　謂受帝王臨終顧命的卿大夫。這裏泛指高官。[144]統紀　猶言綱紀。指法度。[145]大指　主要意思。指，同「旨」。意向。[146]二年　原作「三年」，今從宋本。下文所述之事發生在二年末三年初。[147]孫權　字仲謀，吳郡富春（今浙江富陽）人，孫策弟。孫策死後即位，被封討虜將軍，領會稽太守。黃武八年（西元二二九年）即帝位於武昌。死後謚大皇帝，廟號太祖。詳見本書卷四十七〈吳主傳〉。[148]適庶　指嫡長子和眾子，即孫權王夫人所生太子孫和與次子魯王孫霸以及潘夫人所生少子孫亮。適，通「嫡」。謂嫡長子。本書卷五十九〈孫和傳〉載：王夫人與孫權女全公主有隙，全公主乘孫權病重，譖毀王夫人和太子和。「權由是發怒，夫人憂死，而和寵稍損，懼於廢黜。魯王霸覬覦滋甚。陸遜、吾粲、顧譚等數陳適庶之義，理不可奪」。孫權考慮歷年，最後決定廢和立亮，「徙和於故鄣，羣司坐諫誅放者十數。」時在吳國赤烏十三年（西元二五〇年）八月。本月魯王孫霸亦被賜死，同年十一月冊立亮為太子。[149]乘釁　利用機會。[150]白帝　即白帝城。蜀國改為永安縣，治所在今重慶市奉節東。[151]夷陵　縣名。治所在今湖北宜昌東南。吳國改稱西陵。[152]黔巫　指巫山和古黔中郡一帶。這裏實指巫縣而言。巫縣因巫山而得名，治所在今重慶市巫山縣北。[153]秭歸　縣名。治所在今湖北秭歸。[154]房陵　縣名。治所在今湖北房縣。[155]新城郡　郡名。治所在今湖北竹山縣西南。[156]州泰　曹魏好立功業善用兵的將領。事見本書卷二十八鄧艾附傳。[157]江陵　縣名。治所在今湖北江陵。當時為吳置荊州州治所在。[158]竹組　用竹藤編成的粗繩索。[159]積弩　連射的弓弩。[160]施績　即吳國以膽力著稱的平魏將軍朱績。施乃為其本姓。事見本書卷五十六朱然附傳。[161]合戰　交戰。[162]五軍　指五支執行先鋒任務的部隊。[163]甲首　全副武裝的士兵的首級。[164]振旅　整頓軍隊凱旋而歸。[165]征南大將軍　武職之稱。凡資深將軍方加「大」字，表示統領一方，持金印紫綬。[166]儀同三司　儀制同於三公的一種特殊待遇。三司即三公。[167]毌丘儉　字仲恭，河東聞喜（今山西聞喜）人。襲父爵，為平原侯文學。魏明帝時任尚書郎，遷羽林監。出為洛陽典農。青龍中，遷幽州刺史。後與文欽矯太后詔誣司馬師謀反，發兵討伐，兵敗被殺。詳見本書卷二十八〈毌丘儉傳〉。[168]文欽　字仲若，沛國譙（今安徽亳州）人。高貴鄉公正元二年（西元二五五年）與毌丘儉共同發兵討伐司馬師，戰敗亡入孫吳，任孫吳都護、鎮北大將軍、幽州牧等。其事散見於本書卷二十八〈毌丘儉傳〉、〈諸葛誕傳〉等。[169]驃騎將軍　高級軍事將領，領兵征伐。[170]諸葛誕　字公休，琅邪陽都（今山東沂南南）人，與諸葛亮同宗。初以尚書郎為滎陽令，後遷至御史中丞尚書。明帝時被免官，齊王曹芳時復職，出為揚州刺史，加昭武將軍。因不滿司馬氏專權，於魏甘露二年（西元二五七年）起兵反，投降孫吳。後兵敗被殺。詳見本書卷二十八〈諸葛誕傳〉。171夾石　地名。在今安徽桐城北。172全熙　吳主孫亮全夫人的叔父。事跡略見於本書卷五十〈孫亮全夫人傳〉。173昔孫臏佐趙二句　孫臏為戰國時期傑出的軍事家，著有《孫臏兵法》，事見《史記・孫子吳起列傳》。趙指戰國七雄之一的趙國。直湊猶言直撲。大梁是魏國的國都，在今河南開封北。此處所言，即「圍魏救趙」的著名戰例。174東征　指魏高貴鄉公曹髦隨同魏軍平定諸葛誕叛亂的軍事行動。本書卷二十八〈諸葛誕傳〉載：甘露二年「六月，車駕東征，至項。大將軍司馬文王督中外諸軍二十六萬眾，臨淮討之。」至三年二月，諸葛誕「破滅」。175持節　朝廷賜給的一種信物與稱號。凡獲此信物與稱號者，有權斬殺無官位的人。176甘露　魏高貴鄉公曹髦年號，西元二五六－二六〇年。177越騎校尉　曹魏所設五校尉之一，掌領由越地騎士組成的中央宿衛軍。

【語譯】王昶，字文舒，太原郡晉陽縣人。年輕時和同郡人王淩都享有名聲。王淩年齡比較大，王昶像對待兄長那樣對待他。文帝還是太子時，王昶擔任太子文學，升任中庶子。文帝登上帝位後，轉任散騎侍郎，出任洛陽典農中郎將。當時京師周圍地區樹木成林，王昶開墾荒蕪的土地，大力勸勉百姓，墾田數量特別的多。升任兗州刺史。明帝即位，加授揚烈將軍，賜給關內侯的爵位。王昶雖在外地任職，但心中關注著朝廷，認為魏國沿襲了秦朝、漢朝的弊政，法令制度苛酷瑣碎，如果不按先王的風範對國家法典進行大幅度改正，卻想重新振興起治理國家、教化民眾的事業，是做不到的。於是撰寫《治論》一書，由大體依據古代制度又適合當代需要的二十多篇專論組成，又著《兵書》十多篇，講論對陣交鋒和設伏掩襲等戰法的運用，在青龍年間奏呈給朝廷。

2 他為姪兒和兒子起名字，都依循謙遜平實，用來顯現他的內在深意，所以一個姪兒名默字處靜，另一個名沉字處道，自己的兒子一個名渾字玄沖，另一個名深字道沖。接下來寫成家書告誡他們說：

3 「一個人作為人子應該奉守的原則，沒有什麼比珍愛生命，完善德行，從而顯揚父母更為重要的了。這三條，世人都清楚它們的美好，但也有人喪身丟命，毀敗家庭，陷入覆滅敗亡的禍難，為什麼呢？因為他們崇奉學習的對象不屬於正道。孝敬和仁義是一切品行中最重要的，踐行它們從而在社會上立足，是立身處世的根本。做到孝敬那麼宗族就會安寧，仁義就會贏得鄉鄰的敬重，這品行在內修養形成，名聲便顯揚於外了。人如果不專注在卓絕的品行上，而背離根本追逐末節，就會陷入浮華，從而結黨結派，浮華會產生虛偽的危害，結黨結派便會有相互傾軋的禍患。這兩種的教訓，顯而易見，然而重蹈覆轍的人卻越來越多，追逐末節的行徑越來越厲害，這都是因被當世的讚譽所迷惑，又昧於眼前私利的緣故啊。富貴名聲是人們內心所樂意得到的東西，可是君子有時得到後而不去享受它，為什麼呢？因為厭惡不是經由正當的途徑而獲取的啊。憂慮人們知道進取卻不知退讓，知道貪欲卻不知滿足，所以就產生困頓受辱的拖累和讓人深感悔恨的罪過。俗話說：『如果不知足，就會失去想要得到的東西。』因此知道滿足的這種滿足，也就永遠得到真正的滿足了。觀看往事的成敗，體察將來的吉凶，沒有求取名位獵取私利，欲望膨脹而不滿足，卻能夠世代相傳持守家業，永久保全福祿的人。想讓你們立身行事，能夠遵奉儒家的教誨，踐行道家的學說，所以用玄默沖虛作為你們的名字，想讓你們顧名思義，不敢違背脫離。古人在圓盤方盂上鐫刻銘言，在坐几和手杖上寫下警句，在俯身抬頭之間能隨時看見，因此不會有錯誤的行為，何況是自己的名字，能不對此保持警戒嗎！

4 「事物迅速形成就消亡得快，形成遲緩就有好的結果。早晨開花的草，傍晚就凋零了；松柏茂盛，在嚴寒時節也不會衰敗。因此道德高尚又才華出眾的人厭惡急於求成，這是把孔子對闕黨童子的評論引為鑑戒啊。像晉國范匄破解秦國使者的隱語但范武子卻揮手杖擊打他，直至打斷了禮冠上的簪子，因為恨他掩蓋了別人的優點啊。人有長處很少不自誇的；有才能很少不自負的。自誇就要掩蓋別人的優點；自負就會凌辱別人的短處。掩蓋別人優點的人，別人也會掩蓋他的優點；凌辱別人短處的人，別人也會凌辱他的短處。因而郤錡、郤犨、郤至在晉國被殺戮，王叔陳生在東周獲罪，不正是自誇自負好勝爭強的災禍嗎？所以君子不自我稱揚，不是由於謙讓別人，而是討厭這樣做會掩蓋別人的優點。能把屈曲當作伸展，退讓當作獲取，柔弱當作剛強，很少有不成功的。詆毀和讚譽，是愛憎的來由和禍福的根源，所以聖人對此非常謹慎。孔子就說過：『我對世人，詆毀過誰讚揚過誰呢？如果我曾讚揚過誰，那必定是對他有過實際檢驗的。』又說：『子貢喜歡評論別人。你端木賜比別人優秀嗎，我就沒有閒暇去做這種事的。』憑藉聖人的德行，尚且還這樣，何況平凡低微的人卻輕易的毀譽別人呢？

5 「從前伏波將軍馬援告誡他的姪兒說：『聽到別人的過失，應當像聽到父母的名字，耳朵聽到可以，嘴裏不能說出去。』這個告誡好極了啊。有人詆毀自己，應當退而從自身尋找原因。如果自己存在著會遭人家詆毀的行為，那麼他說的就是正確的了；如果自己沒有會遭人家詆毀的行為，那麼他說的就是虛妄的了。正確的就不要怨恨對方；虛妄的對自身也沒有什麼損害，又何必報復對方呢？況且聽到有人詆毀自己而忿恨的人，厭惡壞名聲落到本人頭上，本人的回擊會更加厲害，不如保持沉默而修養自身。諺語說：『抵禦寒冷沒有比得上厚毛皮衣的了，消弭誹謗沒有比得上自我修養的了。』這兩句話太正確了。如果和搬弄是非或兇惡陰險的人相遇，靠近他們尚且不應當，何況與他們面對面的爭辯質問？這樣做危害就大了。那些虛偽的人，說話不依據正道，行為不顧及所說的，他們的作為浮華淺薄明顯可以鑑別；然而世人卻被迷惑，並且不去檢驗他們言行不一的地方。近來濟陰人魏諷、山陽人曹偉都因邪僻不正而身敗名裂，他們炫惑當代人，抱持奸詐邪惡的念頭，挑動唆使年輕人。雖然已被處死，成為非常明顯的鑑戒，然而受連累的人已經多了。能不審慎嗎！

6 「至於山林隱士，像伯夷、叔齊這類人物，甘願在首陽山長時間挨餓，心安理得的在緜山讓大火燒死自己，儘管這類舉動可以抑制貪婪者，勸勉鄙俗的人，然而聖人不贊同這樣做，我也不希望你們這樣做。如今你們的先人世代入仕為官，謹守仁義樹起名望，保持謹慎贏得讚譽，在家庭中孝順父母，敬愛兄長，在師友間致力於學問。我與當代人士共事，雖然出仕、隱退有所不同，然而他們各有可取的地方。潁川人郭伯益，喜愛並崇尚通達，敏捷又有智慧。但他為人心胸不夠寬闊，過分對人權衡計較。遇到符合自己衡量標準的人，就像山那樣敬重他；碰上不符合自己衡量標準的人，就像草芥那樣輕視他。我憑對他的了解親近他，不希望兒輩們效仿他。北海人徐偉長，不謀求顯赫名聲，不求取不正當的私利，清靜淡泊，自持其身，只致力正道的追求。他對是非提出看法，就借助古人來表達自己的意見，當場不會有所褒貶。我十分敬重他，希望兒輩們師法他。東平人劉公幹，學問淵博又有傑出的才華，在忠誠不渝的節操中又有準則、要旨，然而他秉性行為不平和，很少有所顧忌，優點與缺點正好扯平。我喜愛敬重他，不希望兒輩們仰慕他。樂安人任昭先，淳厚精粹，踐行正道，內心敏銳而外表寬和，謙遜推讓而恭敬有禮，與人相處不迴避低下的位置，看上去怯懦卻見義勇為，在朝廷任職忘記個人的得失。我和他相友好，讚許他，希望兒輩們效法他。如果延展推廣開來，進一步觸類旁通，你們應該能夠舉一反三了。至於享用財物應先考慮家族其他成員，施捨他人務必要周濟急難，出門、歸來要慰撫見多識廣的老年人，發表議論應注意沒有貶抑的意思，仕途進取要崇尚忠誠的節操，選擇人應看重真實的準則，處世要戒絕驕奢淫逸，貧窮卑賤時切莫憂愁悲傷，進取退讓要想到合乎時宜，處理事情要經過反覆思考，能這樣做就可以了。我還擔心什麼呢？」

7 魏明帝青龍四年下達詔書說：「朝廷打算選取具有才能智慧和文章學問，謀慮深沉精邃，揣度遠方如在近處，察視昏暗而能看出隱藏的東西來，籌謀劃策不會白忙一場，莊重專一小心翼翼，品行純潔穩重安詳，自強不息從不懈怠，理想志向在於朝廷的人，不限年齡，不分貴賤，九卿校尉以上的官員，要各自保舉一人。」太尉司馬宣王薦舉王昶接受銓選。魏齊王曹芳正始年間，轉任徐州刺史，進封武觀亭侯，升任征南將軍，假節，都督荊、豫諸軍事。王昶認為國家有常備部隊，打仗卻沒有常勝的；地形有固定的險要，防守卻沒有不變的模式。現在駐紮在宛城，距離襄陽三百多里，各支部隊又分散駐防，戰船集中在宣池，一有緊急情況，無法趕赴救援，於是進呈章表請求遷徙治所到新野，並在荊、豫二州訓練水軍，發展農業生產，擴大墾荒種植，倉庫堆滿了糧食。

8 魏齊王曹芳嘉平初年，太傅司馬宣王誅殺曹爽以後，便奏請朝廷廣泛徵詢文武大臣關於政事的得失。王昶陳述了治國方略的五項要事：第一，理應崇尚大道，重視學問，抑制斷絕浮華的風氣，讓公卿大夫的子弟進入太學學習並辦好學校教育；第二，理應實行考試制度，考試就好比準繩，世上沒有拋棄準繩而僅憑主觀意志就能判定曲直，廢棄升降標準而僅憑空泛議論就能確定是否勝任職務的；第三，理應叫官員在他所擔任的職務上長久做下去，取得政績就提升品級，賜給爵位；第四，理應縮減官員數量，增加他們的俸祿，用禮義廉恥激勵他們，使他們不和老百姓爭利；第五，理應杜絕奢侈糜費的現象，厲行勤儉節約，使他們日常穿戴具有等級區別，讓上下尊卑有序，大量儲存穀物，積蓄布帛，使人民返回到淳樸的狀態。朝廷下達詔書褒獎稱讚。因此讓他編定百官考核的條例，王昶認為唐堯虞舜時代雖然有升遷降級的條文，然而考核辦法卻沒有流傳下來。周朝的制度，太宰的職責，每隔三年對官吏政績進行一次總考核以決定處罰或獎賞，但也沒有考核評定的具體細則。王昶因此主張，聖明的君主能對任用賢才非常清楚，大略提出升官降級的原則，再責成朝廷大臣辦理，而自己只掌握總的綱領，則對官員是否勝任便能一清二楚了。王昶對百官考核的主要意思便是這樣的。

9 嘉平二年，王昶上奏說：「孫權流放忠良的臣子，嫡長子和眾子為繼承權爭得不可開交，可趁此機會制服吳國和蜀國；從白帝城到夷陵縣之間，黔、巫、秭歸、房陵等地都在江北，居民和夷人與我朝新城郡毗連，可以襲擊攻取他們。」於是朝廷派遣新城太守州泰襲擊巫縣、秭歸、房陵，荊州刺史王基攻打夷陵，王昶攻打江陵。在兩岸之間鉤掛起粗大的竹藤繩索當作橋梁，渡過江水進擊敵軍。敵軍逃向南岸，開鑿七條道路同時前來進攻。王昶在這時命令連弩弓箭手一起發射，敵軍大將施績連夜逃入江陵城，魏兵乘勢追擊，斬獲幾百顆敵軍的首級。王昶想引敵軍到平地上和他們展開會戰，就先派遣五支先鋒部隊沿著大道往回撤，讓敵軍望見而心喜，又命令將士身穿繳獲的鎧甲與騎坐繳獲的戰馬，提著敵人的首級，環繞江陵城奔來馳去，用以激怒敵軍，設下伏兵準備襲擊他們。施績果然追殺魏軍，兩軍一交戰，王昶戰勝了敵軍。施績逃去，斬殺了他手下的將領鍾離茂、許旻，收繳敵軍的首級、旗鼓、兵器、珍寶和儀仗等物品，整頓軍隊凱旋回朝。王基、州泰都立下了戰功。於是朝廷升任王昶為征南大將軍、儀同三司，進封為京陵侯。毌丘儉、文欽叛亂，王昶率兵抗擊二人立下戰功，朝廷封他的兩個兒子為亭侯、關內侯，王昶升任驃騎將軍。諸葛誕反叛，王昶占據夾石藉以威逼江陵城，牽制施績、全熙使他們無法東進。諸葛誕被殺後，朝廷下達詔書說：「過去孫臏解救趙國，率軍直撲魏都大梁。王昶揮兵向西迅猛進擊，這也促成了我朝東征諸葛誕大獲全勝的態勢。」增賜食邑一千戶，連同以前的共四千七百戶，升任司空，持節、都督依舊。高貴鄉公曹髦甘露四年王昶去世，朝廷賜給諡號叫穆侯。兒子王渾承襲了爵位，魏元帝曹奐咸熙年間任越騎校尉。

1 王基，字伯輿，東萊❶曲城❷人也。少孤，與叔父翁居。翁撫養甚篤，基亦以孝稱。年十七，郡召為吏，非其好也，遂去，入琅邪❸界游學❹。黃初中，察孝廉❺，除郎中❻。是時青土❼初定，刺史王凌特表請基為別駕，後召為祕書郎❽，凌復請還。頃之，司徒❾王朗❿辟基，凌不遣。朗書劾州曰：「凡家臣⓫之良，則升于公輔⓬，公臣之良，則入于王職，是故古者侯伯⓭有貢士⓮之禮。今州取宿衛⓯之臣，留祕閣⓰之吏，所希聞也。」凌猶不遣。凌流稱⓱青土，蓋亦由基協和⓲之輔也。大將軍⓳司馬宣王辟基，未至，擢為中書侍郎⓴。

2 明帝盛修宮室，百姓勞瘁㉑。基上疏曰：「臣聞古人以水喻民，曰『水所以載舟，亦所以覆舟㉒』。故在民上者，不可以不戒懼。夫民逸則慮易㉓，苦則思難，是以先王居之以約儉，俾不至於生患。昔顏淵㉔云東野子㉕之御，馬力盡矣而求進不已，是以知其將敗。今事役勞苦，男女離曠㉖，願陛下深察東野之弊，留意舟水之喻，息奔駟㉗於未盡，節力役於未困。昔漢有天下，至孝文㉘時唯有同姓諸侯㉙，而賈誼㉚憂之曰：『置火積薪之下而寢其上，因謂之安也。』今寇賊未殄㉛，猛將擁兵，檢之則無以應敵，久之則難以遺後，當聖㉜明之世，不務以除患，若子孫不競㉝，社稷之憂也。使賈誼復起，必深切於曩時矣。」

3 散騎常侍㉞王肅㉟著諸經傳解及論定朝儀㊱，改易鄭玄㊲舊說，而基據持玄義，常與抗衡。遷安平太守，公事去官。大將軍曹爽請為從事中郎㊳，出為安豐㊴太守。郡接吳寇，為政清嚴有威惠，明設防備，敵不敢犯。加討寇將軍㊵。吳嘗大發眾集建業㊶，揚聲欲入攻揚州㊷，刺史諸葛誕使基策之。基曰：「昔孫權再至合肥㊸，一至江夏㊹，其後全琮㊺出廬江㊻，朱然寇襄陽，皆無功而還。今陸遜㊼等已死，而權年老，內無賢嗣㊽，中無謀主㊾。權自出則懼內釁㊿卒起，癰疽(51)發潰；遣將則舊將已盡，新將未信。此不過欲補定支黨(52)，還自保護耳。」後權竟不能出。時曹爽專柄，風化陵遲，基著時要論(53)以切世事。以疾徵還，起家(54)為河南尹(55)，未拜，爽伏誅，基嘗為爽官屬，隨例(56)罷。

4 其年為尚書(57)，出為荊州刺史，加揚烈將軍，隨征南王昶擊吳。基別襲步協(58)於夷陵，協閉門自守。基示以攻形，而實分兵取雄父邸閣(59)，收米三十餘萬斛，虜安北將軍(60)譚正(61)，納降數千口。於是移其降民，置夷陵縣。賜爵關內侯。基又表城上昶(62)，徙江夏治之，以偪夏口(63)，由是賊不敢輕越江。明制度，整軍農，兼修學校，南方稱之。時朝廷議欲伐吳，詔基量進趣(64)之宜。基對曰：「夫兵動而無功，則威名折於外，財用窮於內，故必全而後用也。若不資通川聚糧水戰之備，則雖積兵江內[65]，無必渡之勢矣。今江陵有沮、漳[66]二水，溉灌膏腴之田以千數。安陸[67]左右，陂池[68]沃衍[69]。若水陸並農，以實軍資[70]，然後引兵詣江陵、夷陵，分據夏口，順沮、漳，資水浮穀而下。賊知官兵[71]有經久之勢，則拒天誅[72]者意沮[73]，而向王化[74]者益固。然後率合蠻夷以攻其內，精卒勁兵以討其外，則夏口以上必拔，而江外之郡不守。如此，吳、蜀之交[75]絕，交絕而吳禽[76]矣。不然，兵出之利，未可必矣。」於是遂止。

司馬景王[77]新統政，基書戒之曰：「天下至廣，萬機至猥[78]，誠不可不矜矜業業[79]，坐而待旦也。夫志正則眾邪不生，心靜則眾事不躁，思慮審定[80]則教令[81]不煩，親用忠良則遠近協服。故知和遠在身，定眾在心。許允[82]、傅嘏[83]、袁侃[84]、崔贊[85]皆一時正士，有直質而無流心[86]，可與同政事者也。」景王納其言。

【章旨】以上為〈王基傳〉的第一部分，記述王基的籍貫、早期的求學經歷，其自魏文帝以迄魏齊王曹芳時期由郎中到荊州刺史的仕履和七宗事跡：協助治理亂局初定的青州地區，進呈〈諫明帝盛修宮室疏〉，加強安豐郡防務威懾吳軍，預測吳國揚言大舉進攻揚州的真實意圖，率兵取得奪占吳國雄父邸閣的戰績，應詔提交〈伐吳進趨之宜對〉，寄奉〈戒司馬景王書〉。

【注釋】❶東萊　郡名。治所在今山東龍口東黃城。❷曲城　縣名。治所在今山東掖縣東北。❸琅邪　郡名。治所在今山東臨沂北。❹游學　到處求學。❺察孝廉　察謂察舉，為漢代的一種選官制度。該制度根據不同的需要設立各種科目，指定有關官員擔任舉主，按要求向中央保送相應人才，經朝廷檢驗或考試合格後予以錄用或升遷。凡屬定期性的科目，稱為常科或歲舉，孝廉即為其一。❻郎中　郎官之一種，掌持戟值班，宿衛殿門，出充車騎。❼青土　指青州地區。❽祕書郎　曹魏始置祕書監的屬官，掌管圖籍著述之事。❾司徒　三公之一，掌管全國民政等事務。❿王朗　字景興，東海郯（今山東郯城）人，因通經被拜為郎中，又任會稽太守，後被曹操表為諫議大夫。博學多才，為《周易》、《春秋》、《孝經》、《周禮》等儒家經典作傳。詳見本書卷十三〈王朗傳〉。⓫家臣　春秋時對各國卿大夫家中供職的臣屬稱為家臣。後亦泛指諸侯、王公的私臣。⓬公輔　公謂三公，輔謂四輔，俱為天子的得力助手，因用以指代宰相一類的大臣。⓭侯伯　指分封制下被王室授予侯爵伯爵的各個封國。⓮貢士　向中央保送優秀人才。《禮記・射義》云：「古者天子之制，諸侯歲獻，貢士於天子。」東漢鄭玄注：「三歲而貢士。舊說云大國三人，次國二人，小國一人。」⓯宿衛　指在宮禁中值宿警衛。因王基曾為郎中，故而這裏出此語。⓰祕閣　指祕書監，為皇家圖書館和編書機構。因王基曾任祕書郎，故而這裏出此語。⓱流稱　名聲被人傳頌。⓲協和　配合得當。⓳大將軍　原為漢代掌管領兵征伐之事的最高將領，後來變成文職的宰輔之官，又由榮譽稱號變成權勢極大的實職，多由外戚、宗室或權臣、元老充任。⓴中書侍郎　曹魏始置中書省的屬官，負責傳達誦讀機要文件等事務。㉑勞瘁　辛苦勞累。㉒覆舟　使船翻沉。比喻敗亡覆滅。語出《荀子・王制》：「庶人安政，然後君子安位。傳曰：『君者舟也，庶人者水也。水則載舟，水則覆舟。』此之謂也。」㉓慮易　心念平和。㉔顏淵　名回，字子淵。孔子最得意的學生。㉕東野子　魯定公信賴的車手。《荀子・哀公》載：定公詢問顏淵，為什麼知道東野子將要失去駕車之馬。顏淵回答說：「臣以政知之。昔舜巧於使民而造父巧於使馬。舜不窮其民，造父不窮其馬，是舜無失民，造父無失馬也。今東野畢之馭，上車執轡，銜體正矣，步驟馳騁，朝禮畢矣，歷險致遠，馬力盡矣，然猶求馬不已，是以知之也。」㉖離曠　謂丈夫離家，婦人獨處。㉗奔馹　駕車奔馳的馬匹。㉘孝文　指西漢除呂后之外的第三代皇帝劉恆。卒諡孝文。事見《史記・孝文本紀》、《漢書・文帝紀》。㉙同姓諸侯　指分布於中央直轄區以外的劉姓諸侯王。㉚賈誼　西漢政論家和辭賦家。事見《史記・屈原賈生列傳》及《漢書・賈誼傳》。下文所載賈誼語見於《漢書・賈誼傳》中的〈陳政事疏〉。㉛殄　消滅。㉜聖　宋本作「盛」。㉝不競　不強；不振。㉞散騎常侍　官名。秦漢設散騎和中常侍，三國魏時將二者併為一官，稱散騎常侍。職在侍從皇帝左右，規諫過失，以備顧問。㉟王肅　字子雍，東海郯（今山東郯城）人，王朗的兒子，從宋忠讀《太玄》。精於賈逵、馬融之學，不喜鄭玄之說。為《尚書》、《詩經》、《論語》、《三禮》、《左傳》作注，參與制定朝廷禮儀。詳見本書卷十三王朗附傳。㊱朝儀　朝廷禮儀。㊲鄭玄　字康成，北海高唐（今屬山東）人。東漢著名古文經學家，先從師馬融，後歸鄉里，聚徒眾講學，著述頗豐。

詳見《後漢書・鄭玄列傳》。㊳從事中郎　軍事長官的散職官屬，職責在於參與軍事謀議。㊴安豐　郡名。治所在今安徽霍丘西南。㊵討寇將軍　武職之稱，屬雜號將軍。㊶建業　吳國的國都，即今江蘇南京。㊷揚州　州名。治所在今安徽壽縣。㊸合肥　縣名。治所在今安徽合肥。其為曹魏與東吳展開拉鋸戰的交匯點。㊹江夏　郡名。治所在今湖北雲夢。㊺全琮　字子璜，吳郡錢唐（今浙江杭州）人，官至吳右大司馬、左軍師，為王室至親。詳見本書卷六十〈全琮傳〉。㊻廬江　郡名。漢治所在今安徽廬江縣西南。三國魏、吳於境內各置廬江郡，魏治所在今安徽六安北，吳治所在今安徽潛山縣。㊼陸遜　字伯言，吳郡吳（今江蘇蘇州）人，本名陸議，後改陸遜。世為江東大族，後經呂蒙推薦，拜右都督。謀取荊州有功。吳黃武元年（西元二二二年），大敗劉備軍。後與曹魏軍戰有功，拜上大將軍，官至丞相。詳見本書卷五十八〈陸遜傳〉。㊽賢嗣　賢明的王位繼承人。㊾謀主　出謀劃策的主要人物。㊿內釁　內部矛盾與爭鬥。(51)癰疽　毒瘡，喻指禍患。(52)支黨　替自己效力賣命的黨羽。這裏猶言爪牙。(53)時要論　原著今已失傳。(54)起家　從家中被徵召出來而授以官職。(55)河南尹　曹魏京師洛陽地區的行政長官。其地位高於各郡郡守。(56)隨例　依照例行的處置方式辦理。(57)尚書　尚書臺的屬官。尚書臺又稱中臺，是協助皇帝處理政務的中樞機構。下分六曹，每曹均設尚書一人，各掌其事。尚書意為執掌文書，秩低權重，為其特徵。(58)步協　東吳西陵都督步騭之子。事見本書卷五十二〈步騭傳〉。(59)雄父邸閣　吳國戰略物資儲備庫之一。雄父為地名，在今湖北宜昌西北。邸閣是由官府設置的屯儲軍糧和其他物資的倉庫。(60)安北將軍　武職之稱，屬四安將軍之一，為額設之官。(61)譚正　人名。在本書中僅此一見。(62)上昶　城名。在今湖北安陸西北五十多里處。(63)夏口　邑名。即今湖北武漢長江南岸武昌城。時為吳國抗曹的前線要地。(64)進趣　進攻；攻取。趣，同「趨」。(65)江內　與下文「江外」相對而稱，指長江以北。(66)沮漳　處在江陵西北的兩條河流。其於當陽縣東南合為一水，南流至江陵上游匯人長江。(67)安陸　縣名。治所在今湖北安陸。(68)陂池　池沼；池塘。澤障曰陂，停水曰池。(69)沃衍　土地平坦肥沃。(70)軍資　軍用物資。(71)官兵　意謂王朝部隊。(72)天誅　上天的誅罰。借指帝王的討伐。(73)意沮　鬥志喪失。沮，終止。(74)王化　天子的教化。(75)吳蜀之交　指吳、蜀兩國聯合抗擊與進攻魏國的軍事行動。(76)禽　「擒」的古字，制伏之義。(77)司馬景王　即司馬師，字子元，河內溫（今河南溫縣）人，司馬懿長子。與其父共同發動高平陵事變，司馬懿死後，以撫軍大將軍輔政，後任大將軍、持節都督中外諸軍、錄尚書事。魏嘉平六年（西元二五四年）廢曹芳，另立高貴鄉公曹髦。死後被追尊為景帝，廟號世宗。詳見《晉書・景帝紀》。(78)至猥　極為繁雜。(79)矜矜業業　形容帝王極其堅強、始終保持高度戒懼的那種情態。矜矜，語出《詩經・小雅・無羊》：「矜矜兢兢，不騫不崩。」業業，語出《尚書・皋陶謨》：「兢兢業業，一日二日萬幾。」(80)審定　謹慎沉穩。(81)教令　命令。(82)許允曹魏先後擔任過侍中和中領軍的冀州名士。事見本書卷九夏侯尚附傳。83傅嘏　字蘭石，北地泥陽（今陝西耀縣東南）人，歷任黃門侍郎、河南尹、尚書。力勸司馬師親征毌丘儉、文欽，因功封侯。詳見本書卷二十一〈傅嘏傳〉。84袁侃　曹魏精粹清素的朝臣。事見本書卷十一〈袁渙傳〉。85崔贊　許允的友人。事見本書卷九夏侯尚附傳。86流心　游移放縱的心性。

【語　譯】王基，字伯輿，東萊郡曲城縣人。從小就失去了父親，與叔父王翁生活在一起。王翁撫養他非常盡心，王基也以孝敬叔父知名。十七歲時，郡裏徵召他任吏員，這不是他喜好的工作，就離職而去了，進入琅邪郡的轄區內到處求學。黃初年間，被薦舉為孝廉，授給郎中的職務。當時青州剛剛平定，刺史王淩特意上表請求朝廷讓王基任青州別駕，後來被徵召任祕書郎，王淩再次請求朝廷讓他回到青州。沒多久，司徒王朗徵召王基，王淩不放人。王朗寫信指責王淩說：「凡屬家臣中的佼佼者，就要保送到三公四輔那裏；三公四輔手下眾臣中的佼佼者，就要舉薦給王室，因而古代封國有向王室保舉進獻優秀人才的禮制。如今青州選用本在宮禁值宿警衛的臣子，扣留曾在皇家圖書館和編書機構任過職的官吏，這是很少聽過的事啊。」王淩還是不讓王基前去。王淩在青州名聲遠揚，也因得力於王基配合得當的幫助。大將軍司馬宣王徵召王基，還沒報到，已被朝廷升任為中書侍郎了。

2　魏明帝大肆修建宮室，百姓辛苦勞累。王基進呈奏疏說：「臣聽說古人用水比喻人民，強調『水能讓船航行，也能叫船傾覆』。所以統治民眾的人，不能不警戒憂懼。民眾安逸就心念平和，困苦就心生怨念，因此先王通過節約儉省治理天下，使禍患不至於發生。從前顏淵說東野子駕馭馬車，馬匹的氣力用盡卻還要馬拉車子前進不止，所以知道他將敗亡。如今勞役使人辛苦困乏，男女長久離別，希望陛下深深體察東野子駕車的害處，注意船隻與水的比喻，在奔馬尚未用盡氣力時讓牠休息，讓民眾還沒陷入困窘的時候減少勞役。從前漢朝得到天下，到孝文帝時只剩下同姓諸侯王，賈誼憂慮漢朝說：『把火放置在柴堆下面卻在上面睡覺，就認為是安寧。』目前敵人尚未消滅，猛將擁有重兵，約束他們就沒人抗擊敵人，長久下去就難以向後世子孫交代，正當盛明的時代，不致力消除隱患，假如繼位的子孫能力不強，將是國家的憂患啊。如果賈誼重生，肯定會發出遠比他在世時更為深刻痛切的慨嘆。」

3 散騎常侍王肅為各部儒家經傳撰寫注解並對朝廷禮儀制度加以論定，改變了鄭玄舊有的說法，但王基持守鄭玄的解釋，常與王肅針鋒相對。轉任安平太守，因公務出錯而被免職。大將軍曹爽請求王基任從事中郎，出任安豐太守。安豐郡與吳國接壤，王基施政清廉嚴正有威嚴與恩德，設布起嚴密的防備系統，敵人不敢進犯。加授討寇將軍。吳國曾調動大批部隊會集到建業，對外聲稱準備進攻揚州，揚州刺史諸葛誕讓王基預測敵情。王基說：「從前孫權兩次攻打合肥，一次攻打江夏，後來全琮出兵廬江，朱然進犯襄陽，都無功而返。現在陸遜等人已經亡故，孫權年邁，宮內沒有賢明的王位繼承人，朝中更沒有出謀劃策的主要人物。孫權親自率軍出兵，就會憂慮內部矛盾與爭鬥突然爆發，如同毒瘡一下子潰破難收；派遣將帥領兵入犯，那麼原有的大將已經死盡，新的將領又不能信任。像目前這樣不過是想補充安插眾爪牙，再撤回去保護好自己罷了。」後來孫權終究沒有出兵。在這時曹爽把持朝政，教化日益衰敗，王基撰寫《時要論》，用來批評時事。王基因為患病被徵調了回來，後來又被從家中徵召出來擔任河南尹，尚未上任，曹爽就被處死了，王基曾經在曹爽手下擔任官員，依照例行的處置方式被免職。

4 這一年王基任尚書，出任荊州刺史，加授揚烈將軍稱號，隨同征南將軍王昶進擊吳國。王基另外率軍在夷陵襲擊步協，步協緊閉城門自我固守。王基擺出攻城的架勢，然而實際上卻另派部隊前去攻取雄父邸閣，收繳了三十多萬斛穀米，俘虜了吳國安北將軍譚正，接納了數千名投降的吳國部眾。於是遷移這些降民，設置了夷陵縣。朝廷賜給他關內侯的爵位。他又上表請求在上昶築城，把江夏郡的治所轉移到上昶城來，用以威逼夏口，由此吳軍不敢輕易越過長江。王基嚴格實行各項制度，整頓軍隊和農業生產，同時興建學校，南方居民全都稱讚他。當時朝廷商議準備征伐吳國，詔令王基思考進攻的合適方案。王基回答說：「採取軍事行動卻獲取不到戰績，就會在外部使威名受到損害，在內部導致財用枯竭，因而必須考慮得十分周全，然後才付諸實施。假如不仰仗水道運輸聚集起軍糧這一水戰方面的充分準備條件，那麼即使已經在江北集結了軍隊，也沒有必定能掌握強渡長江打勝仗的局勢。目前江陵境內流淌著沮、漳兩條河水，灌溉著成千上萬畝的肥沃農田。在安陸附近又池塘成片，土地平坦肥沃。如果從水田旱地同時耕作，用來充實軍需物資，然後率兵直撲江陵、夷陵，另外占據夏口，順著沮水、漳水，借助河水運送糧食而下。敵軍知道我朝大軍形成了長期作戰的優勢，那些抗拒朝廷討伐的人就會喪失鬥志，而早想歸順天子教化的人就會更加堅定。然後團結蠻夷部族在吳國內部發起攻擊，精銳部隊從吳國外部展開征討，那麼夏口以上的地區一定可以攻占，而長江以南的郡縣也跟著守不住了。這樣，蜀國與吳國之間的軍事聯盟肯定被切斷，切斷以後吳國就必定被我朝制伏了。否則的話，出兵的功效，不一定可以取得。」於是朝廷取消了攻打吳國的計畫。

5 司馬景王開始掌管朝政，王基寫信告誡他說：「天下極其廣大，各項政務極其繁雜，實在不能不兢兢業業，勤懇萬分。自己志意純正，各種邪惡的事情就無從產生，心念寧靜，諸多政事就不會浮躁，思慮謹慎沉穩，發布命令就不繁瑣，親近並重用忠誠賢良的人士，遠近就都悅服順從。由此可知，安撫遠方取決於自身，穩定眾人取決於心志。許允、傅嘏、袁侃、崔贊都是當今的純正人士，有忠直的素質而沒有游移放縱的心性，屬於能夠同您一道處理政事的人選啊。」司馬景王接受了王基的這番話語。

1 高貴鄉公❶即尊位，進封常樂亭侯。毌丘儉、文欽作亂，以基為行監軍❷、假節，統許昌軍，適與景王會於許昌。景王曰：「君籌儉等何如？」基曰：「淮南❸之逆，非吏民思亂也，儉等誑脅❹迫懼，畏目下之戮，是以尚羣聚耳。若大兵臨偪，必土崩瓦解，儉、欽之首，不終朝❺而縣❻於軍門矣。」景王曰：「善。」乃令基居軍前。議者咸以儉、欽慓悍❼，難與爭鋒。詔基停駐。基以為：「儉等舉軍足以深入，而久不進者，是其詐偽已露，眾心疑沮❽也。今不張示威形❾，以副民望，而停軍高壘，有似畏懦，非用兵之勢也。若或虜略❿民人⓫，又州郡兵家為賊所得者，更懷離心；儉等所迫脅者，自顧⑫罪重，不敢復還，此為錯⑬兵無用之地，而成姦宄⑭之源。吳寇因之，則淮南非國家之有，譙、沛⑮、汝⑯、豫危而不安，此計之大失也。軍宜速進據南頓⑰，南頓有大邸閣⑱，計足軍人四十日糧。保堅城，因積穀，先人有奪人之心，此平賊之要也。」基屢請，乃聽進據潩水⑲。既至，復言曰：「兵聞拙速⑳，未覩工遲㉑之久。方今外有彊寇，內有叛臣，若不時決，則事之深淺未可測也。議者多欲將軍㉒持重。將軍持重是也，停軍不進非也。持重非不行之謂也，進而不可犯耳。今據堅城，保壁壘，以積實資虜，縣運㉓軍糧，甚非計也。」景王欲須諸軍集到，猶尚未許。基曰：「將在軍，君令有所不受。彼得則利，我得亦利，是謂爭城，南頓是也。」遂輒進據南頓，儉等從項㉔亦爭欲往，發十餘里，聞基先到，復還保項。時兗州刺史鄧艾㉕屯樂嘉㉖，儉使文欽將兵襲艾。基知其勢分，進兵偪項，儉眾遂敗。欽等已平，遷鎮南將軍㉗，都督豫州諸軍事㉘，領豫州刺史，進封安樂鄉侯。上疏求分戶二百，賜叔父子喬爵關內侯，以報叔父拊育㉙之德。有詔特聽㉚。

2 諸葛誕反，基以本官㉛行鎮東將軍㉜，都督揚、豫諸軍事㉝。時大軍在項，以賊兵精，詔基斂軍堅壘。基累啟㉞求進討。會吳遣朱異㉟來救誕，軍於安城㊱。基又被詔引諸軍轉據北山，基謂諸將曰：「今圍壘轉固，兵馬向集[37]，但當精修守備，以待越逸[38]，而更移兵守險，使得放縱，雖有智者不能善後矣。」遂守便宜[39]上疏曰：「今與賊家對敵，當不動如山。若遷移依險，人心搖蕩，於勢大損。諸軍並據深溝高壘，眾心皆定，不可傾動[40]，此御兵之要也。」書奏，報聽。大將軍司馬文王[41]進屯丘頭[42]，分部圍守，各有所統。基督城東城南二十六軍，文王敕軍吏入鎮南部界，一不得有所遣。城中食盡，晝夜攻壘，基輒拒擊，破之。壽春既拔，文王與基書曰：「初議者云云，求移者甚眾，時未臨履[43]，亦謂宜然。將軍深算利害，獨秉固志，上違詔命，下拒眾議，終至制敵禽賊，雖古人所述，不是過也。」文王欲遣諸將輕兵深入，招迎唐咨[44]等子弟，因釁有蕩覆[45]吳之勢。基諫曰：「昔諸葛恪[46]乘東關[47]之勝，竭江表[48]之兵，以圍新城[49]，城既不拔，而眾死者太半。姜維[50]因洮上[51]之利，輕兵深入，糧餉不繼，軍覆上邽[52]。夫大捷之後，上下輕敵，輕敵則慮難不深。今賊新敗於外，又內患未弭[53]，是其修備設慮之時也。且兵出踰年，人有歸志，今俘馘[54]十萬，罪人斯得，自歷代征伐，未有全兵[55]獨克如今之盛者也。武皇帝克袁紹[56]於官渡[57]，自以所獲已多，不復追奔，懼挫威[58]也。」文王乃止。以淮南初定，轉基為征東將軍，都督揚州諸軍事，進封東武侯。基上疏固讓，歸功參佐[59]，由是長史[60]、司馬[61]等七人皆侯。

3 是歲，基母卒，詔祕其凶問[62]，迎基父豹喪合葬洛陽，追贈豹北海太守。甘露四年，轉為征南將軍，都督荊州諸軍事[63]。常道鄉公[64]即尊位，增邑千戶，并前五千七百戶。前後封子二人亭侯、關內侯。

4 景元[65]二年，襄陽太守表吳賊鄧由[66]等欲來歸化，基被詔，當因此震蕩江表。基疑其詐，馳驛[67]陳狀。且曰：「嘉平以來，累有內難[68]，當今之務，在於鎮安社稷，綏寧[69]百姓，未宜動眾以求外利。」文王報書曰：「凡處事者，多曲相從順，鮮能確然[70]共盡理實[71]。誠感忠愛，每見規示[72]，輒敬依來指[73]。」後由等竟不降。

5 是歲基薨，追贈司空，諡曰景侯。子徽嗣，早卒。咸熙中，開建五等[74]，以基著勳前朝，改封基孫廙，而以東武[75]餘邑賜一子爵關內侯。晉室[76]踐阼，下詔曰：「故司空王基既著德立勳，又治身清素，不營產業，久在重任，家無私積，可謂身沒行顯，足用勵俗者也。其以奴婢[77]二人賜其家。」

【章　旨】以上為〈王基傳〉的第二部分，記述王基在魏高貴鄉公曹髦和魏元帝曹奐時期由行監軍到征南將軍的仕履和四宗事跡：在平定淮南第一次叛亂中屢請進兵和抗命逕取南頓而使戰局由被動轉為主動的果決行動，包括其所奏呈的〈進軍南頓疏〉和〈進據㶏水復議〉；在平定淮南第二次叛亂中堅決反對移兵守險和督軍據壘破敵的具有決定性作用的戰績，包括其所獻納的〈請守便宜疏〉；諫阻司馬文王在大捷之後輕兵深入吳國的舉動；識破吳國將領的詐降詭計。

【注釋】❶高貴鄉公　即曹髦，字彥士，曹丕之孫，正始五年（西元二四四年）封高貴鄉公。齊王曹芳被廢後立為皇帝。後被司馬昭派人殺害。詳見本書卷四〈齊王紀〉。❷行監軍　官名。即代理監軍。監軍為監督軍隊的武職。❸淮南　郡名。治所在今安徽壽縣。❹誑脅　欺騙威脅。❺終朝　從拂曉到用早飯時為終朝，即一個早晨的時間。❻縣　通「懸」。懸掛。❼慓悍　輕捷勇猛。❽疑沮　恐懼沮喪。❾威形　威鎮的架勢。❿虜略　劫掠。⓫民人　原作「人民」，今據宋本改。⓬自顧　自念；自視。⓭錯　通「措」。置放；安置。⓮姦宄　違法作亂。在外曰姦，在內曰宄。⓯沛　國名。治所在今江蘇沛縣。⓰汝　指汝陰郡。治所在今安徽阜陽。⓱南頓　縣名。治所在今河南項城西南。⓲邸閣　屯積軍糧或物資的地方。⓳㶏水　水名。即今潁水三源的中源。《水經注》謂：「㶏水於樂嘉縣入潁。」⓴拙速　意謂在打速決戰上顯得笨拙。㉑工遲　意謂在打持久戰上顯得精明。㉒將軍　統率軍隊之義。㉓縣運　長途運送。縣，通「懸」。隔得遙遠。㉔項　縣名。治所在今河南沈丘。㉕鄧艾　字士載，義陽棘陽（今河南南陽南）人，曹魏將領，曾在淮河南北屯田，解決軍糧問題。任討寇將軍、汝南太守、兗州刺史等職。魏景元四年（西元二六三年）率兵攻蜀漢，一直打到成都，迫使劉禪投降。詳見本書卷二十八〈鄧艾傳〉。㉖樂嘉　城名。在今河南項城北約四十里處。又名誘城。㉗鎮南將軍　武職之稱，屬四鎮將軍之一，為額設之官。㉘都督豫州諸軍事　即豫州整個轄區內各處駐軍的最高軍事長官。㉙拊育　即撫育。㉚特聽　破例批准。㉛本官　現任官職，即鎮南將軍。㉜行鎮東將軍　即代理鎮東將軍。其屬四鎮將軍之一，為額設軍職。㉝都督揚豫諸軍事　即揚州、豫州整個轄區內各處駐軍的最高軍事長官。㉞啟　奏疏、公文、書函的泛稱。㉟朱異　字季文，吳郡吳縣（今江蘇蘇州）人，朱桓之子，孫吳將領。詳見本書卷五十六朱桓附傳。㊱安城　城名。在今安徽壽縣西南。㊲向集　按地理方位分布。㊳越逸　逃跑；逃竄。㊴守便宜　意謂防守方面的合適辦法。㊵傾動　整體移動。㊶司馬文王　即司馬昭，字子上，河內溫（今河南溫縣）人，司馬懿次子。後殺曹髦立曹奐，發兵滅蜀，稱晉公、晉王。詳見《晉書・文帝紀》。㊷丘頭　地名。在今河南沈丘東南。㊸臨履　實地勘察。㊹唐咨　利成郡（今江蘇贛榆西）人。郡人殺太守，推咨為主，魏軍來討，咨入吳，官至左將軍。後奉命救諸葛誕，兵敗降魏，拜安遠將軍。事見本書卷二十八諸葛誕附傳。㊺蕩覆　顛覆、毀滅。㊻諸葛恪　字元遜。初任孫吳騎都尉，討伐山越有功。丞相陸遜去世後，遷大將軍，駐武昌，代領荊州事。孫亮繼位後拜太傅，總攬朝政。興利除弊，革新內外，一時民心大悅。後因功驕傲，窮兵黷武，遂致上下愁怨，後被孫峻所殺。詳見本書卷六十四〈諸葛恪傳〉。47東關　指吳國在東興隄修築的關城。48江表　江外，指長江以南地區。49新城　指合肥新城，西距舊城三十里，由魏國征東將軍滿寵於魏明帝青龍元年（西元二三三年）所修築。50姜維　字伯約，天水冀縣（今甘肅甘谷東）人。本仕曹魏，蜀漢建興六年（西元二二八年）諸葛亮首次伐魏時投降蜀漢。歷任征西將軍、涼州刺史、衛將軍、大將軍等職，是蜀漢後期傑出的人才。詳見本書卷四十四〈姜維傳〉。51洮上　指洮水以西地帶。洮水為河流名，在今甘肅西南部。52上邽　縣名。治所在今甘肅天水市。53弭　消除；止息。54俘馘　俘獲斬殺之義。馘，指用以計功的從被殺敵人屍體上割取的左耳。55全兵　謂軍隊不受損傷。56袁紹　字本初，汝南汝陽（今河南商水縣西南）人，祖上四世三公。有清名，好交結，與曹操友善。東漢末與何進謀誅宦官，董卓之亂起，在冀州起兵討董卓，為關東聯軍盟主。後占據冀、青、幽、并四州，成為北方最強大的割據勢力。在官渡之戰中被曹操打敗，後病死。詳見《後漢書・袁紹列傳》、本書卷六〈袁紹傳〉。57官渡　地名。在今河南中牟境內。官渡之戰發生在東漢建安五年（西元二〇〇年），是中國戰爭史上以少勝多的著名戰例。58挫威　使兵威受挫折的意思。59參佐　部下；僚屬。60長史　在將軍府料理日常事務性工作的長官，類似於後世的總管。61司馬　基層軍官之稱。按部屬和級別又分假司馬、軍司馬等。62凶問　死亡的消息。63都督荊州諸軍事　即荊州整個轄區內各處駐軍的最高軍事長官。64常道鄉公　即曹奐。字景明，本名璜，燕王曹宇之子。魏甘露三年（西元二五八年）封安次縣常道鄉公，曹髦被殺後被立為帝。後「禪位」於司馬炎，被封為陳留王。事見本書卷四〈陳留王紀〉。65景元　魏元帝曹奐年號，西元二六〇—二六四年。66鄧由　人名。在本書中僅此一見。67馳驛　快馬遞送的意思。驛指驛站，站內備有傳送公文的專職人員及所用車馬，遇有緊急公文則須快速傳遞，故稱馳驛。68內難　國家內部圍繞權力爭鬥而發生的禍難。69綏寧　安定。70確然　剛強；堅定。71理實　道理和實際情況。72規示　規勸與開示。73來指　來信的意旨。74開建五等　意為重新設立五等爵位，即公、侯、伯、子、男。《晉書・地理志上》載：「晉文帝為晉王，命裴秀等建立五等之制。惟安平郡公孚邑萬戶，制度如魏諸王，其餘縣公邑千八百戶，地方七十五里；大國侯邑千六百戶，地方七十里；次國侯邑千四百戶，地方六十五里；大國伯邑千二百戶，地方六十里；次國伯邑千戶，地方五十五里；大國子邑八百戶，地方五十里；次國子邑六百戶，地方四十五里；男邑四百戶，地方四十里。」75東武　指東武侯的封爵。東武為縣名，治所在今山東諸城。76晉室　指晉王司馬炎威逼魏元帝曹奐讓位而建立的西晉王朝。77奴婢　在官府中被任意驅使而無人身自由和生命保障的男人和女子。

【語 譯】高貴鄉公曹髦登上帝位，進封王基為常樂亭侯。毌丘儉、文欽發動叛亂，朝廷任王基為行監軍、假節，統領許昌地區的軍隊，正好與司馬景王在許昌會合。司馬景王說：「你預測一下毌丘儉等人將會怎麼樣？」王基說：「淮南郡的反叛，不是官吏百姓想作亂，毌丘儉等人欺騙威脅，他們迫不得已又心懷恐懼，害怕馬上被殺，所以還聚成一團罷了。如果大軍逼近，肯定會土崩瓦解，毌丘儉和文欽的首級，也會在不到一個早晨的時間就被懸掛在軍門上了。」司馬景王說：「講得好。」於是命令王基率兵在全軍的最前面。議論的人都認為毌丘儉、文欽輕捷勇猛，難以和他們直接交兵爭勝，朝廷就下達詔書，命令王基停止前進，原地駐紮。王基認為：「毌丘儉等人率軍可以深入挺進，卻長時間沒有進軍，原因在於他們奸詐欺誑的面目已經暴露，部眾心裏恐懼沮喪。現在不擺出威懾的陣勢以求符合百姓的心願，反倒停下軍隊，築起高高的防護營壘，好像有些畏懼怯懦的樣子，這不是用兵打仗的姿態。假如叛敵劫掠百姓，或者州郡兵的家屬被叛敵抓走，他們就會產生二心；而被毌丘儉等人脅迫叛亂的那批人，自念罪過深重，不敢重新回到朝廷這邊來，這是把軍隊安置在無法發揮作用的地方，而構成違法作亂的根源。吳國敵寇再藉機前來，那麼淮南地區就不歸我們所有了，譙、沛、汝陰、豫州將危險不安了，這是戰略上的重大失誤啊。我軍應迅速進兵占據南頓，南頓那裏設有大邸閣，算一算足夠全軍四十天的糧食需要。保住堅固的城池，利用屯積的糧食，搶在敵人的前面就有摧毀敵人戰鬥意志的效果，這是平定叛賊的關鍵。」王基多次提出請求，朝廷才允許他進據濦水一帶。抵達之後，王基又進獻意見說：「用兵作戰只聽說有在打速決戰上顯得笨拙的，沒見過在打持久戰上顯得精明卻把時間拖得長久的。目前我朝外有強敵，內有叛臣，如果不迅速決斷，那麼事態發展就很難預料了。議論軍情的人大都希望統率軍隊要穩重。統率軍隊要穩重，這是對的，但停軍不進，那就錯了。穩重不等於說停止不前，只是前進使敵人無法進犯罷了。如今據守堅固的城池，守住營壘，把儲積的物資供給敵人使用，自己卻長途運送軍糧，這是大錯特錯的計策。」司馬景王想等到各路部隊到齊，仍舊不答應王基的請求。王基說：「將領在前線指揮打仗，君令可以有不接受的。敵軍占據它有利，我軍占據它也有利，這正叫做爭城，南頓便是目標。」於是便進兵占據了南頓，毌丘儉等人從項縣出發也想搶占南頓，行進了十多里路，聽說王基已搶先一步，又撤回去據守項縣。當時兗州刺史鄧艾屯駐在樂嘉，毌丘儉派文欽帶兵襲擊鄧艾。王基得知毌丘儉兵力分散，就進兵逼近項縣，毌丘儉的部眾於是潰敗。文欽等人被平定以後，王基升任鎮南將軍，都督豫州諸軍事，兼任豫州刺史，進封為安樂鄉侯。他進呈奏疏請求把自己的食邑分出二百戶，賜給叔父的兒子王喬關內侯的爵位，用來報答叔父的養育之恩。詔書頒發下來，破例批准了這一請求。

2 諸葛誕反叛，王基以本官鎮南將軍的身分代理鎮東將軍，都督揚、豫諸軍事。當時大軍屯駐在項縣，因為叛賊兵馬精壯，朝廷詔令王基按兵不動，固守營壘。王基多次發公文請求進軍討伐叛賊。正好吳國派遣朱異前來援救諸葛誕，駐紮在安城。王基又接到詔書要他帶領各支部隊轉移到北山據守，王基對眾將說：「現在圍困叛軍的營壘已經變得堅固，兵馬也按既定方位分布好，只應周密的加強防務，用來等待逃竄的敵人，而再度轉移部隊去扼守險要處所，會使叛軍獲得行動自由，就算有智謀的人來指揮也無法妥善處置後面的戰事了。」於是就防守方面的合適辦法進呈奏疏說：「目前我軍與叛賊對峙，應像山一樣巋然不動。如果轉移部隊扼守險要之處，軍心就會動搖，將給戰局帶來嚴重的損害。各支部隊同時屯駐在防禦堅固的戰壕和營壘裏，軍心都能穩定，因而絕對不能整體移動，這是統領部隊的關鍵。」奏疏進呈以後，朝廷允許這樣做。大將軍司馬文王進駐丘頭，劃分責任區進行圍困防備，每一責任區都有軍隊的歸屬與轄領系統。王基統領城東和城南的二十六支軍隊，司馬文王命令軍吏進入鎮南將軍的責任區，完全不能調動他的兵馬。壽春城中糧食耗盡，叛軍日夜攻打營壘，王基總是予以抵抗反擊，擊垮了他們。壽春攻占以後，司馬文王寫信給王基說：「當初對軍情議論紛紛的人，主張移動部隊的人很多，當時我未曾實地勘察，也認為應當如此。將軍卻深刻分析利弊，獨自堅持自己的主張，上違抗詔令，下反對眾人的意見，最後終於制服敵人，擒獲叛賊，就算是古人所稱述的名將，也比不過將軍。」司馬文王想派遣眾將領率輕裝部隊深入吳境，前去招納唐咨等人的親屬，趁其內亂造成顛覆吳國的態勢。王基勸諫說：「過去諸葛恪利用東關的勝利，出動江南所有的兵力，用來圍攻合肥新城，新城不但沒攻下，倒讓吳軍死了一大半。蜀國姜維借助洮上的勝利，輕兵深入我國境內，糧餉接應不上，在上邽全軍覆沒。大勝之後，上上下下都會輕敵，輕視敵人，對禍難就思慮不周。現在吳軍剛在外面打了敗仗，加上內部的禍患還沒有止息，這正是他們整修軍備、思索對策的時候。況且我軍出征已經超過一年，人人都有回家的念頭，如今俘獲斬殺敵軍十萬，罪魁禍首也得到了懲罰，從歷代的征伐來看，未曾出現過軍隊不受損傷而徹底消滅敵人的雄盛場面。太祖武皇帝在官渡打敗袁紹，自認為獲取的已經很多了，不再追擊逃跑的敵人，是擔心會使兵威受挫啊。」司馬文王於是打消了出兵的念頭。因為淮南地區剛剛平定，轉任王基為征東將軍，都督揚州諸軍事，進封為東武侯。王基進呈奏疏堅決辭讓，歸功於眾僚屬，因此長史、司馬等七個人都被封為侯爵。

3 這一年，王基的母親亡故，朝廷詔令要求對王基母親的死訊保密，將王基父親王豹的棺柩運到洛陽與他母親合葬，追贈王豹為北海太守。魏高貴鄉公曹髦甘露四年，王基調任為征南將軍，都督荊州諸軍事。常道鄉公登上帝位，增加王基食邑一千戶，連同以前的在內共五千七百戶。先後封王基的兩個兒子為亭侯、關內侯。

4 魏元帝景元二年，襄陽太守進呈章表說吳國鄧由等人要前來歸順，王基接到詔書，命他趁此機會撼動江南。王基懷疑這是詐降詭計，便快馬遞送函件陳奏情況。並且說：「從嘉平以來，多次發生內亂，當前最主要的任務，在於穩定國家局勢，安撫平民百姓，不應勞師動眾去謀求外部的利益。」司馬文王回信說：「大凡處理事情的人，大多違背自己的真心而順從上司，很少能夠堅定自己的看法並與上司共同釐清道理和實際情況的。我確實感受到你的忠誠愛國，每次得到你的規勸與開示，我總是恭敬的依從來信的意旨。」後來鄧由等人終究沒來投降。

5 這一年王基去世，追贈為司空，賜諡號叫景侯。兒子王徽承襲了爵位，早死。魏元帝曹奐咸熙年間，朝廷重新設立五等爵位，由於王基在前朝功勳卓著，改封王基的孫子王廙，而把他東武侯餘下的食邑，賜給他的一個兒子關內侯的爵位。晉室取得皇帝正位後，頒布詔書說：「已故司空王基不僅德業昭著，立有功勳，又修養自身，清正廉潔，從不置辦家產，長期擔任要職，家中沒有私人的積蓄，稱得上是人雖逝世但品行顯揚，足以激勵世俗的人。賜給他家奴婢二人。」

評曰：徐邈清尚❶弘通，胡質素業❷貞粹❸，王昶開濟❹識度❺，王基學行堅白❻，皆掌統方任❼，垂稱❽著績。可謂國之良臣，時之彥士❾矣。

【章旨】以上為是陳壽對四位傳主發表的評語。分別指明各自的卓異之處及共同特點，而褒獎讚嘆之情則溢於言表。

【注釋】❶清尚　清白高尚。❷素業　指清白的操守。❸貞粹　純潔粹美。❹開濟　開創和匡濟。❺識度　識見與器度。❻堅白　堅貞不可動搖。❼方任　主管一方的重任，指地方軍政最高長官的職位。❽垂稱　美名播揚。❾彥士　傑出的人才。

【語譯】評論說：徐邈清白高尚宏闊通達，胡質風節操守純潔粹美，王昶在開創和匡濟方面具有識見與器度，王基學問品行堅貞不可動搖，他們全都掌領一方區域的軍政重任，美名播揚，功績顯著。稱得上是國家的賢良大臣，一個時代的傑出人才。

【研析】本篇合傳將王昶、王基並稱「二王」，陳壽對「二王」的評語是：「王昶開濟識度，王基學行堅白」，並指明「二王」同徐邈、胡質一樣，「皆掌統方任，垂稱著績」，譽之為「國之良臣，時之彥士」。然則三國時期終究屬於亂世，根據本篇合傳所提供的史料，頗可看出兩個耐人尋味的重大歷史問題：即亂世諫正、亂世教子。

述及王昶，本篇合傳撮錄了其於特定情勢下進奏的〈陳治略五事〉、〈百官考課議〉；述及王基，本篇合傳撮錄了其於特定情勢下進奏或寄奉的〈諫明帝盛修宮室疏〉、〈伐吳進趣之宜對〉、〈戒司馬景王書〉。合而觀之，表明身處亂世的封疆大吏和高級將領是將關注集中在以下三個方面：

一是強國大計。王昶所陳「治略」，本身即顯示出治國方略的鮮明取向，而「五事」則將興學崇道、考試能否、居官久任、實祿勸廉、戒奢崇儉標揭出來，確屬要務。如果能實行這些舉措，會對滅吳提供強有力的支撐。而王基的〈伐吳進趣之宜對〉，重在「宜」字，宜就宜在「資通川聚糧水戰之備」上，宜就宜在「引兵詣江陵、夷陵，分據夏口，順沮、漳，資水浮穀而下」上，宜就宜在「率合蠻夷以攻其內，精卒勁兵以討其外」上，合起來便成「經久之勢」和「兵出之利」。這是對王昶「治略五事」的延伸，歸宿都不外乎強國興國。

二是帝王修養。強國興國，在很大程度上取決於帝王。若帝王驕奢淫逸，便意味著亡國亡身。因而王基特上〈諫明帝盛修宮室疏〉，重申「水所以載舟，亦所以覆舟」的道理，強調「事役勞苦，男女離曠」在「寇賊未殄，猛將擁兵」形勢下所帶來的「社稷之憂」。對勢必代魏的司馬氏，則通過〈戒司馬景王書〉，力倡「兢兢業業，坐而待旦」，疾呼「和遠在身，定眾在心」，敦促重用「正士」，可見王基具有犀利的政治眼光。

三是制度建設。這在一定意義上構成了帝王政治修養的試金石。王昶〈百官考課議〉特就此而發。所謂「聖主明於任賢，略舉黜陟之體，以委達官之長，而總其統紀」，便可為強國興國確有人才保障，奠立穩固的基石。

如果說亂世諫正屬於國事，亂世教子便為家事了。本篇合傳全文轉錄了王昶的〈誡子姪書〉。借助起名命字，把家庭教育貫注到方方面面：

首先引導子姪們要從總體指導思想，各得其所地把「儒者之教」和「道家之言」，整合為一個有關立身、處世、仕宦的互補性的理論體系。為此尤須牢牢把握住儒家的孝悌仁義說、速成可惡論、不暇毀譽說、守慎自修論，以及道家的玄默沖虛觀、凡事知足論、以弱為強說。總體指導思想明確之後，則要在「山林之士」和「世有冠冕」之間做出選擇，即拋棄前者，執定後者。而如何保證「世有冠冕」，那就必須處理好現實社會生活中面臨的三個最為常見的突出問題：對富貴聲名始終保持適度克制的心態，切莫被「當時之譽」和「目前之利」所迷惑，避免陷於浮華；對人事關係則要戒自伐，戒自矜，戒好爭，不掩人，不陵人，更不詆毀人，同時「務學於師友」；對毀己惡言，絕對摒棄當面爭辯質問、日後報復的態度與做法，而要靜默無言，修明本人品行。除去這三個現實社會生活中最為常見的突出問題以外，還要順利闖過人生道路上最容易走偏的十道關卡：用財先九族，施捨務周急，出入存故老，論議貴無貶，進仕尚忠節，取人務實道，處世戒驕淫，貧賤慎無戚，進退念合宜，行事加九思。

為使二子兩姪徹底擺脫「困辱之累，悔吝之咎」，特別是「危身破家」，直至「滅亡之禍」，王昶著意列示了本人所否定、肯定，尤其是半肯定又半否定的三類歷史與現實人物。其中「大為炯戒」者，首推因傾邪姦慝而於建安之末伏誅的濟陰魏諷、黃初之始被斬殺的山陽曹偉，其次便是因「矜善自伐好爭」而「為戮於晉」的三郤，「負罪於周」的王叔。至於喜好評論他人優劣短長的孔子高徒子貢，既遭孔子批評，當然也應當作反面人物來看待。反之，「北海徐偉長，不治名高，不求苟得，澹然自守，惟道是務，其有所是非，則託古人以見其意，當時無所褒貶」，堪稱眾子姪效法的典範。「樂安任昭先，淳粹履道，內敏外恕，推遜恭讓，處不避洿，怯而義勇，在朝忘身」，亦為兒輩們學習的榜樣。但問題複雜也極應分辨清楚的則是：潁川郭伯益，雖然「好尚通達，敏而有知」，但他「為人弘曠不足，輕貴有餘」，無須乎向他看齊。東平劉公幹，儘管「博學有高才，誠節有大意」，但他「性行不均，少所拘忌，得失足以相補」，也不值得仰慕。總之要「覽往事之成敗，察將來之吉凶」，以是否符合儒家與道家有關立身、處世、仕宦的互補性的總體指導思想為原則。這自然增強了深層意識的警示力和人格塑造的穿透力，以及經驗傳授的信服力。

王昶命名教子，立足於三國鼎立、兵戰頻繁、危難四伏的時局而有的放矢，其實是把這等家事自覺的同國事融為一體的。時至今日，本篇合傳所觸及的亂世諫正、亂世教子問題，仍給人以啟迪，從中獲得一定的教益。（楊寄林注譯）

卷二十八　魏書二十八

王毌丘諸葛鄧鍾傳第二十八

【題解】本卷為王淩、毌丘儉、諸葛誕、鄧艾、鍾會等五人的合傳，他們都是所謂的「罪臣」，都犯有「謀反」這一大逆之罪。這些謀反者，除鄧艾是被人構陷之外，其餘都是事實。然而，作者在記述他們的時候，不因他們是反臣而把他們一概否定。王淩的風節、毌丘儉的才幹、諸葛誕的威嚴、鍾會的韜略、鄧艾的功業，都有豐滿的記載。對他們的毛病，也有一針見血的批評。這反映了歷史學家對待歷史人物實事求是的優良傳統。

1 王淩，字彥雲，太原祁[1]人也。叔父允[2]，為漢司徒[3]，誅董卓[4]。卓將李傕[5]、郭汜[6]等為卓報仇，入長安[7]，殺允，盡害其家。淩及兄晨，時年皆少，踰城得脫，亡命[8]歸鄉里。淩舉孝廉[9]，為發干長[10]，稍遷至中山太守[11]，所在有治，太祖[12]辟為丞相掾屬[13]。

2 文帝踐阼[14]，拜散騎常侍[15]，出為兗州刺史[16]，與張遼[17]等至廣陵[18]討孫權[19]。臨江[20]，夜大風，吳將呂範[21]等船漂至北岸。淩與諸將逆擊[22]，捕斬首虜，獲舟船，有功，封宜城[23]亭侯，加建武將軍[24]，轉在青州[25]。是時海濱乘喪亂之後，法度未整。淩布政施教，賞善罰惡，甚有綱紀[26]，百姓稱之，不容於口[27]。後從曹休[28]征吳，與賊遇於夾石[29]，休軍失利，淩力戰決圍，休得免難。仍徙為揚、豫[30]州刺史，咸得軍民之歡心。始至豫州，旌[31]先賢之後，求未顯之士，各有條教，意義甚美。初，淩與司馬朗[32]、賈逵[33]友善，及臨兗、豫，繼其名跡。正始初，為征東將軍[34]，假節都督揚州諸軍事[35]。二年[36]，吳大將全琮[37]數萬眾寇芍陂[38]，淩率諸軍逆討，與賊爭塘，力戰連日，賊退走。進封南鄉侯，邑千三百五十戶，遷車騎將軍[39]、儀同三司[40]。

3 是時，淩外甥令狐愚[41]以才能為兗州刺史，屯平阿[42]。舅甥並典兵，專淮南之重。淩就遷為司空[43]。司馬宣王[44]既誅曹爽[45]，進淩為太尉[46]，假節鉞[47]。淩、愚密協計，謂齊王不任天位[48]，楚王彪[49]長而才，欲迎立彪都許昌[50]。嘉平元年九月，愚遣將張式至白馬[51]，與彪相問往來[52]。淩又遣舍人[53]勞精詣洛陽[54]，語子廣[55]。廣言：「廢立大事，勿為禍先。」其十一月，愚復遣式詣彪，未還，會愚病死。

二年[56]，熒惑守南斗[57]，淩謂：「斗中有星，當有暴貴者。」三年[58]春，吳賊塞涂水[59]。淩欲因此發，大嚴諸軍[60]，表求討賊；詔報不聽[61]。淩陰謀滋[62]甚，遣將軍楊弘以廢立事告兗州刺史黃華，華、弘連名以白太傅司馬宣王。宣王將中軍[63]乘水道討淩，先下赦赦淩罪，又將尚書廣東[64]，使為書喻淩，大軍掩至百尺[65]逼淩。淩自知勢窮，乃乘船單出迎宣王，遣掾王彧謝罪，送印綬、節鉞。軍到丘頭[66]，淩面縛水次[67]。宣王承詔遣主簿解縛反服[68]，見淩，慰勞之，還印綬、節鉞，遣步騎六百人送還京都。淩至項[69]，飲藥死。宣王遂至壽春[70]。張式等皆自首，乃窮治其事。彪賜死[71]，諸相連者悉夷三族。朝議咸以為春秋[72]之義，齊崔杼[73]、鄭歸生[74]皆加追戮，陳屍斲棺[75]，載在方策[76]。淩、愚罪宜如舊典。乃發淩、愚冢，剖棺，暴屍於所近市三日，燒其印綬、朝服，親土埋之[77]。進弘、華爵為鄉侯。

廣有志尚學行，死時年四十餘。

【章旨】以上為〈王淩傳〉，依次記述了王淩的家世、董卓之亂時的行跡、文帝踐阼後的文治武功，以及起兵反對司馬懿兵敗自殺的經過。

【注釋】❶太原祁　太原，郡名。治所在今山西太原南。祁，縣名。治所在今山西祁縣東南。❷允　即王允，字子師，東漢末為郡史，靈帝時任豫州刺史，獻帝時任太僕、尚書令、司徒，與呂布合謀殺死董卓。詳見《後漢書·王允列傳》。❸司徒官名。中央高級官員，與太尉、司空合稱三公。❹董卓　字仲穎，隴西臨洮（今甘肅岷縣）人。剛猛有謀，廣交豪帥，東漢桓帝末任并州刺史、河東太守。靈帝時任并州牧。昭寧元年率兵進京，廢少帝，立獻帝，因關東諸侯反對，劫持獻帝西入長安。後被呂布、王允所殺。詳見《後漢書・董卓列傳》、本書卷六〈董卓傳〉。❺李傕　字稚然，北地（今寧夏吳忠西南）人，董卓部將。董卓死後，領兵圍長安，縱兵劫掠，殺死王允，把持朝政。建安初被曹操所殺。詳見本書卷六董卓附傳。❻郭汜　一名多，張掖（今甘肅張掖西北）人，董卓部將。董卓死後與李傕合兵圍長安，殺王允，把持朝政。後與李傕發生矛盾，互相攻伐。東漢建安二年（西元一九七年），被其將五習所襲，死於郿。詳見本書卷六董卓附傳。❼長安　都城。在今陝西西安西北。❽亡命　逃亡保命。❾舉孝廉　當時用人制度之一。由各郡在所屬吏民中舉薦孝悌清廉者，被察舉為孝廉者往往被任為郎官，所以許靖被任為尚書郎。❿發干長　發干縣長。發干，縣名。治所在今山東冠縣東。⓫中山太守　中山，郡名。治所在今河北定州。太守，郡中最高行政長官。⓬太祖　即曹操，字孟德，小名阿瞞，沛國譙（今安徽亳州）人。東漢末起兵討黃巾，後參加袁紹討董聯盟。占據兗州後，收編黃巾軍三十餘萬，組成青州軍，先後擊敗袁術、陶謙、呂布、袁紹，統一了北方。任丞相，相繼封為魏公、魏王。曹丕建魏後，追封為魏武帝。詳見本書卷一〈武帝紀〉。⓭丞相掾屬　官名。即丞相掾和丞相屬，均為丞相府屬官。⓮文帝踐阼　文帝即魏文帝曹丕，字子桓，沛國譙（今安徽亳州）人，曹操次子，魏國創建者，又是詩人、文學評論家。詳見本書卷二〈文帝紀〉。踐阼，登上帝位。⓯散騎常侍　官名。侍從皇帝左右，隨事規諫，不典事。⓰兗州刺史　兗州，州名。治所在今山東鄄城東北。⓱張遼　字文遠，雁門馬邑（今山西朔縣）人，原為并州刺史丁原部下，後投呂布，又依附曹操。在曹操部下屢立戰功，歷任軍中重職，為曹魏重要軍事將領。詳見本書卷十七〈張遼傳〉。⓲廣陵　郡名。治所在今江蘇揚州西北。⓳孫權　字仲謀，吳郡富春（今浙江富陽）人，孫策弟。孫策死後即位，被封討虜將軍，領會稽太守。黃武八年（西元二二九年）即帝位於武昌。死後謚大皇帝，廟號太祖。詳見本書卷四十七〈吳主傳〉。⓴江　長江。㉑呂範　字子衡，汝南細陽（今安徽阜陽西北）人，東漢末避亂壽春，隨孫策起兵，孫吳著名將領。詳見本書卷五十六〈呂範傳〉。㉒逆擊　迎擊。㉓城　原作「成」，今從宋本。㉔建武將軍　官名。曹魏創置，領兵征伐。㉕青州　州名。治所在今山東淄博臨淄北。㉖綱紀　條理。㉗不容於口　忍不住要說出來。㉘曹休　字文烈，沛國譙（今安徽亳州）人，曹操族子。隨曹操起兵，戰功卓著。詳見本書卷九〈曹休傳〉。㉙夾石　山名。在安徽桐城北，今名北峽山。㉚揚豫　揚即揚州，州名。治所在今安徽壽縣。豫即豫州，州名。治所在今安徽亳州。㉛旌　表彰。㉜司馬朗　字伯達，河內溫（今河南溫縣）人，司馬懿兄。曹操辟為司空掾屬，歷任成皋令、兗州刺史等職，在任有政績。詳見本書卷十五〈司馬朗傳〉。㉝賈逵　字梁道，河東襄陵（今山西臨汾東南）人。初為郡吏，後舉茂才，任澠池令。曹魏時歷任弘農太守、豫州刺史等職。詳見本書卷十五〈賈逵傳〉。㉞征東將軍　官名。與征西、征北、征南合稱四征將軍，出鎮方面。㉟假節都督揚州諸軍事　假節，假以節杖，象徵著權力和地位。都督揚州諸軍事，揚州地區的軍政長官。㊱二年　正始二年（西元二四一年）。㊲全琮　字子璜，吳郡錢唐（今浙江杭州）人。孫吳著名將領。詳見本書卷六十〈全琮傳〉。㊳芍陂　陂堰名，古代著名的水利工程，故址在今安徽壽縣南。㊴車騎將軍　官名。高級軍事將領，地位僅次於大將軍，相當於上卿，或比三公。㊵儀同三司　官名，為加官，儀制與三司同之意。㊶令狐愚　字公治，本名浚，曹魏司空王淩外甥。任和戎護軍、兗州刺史。魏嘉平元年（西元二四九年），與王淩謀廢齊王曹芳，另立楚王曹彪，事未成病死。詳見本卷及裴松之注引《魏書》。㊷平阿　縣名。治所在今安徽懷遠西。㊸司空　官名。掌監察執法。㊹司馬宣王　即司馬懿，字仲達，河內溫縣（今河南溫縣）人。多謀略，善權變。率軍與諸葛亮對峙關中，領兵征討遼東公孫淵，歷任侍中、太傅、都督中外諸軍事等軍政要職。後發動高平陵之變，掌握曹魏大權。詳見《晉書·宣帝紀》。㊺曹爽　字昭伯，沛國譙（今安徽亳州）人，曹真之子。明帝時任武衛將軍。明帝病重，拜其為大將軍、假節鉞、都督中外諸軍事，與司馬懿同受遺詔輔少主。齊王曹芳即位後，司馬懿發動政變，曹爽被剝奪兵權，後被殺。詳見本書卷九〈曹爽傳〉。㊻太尉　官名。綜理軍政，與司徒、司空合稱三公。㊼假節鉞　授予符節與斧鉞，是權力和地位的象徵。㊽齊王不任天位　曹芳不能勝任皇帝之位。齊王即曹芳，字蘭卿，沛國譙（今安徽亳州）人，明帝養子。青龍三年（西元二三五年）立為齊王，明帝死後即帝位。後被司馬懿所廢。詳見本書卷四〈齊王紀〉。㊾楚王彪　字朱虎，曹操之子，太和六年（西元二三二年）由吳王改封楚王，後因被王淩謀立於許昌，謀洩，自殺。詳見本書卷二十〈楚王傳〉。㊿許昌　縣名。治所在今河南許昌東。(51)白馬　縣名。治所在今河南滑縣東。(52)相問往來　互通消息建立聯繫。(53)舍人　太尉府屬官，主管閣內之事。(54)洛陽　都名。位於今河南洛陽東。(55)廣　即王廣，字公淵，王淩之子，才武過人。其事見裴松之注引《魏氏春秋》。(56)二年　嘉平二年（西元二五〇年）。(57)熒惑守南斗　火星侵入南斗星宿。熒惑，火星。守，某一星辰侵入別的星辰的位置。南斗，二十八星宿中北方玄武七宿的斗宿，有星六顆，亦呈斗形。(58)三年　嘉平三年（西元二五一年）。(59)吳賊塞涂水　孫吳出動十萬士兵堵塞涂水下游，用氾濫的河水阻止曹魏軍南下。涂水，河流名，今稱滁河，源於安徽合肥東境，經江蘇六合南入長江。(60)大嚴諸軍　大力整治軍隊。嚴，整治。(61)詔報不聽　詔書回覆不准。(62)滋　更加。(63)中軍　中央朝廷軍隊。(64)將尚書廣東　帶領尚書王廣隨軍東下。(65)百尺　古代水利工程。在今河南沈丘北。(66)丘頭　地名。又名武丘，在今河南沈丘東南。(67)面縛水次　在河邊雙手反綁。(68)反服　重新讓他穿上官服。(69)項　縣名。治所在今河南沈丘。(70)壽春　縣名。治所在今安徽壽縣。❼彪賜死　司馬懿賜死曹彪後，下令把曹魏宗室王公集中到鄴城，嚴加看管，彼此不准往來，以防止類似事件發生。詳見《晉書・宣帝紀》。❼春秋　儒家五經之一。編年體史書。相傳是孔子根據魯國史官所編《春秋》加以整理修訂而成。後代儒者解釋《春秋》稱傳。現存有三家：《左氏傳》、《公羊傳》、《穀梁傳》。❼崔杼　春秋時齊國大臣，擁立齊莊公、齊景公，專擅朝政。因莊公私通其妻，將其殺死。後來因家族內亂自殺。後被掘墳開棺，戮屍示眾。詳見《史記・齊太公世家》。❼歸生　即子家，春秋時鄭國大夫。後與子公一起殺鄭靈公。死後鄭人追究其殺鄭靈公之罪，剖其棺戮之屍，驅逐其家族。❼陳屍斲棺　開棺暴屍。❼方策　書寫文字的竹木簡策，此指典籍。❼親土埋之　屍體不裝入棺材，直接埋在土裏。

【語　譯】王淩，字彥雲，太原郡祁縣人。叔父王允，任漢朝司徒，誅滅董卓。董卓部將李傕、郭汜等人替董卓報仇，攻入長安，殺死王允並殺光他的全家。王淩和他的兄長王晨當時年紀都小，翻越城牆才得以逃脫，逃命回到鄉里。王淩被舉為孝廉，任發干縣長。逐漸升任到中山太守，他在任上有治績，太祖徵召他為丞相掾屬。

2 文帝即帝位，官拜散騎常侍，外調出任兗州刺史，與張遼等到廣陵征討孫權。到長江岸邊，夜裏颳起大風，孫吳大將呂範等人的船漂流到長江北岸。王淩與眾將領迎擊，擄獲斬殺了許多敵人，繳獲舟船，立有戰功，封為宜城亭侯，加號建武將軍，轉任青州刺史。當時青州海濱一帶在動亂之後，法度不健全。王淩宣布政令實施教化，賞善罰惡，十分有條理，百姓稱讚他，不絕於口。後來隨從曹休征伐孫吳，與敵人在夾石山遭遇，曹休軍失利，王淩力戰突出重圍，曹休得以幸免於難。於是王淩轉任揚州、豫州刺史，都能得到軍民的歡心。他才到豫州，就表揚先賢的後代，訪求名聲尚未顯揚的人才，各有法規教令，用意非常美好。起初，王淩與司馬朗、賈逵友好，等他到了兗州、豫州以後，承繼了他們的聲名和治績。正始初年，王淩任征東將軍，假節、都督揚州諸軍事。正始二年，孫吳大將全琮率數萬軍隊進犯芍陂，王淩率領各軍迎擊，與敵人爭奪芍陂，奮力作戰了幾天，敵人退走。朝廷進封王淩為南鄉侯，封邑一千三百五十戶，升任車騎將軍，儀同三司。

3 這時，王淩外甥令狐愚憑藉才能擔任兗州刺史，屯駐在平阿。舅甥二人同時統領軍隊，獨掌淮南軍事大權。王淩不久升任司空。司馬宣王誅殺曹爽之後，晉升王淩為太尉，假節鉞。王淩、令狐愚祕密協商計議，認為齊王不能勝任帝位，楚王曹彪年長又有才幹，想迎立曹彪，建都許昌。嘉平元年九月，令狐愚派遣部將張式到白馬，與曹彪互通消息建立聯繫。王淩又派遣舍人勞精前往洛陽，告訴兒子王廣。王廣說：「廢立皇帝是大事，不要為此身先受禍。」這年的十一月，令狐愚又派遣張式前往曹彪那裏，張式還沒回來，適逢令狐愚病逝。嘉平二年，火星侵入南斗星宿，王淩說：「斗宿中有火星，將有突然顯貴的人出現。」嘉平三年春，吳軍填塞了涂水。王淩想藉此發動政變，大力整治軍隊，上表要求征討東吳；朝廷下詔回覆不准。王淩更加緊了暗中策劃，他派遣將軍楊弘把要行廢立之事告訴兗州刺史黃華，黃華、楊弘聯名把此事報告了太傅司馬宣王。司馬宣王率領中央的軍隊藉水路征討王淩，他先下赦免令赦免王淩的罪過，又帶著尚書王廣一起東下，讓他寫信勸諭王淩，同時大軍突然掩殺到百尺堰進逼王淩。王淩自知大勢已去，便乘船隻身出來迎接司馬宣王，又派遣屬官王彧前往謝罪，送還朝廷授予的印綬、節鉞。司馬宣王大軍抵達丘頭，王淩雙手反綁，立在岸邊。司馬宣王承詔派遣主簿解開王淩的綁縛，送還官服，又接見王淩，慰勞他，歸還他的印綬、節鉞，派遣步騎兵六百人護送王淩返回京都。王淩到達項縣，服毒身亡。司馬宣王於是抵達壽春。張式等人全都自首，司馬宣王於是深究此事。曹彪被賜死，與此事相牽連的全都誅殺三族。朝臣們議論都認為按照《春秋》的大義，齊國的崔杼、鄭國的歸生死後都被追加刑戮，開棺曝屍，這是記載在典籍中的。王淩、令狐愚的罪應當依照古代法典處置。於是挖掘王淩、令狐愚的墳墓，剖開棺木，在就近的市上曝屍三日，燒掉他們的印綬、朝服，將他們直接埋在土裏。進升楊弘、黃華的爵位為鄉侯。王廣有志於學問品行，死時四十多歲。

1 毌丘儉，字仲恭，河東聞喜❶人也。父興，黃初中為武威❷太守，伐叛柔服❸，開通河右❹，名次金城❺太守蘇則❻。討賊張進❼及討叛胡有功，封高陽鄉侯。入為將作大匠❽。儉襲父爵，為平原侯文學❾。明帝即位，為尚書郎❿，遷羽林監⓫。以東宮之舊，甚見親待。出為洛陽典農⓬。時取農民以治宮室，儉上疏曰：「臣愚以為天下所急除者二賊⓭，所急務者衣食。誠使二賊不滅，士民飢凍，雖崇美宮室，猶無益也。」遷荊州⓮刺史。

2 青龍中，帝圖討遼東⓯，以儉有幹策⓰，徙為幽州⓱刺史，加度遼將軍⓲，使持節⓳，護烏丸校尉⓴。率幽州諸軍至襄平㉑，屯遼隧㉒。右北平烏丸單于寇婁敦㉓、遼西烏丸都督率眾王㉔護留等，昔隨袁尚㉕奔遼東者，率眾五千餘人降。寇婁敦遣弟阿羅槃等詣闕朝貢，封其渠率二十餘人為侯、王，賜輿馬繒綵㉖各有差㉗。公孫淵㉘逆與儉戰，不利，引還。明年，帝遣太尉司馬宣王統中軍及儉等眾數萬討淵，定遼東。儉以功進封安邑侯，食邑三千九百戶。

3 正始中，儉以高句驪㉙數侵叛，督諸軍步騎萬人出玄菟㉚，從諸道討之。句驪王宮㉛將步騎二萬人，進軍沸流水㉜上，大戰梁口㉝，宮連破走。儉遂束馬縣車㉞，以登丸都㉟，屠句驪所都，斬獲首虜以千數。句驪沛者㊱名得來，數諫宮，宮不從其言。得來歎曰：「立見此地將生蓬蒿㊲。」遂不食而死，舉國賢之㊳。儉令諸軍不壞其墓，不伐其樹，得其妻子，皆放遣之。宮單將妻子逃竄。儉引軍還。

六年㊴，復征之，宮遂奔買溝㊵。儉遣玄菟太守王頎㊶追之，過沃沮㊷千有餘里，至肅慎㊸氏南界，刻石紀功，刊丸都之山，銘不耐㊹之城。諸所誅納八千餘口，論功受賞，侯者百餘人。穿山溉灌，民賴其利。

4 遷左將軍㊺，假節監豫州諸軍事，領㊻豫州刺史，轉為鎮南將軍㊼。諸葛誕戰於東關㊽，不利，乃令誕、儉對換。誕為鎮南，都督豫州。儉為鎮東，都督揚州㊾。吳太傅諸葛恪圍合肥新城㊿，儉與文欽(51)禦之，太尉司馬孚(52)督中軍東解圍，恪退還。

5 初，儉與夏侯玄(53)、李豐(54)等厚善。揚州刺史前將軍文欽，曹爽之邑人(55)也，驍果麤猛，數有戰功，好增虜獲(56)，以徼(57)寵賞，多不見許，怨恨日甚。儉以計厚待欽，情好歡洽。欽亦感戴，投心無貳。正元二年正月，有彗星數十丈，西北竟天(58)，起於吳、楚之分(59)。儉、欽喜，以為己祥(60)。遂矯太后詔(61)，罪狀大將軍司馬景王(62)，移諸郡國，舉兵反。迫脅淮南將守諸別屯者，及吏民大小，皆入壽春城，為壇於城西，歃血稱兵(63)為盟，分老弱守城，儉、欽自將五六萬眾渡淮，西至項。儉堅守，欽在外為游兵。

6 大將軍統中外軍(64)討之，別使諸葛誕督豫州諸軍從安風津(65)擬壽春，征東將軍胡遵[66]督青、徐[67]諸軍出於譙、宋[68]之間，絕其歸路。大將軍屯汝陽[69]，使監軍王基[70]督前鋒諸軍據南頓[71]以待之。今諸軍皆堅壁[72]勿與戰。儉、欽進不得鬭，退恐壽春見襲，不得歸，計窮不知所為。淮南將士，家皆在北，眾心沮喪[73]，降者相屬，惟淮南新附農民為之用。大將軍遣兗州刺史鄧艾督泰山諸軍[74]萬餘人至樂嘉[75]，示弱以誘之，大將軍尋自洙至。欽不知，果夜來欲襲艾等，會明，見大軍兵馬盛，乃引還。大將軍縱驍騎追擊，大破之，欽遁走。是日，儉聞欽戰敗，恐懼夜走，眾潰。比至慎縣[76]，左右人兵稍[77]棄儉去，儉獨與小弟秀及孫重藏水邊草中。安風津都尉部民張屬就[78]射殺儉，傳首京都。屬封侯。秀、重走入吳。將士諸為儉、欽所迫脅者，悉歸降。

7 儉子甸[79]為治書侍御史[80]，先時知儉謀將發，私出將家屬逃走新安靈山[81]上。別攻下之，夷[82]儉三族。

8 欽亡[83]入吳，吳以欽為都護[84]、假節、鎮北大將軍[85]、幽州牧[86]、譙侯。

【章旨】以上為〈毌丘儉傳〉，先後記載了毌丘儉的家世、在曹魏青龍、正始年間所立的戰功，以及起兵反對司馬師，兵敗被殺的經過。

【注釋】❶河東聞喜　河東，郡名。治所在今山西夏縣西北。聞喜，縣名。治所在今山西聞喜。❷武威　郡名。治所在今甘肅武威。❸伐叛柔服　討伐叛逆的人，安撫服從的人。❹河右　地區名。指河西走廊和湟水流域。❺金城　郡名。治所在今甘肅蘭州。❻蘇則　字文師，扶風武功（今陝西扶風東南）人。起家酒泉太守，轉安定、武都，所在有威名。曹操任其為金城太守，曹丕時加護羌校尉，多次立功於西北。詳見本書卷十六〈蘇則傳〉。❼張進　東漢末張掖（今甘肅張掖西北）人。延康元年（西元二二〇年），朝廷初置涼州，以鄒岐為刺史，張進執安定太守，舉兵拒鄒岐。後被蘇則斬殺。事見本書卷二〈文帝紀〉、卷九〈曹真傳〉、卷十五〈張既傳〉。❽將作大匠　官名。掌修建宗廟、路寢、宮室、陵園等土木工程。❾文學　官名。曹操為兒子曹丕、曹植所置，由擅長文學的人擔任。曹魏建立後，文學作為宗室諸王的下屬官員，職掌有所變化，主要是監視舉報諸王的違法行為。❿尚書郎　尚書屬官，代皇帝草擬詔令。⓫羽林監　官名。統領皇帝儀仗隊伍中的羽林騎兵。⓬洛陽典農　典農，官名。典農校尉、典農中郎將的省稱。曹魏實行屯田制度，郡國大者設典農中郎將，郡國小者設典農校尉。洛陽典農應為典農中郎將。⓭二賊　指蜀漢和孫吳。⓮荊州　州名。荊州為當時的行政區域之一，劉表任荊州刺史時，州治在襄陽。後被曹操據有。劉備占據荊州時，治所在今湖北公安。⓯遼東　郡名。治所在今遼寧遼陽。⓰幹策　才幹策略。⓱幽州　州名。治所在今北京市大興。⓲度遼將軍　官名。西漢昭帝時始置，東漢明帝時為防止南北匈奴聯絡，設度遼營，置度遼將軍。曹魏時沿置。⓳使持節　官名。魏文帝始置都督諸州軍事領刺史，並給以符節以督軍，分為「使持節」、「持節」、「假節」三等。⓴護烏丸校尉　官名。掌管北方少數民族烏丸事務。㉑襄平　縣名。治所在今遼寧遼陽。㉒遼隧　縣名。治所在今遼寧海城西北。㉓右北平烏丸句　右北平，郡名。治所在今河北豐潤東。寇婁敦，三國時右北平烏丸首領，後降附曹魏。㉔遼西烏丸句　遼西，郡名。治所在今河北盧龍東南。都督率眾王，當時中原王朝封給烏丸少數民族首領的名號。㉕袁尚　字顯甫，汝南汝陽（今河南商水縣西南）人，袁紹之子。袁紹死後繼立，與兄袁譚互相攻伐，被曹操所敗，投奔遼東公孫康，後為公孫康所殺。詳見本書卷六袁紹附傳。尚，原誤作「紹」。宋本不誤，據改。㉖繒綵　彩色絲織品。㉗各有差　各有等級。㉘公孫淵　遼東襄平（今遼寧遼陽）人，公孫康之子，魏明帝太和二年（西元二二八年），奪其叔父公孫恭之位，割據遼東。魏明帝景初元年（西元二三七年）自立為燕王，後被曹魏所滅。詳見本書卷八公孫度附傳。㉙高句驪　國名。都名丸都，治所在今吉林集安西北。詳見本書卷三十〈高句麗傳〉。㉚玄菟　郡名。治所在今遼寧瀋陽東北。㉛宮　高句驪國王。傳說生而開目能視。東漢殤帝、安帝時屢寇遼東。詳見本書卷三十〈東夷・高句麗傳〉。㉜沸流水　河流名。高句驪始祖朱蒙居於此，即今遼寧桓仁東北富河。一說為渾江，一說為吉林柳河，一說為遼寧渾河。㉝梁口　地名。在今吉林通化西南。㉞東馬縣車　用布包裹馬蹄，抬起車輛。形容山路崎嶇難行。㉟丸都　城名。高句驪的都城，又稱「丸都山城」，在今吉林集安西北。㊱沛

者　高句驪國官名。(37)生蓬蒿　指變為廢墟。(38)舉國賢之　全國都認為他是賢明之人。(39)六年　正始六年（西元二四五年）。(40)買溝　地名。在今朝鮮咸鏡北道會寧城。(41)王頎　字孔碩，東萊（今山東龍口）人。其事見裴松之注引《世語》。(42)沃沮　國名。詳見本書卷三十〈東沃沮傳〉。(43)肅慎　國名。在沃沮北面，活動區域主要在烏蘇里江一帶。以善製弓箭聞名。(44)不耐　城名。在今朝鮮江原道安邊。(45)左將軍　高級軍事將領，掌京師兵衛及戍守邊隘。(46)領　兼任。(47)鎮南將軍　高級軍事將領，與鎮西、鎮東、鎮北合稱四鎮將軍，次於四征將軍。(48)東關　關隘名。故址在今安徽含山縣西南的濡須山上，北控巢湖，南扼長江，為孫吳、曹魏間要衝。(49)揚州　此指曹魏所置揚州，治所在今安徽壽縣。(50)吳太傅諸葛恪句　太傅，官名。西周始置，後代廢置無常，吳建興元年（西元二五二年）初置。諸葛恪，字元遜，琅邪陽都（今山東沂南南）人。諸葛瑾長子，三國孫吳將領。受孫權遺詔輔佐幼主。孫亮即位後總覽朝政，政績斐然。後因功驕傲，窮兵黷武，上下愁怨，被孫峻所殺。詳見本書卷六十四〈諸葛恪傳〉。(51)文欽　字仲若，沛國譙（今安徽亳州）人，先為魏將，後與毌丘儉起兵反對司馬師，兵敗入吳，任鎮北大將軍。詳見《三國志・毌丘儉傳》裴松之注引《魏書》。(52)司馬孚　字叔達，河內溫（今河南溫縣）人，司馬懿之弟，歷任曹魏尚書令、侍中、太傅，西晉初封安平王，拜太宰。詳見《晉書・安平獻王傳》。(53)夏侯玄　字太初，沛國譙（今安徽亳州）人，夏侯尚之子。曹爽執政時歷任散騎常侍、征西將軍等軍政要職，曹爽被司馬懿誅殺後，與李豐等謀殺司馬懿代之，事敗後被斬於東市。詳見本書卷九夏侯尚附傳。(54)李豐　字安國，馮翊（今陝西大荔）人，衛尉李義之子，歷任曹魏黃門郎、騎都尉、給事中中書令等職。後與張緝等謀以夏侯玄代司馬師，事洩被殺。詳見本書卷九夏侯尚附傳。(55)邑人　同縣之人。(56)增虜獲　多報俘獲人數，即虛報戰功。(57)徼　同「邀」。希求。(58)西北竟天　朝西北方向一直拖到了天邊。竟，滿。(59)吳楚之分　吳楚，先秦國名。分，分野。古代人認爲天地感應，把天空分爲二十八個星宿，分別與地上的州國對應，把對應的星宿稱爲該州國的分野。先秦時吳、楚兩國的分野是二十八星宿中的女宿和翼、軫二宿。(60)以為己祥　以爲是自己的祥瑞徵兆。毌丘儉都督揚州，文欽為揚州刺史，揚州為吳楚故地，所以二人把吳楚分野出現彗星看成是自己的祥瑞之兆。(61)矯太后詔　假稱太后詔旨。(62)大將軍司馬景王　大將軍，最高軍事統帥。司馬景王，即司馬師，字子元，河內溫（今河南溫縣）人，司馬懿長子，繼司馬懿掌握曹魏大權，廢齊王曹芳，立高貴鄉公曹髦。西晉建立後追尊為景帝。詳見《晉書・景帝紀》。(63)稱兵　舉兵；起兵。(64)中外軍　中央和地方的軍隊。(65)安風津　淮河古渡名。在今安徽潁上南。(66)征東將軍胡遵　征東將軍，高級軍事將領，與征南、征西、征北合稱四征將軍。胡遵，安定臨涇（今甘肅鎮原南）人。有文武才，官至車騎將軍。其事見於本書卷三〈明帝紀〉。(67)青徐　青即青州，治所在今山東臨淄北。徐即徐州，治所在今江蘇徐州。(68)譙宋　譙即譙縣，治所在今安徽亳州。宋即宋縣，治所在今安徽太和西北。(69)汝陽　縣名。治所在今河南周口西南。(70)監軍王基　監軍，官名。掌管監督出征將帥，位在軍師下，護軍上。王基，字伯輿，東萊曲成（今山東招遠）人。魏文帝時任郎中，明帝時任安豐太守，甚有治績。齊王曹芳時任荊州刺史，高貴鄉公曹髦時官至征南將軍、都督荊州諸軍事。詳見本書卷二十七〈王基傳〉。(71)南頓　縣名。治所在今河南項城西南。(72)堅壁　把營壘堅固。(73)喪　宋本作「散」。(74)泰山諸軍　指兗州下屬各郡的軍隊，泰山郡是其中之一。(75)樂嘉　縣名。治所在今河南商水縣東南。(76)慎縣　縣名。治所在今安徽潁上西北。(77)稍　逐漸。(78)就　接近。(79)甸　即毌丘甸，字子邦，毌丘儉之子。事見裴松之注引《世語》。(80)治書侍御史　官名，漢宣帝時始置。掌處理疑難案件。曹魏沿置，隸御史臺。(81)新安靈山　新安，縣名。治所在今河南澠池東。靈山，山名。在新安縣內。(82)夷　誅殺；消滅。(83)亡　逃亡。(84)都護　官名。孫吳置左右都護，職掌相同，可以指揮長江一大段防區的守軍將領，此銜常加給少數重要將領。但這裏只是給文欽的虛銜，並無實際指揮權。(85)鎮北大將軍　官名。品級與鎮北將軍同，為加給資深將軍的名號。(86)幽州牧　當時幽州在曹魏境內，所以這也是一個虛銜。

【語譯】毌丘儉，字仲恭，河東郡聞喜縣人。父親毌丘興，黃初年間任武威太守，討伐叛賊安撫降民，開通河西地區，名聲僅次於金城太守蘇則。討伐賊人張進和叛變的胡人有功，被封為高陽鄉侯。入朝任將作大匠。毌丘儉承襲父親爵位，任平原侯文學。明帝即帝位，任尚書郎，升任為羽林監。因為他是明帝還是太子時的舊臣，很受親近優待。出任洛陽典農中郎將。當時徵調農民修築宮室，毌丘儉上疏說：「我以為當今天下最急需消滅的是吳、蜀二賊，當務之急是生產衣服和糧食。如果吳、蜀二賊不翦除，百姓飢餓受凍，就算宮殿修建得高大漂亮，還是沒有益處。」後升任荊州刺史。

2　青龍年間，明帝策劃征討遼東，由於毌丘儉有才幹策略，改任幽州刺史，加授度遼將軍，使持節，護烏丸校尉。毌丘儉率幽州各路軍隊到達襄平，屯駐在遼隧。右北平烏丸單于寇婁敦、遼西烏丸都督率領眾王護留等，以及以前跟隨袁尚逃奔遼東的將領，率領兵眾五千多人歸降。寇婁敦派遣弟弟阿羅槃等人前往京師朝貢，朝廷封烏丸首領二十多人為侯、王，分別賜給他們不同等級的車馬及絲織品。公孫淵迎戰毌丘儉，毌丘儉失利，率軍返回。第二年，明帝派遣太尉司馬宣王統帥中央軍隊及毌丘儉等兵眾數萬討伐公孫淵，平定遼東。毌丘儉因為軍功進封安邑侯，食邑三千九百戶。

3 正始年間，毌丘儉因為高句驪屢次侵邊叛亂，督統各軍步兵、騎兵一萬人出玄菟郡，兵分多路討伐高句驪。高句驪王宮率步兵、騎兵二萬人，進軍沸流水上游，兩軍在梁口大戰，宮接連戰敗逃走。毌丘儉於是命令包裹馬蹄抬起車輛，登上丸都山城，屠滅高句驪都城，斬殺、俘獲的人數以千計。高句驪有個沛者名叫得來，屢次勸諫宮，宮不聽從他的建言。得來嘆息說：「馬上可以看見此地變為廢墟了。」於是絕食而死。高句驪全國都認為得來是賢人。毌丘儉命令各軍不准破壞得來的墳墓，不得砍伐墳墓上的樹木，得來被俘獲的妻子兒女，全部釋放他們。宮隻身率領妻子逃竄。毌丘儉率軍返回。正始六年，毌丘儉再次征討高句驪，宮便逃往買溝。毌丘儉派玄菟郡太守王頎追擊他，越過沃沮國一千多里，到達肅慎國的南界，刻石紀功，刊刻丸都山，勒銘不耐城。所誅殺俘虜的人口有八千多人，論功行賞，封侯者一百多人。又開山修渠引水灌溉，百姓賴以得利。

4 毌丘儉升任左將軍，假節，督統豫州諸軍事，兼任豫州刺史，轉任鎮南將軍。諸葛誕在東關作戰失利，朝廷便令諸葛誕、毌丘儉對調。諸葛誕為鎮南將軍，都督豫州。毌丘儉為鎮東將軍，都督揚州。孫吳太傅諸葛恪圍攻合肥新城，毌丘儉與文欽共同抵禦他，太尉司馬孚督率朝廷軍隊東征，解新城之圍，諸葛恪退兵返回東吳。

5 當初，毌丘儉與夏侯玄、李豐等人交情深厚。揚州刺史、前將軍文欽，是曹爽的同鄉，驍勇果敢粗豪勇猛，多次立下戰功，喜好虛報俘獲人數，以求取寵信獎賞，但大多不被許可，怨恨不滿日益加深。毌丘儉設法厚待文欽，情誼融洽。文欽也感恩戴德，誠心歸附沒有二心。正元二年正月，有彗星出現，尾巴幾十丈長，一直朝著西北方向移動到天邊。彗星起初出現在吳、楚的分野。毌丘儉、文欽很高興，以為是自己的祥徵瑞兆。於是便假傳太后詔旨，列數大將軍司馬景王的罪狀，發檄各郡國，起兵反叛。脅迫守衛其他營寨的淮南將士，以及大小吏民，全都進入壽春城，在城西設壇，歃血結盟起兵，分派老弱留下守城，毌丘儉、文欽親自率領五六萬部眾渡過淮河，向西到達項城。毌丘儉據城固守，文欽在城外游擊作戰。

6　大將軍統率中央、地方軍隊討伐他們，另外讓諸葛誕督率豫州各軍從安風津準備攻打壽春，征東將軍胡遵督率青州、徐州各軍在譙縣、宋縣之間出兵，截斷毌丘儉的退路。大將軍屯駐汝陽，派遣監軍王基督率前鋒諸軍據守南頓等待叛軍。下令各軍全部堅守營壘不得與叛軍交戰。毌丘儉、文欽前進不能交戰，後退又擔心壽春被襲，沒有歸路，無計可施不知如何是好。淮南的將士，家都在北方，軍心渙散，投降的人接連不斷，只有淮南新歸附的農民為毌丘儉效力。大將軍派兗州刺史鄧艾督率泰山郡等各軍一萬多人到達樂嘉縣，故意示弱以引誘叛軍，而大將軍自己緊接著從洙水趕來。文欽不知是誘敵之計，果然乘夜前來想偷襲鄧艾，等到天亮，看見司馬宣王大軍兵馬壯盛，便率軍退回。大將軍派出驍勇騎兵追擊，大敗叛軍，文欽遁逃。這天，毌丘儉聽說文欽戰敗，恐懼害怕連夜逃走，部眾潰散。等到到達慎縣，身邊的人漸漸拋棄毌丘儉而去。毌丘儉獨自與小弟毌丘秀及孫毌丘重藏匿在河邊的草叢中。安風津都尉部民張屬靠近毌丘儉將他射殺，將首級用驛車送到京城。張屬封侯。毌丘秀、毌丘重逃到孫吳。那些被毌丘儉、文欽所脅迫的將士，全都歸附投降。

7　毌丘儉的兒子毌丘甸任治書侍御史，事先得知毌丘儉陰謀將要起兵造反，便私自出城帶領家屬逃到新安靈山上。朝廷另外發兵攻克，誅滅了毌丘儉三族。

8　文欽亡命到孫吳，孫吳任他為都護、假節、鎮北大將軍、幽州牧，封為譙侯。

1　諸葛誕，字公休，琅邪陽都❶人，諸葛豐❷後也。初以尚書郎為滎陽令❸，入為吏部郎❹。人有所屬託❺，輒顯其言而承用之❻，後有當否，則公議其得失以為褒貶，自是羣僚莫不慎其所舉。累遷御史中丞❼、尚書❽，與夏侯玄、鄧颺❾等相善，收名朝廷，京都翕然❿。言事者以誕、颺等修浮華，合虛譽，漸不可長。明帝惡之，免誕官。會帝崩，正始初，玄等並在⑪職。復以誕為御史中丞、尚書，出為揚州刺史，加昭武將軍⑫。

2 王淩之陰謀⑬也，太傅司馬宣王潛軍⑭東伐，以誕為鎮東將軍⑮、假節都督揚州諸軍事，封山陽亭侯。諸葛恪興⑯東關，遣誕督諸軍討之，與戰，不利。還，徙為鎮南將軍。

3 後毌丘儉、文欽反，遣使詣誕，招呼⑰豫州士民。誕斬其使，露布⑱天下，令知儉、欽凶逆。大將軍司馬景王東征，使誕督豫州諸軍，渡安風津向壽春。儉、欽之破也，誕先至壽春。壽春中十餘萬口，聞儉、欽敗，恐誅，悉破城門出，流迸山澤，或散走入吳。以誕久在淮南，乃復以為鎮東大將軍⑲、儀同三司、都督揚州。吳大將孫峻⑳、呂據㉑、留贊㉒等聞淮南亂，會文欽往，乃帥眾將欽徑至壽春；時誕諸軍已至，城不可攻，乃走。誕遣將軍蔣班㉓追擊之，斬贊，傳首，收其印節。進封高平侯，邑三千五百戶，轉為征東大將軍㉔。

4 誕既與玄、颺等至親，又王淩、毌丘儉累見夷滅，懼不自安，傾帑藏㉕振施以結眾心，厚養親附及揚州輕俠者數千人為死士㉖。甘露元年冬，吳賊欲向徐堨㉗，計誕所督兵馬足以待之㉘，而復請十萬眾守壽春，又求臨淮築城以備寇，內欲保有淮南。朝廷微知[29]誕有自疑心，以誕舊臣，欲入度之[30]。二年[31]五月，徵為司空。誕被詔書，愈恐，遂反。召會諸將，自出攻揚州刺史樂綝[32]，殺之。斂淮南及淮北郡縣屯田口十餘萬官兵，揚州新附勝兵者[33]四五萬人，聚穀足一年食，閉城自守。遣長史吳綱[34]將小子靚至吳請救。吳人大喜，遣將全懌[35]、全端[36]、唐咨、王祚等，率三萬眾，密與文欽俱來應誕[37]。以誕為左都護[38]、假節、大司徒[39]、驃騎將軍[40]、青州牧、壽春侯。是時鎮南將軍王基始至，督諸軍圍壽春，未合。咨、欽等從城東北，因山乘險，得將其眾突入城。

5 六月，車駕[41]東征，至項。大將軍司馬文王[42]督中外諸軍二十六萬眾，臨淮討之。大將軍屯丘頭。使基及安東將軍陳騫[43]等四面合圍，表裏再重[44]，塹壘甚峻。又使監軍石苞[45]、兗州刺史州泰[46]等，簡銳卒為游軍[47]，備外寇。欽等數出犯圍，逆擊走之。吳將朱異[48]再以大眾來迎誕等，渡黎漿水[49]，泰等逆與戰，每摧其鋒。孫綝[50]以異戰不進，怒而殺之。城中食轉少，外救不至，眾無所恃。將軍蔣班、焦彝[51]，皆誕爪牙計事者也，棄誕，踰城自歸[52]大將軍。大將軍乃使反間，以奇變[53]說全懌等，懌等率其[54]眾數千人開門來出。城中震懼，不知所為。

6 三年[55]正月，誕、欽、咨等大為攻具，晝夜五六日攻南圍，欲決圍而出。圍上諸軍，臨高以發石車火箭逆燒破其攻具，弩矢及石雨下，死傷者蔽地，血流盈野[56]。復還入城，城內食轉竭，降出者數萬口。欽欲盡出北方人，省食，與吳人堅守，誕不聽，由是爭恨[57]。欽素與誕有隙，徒以計合[58]，事急愈相疑。欽見誕計事，誕遂殺欽。欽子鴦[59]及虎將兵在小城中，聞欽死，勒[60]兵馳赴之，眾不為用。鴦、虎單走，踰城出，自歸大將軍。軍吏請誅之，大將軍令曰：「欽之罪不容誅[61]，其子固應當戮，然鴦、虎以窮歸命[62]，且城未拔，殺之是堅其心也。」乃赦鴦、虎，使將兵數百騎馳巡城，呼語城內云：「文欽之子猶不見殺，其餘何懼？」表鴦、虎為將軍，各賜爵關內侯。城內喜且擾，又日飢困，誕、咨等智力窮。大將軍乃自臨圍，四面進兵，同時鼓譟登城，城內無敢動者。誕窘急，單乘馬，將其麾下突小城門出。大將軍司馬胡奮[63]部兵逆擊，斬誕，傳首，夷三族。誕麾下數百人，坐不降見斬，皆曰：「為諸葛公死，不恨。」其得人心如此。唐咨、王祚及諸裨將皆面縛降，吳兵萬眾，器仗軍實[64]山積。

7 初圍壽春，議者多欲急攻[65]之，大將軍以為：「城固而眾多，攻之必力屈[66]，若有外寇，表裏受敵，此危道也。今三叛[67]相聚於孤城之中，天其[68]或者將使同就戮，吾當以全策縻之[69]，可坐而制也。」誕以二年[70]五月反，三年二月破滅。

六軍按甲(71)，深溝高壘，而誕自困，竟不煩攻而克。及破壽春，議者又以為淮南仍為叛逆(72)，吳兵室家在江南，不可縱，宜悉坑(73)之。大將軍以為古之用兵，全國(74)為上，戮其元惡而已。吳兵就得亡還(75)，適(76)可以示中國之弘耳。一無所殺，分布三河(77)近郡以安處之。

8 唐咨本利城(78)人。黃初中，利城郡反，殺太守徐箕，推咨為主。文帝遣諸軍討破之，咨走入海，遂亡至吳，官至左將軍，封侯、持節。誕、欽屠戮，咨亦生禽，三叛皆獲，天下快焉。拜咨安遠將軍(79)，其餘裨將咸假號位(80)，吳眾悅服。江東(81)感之，皆不誅其家。其淮南將吏士民諸為誕所脅略者，惟誅其首逆，餘皆赦之。聽鴦、虎收斂欽喪，給其車牛，致葬舊墓。

【章　旨】以上為〈諸葛誕傳〉。傳中首先記述了諸葛誕的家世和任吏部郎時的政績，然後介紹他反對毌丘儉和文欽反叛的鬥爭，最後記載他起兵反對司馬氏的原因、過程和失敗的結局。

【注　釋】❶琅邪陽都　琅邪，郡名。治所在今山東臨沂北。陽都，縣名。治所在今山東沂南南。❷諸葛豐　字少季，西漢琅邪（今山東臨沂）人，元帝時任司隸校尉，以剛直不阿聞名。後因得罪權貴被免為庶人，卒於家。詳見《漢書・諸葛豐傳》。❸滎陽令　滎陽縣令。滎陽，縣名。治所在今河南滎陽東北。❹吏部郎　官名。吏部尚書屬官，任期滿一年稱郎中，滿三年稱侍郎。❺屬託　請託。❻顯其言而承用之　公開他的請託然後加以任用。❼御史中丞　官名。御史大夫的佐吏，掌圖書簿籍，劾按公卿奏章。❽尚書　官名。尚書諸曹長官，位在尚書令、僕射之下，丞、郎之上。❾鄧颺　字玄茂，東漢司徒鄧禹之後，曹魏明帝時任尚書郎、洛陽令，齊王曹芳時任潁川太守，轉大將軍長史，以謀逆被殺。⑩翕然　一致稱讚的樣子。⑪在　原作「任」，今從宋本。⑫昭武將軍　官名。曹魏置，第五品，領兵征伐。⑬陰謀　暗中謀劃。在此處非貶義。⑭潛軍　祕密出軍。⑮鎮東將軍　官名。高級軍事將領，與鎮西、鎮南、鎮北合稱四鎮將軍。⑯興　興兵。⑰招呼　號召。⑱露布　不加封的公告文書。此處為動詞，即發出露布。⑲鎮東大將軍　官名。高級軍事將領，授予資歷深的人為鎮東將軍時，稱鎮東大將軍。⑳孫峻　字子遠，吳郡富春（今浙江富陽）人，孫吳宗室。孫權死時受遺詔輔政。歷任丞相、大將軍、督中外諸軍事，專擅朝政。詳見本書卷六十四〈孫峻傳〉。㉑呂據　字世議，汝南細陽（今安徽阜陽北）人，呂範次子，孫吳將領，數建軍功。後舉兵反孫綝，兵敗自殺。詳見本書卷六十五呂範附傳。㉒留贊　字正名，會稽長山（今浙江金華）人，孫吳將領，性剛烈，好讀兵書，胸懷大志，屢建戰功。最後死於戰場。詳見《三國志・孫峻傳》裴松之注引《吳書》。㉓蔣班　曹魏諸葛誕部將，後隨諸葛誕叛魏，不果，復降。詳見裴松之注引《漢晉春秋》。㉔征東大將軍　官名。高級軍事將領，授予資歷深的人為征東將軍時，稱征東大將軍。㉕帑藏　國家收藏財物的府庫。㉖死士　敢死之士。㉗徐堨　地名。在今安徽含山縣西南。㉘計誕所督兵馬句　估量諸葛誕所統帥的兵馬完全可以對付。待，對付。㉙微知　暗中了解到。㉚入度之　徵調入朝再作考慮。㉛二年　甘露二年（西元二五七年）。㉜樂綝　陽平衛國（今河北大名西南）人，樂進之子，被諸葛誕所殺，死後贈衛尉，諡愍侯。詳見本書卷十七樂進附傳。㉝勝兵者　能夠拿起武器作戰的人。兵，武器。原作「者勝兵」，文義亦通，今從宋本。㉞長史吳綱　長史，將軍府的屬官，掌府內諸曹事務。吳綱，西漢長沙王吳芮十六世孫。詳見裴松之注引《世語》。㉟全懌　孫吳將領，吳郡錢唐（今浙江杭州）人，全琮之子，襲其父業領兵。後投降曹魏。詳見本書卷六十全琮附傳。㊱全端　孫吳將領，吳郡錢唐（今浙江杭州）人，全琮之子。後投降曹魏。詳見本書卷六十全琮附傳。㊲誕　原無此字，宋本有，據增。㊳左都護　官名。高級軍事將領，孫吳創置。這裏的左都護是賞給諸葛誕的榮譽官銜，無實權。㊴大司徒　官名。三公之一，與丞相並存。此處大司徒，也是賞給諸葛誕的虛銜。㊵驃騎將軍　高級軍事將領，統兵征伐。此處也為虛銜。㊶車駕　特指皇帝。㊷司馬文王　即司馬昭，字子上，河內溫（今河南溫縣）人，司馬懿次子。繼其兄掌握曹魏朝政，殺曹髦，立曹奐，滅蜀漢，為晉王。西晉建立後追尊為文帝。詳見《晉書・文帝紀》。㊸安東將軍陳騫　安東將軍，官名。與安南、安西、安北合稱四安將軍。陳騫，字休淵，臨淮東陽（今江蘇盱眙東南）人，司徒陳矯之子。詳見《晉書・陳騫傳》。㊹表裏再重　裏外兩層。㊺石苞　字仲榮，渤海南皮（今河北南皮）人，司馬懿的忠誠下屬。西晉建立後封樂陵郡公。詳見《晉書・石苞傳》。㊻州泰　南陽（今河南南陽）人，曹魏將領，歷任新城太守、兗州刺史。屢立戰功，卒贈衛將軍。㊼簡銳卒為游軍　挑選精銳士兵為機動部隊。游軍，機動部隊。㊽朱異　字季文，吳郡吳縣（今江蘇蘇州）人，朱桓之子，孫吳將領。詳見本書卷五十六朱桓附傳。㊾黎漿水　河流名。在今安徽壽縣南。㊿孫綝　字子通，孫吳宗室，孫亮時任侍中、武衛將軍、領中外諸軍事，總知朝政。後廢孫亮立孫休，任丞相，權傾吳主。後被孫亮所殺。詳見本書卷六十四〈孫綝傳〉。(51)蔣班焦彝　諸葛誕部將，其事見裴松之注引《漢晉春秋》。(52)自歸　獨自歸順。(53)奇變　出人意外的變故。指鍾會設反間計，揑造孫吳將要殺盡出救壽春諸將家屬的消息。(54)其　宋本無此字。(55)三年　甘露三年（西元二五八年）。(56)野　宋本作「壄」。(57)爭恨　爭執怨恨。(58)徒以計合　只不過因權宜之計而結合。(59)鴦　即文鴦，亦名俶，文欽之子，西晉時任東夷校尉，後被諸葛緜所誣，被殺。詳見裴松之注引《晉諸公贊》。(60)勒　指揮。(61)罪不容誅　殺了也不能抵罪。(62)以窮歸命　因走投無路而投降。(63)大將軍司馬胡奮　大將軍司馬，大將軍府屬官，掌兵事。胡奮，字玄威，安定臨涇（今甘肅鎮原南）人，胡遵之子。從司馬懿征遼東，入晉後官至左僕射，加鎮南大將軍。詳見《晉書·胡奮傳》。(64)器仗軍實　兵器軍用物資。(65)急攻　立即進攻。(66)力屈　軍力竭盡。(67)三叛　指諸葛誕、文欽、唐咨三人。(68)其　表示推測之辭。(69)全策縻之　用萬全之策牽制他們。(70)二年　甘露二年（西元二五七年）。(71)按甲　不動用武力。(72)仍為叛逆　頻繁進行叛逆。仍，頻繁。(73)坑　活埋。(74)全國　使敵國完整的降服。(75)就得亡還　就算能夠逃回。(76)適　正好。(77)三河　即河東、河內、河南三郡，為曹魏王朝的中心地區。(78)利城　郡名。治所在今江蘇贛榆西。(79)安遠將軍　官名。雜號將軍之一。(80)假號位　給與官銜職位。假，給與。(81)江東　地區名。長江在蕪湖、南京間作西南南、東北北流向，習慣上稱自此以下的長江南岸地區為江東，又稱江左。

【語　譯】諸葛誕，字公休，琅邪郡陽都縣人，諸葛豐的後嗣。當初以尚書郎的身分任滎陽縣令，入朝擔任吏部郎。凡是別人有所請託，諸葛誕總是把他們的話公布出來，然後才任用他們。日後這些人稱職與否，就公開議論他們的得失給與褒貶，從此官員們沒有人不謹慎他們所舉薦的人。屢次升遷至御史中丞、尚書，與夏侯玄、鄧颺等人相互友善，在朝廷獲得了聲名，京城的人一致稱讚他。上言政事的人認為諸葛誕、鄧颺等人專事浮華，收取虛名，不能讓此風逐漸滋長。明帝厭惡他們，黜免了諸葛誕的官職。適逢明帝去世，正始初年，夏侯玄等同時在朝廷任職，又任諸葛誕為御史中丞、尚書，出任揚州刺史，加授昭武將軍。

2　王淩暗中謀劃起兵，太傅司馬宣王祕密出兵東征，任諸葛誕為鎮東將軍、假節、都督揚州諸軍事，封他為山陽亭侯。諸葛恪在東關起兵，朝廷派諸葛誕督率各軍討伐諸葛恪，雙方交戰，諸葛誕失利。回來以後，轉任鎮南將軍。

3 後來毌丘儉、文欽起兵造反，派使臣前往諸葛誕那裏，號召豫州軍士百姓。諸葛誕斬了他們的使者，布告天下，使人知道毌丘儉、文欽的兇惡叛逆。大將軍司馬景王東征，派諸葛誕督率豫州各部軍隊，渡安風津向壽春進發。毌丘儉、文欽被擊破，諸葛誕先到達壽春，壽春城中十多萬人，聽說毌丘儉、文欽戰敗，害怕被殺，全都破城門而出逃，流竄到山林大澤，有的散逃到孫吳。朝廷因為諸葛誕長期在淮南，便又以他為鎮東大將軍、儀同三司、都督揚州。孫吳大將孫峻、呂據、留贊等人聽說淮南動亂，適逢文欽來降，便率領兵眾帶著文欽直奔壽春。當時諸葛誕各軍已到壽春，吳軍見城不可攻破，便撤離了。諸葛誕派將軍蔣班追擊吳軍，斬了留贊，將他的首級送往京城，又繳獲了留贊的印綬和符節。朝廷進封諸葛誕為高平侯，封邑三千五百戶，轉任征東大將軍。

4 諸葛誕既與夏侯玄、鄧颺等人至為親密，加上王淩、毌丘儉相繼被誅殺，心中惶惶不安，把國庫中的財物全部拿出來賑濟施捨以籠絡人心，厚待供養親信和揚州輕生重義的幾千人為敢死之士。甘露元年冬，孫吳敵軍想進攻徐堨。估算諸葛誕所統兵馬足以對付吳軍，而他卻又請求增加十萬兵眾防守壽春，又請求沿淮河修築城牆用來防備敵寇，內心想要保有淮南一地。朝廷暗中察知諸葛誕已自生疑懼之心，因為他是老臣，想召他入朝再作考慮。甘露二年五月，徵召諸葛誕任司空。諸葛誕接到詔書，更加恐懼，便起兵反叛。他召集眾將領，親自出兵攻打揚州刺史樂綝，殺了樂綝。徵集了淮南及淮北郡縣十多萬屯田官兵，揚州新歸附的足堪作戰的四五萬人，又積聚了足夠吃一年的糧穀，閉城自守。派遣長史吳綱帶領小兒子諸葛靚到孫吳請求救兵。孫吳聽說後非常高興，派遣大將全懌、全端、唐咨、王祚等人，率領三萬兵眾，祕密與文欽一起來接應諸葛誕。任諸葛誕為左都護、假節、大司徒、驃騎將軍、青州牧、壽春侯。這時鎮南將軍王基才到，督率各軍圍攻壽春，包圍圈還沒形成。唐咨、文欽等人從壽春城東北，憑藉險峻的山勢，得以帶領他們的兵眾衝入城中。

5 六月，皇帝御駕東征，到達項縣。大將軍司馬文王督率中央地方各路軍隊二十六萬人，兵臨淮河征討諸葛誕。大將軍屯駐丘頭。派王基和安東將軍陳騫等從四面合攏圍攻壽春，包圍圈裏外兩層，塹壕壁壘又深又高。又派監軍石苞、兗州刺史州泰等人，揀選精銳士兵為機動部隊，以防備外敵。文欽等幾次出城突圍，都被迎面擊退。孫吳將領朱異兩次用大軍接應諸葛誕，渡過黎漿水，州泰等人迎戰，每次都挫敗了吳軍的鋒芒。孫綝因為朱異屢戰不勝，大怒之下殺掉了他。壽春城中糧食日漸減少，外面救援又不到，眾人無所憑依。將軍蔣班、焦彝，都是諸葛誕的親信和出謀劃策的人，背棄了諸葛誕，翻越城牆自行歸附了大將軍。大將軍便用反間計，用編造的出人意料的變故勸說全懌等人，全懌等人率領他們的部眾數千人開門出降。城中震恐，不知該怎麼辦。

6 甘露三年正月，諸葛誕、文欽、唐咨等大量製造進攻器械，一連五六天日夜不停進攻南面包圍圈，想突圍而出。包圍圈營壘上的各支部隊，居高臨下用發石車、火箭迎面燒毀破壞了他們的進攻器械，箭和石塊如雨般落下，死傷遍地，鮮血流滿了原野。諸葛誕又回到城內，城內的糧食漸漸耗盡，出城投降的有好幾萬人。文欽想把北方人全都逐出城去，以節省糧食，只與吳人堅守。諸葛誕不聽從，由此二人發生爭執怨恨。文欽向來與諸葛誕有嫌隙，只不過因權宜之計而結合，事態緊急，他們更加相互猜疑。文欽前去見諸葛誕商議事情，諸葛誕便趁機殺了文欽。文欽之子文鴦和文虎率領兵眾在小城中，聽說文欽死訊，指揮兵馬前去報仇，兵眾們全都不聽指揮。文鴦、文虎隻身逃走，翻越城牆出來，自行歸降了大將軍。軍吏們請求殺掉他們，大將軍下令說：「文欽罪不容誅，他的兒子本當受戮，然而文鴦、文虎是因為無路可走前來投降，況且壽春城還沒有攻克，殺掉他們是堅定城內人的抵抗之心。」便赦免了文鴦、文虎，讓他們帶領數百士兵騎馬奔馳巡行城外，向城內喊話說：「文欽之子尚且不被殺，其他人還有什麼好怕的？」大將軍上表任文鴦、文虎為將軍，各賜爵關內侯。城內的人驚喜騷動，再加上天天飢餓困乏，諸葛誕、唐咨等智窮力竭。大將軍親臨包圍圈，四面出兵，同時擊鼓吶喊登上城牆，城內無人敢動。諸葛誕被逼急了，自己乘著馬，率領他的部下衝出小城門。大將軍司馬胡奮部署兵力迎擊，斬了諸葛誕，把首級送到京師，誅滅諸葛誕三族。諸葛誕部下幾百人，因為拒不投降而被斬首，他們都說：「為諸葛公而死，沒有遺憾。」諸葛誕就是這樣得人心。唐咨、王作以及那些副將全都綁縛自己投降，俘獲孫吳士兵萬人，繳獲的武器和軍用物資堆積如山。

7 當初圍攻壽春，參加討論的人大多主張迅速進攻壽春。大將軍認為：「壽春城池堅固而兵馬眾多，急攻必然耗盡兵力，如果再有外援，我們就會腹背受敵，這是危險的做法。如今三個叛賊相聚在孤城之內，或許是上天將讓他們同時受死，我們應當用萬全之計牽制他們，就可以坐著制服他們了。」諸葛誕於甘露二年五月反叛，甘露三年二月滅亡。朝廷大軍按兵不動，挖深壕溝築高營壘，而諸葛誕自陷困境，竟不攻自破。等到攻破壽春，參加討論的人又認為淮南地區叛亂頻繁，孫吳士兵的家室都在江南，不能寬宥他們，應該把他們全都活埋。大將軍以為，自古以來用兵之道，使敵國完整的降服為上策，只殺首惡而已。吳兵就算得以逃回，也正好可以展示中原朝廷的寬宏大度。對俘獲的孫吳士兵一個也沒有殺，把他們分布在三河附近各郡，安定的居住下來。

8 唐咨本是利城郡人。黃初年間，利城郡反叛，殺害太守徐箕，推舉唐咨為首領。文帝派遣軍隊討伐打敗唐咨，唐咨亡奔入海，於是逃到孫吳，官至左將軍，封侯，持節。諸葛誕、文欽被殺，唐咨也被活捉，三個叛賊全被擒獲，大快天下人心。朝廷拜唐咨為安遠將軍，其餘副將全都給與官銜職位，吳國人全都心悅誠服。江東孫吳也被感動，完全沒有誅殺投降的吳軍將士家屬。那些被諸葛誕所脅迫的淮南將吏士民，只誅殺他們的首惡，其餘全都赦免他們。允許文鴦、文虎收斂文欽屍首治喪，並給他們車和牛，送到祖墳埋葬。

1 鄧艾，字士載，義陽棘陽❶人也。少孤❷，太祖破荊州，徙汝南，為農民養犢。年十二，隨母至潁川❸，讀故太丘長陳寔❹碑文，言「文為世範，行為士則」，艾遂自名範，字士則。後宗族有與同者，故改焉。為都尉學士❺，以口吃，不得作幹佐❻。為稻田守叢草吏。同郡吏父憐其家貧，資給甚厚，艾初不稱謝❼。每見高山大澤，輒規度指畫軍營處所，時人多笑焉。後為典農綱紀⑧，上計吏⑨，因使見太尉司馬宣王。宣王奇之，辟之為掾，遷尚書郎。

2 時欲廣田畜穀⑩，為滅賊資，使艾行陳⑪、項已東至壽春。艾以為「田良水少，不足以盡地利，宜開河渠，可以引水澆溉，大積軍糧，又通運漕之道」。乃著濟河論以喻其指⑫。又以為「昔破黃巾⑬，因為屯田，積穀於許都以制四方。今三隅⑭已定，事在淮南，每大軍征舉，運兵⑮過半，功費巨億，以為大役。陳、蔡⑯之間，土下⑰田良，可省許昌左右諸稻田，并水東下。令淮北屯二萬人，淮南三萬人，十二分休⑱，常有四萬人，且田且守⑲。水豐⑳常收三倍於西，計除眾費，歲完五百萬斛以為軍資。六七年間，可積三千萬斛於淮上，此則十萬之眾五年食也。以此乘㉑吳，無往而不克矣」。宣王善之，事皆施行。正始二年，乃開廣㉒漕渠，每東南有事，大軍興眾，汎舟而下，達于江、淮，資食有儲而無水害，艾所建也。

3 出參征西軍事㉓，遷南安㉔太守。嘉平元年，與征西將軍郭淮㉕拒蜀偏將軍姜維㉖。維退，淮因西擊羌。艾曰：「賊去未遠，或能復還，宜分諸軍以備不虞。」於是留艾屯白水㉗北。三日，維遣廖化㉘自白水南向艾結營。艾謂諸將曰：「維今卒還，吾軍人少，法當來渡而不作橋㉙。此維使化持吾㉚，令不得還。維必自東襲取洮城㉛。」洮城在水北，去艾屯六十里。艾即夜潛軍徑到，維果來渡，而艾先至據城，得以不敗。賜爵關內侯，加討寇將軍㉜，後遷城陽㉝太守。

4 是時并州㉞右賢王劉豹㉟并為一部，艾上言曰：「戎狄獸心，不以義親，彊則侵暴，弱則內附，故周宣有玁狁之寇㊱，漢祖有平城之圍㊲。每匈奴一盛，為前代重患。自單于在外㊳，莫能牽制長卑㊴，誘而致之，使來入侍㊵。由是羌夷失統㊶，合散無主。以單于在內，萬里順軌㊷。今單于之尊日疏，外土之威寖重㊸，則胡虜不可不深備也。聞劉豹部有叛胡，可因叛割為二國，以分其勢。去卑功顯前朝㊹，而子不繼業，宜加其子顯號㊺，使居鴈門㊻。離國弱寇㊼，追錄舊勳，此御邊長計㊽也。」又陳：「羌胡㊾與民同處者，宜以漸出之，使居民表崇廉恥之教，塞姦宄㊿之路。」大將軍司馬景王新輔政，多納用焉。遷汝南太守，至則尋求昔所厚己吏父(51)，久已死，遣吏祭之，重遺其母(52)，舉其子與計吏。艾所在，荒野開闢，軍民並豐。

5 諸葛恪圍合肥新城，不克，退歸。艾言景王曰：「孫權已沒，大臣未附，吳名宗大族，皆有部曲(53)，阻兵仗勢，足以建命。恪新秉國政，而內無其主，不念撫恤上下以立根基，競於外事54，虐用其民，悉國之眾，頓於堅城，死者萬數，載禍而歸，此恪獲罪之日也。昔子胥55、吳起56、商鞅57、樂毅58皆見任時君59，主沒而敗。況恪才非四賢，而不慮大患，其亡可待也。」恪歸，果見誅。遷兗州刺史，加振威將軍60。上言曰：「國之所急，惟農與戰，國富則兵彊，兵彊則戰勝。然農者，勝之本也。孔子曰『足食足兵61』，食在兵前也。上無設爵之勸62，則下無財畜之功。今使考績之賞，在於積粟富民63，則交游之路絕，浮華之原塞矣。」

【章　旨】以上為〈鄧艾傳〉的第一部分，記載了鄧艾的出身以及在齊王曹芳時期的政治軍事活動。

【注　釋】❶義陽棘陽　義陽，郡名。治所在今湖北棗陽東南。棘陽，縣名。治所在今河南南陽東南。❷少孤　從小死了父親。❸潁川　郡名。治所在今河南禹州。❹太丘長陳寔　太丘長，太丘縣長。太丘縣治所在今河南永城西北。陳寔，字仲弓，潁川許昌（今河南許昌）人，東漢末名士。歷任縣吏、縣長、郡功曹等職。黨錮之禍起，遭受禁錮，遇赦得出。後朝廷累徵，皆不就。詳見《後漢書・陳寔列傳》。❺都尉學士　典農都尉所舉薦的學士。魏文帝時規定，屯田的農官可以像郡國舉薦人才一樣，舉薦屯田系統的人才。❻幹佐　官府中的辦事人員。❼初不稱謝　完全不表示謝意。❽典農綱紀　典農中郎將的屬員，相當於郡主簿。❾上計吏　郡國守相的高級屬吏，參與本地官吏的考課，地位稍次於上計掾。❿廣田畜穀　推廣屯田儲蓄糧穀。⓫陳　縣名。治所在今河南淮陽。⓬喻其指　說明自己的意思。⓭黃巾　東漢末民眾起事者頭裹黃巾，故稱。⓮三隅　指東、北、西。當時遼東公孫淵已被消滅，北面的鮮卑也沒有威脅到中原，西面蜀漢在諸葛亮逝世後攻勢也減弱下來，所以鄧艾說「三隅已定」。⓯運兵　負責運輸的士兵。⓰蔡　即「上蔡」，縣名。治所在今河南上蔡西南。⓱土下　地勢低下。指容易灌溉。⓲十二分休　按十分之二的比例輪流休息。⓳且田且守　一邊耕作一邊戍守。⓴水豐　當時稱收成好為水豐，收成不好為水儉。㉑乘　進攻。㉒開廣　開鑿拓寬。㉓參征西軍事　征西將軍參軍，參議軍事。㉔南安　郡名。治所在今隴西渭水東岸。㉕征西將軍郭淮　征西將軍，高級軍事將領，與征東、征南、征北合稱四征將軍。郭淮，字伯濟，太原陽曲（今山西陽曲）人，曹魏將領。曹操時任軍司馬，曹丕時領雍州刺史，明帝時歷任軍中要職。詳見本書卷二十六〈郭淮傳〉。㉖姜維　字伯約，天水冀縣（今甘肅甘谷東）人。本仕曹魏，蜀漢建興六年（西元二二八年）諸葛亮首次伐魏時投降蜀漢。歷任征西將軍、涼州刺史、衛將軍、大將軍等職，是蜀漢後期傑出的人才。詳見本書卷四十四〈姜維傳〉。㉗白水　河流名。即今甘肅白龍江。㉘廖化　字元儉，本名淳，襄陽（今湖北襄樊）人，初為關羽屬吏，關羽敗死後任職東吳，後詐死逃回蜀漢。蜀亡後與宗預內遷洛陽，死於途中。詳見本書卷四十五宗預附傳。㉙法當來渡而不作橋　按照兵法應當渡河然而卻不建橋渡河。㉚此維使化持吾　這是姜維讓廖化牽制我們。持，牽制。㉛洮城　地名。在今甘肅潭縣西南。㉜討寇將軍　官名。曹魏所置雜號將軍之一。㉝城陽　郡名。治所在今山東諸城。㉞并州　州名。治所在今山西太原。㉟右賢王劉豹　右賢王，匈奴族官名，匈奴族君主稱單于，單于下有左、右賢王，左賢王地位較高。劉豹，匈奴南單于於夫羅的兒子，呼廚泉單于時任右賢王。當時曹操把進入并州歸附的匈奴族人分為五部，以劉豹為右部帥，其餘四部的首領也由劉豹的親族充當。㊱周宣有玁狁之寇　周宣即周宣王，姬姓，名靖，西周國王，在位時多次進攻周邊少數民族。詳見《史記・周本紀》。玁狁，北方少數民族名，當時人認為是匈奴的前身。㊲漢祖有平城之圍　漢祖即漢高祖劉邦，字季，泗水沛縣（今江蘇沛縣）人。曾任亭長，秦末起兵響應陳勝，稱沛公。率先入關，攻占咸陽，接受秦王子嬰投降，實行約法三章。後經過四年楚漢戰爭打敗項羽，建立漢朝。詳見《史記・高祖本紀》、《漢書・高帝紀》。平城之圍，平城，縣名。治所在今山西大同東北。西元前二〇〇年，劉邦率軍攻打漢王信，被匈奴包圍在平城東北的白登山達七天之久，後用陳平計謀得以脫險。詳見《史記・匈奴列傳》。圍，原作「困」，今從宋本。㊳在外　在塞外。㊴長卑　指匈奴上層和下層。㊵入侍　西元二一六年，南匈奴單于呼廚泉與右賢王去卑前來朝見魏王曹操，結果呼廚泉被留在鄴城，去卑被放回去代理政事。事見本書卷一〈武帝紀〉。入侍即指此事，意為單于被留在京城侍奉曹操。㊶羌夷失統　羌族擺脫了匈奴的統治。漢代以來，西部的羌族往往受匈奴的影響，所以鄧艾這樣說。㊷順軌　遵從法度。㊸外土之威寖重　劉豹的聲威漸漸加重。外土指劉豹。寖，漸。㊹去卑功顯前朝　西元一九六年，漢獻帝從長安逃回洛陽，去卑曾在途中保護。事見《後漢書・南匈奴列傳》。㊺顯號　尊顯的名號。㊻鴈門　郡名。治所在今山西代縣西南。㊼離國弱寇　分離其國家，削弱其實力。㊽御邊長計　治理邊疆的長遠之計。㊾羌胡　西北地區的羌族，古代少數民族。㊿姦宄　為非作歹的人。(51)昔所厚己吏父　當初厚待自己的那個官吏的父親。(52)重遺其母　送給他的母親厚重的禮物。53部曲　私人武裝。54競於外事　忙於對外戰爭。55子胥　即伍員，春秋時人，楚國大夫伍奢之子，其父被楚王殺死後逃到吳國，幫助闔閭奪得王位，使吳國富強。又借助吳國兵力打回楚國，為父報仇。詳見《史記・伍子胥列傳》。56吳起　戰國時衛國左氏（今山東曹縣北）人。先後在魯國、魏國任將，屢立戰功。後逃到楚國，幫助楚悼王革新政治，富國強兵。後被楚國舊貴族殺害。詳見《史記・孫子吳起列傳》。57商鞅　戰國衛國人，公孫氏，名鞅，又稱衛鞅、公孫鞅、商君鞅、商君。初為魏相公孫痤家臣，後西入秦，得秦孝公信任，實行變法，使秦國強大。後被惠文王所殺。詳見《史記・商君列傳》。58樂毅　戰國時燕人，中山國靈壽（今河北靈壽西北）人，軍事家，樂羊後代。被燕昭王拜為上將軍，率五國軍隊伐齊，攻陷齊國七十餘城。後燕惠王中齊國反間計，懷疑樂毅，樂毅被迫離開燕國。詳見《史記・樂毅列傳》。59時君　當時的國君。60振威將軍　官名。東漢雜號將軍之一。61足食足兵　語見《論語・顏淵》：「足食足兵，民信之矣」。62設爵之勸　設立勉勵人們立功的爵位。勸，勉勵。63使考績之賞二句　把積粟富民列為考核、獎賞官員的條件。

【語譯】鄧艾，字士載，義陽郡棘陽縣人。幼時喪父，太祖攻破荊州，鄧艾遷移到汝南，為農民養牛。十二歲時，跟隨母親到達潁川郡，讀到已故太丘縣長陳寔的碑文，其中說「文為世範，行為士則」，鄧艾於是自己起名範，字士則。後來因宗族中有與他同名的人，所以又改了回來。任典農都尉學士，因為口吃，不能做官府的辦事員，只能做看守稻田中稻草堆的小吏。同郡一個官吏的父親憐憫鄧艾家貧，給他豐厚的資助，鄧艾起初完全沒有表示感謝。每當見到高山大湖的時候，鄧艾總是規劃考慮在哪裏安營紮寨，當時人大多嘲笑他。後來他擔任典農中郎將的主簿、上計吏，所以受派見到了太尉司馬宣王。司馬宣王認為他非比尋常，任命他為府中下屬，升任尚書郎。

2　當時朝廷打算擴大耕地積蓄糧穀，做為消滅敵人的憑藉，派遣鄧艾巡視陳縣、項縣以東至壽春的地區。鄧艾認為那裏「土質優良而缺少水源，不足以使土地充分發揮效益，應該開鑿河渠，既可以引水灌溉，多積軍糧，又可以開通水路運輸的道路」，便寫了〈濟河論〉用來說明自己意圖。又認為「從前擊破黃巾軍，由於實行屯田，在許都屯積糧食，用來控制天下。如今東、北、西三面已經平定，戰事都在淮南，每次大軍征討舉兵，運輸兵力超過一半，工作耗費巨大，成為繁重的勞役。而陳縣、上蔡縣一帶，地勢低平土壤肥沃，應該減少許昌附近的稻田，把那裏的河水集中起來引到東邊。令淮河北屯兵二萬人，淮河南屯兵三萬人，按十分之二的比例輪休，經常保持四萬人，一邊種田一邊戍守。收成好時，產量將是許都地區的三倍。扣除各種費用，每年可以淨收五百萬斛糧食作為軍用資財。六七年的時間，可以在兩淮地區積儲三千萬斛糧食，這即是十萬兵眾五年的食糧。以此攻吳，無往而不勝」。司馬宣王認為這個建議很好，全都加以推行。正始二年，便開始挖掘和拓寬漕渠，每當東南有戰事，大軍出動，乘船順水而下，到達江、淮地區，軍糧有儲備而又沒有水患，這些都是鄧艾的建樹。

3 鄧艾外調出任征西將軍參軍，升任南安郡太守。嘉平元年，與征西將軍郭淮抵禦蜀漢偏將軍姜維。姜維撤退，郭淮想藉機西進襲擊羌人。鄧艾說：「敵人並未遠去，或許可能再來，應該分兵以防備不測。」於是留下鄧艾屯駐白水北岸。三天後，姜維派遣廖化從白水南岸面向鄧艾紮營。鄧艾對眾將說：「姜維如今突然返回，我軍人少，按照兵法蜀兵應當渡河而來，然而他卻不搭橋過河，這是姜維讓廖化牽制我們，讓我們不能撤回。姜維必定從東面襲取洮城。」洮城在白水北岸，距離鄧艾駐地六十里。鄧艾在當夜就偷偷領兵直接回到洮城，姜維果然渡河而來，然而鄧艾搶先到達，占據洮城，所以沒有戰敗。朝廷賜鄧艾爵關內侯，加討寇將軍，後升任為城陽太守。

4 這時并州右賢王劉豹把匈奴併為一部，鄧艾上言說：「戎狄是野獸心性，不會因為道義而親附，強盛時就侵犯，弱小時就降附。所以周宣王時有玁狁為寇，漢高祖有平城之圍。每當匈奴一強，都成為前代的大患。由於匈奴單于身在塞外，朝廷對匈奴無法控制，所以引誘招致單于前來，讓他前來入侍皇帝。因此羌人失去統管，時合時分沒有首領。因為單于留在內地，所以萬里之外的戎狄都遵從法度。現在單于的尊貴地位日漸衰落，在外的劉豹權威越來越大，那麼對他們不能不深加防備啊。聽說劉豹部落內有叛亂胡人，可藉此內亂分割他們為二國，以削弱他們的勢力。去卑在前朝功業顯揚，然而他的兒子沒有繼承他的功業，應該加封他兒子顯貴的官號，讓他住在鴈門郡。割裂他們的國家，削弱他們的實力，追記他們過去的功勛，這是控制邊疆的長遠之計。」又說：「羌胡與漢民同居雜處的，應該逐漸把他們遷出去，使他們住在漢民之外以崇尚廉恥教化，堵塞作奸犯科的途徑。」大將軍司馬景王剛剛輔佐朝政，對鄧艾的建議多所採納。鄧艾升任汝南太守，到任後就尋找昔日厚待自己的官吏的父親，但他死去已久，便派官吏去祭拜他，厚贈那位官吏的母親，拔舉他的兒子給計吏。鄧艾所任職之處，荒地得到開墾，軍民富足。

5 諸葛恪圍攻合肥新城，未能攻克，撤退返回。鄧艾告訴司馬景王說：「孫權已死，大臣們並未親附新主，孫吳有名的世宗大族，都擁有私人武力，憑藉兵力和權勢，足以發號施令。諸葛恪剛剛把持國政，而國內又沒有權威君主，他不思安撫上下奠定基礎，卻忙於對外戰爭，殘酷的役使百姓，出動全國兵力，困頓在堅城之下，死者以萬計，帶著災禍而歸，這是諸葛恪獲罪的日子。過去伍子胥、吳起、商鞅、樂毅都被當時的君主所信任，君主一死便敗亡。何況諸葛恪才幹不如這四位賢者，卻不思慮這個大禍患，他的敗亡指日可待了。」諸葛恪回孫吳後，果然被誅殺。鄧艾升任兗州刺史，加授振威將軍。他上書說：「國家所最急迫的，只有農業與戰備。國家富足兵力就強盛，兵力強盛就能打勝仗。但是農業是勝利的根本。孔子說『足食足兵』，食在兵的前面。朝廷不設立爵位進行鼓勵，軍民就不會有積蓄財富的成效。現在應當把對官員考核的獎賞，放在積蓄糧食富裕百姓上，這樣請託人情之路就會斷絕，虛名浮華的根源就會堵住。」

1 高貴鄉公即尊位，進封方城亭侯。毌丘儉作亂，遣健步齎書❶，欲疑惑大眾❷，艾斬之，兼道❸進軍，先趣樂嘉城❹，作浮橋。司馬景王至，遂據之。文欽以後大軍破敗於城下，艾追之至丘頭。欽奔吳。吳大將軍孫峻等號十萬眾，將渡江，鎮東將軍諸葛誕遣艾據肥陽❺，艾以與賊勢相遠，非要害之地，輒移屯附亭❻，遣泰山❼太守諸葛緒❽等於黎槳❾拒戰，遂❿走之。其年徵拜長水校尉⓫。以破欽等功，進封方城鄉侯，行安西將軍⑫。解雍州刺史王經⑬圍於狄道⑭，姜維退駐鍾提⑮，乃以艾為安西將軍，假節、領護東羌校尉⑯。議者多以為維力已竭，未能更出。艾曰：「洮西⑰之敗，非小失也；破軍殺將，倉廩空虛，百姓流離，幾於危亡。今以策言之，彼有乘勝之勢，我有虛弱之實，一也。彼上下相習⑱，五兵犀利⑲，我將易兵新，器仗未復，二也。彼以船行，吾以陸軍，勞逸不同，三也。狄道、隴西⑳、南安㉑、祁山㉒，各當有守，彼專為一，我分為四，四也。從南安、隴西，因食羌穀，若趣祁山，熟麥千頃，為之縣餌，五也。賊有黠數㉓，其來必矣。」頃之，維果向祁山，聞艾已有備，乃回從董亭趣南安，艾據武城山㉔以相持。維與艾爭險，不克，其夜，渡渭㉕東行，緣山趣上邽㉖，艾與戰於段谷㉗，大破之。甘露元年詔曰：「逆賊姜維連年狡黠，民夷騷動，西土不寧。艾籌畫有方，忠勇奮發，斬將十數，馘首㉘千計；國威震於巴、蜀㉙，武聲揚於江、岷㉚。今以艾為鎮西將軍㉛、都督隴右㉜諸軍事，進封鄧侯。分五百戶封子忠為亭侯。」二年㉝，拒姜維於長城㉞，維退還。遷征西將軍㉟，前後增邑凡六千六百戶。景元三年，又破維於侯和㊱，維卻保沓中㊲。四年㊳秋，詔諸軍征蜀，大將軍司馬文王皆指授節度，使艾與維相綴連㊴；雍州刺史諸葛緒要㊵維，令不得歸。艾遣天水㊶太守王頎等直攻維營，隴西太守牽弘[42]等邀其前，金城太守楊欣等詣甘松[43]。維聞鍾會諸軍已入漢中[44]，引退還。欣等追躡於彊川口[45]，大戰，維敗走。聞雍州[46]已塞道屯橋頭[47]，從孔函谷[48]入北道，欲出雍州後。諸葛緒聞之，卻還[49]三十里。維入北道三十餘里，聞緒軍卻，尋還，從橋頭過，緒趣截維，較一日不及[50]。維遂東引[51]，還守劍閣[52]。鍾會攻維未能克。艾上言：「今賊摧折，宜遂乘[53]之，從陰平[54]由邪徑經漢德陽亭[55]趣涪[56]，出劍閣西百里，去成都[57]三百餘里，奇兵衝其腹心。劍閣之守必還赴涪，則會方軌[58]而進；劍閣之軍不還，則應涪之兵寡矣。軍志[59]有之曰：『攻其無備，出其不意[60]。』今掩[61]其空虛，破之必矣。」

2 冬十月，艾自陰平道行無人之地七百餘里，鑿山通道，造作橋閣[62]。山高谷深，至為艱險，又糧運將匱，頻[63]於危殆。艾以氈自裹，推轉而下。將士皆攀木緣崖[64]，魚貫[65]而進。先登至江由[66]，蜀守將馬邈降。蜀衛將軍諸葛瞻[67]自涪還緜竹[68]，列陳待艾。艾遣子惠唐亭侯忠等出其右，司馬師纂等出其左。忠、纂戰不利，並退還，曰：「賊未可擊。」艾怒曰：「存亡之分，在此一舉，何不可之有？」乃叱忠、纂等[69]，將斬之。忠、纂馳還更戰，大破之，斬瞻及尚書張遵等首，進軍到雒[70]。劉禪[71]遣使奉皇帝璽綬，為箋詣艾請降。

【章旨】以上為〈鄧艾傳〉的第二部分，記載了鄧艾在與孫吳、蜀漢戰爭中的功績，著重記載了他在滅蜀戰爭中的突出作用。

【注釋】❶健步齎書　健步，為地方長官傳遞公文的健走使者。齎書，攜帶信件。❷疑惑大眾　惑亂鄧艾部眾。❸兼道　行軍的速度比平常快一倍。❹樂嘉城　城名。在今河南商水縣東南。❺肥陽　城名。在今河南杞縣東北。❻附亭　亭名。在今安徽壽縣西南。❼泰山　郡名。治所在今山東泰安東。❽諸葛緒　魏晉人，歷任曹魏泰山太守、雍州刺史，西晉太常、衛尉等官。事見本書卷四〈陳留王紀〉、卷三十三〈後主傳〉等。❾黎漿　亭名。在今安徽壽縣南，附亭東面。❿遂　原作「逐」，今從宋本。⓫長水校尉　官名。京城八校尉之一，統領烏丸騎兵。⓬行安西將軍　代理安西將軍。行，代理。⓭雍州刺史王經　雍州，州名。治所在今陝西西安西北。王經，字彥緯，清河（今山東臨清）人，初任曹魏江夏太守，後任尚書，坐高貴鄉公事被殺。詳見本書卷九夏侯尚附傳。⓮狄道　縣名。治所在今甘肅臨洮。⓯鍾提　地名。在今甘肅臨洮南。⓰領護東羌校尉　領，兼任。護東羌校尉，官名。三國曹魏置，治理雍州西部的羌族。⓱洮西　地區名。指洮水以西地區，包括今甘肅西南臨潭、康樂、廣河、東鄉、和政、臨夏等縣地。⓲相習　互相熟悉。⓳五兵犀利　兵器鋒利。五兵，五種兵器，這裏泛指兵器。⓴隴西　郡名。治所在今甘肅隴西南。㉑南安　郡名。治所在今隴西渭水東岸。㉒祁山　山名。在甘肅禮縣東。㉓黠數　狡詐的計謀。㉔武城山　山名。在今甘肅武山縣西南。㉕渭　渭水，即渭河。㉖上邽　縣名。治所在今甘肅天水市。㉗段谷　地名。在今甘肅天水市東南。㉘馘首　古代戰時割取所殺敵人的耳朵，以計數論功，此種行為曰馘。此處指斬殺。㉙巴蜀　巴郡和蜀郡。此代指益州。㉚江岷　長江和岷江。㉛鎮西將軍　高級軍事將領，與鎮東、鎮南、鎮北合稱四鎮將軍。㉜隴右　地區名。泛指隴山以西地區。㉝二年　甘露二年（西元二五七年）。㉞長城　地名。在今陝西周至西南。㉟征西將軍　高級軍事將領，與征東、征南、征北合稱四征將軍。㊱侯和　地名。在今甘肅卓尼東北。㊲沓中　地名。在今甘肅舟曲西北洛大鎮一帶。㊳四年　景元四年（西元二六三年）。㊴綴連　牽制。㊵要　同「邀」。攔截。㊶天水　郡名。治所在今甘肅甘谷東。㊷牽弘　安平觀津（今河北武邑）人，曹魏雁門太守牽招次子，隨鄧艾伐蜀有功，任振威護軍。西晉建立後歷任揚州、涼州刺史。其事散見於《晉書・景帝紀》、〈武帝紀〉等。㊸楊欣等詣甘松　楊欣，魏晉時人，曹魏時任金城太守，西晉時任涼州刺史。其事散見於《晉書・景帝紀》、〈武帝紀〉等。甘松，地名。在今甘肅迭部東南。㊹漢中　郡名。治所在今陝西漢中東。㊺彊川口　地名。在今甘肅迭部東南。㊻雍州　此指雍州刺史諸葛緒。㊼橋頭　地名。在今甘肅文縣東南。㊽孔函谷地名。在今甘肅舟曲東南。(49)卻還 退回。(50)較一日不及 差一天沒有趕上。(51)東引 向東退走。(52)劍閣 地名。在今四川劍閣東北劍門西北。(53)乘 追擊。(54)陰平 縣名。治所在今甘肅文縣西北。(55)德陽亭 亭名。在今四川江由東北。(56)涪 縣名。治所在今四川綿陽東北。(57)成都 即今四川成都。(58)方軌 兩車併在一起。引申指平坦的大道。(59)軍志 此指《孫子兵法》。(60)攻其無備二句 此為《孫子兵法・始計》中的話。無，原作「不」，今從宋本。(61)掩 突然襲擊。(62)橋閣 橋梁棧道。(63)頻 同「瀕」。(64)緣崖 攀爬懸崖。(65)魚貫 像魚一樣一個接一個。(66)江由 地名。在今四川平武東南。(67)衛將軍諸葛瞻 衛將軍，高級軍事將領，位次於大將軍、驃騎將軍、車騎將軍。諸葛瞻，字思遠，諸葛亮之子。歷任羽林中郎將、尚書僕射。工書畫，博聞強識。詳見本書卷三十五諸葛亮附傳。(68)緜竹 縣名。治所在今四川綿竹東南。(69)等 原作「出」。《三國志集解》云：「宋本無『出』字，北宋本『出』作『等』。」今從北宋本。(70)雒 縣名。治所在今四川新都東北。(71)劉禪 字公嗣，小字阿斗，十七歲即蜀漢帝位，由諸葛亮輔佐。諸葛亮逝世後，朝政漸壞。蜀漢被曹魏所滅後，被遷入洛陽，封為安樂公。詳見本書卷三十三〈後主傳〉。

【語　譯】高貴鄉公即帝位，進封鄧艾為方城亭侯。毌丘儉叛亂，派遣健走信使送信給鄧艾，想迷惑大家，鄧艾斬殺信使，軍隊日夜急行，搶先趕赴樂嘉城，建造浮橋。司馬景王到達，便占據了樂嘉城。文欽因為落在了大軍後頭，所以在城下被打敗，鄧艾追擊文欽到達丘頭。文欽投奔孫吳。孫吳大將軍孫峻等號稱有十萬兵眾，將要渡江，鎮東將軍諸葛誕派遣鄧艾據守肥陽，鄧艾認為肥陽與敵軍相距甚遠，不是要害之地，就移駐屯兵附亭，派遣泰山太守諸葛緒等在黎漿抵禦作戰，於是擊退了敵人。這一年徵召任命鄧艾為長水校尉。因擊破文欽等人的功績，進封方城鄉侯，代理安西將軍。在狄道為雍州刺史王經解圍，姜維退兵駐防鍾提，於是任鄧艾為安西將軍，假節，兼任護東羌校尉。議事的人多以為姜維兵力已經耗竭，無法再次進攻。鄧艾說：「洮西敗戰，不是小的失利，軍隊潰散，將領被殺，倉庫空虛，百姓流離失所，幾乎到了危亡的境地。現在從軍事策略來說這件事，敵軍有乘勝追擊之勢，我軍有兵力薄弱的事實，這是第一。敵軍上下彼此熟悉，兵器銳利，我軍更換了將領，新進的士兵，軍備尚未裝備完全，這是第二。敵軍乘船行進，我軍陸上行軍，勞逸不同，這是第三。狄道、隴西、南安、祁山四地，都各當有所守備，敵軍可以集中力量專攻一處，我軍卻要分兵為四支，這是第四。敵軍從南安、隴西進軍，可以乘便食用羌人的糧食，如果進軍祁山，則有上千頃成熟的麥子，成為敵軍現成的軍糧，這是第五。敵人有狡詐的策略，再來進犯是必然的。」不久，姜維果然兵向祁山，聽說鄧艾已經有了防備，便調轉軍隊從董亭進軍南安，鄧艾據守武城山與姜維對峙。姜維與鄧艾爭奪險要之地，不能攻克，當夜渡過渭水東進，沿著山邊向上邽前進，鄧艾與姜維在段谷交戰，大敗姜維。甘露元年皇帝下詔說：「叛賊姜維多年來狡詐多端，漢民夷人騷動不安，西部邊土不得安寧。鄧艾籌劃有方，忠誠勇敢，激勵振作，斬殺敵將十多員，敵兵數以千計，國家聲威震動了巴、蜀，武功聲名顯揚在長江、岷江。現在任鄧艾為鎮西將軍、都督隴右各軍事，進封鄧侯。分出封邑五百戶封他的兒子鄧忠為亭侯。」甘露二年，鄧艾在長城抵禦姜維，姜維撤軍返回。升任為征西將軍，前後增加他的封邑共六千六百戶。景元三年，又在侯和擊敗姜維，姜維退兵保衛沓中。景元四年秋天，詔令各軍征討蜀漢，大將軍司馬文王部署指揮全軍。令鄧艾出兵牽制姜維，雍州刺史諸葛緒攔截姜維，讓他不能返回。鄧艾派遣天水郡太守王頎等人直取姜維大營，隴西郡太守牽弘等在前面攔截，金城郡太守楊欣等趕赴甘松。姜維聽說鍾會統領的各路軍隊已進入漢中，便引兵撤退而回。楊欣等跟蹤追擊到彊川口，兩軍大戰，姜維戰敗逃走。姜維聽說雍州刺史諸葛緒已經截斷去路，屯兵橋頭，便從孔函谷進入北道，想繞道諸葛緒後方。諸葛緒聽說此事，後退三十里。姜維進入北道三十多里，聽說諸葛緒退師，立即率兵返回，從橋頭經過，諸葛緒趕來阻截姜維，只差一天沒有趕上。姜維於是向東退卻，退守劍閣。鍾會進攻姜維，不能攻克。鄧艾上書說：「現今敵軍遭受挫折，應該乘勝追擊敵軍。從陰平沿小路經漢代的德陽亭直趨涪縣，穿越劍閣西面一百里，距離成都三百多里，用奇兵衝擊敵國的心臟地帶。劍閣的敵人守軍必然回防趕赴涪縣，那麼鍾會軍隊就可以沿著平坦的大道推進，如果劍閣敵人守軍不回防，那麼接應涪縣的敵軍就不多了。兵法上有這樣的說法：『攻其無備，出其不意。』如今突擊敵人的空虛之處，打敗他們是必然的。」

2 景元四年冬十月，鄧艾從陰平取道行軍七百多里的無人之地，鑿山開路，修架橋梁棧道。山高谷深，極為艱險，加上運送的軍糧即將耗盡，瀕臨危亡的境地。鄧艾用毛氈裹住自身，從山上滾落下來。眾將士都攀著樹木、崖壁，一個接一個的行進。先遣部隊到達江由，蜀軍守將馬邈投降。蜀國衛將軍諸葛瞻從涪縣回返緜竹，擺開陣勢等待鄧艾。鄧艾派遣兒子惠唐亭侯鄧忠等人出擊敵人右翼，司馬師纂等人出擊敵人左翼。鄧忠、司馬師纂二人戰事失利，都撤退返回，說：「敵人不可進攻。」鄧艾大怒說：「存亡之機，在此一舉，有什麼不可以的？」便大聲訓斥鄧忠、司馬師纂等人，準備斬殺二人。鄧忠、司馬師纂急速趕回再與蜀軍作戰，大敗敵軍，斬下諸葛瞻及尚書張遵等人首級，進軍到雒縣。劉禪派遣使臣捧著皇帝印綬，寫信向鄧艾請求投降。

1 艾至成都，禪率太子諸王及羣臣六十餘人面縛輿櫬❶詣軍門，艾執節解縛焚櫬，受而宥之。檢御❷將士，無所虜略，綏納❸降附，使復舊業，蜀人稱焉。輒依鄧禹故事❹，承制拜禪行驃騎將軍❺，太子奉車❻、諸王駙馬都尉。蜀羣司各隨高下拜為王官，或領艾官屬。以師纂領益州刺史❼，隴西太守牽弘等領蜀中諸郡。使於緜竹築臺以為京觀❽，用彰戰功。士卒死事者，皆與蜀兵同共埋藏。艾深自矜伐❾，謂蜀士大夫曰：「諸君賴遭某❿，故得有今日耳。如⓫遇吳漢⓬之徒，已殄滅矣。」又曰：「姜維自一時雄兒也，與某相值⓭，故窮耳⓮。」有識者笑之。

2 十二月，詔曰：「艾曜威奮武，深入虜庭，斬將搴旗⓯，梟其鯨鯢⓰，使僭號之主⓱，稽首係頸⓲，歷世逋誅⓳，一朝而平。兵不踰時⓴，戰不終日，雲徹席卷，蕩定巴蜀。雖白起[21]破彊楚，韓信[22]克勁趙，吳漢禽子陽[23]，亞夫[24]滅七國，計功論美，不足比勳也。其以艾為太尉，增邑二萬戶，封子二人亭侯，各食邑千戶。」艾言司馬文王曰：「兵有先聲而後實者[25]，今因平蜀之勢以乘吳，吳人震恐，席卷之時也。然大舉之後，將士疲勞，不可便用[26]，且徐緩之；留隴右兵二萬人，蜀兵二萬人，煮鹽興冶[27]，為軍農要用，並作舟船，豫順流[28]之事，然後發使告以利害，吳必歸化，可不征而定也。今宜厚劉禪以致孫休[29]，安士民以來遠人[30]，若便送禪於京都，吳以為流徙，則於向化之心不勸[31]。宜權停留，須來年秋冬，比爾[32]吳亦足平。以為可封禪為扶風王，錫其資財，供其左右。郡有董卓塢[33]，為之宮舍。爵其子為公侯，食郡內縣，以顯歸命之寵。開廣陵、城陽[34]以待吳人，則畏威懷德，望風而從矣。」文王使監軍衛瓘[35]喻艾：「事當須報[36]，不宜輒行[37]。」艾重言曰：「銜命[38]征行，奉指授之策，元惡既服；至於承制拜假，以安初附，謂合權宜。今蜀舉眾歸命，地盡[39]南海，東接吳會[40]，宜早鎮定。若待國命，往復道途，延引[41]日月。春秋之義，大夫出疆，有可以安社稷，利國家，專之可也[42]。今吳未賓[43]，勢與蜀連，不可拘常以失事機[44]。兵法，進不求名，退不避罪，艾雖無古人之節，終不自嫌[45]以損于國也。」鍾會、胡烈[46]、師纂等皆白艾所作悖逆，變釁以結㊼。詔書檻車㊽徵艾。

3 艾父子既囚，鍾會至成都，先送艾，然後作亂。會已死，艾本營將士追出艾檻車，迎還。瓘遣田續㊾等討艾，遇於緜竹西，斬之。子忠與艾俱死，餘子在洛陽者悉誅，徙艾妻子及孫於西域㊿。

4 初，艾當伐蜀，夢坐山上而有流水，以問殄虜護軍(51)爰邵。邵曰：「按易卦，山上有水曰蹇(52)。蹇繇(53)曰：『蹇利西南，不利東北。』孔子曰(54)：『蹇利西南，往有功也；不利東北，其道窮也。』往必克蜀(55)，殆不還乎(56)！」艾憮然(57)不樂。

【章　旨】以上為〈鄧艾傳〉的第三部分，記載了鄧艾居功自傲，與司馬昭產生分歧，在鍾會等人的陷害下，最後被殺的經過。

【注　釋】❶面縛輿櫬　反綁雙手用車載著棺材。❷檢御　約束管制。❸綏納　安撫接納。❹鄧禹故事　鄧禹，字仲華，南陽郡新野（今河南新野）人。新莽末隨劉秀起兵，是劉秀手下著名的戰將之一，為東漢王朝建立立有大功。官任大司徒，封爵高密侯。詳見《後漢書·鄧禹列傳》。鄧禹率軍進關中，為取得占據天水的隗囂的幫助，以光武帝的名義拜隗囂為西州大將軍。「鄧禹故事」即指此事。❺驃騎將軍　高級軍事將領，統兵征伐。❻太子奉車　任劉禪的太子為奉車都尉。❼領益州刺史　兼任益州刺史。益州，治所在今四川成都。❽京觀　把敵人的屍首堆積起來，加以封土成為高臺，叫做京觀。❾矜伐驕傲自誇。❿賴遭某　全靠遇到我。⓫如　宋本作「若」。⓬吳漢　字子顏，東漢南陽郡宛縣（今河南南陽）人。光武帝劉秀征伐黃河以北地區，吳漢用計使漁陽太守彭寵歸順劉秀，為劉秀平定河北立下功勞，並多次立有戰功，為劉秀手下著名的戰將之一。吳漢進入益州消滅公孫述後，曾縱兵在成都燒殺搶掠。詳見《後漢書·吳漢列傳》。⓭與某相值　遇到了我。⓮故窮耳　所以無計可施。⓯斬將搴旗　斬殺敵人將領拔掉敵人旗幟。⓰鯨鯢　鯨魚，雄性為鯨，雌性為鯢，比喻兇惡的首領人物。⑰僭號之主　非法稱帝的人。此指劉禪。⑱稽首係頸　俯首跪拜，脖子繫著繩索。⑲逋誅　逃脫懲罰。⑳兵不踰時　用兵不超過三個月。時，一季；三個月。㉑白起　戰國時郿縣（今陝西眉縣）人，秦國大將，屢立戰功，長平之戰，坑殺趙國降卒四十萬。後被秦王賜死於杜郵。詳見《史記・白起王翦列傳》。㉒韓信　劉邦手下著名軍事將領，任大將軍，戰功卓著。在楚漢戰爭中善於以少勝多，指揮垓下之戰，消滅項羽軍。先後被封為齊王、淮陰侯。後被呂后所殺。詳見《史記・淮陰侯列傳》。㉓子陽　即公孫述，字子陽，扶風茂陵（今陝西興平東北）人。新莽末年，綠林赤眉舉事，天下大亂，公孫述趁機割據益州，自立為蜀王，定都成都。東漢建立後，建武十二年（西元三十六年），光武帝劉秀派大將吳漢征蜀，公孫述兵敗被殺。詳見《後漢書・公孫述列傳》。㉔亞夫　即周亞夫，沛縣（今江蘇沛縣）人，西漢名將，周勃之子。景帝時任太尉，平定吳、楚七國之亂，遷丞相。後坐其子私買御物人獄，絕食死。詳見《史記・絳侯周勃世家》。㉕兵有先聲而後實者　用兵有先虛張聲勢後採取實際行動的計策。㉖便用　立即使用。㉗煮鹽興冶　製鹽煉鐵。當時蜀漢多鹽井，人們在鹽井中取出含鹽的鹵水，然後煮鹵水製鹽。左思〈蜀都賦〉、《華陽國志》、《初學記》都記載這種方法。㉘豫順流　準備順長江而下進攻東吳。㉙孫休　字子烈，吳郡富春（今浙江富陽）人，孫權第六子。太平三年（西元二五八年）孫亮死後被立為皇帝。詳見本書卷四十八〈孫休傳〉。㉚來遠人　使遠方的人前來歸附。㉛勸　鼓勵。㉜比爾　等到那時。㉝董卓塢　董卓所修築的城堡。在今陝西眉縣東北。㉞廣陵城陽　廣陵郡，治所在今江蘇清江。城陽郡，治所在今山東諸城。㉟衛瓘　字伯玉，河東安邑（今山西夏縣西北）人。衛凱之子，曹魏時任廷尉，明法公斷。西晉時歷任軍政要職，為政清儉，甚有聲譽。又是著名的書法家。詳見《晉書・衛瓘傳》。㊱事當須報　此事應當等待批覆。㊲輒行　擅自行動。㊳銜命　奉命。㊴盡　直到。㊵吳會　吳即吳郡，治所在今江蘇蘇州。會即會稽郡，治所在今浙江紹興。㊶延引　拖延。㊷大夫出疆四句　《春秋公羊傳》莊公十九年：「出竟，有可以安社稷利國家者，則專之可也。」㊸未賓　沒有降服。㊹事機　時機。㊺自嫌　自疑。㊻胡烈　曹魏時人，歷任曹魏襄陽太守、太山太守、荊州刺史等職。事見《三國志・王基傳》裴松之注引司馬彪《戰略》、《三國志・霍峻傳》裴松之注引《襄陽記》等。㊼變釁以結　叛亂的徵兆已經形成。㊽檻車　囚車。㊾田續　曹魏官吏，田疇從孫。事見本卷及裴松之注引《漢晉春秋》。㊿西域　郡名。治所在今陝西安康西北。(51)殄虜護軍　官名。護軍的一種，資歷輕者為之。(52)山上有水曰蹇　〈蹇〉是《周易》第三十九卦的卦名，由〈艮卦〉和〈坎卦〉組成，下面的〈艮卦〉代表山，上面的〈坎卦〉代表水，所以說是「山上有水」。(53)繇　卦辭。(54)孔子曰　下面所引四句是《周易・蹇卦》的象辭，象辭是對卦義的總論，相傳是孔子所作，所以說孔子曰。(55)往必克蜀　征伐蜀漢是向西南方向走，而〈蹇卦〉是「利西南」，所以說鄧艾此行必克蜀。(56)殆不還乎　從蜀漢回軍是向東北走，而〈蹇卦〉「不利東北」，所以說鄧艾回不來。57憮然　悵然失落的樣子。

【語　譯】鄧艾到達成都，劉禪率領太子、諸王和羣臣六十多人反綁雙手用車載著棺材前往鄧艾的軍營大門。鄧艾手持符節，為劉禪解開繩索，焚燒棺材，接受他的投降，寬宥了他。又約束將士，沒有虜掠的情形，安撫接納降附的人民，讓他們從事先前的工作，蜀人稱美鄧艾。鄧艾就依照鄧禹的舊例，秉承皇帝的意旨任劉禪為代理車騎將軍，太子為奉車都尉，諸王為駙馬都尉。蜀漢百官各根據職位高低任命為曹魏官員，有的還兼任鄧艾的屬官。以司馬師纂兼任益州刺史，隴西太守牽弘等人兼任蜀中各郡郡守。派人在緜竹築起高臺以為京觀，用來彰顯戰功。魏國士卒死於戰事的，全都與蜀漢士兵共同埋葬。鄧艾非常高傲自誇，對蜀漢士大夫說：「諸位全靠遇到了我，所以才有今天。如果遇到吳漢那樣的人，早已被誅殺了。」還說：「姜維自然是一代英雄男兒，不過遇到了我，因此一籌莫展啊。」有見識的人都譏笑鄧艾。

2　十二月，皇帝下詔說：「鄧艾炫耀武力顯示威風，深入敵軍境內，斬將拔旗，斬殺兇惡的首領，使僭位稱帝的人，俯首自縛投降，經過數代逃脫誅伐的人，一下被平定。出兵不超過三個月，作戰不到一天，如雲散席捲一般，掃蕩平定了巴蜀。就算是白起攻破強敵楚國，韓信攻克勁敵趙國，吳漢擒獲公孫述，周亞夫平定七國，若論功勳和美名，不足與鄧艾的功勳比美。現在任鄧艾為太尉，增加封邑二萬戶，封他的兩個兒子為亭侯，各有食邑一千戶。」鄧艾上書司馬文王說：「用兵有先虛張聲勢而後採取實際行動的。如今藉著平定蜀漢的氣勢用來進攻孫吳，孫吳勢必震驚恐懼，正是席捲孫吳的好機會。然而在大舉用兵之後，將士疲勞，不能立即用兵，姑且暫緩此事；留下隴右士兵二萬人，蜀兵二萬人，煮鹽煉鐵，供應軍需農事之用，同時建造船艦，為順長江而下進軍孫吳預做準備。然後派出使者對孫吳曉以利害關係，孫吳必然歸附投降，可以不用征戰而平定。如今應該厚待劉禪用來招攬孫休，安定蜀漢士民用來招徠遠方的人前來歸附。如果馬上遣送劉禪到京都，孫吳以為他被流放，那麼就不能鼓勵他們的嚮往歸化之心。應該權且讓劉禪留在蜀地，等到明年秋冬，那時孫吳也足可平定了。我認為可以封劉禪為扶風王，賜給他財物，供給他左右侍從。郡裏有個董卓塢，當作劉禪的宮舍。封他的兒子公侯，把郡裏的縣作為他的食邑，用來顯示對歸順者的恩寵。開放廣陵、城陽兩郡用來等待吳人來降。這樣孫吳就會畏我之威懷我之德，望風順從了。」司馬文王派監軍衛瓘告訴鄧艾：「此事應當等待批覆，不應擅自行動。」鄧艾又上書說：「我受命征伐，接受大將軍的指揮命令，首惡已經制服；至於秉承朝廷旨意封授蜀人官職，用來安撫剛剛降附之人，可謂合乎權宜之計。如今蜀漢舉國投降，我們疆域南已到達南海，東邊則與孫吳會稽接壤，應當早日安定局面。如果等待朝廷命令，路途往返，延誤時間。按照《春秋》大義，大夫出了國境，有可以安定社稷，有利國家的，獨自決斷是可以的。如今孫吳尚未賓服，形勢與蜀國相連一氣，不應當拘泥於常規而失去時機。兵法說，進不求名聲，退不避罪責，我鄧艾雖沒有古人的節操，但終究不會因害怕招致嫌疑而損害國家利益。」鍾會、胡烈、司馬師纂等人全都向朝廷報告鄧艾的作為違抗命令，反叛的徵兆已然成形。朝廷下詔書用囚車押送鄧艾。

3 鄧艾父子被囚禁後，鍾會到達成都，他先遣送鄧艾，然後發動叛亂。鍾會被殺後，鄧艾本營的將士追上押送鄧艾的囚車，迎接他返回。衛瓘派田續等討伐鄧艾，在緜竹縣西遭遇，斬了鄧艾。鄧艾兒子鄧忠與鄧艾同時被殺，鄧艾在洛陽的其他兒子全被誅殺。流放鄧艾的妻子及孫子到西域。

4 當初，鄧艾受命伐蜀，夢見自己坐在山上而有流水，詢問殄虜護軍爰邵。爰邵說：「按照《易》卦，山上有水曰〈蹇〉。〈蹇〉卦的卦辭說：『〈蹇〉利西南，不利東北。』孔子說：『〈蹇〉卦利於西南，前去會立功。不利於東北，恐怕路到盡頭了。』將軍前往征伐必能攻克蜀漢，但大概回不來了！」鄧艾聽了悵然不樂。

1 泰始元年，晉室踐阼❶，詔曰：「昔太尉王淩謀廢齊王，而王竟不足以守位❷。征西將軍鄧艾，矜功失節，實應大辟。然被書之日❸，罷遣人眾，束手受罪，比於求生遂為惡者❹，誠❺復不同。今大赦得還❻，若無子孫者聽使立後，令祭祀不絕。」三年[7]，議郎段灼[8]上疏理艾曰：「艾心懷至忠而荷反逆之名，平定巴蜀而受夷滅之誅，臣竊悼之。惜哉，言艾之反也！艾性剛急，輕犯雅俗[9]，不能協同朋類[10]，故莫肯理之。臣敢言艾不反之狀。昔姜維有斷隴右之志，艾修治備守，積穀彊兵。值歲凶旱，艾為區種[11]，身被烏衣[12]，手執耒耜[13]，以率將士。上下相感，莫不盡力。艾持節守邊，所統萬數，而不難[14]僕虜[15]之勞，士民[16]之役，非執節忠勤，孰能若此？故落門、段谷[17]之戰，以少擊多，摧破彊賊。先帝[18]知其可任，委艾廟勝[19]，授以長策。艾受命忘身，束馬縣車，自投死地，勇氣陵雲，士眾乘勢，使劉禪君臣面縛，叉手屈膝。艾功名以成，當書之竹帛，傳祚萬世[20]。七十老公，反欲何求！艾誠恃養育之恩，心不自疑，矯命承制[21]，權安社稷；雖違常科[22]，有合古義[23]，原心[24]定罪，本在可論[25]。鍾會忌艾威名，搆成其事[26]。忠而受誅，信而見疑，頭縣馬市，諸子并斬，見之者垂泣，聞之者歎息。陛下龍興[27]，闡弘大度，釋諸嫌忌，受誅之家，不拘敘用。昔秦民憐白起之無罪，吳人傷[28]子胥之冤酷，皆為立祠。今天下民人為艾悼心痛恨[29]，亦猶是也。臣以為艾身首分離，捐棄草土，宜收尸喪，還其田宅。以平蜀之功，紹封其孫，使闔棺定謚，死無餘恨。赦冤魂於黃泉，收信義於後世，葬一人而天下慕其行，埋一魂而天下歸其義，所為者寡而悅者眾矣。」九年㉚，詔曰：「艾有功勳，受罪不逃刑，而子孫為民隸，朕常愍之。其以嫡孫朗㉛為郎中㉜。」

2 艾在西時，修治障塞㉝，築起城塢。泰始中，羌虜大叛，頻殺刺史，涼州㉞道斷。吏民安全者，皆保艾所築塢焉。

3 艾州里時輩南陽州泰㉟，亦好立功業，善用兵，官至征虜將軍㊱、假節都督江南諸軍事。景元二年薨，追贈衛將軍，諡曰壯侯。

【章　旨】以上為〈鄧艾傳〉的第四部分，著重介紹了西晉時議郎段灼為鄧艾申訴冤情的奏疏，以及西晉朝廷對鄧艾事件的最終結論。

【注　釋】❶晉室踐阼　踐阼即皇帝登位，此指西晉建立。❷王竟不足以守位　指司馬師以魏帝曹芳品行不端為由廢除其為齊王。❸被書之日　接到詔書的時候。❹比於求生遂為惡者　比起那些為了活著而造反的人。❺誠　確實。❻得還　指王淩、鄧艾的家屬能夠從流放地回家。❼三年　西晉泰始三年（西元二六七年）。❽議郎段灼　議郎，郎中令屬官，掌顧問應對。段灼，字休然，敦煌（今甘肅敦煌）人。從鄧艾滅蜀有功，任魏興郡太守。西晉時官至明威將軍。❾輕犯雅俗　輕易冒犯上下。雅俗，指上下。❿協同朋類　協調同僚。⓫區種　即區田法，西漢氾勝之總結出的一套耕作方法。此法要求在小塊土地上深耕、密植，充分灌溉和施肥，對農作物精細管理。此種方法尤其適合缺水缺肥的土地。詳見《氾勝之書》。⓬烏衣　黑衣，當時勞動者多穿這種衣服。⓭耒耜　農具。耒是翻土農具，直柄，單齒或雙齒，直插入土後，利用槓桿原理壓下直柄，使土層翻鬆。耜也是翻土農具，類似今天的鐵鍬。⓮不難　不辭艱難。⓯僕虜　奴僕。⓰士民　士兵和庶民。⓱落門段谷　落門，地名。在今甘肅武山縣東北。段谷，山谷名。在今甘肅天水市西南。⓲先帝　指司馬昭。⓳委艾廟勝　委派鄧艾為朝廷制定克敵制勝的謀略。⓴傳祚萬世　傳福給後代。㉑矯命承制　假傳皇帝的命令。命和制都指皇帝的詔命。㉒雖違常科　雖然違背了通常的法規。㉓古義　指上文所引《春秋公羊傳》中「大夫出疆」等語。㉔原心　推究其本心。㉕可論　可以饒恕。㉖搆成其事　捏造了其謀反的事情加以陷害。搆，原作「構」，今從宋本。㉗龍興　指司馬炎代魏稱帝。㉘傷　感傷。㉙悼心痛恨　痛心遺憾。㉚九年　泰始九年（西元二七三年）。㉛朗　鄧艾之孫鄧朗，西晉時任丹水令、定陵令等職，後遷為新都太守，未到任，因失火被燒死。事見裴松之注引《世語》。㉜郎中　官名。光祿勳和尚書省都有郎中，光祿勳所屬郎中掌管宿衛宮殿及出從皇帝車騎，尚書省郎中協助尚書處理政務，職位較輕。㉝修治障塞　在險要之處修建屏障堡壘。㉞涼州　州名。治所在今甘肅武威。㉟州泰　曹魏將領，南陽（今河南南陽）人，歷任新城太守、兗州刺史，官至征虜將軍、假節都督江南諸軍事。其事跡散見於本書卷二十七〈王昶傳〉、裴松之注引《世語》。㊱征虜將軍　高級軍事將領，統兵征伐。

【語譯】泰始元年，晉王朝建立，武帝下詔說：「從前太尉王淩陰謀廢掉齊王，而齊王終究也沒有守住皇位。征西將軍鄧艾，居功自大，有失臣節，實在應當處死。然而他接到詔書之時，遣散部眾，束手接受懲罰，比起那些為了活命而造反作惡的人，確實又有不同。如今他們的家屬因大赦得以返回，如果沒有子孫的可聽任他們選立後嗣，使他們的祭祀不絕。」泰始三年，議郎段灼上書為鄧艾申辯說：「鄧艾懷有至忠之心卻背上叛逆的罪名，平定巴蜀卻蒙受滅絕全家的誅殺，我暗自哀悼他。痛惜呀，說鄧艾謀反！鄧艾性情剛烈急躁，輕易觸犯上下，不能與同僚協調合作，所以沒有人替他申辯。為臣我斗膽上書申訴鄧艾沒有謀反的實情。從前姜維有截斷隴右的意圖，對此鄧艾整頓軍備加強防備，積蓄糧穀，增強兵力。碰上大旱荒年，鄧艾實行區種法，身穿黑色的衣服，手拿農具以做為將士表率。上下為之感動，沒有人不盡力的。鄧艾持節守衛邊境，統帥萬人之眾，卻不以奴僕軍民的勞役為苦，如果沒有忠誠勤國的節操，誰能如此？所以落門、段谷的戰役，鄧艾能夠以寡擊眾，擊敗強敵。先帝知道他可以任用，委派他制定克敵制勝的策略，授給他統率兵馬的大權。鄧艾受命奮不顧身，包裹馬蹄抬起車，投身死地，勇氣淩雲，將士乘勝猛攻，使劉禪君臣反綁雙手，跪地投降。鄧艾功成名就，應當記載在史冊上，以使福分流傳子孫萬代。他這個七十歲的老人，謀反想得到什麼呢！鄧艾確實是倚仗了君主的養育恩德，心中不疑於自己的作為，假傳詔令，以姑且安定國家；雖然違背了國家的常法，卻合於《春秋》中的古義，推求他的本意來定罪，本來還是可以寬恕的。鍾會妒嫉鄧艾的威名，捏造構陷了他的罪行。鄧艾忠誠而受誅殺，誠信而被猜疑，頭被懸掛在馬市，諸子都被斬首，令看見的人哭泣，聽說的人嘆息。陛下代魏稱帝，寬宏大度，丟開嫌疑猜忌，被誅戮者的家屬，都不拘常規給予任用。從前秦國百姓憐憫白起無罪被殺，吳國人傷悼伍子胥蒙冤慘死，都為他們建立祠堂。如今天下百姓為鄧艾感到痛心遺憾的心情也是這樣。臣認為鄧艾身首異處，被丟棄在荒野，應該收殮他的屍體還葬，歸還他的田宅。根據他平定蜀漢的功勞，繼續封賜他的子孫，使鄧艾蓋棺定諡，死而無憾。赦免他在黃泉的冤魂，使後世都知道朝廷的信義，安葬一人而使天下人都仰慕陛下的德行，埋葬一個冤魂平反一人冤獄而使天下人都歸服陛下的仁義，這是不費力氣而使眾多人高興的事。」泰始九年，晉武帝下詔說：「鄧艾立有功勳，接受罪責不逃避刑罰，他的子孫淪為平民和奴僕，朕常常哀憐他們。現任其嫡孫鄧朗為郎中。」

2 鄧艾在隴西時，整修要塞，修築城牆堡壘。泰始年間，羌人大規模叛亂，頻頻殺害刺史，涼州道路斷絕。吏民安全無恙，全都是依靠鄧艾所修築的堡壘。

3 鄧艾的同輩同鄉南陽人州泰，也好建功立業，善於用兵，官至征虜將軍、假節都督江南諸軍事。景元二年去世，追贈衛將軍，賜諡號曰壯侯。

1 鍾會，字士季，潁川長社❶人，太傅繇❷小子也。少敏慧夙成❸。中護軍蔣濟❹著論，謂：「觀其眸子❺，足以知人。」會年五歲，繇遣見濟，濟甚異之，曰：「非常人也。」及壯，有才數❻技藝，而博學精練名理❼，以夜續晝，由是獲聲譽。正始中，以為祕書郎❽，遷尚書中書侍郎❾。高貴鄉公即尊位，賜爵關內侯。

2 毌丘儉作亂，大將軍司馬景王東征，會從，典知密事，衛將軍司馬文王為大軍後繼。景王薨於許昌，文王總統六軍⑩，會謀謨帷幄⑪。時中詔⑫敕尚書傅嘏⑬，以東南新定，權留衛將軍屯許昌為內外之援⑭，令嘏率諸軍還。會與嘏謀，使嘏表上，輒與衛將軍俱發，還到雒水⑮南屯住。於是朝廷拜文王為大將軍、輔政，會遷黃門侍郎⑯，封東武亭侯，邑三百戶。

3 甘露二年，徵諸葛誕為司空，時會喪寧在家⑰，策誕必不從命，馳白文王。文王以事已施行，不復追改。及誕反，車駕住項，文王至壽春，會復從行。

4 初，吳大將全琮，孫權之婚親重臣⑱也，琮子懌、孫靜、從子端、翩、緝等，皆將兵來救誕。懌兄子輝、儀留建業⑲，與其家內爭訟，攜其母，將部曲數十家渡江，自歸文王。會建策，密為輝、儀作書，使輝、儀所親信齎入城告懌等，說吳中怒懌等不能拔壽春，欲盡誅諸將家，故逃來歸命。懌等恐懼，遂將所領開東城門出降，皆蒙封寵，城中由是乖離。壽春之破，會謀居多，親待日隆，時人謂之子房⑳。軍還，遷為太僕㉑，固辭不就。以中郎㉒在大將軍府管記室㉓事，為腹心之任。以討諸葛誕功，進爵陳侯，屢讓不受。詔曰：「會典綜軍事，參同計策，料敵制勝，有謀謨之勳，而推寵固讓，辭指款實㉔，前後累重，志不可奪。夫成功不處㉕，古人所重，其聽會所執，以成其美。」遷司隸校尉㉖。雖在外司㉗，時政損益，當世與奪，無不綜典㉘。嵇康㉙等見誅，皆會謀也。

【章　旨】以上為〈鍾會傳〉的第一部分，記載了鍾會的家世、博學多才的素質，以及在平定毌丘儉、諸葛誕和對孫吳戰爭中的功績與謀略。

【注　釋】❶潁川長社　潁川，郡名。治所在今河南禹州。長社，縣名。治所在今河南長葛東北。❷繇　即鍾繇，字元常，東漢末任廷尉、尚書僕射等職。曹操時任大理，曹丕時任太尉，曹魏明帝時任太傅。工書法，兼擅各體，尤精隸書、楷書，是古代著名的書法家。詳見本書卷十三〈鍾繇傳〉。❸敏慧夙成　聰敏早慧。❹中護軍蔣濟　中護軍，官名。掌禁兵，總統諸將，主武官選舉。蔣濟，字子通，楚國平阿（今安徽懷遠西南）人，東漢末年任郡計吏、州別駕，為曹操心腹謀士。詳見本書卷十四〈蔣濟傳〉。❺眸子　瞳仁。❻才數　才幹心計。❼名理　魏晉時期的一門學問。主要探討研究名稱與實質的關係，主要採取邏輯思維和相互辯難的研究方法，與先秦名家有密切關係，又稱刑名學或形名學。其之所以興起於魏晉，與當時政治上尋求循名責實風氣，探討官位與人才關係有密切關係。❽祕書郎　官名。掌國家收藏的經書復校殘缺、正定脫誤。❾中書侍郎　官名。中書監、令的屬官，掌草擬皇帝詔旨。❿六軍　周代天子有六軍。後泛指軍隊。⓫謀謨帷幄　在軍營的帳幕中出謀劃策。⓬中詔　皇帝從宮廷中發出的詔書。當時由於司馬氏專權，所謂詔書都是司馬氏的旨意。此處的「中詔」，意為出自皇帝曹髦本意的詔書。⓭傅嘏　字蘭石，北地泥陽（今陝西耀縣東南）人，歷任黃門侍郎、河南尹、尚書。力勸司馬師親征毌丘儉、文欽，因功封侯。詳見本書卷二十一〈傅嘏傳〉。⓮屯許昌為內外之援　此為曹髦的藉口，意在阻止司馬昭進京。⓯雒水　河流名。即洛水，在今洛陽城南郊。⓰黃門侍郎　給事黃門侍郎的省稱。負責宮門內的事務，侍從皇帝，顧問應對，皇帝出行則陪乘。⓱喪寧在家　母親死而在家服喪。⓲婚親重臣　全琮是孫權的大女婿，又任大司馬、左將軍重職，故言。⓳建業　孫吳國都，即今江蘇南京。⓴子房　即張良，字子房，出身韓國貴族，秦建立後曾謀刺秦始皇，不果。秦末響應陳勝起事，後歸附劉邦，為劉邦屢出奇計，因功被封為留侯。詳見《史記‧留侯世家》。㉑太僕　官名。九卿之一，掌皇帝車馬、儀仗，並主馬政。㉒中郎　官名。從事中郎省稱，大將軍府屬官，掌參謀軍事。㉓記室　官名。大將軍府屬官，負責草擬機要公文。㉔辭指款實　言語心意懇切實在。㉕成功不處　不居功。㉖司隸校尉　官名。掌糾察百官，職權顯赫，與御史中丞、尚書令並稱「三獨坐」。㉗外司　司隸校尉治理京城所在的州，屬於地方官系統，故稱外司。㉘時政損益三句　當時政治的興革，官爵授予與剝奪，無不參與決定。與奪，官爵的授予和剝奪。綜典，參與決定。㉙嵇康 字叔夜，譙郡銍（今安徽宿州西南）人。文學家、名士，博學多通，好養生之術。政治上剛直不羈，不肯與當時掌權的司馬氏合作，後被鍾會陷害。

【語　譯】鍾會，字士季，潁川郡長社縣人，太傅鍾繇的小兒子。從小聰明早慧。中護軍蔣濟著書評論，說：「看一個人的瞳仁，就足以知道他是什麼樣的人。」鍾會五歲時，鍾繇派他去見蔣濟，蔣濟對他十分驚異，說：「不是一般人物啊。」等到鍾會長大，有才智，有技藝，知識廣博又精通名理之學，夜以繼日讀書，因此而獲得聲譽。正始年間，任他為祕書郎，升遷為尚書中書侍郎。高貴鄉公即位，賜爵關內侯。

2 毌丘儉叛亂，大將軍司馬景王東征，鍾會隨從，掌管軍務機要，衛將軍司馬文王為大軍後援。景王在許昌去世，文王統領各路兵馬，鍾會在軍府帳下出謀劃策。當時天子從宮中發布詔書命尚書傅嘏，認為東南剛剛平定，暫且留衛將軍屯駐許昌作為朝廷內外的支援，令傅嘏率領各路軍隊返回。鍾會與傅嘏商議，讓傅嘏上表，就與衛將軍一起領兵出發，回到雒水南屯駐。於是朝廷拜文王為大將軍，輔佐朝政。鍾會升任黃門侍郎，封東武亭侯，食邑三百戶。

3 甘露二年，徵召諸葛誕任司空，當時鍾會因母親去世在家服喪，預料諸葛誕一定不會從命，便馳馬報告文王。文王認為事已施行，不及追回改變。到了諸葛誕起兵反叛，皇帝停留在項縣，文王到達壽春，鍾會又隨行。

4 當初，孫吳大將全琮，是孫權的姻親重臣，全琮的兒子全懌、孫子全靜、姪子全端、全翩、全緝等，都率兵前來援救諸葛誕。全懌兄長的兒子全輝、全儀留在建業，與家裏人發生爭訟，帶著他的母親，率領部曲數十家渡江，自行歸附文王。鍾會出謀劃策，祕密替全輝、全儀寫了一封信，讓全輝、全儀的親信把信帶入城中告訴全懌等人，說孫吳朝廷對全懌不能解壽春之圍大為震怒，打算殺盡諸將家屬，所以逃奔前去歸降。全懌等人非常害怕，便帶著所統領的軍隊打開東城門投降，全都受到了封賞和寵信，城中守軍因此開始瓦解。攻破壽春城，鍾會謀劃良多，文王對他日益親近厚待，當時人稱他為子房。大軍返回，鍾會升任為太僕，鍾會堅辭不就任，以中郎身分在大將軍府任記室，這是大將軍的心腹擔任的職務。朝廷因為鍾會討諸葛誕有功，進封他的爵位為陳侯，鍾會多次推辭不接受。皇帝下詔說：「鍾會負責軍務，參與謀劃，料敵取勝，有出謀劃策之功。然而一再推辭封賞，言辭誠懇，前後有好多次，志向不可強求改變。功成而不居，是古人重視的品德。可以聽憑鍾會的意願，以成全他的美德。」鍾會升任司隸校尉，此職雖屬地方行政系統，但當時的政治興革，官位的給與和剝奪，鍾會無不參與決定。嵇康等人被誅殺，都是鍾會的謀劃。

1 文王以蜀大將姜維屢擾邊陲，料蜀國小民疲，資力單竭，欲大舉圖蜀。惟會亦以為蜀可取，豫共籌度地形❶，考論事勢❷。景元三年冬，以會為鎮西將軍、假節都督關中諸軍事❸。文王敕青、徐❹、兗、豫、荊、揚諸州，並使作船，又令唐咨作浮海大船，外為將伐吳者。四年❺秋，乃下詔使鄧艾、諸葛緒各統諸軍三萬餘人，艾趣甘松❻、沓中連綴維，緒趣武街❼、橋頭絕維歸路。會統十餘萬眾，分從斜谷❽、駱谷❾入。先命牙門將❿許儀在前治道，會在後行，而橋穿，馬足陷，於是斬儀。儀者，許褚⓫之子，有功王室，猶不原貸。諸軍聞之，莫不震竦。蜀令諸圍⓬皆不得戰，退還漢、樂⓭二城守。魏興⓮太守劉欽趣子午谷⓯，諸軍數道平行，至漢中。蜀監軍王含守樂城，護軍蔣斌守漢城，兵各五千。會使護軍荀愷⓰、前將軍李輔⓱各統萬人，愷圍漢城，輔圍樂城。會徑過，西出陽安口⓲，遣人祭諸葛亮之墓⑲。使護軍胡烈等行前，攻破關城⑳，得庫藏積穀。姜維自沓中還，至陰平，合集士眾，欲赴關城。未到，聞其已破，退趣白水，與蜀將張翼㉑、廖化等合守劍閣拒會。會移檄蜀將吏士民曰：

2 「往者漢祚衰微，率土分崩㉒，生民之命，幾於泯滅。太祖武皇帝神武聖哲，撥亂反正，拯其將墜，造我區夏㉓。高祖文皇帝應天順民，受命踐阼。烈祖明皇帝㉔奕世㉕重光，恢拓洪業。然江山之外，異政殊俗，率土齊民㉖，未蒙王㉗化，此三祖所以顧懷遺恨也。今主上聖德欽明，紹隆前緒，宰輔忠肅明允㉘，劬勞王室㉙，布政垂惠而萬邦協和，施德百蠻而肅慎致貢。悼彼巴蜀，獨為匪民㉚，愍此百姓，勞役未已。是以命授六師，龔行天罰㉛，征西、雍州、鎮西諸軍，五道㉜並進。古之行軍，以仁為本，以義治之，王者之師，有征無戰，故虞舜舞干戚而服有苗㉝，周武有散財、發廩、表閭之義㉞。今鎮西奉辭銜命，攝統戎重，庶弘文告之訓㉟，以濟元元㊱之命，非欲窮武極戰㊲，以快一朝之政，故略陳安危之要，其敬聽話言。

3 「益州先主㊳以命世㊴英才，興兵朔野㊵，困躓冀、徐之郊㊶，制命紹、布㊷之手，太祖拯而濟之，與隆大好。中更背違，棄同即異，諸葛孔明仍規秦川㊸，姜伯約(44)屢出隴右，勞動我邊境，侵擾我氐、羌，方國家多故，未遑修九伐之征(45)也。今邊境乂清(46)，方內無事，蓄力待時，并兵一向(47)，而巴蜀一州之眾，分張守備(48)，難以禦天下之師。段谷、侯和沮傷之氣(49)，難以敵堂堂之陣。比年以來，曾無寧歲，征夫勤瘁(50)，難以當子來之民(51)。此皆諸賢所親見也。蜀相壯見禽於秦(52)，公孫述授首於漢(53)，九州之險，是非一姓(54)。此皆(55)諸賢所備聞(56)也。明者見危於無形，智者窺(57)禍於未萌，是以微子(58)去商，長為周賓，陳平(59)背項，立功於漢。豈宴安酖毒(60)，懷祿而不變(61)哉？今國朝隆天覆之恩，宰輔弘寬恕之德，先惠後誅，好生惡殺。往者吳將孫壹(62)舉眾內附，位為上司(63)，寵秩殊異。文欽、唐咨為國大害，叛主讎賊(64)，還為戎首(65)。咨困逼禽獲，欽二子還降，皆將軍、封侯；咨與聞國事。壹等窮踧(66)歸命，猶加盛寵，況巴蜀賢知見機而作者哉！誠能深鑒成敗，邈然高蹈(67)，投跡(68)微子之蹤，錯身(69)陳平之軌，則福同古人，慶流來裔(70)，百姓士民，安堵舊業，農不易畝，市不回肆(71)，去累卵之危(72)，就永安之福，豈不美與！若偷安旦夕，迷而不反，大兵一發，玉石皆碎，雖欲悔之，亦無及已。其詳擇利害，自求多福，各具宣布，咸使聞知。」

4 鄧艾追姜維到陰平，簡選精銳，欲從漢德陽入江由、左儋道(73)詣緜竹，趣成都，與諸葛緒共行。緒以本受節度邀姜維，西行非本詔，遂進軍前向白水，與會合。會遣將軍田章等從劍閣西，徑出江由。未至百里，章先破蜀伏兵三校(74)，艾使章先登。遂長驅而前。會與緒軍向劍閣，會欲專軍勢(75)，密白緒畏懦不進，檻車徵還。軍悉屬會，進攻劍閣，不克，引退，蜀軍保險拒守。艾遂至緜竹，大戰，斬諸葛瞻。維等聞瞻已破，率其眾東入于巴。會乃進軍至涪，遣胡烈、田續、龐會(76)等追維。艾進軍向成都，劉禪詣艾降，遣使敕維等令降于會。維至廣漢郪縣(77)，令兵悉放器仗，送節傳(78)於胡烈，便從東道詣會降。會上言曰：「賊姜維、張翼、廖化、董厥(79)等逃死遁走，欲趣成都。臣輒遣司馬夏侯咸、護軍胡烈等，經從劍閣，出新都(80)、大渡(81)截其前，參軍爰彭、將軍句安等躡其後，參軍皇甫闓、將軍王買等從涪南出衝其腹，臣據涪縣為東西勢援。維等所統步騎四五萬人，擐甲厲兵(82)，塞川填谷，數百里中首尾相繼，憑恃其眾，方軌而西。臣敕咸、闓等令分兵據勢，廣張羅罔，南杜走吳之道，西塞成都之路，北絕越逸之徑，四面雲集，首尾並進，蹊路斷絕，走伏無地。臣又手書申喻，開示生路，羣寇困逼，知命窮數盡，解甲投戈，面縛委質，印綬萬數，資器山積。昔舜舞干戚，有苗自服；牧野(83)之師，商旅倒戈：有征無戰，帝王之盛業。全國為上，破國次之；全軍為上，破軍次之(84)，用兵之令典(85)。陛下聖德，侔蹤前代，翼輔(86)忠明，齊軌公旦(87)，仁育羣生，義征不譓(88)，殊俗向化，無思不服，師不踰時，兵無(89)血刃，萬里同風，九州共貫。臣輒奉宣詔命，導揚恩化，復其社稷，安其閭伍(90)，舍其賦調，弛其征役，訓之德禮以移其風，示之軌儀以易其俗，百姓欣欣，人懷逸豫(91)，后來其蘇(92)，義無以過。」會於是禁檢士眾不得鈔略，虛己誘納(93)，以接蜀之羣司(94)，與維情好歡甚。十二月詔曰：「會所向摧弊，前無彊敵，緘制眾城(95)，罔羅迸逸(96)。蜀之豪帥，面縛歸命，謀無遺策，舉無廢功。凡所降誅，動以萬計，全勝獨克，有征無戰。拓平西夏(97)，方隅清晏。其以會為司徒，進封縣侯，增邑萬戶。封子二人亭侯，邑各千戶。」

【章　旨】以上為〈鍾會傳〉的第二部分，記載了鍾會受命伐蜀，載其告蜀漢吏民書的全文，以及他在滅蜀戰爭中的作用。

【注　釋】❶豫共籌度地形　事先（與司馬昭）共同研究（蜀漢）地形。❷考論事勢　分析局勢。❸都督關中諸軍事　高級軍事將領，地位僅次於大都督。❹徐　徐州，治所在今江蘇徐州。❺四年　景元四年（西元二六三年）。❻甘松　聚落名。在今甘肅迭部東南。❼武街　即下辨縣，治所在今甘肅成縣西北。❽斜谷　山谷名。南口曰褒，北口稱斜，古代連通陝西、四川的險要通道，在今陝西眉縣西南之終南山。❾駱谷　山谷名。是古代從關中穿越秦嶺進入漢中的四條主要通道之一，在今陝西周至西南。其他三條分別是東面的子午道、西面的褒斜道、陳倉道。❿牙門將　即牙門將軍，曹魏黃初年間創置，無定員。⓫許褚　字仲康，譙（今安徽亳州）人，東漢末隨曹操起兵，屢立戰功，為曹魏著名軍事將領。歷任武衛中郎將、武衛將軍。詳見本書卷十八〈許褚傳〉。⓬圍　軍隊駐紮的營壘。⓭漢樂　漢即沔陽縣城，治所在今陝西勉縣東南。樂即成固縣城，治所在今陝西成固東。⓮魏興　郡名。治所在今陝西安康西。⓯子午谷　山谷名。從關中到漢中穿越秦嶺的通道。⓰荀愷　潁川潁陰（今河南許昌）人，司馬昭外甥，西晉大臣，歷任侍中、征西大將軍、司隸校尉等職。其事散見於《晉書・武陔傳》、卷四十六〈李重傳〉、卷四十七〈傅咸傳〉等。⓱前將軍李輔　前將軍，武官名，略高於一般雜號將軍，領兵征戰。李輔，曹魏將領，本為孟達部將，孟達謀叛魏，司馬懿率軍征之，李輔開城門納之，因被擢為前將軍。其事見於《晉書・宣帝紀》、〈文帝紀〉等。⓲陽安口　地名。在今陝西勉縣西。⓳諸葛亮之墓　在今陝西勉縣南郊定軍山。⓴關城　即陽安關城，在今陝西寧強西北，與陝西勉縣西郊古陽平關同名異地。㉑張翼　字伯恭，犍為武陽（今四川彭山縣）人。蜀漢將領，歷任廣漢、蜀郡太守等職。詳見本書卷四十五〈張翼傳〉。㉒率土分崩　四海之內分崩離析。㉓區夏　指中國。㉔烈祖明皇帝　即曹叡，字元仲，魏文帝曹丕之子，黃初七年（西元二二六年）立為皇太子，文帝死後即位。在位時大興土木，徵召文士，鼓勵學術活動。死後謚曰明帝，廟號烈祖。㉕奕世　一代接一代。㉖齊民　國家子民。㉗王　原作「皇」，今從宋本。㉘宰輔忠肅明允　宰輔指司馬昭。允，誠信。㉙劬勞王室　為國家辛勞。劬勞，辛勞。㉚獨為匪民　獨獨受到非人的對待。㉛龔行天罰　恭敬的執行上天的誅罰。㉜五道　征西將軍鄧艾趨甘松、沓中為一道；雍州刺史諸葛緒趨武街、橋頭為一道；鎮西將軍鍾會從斜谷為一道，駱谷為一道；魏興太守劉欽趨子午谷為一道，是為五道。㉝虞舜舞干戚句　傳說在虞舜時，有苗族不服，舜沒有動用武力征伐，只是象徵性的舞動干戚，有苗族就歸順了。干戚，盾和斧。㉞周武有散財句　周武王滅商後，把紂王聚斂在鹿臺的錢財散發給民眾，又用積存在鉅橋的糧食賑濟百姓，又在殷商賢臣商容居住的街巷設置標記，以示表彰。詳見《史記・周本紀》。㉟庶弘文告之訓　希望能夠弘揚「文告」的古訓。庶，表示希望、願望。文告，《國語・周語》說，對不服從的人要先「有文告之詞」。訓，古訓。㊱元元　黎民百姓。㊲窮武極戰　窮竭兵力進行征戰。㊳先主　即劉備，字玄德，涿郡涿縣（今河北涿州）人，自稱中山靖王之後。東漢末年起兵，參加征伐黃巾，先後投靠公孫瓚、陶謙、曹操、袁紹、劉表。後得諸葛亮輔助，占領荊州、益州，建立蜀漢。詳見本書卷三十二〈先主傳〉。㊴命世　猶名世，聞名於世。㊵朔野　北方。㊶困躓冀徐之郊　劉備在中山國安喜縣任縣尉時，受郡督郵的輕視，憤而毆打督郵，棄官逃亡。在徐州時，又遭呂布偷襲，妻室兒女被俘。困躓，困頓，困窘受挫。㊷紹布　紹即袁紹，字本初，汝南汝陽（今河南商水縣西南）人。出身世家大族，董卓篡政後起兵，為討董聯軍首領。後自稱冀州牧，據有青、冀、幽、并四州。與曹操決戰於官渡，大敗後病死。詳見

《後漢書・袁紹列傳》、本書卷六〈袁紹傳〉。布即呂布，字奉先，五原九原（今內蒙古包頭）人。先後在丁原、董卓手下任職，又相繼殺死二人，占領徐州，長期與袁術、劉備、曹操爭戰，後被曹操所殺。詳見《後漢書・呂布列傳》、本書卷七〈呂布傳〉。㊸仍規秦川　頻頻打秦川的主意。仍，頻繁。規，同「窺」。打主意。秦川，地區名。泛指今陝西、甘肅秦嶺以北的平原地帶。㊹姜伯約　即姜維，字伯約，天水冀縣（今甘肅甘谷）人。本仕曹魏，建興六年（西元二二八年）諸葛亮首次伐魏時投降蜀漢。歷任征西將軍、涼州刺史、衛將軍、大將軍等職，是蜀漢後期傑出的人才。詳見本書卷四十四〈姜維傳〉。㊺九伐之征　《周禮・夏官・大司馬》記載：「以九伐之法正邦國。」所謂「九伐之法」，就是對凌弱犯寡、賊賢害民、暴內凌外、野荒民散、負固不服、賊殺其親、放弒其君、犯令凌政、外內淫亂九種情況進行懲治。㊻乂清　安定太平。㊼并兵一向　集中兵力進攻一個方向。《孫子兵法・九地》：「并敵一向，千里殺將」。㊽分張守備　分兵守衛。㊾段谷侯和沮傷之氣　蜀將姜維在段谷、侯和連續被鄧艾大敗，此指此事。沮傷，沮喪悲傷。㊿勤瘁　勤苦勞瘁。(51)子來之民　自願趕來的百姓。《詩經・靈臺》有「庶民子來」之句，意為老百姓自願趕來給周文王修靈臺。(52)蜀相壯見禽於秦　陳壯是戰國時蜀國的相，當時蜀國是秦的附屬國，後陳壯殺蜀國君主，秦國甘茂等率軍入蜀，誅滅陳壯。詳見《華陽國志・蜀志》。(53)公孫述授首於漢　公孫述，字子陽，扶風茂陵（今陝西興平東北）人。新莽末年，綠林赤眉舉事，天下大亂，公孫述趁機割據益州，自立為蜀王，定都成都。東漢建立後，建武十二年（西元三六年），光武帝劉秀派大將吳漢征蜀，公孫述兵敗被殺。詳見《後漢書・公孫述傳》。(54)九州之險二句　《左傳》昭公四年：「九州之險也，是不一姓。」杜預注：「雖是天下至險，無德則滅亡。」意思是這不是某一姓所永遠占據的。(55)皆　原作「昔」，今從宋本。(56)備聞　非常詳細的了解。(57)窺　窺視；察見。宋本作「規」。(58)微子　商朝人，名啟，商紂王的庶兄。商紂王淫亂暴虐，微子多次勸諫，紂王不聽。微子便離開了商朝。詳見《史記・宋微子世家》。(59)陳平　西漢名臣，陽武（今河南原陽）人，少時家貧，善黃老之術。秦末隨從項羽入關，後歸附劉邦，屢以奇策建功，是劉邦的重要謀士。西漢建立後任丞相，與太尉周勃合謀誅滅諸呂，迎立文帝。詳見《史記・陳丞相世家》。(60)晏安酖毒　為貪圖眼前的安樂而喝下毒酒。(61)懷祿而不變　貪戀俸祿而不改變。(62)孫壹　孫吳宗室，孫奐之子，呂據、滕胤妻兄。任孫吳征南將軍、夏口督等職。呂、滕被殺後懼而降曹魏，任車騎將軍、交州牧、儀同三司等職。詳見本書卷五十一宗室孫靜附傳。(63)上司　高官。(64)叛主讎賊　是背叛君主的敵人。(65)戎首　領兵將軍。(66)窮蹙　窘迫投降。(67)邈然高蹈　眼光長遠，向高處走。指脫離蜀漢，投降曹魏。(68)投跡　踏著。(69)錯身　置身。(70)慶流來裔　使福慶流傳到後代。來裔，後代。(71)市不回肆　商人不改變店鋪的位置。形容社會穩定。(72)累卵之危　形容危險的發生像一層層堆著的雞蛋，隨時會倒塌。(73)左儋道道路名。自江由沿涪江南下，在涪江西岸。北來者只能以左肩擔東西，故名。(74)校　古代軍隊編制單位。一校在一千人左右。(75)專軍勢　獨掌軍權。(76)龐會　南安狟道（今甘肅隴西東南）人，龐德之子。任曹魏平寇將軍，勇烈有父風。從鍾會伐蜀，破蜀後盡滅關氏家族，以報關羽殺父之仇。詳見本書卷十八龐德附傳。(77)廣漢郪縣　廣漢，郡名。此指東廣漢郡，治所在今四川三臺南。郪，縣名。東廣漢郡治所。(78)節傳　象徵權力的節杖和表明官員身分的證件。(79)董厥　字龔襲，義陽（今湖北棗陽東南）人，蜀漢將領。被諸葛亮賞識，歷任丞相府主簿、尚書僕射，大將軍。蜀亡後入魏。詳見本書卷三十五諸葛亮附傳。(80)新都　縣名。治所在今四川新都東。(81)大渡　亭名。在今四川金堂。(82)擐甲厲兵　穿上甲冑磨利兵器。(83)牧野　地名。在今河南淇縣西南，周武王率軍在此大敗殷商軍隊。(84)全國為上四句　為《孫子兵法・謀攻》之語。(85)令典　法典。(86)翼輔　指司馬昭。(87)公旦　即周公旦，文王子，武王弟，西周政治家。成王時攝政，平定三叔之亂，還政成王後，制禮作樂，建立各項典章制度。詳見《史記・魯周公世家》。(88)仁育羣生二句　用仁愛之心養育百姓，維護道義征伐不臣服之人。這兩句出自《漢書・司馬相如傳》。不譓，不臣服的人。(89)無　宋本作「不」。(90)閭伍　閭里，此泛指百姓。(91)逸豫　安樂。(92)后來其蘇　這是《孟子・梁惠王》中的話，意思是商湯來了才能擺脫痛苦而復蘇。「后」指商湯。(93)誘納　勸誘接納。(94)羣司　百官。(95)緘制眾城　控制眾多城市。(96)迸逸　奔逃。(97)西夏　西方，此指蜀漢。

【語譯】司馬文王因為蜀漢大將姜維屢次侵擾邊疆，料定蜀漢國小民疲，物力人力單薄枯竭，想大舉謀取蜀漢。惟獨鍾會也認為蜀漢可以攻取，預先與文王共同研究蜀漢地形，分析局勢。景元三年冬天，朝廷任鍾會為鎮西將軍、假節、都督關中諸軍事。文王下令青、徐、兗、豫、荊、揚等州，一起起造戰船，又令唐咨建造行駛航海的大船，表面上做出將要伐吳的樣子。景元四年秋天，朝廷便下詔讓鄧艾、諸葛緒各統兵馬三萬多人，鄧艾直趨甘松、沓中牽制姜維，諸葛緒進軍武街、橋頭斷絕姜維退路，鍾會統領十多萬兵眾，分別自斜谷、駱谷進入蜀漢。鍾會先派牙門將許儀在前面修路，自己在後面行進。過橋時橋面洞穿，馬蹄陷進去，於是斬殺了許儀。許儀是許褚的兒子，有功於王室，仍然得不到原諒寬恕。各路軍隊聽說此事，無不震恐。蜀漢下令各防守營壘都不得出戰，退回漢、樂二城據守。魏興郡太守劉欽進兵子午谷，各路軍隊兵分數路齊頭並進，到達漢中。蜀漢監軍王含守衛樂城，護軍蔣斌守衛漢城，各五千兵馬。鍾會派護軍荀愷、前將軍李輔各自統領一萬人，荀愷圍攻漢城，李輔圍攻樂城。鍾會徑直前進，向西出陽安口，派人祭掃諸葛亮的墳墓。派護軍胡烈等打前鋒，攻破關城，獲得倉庫中貯藏的糧穀。姜維從沓中返回，到達陰平郡，集合兵眾，準備奔赴關城。尚未到達，聽說關城已經被破，便退回白水，與蜀將張翼、廖化等人合力守衛劍閣，抵禦鍾會。

鍾會向蜀國的軍民發出文告說：

2 「過去漢朝國運衰微，天下分崩離析，百姓性命，幾乎泯滅殆盡。太祖武皇帝神明英武聖明睿智，撥亂反正，拯救即將崩潰的漢朝，再造我中國華夏。高祖文皇帝應天順民，承受天命登上帝位。烈祖明皇帝繼承先帝再放光輝，恢宏拓展宏偉事業。然而在魏國江山之外，還有不同的政權和習俗，四海黎民，沒有完全受到王道的教化，這是三祖念念不忘深感遺憾的緣故啊。如今的君主品德聖明，繼承光大先人的事業，輔政大臣忠誠肅穆明智守信，為王室操勞，宣布政令施惠全國，天下協和，恩德施於百蠻，肅慎國前來朝貢。可憐那巴蜀的百姓，獨獨不是朝廷的人民，我憐憫你們百姓，從事無休止的勞役。所以授命朝廷大軍，親自執行上天的誅罰，征西將軍鄧艾、雍州刺史諸葛緒、鎮西將軍鍾會等各路兵馬，五路並進。古代用兵，以仁慈為本，用道義來治理，王者的軍隊，有征伐之名沒有戰爭之實，所以虞舜舞動盾牌長斧而有苗臣服，周武王散發殷商錢財糧食，表彰殷商賢臣。如今我鎮西將軍奉朝廷命令，統帥大軍，希望遵循先用文德告諭民眾的古訓，以拯救黎民百姓的生命，並非想濫用武力崇尚戰爭，以求一朝之快，所以大略陳述形勢安危的要點，你們要恭敬的聽我所說的話。

3 「益州先主憑藉非凡的才能，起兵北方，在冀州、徐州困頓受挫，命運掌握於袁紹、呂布之手，太祖武皇帝拯救幫助他，與他深結友好。他卻中途背叛，背棄同盟，走入歧路，諸葛孔明一再謀取秦川，姜維多次出兵隴右，擾動我國邊境，侵犯我氐、羌百姓。正值國家多變，無暇出動大軍討伐。而今邊境安定太平，國內無事，積蓄力量，等待時機，會合大軍集中兵力於一個方向。而巴蜀一州的兵眾，分兵把守，難以抵禦全國的軍隊。段谷、侯和蜀軍敗戰沮喪的士氣，難以和我堂堂的戰陣對敵。近年以來，你們沒有一年安寧，被徵調的役人勤苦勞瘁，難以抵擋我們自願而來的百姓。這都是諸位賢明所能親眼看見的。蜀相陳壯被秦國擒殺，公孫述被漢朝軍隊斬首，全國的險要地方，不能被一家一姓長久占據，這也都是諸位賢明所詳細了解的。聰明的人預見尚未形成的危險，睿智的人預見尚未萌生的禍患，所以微子離開殷商，長久充當姬周的賓客，陳平背離項羽，在漢朝建功立業。你們怎麼能貪圖一時之安樂自飲毒酒，貪戀俸祿而固執不變呢？如今我朝興起天大的恩德，宰輔弘揚寬恕的美德，先施惠然後誅罰，愛護生靈厭惡殺戮。從前孫吳將領孫壹率領兵眾歸附，位處高官，所受寵信和俸祿非常特殊。文欽、唐咨是國家的大禍害，是背叛君主的敵人，回來之後仍為領兵將軍。唐咨被困走投無路而被擒獲，文欽的兩個兒子回來投降，都被任為將軍、賜封侯爵，唐咨還參與國事。孫壹等窘迫無奈才來歸降，尚且受到極大的恩寵，何況賢人智者是見機而行的人呢！如果真能深察成敗，遠走高就，踩著微子的蹤跡，置身陳平的道路，就會福祚同於古人，並將福慶流傳給後代。益州的庶民百姓，安居樂業，農民不必到別的地方耕種，商人也不須改變商店的位置，離開累卵之危，接近永久平安的幸福，難道不是美事！如果苟且偷安於一時，迷途而不知返，大軍一到，玉石俱碎，即使想悔改，也來不及了。你們要仔細的選擇利害，自己謀求幸福，各自把這篇文告向大家宣布，使大家都知道。」

4 鄧艾追擊姜維到達陰平，挑選精銳士卒，想從漢代的德陽亭進入江由、左儋道，前往緜竹，直趨成都，與諸葛緒同行。諸葛緒因為本來受命截擊姜維，西行並非原來的詔命，於是向白水進軍，與鍾會會合。鍾會派遣將軍田章等人從劍閣西面直接穿過江由，在距江由不到一百里處，田章率先擊敗蜀漢的伏兵三千多人。鄧艾讓田章為先鋒，於是長驅直入。鍾會軍與諸葛緒軍向劍閣進發，鍾會想要獨攬軍權，祕密向朝廷報告說諸葛緒畏懼懦弱不敢前進，朝廷下令用囚車將他押回。軍權全都歸屬鍾會，進攻劍閣，沒有攻克，率軍後退，蜀軍憑藉險要戍守。鄧艾便到達了緜竹，與蜀軍大戰，斬了諸葛瞻。姜維等聽說諸葛瞻已被打敗，便率領他的兵眾向東進入巴西郡。鍾會便進軍到達涪縣，派遣胡烈、田續、龐會等追擊姜維。鄧艾向成都進軍，劉禪前往鄧艾處投降，派遣使臣命令姜維等人投降鍾會。姜維到廣漢郪縣，命令兵眾全部放下武器，把節杖和證明身分之物送交胡烈，便從東路前往鍾會那裏投降。鍾會上書說：「敵人姜維、張翼、廖化、董厥等為了活命逃亡，準備前往成都，臣就派遣司馬夏侯咸、護軍胡烈等人，經由劍閣，出新都、大渡在他們前面攔截，派遣參軍爰彭、將軍句安等人緊追其後，派遣參軍皇甫闓、將軍王買等人從涪縣南出衝擊其中軍，臣據守涪縣作為東西兩路的支援。姜維等所統轄的步兵騎兵四五萬人，穿上鎧甲，磨利兵器，充塞河道山谷，數百里首尾相連，憑藉兵將眾多，車馬並行西進。臣命令夏侯咸、皇甫闓等人分兵占據有利地勢，張大羅網，南面阻絕他逃往孫吳的道路，西面堵住逃到成都的道路，北面斷絕其逃跑的小路，從四面如雲般收攏，首尾並進，小徑大路全都截斷，讓他們走投無路。我又手寫文告曉諭，給他們指示生路，敵人被圍困逼迫，知道命運氣數已盡，便脫去盔甲放下武器，自縛雙手請降。所得印綬數以萬計，繳獲的物資武器堆積如山。從前虞舜揮舞盾牌大斧，有苗自動降服，周武王軍至牧野，商朝的軍隊便倒戈投降。有名義上的征討而無戰爭之實，這是帝王的盛業。使敵國完整的歸順是上策，摧毀敵國次一等；使敵軍全軍降服為上策，攻破敵人全軍就次一等，這是用兵的最佳準則。陛下聖明仁德，足以媲美先代明王，輔臣忠誠英明，等同於周公旦。用仁德育百姓，討伐不服從道義之徒，異族也嚮慕歸化，沒有人不想臣服，出兵沒有超過預定的時間，兵不血刃，就使得萬里風俗相同，九州歸於一統。臣就自作主張宣布詔命，宣揚皇恩教化，恢復他們的社稷神廟，安定百姓，免除他們的租賦，減輕他們的勞役，用道德和禮儀進行教化，改變他們的風氣，明示法令和規章，改變他們的習俗，百姓歡欣鼓舞，人人安居樂業。就是古代夏民仰慕商湯的情景，也比不上現在蜀地的狀況。」鍾會於是下令嚴厲約束士兵不得搶掠，心懷謙虛，勸導容納，以此來接待蜀漢百官，與姜維的關係極為友好。十二月朝廷下詔說：「鍾會所向披靡，前無強敵，控制各城，追捕逃逸，蜀漢的統帥，自縛歸降。謀略沒有失策，行事從不徒勞。所降伏和斬殺的敵兵，數以萬計。大獲全勝，雖有征伐卻無實戰。開拓平定西方，使邊疆清靜太平。現在任鍾會為司徒，進封縣侯，增加食邑一萬戶。封他兩個兒子為亭侯，食邑各一千戶。」

會內有異志❶，因鄧艾承制專事❷，密白艾有反狀，於是詔書檻車徵艾。司馬文王懼艾或❸不從命，敕會並進軍成都，監軍衛瓘在會前行，以文王手筆令宣喻艾軍，艾軍皆釋仗，遂收艾入檻車。會所憚惟艾，艾既禽而會尋至，獨統大眾，威震西土。自謂功名蓋世，不可復為人下，加猛將銳卒皆在己手，遂謀反。欲使姜維等皆將蜀兵出斜谷，會自將大眾隨其後。既至長安④，令騎士從陸道，步兵從水道順流浮渭入河⑤，以為五日可到孟津⑥，與騎會洛陽，一旦⑦天下可定也。會⑧得文王書云：「恐鄧艾或不就徵，今遣中護軍賈充⑨將步騎萬人徑入斜谷，屯樂城，吾自將十萬屯長安，相見在近。」會得書，驚呼所親⑩語之曰：「但⑪取鄧艾，相國⑫知我能獨辦之；今來大重⑬，必覺我異矣，更⑭當速發。事成，可得天下；不成，退保蜀漢，不失作劉備也。我自淮南以來，畫無遺策，四海所共知也。我欲持此安歸⑮乎？」會以五年⑯正月十五日至，其明日，悉請護軍、郡守⑰、牙門騎督⑱以上及蜀之故官，為太后⑲發喪於蜀朝堂⑳。矯太后遺詔，使會起兵廢文王，皆班示㉑坐上人，使下議訖，書版署置㉒，更㉓使所親信代領諸軍。所請羣官，悉閉著㉔益州諸曹屋中，城門宮門皆閉，嚴兵圍守。會帳下督㉕丘建本屬胡烈，烈薦之文王，會請以自隨，任㉖愛之。建愍烈獨坐，啟會，使聽內一親兵㉗出取飲食，諸牙門隨例各內一人。烈紿㉘語親兵及疏㉙與其子曰：「丘建密說消息，會已作大坑，白棓㉚數千，欲悉呼外兵入，人賜白帢，拜為散將㉛，以次棓殺坑中。」諸牙門親兵亦咸說此語，一夜傳相告，皆徧。或謂會：「可盡殺牙門騎督以上。」會猶豫未決。十八日日中，烈軍兵與烈兒雷鼓出門，諸軍兵不期㉜皆鼓譟出㉝，曾無督促之者，而爭先赴城。時方給與姜維鎧仗，白㉞外有匈匈聲，似失火，有頃，白兵走向城。會驚，謂維曰：「兵來似欲作惡㉟，當云何？」維曰：「但當擊之耳。」會遣兵悉殺所閉諸牙門郡守，內人共舉机以柱門㊱，兵斫門，不能破。斯須，門外倚梯登城，或燒城屋，蟻附㊲亂進，矢下如雨，牙門、郡守各緣屋出，與其卒兵相得㊳。姜維率會左右戰，手殺五六人，眾既格斬維，爭赴殺會。會時年四十，將士死者數百人。

【章旨】以上為〈鍾會傳〉的第三部分，記載了鍾會在滅蜀後與姜維合謀反叛及最終失敗被殺的經過。

【注釋】❶異志　背叛或篡奪的意圖。❷承制專事　秉承皇命掌握大權。❸或　可能。❹長安　城名。在今陝西西安西北。❺浮渭入河　從渭水進入黃河。河指黃河。❻孟津　黃河古渡名。在今河南偃師北。❼一旦　一個早晨，形容很快。❽會　恰在這時。❾賈充　字公閭，平陽襄陵（今山西臨汾東南）人，司馬氏親黨，指揮部屬殺魏帝曹髦，支持司馬炎代魏稱帝。歷任西晉太尉、錄尚書事，與晉皇室結親。詳見《晉書・賈充傳》。❿親　親信。⓫但　只；僅僅。⓬相國　官名。朝廷最高行政長官，輔佐皇帝治理全國。東漢末年，董卓曾自任相國。曹魏末年，司馬昭專權，又自任相國。此指司馬昭。⓭大重　即太重，指司馬昭派來的兵馬出奇的多。⓮更　宋本作「便」。⓯持此安歸　有這麼大的功勞能回到什麼地方。意為功高名重，不會有好的歸宿。⓰五年　景元五年（西元二六四年）。⓱郡守　郡中的最高行政長官。⓲牙門騎督　牙門將軍和騎督。騎督，統領騎兵的軍官。⓳太后　即魏明帝的皇后郭氏，西平（今青海西寧）人，黃初中入宮，被明帝寵愛，後立為皇后。詳見本書卷五〈文德郭皇后傳〉。此時郭后剛死一個月。⑳朝堂　朝廷殿堂。㉑班示　頒告。㉒書版署置　在專門的木板上書寫任命書。㉓更　更改。㉔閉著　禁閉在。㉕帳下督　主將身邊的隨從武官。㉖任　信任。㉗使聽內一親兵　允許胡烈帶進一名親兵。㉘紿　欺騙。㉙疏　寫信。㉚白棓　剝了樹皮的木棒。㉛散將　閒職武官，只有官銜，不實際統領軍隊。㉜不期　沒有事先約定。㉝鼓譟出　擊鼓吶喊跑出。㉞白　報告。㉟作惡　作亂。㊱內人共舉机以柱門　被鍾會禁閉在屋內的人一起用几案頂住屋門。机，几案。㊲蟻附　像螞蟻一樣。㊳相得　會合。

【語　譯】鍾會懷有二心，藉口鄧艾假借皇帝名義擅自行事的事，祕密報告鄧艾有謀反的情況。於是朝廷下詔用囚車押解鄧艾回京。司馬文王害怕鄧艾可能不服從命令，下令鍾會等人一起進軍成都，將軍衛瓘在鍾會前頭先行，用文王手令宣讀曉諭鄧艾軍隊，鄧艾軍全都放下武器，於是收押鄧艾進入囚車。鍾會所畏懼的只有鄧艾，鄧艾被擒後鍾會接著也到了成都，獨掌大權，威震西土。自認為功名蓋世，不能再屈居人下，加上猛將精兵都在自己手下，於是謀反。他想讓姜維等人全都率領蜀兵出斜谷，自己率大軍跟隨其後。到長安以後，令騎兵從陸路，步兵從水路順渭河進入黃河，認為五天即可到達孟津，與騎兵會師洛陽，天下很快可定。正好在這時鍾會得到文王的來信，信中說：「恐怕鄧艾或許不從命，現在派遣中護軍賈充率領步兵騎兵一萬人直接進入斜谷，屯駐樂城，我自行率十萬兵眾屯駐長安，相見的日子近了。」鍾會得到這封信，驚恐的對他的親信說：「只為逮捕鄧艾，相國司馬昭知道我能夠獨力完成此事，如今發派重兵，必定是察覺到我有異心了。應當迅速發兵起事，事成，可以得到天下；不成，退保蜀漢，還可以成為劉備。我自從淮南之戰以來，謀劃從無失策，天下人都知道。我帶著這麼大的名聲能到哪裏去呢？」鍾會是景元五年正月十五日到達成都，第二天，遍請護軍、郡守、牙門、騎督以上的官員以及蜀漢舊官員，在蜀漢殿堂上為郭太后發喪。假傳太后遺詔，讓鍾會起兵廢黜文王，並將遺詔向在座的人宣示，讓他們討論完了，在木板上寫下任命職務，委派親信代領各路軍隊。所請的官員，全都關閉在原蜀漢朝廷諸曹的房屋中，城門宮門全都關閉，派兵嚴加把守。鍾會的帳下督丘建，本來隸屬胡烈，胡烈把他舉薦給文王，鍾會請他跟隨自己，信任寵愛他。丘建可憐胡烈被單獨關在一間屋，請求鍾會，讓胡烈的一名親兵隨從他為他送飯送水。諸牙門將也隨此例各自收納一人。

胡烈欺騙他的親兵並將這些謊言寫給他的兒子說：「丘建祕密告訴我一個消息，鍾會已經挖好大坑，準備了數千枝木棒，想要將外面所有的士兵全都叫進來，每人送一頂絲帽，先授給他們散將官銜，然後一個個用木棒打死埋在坑中。」其他牙門將的親兵也全都傳說這樣的話，一夜之間都傳遍了。有人對鍾會說：「可把牙門、騎督以上的人全都殺掉。」鍾會猶豫不決。十八日中午，胡烈的部下與胡烈的兒子敲起軍鼓衝出門來，諸軍兵不約而同全擊鼓喧囂而出，卻沒有任何人督促，都爭先恐後奔向宮城。當時鍾會剛剛給與姜維鎧甲和兵器，有人報告說外面有喧嚷之聲，好像是失火了。過了一會兒，又報告說是兵眾奔向宮城。鍾會大驚，對姜維說：「這些兵跑來像是作亂，怎麼辦？」姜維說：「只有反擊了。」鍾會便派兵殺盡關閉的牙門、郡守，被關閉的人一起舉起几案頂住屋門，士兵用刀砍門，不能破門。過了片刻，城門外的兵眾豎起梯子登上城牆，有的放火焚燒城樓，他們像螞蟻一樣湧進亂竄，箭如雨下。屋內的牙門、郡守各自攀上屋頂逃生，與自己的兵眾配合。姜維領著鍾會的侍從奮力迎戰，手殺五六人。亂兵們殺死姜維後，爭搶著前去斬殺鍾會。鍾會死時四十歲，同時死亡的將士有數百人。

1 初，艾為太尉，會為司徒，皆持節、都督諸軍如故，咸未受命而斃。會兄毓❶，以四年❷冬薨，會竟未知問❸。會兄子邕，隨會與俱死。會所養兄子毅及峻、辿等下獄，當伏誅。司馬文王表天子下詔曰：「峻等祖父繇，三祖之世❹，極位台司❺，佐命立勳，饗食廟庭❻。父毓，歷職內外，幹事有績。昔楚思子文❼之治，不滅鬭氏之祀。晉錄成宣之忠❽，用❾存趙氏之後。以會、邕之罪，而絕繇、毓之類❿，吾有愍然！峻、辿兄弟特原，有官爵者如故。惟毅及邕息⓫伏法。」或曰，毓曾密啟司馬文王，言會挾術難保⑫，不可專任⑬，故宥峻等云。

2 初，文王欲遣會伐蜀，西曹屬邵悌⑭求見曰：「今遣鍾會率十餘萬眾伐蜀，愚謂會單身無重任⑮，不若使餘人行。」文王笑曰：「我寧⑯當復不知此邪？蜀為天下作患，使民不得安息，我今伐之如指掌⑰耳，而眾人皆言蜀不可伐。夫人心豫怯則智勇並竭，智勇並竭而彊使之，適⑱為敵禽耳。惟鍾會與人意同，今遣會伐蜀，必可滅蜀。滅蜀之後，就如卿所慮，當何所能一辦⑲邪？凡敗軍之將不可以語勇，亡國之大夫不可與圖存，心膽以破故也。若蜀以破，遺民震恐，不足與圖事；中國將士各自思歸⑳，不肯與同也。若作惡，祇自族滅㉑耳。卿不須憂此，慎莫使人聞也。」及會白鄧艾不軌㉒，文王將西，悌復曰：「鍾會所統，五六倍於鄧艾，但可敕會取艾，不足自行。」文王曰：「卿忘前時所言邪？而更云可不須行㉓乎？雖爾，此言不可宣也。我要自當以信義㉔待人，但人不當負我，我豈可先人生心哉！近日賈護軍㉕問我，言：『頗疑鍾會不？』我答言：『如今遣卿行，寧可復疑卿邪？』賈亦無以易我語㉖也。我到長安，則自了矣。」軍至長安，會果已死，咸如所策。

3 會嘗論易㉗無互體㉘、才性同異㉙。及會死後，於會家得書二十篇，名曰道論，而實刑名家㉚也，其文似會。初，會弱冠㉛與山陽王弼㉜並知名。弼好論儒道，辭才逸辯㉝，注易及老子㉞，為尚書郎，年二十餘卒。

【章旨】以上為〈鍾會傳〉的第四部分，記載了司馬昭寬宥鍾會的子姪鍾峻等人，當初對鍾會用而不疑的自信態度，文末記述鍾會的學術與著作，兼及王弼其人其書。

【注釋】❶毓　字稚叔，潁川長社（今河南長葛）人，鍾繇之子，歷任曹魏散騎侍郎、黃門侍郎、御史中丞、廷尉等官。詳見本書卷十三〈鍾繇傳〉。❷四年　景元四年（西元二六三年）。❸問　消息。❹三祖之世　指太祖武帝曹操、高祖文帝曹丕、烈祖明帝曹叡。❺台司　三公。❻饗食廟庭　在宗廟的殿堂中享受祭祀。魏正始四年（西元二四三年）七月，下令把一批死去的功臣元老配饗曹操神位，其中有鍾繇。❼子文　春秋時楚國大臣，鬬氏，名子文，曾任楚國令尹，頗有政績。死後其姪越椒繼續執政，因謀反被楚莊王殺死，鬬氏家族皆被殺，唯子文之孫被赦免。詳見《左傳》宣公四年。❽成宣之忠　成即趙成子，名衰，字子余，春秋時晉國國卿，後隨晉公子重耳在外流亡，又幫助重耳回國繼位，並輔之建立霸業。詳見《史記·趙世家》。宣即趙宣子，名盾，趙衰的兒子，春秋時晉國的執政。晉景公時，趙氏因事被滅族，趙盾的孫兒趙武當時剛出生，被程嬰救出。十五年後，景公聽從韓厥的勸告，讓趙武繼趙氏後嗣。詳見《左傳》成公八年。❾用　因此。❿類　後代。⓫息　兒子。⓬挾術難保　具有權術難以保持忠誠。⓭專任　單獨委以重任。⓮西曹屬邵悌　漢制，丞相、太尉屬吏分曹治事，吏員正者稱西曹掾，副者稱西曹屬。曹魏因之。邵悌，字元伯，陽平（今河北大名東）人。事見裴松之注引《咸熙元年百官名》。⓯無重任　沒有特別親近的家屬充當人質。任，人質。當時曹魏和孫吳的出征或邊防將領，要把家屬留在後方作人質，以防叛逃。鍾會出征時，他的父親、母親都已死亡，自己又無親生兒子，所以這樣說。⓰寧　難道。⓱指掌　用手指指手掌。比喻事情極容易辦到。⓲適　只能。⓳何所能一辦　一下子能做成什麼事。⓴中國將士各自思歸　中原的將士各自想著回家。㉑族滅　宋本作「滅族」。㉒不軌　不守本分。此指造反。㉓更云可不須行　改變態度說我可以不親自去。㉔義　原誤作「意」，宋本不誤，據改。㉕賈護軍　即賈充。㉖無以易我語　沒有反駁我的話。㉗易　即《周易》，又稱《易經》，周代占卜書，後為儒家經典之一。舊有鄭玄注，已佚。現通行本有王弼、韓康伯注、孔穎達正義的《周易注疏》。㉘互體　《周易》研究的專門名詞。《周易》中的卦是由陰爻和陽爻組成，每三爻組成一個單卦，分別稱〈乾〉、〈坤〉、〈震〉、〈巽〉、〈坎〉、〈離〉、〈艮〉、〈兌〉。八個單卦兩兩組合，組成六十四個複卦，這就是《周易》中全部的卦形。對於卦形所象徵的事物，《周易》中的解釋都以上下兩個單卦為整體。例如第三卦是〈屯〉，由下面的〈震〉和上面的〈坎〉兩個單卦組成，〈震〉象徵著雷，〈坎〉象徵著雨，但複卦從下往上數的第二、三、四爻和第三、四、五爻又可組成兩個單卦，而這兩個單卦都兼有原來上下兩個單卦的爻。這兩個單卦就成為〈坤卦〉和〈艮卦〉，成為原來兩個單卦的互體。漢代經學有繁瑣的趨勢，所以《周易》的傳習者都講互體。魏晉之際，經學開始簡明化，一些學者提出《周易》中沒有互體，鍾會便是這類學者。他撰《周易無互體論》三卷，《隋書‧經籍志》曾著錄，現已亡佚。㉙才性同異　魏晉玄學的重要論題之一，主要討論才能和品行的同、異、合、離四個問題，又稱為「才性四本」。這一論題的出現，最初與現實政治有關。曹操用人主張「唯才是舉」，不過分強調品行。曹魏後期司馬氏專權，極力提倡禮法，實際上是把人才對自己是否忠誠的「品行」考察置於首要地位。與此相應，當時的論者分為兩派，主張才性同、合的有傅嘏、鍾會，他們是司馬氏的支持者。主張才性異、離的有李豐、王廣，他們都被司馬氏殺死。㉚刑名家　論述名理的學派。㉛弱冠　指男子二十歲時。《禮記‧曲禮上》：「二十曰弱，冠。」年少為弱，待至二十，即為成年，舉行冠禮。㉜王弼　字輔嗣，山陽高平（今山東微山縣西北）人，能文善辯，好談儒道，著名的玄學家。主張「貴無」，二十四歲時去世。詳見裴松之注。㉝辭才逸辯　有高超的論辯之才。㉞老子　又稱《道德經》、《老子五千文》，道家的重要經典。分為上下兩篇，〈道經〉在前，〈德經〉在後，共八十一章，五千餘字。王弼曾為此書做注。

【語譯】當初，鄧艾任太尉，鍾會任司徒，全都持節，依舊督率諸軍，都尚未正式授命就死了。鍾會的哥哥鍾毓，在景元四年冬天逝世，鍾會竟不知道這個消息。鍾會的姪子鍾邕，跟隨鍾會同時死去。鍾會所撫養的姪子鍾毅和鍾峻、鍾辿等被捕入獄，應當受誅處死。司馬文王上表天子下詔說：「鍾峻等人的祖父鍾繇，在太祖、高祖、烈祖的時候，高居三公，輔佐有功，配饗宗廟。父親鍾毓，歷任宮廷內外官職，為政有功。從前楚國懷念子文的治績，不滅絕鬬家的祭祀，晉國銘記趙衰、趙盾的忠誠，因此保存了趙家的後人。因為鍾會、鍾邕的罪過，而斷絕鍾繇、鍾毓後嗣，我心有不忍！鍾峻、鍾辿兄弟二人特許寬恕，有官爵的依舊不變。只有鍾毅、鍾邕的兒子依法處死。」有人說，鍾毓曾祕密上奏司馬文王，說鍾會自恃權術難保忠誠，不可單獨委以重任，因此朝廷才赦免了鍾峻兄弟。

2 當初，司馬文王打算派遣鍾會伐蜀，西曹屬邵悌求見說：「如今派遣鍾會率領十多萬人伐蜀，我認為鍾會單身在外，沒有特別親近的家屬在朝中為質，不如另派他人。」文王笑說：「我難道不曉得這一點嗎？蜀漢給天下製造災患，役使百姓不得安寧。我現在討伐他不過是輕而易舉罷了，然而眾人都說蜀漢不能討伐。人如果心裏事先膽怯，那麼智慧勇氣就會同時喪失，智慧勇氣同時喪失而勉強任用他，只能被敵人所擒罷了。只有鍾會與我的意見相同，如今派鍾會伐蜀，一定能夠滅蜀。滅蜀之後，即使你所擔心的事情發生，他鍾會一下子能辦成什麼事呢？大凡敗軍之將不可同他談勇，亡國之大夫不可同他圖謀保存國家，因為他們心膽已破的緣故。如果蜀漢已破，遺民百姓震驚恐懼，不能與他們圖謀成事，中原將士各自思念歸家，不願與他同心同德。如果他作亂，只能是自取家族滅亡罷了。你不必擔憂此事，小心謹慎不要讓別人知道。」等到鍾會告發鄧艾圖謀不軌，文王準備西行，邵悌又說：「鍾會所統的兵馬，是鄧艾的五六倍，只需令鍾會逮捕鄧艾，不值得親自前往。」文王說：「您忘了先前對我說的話了？怎麼現在反倒說不須親往了？雖然如此，這些話也不可以洩漏。我自己一定要以信義待人，只要是別人不辜負我，我怎能比別人先產生疑心呢？最近，賈護軍問我說：『您非常懷疑鍾會嗎？』我回答說：『如今我派你前行，難道能再懷疑你嗎？』他也沒有反駁我的話了。等我到了長安，事情自然會有了結。」大軍到達長安，鍾會果然已死，完全如司馬文王所預料的那樣。

3 鍾會曾經論述《周易》的卦形沒有互體，又論述才能與品行的異同。到了鍾會死後，在鍾會家裏得到書稿二十篇，名叫《道論》，而實際上是刑名家，從行文風格看似為鍾會所作。當初，鍾會二十歲時與山陽人王弼同時知名於世。王弼喜歡論述儒道，辯才高超，注釋過《周易》、《老子》，擔任過尚書郎，二十多歲就死了。

評曰：王淩風節格尚❶，毌丘儉才識拔幹❷，諸葛誕嚴毅威重❸，鍾會精練策數❹，咸以顯名，致茲榮任，而皆心大志迂❺，不慮禍難，變如發機❻，宗族塗地，豈不謬惑邪！鄧艾矯然彊壯，立功立事，然闇於防患，咎敗旋至❼，豈遠知乎諸葛恪❽而不能近自見，此蓋古人所謂目論❾者也。

【章　旨】以上是陳壽對王淩、毌丘儉、諸葛誕、鄧艾、鍾會等人的評價。

【注　釋】❶風節格尚　節操高尚。格，至；達。❷拔幹　突出。❸嚴毅威重　威嚴剛毅，威望高。❹策數　策略心計。❺迂　不切實際。❻變如發機　變故突然發生。❼旋至　很快降臨。❽遠知乎諸葛恪　指預料到諸葛恪將有災禍一事。❾目論　對別人看得清楚對自己卻不能正確預見的言論。裴松之注引《史記》曰：越王無彊與中國爭彊，當楚威王時，越北伐齊，齊威王使人說越云，越王不納。齊使者曰：「幸也，越之不亡也。吾不貴其用智之如目，目見毫毛而不自見其睫也。今王知晉之失計，不自知越之過，是目論也。」

【語　譯】評論說：王淩節操高尚，毌丘儉才識出類拔萃，諸葛誕威嚴剛毅，鍾會精於策略。他們全都因此揚名，榮任高官，然而他們都心志過高不切實際，不考慮禍患災難，變故突然發生，宗族喪亡，難道不荒謬迷惑嗎！鄧艾志氣雄壯，建功立業，然而不懂得防患於未然，罪過和失敗立即降臨。難道遠能預料到諸葛恪的前途，卻近不見自己的危險，這大概就是古人所說的目論吧。

【研　析】在題解中曾說，王淩、毌丘儉、諸葛誕、鄧艾、鍾會都是所謂的「罪臣」，都犯有「謀反」這一大逆之罪。這些謀反者，除鄧艾是被人構陷之外，其餘都是事實。在這裏我們還要說，王淩、毌丘儉、諸葛誕的情況與鄧艾、鍾會不同，他們是曹魏政權的忠臣。也許有人會說，王淩、毌丘儉、諸葛誕都是在曹魏朝因「反叛」被殺的，怎麼也是忠臣？要說明這個問題，首先就要弄清他們為何「反叛」？「反叛」的是誰？

曹魏政權是被司馬氏取代的。司馬氏取代曹魏有一個過程，而司馬懿在嘉平元年（西元二四九年）發動的「高平陵之變」是這個過程的開始。高平陵之變後，司馬懿扳倒政敵曹爽，掌握了朝中大權。一些魏室忠臣陸續發起了反對司馬氏的鬥爭。首先起事的是王淩，他見魏帝曹芳年幼無能，受制於強臣司馬懿，便打算迎立年長有才幹的楚王曹彪，以擺脫司馬懿的控制。王淩兵敗被殺，臨死前，他在曹魏忠臣賈逵的祠堂前，呼著他的字說道：「賈梁道，王淩固忠于魏之社稷者，唯爾有神，知之。」這充分表明了王淩是曹魏政權的忠臣。再一個反對司馬氏的是都督揚州的毌丘儉。他所反對的是司馬懿的兒子司馬師，但也沒有成功。司馬氏代魏既然有個過程，人們對司馬懿父子代魏的認識也不是一下子就很清楚的。毌丘儉反對司馬師時，列舉他的罪狀之一就是司馬懿「造計取賊，多春軍糧，克期有日」，司馬師「為大臣，當除國難，又為人子，當卒父業。哀聲未絕而便罷息，為臣不忠，為子不孝」。毌丘儉等人對司馬懿的評價還是很好的。毌丘儉舉兵後，派人與都督豫州的諸葛誕聯繫，約他共反司馬師。而諸葛誕不但沒有響應，反而「斬其使，露布天下，令知儉、欽凶逆。」這是因為，此時司馬氏雖然專擅曹魏朝廷大政，但他們取代曹魏的野心並沒有充分表現出來，所以諸葛誕並不認為司馬師是代魏的罪魁。

代魏傾向最明顯的是司馬昭。「司馬昭之心，路人皆知」，這種情況雖然發生在諸葛誕反對司馬昭之後，但在諸葛誕決定反對司馬昭時，起碼是「司馬昭之心，諸葛誕已知」了。司馬昭秉政時，諸葛誕正都督揚州，擁重兵於淮南。司馬昭為觀察諸葛誕對自己代魏的態度，派賈逵的兒子賈充去見諸葛誕。閒談之中，賈充試探的問：「京城中很多有見識的人，都希望司馬禪代曹氏，您以為如何呢？」諸葛誕聞言大怒，厲聲質問道：「你難道不是賈逵的兒子嗎？賈家世受魏恩，怎能將曹魏社稷奉送別人！如果京師真的出現禪代，我當以死制止之。」一番話說得賈充啞口無言。司馬昭知道後，便下詔讓諸葛誕回京，準備剝奪其兵權。諸葛誕被逼無奈，起兵反叛。由此可見，諸葛誕所反叛的，是準備禪代曹魏的司馬昭。他是曹魏政權的忠臣。（梁滿倉注譯）

卷二十九　魏書二十九

方伎傳第二十九

【題解】方伎，亦即方術，是中國古代對卜筮占相、陰陽推步、醫術音樂等技藝的總稱。本傳記述了華佗的醫術、杜夔的音樂、朱建平的相術、周宣的占夢、管輅的卜筮。作者以簡潔的筆法，傳華佗醫術之精、杜夔音樂之妙、朱建平相術之準、周宣占夢之驗、管輅卜筮之玄。

1 華佗，字元化，沛國❶譙❷人也，一名旉❸。游學徐土❹，兼通數經。沛相❺陳珪舉孝廉❻，太尉❼黃琬❽辟❾，皆不就。曉養性❿之術，時人以為年且百歲而貌有壯容。又精方藥，其療疾，合湯不過數種，心解分劑⓫，不復稱量，煮熟便飲，語其節度⓬，舍去⓭輒愈。若當灸⓮，不過一兩處，每處不過⓯七八壯⓰，病亦應除。若當鍼⓱，亦不過一兩處，下鍼言「當引某許⓲，若至，語人」。病者言「已到」，應便拔針，病亦行差⓳。若病結積在內，針藥所不能及，當須刳⓴割者，便飲其麻沸散㉑，須臾㉒便如醉死無所知，因破取。病若在腸中，便斷腸湔洗，縫腹膏摩㉓，四五日差，不痛，人亦不自寤㉔，一月之間，即平復矣。

2 故甘陵㉕相夫人有娠六月，腹痛不安，佗視脈，曰：「胎已死矣。」使人手摸知所在，在左則男，在右則女。人云「在左」，於是為湯下之，果下男形，即愈。

3 縣吏尹世苦四支煩㉖，口中乾，不欲聞人聲，小便不利。佗曰：「試作熱食，得汗則愈；不汗，後三日死。」即作熱食而不汗出，佗曰：「藏氣㉗已絕於內，當啼泣而絕。」果如佗言。

4 府吏兒尋、李延共止㉘，俱頭痛身熱，所苦正同。佗曰：「尋當下㉙之，延當發汗。」或難㉚其異，佗曰：「尋外實㉛，延內實，故治之宜殊。」即各與藥，明旦並起。

5 鹽瀆㉜嚴昕與數人共候佗，適㉝至，佗謂昕曰：「君身中佳否？」昕曰：「自如常。」佗曰：「君有急病見於面，莫多飲酒。」坐畢歸，行數里，昕卒頭眩墮車，人扶將㉞還，載歸家，中宿㉟死。

6 故督郵㊱頓子獻得病已差，詣佗視脈，曰：「尚虛，未得復，勿為勞事，御內[37]即死。臨死，當吐舌數寸。」其妻聞其病除，從百餘里來省[38]之，止宿交接，中間三日發病，一如佗言。

7 督郵徐毅得病，佗往省[39]之。毅謂佗曰：「昨使醫曹[40]吏劉租鍼胃管[41]訖，便苦欬嗽，欲臥不安。」佗曰：「刺不得胃管，誤中肝也，食當日[42]減，五日不救。」遂如佗言。

8 東陽[43]陳叔山小男二歲得疾，下利[44]常先啼，日以羸[45]困。問佗，佗曰：「其母懷軀[46]，陽氣[47]內養，乳中虛冷，兒得母寒，故令不時[48]愈。」佗與四物女宛丸[49]，十日即除。

9 彭城[50]夫人夜之廁，蠆[51]螫其手，呻呼無賴。佗令溫湯近熱，漬手其中，卒可得寐，但旁人數為易湯，湯令煖之，其旦即愈。

10 軍吏梅平得病，除名還家，家居廣陵[52]，未至二百里，止親人舍。有頃，佗偶至主人許[53]，主人令佗視平，佗謂平曰：「君早見我，可不至此。今疾已結，促去可得與家相見，五日卒。」應時歸，如佗所刻。

11 佗行道，見一人病咽塞，嗜[54]食而不得下，家人車載欲往就醫。佗聞其呻吟，駐車往視，語之曰：「向[55]來道邊有賣餅家蒜齏[56]大酢[57]，從取三升飲之，病自當去。」即如佗言，立吐虵[58]一枚，縣[59]車邊，欲造[60]佗。佗尚未還，小兒戲門前，逆[61]見，自相謂曰：「似逢我公[62]，車邊病是也。」疾者前入坐，見佗北壁縣此虵輩[63]約以十數。

12 又有一郡守[64]病，佗以為其人盛怒則差，乃多受其貨[65]而不加治，無何棄去，留書罵之。郡守果大怒，令人追捉殺佗。郡守子知之，屬使勿逐。守瞋恚[66]既甚，吐黑血數升而愈。

13 又有一士大夫不快，佗云：「君病深，當破腹取。然君壽亦不過十年，病不能殺君，忍病十歲，壽俱當盡，不足故自刳裂。」士大夫不耐痛癢[67]，必欲除之。佗遂下手，所患尋[68]差，十年竟死。

14 廣陵太守[69]陳登得病，胸中煩懣[70]，面赤不食。佗脈之曰：「府君胃中有蟲數升，欲成內疽[71]，食腥物所為也。」即作湯二升，先服一升，斯須[72]盡服之。食頃[73]，吐出三升許蟲，赤頭皆動，半身是生魚膾[74]也，所苦便愈。佗曰：「此病後三期[75]當發，遇良醫乃可濟救。」依期果發動，時佗不在，如言而死。

15 太祖[76]聞而召佗，佗常在左右。太祖苦頭風，每發，心亂目眩，佗鍼鬲[77]，隨手而差。

16 李將軍妻病甚，呼佗視脈，曰：「傷娠而胎不去。」將軍言：「聞實傷娠，胎已去矣。」佗曰：「案脈，胎未去也。」將軍以為不然。佗舍去，婦稍小差。百餘日復動，更呼佗，佗曰：「此脈故事[78]有胎。前當生兩兒，一兒先出，血出甚多，後兒不及生。母不自覺，旁人亦不寤，不復迎[79]，遂不得生。胎死，血脈不復歸[80]，必燥著[81]母脊，故使多脊痛。今當與湯，并鍼一處，此死胎必出。」湯鍼既加，婦痛急如欲生者。佗曰：「此死胎久枯，不能自出，宜使人探[82]之。」果得一死男，手足完具[83]，色黑，長可尺所。

17 佗之絕技，凡類此[84]也。然本作士人[85]，以醫見業，意常自悔，後太祖親理，得病篤重，使佗專視。佗曰：「此近難濟[86]，恆事攻治[87]，可延歲月。」佗久遠家思歸，因曰：「當[88]得家書，方欲暫還耳。」到家，辭以妻病，數乞[89]期不反。太祖累書呼，又敕郡縣發遣。佗恃能厭食事[90]，猶不上道。太祖大怒，使人往檢。若妻信病，賜小豆四十斛[91]，寬假[92]限日；若其虛詐，便收送之。於是傳付許[93]獄，考驗首服[94]。荀彧[95]請曰：「佗術實工[96]，人命所縣[97]，宜含宥[98]之。」太祖曰：「不憂，天下當無此鼠輩[99]耶？」遂考竟[100]佗。佗臨死，出一卷書與獄吏，曰：「此可以活人。」吏畏法不受，佗亦不彊，索火燒之。佗死後，太祖頭風未除。

太祖曰：「佗能愈此。小人養吾病[101]，欲以自重[102]，然吾不殺此子，亦終當不為我斷此根原耳。」及後愛子倉舒[103]病困，太祖歎曰：「吾悔殺華佗，令此兒彊死[104]也。」

18 初，軍吏李成苦欬嗽，晝夜不寤[105]，時吐膿血，以問佗。佗言：「君病腸臃[106]，欬之所吐，非從肺來也。與君散[107]兩錢，當吐二升餘膿血訖，快自養，一月可小起，好自將[108]愛，一年便健。十八歲當一小發，服此散，亦行[109]復差。若不得此藥，故當死。」復與兩錢散。成得藥，去五六歲，親中人有病如成者，謂成曰：「卿今彊健，我欲死，何忍無急去[110]藥，以待不祥[111]？先持貸[112]我，我差，為卿從華佗更索。」成與之。已故[113]到譙，適值佗見收，怱怱不忍從求。後十八歲，成病竟發，無藥可服，以至於死。

19 廣陵吳普、彭城樊阿皆從佗學。普依準[114]佗治，多所全濟[115]。佗語普曰：「人體欲得勞動，但不當使極[116]爾。動搖[117]則穀氣[118]得消，血脈流通，病不得生，譬猶戶樞不朽是也[119]。是以古之僊者為導引[120]之事，熊頸[121]鴟顧，引輓[122]腰體，動諸關節，以求難老。吾有一術，名五禽之戲，一曰虎[123]，二曰鹿，三曰熊，四曰猨，五曰鳥，亦以除疾，並利蹏足[124]，以當導引。體中不快，起作一禽之戲，沾濡[125]

汗出，因上著粉，身體輕便，腹中欲食。」普施行之，年九十餘，耳目聰明，齒牙完堅。阿善鍼術。凡醫咸言背及胸藏之間不可妄鍼，鍼之不過四分，而阿鍼背入一二寸，巨闕[126]胸藏鍼下五六寸，而病輒皆瘳[127]。阿從佗求可服食益於人者，佗授以漆葉[128]青黏[129]散。漆葉屑一升，青黏屑十四兩，以是為率，言久服去三蟲[130]，利五藏，輕體，使人頭不白。阿從其言，壽百餘歲。漆葉處所[131]而有，青黏生於豐、沛[132]、彭城及朝歌[133]云。

【章　旨】以上為〈華佗傳〉。據傳可知，華佗在醫學上的成就是多方面的。華佗精通外科，如他施行外科手術有麻醉之法，在當時非常先進；再如為彭城夫人治為蠆蠱所螫之病；又如以針灸為曹操治頭風。他精通婦科、兒科，如他能斷胎為男女，知死胎不去則致母腹痛不安而以湯藥針灸去之；又如他斷陳叔山小兒之怪病得於胎中，為其治療手到病除。他能夠根據人的外部特徵，判斷人的病情，如他能以簡單的檢查手段斷尹世生死，且料其死狀；以面部病徵斷病尚未發作的嚴昕將死；他料頓子獻病雖已癒，不避禁忌與妻行房事，病將復發而致命；他據病症斷徐毅為庸醫誤治，且預知病情並料其死期。華佗治病因人而異，辯證施治，兒尋、李延同病而治療方法不同，效果俱佳。他甚至還精通心理學，如激怒治郡守的心理疾病。華佗不僅單純治病，他還以養生之法維護人體健康，他認為人體猶戶樞，創五禽之戲，是華佗又深明養生之道。

【注　釋】❶沛國　國名。治所在今安徽濉溪縣西北。❷譙　縣名。治所在今安徽亳州。❸旉　古寫的「敷」字。據學者研究，旉是其本名；至於人們改稱為「華佗」，則是受佛教文化的影響。因為「華佗」的古代讀音，與梵語中「阿伽佗(agada)」

一詞的後兩個音節完全相同，而「阿伽陀」的詞義是藥物，所以「華佗」的意思是「藥神」。詳見陳寅恪《寒柳堂集》中〈三國志曹沖華佗傳與佛教故事〉。❹游學徐土　到徐州從師求學。徐土，指徐州，三國治所在今江蘇徐州。❺沛相　即沛國的相。漢制，封國之王不治民事，由中央委任的相治理，職如太守，秩二千石。❻孝廉　漢代選拔人才的科目之一，由各郡國按一定標準在所屬吏民中薦舉，舉孝廉者往往被任為郎。❼太尉　官名。秦至西漢設置，為全國軍政首長，與丞相、御史大夫並稱三公。漢武帝時改為大司馬。東漢時，太尉與司徒、司空並稱三公。❽黃琬　字子琰，江夏安陸（今湖北安陸）人，少失父。祖父黃瓊為魏郡太守。少年時即以才識知名京師。後任五官中郎將，光祿勳陳蕃對他深相敬待。黨錮禍起，與陳蕃俱被免官，遭禁錮，被廢棄二十餘年。至光和末年，始被朝廷起用。及董卓秉政，以琬名臣，徵為司徒，遷太尉。後董卓欲西遷長安，琬力諫不聽，被免官。及遷都長安後，又與司徒王允共謀誅董卓。後為董卓部將李傕、郭汜所害。事詳《後漢書・黃琬列傳》。❾辟　即辟除，也就是徵聘的意思。按漢制，中央最高行政長官如三公，地方長官如州牧、郡守，都可以自行徵聘僚屬。❿養性　即養生。⓫分劑　各種藥物的分量比重。⓬節度　猶言注意事項。⓭舍去　謂按規定服完應服的藥，即捨去而無須再服。⓮灸　謂灸法，中醫的一種治療方法。一般指艾灸法，即用陳艾葉製成艾柱或艾條，在皮膚表面的一定穴位處熏灼，藉艾火的熱力透入肌膚，以起溫經散寒、調和氣血等作用，而達到治療和保健的目的。灸法與針法合稱針灸。⓯不過　原無此二字，宋本有，據補。⓰壯　盧弼《三國志集解》引郭璞曰：「醫用艾灸，一灼謂之一壯。」按：一灼，即熏灼一次。以「壯」為量詞，是用健壯人為準的緣故。見《夢溪筆談》卷十八。⓱鍼　謂針法，中醫治療方法之一，即通過針刺一定的穴位，達到治療疾病的目的。⓲某許　謂針感達到身體的某處。⓳行差　將要痊癒。行，將要。差，同「瘥」。病癒。⓴刳　剖開而挖空。㉑麻沸散　古代施行外科手術時所用的一種麻醉藥，其方已失傳。㉒須臾　一會兒。㉓摩　塗抹。㉔寤　醒。在此處作感覺、知覺講。㉕甘陵　國名。治所在今山東臨清東北。㉖四支煩　四肢腫脹。支，通「肢」。煩，脹腫不適。㉗藏氣　指藏於腎臟中人的元氣。藏，同「臟」。中醫學以人的心、肝、脾、肺、腎為五臟，此處主要指腎臟。氣，謂元氣，中醫學用以指人體維持組織和器官生理功能的基本物質與活動能力。元氣在胚胎時即已形成，藏於腎中。㉘止　宿。㉙下　中醫治療方法之一。即使用瀉藥攻逐體內的結滯，使之隨同大便排出。下文的發汗亦為治療方法之一。中醫常用的治療方法有八：汗、吐、下、和、溫、清、補、消。㉚難　詰問。㉛實　中醫學診斷術語。中醫進行診斷要運用所謂的「八綱」（即陰、陽、表、裏、寒、熱、虛、實）來區別病症的類型。實指邪氣強盛。發燒、畏寒、無汗，症顯於外，稱外實或表實。發燒、腹脹、便祕，症隱於內，稱內實或裏實。按中醫治療原則，外實當用發汗法，內實才用瀉下法，與這裏記載的恰好相反。㉜鹽瀆

縣名。治所在今江蘇鹽城。㉝適　剛；才。㉞扶將　即扶持。將，亦扶也。㉟中宿　隔夜；次夜。㊱督郵　官名。是漢代
各郡的重要屬吏，代表郡太守督察縣鄉，宣達教令，兼司獄訟捕亡等事。每郡有分為兩部、四部和五部的，每部各有一督郵。
㊲御內　與妻行房事。㊳省　探望、問候。㊴省　察看；檢查。㊵醫曹　即掌管醫療事務的官署。曹，官署。㊶胃管　指中
脘穴。在肚臍上方四寸處。凡腹脹、反胃、胃酸、胃痛，即針刺這一穴。㊷日　猶言日日，一天天的。㊸東陽　郡名。治所
在今浙江金華。㊹利　通「痢」。㊺羸　瘦弱。㊻軀　身軀；軀體。此指胎兒。㊼陽氣　中醫學名詞，見於《素問・生氣通
天論》，有溫養全身組織器官，維護生理功能和固衛體表等作用。㊽時　及時；很快。㊾四物女宛丸　藥丸名稱，即以女宛為
主，再配以其他四種藥物製成的藥丸。女宛，藥草名，又名女菀、白宛、女腹，是治療虛弱腹瀉的藥物。《神農本草經》：「女
菀，味辛，生漢中川谷。」又《太平御覽》引吳普《本草》：「女菀，一名白菀，一名織女菀。」據王謙《廣雅・疏證》說，
即紫菀之白者。㊿彭城　國名。治所在今江蘇徐州。(51)蠆　一種蠍類毒蟲。(52)廣陵　郡名。治所在今江蘇揚州。(53)許　處所。
(54)嗜　原意是喜歡、愛好。這裏作「很想」解。(55)向　剛才。(56)虀　切碎的腌菜或醬菜，引申為碎。(57)大酢　蓋指一種很酸
的醋。酢，「醋」的本字。(58)蛇　人體不可能有蛇生長，當是絛蟲類長條形腸道寄生蟲。(59)縣　同「懸」。(60)造　到；往。(61)逆
迎。(62)公　古代用以稱祖父或父親。如《史記・外戚世家》「封公昆弟」，司馬貞《索隱》：「公亦祖也。」又《戰國策・魏
策一》：「張儀欲窮陳軫，……其子止其公之行。」則公指父。此文中的公字蓋亦指父。(63)輩　類。(64)郡守　即郡太守，一
郡的最高行政長官，秩二千石。(65)貨　財貨；錢財。(66)瞋恚　憤怒。瞋，通「嗔」。(67)痛癢　即痛苦之意。(68)尋　不久。(69)太
守　官名。即一郡之最高軍政長官。(70)懣　煩悶。(71)疽　即癰疽，中醫學名詞，由於風火、溫熱、痰凝、血瘀等邪毒所引起
的局部紅腫以致化膿性疾病。(72)斯須　一會兒。(73)頃　不久。(74)膾　細切的魚或肉。(75)期　一週年。(76)太祖　曹操的廟號，
即用以指代曹操。(77)鬲　通「膈」。即人體內胸腔與腹腔間的橫膈膜，這裏指膈腧穴。在背部第七椎節下旁側一寸五分。但是
針刺膈腧，通常是治療咳嗽、反胃等，與頭部眩暈疼痛無關。後者當刺通天、天柱等穴位。(78)故事　舊例；以往的病例。(79)迎
接生。(80)不復歸　是說母體的血脈不再能循環而復歸於胎兒身，意思是不再能營養胎兒。(81)著　附著。(82)探　摸取；掏取。
(83)具　完備。(84)類此　宋本、馮夢禎刻本作「此類」。(85)士人　封建社會知識分子的通稱。(86)濟　成功。(87)恆事攻治　長期
治療。恆，長期。攻治，治療。(88)當　適才；剛才。(89)乞　請求。(90)食事　取食於朝廷之事，即為朝廷當差服役而獲取俸祿
為生之事。(91)斛　古代的量器名，也是一種容量單位，十斗為一斛。(92)寬假　寬容。假，也是寬容的意思。(93)許　謂許都（即
今河南許昌）。東漢建安元年（西元一九六年），曹操迎漢獻帝都於此。(94)考驗首服　考驗，在此是拷問、審訊的意思。首服，

有罪自陳叫做首，即自首；服謂服罪。(95)荀彧　字文若，潁川潁陰（河南許昌）人，曹操的謀士。出身士族，初依附袁紹，繼歸曹操，為司馬。建安元年，建議迎漢獻帝都許，使曹操取得有利的政治形勢。不久任尚書令，參預軍國大事。後因反對曹操稱魏公，於建安十七年（西元二一二年）以憂卒。詳本書卷十〈荀彧傳〉。(96)工　擅長。在此作精通、精良。(97)縣　關係。(98)含宥　包含寬宥。(99)鼠輩　對人的蔑稱，猶言這一類小人物。(100)考竟　審訊拷打至死。(101)養吾病　保留著我的病根。「養」在此作保留講，「病」在此指病根。(102)欲以自重　曹操認為華佗是故意不對他的頭風病加以根治，這樣就總是需要他，離不開他，以此就可以抬高自己的身價。自重，謂抬高自己的身價。(103)倉舒　即曹沖，字倉舒，自幼聰慧，五六歲時就有成人之智。孫權曾贈送給曹操一頭巨象，曹操想知道牠的重量，羣臣無一人能想出稱量這頭巨象的辦法，年幼的曹沖卻獻計說：「置象大船之上，而刻其水痕所至，稱物以載之，則校可知矣。」曹操大為高興，立即照此辦理。曹操非常喜歡和疼愛曹沖，曾多次向羣臣稱讚曹沖，很想讓他成為繼承人，然不幸於東漢建安十三年（西元二〇八年）病死了，年僅十三歲。詳本書卷二十〈鄧哀王傳〉。(104)彊死　本指不以病死，即死於非命，在此有枉死之意。(105)不寤　本指睡不醒，此處蓋指人成天昏迷不醒。寤，睡醒。(106)臃　腫毒。(107)散　即散劑，亦稱粉劑，多為兩種以上藥物按處方分量混合而成的均勻乾燥的粉末，可供內服或外用。(108)將　調養。(109)行　將。(110)去　藏。裴注曰：「古語以藏為去。」(111)不祥　不吉利。在此指發病。(112)貸　借。(113)已故　因事。已，同「以」。故，事也。(114)依準　即依照。(115)全濟　痊癒。(116)極　過分；過度。(117)動搖　活動肢體。(118)穀氣　指食物的營養。(119)譬猶戶樞不朽是也　就像轉動的門軸不會腐朽一樣。譬猶，即比如。戶樞，戶即門，樞指門的轉軸。(120)導引　一作「道引」。是「導氣令和，引體令柔」的意思。這是中國古代強身除病的一種養生方法。《莊子・刻意》成玄英疏曰：「導引神氣，以養形魄，延年之道，駐形之術。」導引也是一種中醫治療方法。《素問・異法方宜論篇》：「其病多痿厥寒熱，其治宜導引按蹻。」王冰注曰：「導引，謂搖筋骨，動支節。」《一切經音義》：「凡人自摩自捏，伸縮手足，除勞去煩，名為導引。」隋朝人巢元方所著《諸病原候論》中記載有導引治療法二百六十多種。一九七四年長沙馬王堆三號西漢墓中出土的「導引圖」，繪有四十多種導引姿態的圖像。總之，導引是一種按照一定姿態活動肢體，以達到健體強身、祛除疾病目的的運動方法。(121)熊頸　《後漢書・華佗傳》作「熊經」，李賢注曰：「若熊之攀枝自懸也。」(122)引輓　引是伸直的意思。輓，是「挽」的異體字，通「綰」。是捲起的意思，在此作彎曲講。(123)虎　謂虎戲，是指模仿虎的動作姿式編排的活動身體的方法。下「鹿」、「熊」、「猨」、「鳥」，意仿此。(124)蹏足　在此指人的腿腳。(125)沾濡　即沾溼。(126)巨闕　穴位名。在腹部深處。(127)瘳　病癒。(128)漆葉　即漆樹葉。漆樹是一種落葉喬木，高可達二十公尺，可割而取漆。(129)青黏　即黃精，有滋補虛弱，兼除風溼的作用。裴注引

《佗別傳》：「青粘者，一名地節，一名黃芝，主理五藏，益精氣。本出於迷入山者，見仙人服之，以告佗。佗以為佳，輒語（樊）阿，阿又祕之。近者人見阿之壽而氣力強盛，怪之，遂責阿所服，因醉亂誤道之。法一施，人多服者，皆大驗。」

130 三蟲　蓋指人體內的三種寄生蟲。131 處所　處處；到處。132 豐沛　皆縣名。今皆屬江蘇。133 朝歌　縣名。治所在今河南淇縣。

【語譯】華佗，字元化，沛國譙縣人，又名旉。到徐州從師求學，通曉好幾種經書。沛國相陳珪薦舉他為孝廉，太尉黃琬徵聘他，他都沒有前去。通曉養生術，當時的人都認為他年近百歲而有壯年的容貌。又精通醫方藥理，他治療疾病，不過用幾味藥合煎成湯劑，對藥物的分量都心中有數，無須再稱量，藥煎好了就給病人喝，告訴病人注意事項，藥服用完畢病就好了。如果應當用灸法，不過一兩處穴位，每處不過熏灼七八下，病也就立刻好了。如果應當用針法，也不過一兩處穴位，下針時對病人說「針感應當到達某處，如果到了，就告訴我」。病人說「已到」，就立刻拔針，病也就差不多好了。如果病灶鬱結在體內，針藥的效力所無法到達，必須剖開切除的，讓病人服用麻沸散，一下子病人就如同醉死一般沒有知覺，便開刀割取患處。如果病在腸道裏，就截斷腸道洗滌，然後縫好腹部塗上藥膏，四五天傷口就好了，不痛，病人也沒有什麼感覺，一個月內，刀口就完全長好了。

2 原甘陵國相的夫人懷孕六個月，腹痛不得安寧，華佗診視她的脈象，說：「胎兒已經死了。」讓人用手摸知胎兒在腹中的位置，在左邊的是男，在右邊的是女。摸的人說「在左邊」，於是配製湯藥打下死胎，果然打下一個男胎，夫人的病就痊癒了。

3 縣吏尹世苦於四肢脹腫不適，口內乾燥，不想聽見人的聲音，小便不順暢。華佗說：「試試做熱食讓他吃，吃了出汗病就會痊癒；沒有出汗，三天後就會死去。」立刻做熱食讓他吃而吃了卻沒有出汗，華佗說：「他腎臟中的元氣已經耗竭，應會啼哭而氣絕。」果然如華佗所說。

4 府吏兒尋、李延住在一起，都頭痛身體發熱，所感覺的病痛相同。華佗說：「兒尋應當使他下瀉，李延應當使他發汗。」有人詰問他療法為什麼不同，華佗說：「兒尋是由外部引起的體內鬱塞，李延是體內自身鬱塞，因此治療方法應當不同。」就分別給他們開藥，第二天早晨兩人都病癒起床了。

5 鹽瀆縣的嚴昕跟幾個人一起等候華佗，華佗才到，就對嚴昕說：「您身子安好嗎？」嚴昕說：「依然一如往常。」華佗說：「您有急病的病徵表現在臉上，不要多喝酒。」坐罷回家，走了幾里路，嚴昕突然頭暈摔到車下，人們把他扶回車上，載他回家，第二天晚上就死了。

6 原督郵頓子獻患病已經痊癒，前往華佗那裏診視脈象，華佗說：「身體還很虛弱，沒有完全復原，不要做勞累的事，與妻子行房就會死。臨死，當吐出舌頭好幾寸。」他的妻子聽說他病痊癒了，從一百多里外趕來看望他，二人同宿行房，中間隔了三天頓子獻疾病發作，完全如華佗所言。

7 督郵徐毅生病，華佗前去診察他的病。徐毅對華佗說：「昨天夜裏讓醫曹吏劉租在胃道扎針後，就苦於咳嗽，想睡也睡不安穩。」華佗說：「針沒有扎中胃道，誤扎到肝上了，飲食將會一天天減少，五天就活不成了。」結果正如華佗所說。

8 東陽郡人陳叔山的么兒兩歲患病，下痢時常先啼哭，一天天的瘦弱疲困。陳叔山問華佗，華佗說：「他的母親懷胎時，陽氣在體內蓄養，乳汁虛冷，小兒得了母體的寒氣，因此使他不能很快痊癒。」華佗給他開了四物女宛丸，十天病就痊癒了。

9 彭城王夫人夜間上廁所，被蠆螫了手，呻吟呼號無可奈何。華佗讓人把湯藥加熱，把她的手泡在裏面，終於可以睡覺，只是別人要頻頻為她換湯藥，讓湯藥保持溫暖，第二天早晨就痊癒了。

10 軍吏梅平生病，被除役回家，梅平家住在廣陵，離家還有二百里，留宿在親戚家。不一會，華佗偶然來到主人家，主人讓華佗診視梅平，華佗對梅平說：「您如果早見到我，可以不至於到這個地步。現在病已固結，趕快回去還可與家人見面，五天後會死去。」梅平按時回家，如華佗所說的時刻死去。

11 華佗走在馬路上，看見一個人患了咽喉堵塞的病，很想吃東西卻吞不下去，家裏人用車載著他想前往就醫。華佗聽到病人的呻吟聲，停車前去診察，告訴他說：「我剛才前來時的路邊有個賣餅的人家有切碎的蒜泡的大醋，從那兒拿三升喝下它，病自然就會消除。」立刻依照華佗所說的去做，病人馬上吐出一條蛇狀的寄生蟲，他把牠掛在車邊，想去造訪華佗。華佗還沒有回家，小孩在門前嬉戲，迎面看見，便互相說：「好像遇見了我們的父親，看那車邊掛的東西就知道。」患者向前走到華佗家坐下，看見華佗家北面的牆上掛著這種蛇狀寄生蟲約有十幾條。

12 又有一位郡太守患病，華佗認為這個人只要大怒一場病就會痊癒，於是多多的收受他的財物卻不加以治療，不久又棄他而去，還留下一封信罵他。郡守果然大怒，命令人追捕殺害華佗。郡守的兒子知道這件事，囑咐手下不要追趕。郡守憤怒到了極點，吐出好幾升黑血而病癒。

13 又有一位士大夫不舒服，華佗對他說：「您的病在體內深處，應當剖腹把病灶取出來。然而您的壽命也不過十年，您的病不會致死，忍耐病痛十年，壽命、疾病就都一起結束了，不需要特意做剖腹手術。」這個士大夫忍受不了病痛，一定要割除患處。華佗便下手剖腹治療，他的病不久就痊癒了，十年後終究還是死了。

14 廣陵太守陳登生了病，胸中煩悶，臉色發紅不思飲食。華佗為他診脈後說：「您胃裏有好幾升的蟲，將要發展成內瘡，是吃了生的食物造成的。」立刻煎了二升湯藥，先讓他服了一升，過了一會兒全都喝完。喝完不久，吐出三升左右的蟲，紅色的頭都在蠕動，蟲的半截身子都是生魚肉絲，痛苦的疾病便痊癒了。華佗說：「這病三年後當會復發，遇到良醫才可得救。」時間一到病果然又再發作，當時華佗不在，陳登便如華佗所說的那樣死了。

15 太祖聽說了華佗的醫術後，便徵召華佗，華佗經常隨侍太祖身邊。太祖被頭風病所苦，每次發作，就心神紊亂眼睛昏花，華佗用針扎他的膈腧穴，手到病除。

16 李將軍的妻子病重，叫華佗來診察脈象。華佗說：「懷胎所造成的傷害而胎兒沒有取出。」將軍說：「聽說確實是因懷胎造成的傷害，但胎兒已經出來了。」華佗說：「依照她的脈象，胎兒尚未出來。」將軍不以為然。華佗離開而去，婦人的病稍有好轉。一百多天後再次發病，又叫華佗，華佗說：「根據這種脈象的舊例來看還有胎兒。先前應當生兩個嬰兒，一個先生出來，出血很多，後一個還來不及生出。母親自己感覺不出來，旁邊的人也不知道，不再接生，於是沒有生下來。胎兒死了，血脈不再營養胎兒，胎兒必然乾枯附著在母體的脊背上，因此使她經常脊背疼痛。現在應當給她服用湯藥，並用針扎一處，這個死胎必定會出來。」湯藥、扎針都施用後，婦人劇烈疼痛就像臨盆一樣。華佗說：「這個死胎久已枯乾，不能自行生出，應當使人掏他出來。」果然掏出一個死男嬰，手腳俱備，顏色發黑，長一尺左右。

17 華佗的絕妙醫術，大都類似這樣。然而華佗原本是讀書人，卻以醫生為職業，心裏常常後悔。後來太祖親理政事，患病嚴重，讓華佗專門為他診治。華佗說：「這病短期難以治好，長期治療，才能延長壽命。」華佗長久離家想要歸鄉，因此說：「剛剛收到家書，正想暫時回家一趟。」回到家後，以妻子有病推辭，多次請求延期而不回。太祖頻頻寫信召他回去，又命當地郡縣派人送他回去。華佗仗恃自己的醫術而厭惡在公家當差，還是不肯上路。太祖大怒，派人前去察看。如果他的妻子實在有病，就賜給他四十斛小豆，寬容期限；如果是虛假詐騙，就收捕他押送回來。於是押送華佗交付給許都的監獄，審問後自首服罪。荀彧請求說：「華佗的醫術實在精良，關係到人命，應當包容寬恕他。」太祖說：「不用擔心，天下難道就沒有這一類的小人了嗎？」於是審訊拷打至死。華佗臨死前，拿出一卷醫書交給獄吏，說：「這可以救人活命。」獄吏害怕違法不敢接受，華佗也不勉強，取火燒毀醫書。華佗死後，太祖的頭風病沒有根治。太祖說：「華佗能治好這病。這個小人留著我的病根，想以此自抬身價，就算我不殺這個人，他也終究不會為我斷除病根。」等到日後太祖的愛子曹沖病危，太祖嘆息說：「我後悔殺了華佗，讓這個兒子枉死。」

18 當初，軍吏李成被咳嗽所苦，日夜昏迷不醒，不時的吐出膿血，他就這個病問華佗。華佗說：「您的病在於腸子上長了腫瘡，咳嗽所吐，不是從肺裏出來的。給您散劑兩錢，應當吐二升多膿血後就止住了。心情愉快的自我保養，一個月就可以稍見好轉，好好的自己調養保重，一年就可以恢復健康。十八年後應有一次小發作，服用這個散劑，也將會痊癒。如果得不到這種藥，仍然會死去。」又給他兩錢散劑。李成得到藥，過了五六年，親戚中有人得了像李成那樣的病，對李成說：「您現在身強體健，我卻將死了，怎麼忍心沒有急病而收藏著藥，用來等待發病呢？先拿出來借給我，我的病好了，再替您從華佗那裏索要。」李成把藥給他。因事到譙縣，適逢華佗被收捕，倉促之間不忍心再向華佗求藥。十八年後，李成的病終於再發，無藥可服，以至於病死。

19 廣陵人吳普、彭城人樊阿都跟隨華佗習醫。吳普依照華佗教導的醫術治病，很多病人都痊癒了。華佗告訴吳普說：「人體應當經常活動，只是不應過度罷了。活動肢體那麼食物的營養才能消化，血脈流通，疾病便無從而生，比如門的轉軸不會腐朽就是這個道理。因此古代仙人做導引活動，模仿熊攀援樹和鴟鷹回頭看的動作，屈伸腰部和肢體，活動各個關節，以求不易衰老。我有一套活動方法，叫做五禽戲，一是虎戲，二是鹿戲，三是熊戲，四是猿戲，五是鳥戲，也是用來消除疾病，並使腿腳靈活的，把它當作一種導引活動。身體感到不舒服，起來做一套禽戲，身上被汗水沾溼，便敷上粉，身輕體便，腹中就想吃東西。」吳普實行這套活動方法，九十多歲，仍然耳聰目明，牙齒完好堅固。樊阿擅長針術。一般醫生都說背部以及胸部和內臟之間不可隨便扎針，要扎針也不過深四分，而樊阿在背部扎針卻深達一、二寸，扎巨闕穴、胸部和內臟之間下針深達五、六寸，而疾病總是都可治癒。樊阿向華佗索求可以服食而有益於人的藥方，華佗傳授他用漆樹葉和青黏製成的散劑。漆樹葉末一升，青黏末十四兩，按照這個比例標準配製，說是長期服用可以驅除三種寄生蟲，有利於五臟，使身體輕便，使人頭髮不白。樊阿按他說的去做，活到一百多歲。漆樹葉到處都有，青黏生長在豐縣、沛縣、彭城和朝歌一帶。

1 杜夔，字公良，河南❶人也。以知音❷為雅樂郎❸，中平❹五年，疾去官❺。州郡司徒禮辟❻，以世亂❼奔荊州❽。荊州牧❾劉表❿令與孟曜為漢主⓫合⓬雅樂⓭，樂備，表欲庭觀之⓮，夔諫曰：「今將軍號⓯為天子合樂，而庭作之⓰，無乃⓱不可乎！」表納⓲其言而止。後表子琮⓳降太祖，太祖以夔為軍謀祭酒⓴，參太樂㉑

事，因令創制雅樂。

2 夔善[22]鐘律[23]，聰思過人[24]，絲竹八音[25]，靡[26]所不能，惟歌舞非所長[27]。時散郎[28]鄧靜、尹齊善詠[29]雅樂，歌師[30]尹胡能歌宗廟郊祀之曲[31]，舞師[32]馮肅、服養曉知[33]先代諸舞，夔總統[34]研精[35]，遠考[36]諸經[37]，近采故事[38]，教習講肄[39]，備作[40]樂器，紹復[41]先代古樂，皆自夔始[42]也。

3 黃初[43]中，為太樂令[44]、協律都尉[45]。漢鑄鐘工柴玉巧[46]有意思[47]，形器之中，多所造作，亦為時貴人見知[48]。夔令玉鑄銅鐘，其聲均[49]清濁[50]多不如法[51]，數毀改作。玉甚厭[52]之，謂夔清濁任意[53]，頗拒捍[54]夔。夔、玉更相白於太祖[55]，太祖取所鑄鐘，雜錯[56]更試，然後[57]知夔為精而玉之妄[58]也，於是罪[59]玉及諸子，皆為養馬士。文帝愛待[60]玉，又嘗令夔與左驥[61]等於賓客之中吹笙[62]鼓琴[63]，夔有難色[64]，由是[65]帝意不悅。後因他事繫[66]夔，使驥等就學[67]，夔自謂[68]所習者雅，仕宦有本[69]，意猶[70]不滿，遂黜免[71]以卒。

4 弟子河南邵登、張泰、桑馥，各至太樂丞[72]，下邳[73]陳頏司律中郎將[74]。自左延年等雖妙[75]於音，咸[76]善鄭聲[77]，其好古存正[78]莫及夔。

【章旨】以上為〈杜夔傳〉。首段寫杜夔諫止劉表庭觀天子之樂，是杜夔不惟善樂，尤為知禮。再寫杜夔紹復古樂。最後寫杜夔在曹操時以水平高於柴玉而見重，在曹丕時卻因曹丕愛待柴玉而被廢黜免職。

【注釋】❶河南　郡名。治所在今河南洛陽東北。❷知音　通曉音樂。❸雅樂郎　官名。負責管理朝廷音樂的創制、演奏等。❹中平　東漢靈帝劉宏年號，西元一八四—一八九年。❺疾去官　因為疾病而離職。❻禮辟　用禮義徵召。❼世亂　時勢混亂。❽荊州　州名。治所在今湖北襄樊。❾牧　指州牧，官名。類似於刺史，為一州的軍政長官。❿劉表　字景升，山陽高平（今山東微山縣西北）人。東漢遠支皇族。曾任荊州刺史，據有今湖南、湖北地方。後為荊州牧。他在羣雄混戰中，採取觀望態度，轄區破壞較小，中原人來避難者甚眾。後病死，其子劉琮降於曹操。詳見本書卷六〈劉表傳〉。⓫漢主　指漢朝的皇帝。⓬合　調制。⓭雅樂　指皇帝舉行祭祀、朝會、宴享等重大禮儀活動時所演奏的典雅音樂、歌唱和舞蹈。⓮庭觀之　在庭院中欣賞音樂。⓯號　名義上。下原有「不」字，係衍文。⓰庭作之　在庭院中演奏。⓱無乃　恐怕；豈不是。表示委婉語氣。⓲納　採納；聽從。⓳琮　即劉琮。劉表的小兒子，劉表死後立為荊州之主，隨即投降曹操，事詳本書卷六〈劉表傳〉。⓴軍謀祭酒　官名。為軍中主管祭祀的官。㉑太樂　官署名。主管雅樂的排練和演奏。㉒善　擅長。㉓鐘律　此處指音律。鐘，樂器。律，音律。㉔聰思過人　聰明智能超過平常人。㉕絲竹八音　絃樂器和竹管樂器，這裏泛指樂器。《禮記‧樂記》：「金石絲竹，樂之器也。」八音，古代稱金、石、絲、竹、匏、土、革、木為八音。金為鐘，石為磬，琴瑟為絲，簫管為竹，笙竽為匏，塤為土，鼓為革，柷敔為木。㉖靡　無。㉗長　擅長。㉘散郎　官名，即散騎侍郎，帝王的侍從官。㉙詠　吟唱。㉚歌師　亦稱歌工，古代宮廷的歌手。㉛宗廟郊祀之曲　帝王在宗廟和郊外祭祀祖先和神祇時演奏的莊嚴的樂曲。㉜舞師　古代在宮廷中舞蹈者。㉝曉知　通曉知道。㉞總統　總管。㉟研精　精心研究。㊱考　考察；考究。㊲諸經　各種經書。㊳故事　舊事。㊴教習講肄　教授講習。㊵備作　全部製作。㊶紹復　繼承恢復。㊷始　開始。㊸黃初　魏文帝曹丕年號，西元二二〇—二二六年。㊹太樂令　官名。主管朝廷的音樂。㊺協律都尉　官名。掌管音樂，調和律呂，監視樂人典課。㊻巧　巧妙。㊼意思　心思。此處指腦子靈活。㊽見知　看得起。猶賞識。㊾聲均　即聲韻。均，通「韻」。㊿清濁　即清音、濁音。(51)法　法則，此處指樂律。(52)厭　厭惡。(53)任意　隨意；沒有標準。(54)拒捍　抵制；抵抗。(55)更相白於太祖　輪番互相向太祖稟告。更，輪番。(56)雜錯　交錯。(57)後　原無，據《宋書‧律志》校補。(58)妄　胡說。(59)罪　降罪。(60)愛待　愛惜厚待。(61)騏　原誤作「願」，據《三國志辨誤》校改。下同。(62)笙　管樂器名，大者十九簧，小者十三簧。(63)琴樂器名。初作五絃，周初增為七絃。凡十三徽。64難色　為難的神色。難，作難；為難。65由是　因此。66繫　拘繫。此處指以別的事作藉口拘繫了杜夔。67就學　從師學習。68自謂　自認為。69仕宦有本　指擔任太樂令、協律都尉這些官職是有根據的。本，根據。70猶　仍然。71黜免　廢黜罷免。72太樂丞　太樂令的屬官，掌音樂。73下邳　侯國名。治所在今江蘇睢寧西北古邳鎮東。74司律中郎將　官名。主管音樂。75妙　精通。76咸　都。77鄭聲　古代鄭地的民間音樂，曲調輕曼柔媚，與雅樂不同，後來被認為是輕浮淫蕩的俗樂。78好古存正　愛好古樂，保存正樂。

【語譯】杜夔，字公良，河南郡人。因為通曉音樂任雅樂郎，中平五年，生病離職。州郡的司徒以禮徵聘，由於世道混亂逃奔荊州。荊州牧劉表命他與孟曜為漢帝調制雅樂，音樂備好後，劉表想在庭院中欣賞，杜夔勸諫說：「現在將軍名義上為天子調制音樂，卻要在自己的庭院中演奏，恐怕不可如此吧！」劉表聽從了他的話取消了演奏。後來劉表的兒子劉琮投降魏太祖，太祖讓杜夔擔任軍謀祭酒，參預太樂署的事務，因此命令他創作雅樂。

2 杜夔擅長音律，聰明智能過人，絲竹管絃等各種樂器，沒有不會的，唯獨唱歌跳舞不是他所擅長。當時散郎鄧靜、尹齊善於吟唱雅樂，歌師尹胡能夠歌唱宗廟郊祀時的樂曲，舞師馮肅、服養通曉了解前代的各種舞蹈，杜夔總管歌舞音樂，精心研究，遠的探究各種經典，近的採集軼聞舊事，教授講習，製作各種樂器，恢復繼承古代的古樂，都是從杜夔開始的。

3 黃初年間，杜夔任太樂令、協律都尉。漢朝鑄鐘工匠柴玉機巧心思靈活，各種形式的樂器，多數是他製作的，也被當時的顯貴所賞識。杜夔令柴玉鑄造銅鐘，銅鐘的聲韻清濁多數不符音律，多次銷毀改鑄。柴玉十分厭惡此事，說杜夔衡量清音濁音沒有標準，對杜夔的要求深自抗拒。杜夔、柴玉交互向太祖稟告，太祖取來所鑄的銅鐘，交替試聽，這才了解到杜夔精通音樂而柴玉胡言亂語，於是降罪給柴玉和他的兒子們，讓他們都去養馬。魏文帝愛惜厚待柴玉，又曾經命令杜夔和左騾等在賓客當中吹笙撫琴，杜夔面露難色，因此文帝心中不愉快。後來藉口別的事關押了杜夔，而派左騾等人去向他學習。杜夔自以為他研習的是雅樂，擔任太樂令和協律都尉等職務是有根據的，心中仍然有所不滿，於是被廢黜免職而死。

4 杜夔的弟子河南郡人邵登、張泰、桑馥，各都官至太樂丞，下邳郡的陳頏官至司律中郎將。自左延年等以下的人雖然精通音樂，都擅長於鄭聲俗樂，他們在愛好古樂、保存純正音樂方面不如杜夔。

1 朱建平，沛國人也。善相術❶，於閭巷❷之間，效驗❸非一。太祖為魏公❹，聞之，召為郎❺。文帝為五官將❻，坐上會客❼三十餘人，文帝問己年壽❽，又令徧❾相眾賓。建平曰：「將軍當壽八十，至四十時當有小厄❿，願謹護之。」謂夏侯威曰：「君四十九位為州牧，而當有厄，厄若得過，可年至七十，致位公輔⓫。」謂應璩⓬曰：「君六十二位為常伯⓭，而當有厄，先此一年，當獨見一白狗，而旁人不見也。」謂曹彪⓮曰：「君據藩國⓯，至五十七當厄於兵，宜善防之。」

2 初⓰，潁川荀攸、鍾繇⓱相與親善⓲。攸先亡，子幼。繇經紀⓳其門戶，欲嫁其妾。與人書⓴曰：「吾與公達㉑曾共使朱建平相，建平曰：『荀君雖少，然當以後事㉒付鍾君。』吾時啁㉓之曰：『惟當嫁卿阿騖㉔耳。』何意㉕此子竟早隕沒㉖，戲言㉗遂驗乎！今欲嫁阿騖，使得善處㉘。追思㉙建平之妙㉚，雖唐舉㉛、許負㉜何以復加也！」

3 文帝黃初七年㉝，年四十，病困㉞，謂左右㉟曰：「建平所言八十，謂晝夜㊱

也，吾其決[37]矣。」頃之[38]，果崩[39]。夏侯威為兗州[40]刺史[41]，年四十九，十二月上旬得疾，念[42]建平之言，自分[43]必死，豫作[44]遺令及送喪之備，咸使素辦[45]。至下旬轉差[46]，垂以[47]平復。三十日日昃[48]，請紀綱大吏[49]設酒，曰：「吾所苦漸平，明日雞鳴，年便五十，建平之戒，真必過矣。」威罷客[50]之後，合瞑[51]疾動，夜半遂卒。璩六十一為侍中，直省內[52]，欻[53]見白狗，問之眾人，悉無見者。於是數聚會，并急游觀田里[54]，飲宴自娛，過期一年，六十三卒。曹彪封楚王，年五十七，坐與王淩通謀[55]，賜死。凡說此輩，無不如言[56]，不能具詳[57]，故粗[58]記數事。惟相司空[59]王昶[60]、征北將軍[61]程喜、中領軍王肅[62]有蹉跌[63]云。肅年六十二，疾篤[64]，眾醫並以為不愈[65]。肅夫人問以遺言，肅云：「建平相我踰[66]七十，位至三公[67]，今皆未[68]也，將何慮[69]乎！」而肅竟卒。

4 建平又善相馬。文帝將出，取馬外入[70]，建平道遇之，語曰：「此馬之相，今日死矣。」帝將乘馬，馬惡[71]衣香[72]，驚齧[73]文帝膝，帝大怒，即便殺之。建平黃初中卒。

【章旨】以上為〈朱建平傳〉。先寫朱建平相曹丕、夏侯威、應璩、曹彪諸人年壽，後皆有應驗。惟相王昶、程喜、王肅有出入。再寫鍾繇在給別人的信中回憶朱建平曾相年少的荀攸比自己早死，後竟應驗，盛讚其妙。又寫朱建平相馬當日必死，是日馬果因驚咬文帝而意外被殺。朱建平的相術，以相人年壽為其所長。

【注　釋】❶相術　根據人的面貌、五官、骨骼、氣色、體態、手紋等推算其吉凶、禍福、貧富、貴賤、壽夭等情況的一種方術。❷閭巷　泛指民間。閭，古代以二十五家為閭。《周禮·地官·大司徒》：「令五家為伍，使之相保，五比為閭，使之相愛。」❸效驗　指占測應驗。❹魏公　東漢建安十八年（西元二一三年）曹操被冊封為魏公。❺郎　官名。為侍從之職。魏晉時尚書郎、祕書郎、黃門侍郎，都稱為郎。❻五官將　官名。即五官中郎將。漢魏時皇帝的侍從分置五官，左右三署，名設中郎將統帥，五官中郎將即其一。❼會客　聚會中的客人。❽年壽　指壽命。❾偏　全部。❿厄　危難。⓫公輔　三公（太尉、司徒、司空）和輔相（丞相）的簡稱。⓬應璩　字休璉，汝南郡南頓縣（今河南項城西）人，博學好文，多次寫詩文諷諫曹爽。西晉建立後，任太子中庶子、散騎常侍，與太尉荀顗撰定新禮。詳見《三國志·王粲傳》裴松之注引《文章敘錄》。⓭常伯　秦漢時稱侍中為常伯。《漢書·谷永傳》：「戴金貂之飾執常伯之職者，皆使學先王之道，知君臣之義。」⓮曹彪　字朱虎，曹操庶子。事見本書卷二十〈楚王傳〉。⓯藩國　諸侯之國，取藩衛王朝之意，故稱。⓰初　當初。⓱潁川荀攸鍾繇　潁川，郡名。治所在今河南禹州。荀攸，字公達，潁川潁陽（今河南許昌西）人，曹操謀士。東漢末任黃門侍郎，參與謀殺董卓，後至荊州。曹操聞其名，徵為汝南太守。多智多謀，隨曹操征張繡、呂布、袁紹，常運籌帷幄，屢出奇計。詳見本書卷十〈荀攸傳〉。鍾繇，字元常，潁川長社（今河南長葛東）人，建安年間任大理、相國，後受魏諷謀反牽連被免官。曹魏時復為太尉、太傅，主張恢復肉刑。詳見本書卷十三〈鍾繇傳〉。⓲相與親善　互相親愛友好。⓳經紀　經營料理。⓴書信。㉑公達　荀攸的字。㉒後事　身後之事。㉓啁　調笑；開玩笑。㉔阿鶩　荀攸妾的名字。㉕何意　哪裏意料得到。意，意想；意料。㉖隕沒　去世。隕，落。㉗戲言　開玩笑的話。㉘善處　好的歸宿。㉙追思　回想；追憶。㉚妙　神妙。㉛唐舉　戰國時梁國著名的相士。㉜許負　漢初時人，以相術著名。事見《史記·絳侯周勃世家》。㉝黃初七年　西元二二六年。黃初，魏文帝曹丕年號，西元二二〇—二二六年。㉞病困　為疾病所困，即病得很厲害，困處於危險境地。㉟左右　指身邊的人。㊱晝夜　一晝一夜，古代以陰陽解釋萬物化生，晝為陽，夜為陰，陰陽相等，這裏的意思是說，朱建平說的八十是陰陽共計八十，意在奉承寬慰曹丕，其實是說曹丕壽只有四十歲，曹丕至此才悟出來。㊲決　通「訣」。永別。㊳頃之　一會兒。㊴崩　古代帝王或王后死叫「崩」。㊵兗州　州名。治所在今山東鄆城西。㊶刺史　官名。為一州之軍政長官。㊷念　想到。

㊸自分　自己料定。分，料定。㊹豫作　預先製作。㊺素辦　舊時凶喪之事用白色，故曰「素辦」，即按喪事辦。㊻轉差　指病情好轉。㊼垂以　接近於。㊽日昃　亦作「日側」。太陽開始偏西，即下午兩點左右。㊾紀綱大吏　管理府中事務的主要官吏。紀綱，管理。㊿罷客　送走客人。51合瞑　閉目；合眼。52省內　變稱「省中」，指禁宮之內。53欻　忽然。54田里　本指鄉間。此指故鄉。55與王淩通謀　指西元二五一年王淩造反，企圖廢齊王芳而立曹彪之事。詳見本書卷二十八〈王淩傳〉。56無不如言　沒有不像他所說的。57具詳　都詳細說明。58粗　粗略。59司空　官名。本為古代掌工程建設的官吏。《國語·周語中》：「司空不視涂。」三國韋昭注：「司空，卿官，掌道路者。」東漢司空為三公之一，主管水土及營建工程。60王昶　字文舒，太原晉陽（今山西太原）人，少與同郡王淩俱知名。歷任散騎侍郎、驃騎將軍、司空等職。詳見本書卷二十七〈王昶傳〉。61征北將軍　將軍名。執掌統兵征戰，位在「四鎮」將軍之上。62中領軍王肅　中領軍，禁軍將領，與中護軍同掌禁軍。王肅，字子雍，東海郯（今山東郯城）人，王朗的兒子，從宋忠讀《太玄》。精於賈逵、馬融之學，不喜鄭玄之說。為《尚書》、《詩經》、《論語》、《三禮》、《左傳》作注，參與制定朝廷禮儀。詳見本書卷十三王朗附傳。63蹉跌　失足。比喻失誤。64疾篤　病重。篤，重。65愈　治好。66踰　超過。67三公　古代王朝中最高官位。各代三公不一，秦漢時以丞相（大司徒）、太尉（大司馬）、御史大夫（大司空）為三公。68皆未　指朱建平所預言的年歲和官位都還沒有達到。69慮考慮。此指擔心。70外人　指侍從從外面馬廄把馬牽來。71惡　厭惡。72衣香　衣服上散發出來的香味。73囓　咬。

【語　譯】朱建平，沛國人。擅長相術，在里巷之間，他占卜被應驗證實的非止一例。太祖當魏公時，聽說過他，徵召他任郎官。文帝擔任五官中郎將時，聚會賓客在座有三十多人，文帝詢問朱建平自己的壽命，又讓他替所有的賓客看相。朱建平說：「將軍壽命當有八十歲，到四十歲時會有小小的困厄，希望您謹慎保護自己。」對夏侯威說：「您四十九歲時位處州牧，然而將有困厄，困厄如果得以度過，可以活到七十歲，位至三公。」對應璩說：「您六十二歲時官至侍中，然而會有困厄，在這之前一年，會獨自見到一條白狗，然而旁邊的人是看不見的。」對曹彪說：「您擁有藩國，到五十七歲時，當遭受兵災，應當善加防範此事。」

2　當初，潁川郡的荀攸和鍾繇相互間親密友好。荀攸先死，兒子年幼。鍾繇替荀家處理家事，想要嫁出荀攸的妾。他在給別人的信中說：「我與公達曾經一同讓朱建平相面，朱建平說：『荀君雖然年少，然而當會把身後之事託付給鍾君。』我當時開玩笑說：『只不過是把您的阿鶩嫁出去罷了。』哪裏料想得到此人竟然早早逝世，玩笑話終究應驗了！現在要嫁阿鶩，讓她得到好的歸宿。回想起朱建平的神妙，即使是唐舉、許負也無法超越！」

3 魏文帝在黃初七年，年四十歲時，病得很嚴重，對身邊的人說：「朱建平所說的八十歲，是說白天夜晚加起來，我要與你們訣別了。」沒多久，果真去世了。夏侯威擔任兗州刺史，時年四十九，十二月上旬得病，回想起朱建平的話，自己料定一定會死，預先寫好了遺囑做好了送葬的準備，完全按照喪事辦理。到了十二月下旬病情好轉，差不多康復。三十日這天太陽偏西時，他讓管理府中事務的主要官吏擺設酒席，說：「我所感到痛苦的疾病逐漸好了，明天雞鳴時，年齡便有了五十歲，朱建平的告誡，必定會真正度過了。」夏侯威送走客人之後，才一闔眼疾病復發，夜半時分便死了。應璩六十一歲任侍中，在宮內當差值日，忽然看見一條白狗，詢問其他人，完全沒有看見的人。於是，他多次聚會，並且急忙回故鄉遊玩觀賞，飲酒設宴自我娛樂，過了一年，六十三歲時死去。曹彪封為楚王，當時五十七歲，因與王淩通謀造反坐罪，被賜死。凡是朱建平說過的這些人，沒有不像他所說的一樣，不能一個個的詳細說明，所以粗略的記載幾件事。只有給司空王昶、征北將軍程喜、中領軍王肅等人看的相有些失誤。王肅六十二歲時病重，醫生都認為他無法治癒。王肅的妻子問王肅的遺言，王肅說：「朱建平替我看相說我會活過七十歲，位至三公，現在都還沒有實現，有什麼好憂慮的呢！」而王肅竟然死去。

4 朱建平又擅長相馬。文帝將要出行，侍從把馬從外面牽來，朱建平在路上看見馬，說道：「從這匹馬的外相來看，今天就要死了。」文帝準備騎上去，馬厭惡衣服上散發的香味，驚慌之中咬了文帝的膝蓋，文帝大為憤怒，立即殺了馬。朱建平在黃初年間去世。

1 周宣，字孔和，樂安❶人也。為郡吏❷。太守楊沛夢人曰：「八月一日❸曹公❹

當至，必❺與君杖❻，飲以藥酒❼。」使宣占❽之。是時黃巾❾賊起，宣對曰：「夫杖起弱者，藥治人病，八月一日，賊必除滅❿。」至期⓫，賊果破。

2 後東平⓬劉楨⓭夢蛇⓮生四足，穴居門中，使宣占之，宣曰：「此為國夢⓯，非君家之事也。當殺女子而作賊者⓰。」頃之，女賊鄭、姜⓱遂俱夷討，以⓲蛇女子之祥，足非蛇之所宜故也。

3 文帝問宣曰：「吾夢殿屋兩瓦墮⓳地，化為雙鴛鴦⓴，此何謂也？」宣對曰：「後宮㉑當有暴死者。」帝曰：「吾詐卿耳！」宣對曰：「夫夢者意㉒耳，苟以形言㉓，便占吉凶。」言未畢，而黃門令㉔奏宮人㉕相殺。無幾㉖，帝復問曰：「我昨夜夢青氣自地屬㉗天。」宣對曰：「天下當有貴女子寃死。」是時，帝已遣使賜甄后㉘璽書㉙，聞宣言而悔之，遣人追使者不及。帝復問曰：「吾夢摩㉚錢文，欲令滅㉛而更愈明㉜，此何謂邪？」宣悵然㉝不對。帝重㉞問之，宣對曰：「此自陛下家事，雖意欲爾㉟而太后㊱不聽，是以文欲滅而明耳。」時帝欲治弟植㊲之罪，偪於太后，但㊳加貶爵。以宣為中郎㊴，屬太史㊵。

4 嘗㊶有問宣曰：「吾昨夜夢見芻狗㊷，其占何也？」宣答曰：「君欲㊸得美食耳！」有頃，出行，果遇豐膳。後又問宣曰：「昨夜復夢見芻狗，何也？」宣曰：

「君欲墮車㊹折腳，宜戒慎㊺之。」頃之，果如宣言。後又問宣：「昨夜復夢見芻狗，何也？」宣曰：「君家欲失火，當善護㊻之。」俄㊼遂火起。語㊽宣曰：「前後三時，皆不夢也。聊㊾試卿耳，何以皆驗邪？」宣對曰：「此神靈動㊿君使言，故與真夢無異也。」又問宣曰：「三夢芻狗而其占不同，何也？」宣曰：「芻狗者，祭神之物。故君始夢，當得飲食(51)也。祭祀既訖(52)，則芻狗為車所轢(53)，故中夢(54)當墮車折腳也。芻狗既車轢之後，必載以為樵(55)，故後夢憂失火也。」宣之敘(56)夢，凡此類也。十中八九，世(57)以比(58)建平之相矣。其餘效故不次列(59)。明帝(60)末卒。

【章　旨】以上為〈周宣傳〉。寫周宣以夢準確占測太守楊沛破敵之日，又能以夢準確占測有做強盜的女子被殺。再寫周宣為文帝曹丕所占三夢皆準確無誤。尤其是「夫夢者意耳，苟以形言，便占吉凶」之論，已經上升到理論高度。又寫周宣之占能夠隨機應變，為人三占芻狗之夢，而其占不同，後皆應驗。

【注　釋】❶樂安　郡名。治所在今山東高青西北。❷郡吏　指樂安郡的吏。吏，漢朝以後稱職位低微的官員為吏，秩四百石至二百石為長吏，百石以下有斗食佐吏為少吏。❸八月一日　指漢獻帝初平三年（西元一九二年）八月一日。❹曹公　指曹操。❺必　一定。❻杖　杖棍；手杖。❼藥酒　用藥物泡製的酒。❽占　占卜。❾黃巾　東漢末年張角起事，部眾頭裹黃巾，故名。❿除滅　消滅。⓫至期　到了日期⓬東平　侯國名。治所在今山東東平東。⓭劉楨　字公幹。東平（今山東東平）人。博學有才，與魏文帝友善，為建安七子之一。事見本書卷二十一〈劉楨傳〉。⓮虵　俗「蛇」字。⓯國夢　有關國家之事的夢。⓰殺女子而作賊者　即殺作強盜的女子。⓱鄭姜　此處是指姓鄭和姓姜的女子。⓲以　因為。⓳墮　落。⓴鴛鴦　鳥名。體小於鴨。雄（鴛）羽色絢麗；雌（鴦）略小，背蒼褐色。傳說其雌雄偶居不離。㉑後宮　國君妃嬪所居的內宮。㉒意　心意；意念。㉓苟以形言　假如已在言語中表現出來。㉔黃門令　官名。東漢後給事內廷的黃門令、中黃門等官均由宦官擔任。㉕宮人　宮女。㉖無幾　不久；一會兒。㉗屬　連接。㉘甄后　魏明帝曹叡之母，黃初二年（西元二二一年）六月被曹丕賜死。詳見本書卷五〈文昭甄皇后傳〉。㉙璽書　蓋有皇帝印璽的文書，即詔書。㉚摩　通「磨」。㉛滅　磨掉。㉜明　明顯。㉝悵然　憂慮失意的樣子。㉞重　再。㉟欲爾　想要這樣做。㊱太后　對皇帝母親的稱呼。此處指文帝之母卞太后。事見本書卷五〈武宣卞皇后傳〉。㊲植　即曹植，字子建，曹操之子。善屬文，言出為論，下筆成章，深得曹操賞識。政治上不得意，文學上造詣頗高。明帝太和六年（西元二三二年）封為陳王，死後謚曰思。詳見本書卷十九〈陳思王傳〉。㊳但　僅；只。㊴中郎　官名。擔任宮中護衛、侍從，屬郎中令。下分五官、左、右三署，各署長官稱中郎將，省稱中郎。㊵太史　官名。掌天文曆法。盧弼《三國志集解》：「太史與中郎同為六百石，中郎屬太史可疑，太史令屬字亦無中郎也，屬字或為兼字之誤。」盧說甚是。㊶嘗　曾經。㊷芻狗　用草紮成的狗。古代以之作為祭品，祭完即棄。芻，草。㊸欲　應該；將要。㊹墮車　從車上掉下。㊺戒慎　警惕、小心。㊻護　保護；看護。㊼俄　頃刻；片刻。㊽語　對……說。㊾聊　姑且。㊿動　觸動；影響。51飲食　指鬼神享用過的祭食。宋本作「餘食」。52訖　完畢；結束。53轢　被車輪輾軋。54中夢　中間的夢，指第二個夢。55樵　柴禾。56敘　解釋。57世　當世之人。58比　平列。59次列　依次列出；一一舉出。60明帝　即曹叡，字元仲，文帝之子。文帝病重時才立其為太子。即位後大興土木，耽意遊玩，也關心文化，鼓勵學術。詳見本書卷三〈明帝紀〉。

【語　譯】周宣，字孔和，樂安郡人。任郡吏。太守楊沛夢見有人對他說：「八月一日曹公定會到來，一定給你一根手杖，讓你喝藥酒。」楊沛讓周宣占卜這個夢的吉凶。當時黃巾賊起兵，周宣回答說：「杖使體弱的人站起來，藥是治人的疾病，八月一日，賊寇一定會被翦除。」到了那一天，賊軍果然被消滅了。

2 後來東平人劉楨夢見蛇生了四隻腳，在門中打洞而居，讓周宣占夢，周宣說：「這是有關國家的夢，不是您家中的事情。應當有做寇賊的女子被殺。」不久，女寇賊鄭氏、姜氏全被夷滅平定，因為蛇是女子的徵兆，而腳並非蛇所應有的緣故。

3 文帝詢問周宣說：「我夢見宮殿屋瓦有兩片落在地上，變成一對鴛鴦，這是什麼意思呢？」周宣回答說：

「後宮會有人暴斃。」文帝說：「我欺騙您罷了！」周宣回答說：「夢只是意念而已，假如在語言中顯現出來，就能夠預示吉凶。」話尚未說完，就有黃門令報告說有宮女互殺。沒多久，文帝又問道：「我昨天夜裏夢見青氣從地面上連天空。」周宣回答說：「天下應當有顯貴的女子冤死。」這時，文帝已經派使者賜甄后要她自殺的詔書，聽了周宣的話後感到後悔，派人追趕使者，沒有趕上。文帝又問道：「我夢見磨錢上的花紋，想把它磨掉但花紋反而更加顯明了，這是什麼意思？」周宣悵然不答。文帝又再問他，周宣回答說：「這只是陛下的家事，雖然您想要這麼做而太后不允許，因此您想把花紋磨掉但它卻更加明晰。」當時文帝想治弟弟曹植的罪，迫於太后，只是貶了他的爵位。任周宣為中郎，屬太史。

4 曾經有人問周宣：「我昨天夜裏夢見草紮的狗，這是什麼徵兆呢？」周宣回答說：「您將要獲得美食罷了！」過了一會兒，那人外出，果然得到了一頓豐盛的美食。後來那人又問周宣說：「昨天夜裏又夢見草紮的狗，為什麼呢？」周宣說：「您將會從車上掉下來摔斷腳，應該謹慎小心。」不久，果真如周宣所言。後來那人又問周宣說：「昨天夜裏又夢見用草紮成的狗，為什麼呢？」周宣說：「您家裏將要失火，應該善加防護。」不久火竟然燒起來了。那人對周宣說：「前後三次，都沒有夢到草紮的狗。我只不過是姑且試試您而已，為什麼都應驗了呢？」周宣回答說：「這是神靈影響您讓您說的，所以跟真夢沒有差別。」那人又問：「三次都是夢見用草紮成的狗而占夢結果不同，為什麼呢？」周宣說：「用草紮成的狗，是祭神的物品。所以您開始做的夢，預示著您將會得到鬼神享用過的食物。祭祀既已結束，那麼草紮成的狗就要被車輪所輾軋，所以第二個夢就應該是從車上掉下來摔斷腳。草紮的狗既被車輪輾軋之後，一定會裝載回去當作柴火燒，所以最後一個夢預示失火的憂患。」周宣詮釋夢境，大概就是這一類，十個夢有八九個解得準，當時的人把他的占夢與朱建平的相術並列。其餘的應驗就不一一列舉了。魏明帝末年周宣去世。

1 **管輅，字公明，平原❶人也。容貌粗醜，無威儀❷而嗜酒，飲食言戲❸，不擇**

非類❹，故人多愛之而不敬也❺。

2 父為利漕❻，利漕民郭恩兄弟三人，皆得躄❼疾，使輅筮❽其所由❾。輅曰：「卦中有君本墓❿，墓中有女鬼，非君伯母，當叔母也⓫。昔饑荒之世，當有利其數升米者⓬，排著⓭井中，嘖嘖⓮有聲，推一大石，下破其頭，孤魂冤痛，自訴於天。」於是恩涕泣服罪⓯。

3 廣平⓰劉奉林婦病困，已買棺器⓱。時正月也，使輅占，曰：「命在八月辛卯⓲日日中之時。」林謂必不然⓳，而婦漸差，至秋發動⓴，一如㉑輅言。

4 輅往見安平㉒太守王基㉓，基令作卦㉔，輅曰：「當有賤婦人，生一男兒，墮地㉕便走入竈中死。又牀上當有一大蛇銜筆，小大㉖共視，須臾㉗去之也。又烏來入室中，與燕共鬭㉘，燕死，烏去。有此三怪。」基大驚，問其吉凶。輅曰：「直㉙客舍㉚久遠，魑魅魍魎㉛為怪耳。兒生便走，非能自走，直宋無忌㉜之妖將其入竈也。大蛇銜筆，直老書佐㉝耳。烏與燕鬭，直老鈴下㉞耳。今卦中見㉟象而不見其凶，知非妖咎㊱之徵㊲，自無所憂也。」後卒無患㊳。

5 時信都令㊴家婦女驚恐，更互㊵疾病，使輅筮之。輅曰：「君北㊶堂西頭，有兩死男子，一男持矛㊷，一男持弓箭，頭在壁㊸內，腳在壁外。持矛者主㊹刺頭，故頭重痛不得舉[45]也。持弓箭者主射胸腹，故心中懸痛[46]不得飲食也。晝則浮游[47]，夜來病人[48]，故使驚恐也。」於是掘徙[49]骸骨，家中皆愈[50]。

6 清河[51]王經去官還家，輅與相見。經曰：「近有一怪，大不喜之，欲煩[52]作卦。」卦成，輅曰：「爻吉[53]，不為怪也。君夜在堂戶[54]前，有一流光[55]如燕爵[56]者，入君[57]懷中，殷殷[58]有聲，內神不安[59]，解衣彷徉[60]，招呼婦人，覓索[61]餘光。」經大笑曰：「實如君言。」輅曰：「吉[62]，遷[63]官之徵[64]也，其應行至[65]。」頃之，經為江夏[66]太守。

7 輅又至郭恩家，有飛鳩來在梁頭[67]，鳴甚悲[68]。輅曰：「當有老公從東方來，攜豚[69]一頭，酒一壺。主人雖喜，當有小故[70]。」明日果有客，如所占。恩使客節酒、戒肉[71]、慎火，而射[72]雞作食，箭從樹間激中[73]數歲女子手，流血驚怖[74]。

8 輅至安德[75]令劉長仁家，有鳴鵲來在閤屋[76]上，其聲甚急[77]。輅曰：「鵲言東北有婦昨殺夫，牽引[78]西家人夫離婁，候不過日在虞淵之際[79]，告者至矣。」到時，果有東北同伍[80]民來告，鄰婦手殺[81]其夫，詐言[82]西家人與夫有嫌[83]，來殺我壻[84]。

9 輅至列人[85]典農[86]王弘直許[87]，有飄風[88]高三尺餘，從申上[89]來，在庭中幢幢[90]

回轉，息(91)以復起，良久乃止(92)。直以問輅，輅曰：「東方當(93)有馬吏(94)至，恐父哭子，如何！」明日膠東(95)吏到，直子果亡。直問其故，輅曰：「其日乙卯(96)，則長子之候(97)也。木落於申(98)，斗建申，申破寅(99)，死喪之候也。日加午而風發，則馬之候也(100)。離為文章，則吏之候也(101)。申未為虎(102)，虎為大人(103)，則父之候也。」有雄雉(104)飛來，登(105)直內鈴柱(106)頭，直大以不安，令輅作卦，輅曰：「到五月必遷。」時三月也，至期，直果為勃海(107)太守。

10 館陶(108)令諸葛原遷新興(109)太守，輅往祖餞(110)之，賓客並會。原自起取燕卵(111)、蠭窠(112)、鼅鼄著(113)器中，使射覆(114)。卦成，輅曰：「第一物，含氣(115)須(116)變，依乎宇堂(117)，雄雌(118)以形(119)，翅翼舒(120)張，此燕卵也。第二物，家室倒縣，門戶眾多，藏精育(121)毒，得秋乃化(122)，此蠭窠也。第三物，觳觫(123)長足，吐絲成羅(124)，尋(125)網求食，利在昏夜(126)，此鼅鼄也。」舉坐(127)驚喜。

11 輅族兄(128)孝國，居在斥丘(129)，輅往從之(130)，與二客會。客去(131)後，輅謂孝國曰：「此二人天庭(132)及口耳之間同有凶氣，異變(133)俱起，雙魂無宅(134)，流魂(135)于海，骨歸于家，少許時當並(136)死也。」復數十日，二人飲酒醉，夜共載(137)車，牛驚下道(138)入漳河(139)中，皆即溺死也。

12 當此之時，輅之鄰里[140]，外戶[141]不閉，無相偷竊者。清河太守華表，召[142]輅為文學掾[143]。安平趙孔曜薦[144]輅於冀州[145]刺史裴徽曰：「輅雅性[146]寬大，與世無忌[147]，仰觀天文則同妙甘公、石申[148]，俯覽周易[149]則齊思季主[150]。今明使君方垂神[151]幽藪，留精九皐[152]，輅宜蒙陰和之應[153]，得及羽儀[154]之時。」徽於是辟[155]為文學從事，引與相見，大善友[156]之。徙部[157]鉅鹿[158]，遷治中別駕[159]。

13 初應州召，與弟季儒[160]共載，至武城[161]西，自卦吉凶，語儒云：「當在故城中見三貍[162]，爾者[163]乃顯[164]。」前到河西故城[165]角，正見三貍共踞城側，兄弟並[166]喜。正始[167]九年舉秀才。

14 十二月[168]二十八日，吏部尚書[169]何晏[170]請之，鄧颺[171]在晏許。晏謂輅曰：「聞君著爻[172]神妙，試為作一卦，知位當至三公不？」又問：「連夢見青蠅[173]數十頭，來在鼻上，驅之不肯去，有何意故？」輅曰：「夫飛鴞[174]，天下賤鳥，及其在林食椹[175]，則懷我好音[176]，況輅心非草木，敢不盡忠？昔元、凱之弼重華[177]，宣惠慈和[178]，周公之翼成王[179]，坐而待旦[180]，故能流光六合[181]，萬國[182]咸寧。此乃履道休應[183]，非卜筮之所明也。今君侯位重山嶽[184]，勢若雷電，而懷德者鮮，畏威者眾，殆非小心翼翼多福之仁[185]。又鼻者艮[186]，此天中之山[187]，高而不危，所以長守貴也。

今青蠅臭惡[188]，而集[189]之焉。位峻者[190]顛，輕豪[191]者亡，不可不思害盈[192]之數，盛衰之期[193]。是故山在地中曰謙[194]，雷在天上曰壯[195]；謙則裒多益寡[196]，壯則非禮不履[197]。未有損己而不光大，行非[198]而不傷敗。願君侯上追文王六爻之旨[199]，下思尼父彖象之義[200]，然後三公可決[201]，青蠅可驅也。」颺曰：「此老生之常譚[202]。」輅答曰：「夫老生者見不生[203]，常譚者見不譚[204]。」晏曰：「過歲更[205]當相見。」輅還邑舍，具以此言語舅氏，舅氏責輅言太切至[206]。輅曰：「與死人語，何所畏邪？」舅大怒，謂輅狂悖[207]。歲朝[208]，西北大風，塵埃蔽天，十餘日，聞晏、颺皆誅，然後舅氏乃服[209]。

15 始輅過[210]魏郡[211]太守鍾毓[212]，共論[213]易義，輅因言[214]「卜可知君生死之日」。毓使筮其生日月，如言無蹉跌[215]。毓大愕然[216]，曰：「君可畏也。死以付天[217]，不以付君。」遂不復筮。毓問輅：「天下當太平否？」輅曰：「方今四九天飛[218]，利見[219]大人，神武升建[220]，王道文明，何憂不平？」毓未解輅言，無幾，曹爽[221]等誅，乃覺寤[222]云。

16 平原太守劉邠[223]取印囊[224]及山雞[225]毛著器中，使筮。輅曰：「內方外圓，五色成文[226]，含寶守信，出則有章，此印囊也。高嶽巖巖[227]，有鳥朱身[228]，羽翼玄[229]黃，鳴不失晨[230]，此山雞毛也。」邴曰：「此郡官舍，連有變怪[231]，使人恐怖，其理何由[232]？」輅曰：「或因漢末之亂，兵馬擾攘[233]，軍屍流血，汙染丘山，故因昏夕[234]，多有怪形也。明府[235]道德高妙，自天祐之，願安百祿[236]，以光休寵[237]。」

17 清河令徐季龍使人行獵[238]，令輅筮其所得[239]。輅曰：「當獲小獸，復非食禽[240]，雖有爪牙，微而不彊[241]，雖有文章，蔚[242]而不明，非虎非雉，其名曰狸。」獵人暮歸，果如輅言。季龍取十三種物，著大篋[243]中，使輅射[244]。云：「器中藉藉[245]有十三種物。」先說雞子，後道蠶蛹，遂一一名之，惟以梳為枇[246]耳。

18 輅隨軍西行[247]，過毌丘儉[248]墓下，倚[249]樹哀吟，精神不樂。人問其故[250]，輅曰：「林木雖茂，無形[251]可久；碑誄[252]雖美，無後可守。玄武[253]藏頭，蒼龍無足，白虎[254]銜尸，朱雀[255]悲哭，四危以備，法當滅族。不過二載，其應至矣。」卒如其言。後得休[256]，過清河倪太守。時天旱，倪問輅雨期，輅曰：「今夕當雨。」是日暘燥[257]，晝無形似[258]，府丞[259]及令[260]在坐，咸謂不然。到鼓一中[261]，星月皆沒，風雲並起，竟成快雨[262]。於是倪盛修[263]主人禮，共為歡樂。

19 正元[264]二年，弟辰[265]謂輅曰：「大將軍[266]待君意厚，冀當[267]富貴乎？」輅長歎曰：「吾自知有分直[268]耳，然天與我才明，不與我年壽，恐四十七八間，不見女嫁兒娶婦也。若得免此，欲作洛陽[269]令，可使路不拾遺[270]，枹[271]鼓不鳴。但恐至太山[272]治鬼，不得治生人，如何！」辰問其故，輅曰：「吾額上無生骨[273]，眼中無守精[274]，鼻無梁柱[275]，腳無天根[276]，背無三甲[277]，腹無三壬[278]，此皆不壽[279]之驗。又吾本命[280]在寅，加月食夜生。天有常數[281]，不可得諱，但人不知耳。吾前後相當死者過百人，略無[282]錯也。」是歲八月，為少府丞[283]。明年二月卒，年四十八。

【章　旨】以上為〈管輅傳〉。管輅占卜，多與政治有關，如占卜知王經夜有流光入懷及預兆升官；占何晏、鄧颺將敗亡並多規勸之言；占鍾毓之生日並隱言政治形勢；過毌丘氏墓而知其必將滅族。管輅之占每有勸人向善的導向，如管輅占卜知郭恩兄弟躄疾是因為以前家中有人在荒年時奪嬸母之糧推殺井中而受上天懲罰的結果。至於占卜劉奉林垂死的妻子尚有數月之命及命終時刻；占卜王基家將有三種怪異現象並作解釋；占卜信都令家婦女驚恐，輪流患病為持矛與持弓箭二死男子埋於其堂下所致；以管孝國的兩位客人天庭及口耳有凶氣知其將死；在清河倪太守處於久旱無雨侯之時占知當夜有雨，皆為雕蟲小技。

【注　釋】❶平原　郡名。治所在今山東平原西南。❷威儀　莊嚴的容貌舉止。❸言戲　言談嬉戲。❹非類　不是同類。❺人多愛之而不敬也　人們大多喜歡他但不尊敬他。❻父為利漕　父親為管理利漕的官員。利漕，渠名。西元二一三年鑿，引漳水自今河北曲周南，東至大名西北注入白溝。此處指管理利漕渠的官。❼躄　腳不能走。❽筮　古代以蓍草占吉凶。《尚書・大禹謨》：「龜筮協從，卜不習吉。」《詩經・衛風・氓》：「爾卜爾筮，體無咎言。」《毛傳》：「龜曰卜，蓍曰筮。」❾所由　由來；產生疾病的由來。❿本墓　本家的墳墓。⓫非君伯母二句　不是你的伯母，就應當是你的叔母。非……當……，不是……就應當是……。表示選擇。⓬利其數升米者　謀取她手中的幾升米的人。⓭排著　推入。⓮嘖嘖　呼聲。《說文》：

間活動。利，便利；便於。昏夜，黑夜。(127)舉坐　滿座；在座的所有人。(128)族兄　本指同高祖的同族兄輩，後泛指同族的兄長。(129)斤丘　縣名。治所在今河北成安東南。(130)輅往從之　管輅前往跟從他。往，前往。從，跟從。(131)去　離開。(132)天庭　兩眉之間。(133)異變　怪異的變化。(134)雙魂無宅　即兩人均魂不守舍，魂靈離開了軀殼。無宅，無舍。(135)流魂　魂魄在流動飄泊。(136)並　一同。(137)共載　同乘一輛車。(138)下道　離開道路。(139)漳河　水名。衛河支流，在河北、河南兩省交界處。(140)鄰里　古代基層組織單位名，五家為鄰，五鄰為里。(141)外戶　指從外面關閉的門，後來也泛指大門。(142)召　徵召。(143)文學掾　官名。漢魏州、郡及王國都設有此官，約相當於後代的教官。魏以後又稱文學從事。(144)薦　推薦；薦舉。(145)冀州　州名。三國時治所在今河北冀州。(146)雅性　猶雅量。氣度不凡。(147)無忌　無妒忌。無爭之意。(148)甘公石申　甘公，即甘德。戰國齊人。石申，戰國魏人。二人均是著名天文學家，後人將二人的天文學著作合稱《甘石星經》。(149)周易　亦稱《易經》。儒家經典之一，內容包括經、傳兩部分。(150)季主　即司馬季主，漢代人，善於占卜。見《史記・日者列傳》。(151)垂神　把思維集中於某件事物上。(152)九皋　幽深的水澤淤地。(153)蒙陰和之應　蒙受和美的感應。(154)羽儀　羽翼。(155)辟　徵辟。(156)善友　親善友愛。(157)部　衙署。(158)鉅鹿　郡名。治所在今河北寧晉西南。(159)治中別駕　官名。漢代始置，魏沿置，州刺史下有治中從事史一人，掌文書，為刺史佐官，刺史出巡時，從事史乘車隨行，故稱別駕。(160)季儒　即管季儒。(161)武城　縣名。即「東武城縣」，治所在今山東武城東北。(162)貍　動物名。又叫貍貓、貍子，體大如貓，全體淺棕色，有許多褐色斑點。(163)爾者　你，指管季儒。(164)顯　顯貴。(165)故城　老城；原來的城市。(166)並　都。(167)正始　魏齊王曹芳年號，西元二四一—二四九年。(168)十二月　指齊王曹芳正始九年十二月。(169)吏部尚書　官名。魏晉以後吏部之最高長官，掌管全國官吏的任命、考課、升降、調動等事務。(170)何晏　字平叔，南陽宛（今河南南陽）人，何進之孫，其母被曹操納為夫人，因而自幼被曹操收養。娶魏公主，歷任散騎常侍、侍中尚書。因依附曹爽，被司馬懿所殺。好老莊，善玄言，以清談著名。詳見本書卷九〈曹爽傳〉。(171)鄧颺　字玄茂，東漢司徒鄧禹後裔。歷任尚書郎、洛陽令、大將軍長史等。曹爽親黨，被司馬懿所殺。詳見本書卷九〈曹爽傳〉及裴松之注引《魏略》。(172)著爻　占卦。(173)青蠅　青色的蠅子，亦稱金蠅。(174)飛鴞　指飛翔的貓頭鷹、鴟鴞一類的兇禽。(175)椹　桑樹結的果實。(176)懷我好音　給我叫出好聽的聲音。比喻人受到恩德而有所報答。這是《詩經・魯頌・泮水》中的詩句。詩中說本來叫聲難聽的鴟鴞，飛到魯國學校的樹林中吃了桑椹後，叫聲就變得好聽了。懷，歸向，引申為回報、報答。(177)元凱之弼重華　八元、八凱輔佐虞舜。元，八元。凱，八凱。《左傳》文公十八年：「昔高陽氏有才子八人，蒼舒、隤敳、檮戭、大臨、尨降、庭堅、仲容、叔達，齊、聖、廣、淵、明、允、篤、誠，天下之民謂之八愷。高辛氏有才子八人，伯奮、仲堪、叔獻、季仲、伯虎、仲熊、叔豹、季貍，忠、肅、共、懿、宣、慈、惠、和，天下之民謂之八元。此十六族也，世濟其美，不隕其名。以至於堯，堯不能舉。舜臣堯，舉八愷，使主后土，以揆百事，莫不時序，地平天成。舉八元，使布五教於四方，父義、母慈、兄友、弟共、子孝，內平外成。」弼，輔佐。重華，指虞舜。(178)宣惠慈和　廣施恩惠，慈愛和睦。原誤作「宣慈惠和」，據宋本校改。(179)周公之翼成王　周公輔佐成王。周公，周文王之子姬旦，世稱周公旦。他先後輔佐周武王和周成王，為周代著名賢臣、政治家。翼，輔翼；佐助。成王，周武王之子。(180)坐而待旦　傳說周公為了上朝，每天天未亮就起來，準備好以後等待天明。(181)流光六合　光輝流布天下。六合，天地四方，即整個天下。(182)萬國　泛指各國。(183)履道休應　指按正道治理天下而能得到美好的效應。(184)山嶽　高山。嶽，高峻的大山。(185)仁　據盧弼《三國志集解》引《太平御覽》說「仁」為「人」，引《世說新語》說「仁」為「士」。(186)艮　卦名。八卦之一，山之象，因鼻凸出如山，故曰「鼻者艮」。(187)天中之山　裴松之注釋曰：「相書衣鼻之所在為天中。鼻有山象，故曰：『天中之山』也。」(188)臭惡　氣味難聞，令人噁心。臭，氣味。(189)集　匯集。(190)位峻者　地位高的人。(191)輕豪　輕佻豪橫。(192)害盈　災害與福祿。(193)盛衰之期　興盛衰敗的期限。(194)謙　卦名。下〈艮〉上〈坤〉，象徵謙虛。(195)壯　卦名。亦稱〈大壯〉，下〈乾〉上〈震〉，象徵大為強盛。(196)裒多益寡　減損多餘，彌補不足。(197)非禮不履　這是《易經‧大壯卦》象辭中一句，原文作「非禮弗履」，意思是不施行非禮的事。履，行。(198)行非　做壞事。(199)文王六爻之旨　文王，即周文王姬昌，商末周族的領袖。六爻之旨，指君臣父子夫婦或天地人之間的禮制關係。《周易》把組成卦的一長劃和兩短劃叫「爻」。重卦六劃叫「六爻」。也稱「六位」。六位一說指君臣父子夫婦，另說一二指地，三四指人，五六指天。(200)尼父彖象之義　尼父，即孔子。父，通「甫」。古代對男子的美稱，因孔子字仲尼，故稱。彖象之義，相傳為孔子所作的〈上彖〉〈下彖〉，〈上象〉〈下象〉等《十翼》中所闡述《易》的意旨、內容。(201)決　決定。(202)老生之常譚　老書生常講的話，無新意，比喻早已聽慣聽厭的道理。譚，通「談」。(203)不生　失去生命死亡的人。(204)不譚　不能再講話的死人。(205)更　再；又。(206)切至　過分率直。(207)狂悖　狂妄背理。悖，乖；與常理不合。(208)歲朝　一歲開始，即元旦。(209)乃服　才信服。(210)過　訪；探望。(211)魏郡　郡名。治所在今河北臨漳西南鄴鎮。(212)鍾毓　鍾繇之子，字稚叔。潁川長社（今河南長葛東）人。仕至御史中丞、廷尉，並遷督徐、荊二州諸軍事。詳見本書卷十三〈鍾毓傳〉。(213)共論　一同討論。(214)因言　因而說；順便說。(215)蹉跌　失足。比喻差錯。(216)愕然　驚訝的樣子。(217)死以付天　死期請天去決定。(218)四九天飛　《周易》的爻辭把陽爻稱為「九」，陰爻稱為「六」。「四九」即從卦形下面數起第四爻，為陽爻，通常說是九四。《周易》六十四卦中，第四爻為陽爻的卦形多達二十四種，這裏專指〈乾卦〉中的「九四」而言，其爻辭曰：「九四，或躍在淵，无咎。」即這一爻代表著潛藏在深淵的龍。

管輅以此隱指裝病不理政事的司馬懿。天飛，飛上天。〈乾卦〉第五爻也是陽爻，稱為「九五」，其爻辭曰：「飛龍在天，利見大人」，意巨龍高飛上天，利於出現大人。管輅以此暗喻司馬懿將除掉曹爽集團成為新的統治者。[219]見　通「現」。[220]神武升建　神明勇武高高樹立。[221]曹爽　字昭伯，沛國譙（今安徽亳州）人，曹真之子。明帝時任武衛將軍。明帝病重，拜其為大將軍、假節鉞、都督中外諸軍事，與司馬懿同受遺詔輔少主。齊王曹芳即位後，司馬懿發動政變，曹爽被剝奪兵權，後被殺。詳見本書卷九〈曹爽傳〉。[222]覺寤　覺醒領悟。[223]劉邠　字令元。清和有思理，好《易》而不能精。[224]印囊　裝印的布袋。[225]山雞　鳥名。即野雉。[226]五色成文　五色，古代一般指青、黃、赤、白、黑為五色。此指各種色彩。成文，形成花紋。[227]巖巖　高峻的樣子。[228]朱身　紅色的身體，這裏指紅色的羽毛。[229]玄　黑。[230]失晨　誤過早晨。[231]變怪　變幻的鬼怪。[232]其理何由　其中緣故是從哪兒產生的。何由，即由何、從何。[233]擾攘　混亂；不太平。[234]昏夕　黃昏。[235]明府　明府君的省稱，指太守。[236]百祿　百福；多種福祿。[237]以光休寵　光大美好的恩澤榮耀。[238]行獵　打獵。[239]所得　獵獲物。[240]食禽　可作為食物的飛禽。[241]微而不彊　細小而不剛強。[242]蔚　多。[243]篋　箱子類的器物。[244]射　猜度；猜測。[245]藉藉　多而雜亂的樣子。[246]枇　通「篦」。即篦子。[247]隨軍西行　跟隨軍隊向西征進。[248]毌丘儉　字仲恭，河東聞喜（今山西聞喜）人。襲父爵，為平原侯文學。魏明帝時任尚書郎，遷羽林監。出為洛陽典農。青龍中，遷幽州刺史。後與文欽矯太后詔誣司馬師謀反，發兵討伐，兵敗被殺。詳見本書卷二十八〈毌丘儉傳〉。盧弼《三國志集解》引趙一清曰：「儉下當有『父』字。」即文中的「毌丘儉墓」應為「毌丘儉父墓」。又引周壽昌曰：「『墓』上疑脫一『先』字，弼按毌丘儉死於正元二年，管輅死於正元三年，儉死數月安有休木之茂？三族誅夷，安有碑誄之美？且儉死族滅事已顯著，有何預言之驗？本傳卒如其言，殊為不經。如用過儉父墓下則得之矣。《水經・轂水注》作『毌丘興墓』，興，儉父也。」盧弼所辯甚是。[249]倚　靠。[250]人問其故　有人問他原因。[251]無形　指形體不能存在。此處指墓及樹木之形體都不能存在多久。[252]誄　敘述死者生前事跡，表示哀悼祭奠的一種文體。相當於現今的悼詞。[253]玄武　北方七個星宿的總稱。包括角、亢、氐、房、心、尾、箕，因為七宿排列如龍而名。[254]白虎　西方七個星宿的總稱。包括奎、婁、胃、昴、畢、觜、參，因七宿排列如虎而名。[255]朱雀　南方七個星宿的總稱。包括井、鬼、柳、星、張、翼、軫。因七宿排列如雀而名。[256]得休　猶如得空、得閒。[257]暘燥　晴朗乾燥。暘，晴。《尚書・洪範》：「曰雨，曰暘。」《論衡・寒溫》：「夫雨者陰，暘者陽也。」[258]形似　形象相似。這裏的意思是指天沒有像要下雨的樣子。[259]府丞　官名。府中的佐吏。[260]令　此處指清河縣令。[261]鼓一中　即指一鼓之中，約晚上八時左右。鼓，古代夜間擊鼓報時，故以鼓稱時，一夜報五次，約每兩小時一次。三鼓，為夜十一時至凌晨一時，其餘類推。[262]快雨　暴雨。[263]修　本指整治，引申為準備、備置。(264)正元　魏高貴鄉公曹髦年號，西元二五四—二五六年。(265)辰　即管辰。(266)大將軍　官名。為將軍最高封號，掌統兵征戰。這裏指司馬師。(267)冀當　希望處於……的地位。冀，希望。(268)分直　名分和適宜的位置。(269)洛陽　縣名。治所在今河南洛陽東北。(270)遺　丟失的東西。(271)枹　鼓槌。(272)太山　即泰山。太，同「泰」。(273)生骨　盧弼《三國志集解》：「何焯校改生作主。」那麼「生骨」當作「主骨」。(274)守精　相術中說的眼神、神光。(275)無梁柱　指鼻梁下塌。梁柱，橫梁與立柱，此處指鼻梁，因其凸起，狀如梁。(276)天根　星相術士稱人的足後跟。(277)三甲　星相術士用語，指仕進之相。(278)三王　星相術士用語，指福壽之相。(279)不壽　壽命不長。(280)本命　亦即「本命年」。指當年出生。(281)常數　固定不變的規律，命運。(282)略無　幾乎沒有。(283)少府丞　官名。管理宮廷事務，山海地澤的稅收。

【語譯】管輅，字公明，平原郡人。容貌粗俗醜陋，沒有威嚴的儀表，而喜歡飲酒，飲食和言談嬉戲，不看對象是否與他同類，所以人們大多喜歡他，卻不尊敬他。

2　父親是管理利漕渠的官吏，利漕渠的百姓郭恩兄弟三人，都得了腳不能行走的病，請管輅占卜他們致病的原因。管輅說：「卦象中有您家先人的墓，墓中有一個女鬼，不是您的伯母，就一定是您的叔母。過去饑荒的時候，應當有一個貪圖她幾升米的人，把她推入井中，她在井中大呼求救，又推落一塊大石頭，掉下去砸破了她的頭，她的孤魂冤屈悲痛，自己向上天控訴。」於是郭恩哭泣著認罪。

3　廣平郡劉奉林的妻子病重，已經買好了棺材。當時是正月，讓管輅占卜，管輅說：「她的壽命在八月辛卯日的正午時分終結。」劉奉林認為必然不是這樣，然而他妻子的病漸漸痊癒，到秋天又發作，一切都如管輅所言。

4　管輅前往拜見安平太守王基，王基讓管輅卜卦，管輅說：「應當有一個卑賤的女人生下一男孩，男孩一出生就走進灶中死了。又床上將有一條大蛇銜著筆，大大小小的人都看見，一下子就離去了。又有一隻烏鴉飛入房中，與燕子相鬥，燕子死了，烏鴉飛去。有這三件怪事。」王基大為吃驚，問管輅是吉是凶。管輅說：「只是因為這旅館的年代久了，魑魅魍魎興妖作怪罷了。小孩子剛出生就能走，並不是他自己能走，只是因為宋無忌帶他進入灶中。大蛇銜筆，只不過是老死的文書佐吏而已。烏鴉和燕子相鬥，只不過是老死的侍從罷了。現在卦象中顯示出它們的形象卻沒有顯現凶兆，知道不是妖怪為禍的徵兆，自然沒有什麼好憂慮的。」後來終究沒什麼禍患。

5 當時信都縣令家裏的婦女驚慌恐懼，輪流生病，讓管輅用蓍草占卜。管輅說：「您家北堂的西頭，有兩個死去的男子，一個男子手裏拿著矛，一個男子手裏拿著弓箭，頭在牆壁內，腳在牆壁外。拿矛的人負責刺人的頭，所以使人感到頭沉重疼痛不能抬頭。拿弓的人負責射人的胸部腹部，所以使人感到心中發虛疼痛不能飲食。白天就遊蕩，夜裏便讓人生病，所以使人驚恐。」於是挖出移走屍骨，家裏人的病都痊癒了。

6 清河縣的王經罷官回家，管輅與他相見。王經說：「近來有一件怪事，我非常不喜歡，想麻煩您占一卦。」卦象形成後，管輅說：「爻辭吉利，不會作怪。您有天晚上站在堂門前，有一道好像燕雀的閃光，進入您的懷中，有嚶嚶的聲音，您心神不寧，解開衣服徘徊不定，招呼妻子，尋覓餘光。」王經大笑說：「確實如您所說。」管輅說：「吉祥，這是升官的徵兆，它的應驗即將到來。」不久，王經任江夏太守。

7 管輅又到郭恩家裏，有一隻鳩鳥飛落在梁上，鳴聲十分悲苦。管輅說：「應該有個老人從東方來，帶著一頭小豬，一壺酒。主人雖然高興，卻會發生小事故。」第二天果然有客人，像他所占的一樣。郭恩請客人節制飲酒、不吃肉、對火小心謹慎，並射殺一隻雞當作食物，箭從樹枝中間彈出射中幾歲小女孩的手，手流血眾人驚恐。

8 管輅到安德縣縣令劉長仁家裏，有一隻鳴叫的鵲鳥飛來落在閣樓上，它的叫聲十分急促。管輅說：「鵲鳥說東北方昨天有個婦人殺了丈夫，牽扯到西邊鄰居的丈夫離婁，不會超過太陽下山的時候，告狀的人就到了。」到了那個時候，果然有東北方向同伍的居民來告狀，鄰居家的婦人親手殺死了丈夫，卻欺騙說是西邊鄰居家的人同丈夫有嫌隙，來殺害了我夫婿。

9 管輅到列人縣典農王弘直的住處，有一股三尺多高的旋風，從西面颳來，在庭院中晃動著迴旋，平息後又颳，很久才停止。王弘直拿此事詢問管輅，管輅說：「東方將會有騎馬的官員來到，恐怕是父親哭兒子，怎麼辦！」第二天膠東的官員到來，王弘直的兒子果真死亡了。王弘直詢問這事的原因，管輅說：「那天是乙卯日，是長子的徵候。木葉在申隕落，北斗星的斗柄指向申辰，申破寅，是死喪的徵候。日至午時而颳起旋風，是馬將至的徵候。風起風息為離，離為文章，是吏到的徵候。申未屬虎，虎是大人，則為父的徵候。」有一隻雄野雞飛來，落在王弘直府內鈴閣的柱子上端，王弘直對此大感不安，讓管輅卜卦，管輅說：「到五月一定升官。」當時是三月，到了五月，王弘直果真出任勃海太守。

10 館陶縣令諸葛原升任新興太守，管輅前去為他設宴餞行，賓客都來聚會。諸葛原親自起身拿燕卵、蜂巢、蜘蛛放在容器中，讓管輅猜測。卜完卦，管輅說：「第一樣東西，包含精氣等待變化，依賴於屋簷、廳堂，等到雌雄已經成形，翅膀舒展開來，這是燕卵。第二樣東西，牠們的家室是倒掛著的，門戶眾多，收藏著精氣，孕育著毒素，到了秋天才變化，這是蜂巢。第三樣東西，長著顫抖著的長腳，吐絲結網，沿著羅網而尋求食物，便於黃昏夜間活動，這是蜘蛛。」滿座的人都又驚又喜。

11 管輅同族的兄長管孝國，住在斥丘縣，管輅前往跟從他，與兩個客人相會。客人離去後，管輅對管孝國說：「這兩人的天庭和口耳之間都有凶氣，變異同時發生，兩人都魂不守舍，魂魄四海飄泊，屍骨返回家中，不多久會一同死去。」又過了幾十天，那兩個人醉酒，夜裏同乘一輛車，牛受驚離開車道墜入漳河，全都當場溺斃。

12 在那個時候，管輅的鄉鄰，大門不用關，沒有互相偷竊的。清河太守華表，徵召管輅任文學掾。安平趙孔曜薦舉管輅給冀州刺史裴徽說：「管輅氣度寬宏，與世無爭，仰觀天文就與古代甘公、石申一樣精妙，俯覽《周易》就與古代的司馬季主神思相當。現在賢明的您正注意尋求潛沒深澤中的俊才，留心搜索野外的賢士。管輅應該蒙受和美的感應，得到及時成為羽翼的時機。」裴徽於是徵辟他為文學從事，召來與他相見，與管輅十分親善友好。後來官署遷徙到鉅鹿郡，管輅晉升為治中別駕。

13 管輅當初應州刺史的徵召，與弟弟管季儒同乘一車，到武城縣西邊，自己占卜吉凶，告訴季儒說：「當在舊城中見到三隻貍貓，你就要顯達了。」往前走到河西舊城城角時，正好看見三隻貍貓一起蹲在城旁，兄弟兩人都很高興。正始九年管季儒被薦舉為秀才。

14 十二月二十八日，吏部尚書何晏邀請管輅，鄧颺在何晏的住處。何晏對管輅說：「聽說您占卦神妙，請試著替我卜上一卦，預測我的官位是否會到三公？」又問道：「接連夢見青蠅數十隻，飛來落在鼻子上，驅趕牠們都不肯離開，有什麼緣故呢？」管輅說：「飛翔的鴟鴞，是天下的下賤鳥類，等到牠們在樹林中吃食桑椹，就向我發出好聽的聲音，何況我管輅心非草木，怎麼敢不竭盡忠心呢？以前八元、八凱輔佐虞舜，廣施恩惠、慈愛和睦，周公輔佐成王，坐著等待天亮上朝，所以能光輝流布天下，各諸侯國都得以安寧。這就是履行正道的美好效應，不是卜筮所能顯示的。現在您位重如山，勢如雷電，而懷念恩德的人少，畏懼威勢的人多，恐怕不是小心翼翼自求多福的仁者之道。又鼻子為〈艮〉，這是天中的山，高聳但不危險，所以能夠長守高貴。現在青色的蠅子臭不可聞，令人作嘔，而聚集在您的鼻子上。地位崇高的人會傾倒，輕佻豪橫的人會滅亡，不可不考慮災害福祿的運數，興盛衰敗的期限。所以山在地的中間叫做〈謙〉，雷在天上叫做〈壯〉。〈謙〉就是減損多餘來彌補不足，〈壯〉則非禮不行。沒有折損自己而不光大，行為不正而不受傷失敗的，希望您上則追思周文王六爻的要旨，下則思考孔子〈彖〉〈象〉的意義，如此三公的地位可以決定，青蠅可以驅趕。」鄧颺說：「這是老生常談。」管輅回答說：「老生看見沒有生命的人，常談的人看見不能談的人。」何晏說：「過了年之後再見吧。」管輅回到邑中的住處，把這些話全都告訴了舅父，他的舅父責怪管輅說話太過直率。管輅說：「跟死人說話，有什麼可畏懼的呢？」他的舅父大怒，認為管輅狂妄不合常理。正月初一，西北風大作，塵埃遮天蔽地，過了十多天，聽說何晏、鄧颺都被誅殺，這以後管輅的舅父才心服口服。

15 當初管輅造訪魏郡太守鍾毓，一起議論《周易》義理，管輅順便說「占卜可以測知您的生死之日」。鍾毓讓管輅占測他出生的月、日，結果出生月、日和管輅所說相同沒有差錯。鍾毓大吃一驚，說：「您可令人敬畏呀。死的日子就交給上天，不交給您了。」於是不再占卜。鍾毓詢問管輅：「天下會太平嗎？」管輅說：「當今龍到四九就飛上了天，有利於大人出現，神明英武高高建樹，以仁義治理天下而文德輝煌，您必憂慮天下不太平？」鍾毓無法理解管輅的話，沒多久，曹爽等人被誅殺，鍾毓這才領悟了。

16 平原太守劉邠拿印袋和山雞的毛放在器物中，讓管輅占卜。管輅說：「內方外圓，多種顏色形成紋飾，含藏寶物信守信用，拿出來就有印章，這是裝印的袋子。高聳的山嶽險峻聳立雄峙，有鳥是朱紅的身體，羽翼是黑色與黃色，鳴叫不會錯過早晨，這是山雞的毛。」劉邠說：「這郡府中的官舍，接連有變異的鬼怪，令人恐怖，這是什麼緣由呢？」管輅說：「或許是因為漢朝末年的變亂，兵馬騷擾，士兵的屍體流血，汙染了山丘，所以趁著黃昏，多有怪形出現。太守您道德崇高而美好，自然有上天保佑，希望您安享百福，以光大皇上對您的美好的恩寵。」

17 清河縣令徐季龍讓人打獵，命管輅占卜他們的獵物。管輅說：「應會捕獲小野獸，又不是可以吃的飛禽，雖然有爪有牙，但細小而不剛強，雖然有花紋，但繁多而不鮮明，不是老虎不是野雞，牠的名字叫貍。」獵人夜晚回來，果真像管輅所言。徐季龍拿了十三種物品，放入大箱子中，讓管輅猜測。他說：「容器中雜亂的放著十三種物品。」先說出雞蛋，然後說出蠶蛹，竟一一的說出名字，只是把梳子說成篦子罷了。

18 管輅隨軍隊西進，經過毌丘儉父親的墓前，靠著樹幹哀傷的吟唱，神情不快樂。人家問他是什麼原因，管輅說：「林木雖然茂密，但沒有形體可以久存；碑上的誄文雖然華美，卻沒有後人守護。玄武七宿藏起了頭，蒼龍七宿不見其足，白虎七宿銜著屍體，朱雀七宿悲哀的哭泣，四種凶兆都已具備，照堪輿法應被滅族。不超過兩年，它的應驗就到了。」最後正如管輅所言。後來有空閒時，管輅過訪清河郡倪太守。當時天旱不雨，倪太守問管輅下雨的日期。管輅說：「今天夜間會下雨。」這一天天氣晴朗乾燥，白天沒有像要下雨的樣子，府丞和清河縣令在座，都說不會下雨。到夜晚一鼓時，星星和月亮全都隱沒了，風雲並起，竟然下了一場暴雨。於是倪太守隆重的準備了主人之禮，一起歡樂慶賀。

19 正元二年，弟弟管辰對管輅說：「大將軍待您情意深厚，希望處在富貴的地位嗎？」管輅深深的嘆息說：「我自己知道應有的名分位置，然而上天給予我才幹和聰明，不給我年壽，恐怕四十七、八歲時，看不到女兒出嫁和兒子娶媳婦了。如果得以免除這次災厄，我想當洛陽縣令，可以讓路不拾遺，巡夜的更鼓不必敲擊。但恐怕我要到太山治鬼，不能治理活人了。無可奈何！」管辰問他這麼說的緣故，管輅說：「我的額頭上沒有生骨，眼中沒有守精，鼻子上沒有梁柱，腳沒有天根，背上沒有三甲，腹部沒有三壬，這些都是壽命不長的徵兆。又因為我的本命年在寅，加上又是在月食時的夜裏降生。天道有不變的規律，不能違抗，只是人們不知道罷了。我前前後後給應當死亡的人看相超過一百人，幾乎沒有失誤。」這一年的八月，擔任少府丞。第二年二月去世，終年四十八歲。

評曰：華佗之醫診，杜夔之聲樂，朱建平之相術，周宣之相夢❶，管輅之術筮，誠皆玄妙❷之殊巧，非常之絕技矣。昔史遷著扁鵲❸、倉公❹、日者❺之傳，所以廣異聞❻而表奇事也。故存錄云爾❼。

【章　旨】以上作者以數語表明作此傳的由來與目的。

【注　釋】❶相夢　釋夢。❷玄妙　幽深微妙。❸扁鵲　原名秦越人，戰國時著名醫學家。❹倉公　姓淳于名意，漢初著名醫學家，因曾任齊國太倉令，故稱。❺日者　古代以占候卜筮為業的人。❻異聞　怪異傳聞之事。❼云爾　語末助詞。相當於「如此而已」。

【語　譯】評論說：華佗的醫術，杜夔的音樂，朱建平的相術，周宣的占夢，管輅的卜筮之術，實在都玄深精妙到了異常奇巧的地步，不是一般的絕技。以前司馬遷撰寫扁鵲、倉公、占候卜筮者的事跡為傳記，是用來增廣異聞表述奇事。所以我把這些存錄下來如此而已。

【研　析】〈魏書・方伎傳〉是《三國志》中記載三國時期的醫術、音樂、占相、卜筮等方面的玄妙絕技的一篇傳記。作者之意，如其自言，在於廣傳異聞而表述奇事。

據傳可知，華佗在當時是一位傑出的醫生，精通內科、外科、婦產科、小兒科，尤其擅長外科，可謂後世外科之鼻祖。他發明的麻醉藥——麻沸散，能使病人飲後「須臾便如醉死無所知」，具有很好的麻醉效果，為減輕病人手術痛苦從而順利施行大型外科手術提供了必要條件。

華佗明於辯證施治，因人立方，醫兒尋、李延頭疼身熱即是顯例。華佗又精於治療心理疾病，以盛怒治郡守之病可為明證。

華佗論去病強身之法，說「人體欲得勞動，但不當使極爾。動搖則穀氣得消，血脈流通，病不得生，譬猶戶樞不朽」；又創「五禽戲」，以加強平日的運動與鍛鍊，實為近現代體操之先導。所有這些，都說明他精通養生之道，且用以造福於時人及後世，即使對於今人也大有裨益。

杜夔善音樂，觀其諫止劉表庭觀天子之樂，知其深明上下之禮；「好古存正」，則又有功於保存古代的音樂文化。

至於朱建平的相術、周宣的占夢、管輅的卜筮，從今天科學的眼光看來，自然都是迷信，但此三人都聰穎過人，且深明世事時勢，因此他們常藉相術、占夢、卜筮等活動之機而言事，每每言中。如朱建平相魏文帝、夏侯威、應璩、曹彪等人的年壽，當是據各人體質性情，以經驗度之，故能大致不差。而所謂「無不如言」，則是誇大之詞，如相王昶、程喜、王肅便有出入。再如周宣占黃巾之敗，占文帝三夢而論宮廷政治，但凡明於時事者皆當能言之，並非有什麼玄妙。又如管輅卜王經之遷官，卜何晏、鄧颺之死，以及毌丘氏之滅族，凡明於時事者亦可預知。至於其餘，或為巧合，或為道聽途說，或為附會，作者想神化相術、占夢、卜筮之技，故都信而採之。總之，本篇中精華與糟粕共存，讀者當審慎辨之。(楊天宇、梁錫鋒注譯)

卷三十 魏書三十

烏丸鮮卑東夷傳第三十

【題解】本卷是漢末至曹魏時期邊境地區民族的傳記，記述了烏丸、鮮卑、東夷等曹魏北方與東方民族的居住地區、民族氣質、生活習慣、出產、與中原的關係等。作者以烏丸、鮮卑為一個系統，以東夷為一個系統。在烏丸、鮮卑的傳文中，作者敘述了在漢末與曹魏時期烏丸、鮮卑從強盛到衰落的原因，其目的在於「備四夷之變」。

對東夷，作者寫得較為完備。東夷包括夫餘、高句麗、東沃沮、挹婁、濊、三韓及倭等七種夷人。傳中介紹了各國的地理位置、地形地貌、四鄰、幅員、人民數量、風俗民情、物產及其人的素質、特徵等，並兼述了一些難以到達的極遠之國及一些奇異的海外傳聞。

對於研究漢末與曹魏時期中原與北方、東方的民族關係，本卷是一篇難得的重要資料。

書載「蠻夷猾夏」❶，詩稱「玁狁孔熾」❷，久矣其為中國❸患也。秦、漢以來，匈奴❹久為邊害。孝武❺雖外事四夷，東平兩越❻、朝鮮❼，西討貳師❽、大宛[9]，開邛莋[10]、夜郎[11]之道，然皆在荒服[12]之外，不能為中國輕重。而匈奴最逼於諸夏，胡[13]騎南侵則三邊[14]受敵，是以屢遣衛、霍[15]之將，深入北伐，窮追單于[16]，奪其饒衍[17]之地。後遂保塞稱藩[18]，世以衰弱。建安[19]中，呼廚泉[20]南單于入朝，遂留內侍，使右賢王撫其國[21]，而匈奴折節，過於漢舊。然烏丸[22]、鮮卑[23]稍更彊盛，亦因漢末之亂，中國多事，不遑[24]外討，故得擅[25]漠南之地[26]，寇暴城邑，殺略人民，北邊仍受其困。會袁紹[27]兼河北，乃撫有三郡烏丸[28]，寵其名王[29]而收其精騎。其後尚、熙[30]又逃於蹋頓[31]。蹋頓又驍武，邊長老皆比之冒頓[32]，恃其阻遠，敢受亡命，以控[33]百蠻。太祖潛師北伐[34]，出其不意，一戰而定之，夷狄[35]懾服，威振朔土[36]。遂引烏丸之眾服從征討，而邊民得用安息。後鮮卑大人[37]軻比能[38]復制御羣狄，盡收匈奴故地，自雲中[39]、五原[40]以東抵遼水[41]，皆為鮮卑庭[42]。數犯塞寇邊，幽、并[43]苦之。田豫有馬城之圍[44]，畢軌有陘北之敗[45]。青龍[46]中，帝乃聽王雄[47]，遣劍客[48]刺之。然後種落[49]離散，互相侵伐，彊者遠遁，弱者請服。由是邊陲差安[50]，漠南少事，雖時頗鈔盜[51]，不能復相扇動矣。烏丸、鮮卑即古所謂東胡[52]也。其習俗、前事，撰漢記[53]者已錄而載之矣。故但[54]舉漢末魏初以來，以備[55]四夷之變云[56]。

【章　旨】以上是〈烏丸〉、〈鮮卑〉傳之〈序言〉，作者指出周邊民族自古即為中國之邊患。漢武帝外事四夷，擊敗了匈奴，但到東漢末期，烏丸、鮮卑又繼之而起。趁漢末之亂，得擅漠南之地。〈序言〉概述了漢末及曹魏時期烏丸、鮮卑強盛衰落的情況。

【注　釋】❶書載蠻夷猾夏　《書》亦稱《尚書》、《書經》。儒家經典之一。「尚」即「上」，以其上古之書，故曰《尚書》。為中國古代第一部歷史文獻彙編。蠻夷猾夏，語出《尚書・堯典》（今本《十三經注疏》在〈舜典〉）。蠻夷，古稱南方少數民族曰蠻，東方者曰夷。此泛指華夏族以外的少數民族。猾，擾亂。夏，華夏，古代中原人的自稱，亦稱「諸夏」。❷詩稱玁狁孔熾　詩，亦稱《詩經》。是中國最早的一部詩歌總集，相傳由孔子刪定。為儒家經典之一。「玁狁孔熾」出自《詩經・小雅・六月》。玁狁，古族名。殷周之際，主要分布在今陝西、甘肅北境及內蒙古西部。從事游牧。西元前八世紀，周宣王迭次出兵防禦玁狁的進襲，並在朔方築城堡。春秋時被稱作戎、狄。孔，甚。熾，盛。可引申為「囂張」。❸中國　古代指華夏族居住的地區，以其在四夷之中。❹匈奴　族名。《史記》謂為夏后氏之苗裔。商時稱獯粥，周時稱玁狁，秦漢稱匈奴。事見《史記・匈奴列傳》、《漢書・匈奴傳》、《後漢書・南匈奴列傳》。❺孝武　即漢武帝劉徹，西元前一四〇—前八七年在位。❻兩越　指南越和東越。南越，今廣東、廣西一帶地。漢武帝元鼎六年（西元前一一一年）滅南越置郡。東越，相傳為越王句踐的後裔，居住在今福建、浙江一帶。漢武帝元封元年（西元前一一〇年），以東越地狹多阻，民眾兇悍，反覆無常，詔軍吏將其民徙處江淮間，東越地遂虛。事見《史記・東越列傳》。❼朝鮮　國名。在古營州外域，相傳周武王封箕子於此。漢武帝元封二年（西元前一〇九年），派涉何為使至朝鮮曉諭其王右渠歸順，右渠不肯奉詔。漢於是派樓船將軍楊僕和左將軍荀彘兩路攻伐朝鮮。元封三年，右渠為其臣下所殺，漢遂定朝鮮，設真番、臨屯、樂浪、玄菟四郡。事見《史記・朝鮮列傳》。❽貳師　西域大宛國城名。故址在今吉爾吉斯西南馬爾哈馬特。大宛國有善馬在貳師城，漢武帝派使者「持金馬，以請宛王貳師城善馬」，大宛不肯與漢使，掠其財物，殺漢使。漢武帝怒，乃拜李廣利為貳師將軍率軍往伐大宛，圍貳師城。大宛乃「出其善馬，令漢自擇之」。「漢軍取其善馬數十匹，中馬以下牡牝三千餘匹」，引軍歸。見《史記・大宛列傳》。❾大宛　西域國名。據《史記・大宛列傳》：「大宛在匈奴西南，在漢正西，去長安可萬里。其俗土著，耕田，田稻麥。有蒲陶（葡萄）酒。多善馬。有城郭屋室。其邑大小七十餘城，眾可數十萬。其兵弓矛騎射。」按：古大宛國在今中亞費爾干納盆地（大部在今烏茲別克東部，局部在吉爾吉斯和塔吉克境內）。其王治貴山城（在今烏茲別克的卡散賽）。❿邛莋　皆少數民族名。邛，即邛都夷，分布在今四川西昌以南雅礱江與金沙江之間，從事農業。漢武帝元鼎六年（西元前一一一年）於其地置越巂郡。筰，又作「莋」。即筰都夷。其地當在今四川漢源、樂山、石棉、越西一帶。漢武帝元鼎六年於其地置沈黎郡。⓫夜郎　夷國名。當在今貴州西部、北部及雲南東北，四川南部及廣西北部部分地區。⓬荒服　古代王畿外圍的地方，劃分為五服，由近及遠，每五百里為一服，即甸服、侯服、綏服、要服、荒服。荒服為距離王畿最遠的地方。後泛指邊遠地區。⓭胡　中國古代對北方、西方各民族的泛稱。⓮三邊　漢代幽、并、涼三州都在邊境，故稱三邊。⓯衛霍　即衛青與霍去病。衛青，西漢名將。河東平陽（今山西臨汾西南）人，字仲卿。他前後七次出擊匈奴，解除了匈奴對漢王朝的威脅。事見《史記・衛將軍驃騎列傳》、《漢書・衛青霍去病傳》。霍去病，西漢名將。河東平陽人。大將軍衛青姐子。他前後六次出擊匈奴，解除了匈奴對漢王朝的威脅。事見《史記・衛將軍驃騎列傳》、《漢書・衛青霍去病傳》。⓰單于　匈奴最高首領的稱號。全稱應為撐犁孤塗單于。匈奴語「撐犁」是「天」，「孤塗」是「子」，「單于」是「廣大」之意。通常簡稱為「單于」。⓱饒衍　富饒平坦。⓲稱藩　稱臣。藩，屬國。⓳建安　東漢獻帝劉協年號，西元一九六—二二〇年。⓴呼廚泉　人名。東漢末年南匈奴單于。建安二十一年（西元二一六年）來朝。本書卷一〈武帝紀〉：「二十一年，秋七月，匈奴南單于呼廚泉將其名王來朝，待以客禮，遂留魏，使右賢王去卑監其國。」㉑使右賢王撫其國　呼廚泉單于留漢，實為人質，曹操將南匈奴分為五部，讓右賢王去卑治理其國。右賢王，匈奴官名。冒頓單于時，除自領中部外，設左右屠耆王，分領東西二部。屠耆，匈奴語是「賢」的意思，漢人因稱左右屠耆王為左右賢王。㉒烏丸　也稱「烏桓」。族名。東胡族的一支。漢武帝時，霍去病擊敗奴役烏桓的匈奴人，遷烏桓於上谷、漁陽、右北平、遼東等郡塞外，西漢政府置護烏桓校尉，管理烏桓事務，東漢沿置。㉓鮮卑　族名。東胡族的一支。秦漢時游牧於今西喇木倫河與洮兒河之間，附於匈奴。北匈奴西遷後，進入匈奴故地，併其餘眾，勢力漸強。桓帝時，其首領檀石槐，建庭立制，組成軍事行政聯合體，分中、東、西三部，各置大人統領。㉔不遑　沒有功夫；顧不上。㉕擅　控制；占有。㉖漠南之地　古時泛指蒙古大沙漠以南地區。漠，原誤作「漢」，今據《三國志集解》引陳浩說校改。下文「漠南少事」之「漠」字同。㉗袁紹　汝南汝陽（今河南商水縣西南）人。字本初。初為司隸校尉，盡誅宦官。董卓至京師，獨專朝政。袁紹逃奔冀州（今河北中南部），號召起兵討伐董卓，在與各地方勢力的混戰中，據有冀、青、幽、并四州，成為當時地廣兵多的割據勢力。傳見《後漢書・袁紹列傳》、本書卷六〈袁紹傳〉。㉘三郡烏丸　指居住在遼東（治所在今遼寧朝陽）、遼西（治所在今遼寧義縣）、右北平（治所在今河北豐潤東南）三郡的烏丸人。東漢中期烏丸各部紛紛內附，東漢王朝將他們安置在邊境諸郡，置護烏丸校尉監護。㉙名王　諸王之中有名望者。㉚尚熙　即袁紹子袁尚、袁熙。袁尚，袁紹少子。袁紹去世，袁紹謀士審配等奉袁尚繼袁紹位。長子袁譚不得立，於是兄弟有隙，互相攻伐。後袁譚為曹操所殺，袁尚與曹操戰，敗走從袁熙於幽州，熙、尚又被其將焦觸、張南所攻，奔烏丸蹋頓。東漢建安十二年（西元二〇七年），曹操征三郡烏丸，尚、熙、烏丸敗，走遼東，被遼東太守公孫康誘斬。事見本書卷六〈袁紹傳〉。㉛蹋頓　遼西烏丸首領。東漢獻帝初平（西元一九〇—一九三年）中，他曾聯合上谷、右北平、遼東三郡烏丸組成聯盟，勢力強大。㉜冒頓　匈奴單于。秦二世元年（西元前二〇九年）殺其父曼頭單于自立，建立軍政制度，東滅東胡，西走月氏，並奪取樓蘭、烏孫、呼揭及其旁二十六國地；北征丁零，南服樓煩、白羊，並占領秦之河南（今河套一帶）地。西漢初年經常南下侵擾，曾困漢高祖劉邦於白登（山名，在今山西大同東北），威脅西漢王朝。㉝控　宋本、馮夢禎刻本作「雄」。㉞太祖潛師北伐　事在東漢建安十二年（西元二〇七年）。三郡烏丸乘天下亂，破幽州，掠漢民十餘萬戶。遼西蹋頓尤強，數入塞為害。曹操於建安十二年夏五月至無終縣（今天津市薊縣），秋七月，出盧龍（在今河北喜峰口，為長城要口之一），東指柳城（在今遼寧朝陽南）。曹操登高望烏丸軍陣不整，乃縱兵擊之。烏丸眾大崩，斬蹋頓及名王，胡、漢降者二十餘萬口。見本書卷一〈武帝紀〉。潛師，祕密出兵。㉟夷狄　此泛指少數民族。古代稱東方少數民族為夷，稱北方少數民族為狄。㊱朔土　北方。㊲大人　古代少數民族部落首領稱號。烏丸、鮮卑等民族各部首領稱大人。㊳軻比能　鮮卑首領。東漢末袁紹據河北，刑政苛虐，漢人多逃入鮮卑。軻比能採用漢法統率部眾，學會製造兵器甲楯，勢力漸強。魏文帝時受封為「附義王」。㊴雲中　郡名。治所在今內蒙古托克托東北。㊵五原　郡名。治所在今內蒙古包頭西南。㊶遼水　即大遼水，今遼河。㊷庭　王庭。此謂鮮卑王庭所轄之境。㊸幽并　即幽州、并州。幽州，東漢治所在今北京市西南。并州，東漢治所在今山西太原西南。㊹田豫有馬城之圍　田豫，字國讓，漁陽雍奴（今天津市武清）人。文帝初，持節為護烏丸校尉。時鮮卑數十部，互相要誓：「皆不得以馬與中國市。」田豫離間他們的關係，素利部違盟，出馬千匹與魏。軻比能聞知，攻素利。田豫將銳卒往救，深入虜庭。鮮卑人眾多，追田豫至馬城縣（在今河北懷安西），圍之十重。田豫密使司馬建旌旗，鳴鼓吹，出南門，鮮卑皆往擊之。田豫將精銳出北門。兩面俱發，出敵不意。於是鮮卑敗散，田豫追討二十餘里，鮮卑大敗。見本書卷二十六〈田豫傳〉。與本卷〈鮮卑傳〉所言田豫被圍馬城事不同。㊺畢軌有陘北之敗　見本卷〈鮮卑傳〉。畢軌，據裴松之注引《魏略》，字昭先。明帝即位，為黃門郎，遷并州刺史。出擊鮮卑軻比能，失利。魏齊王曹芳正始中，入為中護軍，轉侍中尚書，遷司隸校尉。後為司馬懿所殺。陘北，地名。相當今山西雁北地區。山西代縣有句注山，又名雁門山、西陘山、陘嶺。山南謂之陘南，山北謂之陘北。㊻青龍　魏明帝曹叡年號，西元二三三—二三七年。㊼王雄　字元伯。曾為涿郡太守，後為幽州刺史。㊽劍客　舊指精通劍術的人。㊾種落　部落。㊿差安　略微安定。(51)鈔盜　搶劫、盜竊。㊾東胡 族名。因居匈奴(胡)以東而得名。㊿漢記 此指有關漢朝歷史的著作。[54]但 僅;只。[55]備 完備;使人全面了解。[56]云 語助詞,無義。

【語譯】《尚書》記載「蠻夷猾夏」,《詩經》稱說「玁狁孔熾」,這些民族為患中原很久了。從秦、漢以來,匈奴長期是邊境的禍害。漢武帝雖然向外對四方蠻夷發動戰爭,東邊平定了兩越、朝鮮,西邊討伐貳師、大宛,打通邛笮、夜郎的道路,然而這些地方都在邊遠地域之外,對中原無足輕重。而匈奴最逼近華夏地區,胡人騎兵南侵,就三邊受敵,因此多次派衛青、霍去病等將領,深入敵境北伐,徹底追擊單于,奪取他們的富饒平坦的地區。後來匈奴便居守邊塞稱臣,一代一代的衰弱。建安年間,呼廚泉南單于前來朝見,便留下在朝侍奉天子,派右賢王治理國家,因而匈奴恭順臣服,超過了以往的漢朝。然而烏丸、鮮卑卻又漸漸強盛,也是因為東漢末年的動亂,中原戰事頻繁,無暇對外用兵,因而他們得以控制了漠南地區,侵掠城鎮鄉村,殺害擄掠百姓,北部邊境不斷受到困擾。恰巧袁紹兼併了黃河以北地區,於是安撫三郡烏丸,優禮烏丸中有名望的首領而收編他們精銳的騎兵。後來袁尚、袁熙又逃往蹋頓。蹋頓驍悍勇武,邊境的老者都把他比作冒頓,他依仗地方偏遠隔絕,敢於接納亡命之徒,因此控馭了蠻夷。太祖祕密出兵北伐,出其不意,一戰平定了蹋頓,夷狄恐懼臣服,威震北方。於是率領烏丸部眾隨軍征戰討伐,因而邊境百姓得以安養生息。後來鮮卑大人軻比能又控制了各部夷狄,完全收復了匈奴舊地,從雲中、五原以東到達遼水,都成了鮮卑轄地。鮮卑多次侵掠邊地,幽州、并州深受其害。田豫有馬城之圍,畢軌有陘北之敗。青龍年間,魏明帝這才聽從了王雄,派劍客刺殺了軻比能。此後鮮卑部落離散,互相侵犯攻打,勢力強的部落逃到遠方,勢力弱的部落請求歸附。由此邊境稍微安定,漠南地區少有戰事,雖然有時鮮卑人還搶掠為寇,但他們再也不能互相煽動了。烏丸、鮮卑就是古時所謂的東胡。他們的習俗和往事,撰寫漢朝歷史的人已經記錄下來載於史冊了。所以這裏只舉出漢末魏初以來的史事,使四方民族的歷史變遷能夠詳備。

1 漢末，遼西烏丸大人丘力居，眾五千餘落❶，上谷❷烏丸大人難樓，眾九千餘落，各稱王，而遼東屬國❸烏丸大人蘇僕延，眾千餘落，自稱峭王，右北平❹烏丸大人烏延，眾八百餘落，自稱汗魯王，皆有計策勇健。中山❺太守張純叛入丘力居眾中，自號彌天安定王，為三郡烏丸元帥，寇略青❻、徐❼、幽、冀❽四州，殺略吏民。靈帝❾末，以劉虞❿為幽州牧⓫，募胡斬純首，北州乃定。後丘力居死，子樓班年小，從子蹋頓有武略，代立，總攝三王部，眾皆從其教令。袁紹與公孫瓚⓬連戰不決，蹋頓遣使詣紹求和親，助紹擊瓚，破之。紹矯制⓭賜蹋頓、難樓⓮、峭王、汗魯王印綬，皆以為單于。

2 後樓班大，峭王率其部眾奉樓班為單于，蹋頓為王。然蹋頓多畫計策。廣陽⓯閻柔⓰，少沒⓱烏丸、鮮卑中，為其種所歸信。柔乃因鮮卑眾，殺烏丸校尉⓲邢舉代之，紹因寵慰⓳以安北邊。後袁尚敗奔蹋頓，憑其勢，復圖冀州。會太祖平河北，柔帥鮮卑、烏丸歸附，遂因以柔為校尉，猶持漢使節，治廣甯⓴如舊。建安十一年㉑，太祖自征蹋頓於柳城，潛軍詭道㉒，未至百餘里，虜乃覺。尚與蹋頓將眾逆戰於凡城㉓，兵馬甚盛。太祖登高望虜陣，抑㉔軍未進，觀其小動，乃擊破其眾，臨陣斬蹋頓首，死者被㉕野。速附丸㉖、樓班、烏延等走遼東，遼東悉斬，傳送其首。其餘遺迸㉗皆降。及幽州、并州柔所統烏丸萬餘落，悉徙其族居中國，帥從其侯王大人種眾與征伐。由是三郡烏丸為天下名騎。

【章旨】以上是〈烏丸傳〉，述三郡烏丸在東漢末年強盛的情況及被曹操擊敗、內遷、收編，成為天下名騎等經過。

【注釋】❶落　人所居住的處所。這裏指大小不等的烏丸人居住單位，如同村落。❷上谷　郡名。治所在今河北懷來東南。❸遼東屬國　西漢武帝時，在內遷邊郡少數民族地區設置屬國，置都尉，管理少數民族事務。東漢時，統縣治民和郡太守相同。曹魏時，齊王曹芳正始五年（西元二四四年）鮮卑內附，置遼東屬國，治所在今遼寧義縣。❹右北平　郡名。治所在今河北豐潤東南。❺中山　郡國名。漢景帝時治所在今河北定州。❻青　州名。治所在今山東淄博臨淄北。❼徐　州名。治所在今江蘇徐州。❽冀　州名。魏治所在今河北冀州。❾靈帝　名宏，章帝玄孫，西元一六八—一八九年在位。❿劉虞　字伯安，東海郯（今山東郯城北）人。光武帝子東海恭王劉彊之後。舉孝廉，遷幽州刺史。後去官，中山相張純叛，為三郡烏丸元帥，寇掠州郡。靈帝以虞威信素著，復以劉虞為幽州牧。事見《後漢書・劉虞列傳》、本書卷八〈公孫瓚傳〉。⓫州牧　東漢末，升刺史為州牧，位居郡守之上，成為一州的軍政長官。⓬公孫瓚　遼西令支（今河北遷安西）人，字伯珪。以討張純有功，遷騎都尉，又遷前將軍。後割據幽州，與袁紹連年混戰。東漢建安四年（西元一九九年）為袁紹所敗，自焚死。傳見本書卷八〈公孫瓚傳〉。⓭矯制　假託君命行事。制，制書；君王的命令。⓮難樓　原脫「樓」字，據上文「上谷烏丸大人難樓」句與范曄《後漢書・烏桓列傳》補。⓯廣陽　郡國名。治所在今北京市西南。⓰閻柔　劉虞被殺後，閻柔為烏丸司馬，招誘烏丸、鮮卑，得胡、漢數萬人，與公孫瓚所置漁陽太守鄒丹戰於潞北，大破之，斬丹。曹操與袁紹相拒官渡，閻柔遣使詣曹操受事，遷護烏丸校尉。曹操破南皮（今河北南皮），閻柔將部曲及鮮卑獻名馬以奉軍，從征三郡烏丸。事見本書卷八〈公孫瓚傳〉。⓱沒　淪落。⓲烏丸校尉　即護烏丸校尉，管理烏丸事務的行政長官。⓳慰　原作「尉」，今從宋本。⓴廣甯　縣名。治所在今河北張家口。㉑建安十一年　本書卷一〈武帝紀〉為建安十二年，此誤。㉒潛軍詭道　祕密行軍於隱蔽的小路。㉓凡城　地名。在今河北平泉東南。㉔抑　原誤作「柳」，今據宋本校正。㉕被　覆蓋。㉖速附丸　即上文之蘇僕延。〈武帝紀〉作「速僕丸」。㉗遺迸　戰敗而奔散的殘兵。

【語　譯】漢朝末年，遼西烏丸大人丘力居，有五千多部落的部眾，上谷烏丸大人難樓，有九千多部落的部眾，各自稱王，而遼東屬國烏丸大人蘇僕延，有一千多部落的部眾，自稱峭王，右北平烏丸大人烏延，有八百多部落的部眾，自稱汗魯王，全都有計謀策略而勇猛強健。中山太守張純反叛逃到丘力居的部眾中，自稱彌天安定王，成為三郡烏丸的元帥，侵掠青、徐、幽、冀四州，殺害擄掠官員百姓。靈帝末年，任劉虞為幽州牧，招募胡人斬殺張純，北方各州這才安定下來。後來丘力居死了，兒子樓班年幼，姪子蹋頓勇武有謀，取代樓班立為首領，統轄三郡烏丸各部，眾人都服從他的命令。袁紹與公孫瓚連年交戰不分勝負，蹋頓派遣使者前往袁紹那裏請求和親，幫助袁紹攻打公孫瓚，打敗公孫瓚。袁紹假託漢帝詔命賜蹋頓、難樓、峭王、汗魯王印璽綬帶，都封他們為單于。

2　後來樓班長大，峭王率領他的部眾尊奉樓班為單于，蹋頓為王。然而出謀劃策的多是蹋頓。廣陽郡人閻柔，少年時流落到烏丸、鮮卑地區，被他們所信服。閻柔借助鮮卑部眾，殺了烏丸校尉邢舉取而代之，袁紹藉機對他加以優寵撫慰用來安定北方邊境。後來袁尚失敗投奔蹋頓，憑藉蹋頓的勢力，再次圖謀占領冀州。適逢太祖平定了黃河以北地區，閻柔率領鮮卑、烏丸部眾歸附，太祖於是任命閻柔為烏丸校尉，仍然持漢使的符節，治所依舊設在廣甯。建安十一年，太祖親自前往柳城征討蹋頓，從隱蔽的道路上祕密進軍，距離敵人不到百餘里，敵人這才發覺。袁尚和蹋頓率領部眾在凡城迎戰，兵馬十分眾多。太祖登上高處瞭望敵陣，便停下軍隊沒有進攻，觀察到敵軍稍微移動時，這才進擊，打敗了蹋頓的部眾，在陣上斬下了蹋頓的首級，敵人屍橫遍野。速附丸、樓班、烏延等人逃往遼東，遼東公孫氏把他們全部斬首，將他們的頭顱送來給太祖。其他殘餘敗逃的部眾全部投降。太祖把他們以及幽州、并州閻柔統轄的一萬多部落的烏丸部眾，全部遷到中原居住，率領他們各部的侯王大人部眾隨從征戰。從此三郡烏丸成為天下有名的騎兵。

鮮卑步度根❶既立，眾稍衰弱，中兄❷扶羅韓亦別擁眾數萬為大人。建安中，太祖定幽州❸，步度根與軻比能等因❹烏丸校尉閻柔上貢獻❺。後代郡❻烏丸能臣氐等叛，求屬扶羅韓，扶羅韓將萬餘騎迎之。到桑乾❼，氐等議，以為扶羅韓部威禁寬緩，恐不見濟❽，更遣人呼軻比能。比能即將萬餘騎到，當共盟誓。比能便於會上殺扶羅韓，扶羅韓子泄歸泥及部眾悉屬比能。比能自以殺歸泥父，特又善遇之。步度根由是怨比能。文帝❾踐阼❿，田豫為烏丸校尉，持節⓫并護鮮卑，屯昌平⓬。步度根遣使獻馬，帝拜為王。後數與軻比能更相攻擊，步度根部眾稍寡弱，將其眾萬餘落保太原⓭、鴈門⓮郡。步度根乃使人招呼泄歸泥曰：「汝父為比能所殺，不念報仇，反屬怨家。今雖厚待汝，是欲殺汝計也。不如還我，我與汝是骨肉至親，豈與仇等？」由是歸泥將其部落逃歸步度根，比能追之弗及。至黃初⓯五年，步度根詣闕貢獻，厚加賞賜，是後一心守邊，不為寇害，而軻比能眾遂彊盛。明帝⓰即位，務欲綏和⓱戎狄，以息征伐，羈縻⓲兩部而已。至青龍元年，比能誘步度根深結和親，於是步度根將泄歸泥及部眾悉保⓳比能，寇鈔并州，殺略吏民。帝遣驍騎將軍秦朗⓴征之，歸泥叛比能，將其部眾降，拜歸義王，賜幢麾㉑、曲蓋㉒、鼓吹㉓，居并州如故。步度根為比能所殺。

【章　旨】以上是〈鮮卑傳〉的第一部分，寫鮮卑步度根、軻比能二部在漢末、曹魏時期時服時叛及互相殘殺的情況。

【注　釋】❶步度根　鮮卑首領，檀石槐之孫。❷中兄　仲兄；二哥。❸太祖定幽州　指東漢建安十一年（西元二〇六年）曹操平定袁氏殘餘勢力。❹因　通過。❺貢獻　向朝廷進貢物品。❻代郡　郡名。治所在今河北蔚縣東北。❼桑乾　縣名。治所在今河北蔚縣東北。❽濟　成事。❾文帝　即曹丕。西元二二〇—二二六年在位。事見本書卷二〈文帝紀〉。❿踐阼　指皇帝即位。踐，履。古代廟堂寢前有兩階，主階在東，稱為阼階，阼階上為主位，因稱皇帝即位為「踐阼」。⓫持節　節，符節。古代使者持之以為執行命令的憑證。⓬昌平　縣名。治所在今北京市昌平東南。⓭太原　郡國名。治所在今山西太原西南。⓮鴈門　郡名。治所在今山西代縣西。⓯黃初　魏文帝曹丕年號，西元二二〇—二二六年。⓰明帝　即曹叡。曹丕子，西元二二六—二三九年在位。事見本書卷三〈明帝紀〉。⓱綏和　安撫和好。⓲羈縻　籠絡；控制。⓳保　依附。⓴驍騎將軍秦朗　驍騎將軍，曹魏將軍號，屬雜號將軍。秦朗，《三國志・明帝紀》裴松之注引《魏略》曰：「朗游遨諸侯間。……及明帝即位，授以內官，為驍騎將軍、給事中，每車駕出入，朗常隨從。」㉑幢麾　儀仗旌旗。㉒曲蓋　曲柄的傘蓋。㉓鼓吹　即演奏鼓吹樂的樂隊。

【語　譯】鮮卑步度根被立為大人後，鮮卑部眾逐漸衰弱，步度根的二哥扶羅韓也另外擁有數萬部眾成為大人。建安年間，太祖平定幽州，步度根與軻比能等人透過烏丸校尉閻柔向朝廷進貢。後來代郡烏丸能臣氐等人叛變，請求隸屬扶羅韓，扶羅韓率領一萬多名騎兵前去迎接他們。到達桑乾，能臣氐等人商議，認為扶羅韓部軍威不嚴，禁令寬弛，恐怕不能成事，又派人去招呼軻比能。軻比能就率領一萬多騎兵到來，共同結盟立誓。軻比能在盟會上殺了扶羅韓，扶羅韓的兒子泄歸泥以及部眾全部歸屬軻比能。軻比能自認殺了歸泥的父親，就特別優待歸泥。步度根因此怨恨軻比能。魏文帝即位，田豫任烏丸校尉，持節並監護鮮卑，屯駐昌平。步度根派遣使者進貢馬匹，文帝封步度根為王。後來多次與軻比能相互攻擊，步度根的部眾逐漸勢孤力衰，帶領一萬多部落的部眾據守太原、鴈門郡。步度根於是派人招撫泄歸泥說：「你的父親被軻比能所殺，你不思報仇，反而歸附仇家。現在軻比能雖然厚待你，只是打算殺害你的計謀罷了。不如回到我這裏來，我與你是骨肉至親，難道會像仇家一樣？」於是泄歸泥率領他的部眾逃歸步度根，軻比能追趕泄歸泥不及。到了黃初五年，步度根來朝廷進貢，朝廷厚加賞賜，此後步度根一心守衛邊塞，不再寇掠邊境，而軻比能的部眾便強盛起來。魏明帝即位，一心想安撫戎狄，與之和好，以停止征伐，籠絡兩部鮮卑。到青龍元年，軻比能引誘步度根和他結為深交並建立婚姻關係，於是步度根率領泄歸泥及部眾依附軻比能，寇掠并州，殺害劫奪官吏百姓。明帝派遣驍騎將軍秦朗征討他們，泄歸泥背叛軻比能，率領他的部眾投降，朝廷封他為歸義王，賜給他幢麾、曲蓋、鼓吹，依舊居住在并州。步度根被軻比能所殺。

1 軻比能本小種❶鮮卑，以勇健，斷法平端，不貪財物，眾推以為大人。部落近塞，自袁紹據河北，中國人多亡叛歸之，教作兵器鎧楯❷，頗學文字。故其勒御❸部眾，擬則中國，出入弋獵，建立旌麾，以鼓節為進退。建安中，因閻柔上貢獻。太祖西征關中❹，田銀反河間❺，比能將三千餘騎隨柔擊破銀。後代郡烏丸反，比能復助為寇害，太祖以鄢陵侯彰❻為驍騎將軍，北征，大破之。比能走出塞，後復通貢獻。延康❼初，比能遣使獻馬，文帝亦立比能為附義王。黃初二年，比能出諸魏人在鮮卑者五百餘家，還居代郡。明年，比能帥部落大人小子代郡烏丸修武盧❽等三千餘騎，驅牛馬七萬餘口交市，遣魏人千餘家居上谷。後與東部鮮卑大人素利及步度根三部爭鬬，更相攻擊。田豫和合，使不得相侵。五年，比能復擊素利，豫帥輕騎徑進掎⑨其後。比能使別小帥瑣奴拒豫，豫進討，破走之，由是懷貳⑩。乃與輔國將軍鮮于輔⑪書曰：「夷狄不識文字，故校尉⑫閻柔保我於天子。我與素利為讎，往年攻擊之，而田校尉助素利。我臨陣使瑣奴往，聞使君⑬來，即便引軍退。步度根數數鈔盜，又殺我弟，而誣我以鈔盜。我夷狄雖不知禮義，兄弟子孫受天子印綬，牛馬尚知美水草，況我有人心邪！將軍當保明我於天子。」輔得書以聞⑭，帝復使豫招納安慰。比能眾遂彊盛，控弦⑮十餘萬騎。每鈔略得財物，均平分付，一決目前⑯，終無所私，故得眾死力，餘部大人皆敬憚之，然猶未能及檀石槐⑰也。

2 太和⑱二年，豫遣譯⑲夏舍詣比能女婿鬱築鞬部，舍為鞬所殺。其秋，豫將西部鮮卑蒲頭、泄歸泥出塞討鬱築鞬，大破之。還至馬城，比能自將三萬騎圍豫七日。上谷太守閻志，柔之弟也，素為鮮卑所信。志往解喻⑳，即解圍去。後幽州刺史㉑王雄并領校尉，撫以恩信。比能數款塞㉒，詣州奉貢獻。至青龍元年，比能誘納步度根，使叛并州，與結和親，自勒萬騎迎其累重㉓於陘北。并州刺史畢軌遣將軍蘇尚、董弼等擊之，比能遣子將騎與尚等會戰於樓煩㉔，臨陣害尚、弼。至三年中，雄遣勇士韓龍刺殺比能，更立其弟。

3 素利、彌加、厥機皆為大人，在遼西㉕、右北平、漁陽㉖塞外，道遠初不為邊患，然其種眾多於比能。建安中，因閻柔上貢獻，通市，太祖皆表寵以為王。厥機死，又立其子沙末汗為親漢王。延康初，又各遣使獻馬。文帝立素利、彌加為歸義王。素利與比能更相攻擊。太和二年，素利死。子小，以弟成律歸為王，代攝其眾。

【章　旨】以上是〈鮮卑傳〉的第二部分，其一，寫軻比能的出身、為人及其服叛無常等情況；其二，寫軻比能之強盛；其三，寫軻比能圍田豫、敗畢軌及被刺殺等情況；其四，寫遼西、右北平、漁陽塞外鮮卑歸附情況。

【注　釋】❶小種　弱小部落。❷楯　同「盾」。❸勒御　統率；指揮。❹太祖西征關中　指東漢建安十六年（西元二一一年）曹操西征馬超、韓遂事。見本書卷一〈武帝紀〉。關中，地區名，所指範圍不一。一般指陝西，以其東有函谷關（在今河南靈寶東北）、南有武關（在今陝西丹鳳東南）、西有散關（在今陝西寶雞西南大散嶺上）、北有蕭關（在今寧夏固原東南）。此指故函谷關以西或今陝西和甘肅東北秦嶺以北的地區。❺田銀反河間　田銀，不詳。其反河間事散見於本書卷九〈曹仁傳〉、卷十一〈國淵傳〉、卷二十三〈常林傳〉。河間，郡國名。治所在今河北獻縣東南。❻鄢陵侯彰　即任城王曹彰。曹操子，東漢建安二十一年（西元二一六年）封鄢陵侯。二十三年，代郡烏丸反，以彰為北中郎將，行驍騎將軍。傳見本書卷十九〈任城威王傳〉。❼延康　東漢獻帝劉協年號，西元二二〇年。❽修武盧　人名。僅見於此，當是代郡烏丸首領。❾掎　牽制；拖住。❿懷貳　懷有叛逆之心。⓫輔國將軍鮮于輔　輔國將軍，曹魏將軍號，漢獻帝始置。鮮于輔，漁陽（今北京市密雲西南）人。初為幽州牧劉虞從事。公孫瓚殺劉虞，鮮于輔與劉虞子劉和攻公孫瓚。公孫瓚敗死後，鮮于輔將其眾歸曹操，曹操以鮮于輔為度遼將軍，後為輔國將軍。鮮于，複姓。鮮于輔事見《後漢書・公孫瓚列傳》及本書卷八〈公孫瓚傳〉、卷二十六

〈田豫傳〉。⑫校尉　官名。比將軍略低的軍官。此指護烏丸校尉。⑬使君　漢代稱刺史為使君，後以此尊稱州郡長官。此指田豫。⑭聞　此字下原有「帝」字，宋本無，據刪。⑮控弦　拉開弓弦。此指能彎弓射箭的戰士。⑯一決目前　當著眾人的面處理完畢。⑰檀石槐　鮮卑首領，勇健有智略，制定法律，採用漢人謀議，由漢地輸入鐵器，製作兵器和工具。自此鮮卑強盛，東敗夫餘，西擊烏孫，北拒丁零，南擾漢邊。控制匈奴故地，將鮮卑分為東、中、西三部，各置大人率領，與東漢頻繁接觸。⑱太和　魏明帝曹叡年號，西元二二七—二三三年。⑲譯　翻譯。⑳解喻　勸解曉諭。㉑刺史　官名。西漢武帝時，分全國為十三部（州），部置刺史，察問郡縣，本為監察官性質，官階低於郡守。成帝時改刺史為州牧，東漢光武帝建武十八年（西元四二年）罷州牧，復置刺史。靈帝時，再改刺史為州牧，居郡守之上，掌握一州的軍政大權。三國時，各州多置刺史。㉒款塞　叩塞門。謂外族前來求通中國。款，叩；敲。㉓累重　家口資產。㉔樓煩　縣名。治所在今山西寧武附近。㉕遼西　郡名。治所在今遼寧義縣西。㉖漁陽　郡名。治所在今北京市密雲西南。

【語譯】軻比能本來出身於鮮卑小部落，因為勇猛健壯，處理糾紛公平，不貪求財物，部眾推舉他任大人。他的部落靠近邊塞，自從袁紹占據黃河以北地區，中原民眾多有亡命叛逃歸附軻比能的，他們教軻比能製造兵器鎧甲盾牌，軻比能非常用心學習文字。所以他統御部眾，效法中原，出入射獵，建立旌旗，用鼓點節制進退。建安年間，透過閻柔向朝廷進獻貢品。太祖西征關中，田銀在河間反叛，軻比能率領三千多名騎兵跟隨閻柔擊敗了田銀。後來代郡烏丸反叛，軻比能卻又幫助他們搶劫為害。太祖任鄢陵侯曹彰為驍騎將軍，北上征討，大敗他們。軻比能逃往塞外，後來又向朝廷進獻貢品。延康初年，軻比能派使者進貢馬匹，魏文帝也封軻比能為附義王。黃初二年，軻比能調出居住在鮮卑部落的魏人五百多家，返回代郡居住。第二年，軻比能率領部落的大大小小及代郡烏丸修武盧等三千多名騎兵，驅趕七萬多頭牛馬來交易，遣送一千多家魏人在上谷郡居住。後來軻比能與東部鮮卑大人素利及步度根三部爭鬥，互相攻擊。田豫為他們調解，讓他們不要互相侵犯。黃初五年，軻比能又攻擊素利，田豫率領輕騎兵直接進軍到他們後方牽制他。軻比能派另外一個部落的小帥瑣奴抵禦田豫，田豫進軍討伐，打敗趕走了他們，從此軻比能懷有二心。於是他寫信給輔國將軍鮮于輔說：「我們夷狄不認識文字，原烏丸校尉閻柔向天子保薦了我。我與素利是仇敵，前些年攻打他，而田豫校尉卻幫助素利。我在陣前派瑣奴前去抵禦，聽說田使君前來，立刻就引軍撤退了。步度根屢次抄掠，又殺害了我弟弟，卻反誣我抄掠。我們夷狄雖然不懂禮義，但兄弟子孫接受了天子的印璽綬帶，牛馬尚且知道追慕豐美的水草，何況我是有人心的呢！將軍您應該在天子面前替我申明情況。」鮮于輔收到信後奏聞朝廷，文帝又派田豫安慰招納。軻比能的部眾於是強盛起來，擁有彎弓射箭的騎兵十多萬名。每次抄掠所得的財物，軻比能都平均分配，完全當著眾人面前處理，從不私下多得，所以能得到部眾拼死效力，其餘各部大人都敬畏他，然而他還是比不上檀石槐。

2 太和二年，田豫派翻譯夏舍前往軻比能女婿鬱築鞬的部落，夏舍被鬱築鞬殺害。這年秋天，田豫率領西部鮮卑蒲頭、泄歸泥出兵塞外討伐鬱築鞬，大敗鬱築鞬。回師到達馬城，軻比能親自率領三萬騎兵圍困田豫七天。上谷太守閻志，是閻柔的弟弟，素來被鮮卑所信任。他前往馬城勸解曉諭，軻比能於是解圍而去。後來幽州刺史王雄兼任烏丸校尉，用恩德誠信來安撫他。軻比能多次前來邊塞，到幽州進奉貢物。到青龍元年，軻比能引誘招納步度根，使步度根在并州反叛，與他結盟和親，他親自帶領一萬騎兵到陘北迎接步度根的家室資產。并州刺史畢軌派遣將軍蘇尚、董弼等人攻打他們，軻比能派他的兒子率騎兵與蘇尚等人在樓煩交戰，臨陣殺死了蘇尚、董弼。到了青龍三年間，王雄派勇士韓龍刺殺軻比能，改立他的弟弟為首領。

3 素利、彌加、厥機等人都是鮮卑大人，居住在遼西、右北平、漁陽塞外，路途遙遠，當初還未成為邊患，然而他們的部眾多於軻比能。建安年間，透過閻柔獻上貢品，與中原互通貿易，太祖都上奏朝廷寵禮為王。厥機死，朝廷又立他的兒子沙末汗為親漢王。延康初年，他們又各自派遣使者向朝廷進獻馬匹。文帝封素利、彌加為歸義王。素利與軻比能互相攻擊。太和二年，素利死，兒子幼小，立素利的弟弟成律歸為王，代理統領他的部眾。

書稱「東漸于海，西被于流沙❶」。其九服❷之制，可得而言也。然荒域之外，重譯❸而至，非足跡車軌所及，未有知其國俗殊方者也。自虞❹暨周❺，西戎有白環之獻❻，東夷有肅慎之貢❼，皆曠世❽而至，其遐遠也如此。及漢氏遣張騫❾使西域❿，窮⓫河源⓬，經歷諸國，遂置都護⓭以總領之，然後西域之事具存，故史官得詳載焉。魏興，西域雖不能盡至，其大國龜茲⓮、于寘⓯、康居⓰、烏孫⓱、疏勒⓲、月氏⓳、鄯善⓴、車師㉑之屬，無歲不奉朝貢，略如漢氏故事。而公孫淵仍父祖三世有遼東㉒，天子為其絕域，委以海外之事，遂隔斷東夷，不得通於諸夏。景初中，大興師旅，誅淵，又潛軍浮海，收樂浪㉓、帶方㉔之郡，而後海表謐㉕然，東夷屈服。其後高句麗㉖背叛，又遣偏師致討㉗，窮追極遠，踰烏丸、骨都，過沃沮，踐肅慎之庭，東臨大海㉘。長老說有異面之人，近日之所出，遂周觀諸國，采其法俗，小大區別，各有名號，可得詳紀。雖夷狄之邦，而俎豆㉙之象存。中國失禮，求之四夷㉚，猶信。故撰次其國，列其同異，以接前史之所未備焉。

【章　旨】以上是〈東夷傳〉之〈序言〉。其一，作者概述了自唐虞至曹魏時期東西方民族與中原的關係；其二，公孫淵三世據遼東隔斷了東夷與中原的聯繫；其三，淵被誅，東夷復與中原通，故於東夷之事始得詳記。

【注　釋】❶東漸于海二句　出自《尚書・禹貢》。漸，流入。引申為到達。被，覆蓋。引申為統治所及的地方。❷九服　出於《周禮・夏官・職方氏》。周制，天子直轄的地區稱王畿，王畿以外有九等地區，由遠及近每五百里為一服。九服即侯服、甸服、男服、采服、衛服、蠻服、夷服、鎮服、藩服。後泛指藩屬。此與〈禹貢〉「五服」之說名異而實同。❸重譯　語言難懂，要經過輾轉多次翻譯。❹虞　中國傳說禪讓時代的君主，號有虞氏，史稱虞舜。事見《史記・五帝本紀》。❺周　朝代名。周武王滅商所建。❻西戎有白環之獻　據《竹書紀年》載，帝舜「九年，西王母來朝，獻白環玉玦」。戎，中國古代對西方少數民族的泛稱，此指西王母國。❼東夷有肅慎之貢　周成王時曾以楛矢、石砮來貢，臣服於周。《國語・魯語下》：「肅慎氏貢楛矢石砮，其長尺有咫（一尺八寸）。」東夷，中國古代對東方少數民族的泛稱。肅慎，族名，商、周時居不咸山（長白山）北，東濱大海，北至黑龍江中下游。從事狩獵。❽曠世　歷時長久。❾張騫　漢中成固（今陝西城固）人。漢武帝建元二年（西元前一三九年），奉帝命使月氏，出隴西，過葱嶺，親歷大宛、康居和大月氏、大夏等國。元朔三年（西元前一二六年）方歸漢。元狩四年（西元前一一九年），又奉命出使烏孫，並派副使出使大宛、康居、大夏、安息等國。事見《史記・大宛列傳》、《漢書・張騫傳》。❿西域　西漢以後對玉門關（在今甘肅敦煌西北）以西地區的總稱。⓫窮　盡；極。⓬河源　此指塔里木河之源。⓭都護　即西域都護，官名。西漢宣帝置，治所在烏壘城（今新疆輪臺東野雲溝附近），屬官有副校尉、丞等。東漢西域都護移治龜茲它乾城（今新疆新和西南大望庫木舊城）。⓮龜茲　西域國名。在今新疆庫木一帶。⓯于寘　一作「于闐」，西域國名。在今新疆和田一帶。⓰康居　西域國名。東界烏孫，西達奄蔡，南接大月氏，東南接大宛，約在今巴爾喀什湖和鹹海之間。⓱烏孫　族名。最初在祁連、敦煌間。漢文帝後元三年（西元前一六一年）左右遷今伊犁河和伊塞克湖一帶，都赤谷城。⓲疏勒　西域國名。治所在今新疆喀什。⓳月氏　族名。秦漢之際游牧於敦煌、祁連間。漢文帝前元三年至四年間，遭匈奴攻擊，大部分人西遷塞種地區（今新疆西部伊犁河流域及其迤西一帶）。西遷的月氏人稱大月氏，少數沒有西遷的人入祁連山與羌人雜居，稱小月氏。⓴鄯善　西域國名。本名樓蘭。王居扜泥城（在今新疆若羌縣治卡克里克），在西域南道上。㉑車師　西域國名。原名姑師。漢元帝時分其國為車師前後兩部，前部治交河城（今新疆吐魯番西交河古城遺址），後部治務塗谷（今新疆吉木薩爾南山中）。三國時，魏西域戊己校尉居前部高昌（今新疆吐魯番東南高昌古城遺址），後部王治於賴城。㉒公孫淵仍父祖三世句　公孫淵之祖父公孫度被董卓中郎將徐榮薦為遼東太守。公孫度死，子公孫康仍擁有遼東，封康襄平侯，拜左將軍。康死，其位輾轉為其子公孫淵繼承。魏明帝太和二年（西元二二八年），拜淵為揚烈將軍、遼東太守。景初元年（西元二三七年），公孫淵自立為燕王，置百官有司。公孫淵父祖三世據有遼東。事見本書卷八〈公孫度傳〉。㉓樂

浪　郡名。治所在今朝鮮平壤南。㉔帶方　郡名。治所在今朝鮮鳳山附近。㉕謐　安寧；平靜。㉖高句麗　國名。曾為衛氏朝鮮所併。漢武帝滅衛氏朝鮮後，以高句麗故地置縣，屬玄菟郡，治所在今遼寧新賓東北。昭帝後為玄菟郡治所。東漢又置縣在今遼寧瀋陽東，仍為玄菟郡治所。㉗又遣偏師致討　指魏齊王曹芳正始年間（西元二四〇－二四九年）毌丘儉兩次征討高句麗事。偏師，指全軍的一部分，以別於主力。致，至；往。㉘窮追極遠五句　意謂：窮追至極遠的地方，越過丸都，經沃沮，進入肅慎境內，往東直到大海邊。第二句「踰烏丸、骨都」衍「烏」、「骨」二字。盧弼《三國志集解》引丁謙曰：「按本志〈毌丘儉傳〉：儉討高句麗『東馬縣車，以登丸都，屠高句麗所都。』考丸都，山名，在高句麗都夫餘城北（今吉林集安西北），今陳氏（陳壽）衍『丸都』為『烏丸骨都』，謬甚。蓋烏丸乃北狄部名，骨都乃匈奴官名，與高句麗何涉？又〈儉傳〉言儉遣王頎追之，『過沃沮千有餘里，至肅慎南界』，則未入肅慎國境可知。此云踐其庭，亦失實。」㉙俎豆　俎和豆都是古代祭祀用的器具。俎，青銅製或木製，長方形，有四足，祭祀時用以載牲。豆，古代食器，形似高足盤，或有蓋，用以盛食物。㉚中國失禮二句　意謂中國的古禮失傳了，可到四邊少數民族中去訪求。此與《漢書．藝文志》所引孔子之言「禮失而求諸野」義相同。

【語譯】《尚書》說「東漸于海，西被于流沙」。九服的制度，是可以說明的。然而荒域之外的地方，通過輾轉翻譯才來到中原，不是步行乘車所能到達的，沒有人了解那裏的異國風俗。從虞舜到周代，西戎曾貢獻白環，東夷也曾有肅慎的進貢，都是很久才來一次，那些地方就是這樣遙遠。到了漢朝派張騫出使西域，窮盡塔里木河的源頭，歷經西域各國，於是設立西域都護來總管西域各國，這以後西域的事情才保存下來，所以史官才得以詳載他們的事跡。魏國建立後，西域各國雖然沒有都到中原朝貢，但其中的大國如龜茲、于寘、康居、烏孫、疏勒、月氏、鄯善、車師等，沒有一年不朝奉進貢，大體如同漢朝舊例。然而公孫淵承襲其父親祖父三代據有遼東，天子認為那地方太遙遠，就把海外的事情委付給他，於是就和東夷各國斷了聯繫，使東夷各國不能和中原交通。景初年間，朝廷大舉出兵，誅滅了公孫淵，又祕密進軍渡海，收復樂浪、帶方二郡，而後海外安定，東夷屈膝臣服。後來高句麗反叛，朝廷又派一支部隊進行征討，直追到極遠的地方，越過烏丸、骨都，經過沃沮，進入肅慎境內，東至大海。這裏的老人們說有面貌奇異的人，住在靠近太陽升起的地方，於是遍觀諸國，採集他們的法度和習俗，進行大小不等的區別，各設名號，可以把它詳細記錄下來。雖然是夷狄之國，而俎豆祭祀的禮儀還保留著。中原地區失傳了的禮儀，可以在四夷中去尋求，這話還是可信的。因此撰寫這些國家的史事，敘述他們的異同，用來補充以前史書所沒有完備的地方。

1 夫餘❶在長城之北，去玄菟❷千里，南與高句麗，東與挹婁❸，西與鮮卑接，北有弱水❹，方可二千里。戶八萬，其民土著，有宮室、倉庫、牢獄。多山陵、廣澤，於東夷之域最平敞。土地宜五穀，不生五果❺。其人麤❻大，性強勇謹厚，不寇鈔。國有君王，皆以六畜❼名官，有馬加、牛加、豬加、狗加、犬使❽、犬使者、使者。邑落❾有豪民，名❿下戶皆為奴僕。諸加別主四出⓫，道⓬大者主數千家，小者數百家。食飲皆用俎豆，會同⓭、拜爵⓮、洗爵⓯，揖讓升降⓰。以殷正月⓱祭天，國中大會，連日飲食歌舞，名曰迎鼓，於是時斷刑獄，解囚徒。在國衣尚白，白布大袂⓲，袍、袴，履革鞜⓳。出國則尚繒繡錦罽⓴，大人加狐狸、狖白㉑、黑貂㉒之裘，以金銀飾帽。譯人傳辭，皆跪，手據地竊語㉓。用刑嚴急，殺人者死，沒其家人為奴婢。竊盜一責十二。男女淫，婦人妒，皆殺之。尤憎妒，已殺，尸㉔之國南山上，至腐爛。女家欲得，輸牛馬乃與之。兄死妻嫂，與匈奴同俗。其國善養牲，出名馬、赤玉、貂狖、美珠。珠大者如酸棗。以弓矢刀矛為兵㉕，家家自有鎧仗㉖。國之耆老㉗自說古之亡㉘人。作城柵皆員㉙，有似牢獄。行道晝夜無老幼皆歌，通日聲不絕。有軍事亦祭天，殺牛觀蹄以占吉凶，蹄解者為凶，合者為吉。有敵，諸加自戰，下戶俱擔糧飲食之。其死，夏月皆用冰。殺人徇葬，多者百數。厚葬，有槨無棺㉚。

2 夫餘本屬玄菟。漢末，公孫度雄張㉛海東，威服外夷，夫餘王尉仇台更屬遼東。時句麗、鮮卑強，度以夫餘在二虜之間，妻以宗女。尉仇台死，簡位居立。無適子㉜，有孽子㉝麻余。位居死，諸加共立麻余。牛加兄子名位居，為大使，輕財善施，國人附之，歲歲遣使詣京都貢獻。正始中，幽州刺史毌丘儉㉞討句麗，遣玄菟太守王頎㉟詣夫餘，位居遣犬加㊱郊迎，供軍糧。季父㊲牛加有二心，位居殺季父父子，籍沒㊳財物，遣使簿斂㊴送官。舊夫餘俗，水旱不調，五穀不熟，輒歸咎於王，或言當易，或言當殺。麻余死，其子依慮年六歲，立以為王。漢時，夫餘王葬用玉匣㊵，常豫㊶以付玄菟郡，王死則迎取以葬。公孫淵伏誅，玄菟庫猶有玉匣一具。今夫餘庫有玉璧㊷、珪㊸、瓚㊹數代之物，傳世以為寶，耆老言先代之所賜也。其印文言「濊王之印」。國有故城名濊城，蓋本濊貊㊺之地，而夫餘王其中，自謂「亡人」，抑有以㊻也。

【章　旨】以上是〈夫餘傳〉，其一，寫夫餘的地理位置、幅員、人口、四鄰、地形地貌、出產及風俗民情；其二，先寫夫餘與公孫度的關係，次述夫餘與曹魏的關係，又述夫餘建國之地本濊貊之地。

【注　釋】❶夫餘　族名。西漢時亦稱其所建的政權為夫餘，故地在今松花江中游平原上。夫餘前屬玄菟郡，東漢末年改屬遼東郡。❷玄菟　郡名。治所在今遼寧瀋陽附近。❸挹婁　古族名。源於肅慎。兩漢時分布在今長白山北、松花江、黑龍江中下游一帶。❹弱水　《三國志集解・魏書・東夷》注引丁謙曰：「弱水今稱哈湯。東三省樹木叢雜處曰烏稽，烏稽之地必有哈湯。蓋落葉層積，雨水釀之，遂為極深之泥淖，人行輒陷，萬無生理，故曰弱水，非別有一河名弱水也。其著名者有紅眼哈湯。《黑龍江外紀》：齊齊哈爾東北山中隔紅眼哈湯，人不敢過。其東北正夫餘北境，傳中弱水指此。」❺五果　五種果品，即桃、李、杏、栗、棗。此指各種果品。❻麤　同「粗」。❼六畜　指馬、牛、羊、雞、犬、豬。❽犬使　宋本作「大使」，下「犬使者」作「大使者」。❾邑落　部落；村落。❿名　原誤作「民」，宋本、元本、馮夢禎刻本皆作「名」，據改。⓫別主四出　分別管轄四方各地。⓬道　方法；技藝。⓭會同　聚會。⓮拜爵　施禮敬酒。⓯洗爵　洗酒杯。此指再次敬酒。古時宴會，主人第二次敬酒時，要洗酒杯，表示敬意。⓰揖讓升降　拱手問候，互相推讓座次。謂講究禮節。⓱殷正月　即夏曆（現陰曆）十二月。殷，商。殷曆建丑（丑月，即夏曆十二月），以夏曆十二月為正月。⓲袂　袖口。此指衣服。⓳鞜　獸皮做的鞋子。⓴繒繡錦罽　指彩色絲綢和有彩色花紋的毛織品服飾。繒，古代絲織品的總稱。繡，用絲茸或絲線在布帛上刺成花紋圖像。錦，絲織物的類名，具有彩色大花紋的特點。罽，毛織品。㉑狖白　白色狖皮所做的皮裘。狖，一種似貍的獸。㉒貂　獸名。形似鼬，毛色黃黑或帶紫，產遼東等處，毛皮極為珍貴。㉓竊語　低聲輕語。㉔尸　曝屍。㉕兵　兵器。㉖鎧仗　鐵甲和兵器。鎧，古代作戰護身的鐵甲。仗，刀、戟等兵器的總稱。㉗耆老　老人。古稱六十為耆。㉘亡　逃亡。㉙員　同「圓」。㉚有槨無棺　有外棺而無內棺。古稱外棺為槨，內棺為棺。此四字原作「有棺無槨」，今據宋本校改，與范曄《後漢書・東夷列傳》合。㉛雄張　謂稱雄。㉜適子　即嫡子，正妻所生之子。適，同「嫡」。㉝孽子　即庶子，非正妻所生之子。㉞毌丘儉　字仲恭，河東聞喜（今山西聞喜）人。複姓毌丘，名儉。明帝即位，為尚書郎。遷羽林監，甚見親待，遷荊州刺史，徙幽州刺史，加度遼將軍，使持節，護烏丸校尉。傳見本書卷二十八〈毌丘儉傳〉。㉟王頎　裴松之注引《世語》曰：頎字孔碩，東萊人。㊱犬加　宋本誤作「大加」。㊲季父　叔父。㊳籍沒　登記並沒收所有的財產。㊴簿斂　登記收聚。㊵玉匣　據《續漢書・禮儀志下》劉昭注引《漢舊儀》：用玉為札（片），長尺，廣二寸半，用黃金線（諸侯王、貴人、長公主、公主等用銀線或銅線）裝置在死者的腰到足一段，稱為玉匣。匣，一作「柙」。㊶豫　預先。㊷璧　玉器名。平圓形，正中有孔。古代貴族朝聘、祭祀、喪葬時所用的禮器，也用作裝飾品。㊸珪　古時帝王、諸侯朝聘、祭祀、喪葬時所執的一種玉製的禮器。長條形，上尖下方。其形制之大小，因用途與爵位不同而異。㊹瓚　禮器名。祭祀用的玉製酒勺。㊺濊貊　中國東北方少數民族名。㊻以　原誤作「似」，今據《三國志集解》引何焯說校正。

【語譯】 夫餘在長城以北，距離玄菟郡一千里，南面與高句麗，東面與挹婁，西面與鮮卑接壤，北面有弱水，方圓大約二千里。民戶八萬，那裏的百姓都是土生土長，有宮室、倉庫、牢獄。地多山陵、湖澤廣闊，在東夷境域最為平坦開闊。土地適宜種植五穀，不生產果品。那裏的人們身材粗大，性情強悍勇敢，拘謹忠厚，不為寇劫掠。國家有君王，都以六畜名官，有馬加、牛加、豬加、狗加、犬使、犬使者、使者等。各村落都有豪強，豪強名下的人戶都是他的奴僕。各加分別主管各方，勢力大的統治數千家民戶，勢力小的統治數百家。飲食都用俎豆，有聚會，互相敬酒，洗了酒杯再敬酒，拱手揖讓，互相推讓座次。在殷曆正月祭天，國中舉行盛大集會，連日的飲宴歌舞，稱作迎鼓，在此時按時斷獄判決，釋放囚犯。在國內服飾崇尚白色，穿白布製的大袖衣服，袍子、褲子，穿皮製的鞋子。出國就崇尚穿繡有各種花紋的絲綢和毛織衣服，官員另加狐狸、狖白、黑貂等皮裘，用金銀裝飾帽子。翻譯傳譯，都要跪下來，以手按地低聲輕語。刑罰嚴苛，殺人者處死，家人沒入官府為奴婢。偷盜一物則責罰十二倍。男女淫亂，婦女嫉妒，都要處死。尤其憎恨婦女嫉妒，殺死之後，曝屍在他們國家的南山上，直到屍體腐爛。女方家裏想要收屍，要送來牛馬這才交給屍首。哥哥死了，弟弟娶嫂為妻，與匈奴習俗相同。他們國家善於飼養牲畜，出產名馬、赤玉、貂狖、美珠。珍珠大的如同酸棗。以弓箭、刀矛做為兵器，家家自備鎧甲兵器。國中老人們自稱是古時逃亡者的後代。建造城堡寨柵都成圓形，猶如牢獄一樣。走路時不論白天黑夜老少都要歌唱，整天歌聲不斷。有軍事行動也要祭天，殺牛觀察牛蹄來預卜吉凶，牛蹄分開為凶兆，合攏為吉兆。有敵人，各加親自作戰，下戶小民都要運送糧食供給他們飲食。人死，夏天都用冰冰屍體。殺人陪葬，多的有上百人。講究厚葬，有外棺而無內棺。

2 夫餘本來歸屬玄菟郡。漢朝末年，公孫度稱霸遼東，威勢懾服境外各族，夫餘王尉仇台改屬遼東。當時高句麗、鮮卑強盛，公孫度認為夫餘處於高句麗、鮮卑之間，就把本族的女子嫁給了夫餘王為妻。尉仇台死後，簡位居繼立。簡位居沒有嫡子，只有庶子麻余，簡位居死後，各加共立麻余為王。牛加哥哥的兒子名叫位居，擔任大使，他不重錢財，樂善好施，夫餘國人都歸附他，年年派遣使者前往中原京城進獻貢品。正始年間，幽州刺史毌丘儉討伐高句麗，派玄菟太守王頎前往夫餘，位居派犬加到城外迎接，供給軍糧。位居的叔父牛加有二心，位居殺了叔父父子，抄沒了他的財產，派使者造冊登記收聚送到官府。舊時夫餘習俗，如果發生水災乾旱，五穀不收，就歸罪於國王，有的說應當更換國王，有的說應當殺掉國王。麻余死，他的兒子依慮六歲大，被立為王。漢朝時，夫餘王使用玉匣安葬，平常就預備好了放在玄菟郡，國王死了就迎取玉匣回來安葬。公孫淵被誅，玄菟郡的庫房裏還有一具玉匣。現在夫餘國庫裏存有玉璧、珪、瓚等好幾代的物品，世代相傳，視為寶物，老人們說這是先世所賜。夫餘王印璽上的文字是「濊王之印」。夫餘國有舊城叫濊城，大概夫餘本是濊貊之地，夫餘人稱王於此，他們自稱「亡人」，或許是有原因的。

1 高句麗在遼東之東千里，南與朝鮮❶、濊貊，東與沃沮，北與夫餘接。都於丸都之下，方可二千里，戶三萬。多大山深谷，無原澤。隨山谷以為居，食澗水。無良田，雖力佃作❷，不足以實口腹。其俗節食，好治宮室，於所居之左右立大屋，祭鬼神，又祀靈星❸、社稷❹。其人性凶急，喜寇鈔。其國有王，其官有相加、對盧、沛者、古雛❺加、主簿、優台丞、使者、皁❻衣先人，尊卑各有等級。東夷舊語以為夫餘別種，言語諸事，多與夫餘同，其性氣衣服有異。本有五族，有涓❼奴部、絕奴部、順奴部、灌奴部、桂婁部。本涓奴部為王，稍微弱，今桂婁部代之。漢時賜鼓吹技人[8]，常從玄菟郡受朝服衣幘[9]，高句麗令主其名籍[10]。
後稍驕恣，不復詣郡，於東界築小城，置朝服衣幘其中，歲時來取之，今胡猶名
此城為幘溝漊。溝漊者，句麗名城也。其置官，有對盧則不置沛者，有沛者則不
置對盧。王之宗族，其大加[11]皆稱古雛加。涓奴部本國主，今雖不為王，適統大
人，得稱古雛加，亦得立宗廟，祠靈星、社稷[12]。絕奴部世與王婚，加古雛之號。
諸大加亦自置使者、皁衣先人，名皆達於王，如卿大夫之家臣[13]，會同坐起，不
得與王家使者、皁衣先人同列。其國中大家不佃作，坐食者萬餘口，下戶遠擔米
糧魚鹽供給之。其民喜歌舞，國中邑落，暮夜男女羣聚，相就歌戲。無大倉庫，
家家自有小倉，名之為桴京。其人潔[14]清自喜，善藏釀[15]。跪拜申[16]一腳，與夫餘
異，行步皆走。以十月祭天，國中大會，名曰東盟。其公會，衣服皆錦繡金銀以
自飾。大加主簿頭著幘，如幘而無後[17]，其小加著折風[18]，形如弁[19]。其國東有大
穴，名隧穴，十月國中大會，迎隧神還於國東上祭之，置木隧於神坐。無牢獄，
有罪諸加評議，便殺之，沒入妻子為奴婢。其俗作婚姻，言語已定，女家作小屋
於大屋後，名壻屋，壻暮至女家戶外，自名跪拜，乞得就女宿，如是者再三，女
父母乃聽使就小屋中宿，傍頓[20]錢帛，至生子已長大，乃將[21]婦歸家。其俗淫。

男女已嫁娶，便稍[22]作送終之衣。厚葬，金銀財幣，盡於送死，積石為封[23]，列種松柏。其馬皆小，便登山。國人有氣力，習戰鬪，沃沮、東濊[24]皆屬焉。又有小水貊。句麗作國[25]，依大水[26]而居，西安平縣[27]北有小水[28]，南流入海，句麗別種依小水作國，因名之為小水貊，出好弓，所謂貊弓是也。

2 王莽[29]初發高句麗兵以伐胡[30]，不欲行，彊迫遣之，皆亡出塞為寇盜。遼西大尹[31]田譚追擊之，為所殺。州郡縣歸咎於句麗侯騊[32]，嚴尤[33]奏言：「貊人犯法，罪不起於騊，且宜安慰，今猥[34]被[35]之大罪，恐其遂反。」莽不聽，詔尤擊之。尤誘期句麗侯騊至而斬之，傳送其首詣長安。莽大悅，布告天下，更名高句麗為下句麗。當此時為侯國，漢光武帝[36]八年，高句麗王遣使朝貢，始見稱王。

3 至殤[37]、安[38]之間，句麗王宮數寇遼東，更屬玄菟。遼東太守蔡風[39]、玄菟太守姚光以宮為二郡害，興師伐之。宮詐降請和，二郡不進。宮密遣軍攻玄菟，焚燒候城[40]，入遼隧[41]，殺吏民。後宮復犯遼東，蔡風輕將吏士追討之，軍敗沒。

4 宮死，子伯固立。順[42]、桓[43]之間，復犯遼東，寇新安[44]、居鄉[45]，又攻西安平，於道上殺帶方令，略得樂浪太守妻子。靈帝建寧[46]二年，玄菟太守耿臨討之，斬首虜數百級，伯固降，屬遼東。熹平[47]中，伯固乞屬玄菟。公孫度之雄海東也，伯固遣大加優居、主簿然人等助度擊富山賊，破之。

5 伯固死，有二子，長子拔奇，小子伊夷模。拔奇不肖，國人便共立伊夷模為王。自伯固時，數寇遼東，又受亡胡五百餘家。建安中，公孫康出軍擊之，破其國，焚燒邑落。拔奇怨為兄而不得立，與涓奴加各將下戶三萬餘口詣康降，還住沸流水[48]。降胡亦叛伊夷模，伊夷模更作新國[49]，今日所在是也。拔奇遂往遼東，有子留句麗國，今古雛加駮位居是也。其後復擊玄菟，玄菟與遼東合擊，大破之。

6 伊夷模無子，淫灌奴部，生子名位宮。伊夷模死，立以為王，今句麗王宮是也。其曾祖名[50]宮，生能開目視，其國人惡之，及長大，果凶虐，數寇鈔，國見殘破。今王生墮地，亦能開目視人。句麗呼相似為位，似其祖，故名之為位宮。位宮有力勇，便鞍馬，善獵射。景初二年，太尉[51]司馬宣王[52]率眾討公孫淵，宮遣主簿大加將數千人助軍。正始[53]三年，宮寇西安平，其五年，為幽州刺史毌丘儉所破。語在儉傳。

【章旨】以上是〈高句麗傳〉，其一，述高句麗的地理位置、四鄰、幅員、人口、地形地貌、人民氣質、官吏設置及風俗民情；其二，述高句麗別種小水貊之建國及其出產；其三，述王莽至曹魏前半期高句麗時服時叛的情況及高句麗王位的繼承問題；其四，述高句麗為毌丘儉所擊破事。

【注釋】❶朝鮮　國名。古營州（今遼寧一帶）外域。武王滅商，封箕子於朝鮮。漢初燕人衛滿稱王其國。西漢元封三年（西元前一一八年），為漢武帝所滅。❷佃作　同「田作」。❸靈星　星名。《後漢書・東夷列傳》作「零星」。主農事。古以王辰日祀靈星於東南，取祈年報功之義。❹社稷　古代帝王、諸侯所祭的土神和穀神，用作國家的代稱。❺雛　《後漢書・東夷列傳》作「鄒」。❻皁　同「皂」。黑色。❼涓　《後漢書・東夷列傳》作「消」。❽技人　即伎人。演奏樂器表演歌舞的藝人。❾朝服衣幘　朝廷官服官帽。朝服本指君臣朝會所穿的禮服。幘，頭巾。❿高句麗令主其名籍　漢武帝元封三年滅衛氏朝鮮後，以高句麗為縣，屬玄菟郡。令，高句麗縣令。主，主管。名籍，高句麗人民的戶籍名冊。⓫大加　大官。⓬涓奴部本國主六句　意謂：涓奴部本來是高句麗國的君主，現在雖然不是君主了，但嫡系傳下來的大人，仍得稱為古雛加，也得設立宗廟，祭祀靈星、社稷。這表示涓奴部雖不是高句麗國的君主，名義上仍有君主的地位。適統，猶「嫡統」。嫡系相傳的世系。宗廟，古代天子、諸侯祭祀祖先的場所。⓭家臣　春秋時各國卿大夫的臣屬稱家臣。當時卿大夫的宗廟與政權組織稱「家」。總管「家」眾務的叫宰。其所屬都邑也都設宰、司徒、司馬、工正等官職。擔任這些官職的人，統稱為「家臣」。家臣不世襲，由卿大夫隨意任免。家臣要忠於卿大夫，不得越級。⓮潔　宋本作「絜」，二字同。⓯藏釀　釀酒。⓰申　同「伸」。⓱後　范曄《後漢書・東夷列傳》同，宋本作「餘」。⓲折風　古冠名。⓳弁　古代貴族的一種帽子，通常穿禮服時用之。赤黑色用布做的叫爵弁，是文弁；白鹿皮做的叫皮弁，是武弁。後亦泛指帽子。⓴傍頓　廣儲多積。傍，同「旁」。廣之意。頓，同「屯」。聚集；儲存。㉑將　帶領。㉒稍　漸。㉓封　墳堆。㉔東濊　即嶺東濊。㉕作國　建國。㉖大水　即鴨綠江，時稱馬訾水。其時高句麗都丸都城，在今吉林集安西北，地近鴨綠江。㉗西安平縣　縣名。故址在今遼寧寬甸南，鴨綠江北岸。㉘小水　小水發源縣北，即靉陽河，從內地往高句麗必經此。㉙王莽　西漢元城（今河北大名東）人，字巨君。元帝皇后之姪。平帝立，以莽為大司馬。元后以太皇太后臨朝稱制，委政於莽，號安漢公。平帝死，立孺子嬰為帝，莽自稱攝皇帝，三年即真，改國號曰新。傳見《漢書・王莽傳》。㉚胡　指匈奴。王莽發高句麗兵伐胡事在王莽始建國四年（西元一二年），見《資治通鑑・漢紀》。㉛大尹　王莽時改郡太守為大尹。㉜駒　《漢書・王莽傳》、《後漢書・高句驪列傳》均作「騶」。㉝嚴尤　人名。據《漢書・王莽傳》，嚴尤時為討穢（即濊）將軍，並伐高句麗。㉞猥　突然。㉟被　加。㊱漢光武帝　即劉秀，西元二五－五七年在位。㊲殤　東漢殤帝。名隆，和帝子。元興元年（西元一〇五年）十二月即皇帝位，年號延平。延平元年（西元一〇六年）八月死。㊳安　東漢安帝。名祜，章帝孫，西元一〇七－一二五年在位。㊴蔡風　《後漢書・高句驪列傳》作「蔡諷」。㊵候城　縣名。在今遼寧瀋陽東。㊶遼隧　《後漢書・高句驪列傳》作「遼隊」。李賢注曰：「縣名，屬遼東郡。」故地在今遼寧海城西。㊷順　東漢順帝。名保，安帝子，西元一二六－一四四年在位。㊸桓　東漢桓帝。名志，章帝曾孫，西元一四七－一六七年在位。㊹新安　地名。屬遼東郡，今地不詳。㊺居鄉　地名。屬遼東郡，今地不詳。㊻靈帝建寧　靈帝，名宏，章帝玄孫，西元一六八－一八九年在位。建寧，靈帝年號，西元一六八－一七二年。㊼熹平　東漢靈帝劉宏年號，西元一七二－一七八年。原作「嘉平」，誤。此敘靈帝時事，當作「熹平」。㊽沸流水　水名。高句麗始祖朱蒙居於此，即今遼寧桓仁東北富河。一說為渾江，一說為吉林柳河，一說為遼寧渾河。㊾新國　即丸都城。盧弼《三國志集解》注引吳其昌曰：「高句麗國都在晉以前位於今日鴨綠江北岸奉天（今遼寧）境內輯安（集安）、懷仁（桓仁）附近。」㊿名　原無此字，今據宋本補。(51)太尉　西漢以丞相、太尉、御史大夫為三公。太尉為全國軍事首腦。東漢時，太尉與司徒、司空並稱三公。歷代多沿置，但漸變為加官，無實權。(52)司馬宣王　即司馬懿。魏咸熙元年（西元二六四年），其子司馬昭封為晉王，晉國建立，諡司馬懿為宣王。及其孫司馬炎建立晉朝，又追諡為宣帝。(53)正始　魏齊王曹芳年號，西元二四〇－二四九年。

【語　譯】高句麗在遼東以東一千里，南面與朝鮮、濊貊，東面與沃沮，北面與夫餘接壤。都城在丸都山下，方圓約二千里，民戶三萬。地多大山深谷，沒有平原湖澤。高句麗人依山谷居住，飲用澗水。沒有良田，即使勤力耕作，仍然難以填飽肚子。他們有節儉飲食的習慣，喜歡營造宮室，在所居住的附近修建大房子，祭祀鬼神，又祭祀靈星、土神和穀神。他們性情兇狠急躁，喜好為寇抄掠。國家有君王，官號有相加、對盧、沛者、古雛加、主簿、優台丞、使者、皁衣先人，地位尊卑各有不同等級。東夷舊時說法認為高句麗是夫餘的一支，語言及各種習俗，大多和夫餘相同，他們在性情氣質和服飾上有所差別。本來有五個部族，有涓奴部、絕奴部、順奴部、灌奴部、桂婁部。本來是涓奴部為王，後來勢力漸衰，現今桂婁部取而代之。漢朝時賜予高句麗鼓吹藝人，他們常從玄菟郡接受官服官帽，高句麗縣令掌管他們的戶籍名冊。後來高句麗逐漸驕橫恣縱，不再前往玄菟郡，在東面邊界建造小城，把朝服衣帽放置其中，每年按時前來取走，現在胡人仍把這個小城叫做幘溝漊。溝漊，是高句麗對城的稱呼。高句麗設置官職，有了對盧就不設置沛者，有了沛者就不設置對盧。國王的宗族，任大加的都稱古雛加。涓奴部本來是高句麗國王，現在雖然不當國王，嫡系傳下來的大人，可以稱古雛加，也可以立宗廟，祭祀靈星、社稷。絕奴部世代與國王通婚，也加上古雛加的稱號。各大加也可以自置使者、皁衣先人，任職者的姓名都要上報國王，猶如卿大夫的家臣，聚會坐立，不能和國王的使者、皁衣先人同列。他們國中的人家大戶豪門不事耕作，坐食者一萬多人，下等民戶從遠處運來米糧魚鹽供應他們。高句麗民眾喜愛歌舞，國中村落，晚間男女羣聚，相互唱歌嬉戲。國中沒有大倉庫，家家戶戶設有小倉庫，叫做桴京。他們喜愛清潔，擅長釀酒。跪拜時伸出一隻腳，與夫餘人不同，走起路來都小跑步。在十月祭天，國中舉行盛大聚會，名叫東盟。他們因公聚會，衣服都是錦繡製成，用金銀自我裝飾。大加主簿頭上戴著頭巾，如同中原人的頭巾而沒有後部，小加頭戴折風，形狀像弁。他們國家東部有個大洞穴，叫隧穴，十月國中的盛大聚會，迎隧神返回在國都東邊祭祀祂，把木隧安置在神座上。國中沒有牢獄，犯罪者由各加進行評議，然後殺死他，妻兒沒入官府當奴婢。他們建立婚姻關係的習俗，說定之後，女方就在他們大屋的後面建造一所小屋子，叫做婿屋，女婿傍晚來到女方家門外，自報姓名跪拜，請求與女方同宿，這樣再三請求，女方父母這才答應他到小屋中二人同宿，此後夫婦二人多積錢財，等到生下兒女長大以後，男方才帶著妻子回家。他們的習俗淫侈，男女結婚之後，就逐漸製作送終的衣服。實行厚葬，金銀錢財，全部用來送葬，用石塊砌成墳堆，種上成行的松柏。高句麗的馬都體型矮小，適於登山。人有力氣，擅長戰鬥，沃沮、東濊都歸屬高句麗。另有一支叫小水貊的部族。高句麗建國，依傍大河居住，西安平縣的北邊有一條小河，南流入海，高句麗族的一支依傍這條小河建國居住，因此稱他們為小水貊，出產好弓，就是人們所說的貊弓。

2 王莽初年，徵發高句麗兵用來討伐胡人，他們不想去，就強制派發他們，高句麗兵都亡命塞外成為寇盜。遼西大尹田譚追擊他們，被他們所殺害。州郡縣等地方官員歸罪於句麗侯騶，嚴尤上奏說：「貊人犯法，罪不是句麗侯騶引起，應該對他加以撫慰，現在突然加諸大罪，恐怕他就要造反了。」王莽不聽，詔命嚴尤攻打他。嚴尤引誘句麗侯騶約定時間會面，當他到來時便殺了他，將他的首級傳送長安。王莽大為高興，布告全國，將高句麗改名為下句麗。在這時高句麗是侯國，漢光武帝八年，高句麗王派使者入朝進貢，才開始被稱為王。

3 到殤帝、安帝之時，高句麗王宮多次為寇劫掠遼東郡，還累及玄菟郡。遼東太守蔡風、玄菟太守姚光認為宮是二郡的禍害，便興兵討伐他。宮偽降請和，二郡的軍隊不再進攻。宮祕密派軍隊攻打玄菟郡，焚燒了候城縣，攻入遼隧縣，殺害官吏百姓。後來宮再度進犯遼東，蔡風輕率的率領將士追擊他，全軍覆沒。

4 宮死後，兒子伯固繼立。順帝、桓帝期間，高句麗再度進犯遼東，為寇劫掠新安、居鄉，又攻打西安平，在路上殺了帶方縣令，擄掠了樂浪太守的妻兒。靈帝建寧二年，玄菟太守耿臨討伐高句麗，斬首俘虜了數百人，伯固投降，歸屬遼東郡。熹平年間，伯固請求歸屬玄菟郡。公孫度稱雄海東時，伯固派了大加優居、主簿然人等幫助公孫度攻打富山賊，打敗了他們。

5 伯固死，有兩個兒子，大兒子拔奇，小兒子伊夷模。拔奇品行不良，高句麗國人便共同冊立伊夷模為王。從伯固時起，高句麗屢次為寇劫掠遼東，又接納了逃亡的胡人五百多家。建安年間，公孫康出兵攻打高句麗，攻破他們的國都，焚毀了村落。拔奇怨恨身為兄長卻沒有被立為王，與涓奴部首領帶了各自的下戶百姓共三萬多人前往歸降公孫康，返回沸流水居住。投降高句麗的胡人也背叛了伊夷模，伊夷模另建新都，就是今日國都所在。拔奇於是前往遼東，有兒子留在高句麗國，就是現在的古雛加駮位居。後來高句麗又攻打玄菟郡，玄菟與遼東聯合進擊，大敗高句麗。

6 伊夷模沒有兒子，私通灌奴部的女子，生了兒子名叫位宮。伊夷模死後，位宮被冊立為王，就是現今的高句麗王宮。他的曾祖父名宮，出生就能睜眼視物，他的國人厭惡他，到他長大後，果然兇狠暴虐，多次為寇劫掠，國家被殘害。現今的高句麗王一出生落地，也能睜眼看人。高句麗把相似叫做位，他像他的曾祖父，因此給他起名叫位宮。位宮有力氣勇識，擅長騎馬、射獵。景初二年，太尉司馬宣王率領部眾討伐公孫淵，位宮派遣主簿大加率領數千人幫助司馬宣王的軍隊。正始三年，位宮寇掠西安平縣，正始五年，位宮被幽州刺史毌丘儉打敗。記載在〈毌丘儉傳〉中。

1 東沃沮在高句麗蓋馬大山❶之東，濱大海而居。其地形東北狹，西南長，可千里，北與挹婁❷、夫餘，南與濊貊接。戶五千，無大君王❸，世世邑落，各有長帥。其言語與句麗大同，時時❹小異。漢初，燕亡人衛滿王朝鮮❺，時沃沮皆屬焉。漢武帝❻元封二年，伐朝鮮，殺滿孫右渠，分其地為四郡❼，以沃沮城❽為玄菟郡。後為夷貊❾所侵，徙郡句麗西北❿，今所謂玄菟故府⓫是也。沃沮還屬樂浪。漢以土地廣遠，在單單大嶺⓬之東，分置東部都尉⓭，治不耐城⓮，別主領東七縣，時沃沮亦皆為縣。漢建武⓯六年，省邊郡，都尉由此罷。其後皆以其縣中渠帥⓰為縣侯⓱，不耐、華麗⓲、沃沮諸縣皆為侯國。夷狄更相攻伐，唯不耐濊侯至今猶置功曹⓳、主簿⓴諸曹，皆濊民作之。沃沮諸邑落渠帥，皆自稱三老㉑，則故縣國㉒之制也。國小，迫於大國之間，遂臣屬句麗。句麗復置其中大人為使者㉓，使相㉔主領㉕，又使大加統責其租稅㉖，貊布、魚、鹽、海中食物，千里擔負致之，又送其美女以為婢妾，遇之如奴僕。

2 其土地肥美，背山向海，宜五穀，善田種。人性質直彊勇，少牛馬，便持矛步戰。食飲居處，衣服禮節，有似句麗。其葬作大木槨，長十餘丈，開一頭作戶。新死者皆假㉗埋之，才使覆形，皮肉盡，乃取骨置槨中。舉家皆共一槨，刻木如生形，隨死者為數。又有瓦鑩㉘，置米其中，編縣㉙之於槨戶邊。

3 毌丘儉討句麗，句麗王宮奔沃沮，遂進師擊之。沃沮邑落皆破之，斬獲首虜三千餘級，宮奔北沃沮。北沃沮一名置溝婁㉚，去南沃沮八百餘里，其俗南北皆同，與挹婁接。挹婁喜乘船寇鈔，北沃沮畏之，夏月恆在山巖深穴中為守備，冬月冰凍，船道不通，乃下居村落。王頎㉛別遣追討宮，盡其東界。問其耆老「海東復有人不㉜」？耆老言國人嘗乘船捕魚，遭風見吹數十日，東得一島，上有人，言語不相曉，其俗常以七月取童女沉海。又言有一國亦在海中，純女無男。又說得一布衣，從海中浮出，其身如中㉝人衣，其兩袖長三丈。又得一破船，隨波出在海岸邊，有一人項中復有面，生得之，與語不相通，不食而死。其域皆在沃沮東大海中。

【章　旨】以上是〈東沃沮傳〉，其一，述東沃沮的地理位置、地形地貌、幅員、鄰國、人口、歸屬、官吏設置及其為高句麗統治等情況；其二，述東沃沮人的特徵、風俗民情及北沃沮老人所談之海外奇聞。

【注　釋】❶蓋馬大山　山名。盧弼《三國志集解・魏書・東夷》引丁謙曰：「蓋馬大山即今朝鮮平安道與咸鏡道分界之山，其山南北行千餘里，連接不斷。」❷挹婁　古族名。源於肅慎。兩漢時分布在今長白山北、松花江、黑龍江中下游一帶。❸大君王　最高統治者；國王。❹時時　偶而。❺漢初二句　漢初燕人衛滿亡走朝鮮，滅原朝鮮王準，為朝鮮國王。《史記・朝鮮列傳》：「朝鮮王衛滿者，故燕人也。……燕王盧綰反，入匈奴，滿亡命聚黨千餘人，魋結蠻夷服而東走出塞，渡浿水（今朝鮮清川江），居秦故空地上下障，稍役屬真番、朝鮮蠻夷及故燕、齊亡命者王之，都王險（今朝鮮平壤）。」❻帝　原無此字，今據宋本補。❼分其地為四郡　西漢元封二年（西元前一〇九年），漢武帝伐朝鮮，殺衛滿孫右渠，分其地為樂浪、玄菟、臨屯、真番四郡。❽沃沮城　地在今朝鮮咸鏡南道咸興。❾夷貊　此指高句麗。❿徙郡句麗西北　由於高句麗的侵擾，昭帝時將玄菟郡治移於高句麗西北，其地在今遼寧新賓西。⓫玄菟故府　指今遼寧新賓西玄菟郡治所。漢平帝時，此地被高句麗占有。東漢時，又在今瀋陽東置高句麗縣，作為玄菟郡治所，所以稱原郡治為故府。⓬單單大嶺　即今朝鮮北部大同江以南，平安南道、黃海北道與咸鏡南道、江源道之間南北走向的大山脈和阿虎飛嶺山脈。嶺，宋本、范曄《後漢書・東夷列傳》皆作「領」，二字通。⓭都尉　比將軍略低的武官。漢景帝改郡尉為都尉，輔佐郡守並掌管全郡的軍事。《後漢書・百官志》：「建武六年省諸郡都尉，併其職太守。唯邊郡往往置都尉及屬國都尉，稍有分縣，治民比郡。」⓮不耐城　縣名。為樂浪郡東部都尉治所，故地在今朝鮮德源、永興一帶。⓯建武　原誤作「光武」，今據范曄《後漢書・東夷列傳》校正。⓰渠帥　亦作「渠率」。首領。⓱縣侯　《後漢書・百官志》曰：「列侯所食之縣為侯國。」本注曰：「功大者食縣，小者食鄉亭。」⓲華麗　縣名。在今朝鮮咸鏡南道高原之北面。⓳功曹　官名。即功曹史。郡守佐吏，相當於郡守的總務長。除掌人事外，得與聞一郡的政務。⓴主簿　官名。漢代中央及郡縣官署均置此官，以典領文書，辦理事務。㉑三老　古代掌教化的鄉官。秦置鄉三老，漢以後又有縣三老、郡三老、國三老等。㉒縣國　即縣郡。漢代郡國並行，郡與國為同級地方行政單位。㉓使者　原作「主者」，今據宋本改。范曄《後漢書・東夷列傳》作「使者」。㉔相　表示一方對一方有所動作之詞。㉕主領　主管。㉖稅　原作「賦」，今據宋本改。范曄《後漢書・東夷列傳》作「稅」。㉗假　暫時。㉘鑩　同「鬲」。古代炊具，圓口，三空心足。陶製，兼用青銅製。㉙編縣　按次序懸掛。㉚妻　原作「淒」，宋本與范曄《後漢書・東夷列傳》皆作「妻」，今據改。㉛王頎　時任玄菟郡太守。㉜不　同「否」。㉝中　下衍「國」字，今據范曄《後漢書・東夷列傳》刪。

【語譯】東沃沮在高句麗蓋馬大山的東面，濱臨大海居住。它的地形東北狹窄，西南長，大約一千里，北面與挹婁、夫餘，南面與濊貊相接。有民戶五千，沒有國王，世世代代的村落，各有首領。他們的語言與高句麗大致相同，偶而稍有差異。漢朝初年，燕國的逃亡者衛滿稱王朝鮮，那時沃沮地方都歸屬他。漢武帝元封二年，討伐朝鮮，殺了衛滿的孫子右渠，分劃他們的地域設置四郡，以沃沮城作為玄菟郡的治所。後來這裏被夷貊所侵占，遷移郡治到了高句麗西北，就是現在所說的玄菟故府。沃沮還歸樂浪郡管轄。漢朝因為這裏地域廣闊遼遠，在單單大嶺的東面，另外設置東部都尉，治所在不耐城，單獨管轄嶺東七縣，當時沃沮也都是其所屬的縣。東漢光武帝建武六年，裁省邊郡，東部都尉因此裁撤。這以後都用各縣首領擔任縣侯，不耐、華麗、沃沮各縣都成為侯國。夷狄互相攻擊，只有不耐濊侯到現在還設有功曹、主簿各部門，都是濊人設置的。沃沮各村落的首領，都自稱三老，這還是原來縣國舊制。沃沮國小，困迫於大國之間，於是臣屬高句麗。高句麗又安置沃沮各部大人為使者，讓他們主管自己的部落，又派大加負責向沃沮人催交租稅，貊布、魚、鹽、海中食物，沃沮人從千里之外背負肩挑運送到高句麗，還輸送美女做高句麗人的婢妾，高句麗對待他們猶如奴僕。

2 東沃沮土地肥美，背山面海，適於五穀生長，沃沮人善於耕種。百姓性情質樸正直，剛強勇敢，缺少牛馬，擅長手持長矛步戰。飲食起居，衣服禮節，類似高句麗。沃沮人安葬時製作大木槨，長十餘丈，一端開口做門。剛死的人都暫時埋葬他們，覆土僅僅掩蔽屍體，等到屍體皮肉完全腐爛，這才收取屍骨放在槨中。全家人都共用一槨，雕刻木像如同死者活著的形象，木像的數目和死者的數目一樣。又有瓦鑩，把米放置其中，依序懸掛在大槨的門邊。

3 毌丘儉征討高句麗，高句麗王宮逃往東沃沮，毌丘儉便進軍攻擊東沃沮。東沃沮的村落完全遭到破壞，斬獲三千多首級，高句麗王宮逃往北沃沮。北沃沮又名置溝婁，距離南沃沮八百多里，風俗習慣南北完全相同，北沃沮與挹婁接壤。挹婁人喜歡乘船為寇劫掠，北沃沮懼怕他們，夏天經常居住在山巖深洞中防守，冬天冰天凍地，航道不通，這才下山住到村落。王頎另派一支軍隊追擊高句麗王宮，直到北沃沮東界。他詢問當地的老人「大海的東面還有沒有人」？老人回答說他們國中曾有人乘船捕魚，遇上大風，被吹了幾十天，到了東邊的一個島，島上有人，說話聽不懂，島民的風俗常在七月把童女沉入海中。又說有一國也在海中，那裏全是女子沒有男人。又說得到過一件衣服，是從海裏浮出，衣服的腰身與中等身材的人衣服相同，兩袖有三丈長。又得到過一條破船，隨海浪出現在岸邊，其中有一個人脖子上還長著一張臉，生擒了他，和他說話，言語不通，這個人不食而死。這些地方都在沃沮東面大海中。

挹婁❶在夫餘東北千餘里，濱大海，南與北沃沮接，未知其北所極。其土地多山險。其人形似夫餘，言語不與夫餘、句麗同。有五穀、牛、馬、麻布。人多勇力，無大君長，邑落各有大人。處山林之間，常穴居，大家深九梯，以多為好。土氣寒，劇於夫餘。其俗好養豬，食其肉，衣其皮。冬以豬膏塗身，厚數分，以禦風寒。夏則裸袒，以尺布隱其前後，以蔽形體。其人不潔，作溷❷在中央，人圍其表❸居。其弓長四尺，力如弩，矢用楛，長尺八寸，青石為鏃，古之肅慎氏之國也。善射，射人皆入目❹。矢施毒，人中皆死。出赤玉、好貂，今所謂挹婁貂是也。自漢以來，臣屬夫餘，夫餘責其租賦重，以黃初中叛之。夫餘數伐之，其人眾雖少，所在山險，鄰國人畏其弓矢，卒不能服也。其國便乘船寇盜，鄰國患之。東夷飲食類❺皆用俎豆，唯挹婁不，法俗最無綱紀也。

【章　旨】以上是〈挹婁傳〉，先述挹婁之地理位置、地形地貌、出產、氣候、風俗民情及其人民之特徵；次述挹婁人反抗夫餘統治的情況。

【注　釋】❶挹婁　古族名。源於肅慎。兩漢時分布在今長白山北、松花江、黑龍江中下游一帶。❷溷　廁所。❸表　外；周圍。❹目　原誤作「因」，今據范曄《後漢書・東夷列傳》校正。❺類　大抵；大都。

【語　譯】挹婁在夫餘東北方一千多里，濱臨大海，南面和北沃沮接壤，不知北面到什麼地方。挹婁的土地大多是險峻的山地。挹婁人形貌與夫餘人相似，言語和夫餘、高句麗不同。出產五穀、牛、馬、麻布。人多勇猛有力，沒有大首領，村落裏各有首領。他們處於山林之間，常常住在洞穴裏，大戶人家的洞穴深達九個梯子，梯子越多越好。此地氣候寒冷，甚於夫餘。挹婁人的習俗喜歡養豬，吃豬肉，穿豬皮做的衣服。冬天用豬油塗抹身體，厚達數分，用來抵禦風寒。夏天則赤身露體，用一尺長的布掩蓋前後，以遮蔽身體。挹婁人不愛清潔，把廁所建在中間，人們圍著廁所周圍居住。他們的弓長四尺，弓力如弩，箭桿採用楛木，長一尺八寸，用青石做箭頭，是古肅慎氏之國。挹婁人擅長射箭，射人都射中眼睛。箭頭上塗有毒藥，人被射中必死無疑。挹婁出產赤玉、優質的貂皮，就是現在人們所說的挹婁貂。從漢朝以來，都臣服夫餘，夫餘向他們索取重稅，因此挹婁人在黃初年間背叛了夫餘。夫餘多次討伐挹婁，挹婁民眾雖少，但他們處於險峻的深山，鄰國人懼怕他們的弓箭，終究不能制服他們。挹婁人慣於乘船為寇抄掠，鄰國深以為患。東夷各族的飲食大都使用俎豆，唯獨挹婁不是，他們的風俗習慣是最沒有規矩的。

1 濊❶南與辰韓❷，北與高句麗、沃沮接，東窮大海，今朝鮮之東皆其地也。戶二萬。昔箕子❸既適朝鮮，作八條之教❹以教之，無門戶之閉而民不為盜。其後四十餘世，朝鮮侯準❺僭號❻稱王。陳勝❼等起，天下叛秦，燕❽、齊❾、趙❿民避地⓫朝鮮數萬口。燕人衛滿，魋結夷服⓬，復來王之⓭。漢武帝伐滅朝鮮，分其地為四郡。自是之後，胡、漢稍別。無大君長，自漢已來，其官有侯邑君、三老，統主下戶。其耆老舊自謂與句麗同種。其人性愿慤⓮，少嗜欲，有廉恥，不請匄⓯。言語法俗大抵與句麗同，衣服有異。男女衣皆著曲領⓰，男子繫銀花⓱廣數寸以為飾。自單單大山領以西屬樂浪，自領以東七縣，都尉主之，皆以濊為民。後省都尉，封其渠帥為侯，今不耐濊皆其種也。漢末更屬句麗。其俗重山川，山川各有部分⑱，不得妄相涉入。同姓不婚。多忌諱，疾病死亡輒捐棄舊宅，更作新居。有麻布，蠶桑作緜。曉候星宿，預知年歲豐約。不以珠玉為寶。常用十月節祭天，晝夜飲酒歌舞，名之為舞天，又祭虎以為神。其邑落相侵犯，輒相罰責生口⑲牛馬，名之為責禍⑳。殺人者償死。少寇盜。作矛長三丈，或數人共持之，能步戰。樂浪檀弓㉑出其地。其海出班魚㉒皮，土地饒文豹㉓，又出果下馬㉔，漢桓時獻之。

2 正始六年，樂浪太守劉茂、帶方太守弓遵以領東濊屬句麗，興師伐之，不耐侯等舉邑降。其八年，詣闕朝貢，詔更拜不耐濊王。居處雜在民間，四時詣郡朝謁。二郡有軍征賦調㉕，供給役使，遇之如民。

【章旨】以上是〈濊傳〉，其一，寫濊之四鄰、地理位置、人口數量、官吏設置、人民特質及風俗習慣、出產；其二，寫領東濊與曹魏的關係。

【注釋】❶濊　地名與民族名。在今朝鮮境內。❷辰韓　即辰國。《漢書・朝鮮傳》顏師古注：「謂辰韓之國也。」❸箕子　商代貴族，紂王親戚，官太師，封於箕（今山西太谷東北）。曾勸諫紂王，紂王把他囚禁起來。周武王滅商，將其釋放，封於朝鮮。箕子事見《尚書・洪範》、《史記・周本紀》、〈宋微子世家〉。❹八條之教　《後漢書・濊列傳》李賢注引《漢書》曰：「箕子教以八條者，相殺者以當時償殺，相傷者以穀償，相盜者男沒入為其家奴，女子為婢，欲自贖者人五十萬。《音義》

曰：『八條不具見也。』」❺準　原誤作「淮」，下文宋本作「準」，又裴松之注引《魏略》、范曄《後漢書・東夷列傳》皆作「準」，今據改。❻僭號　超越本分，盜用帝王的名號。❼陳勝　字涉，陽城（今河南登封東南）人。秦末首先發難反秦。事詳《史記・陳涉世家》與《漢書・陳勝傳》。❽燕　國名。西元前十一世紀西周分封之諸侯國，其地在今河北北部和遼寧西端，建都薊（今北京市西南）。戰國時為七雄之一。西元前二二二年為秦所滅。見《史記・燕召公世家》。❾齊　國名。西元前十一世紀西周分封之諸侯國，其地在今山東北部，建都營丘（後稱臨淄，在今山東淄博東北）。為戰國七雄之一。西元前二二一年為秦所滅。見《史記・齊太公世家》與〈田敬仲完世家〉。❿趙　國名。戰國七雄之一。建都晉陽（故址在今山西太原南晉源鎮），西元前三八六年遷邯鄲（今河北邯鄲西南）。西元前二二二年為秦所滅。見《史記・趙世家》。⓫避地　遷地以避禍。⓬魋結夷服　《漢書・陸賈傳》顏師古注曰：「椎髻者，一撮之髻，其形如椎。」按：魋結，謂結成椎形的髮髻。夷服，穿夷人的服裝。⓭復來王之　謂燕人衛滿滅箕子之後代朝鮮王準，又來為朝鮮之王。⓮愿愨　謹慎樸實。⓯請匄　乞求。匄，同「丐」，原誤作「高麗」，今據范曄《後漢書・東夷列傳》校正。⓰曲領　即圓領。⓱銀花　用銀鏤刻成的花狀飾物。⓲部分　劃分轄區。⓳生口　奴隸。⓴責禍　處罰製造事端的人，交出財物，免於受禍。㉑檀弓　檀木製造的弓。㉒班魚　亦名硼魚，形似河豚略小，背青色，有蒼黑斑紋。《太平御覽》卷九四〇引曹操《四時食制》：「班魚，頭中有石如珠，出北海。」㉓文豹　獸名。皮有斑紋之豹。㉔果下馬　裴松之注曰：「果下馬高三尺，乘之可於果樹下行，故謂之果下。」㉕軍征賦調　軍事征伐和田賦租稅。調，古代賦稅的一種。漢末與曹魏有「戶調」。

【語　譯】濊的南面與辰韓，北面與高句麗、沃沮接壤，東面一直到達大海，現今朝鮮以東都是濊的地域。民戶有兩萬戶。從前箕子來到朝鮮後，制定了八條教令用來教化當地的民眾，無須關門閉戶而百姓不盜竊。此後四十餘世，朝鮮侯準僭號稱王。陳勝等人起事，天下叛秦，燕國、齊國、趙國的民眾到朝鮮躲避戰禍的有數萬人。燕國人衛滿，把頭髮紮成椎形，穿上蠻夷的衣服，又來朝鮮稱王。漢武帝出兵討伐，滅了朝鮮，分劃其地為四郡。從此以後，胡人、漢人漸漸有了區別。濊人沒有大首領，自漢朝以來，他們的官職有侯邑君、三老，統管下戶百姓。他們的老人自稱與高句麗同一種族。濊人性情謹慎樸實，少有嗜好貪欲，有廉恥之心，不乞求於人。言語法令風俗大致與高句麗相同，衣服有所差異。男女衣服都是圓領，男子在衣服上繫著幾寸大小的銀花作為裝飾物。從單單大山領以西歸屬樂浪郡，自單單大山領以東的七個縣，由東部都尉主管，兩地都把濊人當做自己的百姓。後來裁撤都尉，封濊人的首領為侯，現今的不耐濊都是濊人的種族。漢朝末年，改屬高句麗管轄。濊人的習俗重視山河，山河都有區域劃分，不能妄自進入。同姓不得通婚。禁忌很多，家中有人生病死亡，就丟棄舊房子，另外建造新居。產麻布，種桑養蠶製作絲綿。濊人清晨觀察星象，以預知一年收成好壞。不把珠玉當成寶物。常在十月時節祭天，日夜飲酒歌舞，叫做舞天，又祭祀老虎，把老虎當做神。他們村落之間相互侵犯，常常相罰，責令交出奴隸、牛、馬，稱之為責禍。殺人者償命。少有盜賊。濊人製作的矛有三丈長，有時要好幾個人共持，善於徒步作戰。樂浪的檀弓就出自此地。這裏的海中出產班魚皮，陸地上有很多文豹，還出產果下馬，漢桓帝時濊人曾進貢果下馬。

2 正始六年，樂浪太守劉茂、帶方太守弓遵因為領東濊歸屬了高句麗，就興兵征討他們，不耐侯等帶著他的整個部落降附。正始八年，不耐侯前來朝廷朝貢，朝廷下詔改封他為不耐濊王。濊民雜居在漢民中間，四季都到樂浪、帶方二郡拜見太守。二郡有軍事征伐和賦役租調，濊民也要供給勞役，對待他們如同漢民百姓。

1 韓在帶方之南，東西以海為限，南與倭❶接，方可四千里。有三種，一曰馬韓，二曰辰韓，三曰弁韓。辰韓者，古之辰國❷也。馬韓在西。其民土著，種植，知蠶桑，作綿布。各有長帥，大者自名為臣智，其次為邑借，散在山海間，無城郭。有爰襄國、牟水國、桑外國、小石索國、大石索國、優休牟涿國、臣濆沽❸國、伯濟國、速盧不斯國、日華國、古誕者國、古離國、怒藍國、月支國、咨離牟盧國、素謂乾國、古爰國、莫盧國、卑離國、占離卑國、臣釁國、支侵國、狗盧國、卑彌國、監奚卑離國、古蒲國、致利鞠國、冉路國、兒林國、駟盧國、內卑離國、感奚國、萬盧國、辟卑離國、臼斯烏旦國、一離國、不彌國、支半國、狗素國、捷盧國、牟盧卑離國、臣蘇塗國、莫盧國、古臘國、臨素半國、臣雲新國、如來卑離國、楚山塗卑離國、一難國、狗奚國、不雲國、不斯濆邪國、爰池國、乾馬國、楚離國，凡五十餘國❹。大國萬餘家，小國數千家，總十餘萬戶。辰王治月支國❺。臣智或加優呼臣雲遣支報安邪踧支濆臣離兒不例拘邪秦支廉之號❻。其官有魏率善、邑君、歸義侯、中郎將、都尉、伯長。

2 侯準❼既僭號稱王，為燕亡人衛滿所攻奪，將其左右宮人走入海，居韓地，自號韓王❽。其後絕滅，今韓人猶有奉其祭祀者。漢時屬樂浪郡，四時朝謁。

3 桓、靈之末，韓濊彊盛❾，郡縣不能制，民多流入韓國。建安中，公孫康分屯有縣❿以南荒地為帶方郡，遣公孫模、張敞等收集遺民⓫，興兵伐韓濊，舊民稍出，是後倭韓遂屬帶方。景初中，明帝密遣帶方太守劉昕、樂浪太守鮮于嗣越海定二郡⓬，諸韓國臣智加賜邑君印綬，其次與邑長。其俗好衣幘，下戶詣郡朝謁，皆假⓭衣幘，自服印綬衣幘千有餘人。部從事⓮吳林以樂浪本統韓國，分割辰韓八國以與樂浪，吏譯轉⓯有異同⓰，臣智激韓忿，攻帶方郡崎離營。時太守弓遵、樂浪太守劉茂興兵伐之，遵戰死，二郡遂滅韓⓱。

4 其俗少綱紀，國邑雖有主帥，邑落雜居，不能善相制御。無跪拜之禮。居處作草屋土室，形如冢，其戶在上，舉家共在中，無長幼男女之別。其葬有槨無棺⑱，不知乘牛馬，牛馬盡於送死。以瓔珠⑲為財寶，或以綴衣為飾，或以縣頭垂耳，不以金銀錦繡為珍。其人性彊勇，魁頭露紒⑳，如炅兵㉑，衣布袍，足履革蹻蹋㉒。其國中有所為及官家使築城郭，諸年少勇健者，皆鑿脊皮，以大繩貫之，又以丈許木鍤之，通日嚾呼㉓作力，不以為痛，既以勸㉔作，且以為健。常以五月下種訖，祭鬼神，羣聚歌舞，飲酒晝夜無休。其舞，數十人俱起相隨，踏地低昂，手足相應，節奏有似鐸舞㉕。十月農功畢，亦復如之。信鬼神，國邑各立一人主祭天神，名之天君。又諸國各有別邑，名之為蘇塗㉖。立大木，縣鈴鼓，事鬼神。諸亡逃至其中，皆不還之，好作賊。其立蘇塗之義，有似浮屠㉗，而所行善惡有異。其北方近郡諸國差㉘曉禮俗，其遠處直如囚徒奴婢相聚。無他珍寶。禽獸草木略與中國同。出大栗，大如梨。又出細尾雞，其尾皆長五尺餘。其男子時時有文身㉙。又有州胡㉚在馬韓之西海中大島上，其人差短小，言語不與韓同，皆髡頭㉛如鮮卑，但衣韋㉜，好養牛及豬。其衣有上無下，略如裸勢。乘船往來，市買韓中㉝。

【章　旨】以上是〈三韓傳〉的第一部分，其一，先概述「三韓」的地理位置、幅員等情況；其二，述馬韓之位置、官吏設置、人民居住情況及眾多的小國；其三，寫漢末及曹魏時期與中原的關係；其四，寫馬韓的風俗習慣、人民特徵及出產；其五，寫州胡人的情況。

【注　釋】❶倭　古代中國對日本的稱謂。❷辰國　《漢書・朝鮮傳》顏師古注：「謂辰韓之國也。」❸沽　原作「活」，今從宋本。❹凡五十餘國　傳文所列共五十五國，莫盧國出現二次，實為五十四國。其所謂「國」，實為部落。❺辰王治月支國　《後漢書・東夷列傳》：三韓中「馬韓最大，共立其種為辰王，都目支國（當作月支國），盡王三韓之地。其諸國王先皆是馬韓種人焉。」據此可知馬韓種人為辰王，統治三韓之地，為三韓的最高首領。其他諸國的國王原先也都是馬韓種人，是馬韓人統治三韓。❻臣智或加優呼句　意謂：臣智有的給予優寵被稱為臣雲遣支報安邪踧支濆臣離兒不例拘邪秦支廉的稱號。臣智，見上文，是馬韓各部落長帥。❼侯準　箕子的後裔。準，原誤作「淮」。❽自號韓王　盧弼《三國志集解》注引丁謙曰：「箕淮（準）之王馬韓也，據《朝鮮史》言：避衛滿之逼，率眾奪金馬郡居之，自稱武康王。」金馬即本傳王所治月支國。❾韓濊彊盛　從文義上看，不包括濊。❿屯有縣　其地在今朝鮮黃海北道黃州。⓫遺民　逃失流散之民。⓬二郡　指帶方、樂浪。⓭假　給予。⓮部從事　指幽州刺史之從事史。從事，官名。漢以後三公及州郡長官皆自辟屬僚，多以從事為稱。如從事史、從事中郎、別駕從事、治中從事之類皆是。⓯譯轉　翻譯。⓰異同　不同；有出入。⓱二郡遂滅韓　盧弼《三國志集解》注引丁謙曰：「二郡滅韓皆指馬韓人自立之小部，非三韓全境也。」⓲有槨無棺　原作「有棺無槨」，今從宋本。⓳瓔珠　玉珠。用作裝飾。⓴魁頭露紒　頭髮盤結，露出髮髻。紒，即「髻」。㉑炅兵　閃亮的兵器。㉒蹻蹋　鞋子。㉓嚾呼　大聲呼叫。㉔勸　鼓勵。㉕鐸舞　漢代舞曲名。舞人執鐸隨曲而舞。㉖蘇塗　古代三韓國中所設的含有神道色彩的特殊區域，凡逃亡者入其中即可得到庇護。㉗浮屠　佛塔。㉘差　稍微。㉙文身　在身體上刺有色的圖案或花紋。㉚州胡　盧弼《三國志集解・魏書・東夷》注引丁謙曰：「州胡即今之濟州無疑。」按：濟州位於今朝鮮半島西南海中八十五公里處。㉛髡頭　剃光頭。㉜衣韋　穿去毛熟製的獸皮所做的衣服。韋，去毛熟製的獸皮。㉝韓中　原誤倒為「中韓」，今據宋本校正。范曄《後漢書・東夷列傳》云「乘船往來貨市韓中」。

【語　譯】韓在帶方的南面，東西以海為界，南與倭國相接，方圓大約四千里。韓有三個部族，一叫馬韓，二叫辰韓，三叫弁韓。辰韓，就是古代的辰國。馬韓在西部。民眾都是土生土長，從事耕種，知道種桑養蠶，製作綿布。各部落都各有首領，大首領自稱臣智，其次稱為邑借，民眾散居在山海之間，沒有城郭。其地有爰襄國、牟水國、桑外國、小石索國、大石索國、優休牟涿國、臣濆沽國、伯濟國、速盧不斯國、日華國、古誕者國、古離國、怒藍國、月支國、咨離牟盧國、素謂乾國、古爰國、莫盧國、卑離國、占離卑國、臣釁國、支侵國、狗盧國、卑彌國、監奚卑離國、古蒲國、致利鞠國、冉路國、兒林國、駟盧國、內卑離國、感奚國、萬盧國、辟卑離國、臼斯烏旦國、一離國、不彌國、支半國、狗素國、捷盧國、牟盧卑離國、臣蘇塗國、莫盧國、古臘國、臨素半國、臣雲新國、如來卑離國、楚山塗卑離國、一難國、狗奚國、不雲國、不斯濆邪國、爰池國、乾馬國、楚離國，共五十餘國。大國民戶萬餘家，小國數千家，總計十餘萬戶。辰王的治所在月支國。臣智有的加優被稱為臣雲遣支報安邪踧支濆臣離兒不例拘邪秦支廉的稱號。辰王的官職有魏率善、邑君、歸義侯、中郎將、都尉、伯長。

2 侯準僭號稱王後，被燕國逃亡者衛滿所攻打，奪了王位，侯準帶領他的左右近臣及宮人逃入大海，居住在韓地，自稱韓王。他的後代滅絕了，現今韓人還有供奉祭祀他的。漢時歸屬樂浪郡，每年四季拜見郡太守。

3 桓帝、靈帝末年，韓濊強盛，郡縣無法控制，很多民眾流入韓國。建安年間，公孫康劃出屯有縣以南的荒地設置帶方郡，派公孫模、張敞等人召集流亡的漢民，起兵討伐韓濊，流亡的漢民逐漸離開韓濊，此後倭國、韓國就歸屬帶方郡。景初年間，明帝祕密派遣帶方太守劉昕、樂浪太守鮮于嗣渡海平定二郡，各韓國的臣智加賜邑君的印綬，臣智以下的則賜以邑長的官職。韓濊人的習俗喜愛服飾冠戴，下戶百姓到郡拜見太守，都要給予朝服冠帽，私自佩戴印綬穿朝服戴冠帽的有一千多人。部從事吳林認為樂浪郡本來統轄韓國，便劃分出辰韓八國歸屬樂浪郡，翻譯官員在轉譯時有出入，臣智故意激起韓國人的憤怒，興兵攻打帶方郡的崎離營。當時帶方太守弓遵、樂浪太守劉茂出兵討伐韓國，弓遵戰死，帶方、樂浪二郡於是滅掉了韓國。

4 馬韓習俗缺乏法紀，各國雖有首領，但村落雜居，首領不能很好的進行管控。沒有跪拜的禮節。居住的處所是草頂土室，形狀如同墳墓，門戶開在頂上，全家共處其中，沒有長幼男女的區別。他們安葬死者有槨無棺，不曉得駕乘牛馬，牛馬都用來葬送死者。把瓔珠當財寶，有的人把它連綴在衣服上當裝飾，有的人則把它掛在頸上或耳朵上，不把金銀錦繡當作珍寶。馬韓人性情強悍勇敢，頭髮盤結露出髮髻，如同閃閃發光的兵器，身穿布袍，腳著皮製的鞋子。馬韓國中要起造土木或官家使人修築城郭，那些年輕勇健的人，都把自己脊背的皮膚開一個孔，用大繩貫穿，又把一丈來長的木頭綴在上面，終日呼叫發奮力勞動，不覺疼痛，既用來勸勉勞作，又顯示自己的強健。他們常在五月播種結束後，祭祀鬼神，聚集在一起唱歌跳舞，日夜不停飲酒。他們跳舞，數十人一起相隨，踩腳踏地，身體俯仰，手足相互應和，節奏類似鐸舞。十月農事完畢，也要如此。崇信鬼神，每國都各立一人主持祭祀天神，名為天君。各國又另有城邑，名為蘇塗。蘇塗都樹立大木柱，懸掛鈴鼓，奉侍鬼神。那些亡命逃到這裏的人，都不再返回，好在此地為賊。馬韓人建立蘇塗的本意，類似浮屠，而行為的善惡卻有差異。馬韓的北方靠近帶方郡的各國稍微懂得一些禮俗，而離帶方郡較遠的各國則簡直如同囚徒奴婢相聚。沒有什麼珍寶。禽獸草木大致與中原相同。出產栗子，大小如梨。又出產細尾雞，尾巴都有五尺多長。男子常常紋身。又有州胡，在馬韓西面海中的大島上，那裏的人較為矮小，言語與韓國不同，他們都和鮮卑人一樣剃著光頭，只穿熟皮製的衣服，喜歡畜養牛豬。他們的衣服只有上衣而無下衣，與裸體差不多。州胡人乘船來往，與韓國人買賣交易。

辰韓在馬韓之東，其耆老傳世，自言古之亡人避秦役來適韓國，馬韓割其東界地與之。有城柵。其言語不與馬韓同，名國為邦，弓為弧，賊為寇，行酒❶為行觴。相呼皆為徒，有似秦人，非但燕、齊之名物也。名樂浪人為阿殘；東方人❷名我為阿，謂樂浪人本其殘餘人。今有名之為秦韓者。始有六國，稍分為十二國。

【章　旨】以上是〈三韓傳〉的第二部分，述辰韓的位置、歷史傳說及其與馬韓等國相異的風俗民情。

【注　釋】❶行酒　依次斟酒。❷東方人　此指辰韓人。

【語　譯】辰韓在馬韓的東面，他們的老人世代流傳，自稱他們的先人是古時的逃亡者，為了躲避秦朝的徭役而來到韓國，馬韓劃出東部地域給他們。有城堡寨柵。他們的言語與馬韓不同，把國叫做邦，弓叫做弧，賊叫做寇，行酒叫做行觴。相互稱呼都叫做徒，和秦人相似，不僅是燕、齊地方的人對事物的稱謂。他們把樂浪人稱做阿殘；東方人稱我為阿，意思是說樂浪人本是他們殘害後剩餘的人。現在有把辰韓叫做秦韓的。最初辰韓有六國，逐漸分為十二國。

1 弁辰❶亦十二國，又有諸小別邑，各有渠帥，大者名臣智，其次有險側，次有樊濊，次有殺奚，次有邑借❷。有已柢國、不斯國、弁辰彌離彌凍國、弁辰接塗國、勤耆國、難彌離彌凍國、弁辰古資彌凍國、弁辰古淳是國、冉奚國、弁辰半路國、弁辰❸樂奴國、弁辰軍彌國❹、弁辰彌烏邪馬國、如湛國、弁辰甘路國、戶路國、州鮮國、馬延國、弁辰狗邪國、弁辰走漕馬國、弁辰安邪國❺、弁辰瀆盧國、斯盧國、優由❻國。弁、辰韓合二十四國，大國四五千家，小國六七百家，總四五萬戶。其十二國屬辰王。辰王常用馬韓人作之，世世相繼。辰王不得自立為王❼。土地肥美，宜❽種五穀及稻，曉蠶桑，作縑❾布，乘駕牛馬。嫁娶禮俗，男女有別。以大鳥羽送死，其意欲使死者飛揚。國出鐵，韓、濊、倭皆從取之。諸市買皆用鐵，如中國用錢，又以供給二郡。俗喜歌舞飲酒。有瑟⑩，其形似筑⑪，彈之亦有音曲。兒生，便以石壓⑫其頭，欲其褊⑬。今辰韓人皆褊頭。男女近倭，亦文身。便步戰，兵仗與馬韓同。其俗，行者相逢，皆住讓路。

2 弁辰與辰韓雜居，亦有城郭。衣服居處與辰韓同。言語法俗相似，祠祭鬼神有異，施⑭竈皆在戶西。其瀆盧國與倭接界。十二國亦有王，其人形皆大。衣服潔清，長髮。亦作廣幅細布。法俗特嚴峻。

【章旨】以上是〈三韓傳〉的第三部分，寫弁辰諸小別邑渠帥的名稱及弁、辰韓二十四國的名稱；同時寫了弁辰的民戶數量及辰王常用馬韓人為之等情況及弁辰的出產、民俗和其人的特徵。

【注釋】❶弁辰　似應作「弁韓」。❷邑借　原作「借邑」，今據宋本改。范曄《後漢書・東夷列傳》亦作「邑借」。❸辰　原脫，今據《三國志集解》引沈家本說補。❹弁辰軍彌國　原脫「辰」字，據上下文例補。此上又有「軍彌國」三字，與「弁辰軍彌國」重，今刪去。❺弁辰安邪國　下原有「馬延國」三字，與上文重，今刪去。❻由　原作「中」，今據宋本、馮夢禎刻本改。❼辰王不得自立為王　意謂辰韓人不得立為王。裴松之注引《魏略》曰：「明其為流移之人，故為馬韓所制。」❽宜　下原有「移」字，今據宋本刪。❾縑　雙絲織成的淺黃色細絹。❿瑟　撥絃樂器，形似琴，通常二十五絃。⓫筑　古擊絃樂器，形似箏，有十三絃。演奏時左手按絃一端，右手執竹尺擊絃發音。⓬壓　宋本作「厭」，二字通。⓭褊　通「扁」。⓮施　設置。

【語譯】弁辰也有十二國，各國又另有小的部落，各有首領，大的叫臣智，其次叫險側，再次叫樊濊，再次叫殺奚，又再其次叫邑借。有已柢國、不斯國、弁辰彌離彌凍國、弁辰接塗國、勤耆國、難彌離彌凍國、弁辰古資彌凍國、弁辰古淳是國、冉奚國、弁辰半路國、弁辰樂奴國、弁辰軍彌國、弁辰彌烏邪馬國、如湛國、弁辰甘路國、戶路國、州鮮國、馬延國、弁辰狗邪國、弁辰走漕馬國、弁辰安邪國、弁辰瀆盧國、斯盧國、優由國。弁韓、辰韓合計二十四國，大國四五千家，小國六七百家，總共有四、五萬戶。其中十二國歸屬辰王。辰王常常是由馬韓人擔任，世代相傳。辰王不能自立為王。此地土地肥美，適宜種植五穀和稻子，人們懂得種桑養蠶，織作細縑布，乘駕牛馬。嫁娶禮俗，男女有別。用大鳥羽毛送葬死者，意思是想讓死者飛揚。國中出產鐵，韓人、濊人、倭人都從這裏取獲。各地市場交易都用鐵當貨幣，就像中原使用錢，又把鐵供給樂浪、帶方二郡。他們的習俗喜愛歌舞飲酒。有瑟，形狀像筑，彈奏起來也有音樂曲調。小孩出生，就用石頭壓他的頭，希望他的頭長成扁形。現在辰韓人都是扁頭。男女長相近似倭人，也紋身。擅長徒步作戰，兵器與馬韓相同。他們的風俗，走路的人相逢，都停下來讓路給對方。

2 弁辰與辰韓雜居，也有城郭。衣服居處與辰韓一樣。言語法規風俗也與辰韓相似，祭祀鬼神有所不同，灶都安設在門的西側。弁辰的瀆盧國與倭國相接。十二國也各有王，弁辰人都形體高大。衣服清潔，長髮。也織作寬幅細布。法規禮俗異常嚴峻。

1 倭人在帶方東南大海之中，依山島為國邑。舊百餘國，漢時有朝見者，今使譯所通三十國。從郡❶至倭，循海岸水行，歷韓國，乍南乍東，到其北岸狗邪韓國❷，七千餘里，始渡一海，千餘里至對馬國❸。其大官曰卑狗，副曰卑奴母離。所居絕島❹，方可四百餘里，土地山險，多深林，道路如禽鹿徑❺。有千餘戶，無良田，食海物自活，乘船南北市糴⑥。又南渡一海千餘里，名曰瀚海，至一大國，官亦曰卑狗，副曰卑奴母離。方可三百里，多竹木叢林，有三千許家，差有田地，耕田猶不足食，亦南北市糴。又渡一海，千餘里至末盧國⑦，有四千餘戶，濱山海居，草木茂盛，行不見前人。好捕魚鰒⑧，水無深淺，皆沉沒取之。東南陸行五百里，到伊都國⑨，官曰爾支，副曰泄謨觚、柄渠觚。有千餘戶，世有王，皆統屬女王國⑩，郡使⑪往來常所駐。東南至奴國⑫百里，官曰兕馬觚，副曰卑奴母離，有二萬餘戶。東行至不彌國⑬百里，官曰多模，副曰卑奴母離，有千餘家。南至投馬國⑭，水行二十日，官曰彌彌，副曰彌彌那利，可五萬餘戶。南至邪馬壹國⑮，女王之所都，水行十日，陸行一月。官有伊支馬，次曰彌馬升，次曰彌馬獲支，次曰奴佳鞮，可七萬餘戶。自女王國以北，其戶數道里可得⑯略載，其餘旁國遠絕，不可得詳。次有斯馬國，次有已百支國，次有伊邪國，次有都支國，次有彌奴國，次有好古都國，次有不呼國，次有姐奴國，次有對蘇國，次有蘇奴國，次有呼邑國，次有華奴蘇奴國，次有鬼國，次有為吾國，次有鬼奴國，次有邪馬國，次有躬臣國，次有巴利國，次有支惟國，次有烏奴國，次有奴國，此女王境界所盡⑰。其南有狗奴國⑱，男子為王，其官有狗古智卑狗，不屬女王。自郡至女王國萬二千餘里。

2 男子無大小皆黥面[19]文身。自古以來，其使詣中國，皆自稱大夫。夏后少康之子封於會稽[20]，斷髮文身以避蛟龍之害。今倭水人好沉沒捕魚蛤，文身亦以厭[21]大魚水禽，後稍以為飾。諸國文身各異，或左或右，或大或小，尊卑有差。計其道里，當在會稽[22]、東冶[23]之東。其風俗不淫，男子皆露紒，以木緜招[24]頭。其衣橫幅[25]，但結束相連，略無縫。婦人被髮屈紒，作衣如單被，穿其中央，貫頭衣之。種禾稻、紵麻[26]，蠶桑、緝績[27]，出細紵[28]、縑緜[29]。其地無牛馬虎豹羊鵲。兵用矛、楯、木弓。木弓短下長上，竹箭或鐵鏃或骨鏃，所有無與儋耳[30]、朱崖[31]同。倭地溫暖，冬夏食生菜，皆徒跣[32]。有屋室，父母兄弟臥息異處，以朱丹[33]塗其身體，如中國用粉[34]也。食飲用籩豆[35]，手食。其死，有棺無槨，封土作冢。始死停喪十餘日，當時不食肉，喪主[36]哭泣，他人就歌舞飲酒。已葬，舉家詣水中澡浴，以如練沐[37]。其行來渡海詣中國，恆使一人，不梳頭，不去蟣蝨，衣服垢汙，不食肉，不近婦人，如喪人[38]，名之為持衰[39]。若行者吉善，共顧[40]其生口財物；若有疾病，遭暴害，便欲殺之，謂其持衰不謹。出真珠、青玉。其山有丹，其木有柟[41]、杼[42]、豫樟[43]、楺櫪[44]、投橿[45]、烏號[46]、楓香[47]，其竹篠簳[48]、桃支[49]。

有薑、橘、椒[50]、蘘荷[51]，不知以為滋味[52]。有獮猴[53]、黑雉。其俗舉事行來，有所云為[54]，輒灼骨而卜[55]，以占吉凶，先告所卜，其辭如令龜[56]法，視火坼占兆[57]。其會同坐起，父子男女無別，人性嗜酒。見大人所敬，但搏手[58]以當跪拜。其人壽考[59]，或百年，或八九十年。其俗，國大人皆四五婦，下戶或二三婦。婦人不淫，不妒忌。不盜竊，少諍訟。其犯法，輕者沒其妻子，重者滅其門戶。及宗族尊卑，各有差序，足相臣服。收租賦。有邸閣國[60]，國有市，交易有無，使大倭[61]監之。自女王國以北，特置一大率[62]，檢察諸國，諸國畏憚之。常治伊都國，於國中有如刺史。王遣使詣京都、帶方郡、諸韓國，及郡使倭國，皆臨津搜露[63]，傳送文書賜遺之物詣女王，不得差錯。下戶與大人相逢道路，逡巡[64]入草。傳辭說事，或蹲或跪，兩手據地，為之恭敬。對應聲曰噫，比如然諾。

3 其國本亦以男子為王，住[65]七八十年，倭國亂，相攻伐歷年[66]，乃共立一女子為王，名曰卑彌呼，事鬼道[67]，能惑眾，年已長大，無夫婿，有男弟佐治國。自為王以來，少有見者。以婢千人自侍，唯有男子一人給飲食，傳辭出入。居處宮室樓觀，城柵嚴設，常有人持兵守衛。

4 女王國東渡海千餘里，復有國，皆倭種。又有侏儒國[68]在其南，人長三四尺，去女王四千餘里。又有裸國、黑齒國(69)復在其東南，船行一年可至。參問倭地，絕在海中洲島之上，或絕或連，周旋可五千餘里。

【章旨】以上是〈倭傳〉的第一部分，先概述倭國的地理位置及與中國往來的歷史；次寫其人民生活狀況、距中國之遙遠及其小國之眾多；又寫女王國管轄之範圍；又寫倭人的風俗習慣、出產、氣候及法度、交易等情況；又寫其國之地形特點及幅員。

【注釋】❶郡　指帶方郡。❷狗邪韓國　即弁韓、辰韓二十四國中的弁辰狗邪國。盧弼《三國志集解》注曰：「蓋即今慶尚道極南金海郡地。《明史》所謂釜山是也。」❸對馬國　即今日本之對馬島，為至釜山的要道。❹絕島　孤島。❺禽鹿徑　禽獸所走的路。❻市糴　此指購買糧食。❼末盧國　其地在今日本長崎縣松浦一帶。❽魚鰒　即鮑魚。也稱「大鮑」，古稱「鰒」或「石決明」。❾伊都國　其地在今日本福岡縣前原町一帶。❿女王國　即下文的邪馬壹國。⓫郡使　帶方郡的使者。⓬奴國　其地在今日本福岡縣博多一帶。⓭不彌國　其地在今日本福岡縣宇彌一帶。⓮投馬國　一般認為其地在今日本福岡縣南部三豬郡一帶。⓯邪馬壹國　應為「邪馬臺國」。其地有九州說、本州說等。中國學者一般都肯定九州說，認為其地在今日本福岡縣南部三門郡一帶。⓰得　原無，宋本有，據補。⓱次有斯馬國二十二句　所列諸國之具體所在，日本學者爭論紛紜，中國學者一般認為這二十餘國都是一些大小不等的相對獨立的部落，其具體所在難以確考。都支國的「都」，原作「郡」，今據宋本改。⓲狗奴國　日本學者有的認為其地在肥前（今熊本縣），也有的認為在伊予（今愛媛縣）。⓳黥面　在臉上刺上花紋，塗上墨，使墨跡長入肌膚。⓴夏后少康之子句　夏后，即夏朝的君主。少康，夏王朝第六王，帝相之子，為有名的中興之主。據《史記·越王句踐世家》：「越王句踐，其先禹之苗裔，而夏后帝少康之庶子也，封於會稽，以守奉禹之祀。」㉑厭　鎮懾。㉒會稽　郡名。治所在今浙江紹興。㉓東冶　縣名。治所在今福建福州。冶，原誤作「治」，今據宋本校正。㉔招　繫；紮。㉕橫幅　橫過來的整幅布帛，用之如裙。㉖紵麻　多年生草本植物，莖皮纖維潔白有光澤，是紡織的重要原料。㉗緝績　猶紡織。㉘細紵　細麻布。㉙緜　絲綿。㉚儋耳　郡名。治所在今海南儋州西北。㉛朱崖　郡名。治所在今海南海口市瓊山區東南。㉜徒跣　赤腳步行。㉝朱丹　即朱砂。一種礦物，紅色，可做顏料。㉞粉　即鉛粉，古代用作塗面的化妝品。㉟籩豆　即籩和豆，古代禮器、食器。籩，用竹製，盛果脯等。豆，用木製，也有青銅或陶製的，或有蓋，形似高足盤。盛齏醬等。㊱喪主　主持喪事的人。古代以死者的嫡長子為喪主。如無嫡長子，則以嫡長孫為喪主。㊲練沐　練，古祭名。古代父母喪後週年之祭稱小祥。此時孝子可以穿練過的布帛，故小祥之祭稱「練」。其時洗沐稱「練沐」。㊳喪人　居喪（守孝）中的人。㊴衰　原作「哀」，宋本作「衰」。范曄《後漢書・東夷列傳》同，今據改。下文「持衰」原亦作「持哀」。㊵顧　照顧；看管。㊶枏　即「楠」。一種喬木。材質堅硬芳香，是建築或做家具的良好木材。㊷杼　柞樹，木質堅硬，可做鑿柄，亦可製家具。㊸豫樟　即樟木。常綠喬木，材質緻密，為做家具的良好材料。㊹櫪　木名。即櫟，果實可入藥，磨粉蒸食，可禦饑年。㊺投橿　木名。材質堅韌，古常用之做車輪外周。㊻烏號　即桑柘木。材質堅勁，古人常用其枝製弓。因此將烏號作為弓的代稱。㊼楓香　即楓木。落葉喬木，木質清香，故名之「楓香」。㊽篠簳　篠與簳均為小竹之名，可做箭桿。㊾桃支　即桃枝竹，又名桃竹，竹的一種，可織席做杖。㊿椒　指花椒。(51)蘘荷　草名。亦稱「陽藿」，多年生，葉尖類薑，夏開淡黃花，嫩芽可食，根可入藥。(52)滋味　指可食之物。(53)獮猴　即獮猴，亦稱「恆河猴」。(54)云為　言語行為。(55)灼骨而卜　燒灼龜甲或獸骨，視其裂紋以預測吉凶。卜，占卜。(56)令龜　即「命龜」。古人占吉凶，必將所占之事告卜人以龜占之，稱為「命龜」。(57)視火坼占兆　看燒灼龜甲或獸骨的裂紋作為占兆，以預測吉凶。坼，裂紋。占兆，占卜時燒灼龜甲或獸骨所產生的裂紋。(58)搏手　兩手相拍擊。(59)壽考　長壽。(60)邸閣國　邸閣，儲存糧食之所。國，可理解為在國中。(61)大倭　由女王派往各國監管交易的官吏。(62)大率　即「大帥」。(63)皆臨津搜露　到關口都要受檢查、驗看。臨，到。津，渡口，此謂關口。搜露，驗看；檢查。(64)逡巡　頃刻；須臾。(65)住　持續；保持。(66)歷年　經過多年。(67)事鬼道　以與鬼神打交道為事。(68)侏儒國　居住在孟加拉灣安達曼和尼科巴羣島上的土著居民，身材矮小，皮膚黃褐色，卷曲髮或卷結髮，面部特徵與澳大利亞人近似。侏儒國或即指此。(69)裸國黑齒國　關於裸國、黑齒國，中國古籍中記載很多，有說在西方，有說在東南方，所指非一。

【語　譯】倭人在帶方郡東南大海中，依傍山島修築城邑。舊時有一百多國，漢朝時曾有前來朝見的，現在透過使者翻譯往來的有三十國。從帶方郡到倭國，沿著海岸航行，經過韓國，一下向南一下向東，到達倭國北岸的狗邪韓國，有七千餘里，開始渡過一海，航行一千多里到達對馬國。對馬國的大官叫卑狗，副職叫卑奴母離。他們所居住的是一個孤島，方圓大約四百多里，地形山嶺險峻，多茂密的林木，道路有如禽獸所走的小徑。有一千多戶人家，沒有良田，吃海產為生，乘船南來北往購買糧食。從這裏往南再渡一海約一千餘里，名叫瀚海，到一個大國，這裏官也叫卑狗，副職也叫卑奴母離。方圓約三百里，有很多竹木叢林，有三千多戶人家，稍微有些田地，耕田還是不夠食用，也要南來北往四處購糧。再渡一海，航行一千多里到達末盧國，有四千多戶人家，依山傍海居住，草木茂盛，走路時看不見前面的人。人們喜好採捕鮑魚，不管海水深淺，都潛入海裏採取。往東南陸路走五百里，到達伊都國，這裏官叫爾支，副職叫泄謨觚、柄渠觚。有一千多戶人家，世代有王，都歸屬女王國，帶方郡使者往來常在這裏停留。往東南到達奴國有一百里，奴國的官叫兕馬觚，副職叫卑奴母離，有二萬多戶人家。從這裏往東走到達不彌國有一百里，這裏官叫多模，副職叫卑奴母離，有一千多戶人家。從這裏往南到達投馬國，水路航行需要二十天，這裏的官叫彌彌，副職叫彌彌那利，大約有五萬多戶人家。往南到達邪馬壹國，是女王都城所在，水路航行需要十天，走陸路需要一個月。邪馬壹國的官有伊支馬，其次叫彌馬升，再次叫彌馬獲支，又次叫奴佳鞮，大約有七萬多戶人家。從女王國往北，人戶數目道路里程能夠大略記載，其他的國家遙遠隔絕，無法得知他們的詳情。其次有斯馬國，再次有已百支國，再次有伊邪國，再次有都支國，再次有彌奴國，再次有好古都國，再次有不呼國，再次有姐奴國，再次有對蘇國，再次有蘇奴國，再次有呼邑國，再次有華奴蘇奴國，再次有鬼國，再次有為吾國，再次有鬼奴國，再次有邪馬國，再次有躬臣國，再次有巴利國，再次有支惟國，再次有烏奴國，再次有奴國，到此就是女王轄地的盡頭了。往南有狗奴國，男人當王，狗奴國的官有狗古智卑狗，不歸屬女王。從帶方郡到女王國一萬二千餘里。

2 倭人男子不論大小都在臉上身上刺青。自古以來，他們的使者來到中國，都自稱大夫。夏朝君主少康的兒子被封在會稽，剪掉頭髮、紋身用來躲避蛟龍的危害。現在生活在水邊的倭人喜好撈捕魚蛤，紋身也是為了用以鎮懾大魚水禽，此後逐漸成為裝飾。各國紋身各不相同，花紋有的在左，有的在右，有的大，有的小，根據身分尊卑有不同等級。計算到倭國的道路里程，應在會稽、東冶的東面。倭人風俗不淫亂，男子都露出髮髻，用木綿布紮頭。他們的衣服用整幅橫布，只是打結相連，差不多不用縫製。婦女們披著頭髮，髮髻彎曲，製作的衣服就如一張單被，在中間開一個孔，套頭穿在身上。種植禾稻、紵麻，種桑養蠶，紡紗織布，生產細麻布、細絹和絲綿。這個地方沒有牛馬虎豹羊鵲。兵器用矛、盾、木弓。木弓下短上長，竹製的箭桿上有的是鐵箭頭有的是骨箭頭。所有這些，沒有與儋耳、朱崖相同的。倭國地方氣候溫暖，倭人冬天夏天吃沒有煮過的蔬菜，都光著腳走路。有房屋，父母兄弟睡覺休息不在一處。用朱丹塗抹身體，如同中原人敷粉一樣。飲食使用籩豆，用手抓食。人死了，安葬時有棺無槨，堆土為墳。人剛死，停屍在家十多天，這段時間家人不吃肉，喪主哭泣，旁人則歌舞飲酒。死者安葬以後，全家人都要到水裏洗澡沐浴，就像中原人練沐一樣。倭人使者渡海到中國來，經常派同一個人，不梳頭，不清除身上的蟣蝨，衣服骯髒，不吃肉，不近女人，猶如居喪之人。稱之為持衰。假若使者平安順利，人們共同照看他的家人財產；假若使者生病，或遭遇橫禍，人們就要殺了他，說是他持衰不敬謹。倭國出產真珠、青玉。山中有丹砂，林木有柟、杼、豫樟、楺櫪、投橿、烏號、楓香等，竹子有篠簳、桃支。這裏還產薑、橘、椒、蘘荷，但倭人不知可以食用。這裏還有獮猴、黑雉。倭人的風俗凡要辦事外出，有什麼要說要做的，就灼燒骨頭占卜，用來預測吉凶，占卜時先說出所要預測的，卜辭就像中原用龜甲占卜一樣，觀察骨頭燒灼後的裂紋以預測吉凶徵兆。倭人聚會坐在一起，父子男女無分別，他們天性喜歡飲酒。見到大人表示尊敬，只要兩手相拍，就相當於跪拜之禮。倭人長壽，有的活到百歲，有的八九十歲。他們的風俗，國中的大人都有四五個妻子，下戶百姓也有兩三個妻子的。婦人不淫亂，不妒忌。倭人不偷盜，很少訴訟。他們犯了法，罪輕的把他的妻兒沒入官家，罪重者全家處死。至於宗族內部的尊卑，各有等級順序，足以使人們服從。收取租稅。國中有邸閣儲存糧食，各國設有市場，交易買賣，互通有無，派大倭監督他們。從女王國以北，特設一位大率，檢察各國，各國都很懼怕他。大率的治所通常設在伊都國，在國中就像中原的刺史。倭人女王派遣使者到京都、帶方郡、各韓國，以及帶方郡使者出使倭國，都要在關口受檢查驗，把往來傳送的文書以及贈賜的物品交給女王，不得有誤。下戶百姓與大人在路上相遇，立即進入草叢躲藏。傳話或說明事情，或蹲或跪，兩手按地，做出恭敬的樣子。應答之聲為噫，如同中原人的許諾。

3 他們國家本來也是以男子為王，經過七八十年，倭國內亂，互相攻伐歷時多年，便共同擁立一個女子為王，名叫卑彌呼，事奉鬼神之道，能迷惑群眾，她年齡已經很大了，沒有丈夫，有弟弟幫助她治理國家。自從她當王以後，很少有見到她的人。她用一千個婢女侍奉自己，只有一個男子供給她飲食，出入通報傳話。她住在宮室樓觀中，周圍嚴設城牆柵欄，經常有人手持兵器守衛。

4 從女王國東去渡海一千餘里，還有國家，都是倭人種族。還有侏儒國在倭國南面，侏儒國人身高三四尺，距離女王國四千多里。又有裸國、黑齒國在倭國東南，乘船航行一年可以抵達。考察倭國地域，懸絕於海中洲島之上，地域或斷或連，周圍大約五千餘里。

1 景初二年六月，倭女王遣大夫難升米等詣郡❶，求詣天子朝獻，太守劉夏遣吏將送詣京都❷。其年十二月，詔書報倭女王曰：「制詔親魏倭王卑彌呼：帶方太守劉夏遣使送汝大夫難升米、次使都市牛利奉汝所獻男生口四人、女生口六人、班布❸二匹二丈，以到。汝所在踰遠❹，乃遣使貢獻，是汝之忠孝，我甚哀汝。今以汝為親魏倭王，假❺金印紫綬❻，裝封付帶方太守假授汝。其❼綏撫種人，勉為孝順。汝來使難升米、牛利涉遠，道路勤勞，今以難升米為率善中郎將❽，牛利為率善校尉❾，假銀印青綬，引見勞賜遣還。今以絳地交龍錦❿五匹、絳地縐粟罽⓫十張、蒨絳⓬五十匹、紺青⓭五十匹，答汝所獻貢直⓮。又特賜汝紺地句文錦⓯三匹、細斑華罽⓰五張、白絹五十匹、金八兩、五尺刀二口、銅鏡百枚、真珠、鉛丹⑰各五十斤，皆裝封付難升米、牛利還到錄受。悉可以示汝國中人，使知國家哀汝，故鄭重賜汝好物也。」

2 正始元年，太守弓遵遣建中校尉梯儁等奉詔書印綬詣倭國，拜假倭王，并齎⑱詔賜金、帛、錦罽、刀、鏡、采物⑲，倭王因使上表答謝恩詔。其四年，倭王復遣使大夫伊聲耆、掖邪狗等八人，上獻生口、倭錦⑳、絳青縑、綿衣㉑、帛布、丹木㉒、𤝔㉓、短弓矢。掖邪狗等壹㉔拜率善中郎將印綬。其六年，詔賜倭難升米黃幢㉕，付郡假授。其八年，太守王頎㉖到官。倭女王卑彌呼與狗奴國男王卑彌弓呼素不和，遣倭載斯、烏越等詣郡說相攻擊狀。遣塞曹掾史㉗張政等因齎詔書、黃幢，拜假難升米為檄告喻之。卑彌呼以死，大作冢，徑百餘步，徇㉘葬者奴婢百餘人。更立男王，國中不服，更相誅殺，當時殺千餘人。復立卑彌呼宗女㉙壹與，年十三為王，國中遂定。政等以檄告喻壹與，壹與遣倭大夫率善中郎將掖邪狗等二十人送政等還，因詣臺㉚，獻上男女生口三十人，貢白珠五千，孔青大句珠㉛二枚，異文雜錦二十匹。

【章　旨】以上是〈倭傳〉的第二部分，寫倭國與曹魏的關係：女王遣使朝貢，曹魏皇帝加封倭國女王和其使者以及贈賜物品等情況。

【注釋】❶郡 指帶方郡。❷京都 曹魏國都洛陽。❸班布 即斑布，雜色布。❹踰遠 遙遠。❺假 授給。❻金印紫綬 以黃金鑄製之印，繫紫色綬帶。漢魏時印章之制，皇帝用玉印，諸侯王金印綠綬，相國公侯金印紫綬，二千石官吏銀印青綬。❼其 副詞。表祈使。❽率善中郎將 曹魏官號，無定員，亦無職掌，置之以授歸附的少數民族或外國人。❾率善校尉 曹魏官號，與率善中郎將性質相同，品級在中郎將之下。❿絳地交龍錦 深紅色底子織有交纏狀龍形圖案的絲織品。地，底色。⓫縐粟罽 織有粟粒狀皺紋的毛織品。⓬蒨絳 此指大紅色的絲織品。蒨，同「茜」。草名。根可做大紅染料。⓭紺青 深青透紅之色。此指絲織品。紺，深青色。⓮直 同「值」。價值。⓯句文錦 織有曲折圖案的絲織品。句，同「勾」。彎曲。⓰細斑華罽 細緻雜花的毛織品。⓱鉛丹 鉛粉和胭脂。古代婦女化妝用品。⓲齎 付送。⓳采物 區別身分尊卑貴賤的彩章物品，如旌旗、服飾之類的東西。⓴倭錦 倭國所產之錦。㉑綿衣 絲綿所做的衣服。㉒丹木 紅木。㉓猏 古書上所說的一種獸，其形似羊，四耳，無尾，目附於背。㉔壹 全部。㉕黃幢 黃色的旌旗。幢，古代用作儀仗的一種旗幟。㉖王頎 上文王頎為玄菟太守，此時當從玄菟調往帶方。㉗塞曹掾史 兩漢、三國無此官。當是郡守臨時設置的掌管邊塞事務的屬吏。㉘徇 宋本作「狗」，二字均通「殉」。㉙宗女 同宗族的女子。㉚臺 魏晉時皇城稱臺。此指朝廷。㉛孔青大句珠 青瑪瑙加工成的大珠。

【語譯】景初二年六月，倭國女王派遣大夫難升米等人前往帶方郡，請求到天子那裏朝見進貢，太守劉夏派吏員帶領他們前往京都。這年十二月，詔書回覆倭國女王說：「下詔親魏倭王卑彌呼：帶方太守劉夏派使者送你的大夫難升米、副使都市牛利奉上你所獻的男奴四人、女奴六人、班布二匹二丈，已經收到。你所在的地方遙遠，還派遣使者向朝廷進貢，這是你的忠孝，我非常憐愛你。現在封你為親魏倭王，授予你金印紫綬，裝好封藏交付帶方太守授予你。希望你安撫你的部族，努力敬事朝廷。你派來的使者難升米、牛利長途跋涉，一路辛勤勞苦，現在任命難升米為率善中郎將，牛利為率善校尉，授予銀印青綬，接見慰勞賞賜之後派他們返回。現在以絳地交龍錦五匹、絳地縐粟罽十張、蒨絳五十匹、紺青五十匹，回報你進獻的貢物價值。再特地賜給你紺地句文錦三匹、細斑華罽五張、白絹五十匹、金八兩、五尺刀兩口、銅鏡一百枚、真珠、鉛丹各五十斤，都裝好封藏交付難升米、牛利帶回去清點收下。你可把以上物品向你的國人展示，讓他們知道朝廷憐愛你，因此鄭重的賜給你這些美好的物品。」

2 正始元年，帶方太守弓遵派遣建中校尉梯儁等人奉持詔書印綬前往倭國，拜授親魏倭王封號，並奉詔賜給倭王金、帛、錦罽、刀、鏡、采物，倭王通過使者上表答謝恩賜和詔令。正始四年，倭王又派遣使者大夫伊聲耆、掖邪狗等八人，獻上奴隸、倭錦、絳青縑、綿衣、帛布、丹木、弣、短弓矢。掖邪狗等人朝廷全部授予率善中郎將印綬。正始六年，朝廷下詔賜予倭人難升米黃幢，交付帶方郡授予。正始八年，太守王頎到帶方郡就任。倭女王卑彌呼與狗奴國男王卑彌弓呼一向不和，她派遣倭人載斯、烏越等人到帶方郡訴說她與狗奴國互相攻打的情況。王頎派遣塞曹掾史張政等人藉帶著詔書、黃幢，拜授難升米時發布檄文訓示曉諭二國。這時卑彌呼已死，倭人大肆修建墳墓，直徑有一百多步，殉葬的奴婢有一百多人。倭國改立男王，國人不服，互相攻殺，當時殺死了一千多人。又立卑彌呼同宗的女子壹與，年僅十三歲就當了倭國王，國內於是安定下來。張政等人發布檄文告諭壹與，壹與派遣倭國大夫率善中郎將掖邪狗等二十人送張政等人回到帶方郡，乘便前往京城，並獻上男女奴隸三十人，進貢白珠五千顆，孔青大句珠二枚，不同花紋的雜錦二十匹。

評曰：史、漢著朝鮮、兩越❶，東京撰錄西羌❷。魏世匈奴遂衰，更有烏丸、鮮卑，爰❸及東夷，使譯時❹通，記述隨事，豈常❺也哉！

【章　旨】以上指出曹魏時期匈奴衰弱，烏丸、鮮卑及東夷諸國興起，盛衰是沒有永恆不變的，表現了作者發展變化的歷史觀。

【注　釋】❶史漢著朝鮮兩越　史漢，即《史記》和《漢書》。《史記》著有〈朝鮮列傳〉、〈東越列傳〉、〈南越列傳〉，《漢書》有〈朝鮮傳〉、〈閩粵傳〉、〈南粵傳〉。❷東京撰錄西羌　東京，指東漢國都洛陽。此指東漢史書有關西羌的記載。❸爰　句首助詞，無義。❹時　時常。❺常　不變的常規。

【語　譯】評論說：《史記》、《漢書》著錄了朝鮮、兩越，東漢史書記錄了西羌。曹魏時匈奴已經衰弱，另有烏丸、鮮卑及東夷各國興起，通過使者傳譯時常與中國互通往來，伴隨事情的變化加以記述，怎能墨守常規呢！

【研　析】本卷敘述與曹魏相關周邊部族及遠方外國的傳記，其史料價值及所反映出的歷史變遷，均極為重要，茲擇要分述如下。

其一，本卷較詳細的敘述了三國時現今中國東北、朝鮮半島及日本列島各族群社會經濟狀況及政治發展程度。有關這些地區此類情況的記錄，按史書時代分，較早的當數《後漢書·東夷列傳》，但今本《後漢書》紀、傳成於南朝宋時范曄，范曄當然是利用了東漢相傳的國史資料，但明顯有借用本卷的情況；而且《後漢書》中所記相關內容，特別是關於三韓、倭的記錄，不如本卷詳細、準確。如《後漢書》記三韓，稱：「韓有三種：一曰馬韓，二曰辰韓，三曰弁辰。馬韓在西，有五十四國，其北與樂浪，南與倭接。辰韓在東，十有二國，其北與濊貊接。弁辰在辰韓之南，亦十有二國，其南亦與倭接。凡七十八國，伯濟是其一國焉。」本卷則詳記了五十四個「國」（即部族名稱），對其社會習俗與政治情況的敘述也更為詳細；又如《後漢書》稱倭「其地大較在會稽東冶之東，與朱崖、儋耳相近，故其法俗多同」。朱崖、儋耳二郡，地在今海南島，顯然方位都沒說對，而本卷則詳記統稱為「倭」的各部族道里行程、戶數，各種社會習俗。所有這些記錄，成為我們今天了解東北亞早期歷史及當時相關各部族社會面貌的最為珍貴的史料。即便是朝鮮、日本，雖通過考古發掘與分析，將本國歷史推前，但對那些考古材料進行有價值的、聯繫性的分析，仍離不開本卷的相關記錄。

其二，中國古代稱四方諸部族為夷、蠻、戎、狄，《三國志》記錄周邊民族與外國事者，僅此一卷，沒有像《漢書》、《後漢書》中那樣，給所謂「西戎」、「北狄」、「南蠻」以適當的篇幅，只對「東夷」於本卷詳加記載。這不僅僅是作者陳壽未能收集到相關材料，主要原因應是歷史變遷造成的關注點的變化所致。